CRISTIANISMO

O GEN | Grupo Editorial Nacional reúne as editoras Guanabara Koogan, Santos, Roca, AC Farmacêutica, Forense, Método, LTC, E.P.U. e Forense Universitária, que publicam nas áreas científica, técnica e profissional.

Essas empresas, respeitadas no mercado editorial, construíram catálogos inigualáveis, com obras que têm sido decisivas na formação acadêmica e no aperfeiçoamento de várias gerações de profissionais e de estudantes de Administração, Direito, Enfermagem, Engenharia, Fisioterapia, Medicina, Odontologia, Educação Física e muitas outras ciências, tendo se tornado sinônimo de seriedade e respeito.

Nossa missão é prover o melhor conteúdo científico e distribuí-lo de maneira flexível e conveniente, a preços justos, gerando benefícios e servindo a autores, docentes, livreiros, funcionários, colaboradores e acionistas.

Nosso comportamento ético incondicional e nossa responsabilidade social e ambiental são reforçados pela natureza educacional de nossa atividade, sem comprometer o crescimento contínuo e a rentabilidade do grupo.

ANDRÉ VAUCHEZ

CRISTIANISMO
Dicionário dos tempos, dos lugares e das figuras

Com a colaboração de **Catherine Grémion e Henri Madelin**

Tradução de **Abner Chiquieri**
Revisão Técnica de **Manoel Barros da Motta**

Rio de Janeiro

■ A EDITORA FORENSE se responsabiliza pelos vícios do produto no que concerne à sua edição, aí compreendidas a impressão e a apresentação, a fim de possibilitar ao consumidor bem manuseá-lo e lê-lo. Os vícios relacionados à atualização da obra, aos conceitos doutrinários, às concepções ideológicas e referências indevidas são de responsabilidade do autor e/ou atualizador.

As reclamações devem ser feitas até noventa dias a partir da compra e venda com nota fiscal (interpretação do art. 26 da Lei n. 8.078, de 11.09.1990).

Traduzido de:
CHRISTIANISME – DICTIONNAIRE DES TEMPS, DES LIEUX ET DES FIGURES, PREMIER ÉDITION
© Éditions du Seuil, 2010
All Rights Reserved.
ISBN: 978-2-02-096571-2

■ **Cristianismo – Dicionário dos Tempos, dos Lugares e das Figuras**
ISBN 978-85-309-3635-8
Direitos exclusivos para o Brasil na língua portuguesa
Copyright © 2013 by
FORENSE UNIVERSITÁRIA um selo da EDITORA FORENSE LTDA.
Uma editora integrante do GEN | Grupo Editorial Nacional
Travessa do Ouvidor, 11 – 6º andar – 20040-040 – Rio de Janeiro – RJ
Tel.: (0XX21) 3543-0770 – Fax: (0XX21) 3543-0896
bilacpinto@grupogen.com.br | www.grupogen.com.br

■ O titular cuja obra seja fraudulentamente reproduzida, divulgada ou de qualquer forma utilizada poderá requerer a apreensão dos exemplares reproduzidos ou a suspensão da divulgação, sem prejuízo da indenização cabível (art. 102 da Lei n. 9.610, de 19.02.1998).

Quem vender, expuser à venda, ocultar, adquirir, distribuir, tiver em depósito ou utilizar obra ou fonograma reproduzidos com fraude, com a finalidade de vender, obter ganho, vantagem, proveito, lucro direto ou indireto, para si ou para outrem, será solidariamente responsável com o contrafator, nos termos dos artigos precedentes, respondendo como contrafatores o importador e o distribuidor em caso de reprodução no exterior (art. 104 da Lei n. 9.610/98).

1ª edição brasileira – 2013
Tradução de Abner Chiquieri
Revisão Técnica Manoel Barros da Motta

■ CIP – Brasil. Catalogação-na-fonte.
Sindicato Nacional dos Editores de Livros, RJ.

V482c
    Vauchez, André, 1938-
        Cristianismo: dicionário dos tempos, dos lugares e das figuras/André Vauchez; com a colaboração de Catherine Grémion e Henri Madelin; tradução de Abner Chiquieri; revisão técnica de Manoel Barros da Motta. – Rio de Janeiro: Forense, 2013.

    Tradução de: Christianisme: dictionnaire des temps, des lieux et des figures
    ISBN 978-85-309-3635-8

    1. Bíblia – Dicionários. 2. Cristianismo – Dicionarios. 3. História eclesiástica – Dicionários. I. Grémion, Catherine. II. Madelin, Henri. III. Título.

12-8290.

        CDD: 230.03
        CDU: 23(038)

ÍNDICE SISTEMÁTICO

Os Autores	VII
Prefácio	XV
A	1
B	41
C	59
D	113
E	131
F	153
G	169
H	181
I	191
J	213
L	247
M	261
N	299
O	305
P	311
Q	355
R	361
S	383
T	413
U	431
V	433
Y	443
Lista dos Verbetes	445

COLEÇÃO: EPISTEME – POLÍTICA, HISTÓRIA - CLÍNICA
COORDENADOR: MANOEL BARROS DA MOTTA
(Obras a serem publicadas)

Cristianismo: Dicionário, do Tempo, dos Lugares e das Figuras
André Vauchez

Filosofia do Odor
Chantal Jaquet

A Democracia Internet
Dominique Cardon

A Loucura Maníaco-Depressiva
Emil Kraepelin

A Razão e os Remédios
François Dagognet

O Corpo
François Dagognet

Estudos de História e de Filosofia das Ciências
Georges Canguilhem

O Conhecimento da Vida
Georges Canguilhem

Michel Foucault – Uma Trajetória Filosófica
Hubert Dreyfus e Paul Rabinow

Realizar-se ou se Superar – Ensaio sobre o Esporte Contemporâneo
Isabelle Queval

Filosofia das Ciências
Jean Cavaillès

História da Filosofia Política
Leo Straus e Joseph Cropsey

Ditos e Escritos – volumes I a X
Michel Foucault

História do Egito Antigo
Nicolas Grimal

Introdução à Europa Medieval 300 – 1550
Peter Hoppenbrouwers – Wim Blockmans

OS AUTORES

COORDENADORES DA OBRA

André Vauchez
Professor emérito de História Medieval na Universidade de Paris X-Nanterre. Ex-diretor da Escola Francesa de Roma. Membro do Institut.

Catherine Grémion
Orientadora de pesquisa no CNRS.

Henri Madelin
Jesuíta. Professor no Instituto de Estudos Políticos de Paris, OCIPE (Bruxelas-Estrasburgo).

COLABORADORES

Adeline Rucquoi
Orientadora de pesquisa no CNRS, Centro de Pesquisas Históricas (Paris).

Agostino Paravicini Bagliani
Professor honorário na Universidade de Lausanne. Presidente da Sismel (Florença).

Alain Demurger
Mestre de conferência honorário na Universidade de Paris I – Panthéon-Sorbonne.

Alain Tallon
Professor de História Moderna na Universidade de Paris IV – Sorbonne.

Alexis Grélois
Mestre de conferências em História na Universidade de Rouen.

André Lossky
Professor de Teologia Litúrgica no Instituto São Sérgio de Paris.

André Paul
Biblista e historiador do Judaísmo antigo.

Anne-Marie Pelletier
Faculdade Notre-Dame (Collège des Bernardins, Paris) e Escola Prática de Altos Estudos (Instituto Europeu das Ciências da Religião).

Anne Régent-Susini
Mestre de conferências em Literatura e Linguística francesas na Universidade de Paris III – Sorbonne Nouvelle.

Anne Reltgen-Tallon

Mestre de conferências em História Medieval na Universidade de Amiens.

Benoit Pierre

Mestre de conferências em História Moderna na Universidade François-Rabelais de Tours, Instituto Universitário da França.

Bernard Heyberger

Professor de História da Idade Média na Universidade François-Rabelais (Tours). Coordenador de estudos na Escola Prática de Altos Estudos (Seção Ciências Religiosas). Membro do Instituto Universitário da França.

Bruno Judic

Professor de História Medieval na Universidade François-Rabelais de Tours.

Camille Wolff

Professora efetiva de Letras Clássicas.

Catherine Vincent

Professora de História da Idade Média na Universidade de Paris-Ouest-Nanterre-La Défense (CHISCO).

Charlotte de Castelnau-L'Estoile

Historiadora. Mestre de conferências na Universidade Paris-Ouest-Nanterre-La Défense.

Charlotte Denoël

Administradora no Departamento dos Manuscritos da Biblioteca Nacional da França.

Chiara Mercuri

Pesquisadora na Universidade de Roma II – Tor Vergata.

Christian Badilita

Doutor em História do Cristianismo antigo.

Christian Trottmann

Orientador de pesquisa no CNRS, Universidade François-Rabelais de Tours (Centro de Estudos Superiores da Renascença).

Christine Bousquet-Labouérie

Mestre de conferências HDR em História Medieval na Universidade François-Rabelais de Tours (CERMAHVA).

Claude Geffré

Dominicano. Professor no Instituto Católico de Paris.

Claude Langlois

Orientador de estudos emérito na Escola Prática de Altos Estudos. Ex-presidente da Seção das Ciências Religiosas. Ex-diretor do Instituto Europeu em Ciências das Religiões.

Daniel Russo

Professor na Universidade de Bourgogne. Membro sênior do Instituto Universitário da França.

Danièle Iancu-Agou

Orientadora de pesquisa no CNRS. Diretora da equipe CNRS "Nouvelle *Gallia Judaica*" (UMR 8584, Montepellier).

Dominique Alibert

Historiador. Mestre de conferências no Instituto Católico de Paris.

Dominique Iogna-Prat

Orientadora de pesquisa no CNRS, ligada à Universidade de Paris I – Panthéon-Sorbonne (laboratório LAMOP).

Dominique Ponnau

Administrador geral do patrimônio. Diretor honorário da Escola do Louvre.

Dominique Rigaux

Professor de História da Idade Média na Universidade de Grenoble.

Élian Cuvillier

Professor na Faculdade de Teologia Protestante de Montpellier.

Emmanuelle Steffek

Universidade de Lausanne (Faculdade de Teologia e de Ciências das Religiões).

Étienne Fouilloux

Professor emérito de História Contemporânea na Universidade Lumière – Lyon II.

Francis Higman

Diretor emérito do Instituto da História da Reformação da Universidade de Genebra.

François Boespflug

Dominicano. Professor de História das Religiões na Faculdade de Teologia Católica da Universidade de Estrasburgo. Especialista em iconografia cristã.

François Euvé

Jesuíta. Professor de Teologia Sistemática no Centre Sèvres (Faculdades Jesuítas de Paris).

Françoise Thelamon

Professora emérita de História antiga na Universidade de Rouen.

Gérard Billon

Instituto Católico de Paris.

Gérard Leroy

Teólogo leigo. Especialista em Ciência e Teologia das Religiões. Ex-secretário geral da Conferência Mundial das Religiões para a Paz (França).

Gilles Cantagrel

Musicólogo. Correspondente da Academia de Belas Artes.

Gilles Dorival

Professor na Universidade de Aix-Marseille I. Membro do Instituto Universitário da França.

Guillaume Tabard

Redator chefe do serviço político do *Figaro*.

Hélène Michon

Mestre de conferências na Universidade François-Rabelais de Tours. Membro do grupo CELLF (Literatura dos séculos XVII e XVIII de Paris IV – Sorbonne).

Hervé Legrand
Dominicano. Professor honorário no Instituto Católico de Paris.

Hyacinthe Destivelle
Dominicano. Professor no Instituto Católico de Paris e no Instituto Superior de Estudos Ecumênicos.

Isabelle Heullant-Donat
Professora de História da Idade Média na Universidade de Reims-Champagne-Ardennes.

Jacque Dalarun
Orientador de pesquisa no CNRS (IRHT).

Jacques Gélis
Professor emérito de História Moderna na Universidade de Paris VIII – Vincennes-Saint-Denis.

Jacques Trublet
Jesuíta. Professor de Exegese Bíblica no Centre Sèvres (Faculdades Jesuítas de Paris).

Jacques Verger
Professor de História Medieval na Universidade de Paris IV – Sorbonne.

Jean-François Colosimo
Professor de Filosofia e de Patrologia no Instituto São Sérgio de Teologia Ortodoxa.

Jean Guyon
Orientador de pesquisa no CNRS (Centre Camille-Jullian, Maison Méditerranéenne des Sciences de l'Homme, Aix-en-Provence).

Jean-Louis Biget
Professor emérito na Escola Normal Superior – Letras e Ciências Humanas (Lyon).

Jean-Louis Ska
Professor de Exegese do Antigo Testamento no Instituto Bíblico Pontifical (Roma).

Jean-Louis Souletie
Professor no Instituto Católico de Paris (Theologicum).

Jean-Marie Martin
Orientador de pesquisa no CNRS (UMR 8167, École Française de Rome).

Jean-Noël Aletti
Professor de Exegese do Novo Testamento no Instituto Bíblico Pontifical (Roma).

Jean-Paul Willaime
Orientador de estudos na Escola Prática de Altos Estudos (Seção das Ciências Religiosas, História e Sociologia dos Protestantismos).

Jean-Pierre Nicol
Historiador.

Jean-Yves Calvez
Jesuíta, filósofo e teólogo. Professor no Centro Sèvres (Paris). Professor emérito no IEP de Paris.

Jean-Yves Lacoste
Clare hall (Universidade de Cambridge).

Jean-Yves Tilliette
Professor ordinário de Latim Medieval na Universidade de Genebra. Correspondente do Institut (Académie des Inscriptions et Belles-Lettres).

Joachim Bouflet
Historiador. Consultor no serviço de postulantes junto à Congregação para as Causas dos Santos em Roma.

Joseph Doré (Monsenhor)
Arcebispo emérito de Estrasburgo. Decano honorário do Instituto Católico de Paris (Faculdade de Teologia).

Kari Boerresen
Professora sênior na Universidade de Oslo (Departamento de História da Igreja).

Kristell Trego
Mestre de conferências em Filosofia Medieval na Universidade Blaise-Pascal-Clermont-Ferrand II.

Laurence Devillairs
Doutora em Filosofia.

Laurence Meiffret
Monja (Abadia de Beauport, 29).

Laurence Moulinier-Brogi
Professor de História Medieval na Universidade Lumière – Lyon II.

Madeleine Scopello
Orientadora de pesquisa no CNRS. Correspondente do Institut. Especialista em fontes coptas, gregas e latinas da gnose e do maniqueísmo.

Marc Lienhard
Professor emérito de História do Cristianismo moderno e contemporâneo na Universidade de Estrasburgo.

Marguerite Léna
Comunidade São Francisco Xavier. Professora de Filosofia na Faculdade Notre-Dame (Paris).

Marie-Hélène Congourdeau
Encarregada de pesquisa no CNRS, Centro de História e de Civilização de Bizâncio (UMR 8167, Orient-Méditerranée).

Marielle Lamy
Mestre de conferências em História Medieval na Universidade de Paris IV – Sorbonne.

Maya Boespflug
Monja dominicana (Chalais, 38).

Michel Fédou
Jesuíta. Professor de Patrística e de Teologia dogmática no Centre Sèvres (Faculdades Jesuítas de Paris).

Michel Gitton

Padre da diocese de Paris. Diretor da revista *Résurrection*. Membro da comunidade apostólica Aïn Karem.

Michel Meslin

Professor emérito de História das Religiões e de Antropologia Religiosa na Universidade de Paris IV – Sorbonne.

Mireille Hadas-Lebel

Professora de História das Religiões da Antiguidade na Universidade de Paris IV – Sorbonne.

Mireille Vincent-Cassy

Mestre de conferências em História Medieval na Universidade de Paris VII – Denis-Diderot.

Nathalie Nabert

Professora de Língua e de Literatura Medieval. Decana honorária do Instituto Católico de Paris (Faculdade de Letras). Especialista da espiritualidade cartuxa.

Nicolas Fornerod

Colaborador científico no Instituto de História da Reformação (Universidade de Genebra).

Nicole Bériou

Professora de História da Idade Média na Universidade Lumière – Lyon II. Orientadora de estudos na Escola Prática de Altos Estudos. Membro do Instituto Universitário da França.

Nicole Lemaître

Professora de História Moderna na Universidade de Paris I – Panthéon-Sorbonne. Professora de Teologia no Instituto Católico de Paris.

Noëlle Deflou-Leca

Mestre de conferências em História da Idade Média na Universidade Pierre-Mendès-France-Grenoble II.

Olivier Clément (†)

Professor no Instituto Saint-Serge de Teologia ortodoxa. Doutor *honoris causa* do Instituto de Teologia de Bucareste e da Universidade Católica de Louvain.

Paul Payan

Mestre de conferências em História Medieval na Universidade de Avignon.

Philippe Blaudeau

Professor de História Romana na Universidade de Angers (CERHIO).

Philippe Contamine

Membro do Institut. Ex-diretor do Centre Jeanne-d'Arc (Orléans).

Philippe Faure

Mestre de conferências em História da Idade Média na Universidade de Orléans.

Philippe Levillain

Professor emérito de História contemporânea na Universidade de Paris-Ouest-Nanterre-La Défense. Membro do Instituto Universitário da França.

Philippe Rouillard

Professor emérito de Liturgia no Ateneu Santo Anselmo (Roma).

Pierre Gibert
Jesuíta. Professor honorário na Universidade Católica de Lyon.

Pierre Vallin
Professor emérito de História e de Teologia no Centre Sèvres (Faculdades Jesuítas de Paris).

Régis Burnet
Mestre de conferências na Universidade de Paris VIII – Vincennes-Saint-Denis.

Sabine Laplane
Comunidade São Francisco Xavier. Membro de Justice et Paix-France.

Stéphane-Marie Morgain
OCD. Vice-reitora do Instituto Católico de Toulouse.

Sylvie Barnay
Mestre de conferências na Universidade Paul-Verlaine-Metz. Leciona no Instituto Católico de Paris.

Thierry-Dominique Humbrecht
Dominicano. Doutor em Filosofia. Doutorando em Teologia.

Vincent Aubin
Ex-aluno da Escola Normal Superior (Ulm). Professor efetivo de Filosofia.

Viviane Comerro-de Prémare
Mestre de conferências na Universidade de Paris VIII – Vincennes-Saint-Denis.

Yves Simoens
Professor ordinário de Sagrada Escritura no Centre Sèvres (Faculdades Jesuítas de Paris). Professor convidado no Instituto Bíblico Pontifical (Roma).

PREFÁCIO

Para definir a especificidade da presente obra, começaremos dizendo o que ela não é. Ela não tem, com efeito, a ambição de fazer concorrência aos grandes dicionários de Teologia, de Geografia Eclesiástica ou de Direito Canônico, aos inúmeros volumes que continuam referências indispensáveis; não se trata também de um repertório das pessoas e dos lugares mencionados nos textos bíblicos, nem de um léxico dos símbolos cristãos ou dos atributos dos santos na arte e na iconografia. Em todos esses domínios, existem hoje excelentes obras que têm um acesso fácil: recensear e apresentar em breves notas centradas sobre o essencial as figuras, os lugares e os tempos mais significativos do Cristianismo em seu devir histórico, das origens aos nossos dias.

Esta abordagem seletiva não tem nada de arbitrário porque, desde o início, os discípulos de Jesus operaram escolhas no seio da herança bíblica, privilegiando personagens ou episódios do Antigo Testamento que anunciavam o Cristo e ganhavam sentido aos seus olhos à luz de sua vida e de sua mensagem. Durante os últimos séculos da Antiguidade, outras noções pertencentes à tradição filosófica greco-latina se enxertaram na nova religião e se tornaram, durante a elaboração dogmática operada pelos sete primeiros concílios ecumênicos e pelos padres da Igreja, os lugares teológicos fundamentais que se descobrirão durante os séculos seguintes. Paralelamente e, principalmente, na época medieval, a Igreja procurou afirmar sua qualidade de herdeira legítima de Israel e de beneficiária das promessas divinas, desenvolvendo uma exegese tipológica fundamentada na ideia da concórdia entre os dois Testamentos: todo personagem do Novo devia ter uma prefiguração no Antigo, do qual ele constituía o cumprimento, como se pode ver ainda hoje nos portais das igrejas romanas ou nos vitrais das catedrais góticas. Enfim, o Cristianismo impôs uma concepção do tempo litúrgico, história e escatológica que marcou as civilizações europeias até os nossos dias, e enraizou-se em lugares – reais, como os grandes santuários, ou simbólicos, mas dotados de uma forte estabilidade, como o Inferno e o Purgatório – que constituíram pontos de ancoragem fundamentais de seu imaginário religioso.

Dessa vasta herança constituída de empréstimos das Escrituras e de referências culturais diversas, retivemos neste dicionário somente figuras e noções que conheceram uma certa fortuna histórica, que se acompanhou, frequentemente, com o passar do tempo, por variações significativas de seu conteúdo. Assim o Sagrado Coração, tão caro aos católicos do século XIX e do início do século XX, não é idêntico ao "coração de Deus" de que fala a Bíblia, mesmo se o vocábulo é o mesmo, assim como a palavra "graça" – outro lugar teológico essencial – não tem o mesmo sentido nos escritos atribuídos a São João e entre os jansenistas. Além disso, a partir dos últimos séculos da Idade Média, a tipologia cristã começou a vulgarizar-se e, progressivamente, afastou-se de sua função litúrgica e apologética. O princípio do espelhamento do Antigo e do Novo Testamento passou para o segundo plano, e as referências espirituais não foram mais emprestadas exclusivamente da Santa Escritura, mas, também, de um vasto registro simbólico constituído de textos apócrifos, hagiográficos, legendários ou literários, onde o paganismo antigo encontrava seu lugar, como bem o mostra a presença maciça das sibilas na arte cristã dos séculos XV e XVI. O Concílio de Trento esforçou-se para canalizar essa efervescência criadora, mas, até nossos dias, a consciência cristã continuará a reconhecer-se em grandes figuras de santos e de santas, de reformadores e de testemunhas – de Lutero a Martin Luther King, e de Teresa de Ávila a Teresa de Lisieux ou Charles de Foucauld –, e a valorizar certos lugares, tanto antigos, como Jerusalém, Roma ou Assis quanto novos, como aqueles onde aconteceram as principais aparições marianas dos séculos XIX e XX, de Lourdes a Fátima.

O recurso a figuras e a lugares privilegiados não é próprio do Catolicismo romano: se ele não ocupa lugar no Protestantismo, hostil por princípio a tudo o que ancora a revelação em um espaço concreto e o insere em mediações temporais, a ortodoxia e os diversos Cristianismos orientais têm, igualmente, referências históricas e espaciais específicas que nos esforçamos para levar em conta. Tanto é verdade que o Cristianismo, religião por excelência da Encarnação, não é somente questão de dogmas e de crenças, mas também uma experiência religiosa individual e coletiva vivida em um espaço e um tempo dados, marcada e às vezes sacralizada por figuras eminentes com as quais o *homo viator* não para se se confrontar durante toda a sua peregrinação terrestre.

André Vauchez

AARÃO

Aarão, irmão de Moisés e de Míriam, é mencionado 346 vezes na Bíblia hebraica (Ex; Lv; Nm 296; 1 e 2 Cr e Sl 9). Ele é o ancestral epônimo do sacerdócio israelita. A tradição lega uma imagem contrastada do personagem: ora negativa, em razão de sua participação na adoração do bezerro de ouro (Ex 32) e de sua oposição a Moisés (Nm 12), ora positiva, quando se trata do sacerdócio e do culto (Ex 28-29; Lv 8-9; Nm 1-4). Aarão morreu na Montanha de Hur (Dt 32,50). Uma lenda relata que o bastão florido – que o designou para o sacerdócio – estaria em São João de Latrão, e é esta pista que o caracteriza nas esculturas e pinturas.

Na Igreja Católica, a oração consagradora dos padres, que remete à escolha dos 70 Anciãos (levitas) por Moisés, faz menção de Aarão. A bênção que ele pronuncia (Nm 6,24-26): "Que o Senhor te abençoe e te guarde! Que o Senhor faça resplandecer sobre ti seu olhar e te conceda sua graça! Que o Senhor lhe traga seu olhar e te dê a paz!", fará sua entrada na liturgia no decorrer da Idade Média. Nas Igrejas da Reforma, ela encerrava o culto dominical, e são Lutero e Zuínglio que lhe dão uma forma dialogada, enquanto Calvino a reserva ao pregador. O Vaticano II, em seguida, a introduziu como bênção final da missa entre outras formas.

Em *La Légende des Siècles* (1859) [A Lenda dos Séculos], Victor Hugo faz de Aarão o padre de um passado terminado, e, para Pierre Emmanuel, em *Tu* (1978), ele é o símbolo da bela linguagem incapaz de transmitir a palavra. Arnold Schönberg compôs *Moisés e Aarão*, entre 1930 e 1932.

Jacques Trublet

➤ Levita; Moisés; Padre; Templo.

ABEL

Abel é o segundo filho de Adão e Eva, de acordo com o Livro da Gênese. Pastor, criador de carneiros, ele oferece a Deus sacrifícios que lhe são agradáveis. Seu irmão, Caim, cultiva a terra. Ele também oferece sacrifícios, mas, por um motivo ignorado, Deus os recusa. Levado pela inveja, Caim se lança sobre Abel e o mata (Gn 4, 1-16). A história de Abel é a do primeiro assassinato da história

ABEL — ABÉLARD, PIERRE

humana, fratricida, de um inocente que se torna, antes de Job, o símbolo do justo perseguido. Caim tenta escapar à cólera de Deus, mas ele é, por sua vez, perseguido pela vingança dos homens, e obtém de Deus a promessa de que não será morto. O ciclo da violência deve parar.

O Novo Testamento aproxima o sacrifício do Cristo do de Abel (He 12, 14), mas o Cristo perdoa aos seus assassinos, enquanto o sangue de Abel chama a vingança. A preferência de Deus pelo sacrifício de Abel parece a São Paulo um sinal de sua fé. Os padres gostam de opor em Caim e Abel o pai da cidade terrestre e o da cidade celeste (Agostinho), ou uma figura dos judeus e a outra dos cristãos (Ambrósio). Uma outra questão atravessa a Antiguidade: o que é feito do destino dos justos vindos antes de Cristo? Para Pierre de Poitiers (século XII), Abel é o primeiro justo: "Abel não é a cabeça da Igreja, mas seu começo", o que retoma o Concílio de Vaticano II: todos os justos, "a partir de Abel, o justo até o último eleito", se encontraram reunidos junto ao Pai na Igreja universal" (*Lumen Gentium*, 2). Venerado como santo e festejado em 22 de abril, Abel figura na ornamentação de sarcófagos e de catacumbas, em Saint-Vital de Ravenne, no século IV, e em Saint-Savin, no século XIII. Sua morte foi objeto de representações, tais como a de Ticiano, no século XVI, e inspirou poetas, como Alfieri e Victor Hugo.

Jacques Trublet e Catherine Grémion

➢ Caim; Job; Justo.

ABÉLARD, PIERRE (1079-1142)

Pierre Abélard, filho de cavaleiro, nasceu perto de Nantes. Frequentou, em sua juventude, as escolas catedrais de Paris e Laon, antes de se tornar ele próprio professor em Paris; ensinou, a um só tempo, as artes liberais – principalmente a lógica –, e a *sacra doctrina*. Seus amores infelizes com Héloïse terminaram com sua castração e os esposos se separaram, e Abélard, assim como conta em sua *Histoire de mes Malheurs* [História de minhas desgraças], tornou-se monge, primeiro em Saint-Denis, depois em várias outras abadias. Voltou para ensinar em Paris, em 1136. Seu ensino foi condenado por instigação de Bernard de Clairvaux no Concílio de Sens (1141), de maneira que ele se retirou em Cluny e morreu no priorado de Saint-Marcel-les-Chalon.

Ator da renovação escolar do século XII, professor reputado, Abélard foi, ao mesmo tempo, dialético virtuoso e teólogo inovador. Como se vê em suas três *Teologias* e no *Sic et non*, o projeto de Abélard não era, como o acusaram, de "penetrar os mistérios da fé" para "compreender Deus pela razão humana", mas de mostrar que era possível, pelos recursos da dialética e da arte da "questão", superar as contradições aparentes da Bíblia e dos padres e de formular, a respeito das verdades reveladas, enunciados aceitáveis para a razão. Era, aliás, o que pediam seus estudantes cuja curiosidade intelectual não se satisfazia mais com a simples paráfrase do texto sagrado nem com as alegorias sutis da mística monástica.

ABÉLARD, PIERRE — ABRAÃO

A modernidade de Abélard emerge também da *Éthique* ou *"Connais-toi toi-même"* [Conhece-te a ti mesmo], tratado de filosofia moral onde ele prevê um lugar essencial para a intenção consciente na definição do pecado, e no *Dialogue entre un Philosophe, un Juif et un Chrétien* [Diálogo entre um filósofo, um judeu e um cristão], que procura valorizar a tripla herança filosófica, bíblica e evangélica de que o Cristianismo era portador.

Personalidade complexa com um destino atormentado, Abélard foi, ao mesmo tempo, uma testemunha das contradições de seu tempo e um pioneiro da renovação intelectual que conduzirá ao triunfo da escolástica.

Jacques Verger

➢ Bernard de Clairvaux; Teólogo.

ABRAÃO

Abraão é uma figura central do Antigo Testamento, na articulação dos textos simbólicos e dos primeiros relatos históricos. É reconhecido como o primeiro homem com quem Deus concluiu uma aliança depois de Noé. Abraão recebe a promessa de uma descendência e de um país, e está na origem do povo de Israel e dos povos semitas não judeus. Sua vida é relatada na Gênese (Gn 2, 12-25), mas sua paternidade é reivindicada pelos judeus, pelos cristãos e pelos muçulmanos. São dele a Aliança e o sinal da circuncisão (Gn 17, 10), dele a promessa de um povo numeroso como os grãos de areia do mar ou as estrelas do céu (15, 5), dele a promessa de uma terra, que será a "Terra Prometida" (Gn 17, 8), e as primeiras orações de intercessão pelas cidades de Sodoma e Gomorra (18, 23). A fé inabalável de Abraão, simbolizada pela aceitação do sacrifício de seu filho único, faz dele o "pai dos crentes", que reclama a metade da humanidade. Este destino excepcional que se estende em 14 capítulos da Gênese começa, diz o livro, em Ur, na Caldeia. Ele está associado à elevada figura de sua mulher Sara, que permanece estéril por longos anos.

O relato bíblico o faz descender do filho mais velho de Noé, Sem, donde o nome semita. Deus se manifesta a Abrão para enviá-lo para "o país que eu te indicarei" e lhe promete abençoá-lo com toda sua descendência, e estende essa bênção ao gênero humano, "todas as nações da Terra" (Gn 12, 3). Abrão parte e ergue altares a Deus em seu caminho, para Canaã, depois para o Egito, antes de voltar para Canaã e para o Jordão acompanhado de sua mulher, Saraí, e de seu sobrinho Lot, com seus rebanhos, de que ele se separa na estrada. Sua mulher, tendo ficado estéril, sua escrava, Agar, lhe dá um filho, Ismael, quando ele tem 86 anos (Gn 16, 3). Mas este não é o filho da promessa. Deus sela sua aliança por duas vezes, com Abrão: depois do encontro com Melquisedeque, rei de Salem (Jerusalém), por meio de um sacrifício de animais, depois pela circuncisão, seguida pela de todos os machos que o envolvem, Abrão se torna, então, Abraão (Gn 15) e sua mulher, Sara. No carvalho de Mambré, três homens que representam – e são – Deus fazem a experiência da hospitalidade de Abraão, que os trata como senhores, e anunciam

4 CRISTIANISMO – DICIONÁRIO DOS TEMPOS, DOS LUGARES E DAS FIGURAS

ABRAÃO

a vinda de um filho a Sara (que ri disso, ela tem 90 anos...). Este filho inesperado, Isaac, é o herdeiro da promessa. Ele fica, a partir de então, com o seu pai, que afasta Agar e Ismael, expulsos no deserto, a pedido de Sara, onde Deus cuida deles. Os visitantes predizem também a destruição de Sodoma e Gomorra. Abraão suplica ao Senhor em favor destas cidades, nas quais poderia subsistir justos, numa sublime negociação com Deus, mas não foram encontrados aí os 10 justos que poderiam tê-las salvado, e elas são destruídas depois da partida de Lot, assim poupado (Gn 18, 22-19). A última prova que Deus reclama a Abraão é o sacrifício de seu filho: ele o conduz a uma montanha e se prepara para sacrificá-lo quando um anjo o interrompe: "Não faças nenhum mal à criança, porque eu sei agora que tu temes a Deus." Este relato pode assinalar a interdição do sacrifício humano. Graças à sua fé, Abraão se torna o pai de todos os crentes: ele venera um Deus justo e bom, e se humilha diante dele, prosternando-se por terra.

No Novo Testamento, Jesus lembra aos judeus que não basta descender de Abraão para ser salvo, e que seu Pai pode suscitar filhos a Abraão: "Antes que Abraão fosse, eu sou" (Jo 8, 57), afirmando assim sua divindade. A silhueta de Abraão, pai dos crentes, abrigando-os em multidão sob seu grande manto, se encontrará nos capitéis. O islã reivindica esta filiação, mas difere grandemente da Bíblia.

A tradição patrística e medieval – Ambrósio, Jerônimo, Gregório de Nissa – vê em Abraão uma figura do Cristo. Orígenes lhe consagra 16 homilias (*Homilias sobre a Gênese*). Guardam-se três cenas significativas. Deixando Ur e sua família, para ir para um país desconhecido, por ordem de Deus, Abraão se torna o modelo do crente. Os três homens do carvalho de Mambré são interpretados na tradição cristã como uma figura da Trindade (*De Trinitate*, Agostinho), e representações medievais múltiplas veem seu resultado com o célebre ícone de André Roublev, *A Trindade* (1411). Mas foi principalmente o sacrifício de Abraão que marcou os padres e os artistas, dos afrescos paleocristãos a Chagall. Desde o fim da Idade Média, os mistérios litúrgicos encenam este drama, na França, o *Mistère du Vieil Testament* (século XV), na Espanha o *Auto del Sacrificio de Abraham* (século XVI). Para Théodore de Bèze, *Abraham Sacrifiant* (1550) se torna uma figura trágica que ele aproxima de sua própria história: como ele, teve de partir e refugiar-se no estrangeiro, como ele, sofreu por sua fé. A Reforma redescobre aí seus temas favoritos: a fé em conflito com a razão, quando o que é loucura para a sabedoria humana é sabedoria divina. Kierkegaard, por sua vez, em *Crainte et Tremblement* (1843) será obcecado pelo drama de Abraão confrontado com a obediência e com o mistério de Deus, um Deus de amor em face do qual o homem se sente "poeira e cinza" (Gn 18, 27).

Jacques Trublet e Catherine Grémion

➢ História santa; Isaac; Ismael; Jacó; Melquisedeque; Povo de Deus; Sião; Templo.

ADÃO

Adão é, ao mesmo tempo, o nome coletivo do ser humano no primeiro relato da criação (Gn 1, 26) e no resto da Bíblia (mais de 500 ocorrências), depois o nome próprio do primeiro homem (Gn 4, 25), a hesitação entre os dois sentidos sendo permitida na expressão "filhos de Adão", que volta uma centena de vezes. A palavra *adamah*, que significa "terra vermelha, cultivável" ou "o terroso", faz alusão ao fato de que ele foi tirado da terra pelo Criador (Gn 2, 7). A figura bíblica de Adão como homem genérico é complexa: única criatura "à imagem e à semelhança de Deus", criado "homem e mulher" (Gn 1, 26-27), ele tem por tarefa dominar os animais e submetê-los, ou, de acordo com o segundo relato da criação, cultivar o solo (Gn 2, 15). Ele recebe a permissão de comer os frutos de toda árvore do jardim do Éden, exceto da árvore do conhecimento (Gn 2, 17). Enquanto ele estava destinado à incorruptibilidade (Sg 2, 23), a tentação e a queda o condenaram à mortalidade, ao trabalho e ao sofrimento, ele e sua descendência, que se identifica com o gênero humano inteiro (Rm 5, 12). Este mito judeu-cristão, retomado com variações no Islã, garantiu a Adão uma popularidade imensa, que não se iguala, no entanto, tanto quanto se possa afirmar, à do casal Adão e Eva, a esposa que Deus colocou ao seu lado, e à qual Adão deu seu nome (Gn 3, 20).

Adão está também muito presente no Novo Testamento e principalmente na literatura apócrifa. Lucas faz remontar até ele a genealogia de Jesus (Lc 3, 38). Paulo apresenta a salvação trazida por Jesus como uma nova criação e o Cristo como o novo Adão, chefe de uma humanidade regenerada (1 Co 15) – mais tarde, Maria, a mãe de Jesus, será qualificada como nova Eva. Adão teve, contudo, um destino paradoxal no Cristianismo. Primeiro pai do gênero humano, jamais conseguiu um valor autônomo, nem na história da espiritualidade nem na da liturgia nem em arqueologia: nenhuma festa lhe é consagrada, nenhum santuário, pelo menos na Igreja latina, que não festejou jamais "Santo Adão". A teologia só se interessou por ele no aspecto da reflexão sobre a condição humana antes da queda, quando ela era dotada dos dons preternaturais. O papel de Adão, em suma, não foi o de um santo; ele é, sobretudo, o de ter feito a humanidade perder sua inocência primitiva, transmitindo-lhe o pecado original. No mais das vezes, ele é somente mencionado nos textos litúrgicos (cânon da missa, *Exultet*...) como valorização do Cristo.

Adão conserva, no entanto, a afeição de todos, porque cada um se reconhece nele. A iconografia, também, só lhe concede uma auréola de maneira muito excepcional. Em compensação, ele é, sem dúvida, um dos personagens mais celebrados no patrimônio artístico (Van Eyck, Masaccio, Miguel Ângelo, Dürer), mas na maioria da vezes associado a Eva: encontram-se já representados nas catacumbas e nos relevos de sarcófagos. Sua "carreira pictural", em seguida, é brilhante até nossos dias. Nas imagens da descida aos infernos (da *Anastasis* na arte do ícone), é Adão (e Eva) que o Ressuscitado extrai primeiro do reino dos mortos. Na sequência, pode ser que Adão tenha sido uma das figuras do Antigo Testamento que me-

CRISTIANISMO – DICIONÁRIO DOS TEMPOS, DOS LUGARES E DAS FIGURAS

ADÃO — AGOSTINHO

nos sofreram e mais aproveitaram do Renascimento, depois da modernidade sob todas as suas formas. Adão aparece também como papel nos jogos litúrgicos (*Le Jeu d'Adam*, século XII), no teatro medieval, renascentista e moderno, assim como figura da literatura (Maurice Scève, Lord Byron, Michel Tournier). Não existe até o criacionismo americano quem não contribua a redourar seu brasão. Atualmente, no Ocidente, a figura de Adão, só ou acompanhado de Eva, conta entre os principais sinais de que a comunicação mediática e a publicidade fazem uso para evocar a origem do mundo ou sua criação por Deus.

François Boespflug

➤ Queda; Criação; Éden; Eva.

ADVENTO

O Advento (do latim *adventus*, "acontecimento", "vinda") é o período de cerca de quatro semanas que precede a festa de Natal e que celebra a vinda do Cristo sob suas diferentes formas: vinda histórica em Belém, vinda espiritual na celebração litúrgica do Advento e do Natal, vinda no momento da Parúsia. A história do Advento é hesitante: no fim do século IV, na Gália e na Espanha, aparece um período de três semanas, de caráter ascético, mais que litúrgico, preparando para o Natal, mas principalmente para o batismo, administrado no dia da Epifania (06 de janeiro). Em Roma, é na segunda metade do século VI que é atestado um tempo de seis semanas, logo reduzido a quatro, preparando o Natal. Não se vê claramente se o Advento abre o ano litúrgico ou, ao contrário, o conclui. Hoje, ainda, não há diferença nítida entre os últimos domingos do tempo ordinário e o primeiro domingo do Advento: de um e de outro lado, as leituras falam da vinda do Senhor e da vigilância necessária. O Advento prepara, ao mesmo tempo, o nascimento de Jesus em Belém e a manifestação do Filho de Deus, vindo trazer a luz aos homens. Os três arautos desta vinda são Isaías, João Batista e a Virgem Maria. As liturgias orientais não constituíram um ciclo do Advento comparável ao da liturgia romana: no rito sírio, as semanas que precedem o Natal são chamadas semanas das Anunciações, a Zacarias, a Maria e a José.

Além das iluminações presentes hoje em todas as cidades, nesse período, a piedade popular se manifesta através dos presépios, montados nas igrejas ou nas casas, com seus múltiplos personagens, assim como nas coroas do Advento, feitas de ramos de pinheiro e levando quatro velas vermelhas, acesas sucessivamente durante os quatro domingos do Advento.

Philippe Rouillard

➤ Presépio; Natal.

AGOSTINHO (SANTO, 354-430)

Aurelius Augustinus nasceu em 13 de novembro de 354, em Thagaste (Souk-Ahras, na Argélia), de um pequeno proprietário pagão, Patricius, e de uma mãe

AGOSTINHO

cristã, Mônica. Após brilhantes estudos em Madaure e em Cartago, onde adquiriu um perfeito domínio da cultura latina, ele ensinou a retórica em Cartago, onde viveu vários anos com uma concubina que lhe deu um filho, Adeodato. Continuou, em seguida, seu ensinamento em Roma, depois em Milão, onde se converteu ao Cristianismo, aos 32 anos. As *Confissões*, nas quais a confissão das fraquezas é a ocasião de um louvor permanente a Deus, retraçam as etapas de seu itinerário espiritual. Inicialmente seduzido pela exigência ascética do maniqueísmo, Agostinho ficou profundamente marcado com sua estada na Itália. A abundância cultural dos círculos milaneses, a descoberta do neoplatonismo, o ensinamento do Bispo Ambrósio e a leitura de São Paulo precipitaram sua conversão em 386. Depois de uma estada em Cassiciacum, ele foi batizado por Ambrósio, no dia de Páscoa de 387, e se dirigiu a Roma e a Óstia, onde, prestes a voltar para a África, ele assistiu à morte de sua mãe. De volta a Thagaste, ele reúne uma comunidade de homens devotados à oração e ao estudo antes de ser chamado ao sacerdócio, em 391. Fundou uma comunidade de clérigos em Hipona, onde o Bispo Valério o autorizou a pregar contra a heresia maniqueísta. Em 395, chegou ele próprio ao trono de Hipona, desenvolvendo até sua morte uma intensa atividade pastoral para a Igreja africana e para a Igreja universal.

Sua obra imensa exerceu uma influência maior sobre o Cristianismo: entre 386 e 395, Agostinho redigiu várias obras de filosofia cristã sobre o movimento da alma para Deus (*Solilóquios*), a ordem do universo (*De Ordine*), a linguagem (*De Magistro*), a beatitude (*De Beata Vita*) etc. A partir de 396, ele foi incessantemente solicitado a responder aos deveres de seu encargo episcopal. É a razão pela qual a maior parte de seus escritos se inscrevem num contexto particular e não se prestam bem a uma teorização abstrata. Sua atividade pastoral aparece inicialmente em seus sermões, que constituem um testemunho excepcional sobre a sociedade de seu tempo, ainda marcada pelo paganismo. Ela se revela também em suas obras exegéticas (*Os Comentários dos Salmos*), suas obras de ensinamento moral (*O Bem do Casamento*) e seu tratado, *A Doutrina Cristã*, que define os princípios hermenêuticos de uma cultura cristã. O prestígio de seu ensinamento doutrinal e a confiança do primado de Cartago, Aurelius, lhe deram, enfim, uma autoridade teológica universalmente reconhecida. Agostinho ergueu-se primeiro contra os maniqueístas (Faustus de Milève, Félix) sobre o problema do mal e a bondade de qualquer outra coisa criada. Preocupado em reunir a Igreja africana, dividida desde 312 pelo cisma donatista, foi também o porta-voz da Igreja Católica no decorrer da conferência de Cartago, de 411, que marcou um endurecimento da legislação imperial contra os donatistas. Mas, no mesmo momento, eclodiu a controvérsia que o ocupou até sua morte. Ela o opôs ao Monge Pelágio e aos seus discípulos (Celestius, Julien d'Éclane), que consideravam que o homem podia salvar-se por sua própria vontade, enquanto, para Agostinho, o pecado original tornava indispensável o socorro da graça. Depois da condenação do pelagianismo, em 418, a reação dos monges de Adrumeto e da Provença, que defendiam

8 CRISTIANISMO – DICIONÁRIO DOS TEMPOS, DOS LUGARES E DAS FIGURAS

AGOSTINHO — AGOSTINISMO

uma colaboração entre a graça e o livre arbítrio, incitou o "doutor da graça" a radicalizar sua doutrina (*A Graça e o Livre Arbítrio*) e a elaborar a teoria da predestinação (*A Predestinação dos Santos*).

Cercado de discípulos dedicados, como seu biógrafo Possidius, e dotado de um poder de trabalho fora do comum, Agostinho compôs várias obras que ocuparam um lugar essencial na Idade Média. Sua obra sobre *A Trindade*, elaborada durante mais de 20 anos, apresenta uma justificação dogmática baseada na Escritura (Livros I-VII) antes de demonstrar a analogia entre a alma e o mistério da Trindade (Livros VIII-XV). Sua obra-prima, enfim, *A Cidade de Deus*, fundamento do agostinismo político, foi redigida de 413 a 426 em resposta à tomada de Roma por Alarico, em 410. Estudando as origens do declínio de Roma (Livros I-X), Agostinho opõe o destino das duas cidades fundadas sobre o amor de si (cidade terrestre) e o amor de Deus (cidade celeste). A segunda parte (Livros XI-XXII) define uma visão ideal da cidade e desenvolve uma síntese original da história cristã, destinada a terminar na "cidade de Deus". O olhar crítico de Agostinho sobre sua obra (*Revisões*), em 427, reforça a originalidade deste escritor gênio que repartia seus escritos em três gêneros: perto de 800 sermões, 300 cartas e uma centena de tratados. Ele morreu em 28 de agosto de 430, em sua cidade, Hipona, sitiada pelos Vândalos.

A redescoberta recente de textos agostinianos comprova a abundância dessa obra que não cessou de fecundar o pensamento ocidental: a *Regra* de Agostinho é, desde a Idade Média central, a norma canônica mais seguida; seus escritos doutrinais estiveram no coração da Reforma protestante e da querela jansenista; suas *Confissões*, enfim, que marcam o nascimento do gênero autobiográfico, influenciaram o subjetivismo moderno. Mas Agostinho não se confunde com o agostinismo, e menos ainda com as sistematizações abusivas de alguns discípulos. Sua posteridade revela antes de tudo uma personalidade única, que ilustra a riqueza da literatura patrística para a história do Ocidente cristão.

Stéphane Gioanni

➤ Agostinismo; Pecador; Trindade.

AGOSTINISMO

Pode-se ver como um drama o fato de que Agostinho tenha dado origem ao agostinismo. Embora seja desejável sempre pesquisar Agostinho por trás dos agostinismos, acontece que a teoria agostiniana constituiu uma arma de combate, principalmente nas querelas sobre a graça, no século XVII, e que o próprio Agostinho escreveu textos de controvérsia, em especial contra Pelágio e Julien d'Éclane. Estes escritos de combate serviram, assim, a outros combates. Entre a edição de Louvain das *Obras Completas* (1577) e a efetuada pelos Mauristas (1679-1700) se estende o "século de outro" do agostinismo. Sua influência alcança todos os domínios, a teologia, evidentemente, mas também a antropologia, a espiritualidade, a filosofia e até a estética. O bispo de Hipona é uma autoridade incontestável;

AGOSTINISMO

seu comentador mais discutido, Jansênio, afirma que basta que um ponto de doutrina tenha sido professado por Agostinho para que esteja autorizado a sustentá-lo, mesmo contra o papa. Doutor da graça, mestre da vida interior e intérprete das Escrituras, ele representa o teólogo por excelência. Do *Cogito* de Descartes à fábula das abelhas, de Mandeville, os temas maiores deste período podem se referir a Agostinho: o amor-próprio, a vaidade e a concupiscência, a escrita de si e a memória, o desejo de Deus, o amor e a vontade... O agostinismo constitui um espaço intelectual e espiritual no seio do qual as doutrinas vêm articular-se ou enfrentar-se. Entretanto, a fidelidade a Agostinho se acompanha de excessos interpretativos, até de traições, e o agostinismo transforma o século de Luís XIV em campo de batalha. As hostilidades se abrem em Louvain, em 1585, com as teses de Baius que defendem a ideia de uma predestinação, não subordinada aos méritos do livre arbítrio humano, mas completamente fundamentada no poder de Deus. A controvérsia toma uma maior amplitude com a publicação, em 1588, da *Concordia Liberii Arbitrii cum Divinae Gratiae Donis*, do jesuíta Molina, que defende uma cooperação entre liberdade humana e poder divino. Para examinar estas questões, congregações são organizadas em Roma, de 1598 a 1607. A publicação, em 1640, do *Augustinus*, de Jansênio, bispo de Ypres, provoca uma radicalização das teses. O que parece, então, em jogo não é tanto a natureza de Deus quanto a do homem: é menos a teologia que a antropologia que opõe os diferentes agostinismos. Com efeito, todos afirmam o todo-poder arbitrário de Deus, que nada pode limitar ou prevenir – dominicanos, tomistas e jansenistas concordam neste ponto. Mas são as consequências para o homem desta concepção de Deus que dividem. Assim, para Port-Royal, mas também para Malebranche, o homem se define por sua atração irreprimível pelo prazer e por sua busca desvairada da felicidade. Apoiando-se em Agostinho, Pascal mostra que o homem só gosta daquilo que lhe proporciona mais prazer. Em oposição, Fénelon, que sempre combateu o jansenismo em nome de Agostinho, afirma que o homem não faz necessariamente o que lhe agrada mais, mas somente o que ele quer: ele tem, assim, a faculdade de se determinar por ele mesmo, sem que nada de externo à sua vontade – prazer, felicidade – o constranja. Estes dois agostinismos determinam duas concepções antagonistas da relação entre o homem e Deus. Para Pascal, a graça é em si um prazer. Espécie de necessidade sobrenatural, ela age infalivelmente sobre a vontade, dando-lhe o poder de fazer o bem que ela não tem por si só. Segundo Fénelon, Agostinho ensinou, ao contrário, que a graça não é invencível à vontade (que não lhe poderia resistir), mas que ela torna a vontade invencível, isto é, capaz de resistir ao pecado. A graça não anula a liberdade, mas a confirma. Poder-se-ia dizer que se enfrentam aqui, exemplarmente, um anti-humanismo e um humanismo, uma "vertente sombria" e uma "vertente luminosa" do agostinismo. O que explica as dissensões no seio do agostinismo é o caráter paradoxal da dupla afirmação, no Cristianismo (e mais singularmente nas proposições do concílio de Trento, 6ª sessão), da liberdade humana e do todo-poder divino. As querelas nascem quando se sustenta um elemento desta

CRISTIANISMO – DICIONÁRIO DOS TEMPOS, DOS LUGARES E DAS FIGURAS

AGOSTINISMO — ALEXANDRIA

dupla verdade, com a exclusão da outra: a onipotência com a exclusão da liberdade – posição que poderia estar associada à de Port-Royal, mas também à de Lutero e à de Calvino; a liberdade em detrimento da onipotência divina – posição que é a dos jesuítas molinistas ou "semipelagianos". Se a verdade reside na dupla afirmação da liberdade humana e da onipotência divina, acontece que os teólogos não podem renunciar a tentar determinar as modalidades de sua conciliação. É então que nascem as doutrinas e começam as querelas. Pascal, com efeito, não afirmou: "Há, pois, um grande número de verdades, e de fé e de moral, que parecem repugnantes e que subsistem todas numa ordem admirável. A fonte de todas as heresias é a exclusão de algumas destas verdades?" Estas controvérsias sobre a graça e o livre arbítrio parecem distantes. Não porque nossa modernidade espiritual e religiosa nos teria distanciado delas, mas porque a posição "pelagiana", consistindo em afirmar que o homem coopera com a salvação por seu livre querer, tem, neste ponto, triunfado, que ela aparece como a única verdade. A admiração exagerada por Agostinho se opera paradoxalmente na base de sua "desagostinização". O que se guarda do agostinismo é a figura do santo convertido, do ex-devasso que se tornou mestre espiritual, mas a concepção agostiniana da graça teria, contudo, fortemente ofuscado os que, em 1995, tinham vindo em massa escutar Gérard Depardieu ler as *Confissões*.

Laurence Devillairs

➢ Agostinho; Jansenistas.

ALEXANDRIA

Fundada em 331 a.C., Alexandria é primeiramente a cidade querida por Alexandre, o Grande. Ela ilustra o desígnio grandioso do construtor antes da glória do conquistador. Capital até a conquista romana (30 a. C.), cidade múltipla e populosa (com 500 mil habitantes, talvez, no século I, a metade durante a Antiguidade tardia), Alexandria não se encontra no Egito, mas nos seus confins. Ela está, com efeito, situada na articulação entre o vale do Nilo e o Mediterrâneo, e se organiza em torno de duas largas avenidas principais, enquanto o célebre farol brilha diante dela, como um batedor, ligado à terra firme por uma rua que delimita seus dois principais portos. Ela forma assim o ponto de convergência das mercadorias onerosas da África e da Índia, e do trigo do Egito que Roma, depois Constantinopla, oferecerão aos seus cidadãos beneficiários. Cidade de negócio, Alexandria é também um importante centro cultural graças ao *Mouseion* (verdadeira academia de sábios instituída sob Ptolemeu I) e à biblioteca que lhe era associada (700 mil volumes, segundo Aulo Gélio, sem dúvida destruída por um incêndio em 48 a.C.). A *Carta de Aristeu a Filócrates* atribui este esforço de reunião do conhecimento (por volta de 150-100 a.C.) à iniciativa do segundo Ptolemeu. Ele consegue a tradução dos cinco (?) rolos da Lei judia (Pentateuco), por 72 Anciãos, em 72 dias – lenda à qual Fílon (20 a.C.-40 d.C. aproximadamente) dá a garantia da autoridade divina em sua *Vida de Moisés*: assim se constitui a Septuaginta, expressão de uma

ALEXANDRIA

comunidade judia organizada, assumindo seu papel de intérprete, de barqueiro entre duas identidades. Não é este o único legado deste Judaísmo alexandrino, capaz de reunir, talvez, até um terço dos habitantes da cidade antes que se abata sobre ele uma terrível repressão, consequência de sua rebelião contra a autoridade do Imperador Trajano (115-117 d.C.). Fílon, com efeito, encarna, em seguida, o encontro entre a *paideia* e o ensino bíblico, em especial *via* prática da exegese alegórica. É esta tradição que é comunicada ao grupo dos cristãos, sem que se possa completamente restabelecer o caminho. A primeira história da Igreja nos é mal conhecida. O Novo Testamento não diz nada da evangelização conduzida em Alexandria. Sem dúvida, Apollos é originário daí, mas sua conversão o leva a investir-se em outra parte a serviço da Palavra. Somente no século III, estabelece-se uma lista episcopal referindo-se explicitamente a uma fundação executada pelo evangelista Marcos. Esta volta às origens, indicando uma preocupação de união específica com Roma, mostra uma tentativa de reconstituição hierárquica e confirma a ideia de uma primeira implantação cristã, mantendo uma relação estreita com o Judaísmo tão específico à cidade. Mas o enfraquecimento contínuo deste deixa logo mais oportunidades a mestres gnósticos (Basilides, Valentiniano), desejosos de fazer coincidir elitismo intelectual, esoterismo e espiritualidade (século II). Entretanto, eles se veem eficazmente contrariados por Pantene e Clemente, inicialmente, antes que Orígenes (185-254) garantisse o sucesso de um pensamento que afastou definitivamente a ilusão do mito. Na escola catequética, instituída sob o episcopado de Demétrios (189-232), Orígenes assume a herança filoniana, explora sua formação platônica e estabelece os princípios da compreensão da mensagem cristã: sentido alegórico conferido à Revelação, teologia do *Logos* e menor consideração da humanidade em Cristo, espiritualização da escatologia. Estas orientações permanecem apesar de suas contestações com a autoridade eclesial alexandrina. A partir da metade do século III, esta se afirma com vigor; ela estende seu exercício de maneira que, no início do século IV, o titular da sede alexandrina é o chefe supremo da Igreja do Egito. Apesar do cisma melitano que recusa este modelo autocrático, a centralização eclesial assim operada permite promover um modelo de poder que o martírio de Pedro (311) e principalmente o combate de Atanásio (328-373) em favor do *Credo* de Niceia atribuem ao momento em que o favor imperial se apega ao Cristianismo. Diante da transformação radical empreendida por Constantino e continuada por Teodósio, Teófilo de Alexandria (385-412) concebe uma política de conjunto que se acompanha de um reforço da implantação eclesial na cidade e da destruição (parcial) do Serapeion. Desenvolvida por seu sobrinho Cirilo, esta iniciativa traz por um tempo a supremacia procurada. Mas, vexado pelas decisões do Concílio de Calcedônia (451), afastado pelo tradicional aliado romano que se tornou mais ambicioso, o projeto geoeclesial alexandrino logo entra em resistência, promovendo uma doutrina dita – erroneamente – "monofisista". A partir da segunda metade do século VI, estabelece-se uma oposição entre uma Igreja oficial sustentada pelo poder e uma Igreja tradicional, cada vez mais identifica com a na-

CRISTIANISMO – DICIONÁRIO DOS TEMPOS, DOS LUGARES E DAS FIGURAS

ALEXANDRIA — ALTAR

ção copta, desde então grandemente cristianizada. Enfraquecido pelas dissensões, o esplendor da cidade empalidece. A conquista árabe contribui para tornar irreversível esta lenta extinção, logo sancionada pela transferência da sede patriarcal para o Cairo (meio do século XI).

Philippe Blaudeau

➢ Antíoco; Concílios (sete primeiros); Constantinopla; Egito; Jerusalém; Roma; Septuaginta.

ALFA E ÔMEGA

As duas letras que abrem e fecham o alfabeto grego são utilizadas pelo Filho do Homem por três vezes no Apocalipse (Ap 1, 8; 21, 6; 22,13). O Cristo afirma assim que Ele é "o começo e o fim de tudo" (Ap 21, 6). Associadas ao crisma (as duas letras gregas X e P), mas também à representação do Cristo em majestade, elas devem ser compreendidas numa perspectiva escatológica, resumindo sua presença a história providencial da humanidade. São encontradas em inúmeras inscrições, pinturas e objetos de arte. Este tema atravessa as áreas geográficas e os séculos posto que ele se encontra sobre uma cruz em mosaico na abside de Santo Apolinário – em Classe, no século VI, no lintel de Saint-Genis-des-Fontaines, entre 1019 e 1020, ou numa chapa de encadernação datada dos anos 1165-1170 (hoje no Museu Nacional da Idade Média).

Dominique Alibert

➢ Fim dos tempos; Jesus.

ALTAR

Tradicionalmente identificado com o "rochedo espiritual" (1 Co 10, 4) que é o Cristo, o altar é o elemento central do culto cristão; por sinédoque, ele significa o conjunto da igreja, lugar da comunidade à qual o sacrifício eucarístico dá origem.

Nas primeiras casas onde se reúnem os discípulos do Cristo, são mesas móveis ou fixas em um mármore que servem à comemoração da refeição eucarística. Com os primeiros edifícios públicos cristãos (as basílicas do século IV), o altar se torna mais nitidamente o lugar do sacrifício, o jogo das correspondências tipológicas entre o Antigo e o Novo Testamento convidando a colocar em relação o sacrifício do Cristo com os de Abel, Melquisedeque e Isaac. Na basílica paleocristã, o altar é colocado na abside, fortemente valorizado num ambiente arquitetado para o cibório e o coro.

É ao Papa Gregório, o Grande (540-604) que se deve a iniciativa, em São Pedro de Roma, de colocar o altar sobre um estrado em cima das relíquias de santos, e, então, articular o lugar do sacrifício eucarístico com o do repouso dos mártires (Ap 6, 6). Durante a Idade Média, com o desenvolvimento das missas ditas "votivas" ou "privadas", os altares secundários se multiplicam nas igrejas. O coro ganha

ALTAR — AMOR

em profundidade; é munido de uma parede que separa o espaço dos padres (*presbyterium*) da nave onde ficam os fiéis. O altar-mor é colocado ao fundo, com o oficiante voltado para leste e as costas para a assembleia. É, às vezes, uma verdadeira obra de arte, a mesa e a parte da frente podendo ser esculpidas ou decoradas.

Depois do Concílio de Trento, o altar-mor se torna o polo central do edifício. Ele se insere num conjunto arquitetural fixado ao altar com o retábulo e o tabernáculo, que permite a preservação das espécies eucarísticas. Por sua vez, os reformados conservam um espaço central ao altar, mesmo se Lutero recusa-se a ver aí um símbolo muito material do Cristo e insiste sobre a acessibilidade dos fiéis ao lugar do sacrifício.

O Concílio Vaticano II provocou notáveis mudanças da Igreja Católica: insiste-se sobre o caráter único do altar e sobre a necessária comunhão entre a assistência e o celebrante, que deve, a partir de então, ficar de frente para a assembleia.

Dominique Iogna-Prat

➢ Igreja (edifício); Eucaristia.

ALTÍSSIMO

Ver *Deus*.

AMOR

O "amor", a palavra mais comprometida como o mais sublime, dá lugar a confusões. Flanqueada pela palavra "caridade", ou, então, substituída por esta, ela se torna mais confusa ainda. O "amor" pode ser reduzido aos sentimentos, à vida sexual, ou ser estendido a toda reação humana de benevolência. A "caridade", estreita no caritativo e no humanitário, parece longe de sua fonte divina. Ora, tanto o amor pode ser o objeto de uma experiência humana universal com múltiplas facetas tanto a caridade, que é o amor vindo de Deus e nos ligando a Ele, não são senão o fato da revelação bíblica. Sejamos claros. O amor não é o valor supremo que cobre as religiões, as reconcilia e caracteriza todas. O amor como valor religioso supremo pertence somente ao judeu-cristianismo. Sua extensão ingênua é o fato de Ocidentais, que são, ao mesmo tempo, fascinados pelas outras religiões e exportadores dos ambientes judeu-cristãos para religiões que deles não dependem de maneira alguma – a menos que se considere que o amor, partilhado por todos os seres humanos, é, por esta razão, o elo de todas as religiões. Seria esquecer que as religiões não supõem refletir simplesmente valores humanos, mas que elas propõem uma mensagem explícita de relação com o divino, que corresponde ou não ao que se desejaria ver que elas comportassem.

Convém dar toda sua amplitude ao amor de caridade, segundo a revelação bíblica e a religião cristã. Ele vem de Deus e para Ele volta, passando pelo Cristo, depois, pelos homens. O amor vem de Deus porque Deus é amor. Deus não é o

AMOR

amor no sentido em que haveria assimilação do amor a uma divindade, mas Ele é amor porque o amor é seu ser. O amor pertence em comum às três pessoas da Trindade. Ele é uma perfeição divina e é também o nome próprio do Espírito Santo. Ele é ainda o que une entre elas as três pessoas, manifestando que Deus em si próprio não é solitário, mas relacional. Este amor que Deus vive, agradou-lhe fazer dele participar outros seres. A criação do mundo é uma obra de amor divino: ela se origina de uma decisão amorosa e é marcada, em todos os seres, por este amor, que os habita. O governo do mundo por Deus é o prolongamento deste amor. Cada categoria de criaturas é mais ou menos à imagem e à semelhança de Deus, principalmente os anjos e os homens, e, então, capazes, por sua vez, de amar. Infelizmente, a capacidade de amar não é tanta quanto supõe a liberdade, que é a possibilidade de dizer "sim" lúcida e voluntariamente. Ela postula, então, também a possibilidade de dizer "não". A Revelação nos ensina que anjos se revoltaram contra o plano de amor de Deus e que incitaram os homens a segui-los nesta revolta. O homem e a mulher, criados em graça e chamados a aceitá-lo, estabeleceram um ato voluntário desviando-os da graça divina. Pessoas, as primeiras, pecando pelo orgulho da desobediência, feriram a natureza humana. O pecado original é este estado, não cometido, mas contraído, no qual nascemos cortados do amor divino, já que nossa vontade é marcada por esta revolta primitiva.

A pedagogia divina, manifestada na Bíblia, consiste em reencontrar por etapas a imagem de Deus no homem ferido pelo pecado, e a imagem que o homem pecador se faz assim de Deus – a de um juiz e não mais de um Pai amante. Deus não parará, por suas alianças progressivas, de revelar a verdade deste amor, até o ensinamento por Jesus do "Pai nosso". É preciso eliminar o clichê segundo o qual o Deus do Antigo Testamento é um Deus de justiça, e o do Novo, um Deus de amor. Primeiramente, é o mesmo Deus com o mesmo projeto de amor, salvar os homens. Em seguida, o Antigo Testamento, quando o lemos, mostra, em cada página, a proposta amorosa de Deus; inversamente, muitas palavras de Jesus são severas. Isto quer dizer que a severidade é também uma expressão do amor, quando se quer o verdadeiro bem do outro e se faz tudo para educá-lo e preservá-lo do perigo. Nossa época é menos misericordiosa do que indulgente, por indiferença com o destino do outro.

O Cristo é o próprio Deus, segunda pessoa da Trindade, o Verbo, que se encarna para manifestar mais de perto o amor de Deus pela humanidade. Ele ensina e salva. Ele ensina pela palavra de verdade, visto que Ele é a Verdade, e salva por sua vida – principalmente por sua Paixão, sua morte e sua ressurreição – visto que Ele é o único salvador. A lei de Moisés era escrita, a nova está inicialmente inscrita nos corações. A graça trazida pelo Cristo é o último estado do amor divino. A Igreja do Cristo faz perdurar na comunidade humana o amor divulgado e comunicado. A Palavra de Deus, o ensinamento da Igreja, os sacramentos que dão a vida, em especial a eucaristia, sacramento do crescimento da caridade, e o sacramento do perdão, que restaura o amor partido, são a realidade em obra da salvação e não somente alguns meios, entre outros, de ser cristão.

AMOR — ANA E JOAQUIM

Tantas graças recebidas de Deus convidam o cristão a exercer, por sua vez, o amor que o transformou. O primeiro mandamento divino, que consiste em amar a Deus sobre todas as coisas, e ao seu próximo como a si mesmo, contém todos os outros. É em razão do amor que dedicamos a Deus que somos capazes de amar a nós mesmos e de amar também aos outros. Pode-se ainda amar-se a si mesmo e amar aos outros quando se deixou há tanto tempo de amar a Deus como Ele quer ser amado? Aí está a questão maior dos países que parecem distanciar-se do Cristianismo.

É aqui que redescobre a inscrição da caridade teologal (a que tem Deus como objeto e que é um dom de graça) na capacidade humana de amar. A caridade nos é dada, como a fé e a esperança, mas ela se encarna, em seguida, no agir. A caridade passa à ação. Isto não acontece sem treino nem progresso, o que a filosofia chama de construção virtuosa. Além dos vícios que vêm opor-se às virtudes, o abandono da repetição de atos concretos que a virtude exige contribui para arrefecer a caridade.

Enfim, só chega ao seu destino a caridade glorificada, o amor tal como nós o conheceremos se Deus nos dá essa graça e se nós a Ele respondemos positivamente (o que não tem nada de automático), a glória do céu, a permanência inicial dos santos, o Paraíso. Desde o momento da morte, os que cumpriram a purificação de seus pecados são admitidos na amizade divina, frente a frente. No julgamento final, acrescentar-se-á a este julgamento particular já e definitivamente pronunciado a ressurreição dos corpos e, então, a participação plena das pessoas humanas no amor de Deus, que elas terão recebido e aceitado. Esta comunhão, alcançada entre os santos do céu, e iniciada por nós na comunhão eucarística, e a caridade eclesial são a última manifestação do amor de Deus para com os homens e de uns pelos outros.

Quanto àqueles que, sem que seja erro deles, não receberam todos os meios terrestres explícitos para serem assim salvos, por falta de conhecimento da plenitude da salvação, eles são julgados por Deus, na medida do que sabem e do que eles amam. Sua consciência provê a isso, com a condição de que ela procure a verdade sem se contentar do mais confortável. Eles também serão salvos, se o são, e mesmo sem tê-lo sabido, na e pela Igreja, esposa amorosa do Cristo, o único Salvador.

Thierry-Dominique Humbrecht

➤ Pecador; Salvação.

ANA E JOAQUIM (SANTOS)

Estes são os nomes dos pais da Virgem Maria. Ignorados no Novo Testamento, eles só aparecem em certos apócrifos, o *Protoevangelho de Tiago* e o *Evangelho do Pseudo-Mateus*. Eles se tornarão muito populares, em razão de intermináveis discussões medievais sobre a Imaculada Conceição, a partir do século XII. *A Lenda Dourada*, coletada por volta de 1260, fez-se eco dos diversos milagres de cujo nascimento de Maria estava envolvido, em especial, quando de sua concepção, resultando de um casto beijo trocado por seus pais convocados um para o outro por anjos, na Porta Dourada, em Jerusalém.

CRISTIANISMO – DICIONÁRIO DOS TEMPOS, DOS LUGARES E DAS FIGURAS

ANA E JOAQUIM — ANDRÉ

A devoção a Santa Ana é conhecida desde o século VI no Oriente, onde uma festa lhe foi consagrada em 25 de julho, para fazer eco às festas da Encarnação, a saber a Anunciação, em 25 de março, e no Natal, em 25 de dezembro. No Ocidente, a partir do século VIII, a festa foi fixada em 26 de julho, porque o dia 25 era "ocupado" pela festa do Apóstolo Tiago. Esta devoção foi crescendo no fim da Idade Média. É testemunho disso a muito frequente atribuição deste nome na maior parte das línguas europeias e a colocação sob sua patronagem de um grande número de lugares, províncias (a Bretanha), santuários, hospitais e confrarias, tanto na Europa como na Nova França. Várias vezes questionada, sua festa finalmente se manteve até os nossos dias.

A figura de Santa Ana como paradigma da santa maternidade (ou a avó como educadora benéfica) esteve extremamente presente na iconografia cristã, em especial nas imagens intituladas "Santa Família" (espécie de retrato de família reunindo os pais de Jesus, os da Virgem, e, às vezes, os dois outros maridos de Santa Ana, que teve três), como "Ana ternária", Ana levando Maria, ela própria levando Jesus, ou, ainda, Ana, com um livro aberto na mão, ensinando a ler a Maria e lhe explicando a Santa Escritura. Esta última composição teve o favor dos que entendiam promover a alfabetização dos fiéis: Maria teve aí a função de modelo de docilidade ao ensino de Santa Ana.

François Boespflug

➤ Apócrifos (evangelhos); Lenda dourada; Maria.

ANDRÉ (SANTO)

Nascido na Galileia, pescador de profissão como seu irmão Simão (em seguida chamado Pedro), ele foi primeiro o discípulo de João Batista, depois de Jesus (Jo 1, 40-44), desde o início de sua missão. Nos Evangelhos, ele aparece claramente como membro do pequeno grupo que tinha um contato direto com Jesus. Depois da Ressurreição, seu nome figura uma única vez nos Atos dos Apóstolos (1, 13). Testemunhos mais tardios contam que ele teria evangelizado o Norte da Grécia, assim como o país dos Citas, e seria morto crucificado em Patras, em uma data desconhecida. Em 356-357, suas relíquias foram transportadas para Constantinopla.

Seu culto é atestado em Roma desde o século V e se difundiu nas regiões meridionais da Gália, mas permaneceu limitado: na França, só a Catedral de Bordeaux lhe é dedicada, e 73 comunas levam seu nome, o que o situa bem atrás de São Martim e São Pedro, ainda que Gregório de Tours lhe tenha consagrado, por volta de 590, um *Livro de Milagres* que fez muito pelo seu renome. Segundo os *Atos de André*, escrito apócrifo do século III, seu martírio teria acontecido num 30 de novembro, dia que se tornou a data de sua festa. De fato, o sucesso do culto de Santo André data dos últimos séculos da Idade Média, em relação com o acaso que conheceu o motivo da cruz dita "em X", atestado em Roma desde 1070, de ori-

ANDRÉ — ANJO

gem bizantina. No mundo grego circulavam, com efeito, textos segundo os quais o apóstolo teria sido crucificado numa oliveira com os galhos fendidos em forma de Y – em seguida, transformado em X por alguns artistas. Esta representação se difundiu na Inglaterra e na Escócia (Saint Andrews), a partir do século XII, depois passou sobre o continente para impor-se. No início do século XV, os duques de Borgonha escolheram a cruz de Santo André como emblema, este último reputado como tendo evangelizado a Cólquida, terra de origem do Tosão de ouro de que a ordem da cavalaria que eles haviam fundado levava o nome. As relíquias de Santo André foram transferidas em 1208 para Amalfi, na Itália do Sul, após a quarta cruzada, e daí a São Pedro de Roma, em 1462. O Vaticano restituiu-as recentemente à Igreja ortodoxa da Grécia, para facilitar uma aproximação ecumênica.

André Vauchez

➢ Apóstolo; Pedro.

ANJO

Os anjos, sem dúvida de origem assíria (ver os *karibu*, seres com cabeça humana, corpo de leão, patas de touro e asas de águia, cujas estátuas protegiam os palácios da Babilônia), aparecem na Bíblia, depois do Exílio. Eles são aí apresentados como servidores da glória divina, em particular os serafins com seis asas que Isaías vê acima dele (Is 6, 1), ou os *keroubin* (querubins), com múltiplas mãos e dotados de olhos, de que fala o profeta Ezequiel (Ez 1, 5-12). Seu papel, como o de toda a "milícia celeste" indiferenciada que constitui a guarda próxima de Deus, é de cantar no céu as maravilhas do Altíssimo e de lhe apresentar as preces e os esforços dos homens (Tb 3, 17 e 12, 12-15). Eles são também os guardiães da Arca da Aliança (Ex 25, 10). O Livro de Enoque – um apócrifo judeu tardio – relata a luta dos bons e dos maus anjos no céu e a queda de Lúcifer, revoltado contra Deus. Três dentre eles adquiriram uma importância particular com a aproximação da era cristã: Rafael ("Deus cura"), Gabriel ("Deus forte"), que revela os segredos divinos, e Miguel ("Que é como Deus"), encarregado de proteger Israel. No Novo Testamento, os anjos são primeiramente mensageiros do Altíssimo e os instrumentos de sua misericórdia ou de sua cólera, tal como Gabriel, que anuncia a Maria que Deus a escolheu para ser a mãe de Jesus, enquanto o Cristo é servido por anjos anônimos, depois de ter sido tentado pelo demônio no deserto, no início de seu ministério. No Evangelho de João (Jo 1, 50-51), Jesus anuncia a Natanael: "Você verá os céus abertos com os anjos de Deus que sobem e descem acima do Filho do Homem". O Apocalipse atribuído a João abre um grande espaço aos "Quatro viventes" (Ap 4, 7-8), que retomam os traços dos *keroubin* de Ezequiel, cuja tradição cristã fez os símbolos dos quatro evangelistas, assim como os "sete anjos que se mantinham diante da face de Deus" (Ap 8, 2; 19, 9-10). Na época patrística, este número será objeto de especulações que concluirão por uma classificação dos anjos, segundo seu grau de proximidade com Deus: serafins, querubins, tronos, dominações, potências, virtudes e arcanjos. Este esquema, recebido e consolidado

ANJO

pela teologia e exegese medievais, contribuirá indiretamente para desvalorizar a condição humana no plano espiritual porque, entre as criaturas, só Maria está acima dos anjos. No meio do século IX, na Abadia de Saint-Denis, Jean Scot Erígena traduz do grego para o latim a hierarquia celeste do Pseudo-Denis dito Areopagita, que distingue nove coros angélicos, abaixo dos quais se encontra o homem. Este último só poderá subir para a luz divina apoiando-se nas realidades sensíveis para chegar às realidades espirituais invisíveis.

Por sua vez, as liturgias orientais colocam particularmente em relevo um elo estreito entre a liturgia celeste e a que a Igreja celebra na Terra em honra de Deus, que associa estreitamente os anjos e os humanos: assim, no cânon da missa bizantina, os ministros do culto declaram: "Nós que, de modo misterioso, representamos os *keroubin*", porque os anjos são considerados como os diáconos da liturgia celeste. Isto explica que eles sejam representados com uma estola em posição transversal sobre seu peito. Seu papel é levar as oferendas dos fiéis "ao altar de cima, em presença de sua divina majestade".

Num primeiro tempo, os bispos reagiram vivamente contra o culto dos anjos, no qual eles viam um risco de idolatria, e Santo Agostinho proíbe dedicar-lhes igrejas. Mas a pressão popular foi mais forte e, desde o fim do século V, a festa de São Miguel foi celebrada em Roma, em 29 de setembro, dia do aniversário da dedicação da basílica que lhe era consagrada na via Salaria. Na época carolíngia, este culto foi limitado pela Igreja aos três principais anjos individualizados, Miguel, Gabriel e Rafael – o quarto, Uriel, tendo sido eliminado da lista. Assimilados a santos, eles se tornaram antes de tudo intercessores para os homens junto a Deus. O culto dos anjos esteve muito presente nos mosteiros, em particular em Cluny, onde os monges os consideravam como os auxiliares de seu combate contra as forças do mal e não hesitavam em afirmar que eles próprios levavam uma vida angélica, já que totalmente espiritual e consagrada à prece e ao louvor divino. Este culto foi frequentemente associado ao de Maria, mãe de Deus e figura da Igreja protegida pelos anjos, segundo a exegese que se tornou então corrente da passagem do Apocalipse onde Miguel expulsa o dragão que ataca a mulher refugiada no deserto (Ap 12, 1-8).

No fim da Idade Média e na época moderna, um deslize operou-se para uma personalização crescente da relação de proteção entre os anjos e os homens. A partir da Catalunha, parece, viu-se desenvolver o culto do anjo da guarda, introduzido na França por François d'Estaing, bispo de Rodez, no início do século XVI. Aprovado pelo papado em 1518 para a Península Ibérica, ele estendeu-se ao conjunto da cristandade em 1608. Da representação de um Deus vivo cercado de espíritos e de uma corte celeste reunindo os anjos e os santos, passou-se à de um homem acompanhado durante toda a sua existência por um guardião fiel, testemunha e figura do Cristo, garantindo a cada batizado a proximidade da proteção divina.

André Vauchez

➢ Anunciação; Apocalipse; Cluny; Miguel.

ANO SANTO

Ver *Jubileu*.

ANSELMO DE CANTUÁRIA (SANTO, 1033/1034-1109)

Nascido em Aosta, prior, depois abade de Bec (1059-1093), enfim, arcebispo de Cantuária (1093-1109), Santo Anselmo não se destacou apenas pela exemplaridade de sua vida, e seu combate, em plena querela das Investiduras, contra o rei da Inglaterra pela *libertas Ecclesiae* – liberdade da Igreja. Doutor da Igreja ("doutor magnífico"), ele procurou repensar os dados da fé a partir de um uso da lógica, então chamada *dialectica*.

Seu argumento da existência de Deus (que nos reservaremos de qualificar como ontológico) parte do que se acredita a respeito de Deus, a saber, que ele é "tal como nada de maior pode ser pensado" (*Proslogion*, II). Ora, há contradição em pensar que "aquilo de que nada pode ser pensado como maior" esteja somente no intelecto (*in intellectu*), caso em que se poderia, com efeito, pensar maior. É preciso, pois, dizer que existe igualmente na realidade (*in re*).

Se ele procurou, assim, demonstrar as razões necessárias das escrituras, por exemplo, da Encarnação, se ele se prendeu à questão ética, pensando o homem não somente racional, mas também livre, inclusive quando abandonou a justiça. O conceito central de sua ética é o da *rectitudo* – retidão, que garante a ponte entre as considerações ônticas – a verdade designa a retidão entendida como conformidade entre o que é e o que deve ser – e os elementos doutrinais de sua ética – a justiça se concebe como a retidão da vontade conservada por ela mesma, e não com o fim de ser feliz. A liberdade do arbítrio se entende então como esse poder propriamente humano de conservar esta justiça.

Então, se Anselmo foi, a partir do século XIII, conhecido por seu argumento da existência de Deus (a *ratio Anselmi* dos medievais), ele também contribuiu para dar um lugar central à vontade humana, o de que iam lembrar-se os Franciscanos, como Duns Scot.

Kristell Trego

➢ Doutores da Igreja; Teólogo.

ANTICRISTO

O nome aparece pela primeira vez nas epístolas de João (1 Jo 2, 18. 4, 3 e 2 Jo 1, 7) sob a forma *antichristos*, "o que é em tudo contrário ao Cristo". Entretanto, o mito mergulha suas raízes em tradições orientais e bíblicas mais antigas: a confrontação cosmogônica, o mito do Adversário (Satã, Belial etc.), a tradição bíblica do pseudoprofeta, o tirano (Nabucodonosor, Antíoco IV). Quase todos os padres da Igreja utilizam o livro de Daniel, o Apocalipse e a segunda Epístola aos Tessalonicenses, para apresentar o Anticristo. Ireneu de Lyon e Hipólito são seus

CRISTIANISMO – DICIONÁRIO DOS TEMPOS, DOS LUGARES E DAS FIGURAS

ANTICRISTO — ANTIOQUIA

dois primeiros "biógrafos", o primeiro, com seu tratado *Contra as Heresias*, V (por volta de 180), o segundo, com seu *De Christo et Antichristo* (200). Existem várias interpretações da figura do Anticristo entre os padres. Para Ireneu, Hipólito, Tertuliano, Lactâncio em especial, o Anticristo é um tirano sanguinário, de origem judaica, que faz sua aparição no fim da história e se apodera do Templo de Jerusalém. Ele será vencido pelo Cristo. Para Orígenes, o Anticristo é o falso *Logos* que habita ilegitimamente na Bíblia. Agostinho se encontra na origem da interpretação mais audaciosa: segundo ele, todos os fiéis podem tornar-se anticristos na medida em que seus atos contradizem o ensinamento do Cristo. O Protestantismo terá tendência a identificar o Anticristo com o papa ou, mais amplamente, com o papado. Lutero divide a história em três tempos: o tempo da Igreja, até Gregório, o Grande (604); o tempo do Anticristo, governado por um papado pervertido; e, enfim, o reino do Cristo. A visão ortodoxa segue em geral os modelos patrísticos, sem poupar também o papado, percebido como uma verdadeira instituição do Anticristo, por causa de sua sede do poder terrestre. Aos olhos de Soloviev (1900), o Anticristo se caracteriza principalmente pela trapaça.

Christian Badilita

➤ Apocalipse; Dies irae; Fim dos tempos; Jesus; Julgamento final; Profetas.

ANTIOQUIA

Estabelecida a algumas dezenas de quilômetros do Mediterrâneo, criada pela vontade de Seleuco I, em 300 a.C., Antioquia é a capital de um importante reino helenístico, antes de se tornar a segunda cidade do Oriente romano. Sua topografia particular, onde brotam colinas escarpadas e torrentes, enquadra uma ornamentação urbana grandiosa. Provida com mercadorias vindas do Oriente, Antioquia ocupa igualmente uma posição estratégica, vigiando o mundo persa. De cultura grega, mas estabelecida num ambiente semítico, Antioquia se distingue por seu caráter cosmopolita. Os contatos permanentes que a ligam à Palestina muito próxima explicam a precocidade da vinda dos primeiros discípulos do Cristo expulsos da Judeia. Eles estão, sem dúvida, na origem da aparição, na própria Antioquia, do vocábulo "cristãos" (Atos 11, 26). Mas sua concepção de acolhida dos convertidos originários do paganismo suscita um primeiro conflito, rapidamente resolvido pelos anciãos e pelos Apóstolos ("concílio" de Jerusalém). Um segundo confronto, mais severo, coloca em ação um dos representantes da jovem Igreja, Paulo (Ga 2, 1-14), e a figura de autoridade e de estabilidade (Mt 16, 18-19) que se juntou a ele, Pedro. A questão, refeição comum ou refeição separada entre circuncidados e não circuncidados, indica a dificuldade provocada pelo apego a certas concepções identitárias judaicas. Enquanto Paulo, não obtendo ganho de causa, deixa a cidade, Pedro mantém a unidade comunitária sem colocar em risco o objetivo missionário que revela o catálogo étnico do relato de Pentecostes (Atos 2, 9-11). Esta mesma busca de coesão explica a evolução do movimento cristão depois da destruição do

ANTIOQUIA

Templo e da ruptura com o Judaísmo rabínico. O Evangelho segundo São Mateus, composto em Antioquia por volta de 80 d.C., assume a diversidade das heranças para melhor afirmar a universalidade da missão junto aos pagãos.

A transformação rápida e exemplar das estruturas eclesiais também vem dessa capacidade de adaptação? O bispo e mártir Inácio (por volta de 110-117, ou fim do século II?) se faz o promotor de uma tripartição dos serviços (bispo, presbíteros, diáconos) cujo princípio é universalmente admitido no século seguinte. Em 268, o bispo de Antioquia, Paulo de Samósata, proclama, com efeito, uma doutrina antiorígenes, segundo a qual o *Logos* é somente uma funcionalidade de Deus, e a Encarnação, uma simples união extrínseca (com dois sujeitos em Cristo). Condenadas quando do Concílio de Antioquia de 268, estas teses não suscitam o desaparecimento da corrente que as informou. Reformuladas pelo Bispo Eustato, elas estão na origem de seu engajamento no Concílio de Niceia (Verbo da mesma natureza que o Pai, única hipóstase de Deus). Pouco depois, o exílio de Eustato abre um período de graves dissensões que só se encerrará no século seguinte (cisma de Antioquia), mas as orientações de seu pensamento permanecem. Então, assim que a retórica antiga se espalha numa Antioquia onde o paganismo está ainda muito vivo, uma escola teológica original se forma sob o impulso dos clérigos Diodoro e Flaviano (último terço do século IV). Ela retoma os traços ortodoxos sírios mais característicos para melhor se diferenciar da influência alexandrina: exegese bíblica refratária à alegoria, valorização da humanidade do Cristo. Ela defende, com efeito, um literalismo articulado com a meditação das Escrituras e com a ascese, enraizado na tradição da eloquência distintiva da cidade antioquiana. Assim culmina em João Crisóstomo ou em Nestório. Os excessos deste último, que se tornou arcebispo de Constantinopla, colocam, no entanto, em perigo a cristologia antioquiana. Esgotada pelo combate que a opõe ao poder geoeclesial alexandrino, a Igreja de Antioquia busca um tempo em sua origem petriniana os meios de reerguer seu prestígio aceito em Niceia. Mas o Concílio de Calcedônia (451) confirma a constituição do patriarcado de Jerusalém por sua conta. Os esforços desordenados de seus hierarcas revelam, então, uma tomada de consciência tardia e imperfeita das ameaças que pesam sobre a sede antioquiana, das quais a mais temível confirma-se ser aquela da captação da herança litúrgica e espiritual, de longa data preparada em Constantinopla. Uma oposição inesperada se manifesta na cidade a partir de 470, que se insere no movimento monástico siríaco, refratário ao ensinamento das duas naturezas em Cristo. Assim, Antioquia pode acolher o maior dos teólogos monofisistas, Severo, entre 512 e 518. Brutal, a restauração calcedônica querida por Justiniano provoca uma ruptura decisiva e altera a contribuição antioquiana ao desdobramento do pensamento cristão. Torturada por um sismo particularmente terrível (526), depois, pela peste (a partir de 542), a cidade perde rapidamente seu brilho. Conquistada pelos persas, pelos árabes, principalmente em 638, ela reencontra brevemente posição na história por ocasião de sua tomada pelos cruzados (1098). Mas este último e breve sobressalto indica

CRISTIANISMO – DICIONÁRIO DOS TEMPOS, DOS LUGARES E DAS FIGURAS

ANTIOQUIA — ANTÔNIO, O EGÍPCIO

sobretudo a memória incerta de um período decisivo em que Antioquia contribuiu para modelar de maneira durável o domínio cristão.

Philippe Blaudeau

➤ Alexandria; Concílios (sete primeiros); Constantinopla; Jerusalém.

ANTÔNIO DE PÁDUA (SANTO)

Nascido em Lisboa em 1195, o jovem Fernando entrou para os cônegos regulares de Santo Agostinho de Santa Cruz, em Coimbra, muito ligados com o grande centro intelectual Saint-Victor, de Paris; durante nove anos, fez aí estudos muito avançados no domínio da escritura sagrada e foi ordenado padre. Sua existência oscilou em 1220, quando as relíquias de cinco franciscanos martirizados no Marrocos foram trazidas para Coimbra: impressionado pelo seu exemplo, ele entrou para os Irmãos Menores com o nome de Antônio, e partiu, por sua vez, para o Marrocos, mas uma grave doença lhe impediu todo apostolado. De volta, foi a Assis para participar do capítulo geral de 1221, onde encontrou São Francisco. Enviado para a Romanha, seus dons excepcionais de pregador não tardaram a manifestar-se, em especial contra os heréticos. Em 1224, Francisco de Assis o autorizou a ensinar a teologia aos Irmãos Menores, "com a condição de que o estudo não apagasse entre estes o espírito de oração e de devoção". Depois de uma estada na França meridional, onde sua pregação conheceu um vivo sucesso, voltou para a Itália e se instalou, em 1229, na região de Pádua. Aí redigiu sermões para uso dos clérigos, convocando os fiéis à penitência e trabalhando pela pacificação das cidades e pela moralização da vida pública e privada. Em sua morte, aos 13 de junho, seu corpo aí foi sepultado num ambiente de intenso fervor citadino. Os milagres que aconteceram em grande número sobre seu túmulo e a profunda estima na qual o tinha o Papa Gregório IX explicam que este o tenha proclamado santo menos de um ano mais tarde. Uma esplêndida basílica em sua honra foi edificada em Pádua, no século XIII, pelos Irmãos Menores, para abrigar sua tumba; ela é ainda um lugar de peregrinação muito frequentado. Uma abundante iconografia medieval o representa com um livro ou uma chama, símbolo do amor divino. Na época moderna, ele segura, mais frequentemente, o Menino Jesus, conforme um relato do milagre do fim do século XIV. O surpreendente sucesso do culto de Antônio de Pádua, que não cessou até nossos dias, é, sem dúvida, devido ao fato de que ele foi um teólogo austero e erudito – em 1946, Pio XII o proclamou doutor da Igreja universal – e um grande pregador, com uma reputação de taumaturgo que lhe deu um espaço de destaque na religião popular.

André Vauchez

➤ Francisco de Assis; Mendigos (ordens).

ANTÔNIO, O EGÍPCIO (SANTO)

Conhecido pela *Vita Antonii* de seu contemporâneo e discípulo, o bispo Atanásio de Alexandria, Antônio, o Egípcio é célebre por ter sido, no século IV d.C.,

ANTÔNIO, O EGÍPCIO

um dos primeiros, senão o primeiro, a experimentar a vida solitária – não mais em comunidade (*coenobium*), como era, então, a norma, mas na solidão absoluta (*eremitum*). Este ascetismo lhe valeu no Ocidente os cognomes de Antônio, o Grande, Eremita ou Pai dos monges, que o diferenciam de seu homônimo franciscano, Antônio de Pádua. No século XI, a descoberta de suas supostas relíquias e sua chegada no Delfinado coincidem com o desenvolvimento de comunidades tendendo a reencontrar a austeridade dos Pais do deserto. A releitura da *Vita Antonii*, mas também as compilações de apócrifos e o estudo dos apotegmas atribuídos a Antônio provocam um interesse crescente dos clérigos por este modelo de anacoretismo.

Enquanto "atleta" do deserto e grande resistente às tentações que aí perseguiram toda a sua vida – e nisso, imitador do Cristo –, ele constitui um elo irredutível entre a tradição vétero-testamentária, encarnada na matéria por Elias, e as diferentes movimentações da renovação ascética: "inventado" pelos antoninos, elevado à posição de proto-Francisco pelos Menores, recuperado pelas obediências da observância no seio de inúmeras ordens monásticas (Beneditinos, Agostinianos), eremíticas (Camáldulos, Olivetanos) ou mendigos (Dominicanos), Santo Antônio se impõe desde então como o refundador dos valores do monasticismo ocidental até o fim da Idade Média.

Entretanto, é na sociedade civil que seu culto vai ancorar-se mais profundamente, em grande parte pelo fato da promoção organizada pela ordem hospitalar dos Antoninos, a partir da casa-mãe de Santo Antonio, em Viennois, onde eram veneradas suas relíquias. Nestes tempos de epidemias, a ordem aposta na profilaxia, erigindo seu patrono à posição de taumaturgo, em particular contra o "fogo sagrado" ou ergotismo gangrenoso. Promovido a "mestre do fogo" – o que contribuiu para a confusão de identidade com o seu homônimo –, Antônio conquista, por volta do século XIII, um *status* ambivalente, ao mesmo tempo defensor e justiceiro, que lhe garante em especial patronear algumas corporações militares (artilheiros, arcabuzeiros) e grandes dinastias (os Médici).

Um privilégio de sua ordem, a livre pastagem de seus rebanhos porcinos em meio urbano, o dota também de um novo atributo, o porco, pelo qual ele ganha seu enraizamento no terreno. Celebrado em 17 de janeiro, sua festa coincide no calendário agrário com a estação de abate da festa de "Saint-Cochon" [Santo porco] e a abertura do tempo carnavalesco. Assim, o Pai do deserto se vê totalmente assimilado a estas missões novas de veterinário e de provedor de abundância no meio do inverno. O culto de "Santo Antonio do porco" conhece seu apogeu nos séculos XIV e XV, em todo o Ocidente cristão.

Mas a concorrência do santo de Pádua e os novos valores da Igreja pós-tridentina colocam um termo nessa carreira. Doravante, Santo Antônio sobrevive essencialmente através do tema amplamente difundido das tentações, em especial pelo viés da iconografia e da literatura (Flaubert).

Laurence Meiffret

➢ Deserto; Eremita; Monge.

ANUNCIAÇÃO

A Bíblia comporta vários relatos de anunciação no decorrer dos quais é relatado que uma mulher, geralmente estéril e idosa, ouve um anjo anunciar que ela vai dar à luz: tal é a anunciação de Isaac a Sara, a mulher de Abraão (Gn 18). Mas a Anunciação, com o artigo definido e uma capital inicial, designa, em geral, a que o anjo Gabriel fez a Maria, a mãe de Jesus. Ela só é relatada no Evangelho de Lucas (Lc 1, 26-38): a jovem, virgem, já está prometida em casamento a um certo José, carpinteiro como profissão. Inicialmente muito surpresa de ouvir a saudação angélica (na origem do início da oração da "Ave Maria"), ela procura compreender, depois acaba por consentir, aquiescendo: *Fiat*, que isso se faça como Deus o previu. A imaginação, o fervor, a reflexão cristã vão se apoderar desta cena, explorar todas as potencialidade e lhe dar mil e um desenvolvimentos narrativos, homiléticos, devocionais, místicos, especulativos, artísticos, com tanto mais fervor e diligência que o futuro do anúncio ("tu conceberás") foi transformado em um presente. Não é exagerado dizer que esta cena foi, durante os dois milênios da era cristã, uma das mais amadas de todas as da bíblia.

A liturgia não tardou em fazer dela uma das grandes festas do calendário, situada em geral, em 25 de março, de propósito nove meses antes de 25 de dezembro. Considerada como a alvorada da salvação, a Anunciação pôde também servir como primeiro dia do ano. A teologia não tardou em colocar em relação a Queda dos primeiros pais quando da tentação no Paraíso terrestre (Gn 3, 1-7), por um lado, e a promessa do reerguimento da humanidade quando da Anunciação por outro lado, o "Sim" obediente da Virgem à vontade de Deus anula ou repara a desobediência de Eva no Paraíso, enquanto o *Ave* do anjo (*Ave Maria, gratia plena* – Ave Maria, cheia de graça) "desfataliza" o que "Eva" (o nome latino de Eva, anagrama de *Ave*) encerra. A pregação e a espiritualidade, em todas as correntes, ainda que perscrutando os sentimentos variados de que o coração da Virgem pode ser a sede no decorrer de seu encontro com o anjo, serviram para fazer dela e de seu "Sim" à Palavra de Deus o modelo da obediência da fé, da disponibilidade, da simplicidade, do engajamento de alma e de corpo na realização do plano de Deus, da consagração religiosa ou sacerdotal. Os pintores, por sua vez, fizeram disto um de seus assuntos de predileção – mas não imediatamente: a Anunciação está ausente da arte das catacumbas. O tema só aparece no fim do século IV (sarcófago do profeta Eliseu, em Ravena, onde Maria está fiando o manto de púrpura, em correspondência com o Evangelho apócrifo do Pseudo-Mateus; mosaico do arco triunfal da Basílica de Santa Maria Maior, em Roma, construída em 432-440; mosaico de Parenzo, século VI). Na arte medieval, em compensação, é certamente um dos temas-guia, e continuará até a primeira metade do século XX na arte do Ocidente. O apogeu de sua popularidade pode ser situado no fim da Idade Média e na Renascença: Fra Angelico pintou oito vezes este tema. Mais perto de nós, um Maurice

Denis, nos anos 1900, fez quase outro tanto. A imagem oferece muitas vezes uma síntese, uma ocasião, até mesmo um pretexto, para manifestar toda a inteligência psicológica e a virtuosidade artística que um pintor é capaz de colocar numa obra de arte. Ela pode também permitir uma síntese visual da doutrina cristã da Encarnação do redentor. Poucas imagens têm esta capacidade de conjugar recapitulação dogmática e apelo estético. A Anunciação inspirou, enfim, muitas poesias (Marie-Noël), *Le Rosaire des Joies*, 1930; Pierre Emmanuel, Annonciation. *Évangéliaire*, 1978 e peças de teatro (Paul Claudel, *L'Annonce Faite à Marie*, 1912).

François Boespflug

➤ Anjo; Maria.

APARIÇÕES DA VIRGEM

A crença nas aparições mariais é testemunha de uma história de longa duração. Entre o fim do século IV e o início do século XXI, os relatos descrevem por milhares as intervenções visíveis da mãe de Deus, suas "visões", suas "aparições" ou suas "revelações". Nascida no Oriente no contexto das controvérsias sobre a dupla natureza do Cristo em Constantinopla, nos anos 380, a história da crença esclarece inicialmente as concepções das relações entre o céu e a Terra nutridas pelos homens da Antiguidade tardia. No Ocidente, é principalmente depois do ano mil que a mariofania – neologismo teológico formado no século XX a partir do termo "teofania" – conhece uma forma de eflorescência sem precedente, ligada ao desenvolvimento do culto marial. Os relatos de visões e de aparições da Virgem fornecem, então, o quadro narrativo e conceitual com o qual são relidas inúmeras práticas e experiências religiosas da Idade Média. É assim que as ordens religiosas (Dominicanos, Carmelitas, Sevitas...) ou os lugares de peregrinações (Le Puy, Lorette, Boulogne etc.) reescrevem a história de sua fundação.

Na época moderna, a Reforma marca uma virada. O quinto Concílio de Latrão (1512-1517) coloca o exame das revelações sob o controle papal. O Concílio de Trento (1545-1563) reafirma este quadro disciplinar. A prudência pastoral vence sem, por isso, fechar a via aos testemunhos dos fiéis. Nas fronteiras da catolicidade, as aparições da Virgem alimentam as controvérsias entre protestantes e católicos (por exemplo, Notre-Dame de l'Osier, 1649). As aparições servem, então, aos desígnios missionários no Antigo e no Novo Mundo, como no México, em Guadalupe (aparição da Virgem a Juan Diego, cujo relato é divulgado a partir dos anos 1660). Num século XVII dominado pelo absolutismo monárquico, as aparições da Virgem testemunham principalmente uma piedade rural (Notre-Dame du Laus, 1664). O período da Revolução (1789) faz rimar "aparição" e "contestação". A apologia instrumentaliza a mariofania nos movimentos antirrevolucionários, seja na França, na Alemanha ou na Itália.

APARIÇÕES DA VIRGEM — APOCALIPSE

O Catolicismo intransigente do século XIX retoma por sua conta as revelações mariais. Ele faz amplamente eco à mensagem dos "maus tempos" profetizada pela Virgem. As aparições mariais da Rua do Bac (1830), em Paris, tornadas célebres pela difusão da medalha milagrosa, no pior da epidemia de cólera na capital, prometem provações e calamidades. Elas apelam igualmente para a conversão e para o arrependimento. No meio do século XIX, a retórica do verdadeiro e do falso em matéria de aparição – até aí pensada desde o fim da Idade Média sob a forma de um discernimento dos espíritos – assume uma tonalidade jurídica. As aparições mariais de La Salette (1846), Lourdes (1858) e Pontmain (1871) são reconhecidas pelas autoridades episcopais, e os fiéis são chamados a acreditar nelas como "certas". As multidões se precipitam aos lugares de aparições que são o objeto de uma midiatização importante, reativando uma devoção centrada nas curas. A piedade é sensível a uma interpretação literal da mensagem das aparições, estimulada pelas correntes mais hostis ao aumento dos socialismos e dos comunismos. A Senhora do céu entra, então, no início do século XX, no discurso de um Catolicismo intransigente onde primam tradição, autoridade e antimodernismo. No amanhã da revolução russa de 1917, as aparições de Fátima (1917) alimentam, por exemplo, uma propaganda anticomunista que se internacionaliza. Depois do Vaticano II (1962-1965), as aparições continuam a dar ocasião a uma recuperação pelos movimentos mais tradicionalistas da Igreja (por exemplo, em Saint-Bruno, no Canadá, em 1968). Mas muitos também são os relatos visionários que procuram manifestar a conformidade da mensagem marial com as afirmações conciliares, como em Garabandal, na Espanha, em 1961. As recentes aparições de Medjugorje, na Bósnia-Herzegovina (desde 1981), mostram que as polêmicas suscitadas pela crença são sempre de atualidade. A verdadeira questão das aparições é sempre a de sua interpretação. Entre céu e Terra, as mariofanias do século XX continuam a mostrar a diversidade dos olhares humanos sobre o divino.

Sylvie Barnay

➢ Fátima; Lourdes; Maria; Revelações.

APOCALIPSE

Apocalypsis, de *apo-* e *kalyptein*, significa em grego "revelação", "re-velação". Para os que acreditam que a escritura foi inspirada por Deus, esta constitui em seu conjunto um apocalipse. Moisés recebeu no Sinai o conteúdo das Tábuas da Lei diretamente da boca de Deus. Segundo o *Livro dos Jubileus*, escrito considerado como canônico pela Igreja etíope, haveria se beneficiado da ajuda de um anjo-escriba. Entretanto, o gênero literário apocalíptico só se mostra como tal no século III a.C., com o Livro de Daniel, e só recebe esse nome particular no fim do século I d.C., com o Apocalipse de João.

APOCALIPSE

As raízes do gênero devem ser buscadas no fenômeno profético bíblico. A corrente apocalíptica aparece depois da cessação da profecia, isto é, depois do estabelecimento do cânon da Escritura judaica por Esdras, na volta do Exílio babilônico, em 538 a.C. Existem, no entanto, diferenças entre a profecia e o apocalíptico. A experiência profética não supõe uma "saída de si" de tipo extático, como o experimentam os visionários apocalípticos. A profecia aparece mais como um tipo de conhecimento pontual, ligado a alguns acontecimentos históricos. Este conhecimento é, além disso, comunicado pela palavra divina, enquanto nos apocalipses o meio privilegiado de comunicação são as visões. Os autores dos textos apocalípticos veem com certo desprezo a história em geral e o presente em particular, considerando que somente uma intervenção súbita e milagrosa de Deus poderia liberar o povo de Israel. Mas um certo número de temas e de elementos provêm dos textos proféticos: o Dia do Senhor, a nova criação, as visões alegóricas interpretadas por um anjo (Za 9-14; Is 65, 17; Am 5, 18). Na realidade, conviria melhor considerar as duas como prolongamentos complementares do profetismo.

Um apocalipse é a comunicação, direta ou através de um mensageiro divino, de certos mistérios celestes. Progressivamente, o termo adquiriu um sentido escatológico. Os exemplos de apocalipses pertencentes à literatura apócrifa intertestamentária são os seguintes: I *Enoque* ou *Enoque* etíope; II *Enoque* ou *Enoque* eslavo; o *Livro dos Jubileus*; II *Baruch* ou *Baruch* siríaco; III *Baruch* ou *Baruch* grego; IV *Esdras*; o *Apocalipse de Abraão*; o *Testamento de Abraão*; os *Testamentos de Levi e de Neftali* (*Testamentos dos Doze Patriarcas*). Outros títulos pertencem à época cristã: o *Apocalipse de João*, a *Ascensão de Isaías*, o *Pastor de Hermas*, o *Apocalipse de Paulo* etc.

As características formais do gênero apocalíptico são o recurso aos pseudônimos, a importância atribuída às visões e o papel das profecias retrospectivas. A fim de dar mais peso e credibilidade possíveis a suas revelações, os autores dos apocalipses utilizam, em geral, o nome de certos personagens homologados pela tradição: Daniel, Isaías, Esdras, Enoque etc. Eles tentam assim fazer desaparecer a fronteira entre os escritos canônicos e não canônicos. O uso dos pseudônimos tem também uma justificativa lógica: por diversas razões, os apocalipses em questão não foram tornados públicos no tempo em que seu protagonista estava ainda em vida, eles esperaram condições mais favoráveis.

Os personagens apocalípticos recebem suas revelações por meio de visões – em sonho e em êxtase. No Apocalipse de João, o visionário é levado por um pássaro, como no de Abraão, e percorre todas as regiões do cosmos conduzido por um anjo. Este lhe serve, ao mesmo tempo, de guia e de intérprete. A terceira característica formal do apocalíptico é uma predição feita depois do acontecimento. O autor real, histórico, de IV *Esdras* vive no século I d.C., enquanto seu autor fictício, o próprio Esdras, tinha vivido no século V a.C. Por conseguinte, o autor real sabia muito bem o que tinha acontecido seis séculos antes: a tragédia do Êxodo babilônico, seguida do retorno a Jerusalém e da construção do segundo Templo.

CRISTIANISMO – DICIONÁRIO DOS TEMPOS, DOS LUGARES E DAS FIGURAS

APOCALIPSE — APÓCRIFOS

A essas características formais acrescentam-se vestígios de ordem "ideológica", uma dicotomia das idades entre a idade presente, a da história em curso, e a futura. A idade presente se define pela inconstância, a perecibilidade, o efêmero. A idade futura possui todos os atributos da duração: a eternidade, o imutável, a solidez. A primeira é constituída pela sucessão dos impérios terrestres; a idade futura, atemporal, consagra o reino de Deus, segundo o cetro do Messias. Deve-se observar também uma dimensão universal: o horizonte temporal do apocalíptico é mais amplo que o horizonte da escatologia nacional judaica e se estende da criação até a destruição do mundo; assim também, a esfera no interior da qual se desenvolvem estes acontecimentos não se limita à Terra, mas inclui todo o cosmos. Enfim, insistiremos no determinismo. Deus dirige o mundo segundo um plano bem estabelecido. Uma das funções essenciais dos visionários consiste em "desvelar" pelo menos alguns fragmentos deste plano. Geralmente, a data da visão é situada perto do fim do mundo, e o objetivo principal da revelação é alertar.

O Apocalipse de João comporta, além disso, algumas características específicas, como a ausência de pseudônimo: o autor exibe, quase ostensivamente, o fato de ser o contemporâneo de seus leitores. A ênfase é colocada sobre a figura do Cordeiro sacrificado: somente após a intervenção deste, o único capaz de romper os sete selos, é que a história começa a desenrolar-se; a origem da visão se encontra em Jesus Cristo. Pode-se dizer que o objetivo imediato do Apocalipse era proteger os cristãos durante as perseguições, mesmo se algumas dúvidas foram, algumas vezes, levantadas a respeito desta tese.

Christian Badilita

➢ Anjo; Apócrifos (evangelhos); Daniel; *Dies irae*; Sagradas Escrituras; Evangelistas; Fim dos tempos; Intertestamentários (escritos); Juízo final; Milenarismo; Profetas.

APÓCRIFOS (EVANGELHOS)

O qualificativo "apócrifo", proveniente de um termo grego que significa "oculto", é de uso tardio e só se compreende em relação à ideia de cânon, que é a lista dos textos que têm autoridade no conjunto das Igrejas: os evangelhos apócrifos são, pois, escritos que não têm autoridade no Cristianismo inteiro, seja porque eles são o fruto da reflexão de uma comunidade marginal, seja porque eles não pretendem concorrer com os outros Evangelhos. Deve-se, com efeito, desembaraçar-se de duas ideias muito frequentemente difundidas: os "evangelhos" apócrifos não adotam sempre a forma literária do Evangelho, a exemplo do Evangelho de Tomé, que é uma coletânea de palavras atribuídas a Jesus. Por outro lado, nem todos os evangelhos apócrifos foram condenados: o protoevangelho de Tiago, conhecido no Ocidente sob sua reescrita do Evangelho do Pseudo-Mateus, foi maciçamente utilizado nas lendas mariais e amplamente colocado em imagem para ilustrar as cenas da infância da Virgem.

APÓCRIFOS

Pode-se distinguir diversas espécies de evangelhos apócrifos. Alguns textos provêm de comunidades marginais, às vezes em concorrência com a tendência majoritária. Eles pretendem, mais frequentemente, apresentar uma versão um pouco diferente da vida ou das palavras de Jesus. Duas tendências se impõem majoritariamente. Os textos originados das comunidades cristãs de origem judaica nos foram transmitidos de maneira muito fragmentária pelos padres da Igreja que os criticavam. Conhece-se, assim, um *Evangelho dos Nazoreanos*, provavelmente originário da síria, um *Evangelho dos Ebionitas*, que podia assemelhar-se aos Evangelhos sinópticos, um *Evangelho dos Hebreus* e um livro originário de uma tendência batismal do Cristianismo, a *Revelação de Elkasai*. Conhecem-se melhor os textos provenientes das comunidades gnósticas porque muitos deles foram encontrados em copta nos desertos do Egito, em particular em Nag Hammadi. Citar-se-á principalmente o *Evangelho de Tomé*, de composição muito precoce (antes dos anos 150), pregando o ascetismo e o elitismo dos que têm o conhecimento, o *Evangelho de Maria Madalena* (por volta de 150), que faz da Madalena a exegeta dos mistérios divinos, ou o *Evangelho de Judas*, que dá um lugar muito particular a Iscariote. Estes textos se apresentam como a relação das declarações atribuídas ou não a Jesus e são muito similares a outros textos da mesma forma, como a *Hipóstase dos Arcontes* ou o *Tratado do Grande Seth*.

Outros textos, de origem popular, são mais tardios. Sobressaindo da prática do *midrash* (relato popular), eles têm, principalmente, uma finalidade apologética, mesmo se acontece de defender também certas opções teológicas ou morais. Entre eles, deve-se citar o *protoevangelho de Tiago* (século III), que preenche as falhas do relato dos Evangelhos canônicos e conta a infância de Maria. De origem oriental, ele é traduzido e remanejado no Ocidente sob o título de *Evangelho do Pseudo-Mateus*, depois, vê-se de novo reescrito na época carolíngia para se tornar o *Livro da Natividade de Maria*. O *Evangelho de Nicodemos* (século IV) propõe, por sua vez, um relato da descida aos Infernos. Muitas vezes reescrito, ele exerceu uma influência preponderante sobre as representações dos Infernos, desde os ícones até *A Divina Comédia*, de Dante.

Se os evangelhos apócrifos retiveram frequentemente a atenção midiática, não se deve esquecer que outros textos apócrifos desempenharam um papel preponderante na história do Cristianismo, e inicialmente o ciclo conhecido sob o título de *Transitus Mariae*. No decorrer do século IV, a definição de Maria como "mãe de Deus" (*Theotokos*) coloca uma questão aguda: se a Virgem é a mãe de Deus, seu corpo está submetido à corrupção? Duas respostas são elaboradas, que geram duas espécies de relato: em *La Dormition de la Vierge* [*O Sono da Virgem*] (Jerusalém, século IV), sua alma é erguida ao céu, depois seu corpo desaparece aos olhos dos Apóstolos; em *A Assunção de Maria* (século VII, Bizâncio), ela é raptada, ainda viva, corpo e alma, diante dos Apóstolos. Inúmeros *Atos dos Apóstolos* florescem igualmente, que entendem dar modelos à cristandade, em vias de elaboração. Os *Atos de Paulo* (datando de cerca de 150 e provenientes da Ásia Menor) exibem a figura do Apóstolo ativo, enquanto os *Atos de Pedro* propõem um modelo de pregação (na mesma época), em particular contra os heréticos, de que Simão,

CRISTIANISMO – DICIONÁRIO DOS TEMPOS, DOS LUGARES E DAS FIGURAS

APÓCRIFOS — APOSTÓLICA

o Mago, representa o pai. Alguns atos permitem principalmente fundamentar a autoridade de uma Igreja particular e justificar suas opções: é o caso dos *Atos de Felipe*, que fazem do apóstolo o fundador de uma Frígia ascética e extática, ou do ciclo de Edessa, que dá uma filiação apostólica aos bispos edessianos (*Doutrina do Apóstolo Addai*, por volta do século III, em Edessa; *Atos de Tadeu*, 640). Este ciclo tem uma divertida particularidade, visto que serve para fundamentar a autoridade de uma outra Igreja, a Igreja armênia, que entende aproveitar o prestígio de Tadeu (*Martírio de Tadeu na Armênia*, século VII).

Régis Burnet

➤ Bíblia; Sagradas Escrituras; Intertestamentários (escritos); Testamentos (Antigo e Novo).

APOSTÓLICA (VIDA)

A vida apostólica tem suas origens nos primeiros testemunhos da Igreja nascente, cujos Atos dos Apóstolos dão conta, por várias vezes, assim como a *Didaché*. Fundada sobre uma comunidade de bens onde se exercem a partilha e a caridade (1 P 1, 22), a vida apostólica enuncia, nos primeiros tempos da constituição das comunidades cristãs, um ideal de fraternidade e de renúncia à propriedade privada na espera da volta do Cristo. A virgindade e a continência sendo intimamente unidas com as realidades da vida apostólica, em referência a São Paulo em especial (1 Co 7, 7), destaca-se progressivamente uma noção de separação entre os leigos casados e as "virgens", que dará origem ao clérigo separado, o *presbyterium*, ao qual se acrescentará uma ruptura mais radical ainda, em favor do enfraquecimento do ideal comum, o monasticismo, de que a *Vida de Santo Antônio*, redigida por Atanásio (356), testemunha.

Por várias vezes, no curso de sua história, a Igreja esforçou-se em reencontrar uma nova juventude, inspirando-se nesse passado idealizado. A partir do século XI, uma exigência de aprofundamento veio à tona no Ocidente no domínio religioso, e monges, clérigos e leigos procuraram voltar às origens do Cristianismo, referindo-se ao modelo da primeira comunidade cristã de Jerusalém, tal como é descrita nos Atos dos Apóstolos (Atos 4, 32-35). Este desejo de reatar com a perfeição da Igreja primitiva exprimiu-se no ideal da *vita apostolica*. Nesta perspectiva, o papado reformador procurou impor ao conjunto do clérigo formas de vida comunitária. Ela fracassou nesta empresa muito ambiciosa, mas os esforços que ele desenvolveu neste sentido favoreceram o nascimento e a difusão de congregações de cônegos regulares, como a de Prémontrés. Outras correntes, em particular entre os leigos, colocaram ênfase na dimensão propriamente apostólica deste ideal e reivindicaram o direito de anunciar o Evangelho, o que os colocou em conflito com a hierarquia eclesiástica, que, em 1184, acabou por condenar os Valdenses e outros movimentos do mesmo tipo por usurpação do ministério da pregação.

Nathalie Nabert e André Vauchez

➤ Antônio, o Egípcio; Apóstolos; Herético; Monge.

APÓSTOLOS

"Apóstolo" vem do grego *apostolos*, formado a partir do verbo *apostellô*, "eu envio". Assim como Jesus pode apresentar-se – e foi compreendido por discípulos – como o "Enviado de Deus" anunciado pelos profetas (Lc 4, 17-21), o apóstolo é ele também um enviado, um mensageiro, um encarregado de missão designado para entregar uma mensagem. Uma espécie de embaixador, em suma, vindo do Cristo e acreditado junto aos homens para difundir seu Evangelho (Mt 28, 19) e testemunhar sua ressurreição (Atos 1, 22). Ele reparte, aliás, este *status* e esta tarefa com os anjos (a formação da palavra grega *euangelion*, traduzida em latim por *evangelium* e em português por "evangelho", "boa nova", sustenta esta aproximação).

O título de apóstolo, no início da missão cristã, não foi atribuído a qualquer discípulo. O Cristo o reservou aos 12 que Ele próprio escolheu para serem seus companheiros, cuja lista é dada no Evangelho (Mt 3, 17-19). Este número "histórico" é, pois, a constituição de um novo povo, de um novo Israel em torno de 12 novos "patriarcas". É tão verdadeiro que depois da traição de Judas e seu suicídio por enforcamento, os 11 restantes procedem à designação (por sorteio!) de um substituto, Matias, para restaurar seu número amputado (Atos 1, 15-26). Pela mesma razão, inúmeras imagens do Pentecostes mostram São Paulo entre o cenáculo. Historicamente, sua presença é impossível, visto que sua conversão no caminho de Damasco só acontece mais tarde (Atos 9). Mas, simbolicamente, ele toma todo seu sentido e significa que o que se designou ele próprio como "Apóstolo das nações" ou "dos gentis" (isto é, dos "povos", em latim, *gentes*) faz parte integrante da apostolicidade do núcleo primitivo. Mereceram ainda o título de apóstolo no sentido mais elevado Barnabé, honrado como tal no calendário litúrgico da Igreja, porque ele introduziu Paulo junto aos Apóstolos (Atos 9, 26-27), e Maria Madalena, qualificada como "apóstolo dos Apóstolos", por ter vindo anunciar-lhes a ressurreição de Jesus (Jo 20, 18).

Em seguida, conforme suas origens e seu fundador, a Igreja principiante se quis continuamente "apostólica", isto é, fundada sobre os apóstolos e seus sucessores, logo chamados "bispos" (*episcopoi*, "os que olham do alto", "os que vigiam"), e fiel à fé que eles transmitiram e ao seu ensinamento. Esta "sucessão apostólica" se manteve sem descontinuidade até nossos dias, e a "apostolicidade" da Igreja conta entre as quatro "notas" (características) confessas no *Credo* ("una, santa, católica e apostólica"). Esta característica não é simplesmente uma questão de obediência disciplinar e de autenticidade das ordenações episcopais, ela implica também a docilidade ao seu ensinamento. Uma das principais fórmulas de fé se chama precisamente o "Símbolo dos apóstolos" e reivindica por ele o fato de ter neles sua origem. Para aumentar ainda sua autoridade e fazer dele um texto quase revelado, uma lenda, tida como verdadeira durante toda a Idade Média, contava que este símbolo, constituído de 12 afirmações, tinha sido enunciado solenemente pelos Doze, no Dia de Pentecostes, à razão de um artigo por apóstolo, sob a moção do Espírito Santo.

CRISTIANISMO – DICIONÁRIO DOS TEMPOS, DOS LUGARES E DAS FIGURAS

APÓSTOLOS

O conjunto primitivo constituído pelos Doze, depois o conjunto de seus sucessores, é estabelecido e deve manter-se na comunhão em torno do único Pastor. Julga-se, a despeito das oposições e rivalidades internas, que ele constitui um colégio. O governo da Igreja é garantido pelo pontífice de Roma, e o colégio dos bispos, unidos na Sede apostólica do papa, simbolizou ele próprio a unidade do colégio apostólico. É qualificado, em seguida, de apostólico, tudo o que emana da Sede de Roma ou dela depende diretamente (carta apostólica, vigário apostólico, núncio apostólico, bênção apostólica etc.).

No interior do grupo primitivo dos Doze, pode-se introduzir algumas distinções. Se cada um deles merece ser chamado "coluna da Igreja" (1 Tm 3, 15), na linha reta da metáfora das colunas do Templo, Pedro é, às vezes, qualificado como "príncipe dos apóstolos". É ele quem preside o colégio dos Doze. É, ainda, a ele que o Cristo ressuscitado confia a tarefa de "confirmar seus irmãos" (Lc 22, 32) e de fazer pastar seu rebanho (Jo 21, 15-18). Mas continua legítimo ver em Pedro e Paulo, respectivamente, o Apóstolo dos gentis e o Apóstolo dos judeus, os "príncipes dos apóstolos". Da mesma maneira, é permitido reunir, no interior dos Doze, os três discípulos que Jesus levou à montanha da Transfiguração (Mt 17, 1) ou ao jardim das Oliveiras (Mt 26, 37), a saber, Pedro, Tiago e João, em face dos nove outros. Dois dentre os 12 foram evangelistas, João e Mateus, mas os dois outros evangelistas não eram apóstolos (Marcos e Lucas). Como quer que seja, cada apóstolo tem sua festa no calendário litúrgico, inclusive Matias e Barnabé. As festas de Pedro e Paulo foram reunidas em 29 de junho. Paulo é o único a cuja conversão foi consagrada uma festa especial (25 de janeiro). João, o discípulo bem-amado, foi colocado imediatamente atrás de Estêvão, ao lado do recém-nascido de Belém, em 27 de dezembro. A popularidade de alguns outros apóstolos, no decorrer dos séculos, foi e continua considerável, em especial nos santuários que se beneficiaram da presença de suas relíquias: é preciso pensar na de São Pedro, em Roma, de Tiago, em Santiago de Compostela, ou de Marcos, em Veneza. A do apóstolo Tadeu e de Bartolomeu, apóstolos do distante Oriente e da Índia, não é menor. Cada um dos 12 Apóstolos se beneficia de um rico patrimônio iconográfico. Os principais temas de arte em que os vemos reunidos, além dos quadros da visão beatífica, são a Ceia, o Pentecostes, a récita milagrosa do *Credo* ("Apóstolos no *Credo*"), o Sono da Virgem (onde eles se mantêm à cabeceira de Maria).

As ordens dadas pelo Cristo aos seus discípulos (além dos 12, aos 72 outros discípulos, Lc 10, 1), quando Ele os enviou para pregar durante seu ministério público, eram firmes e austeras: "não tenham nem provisão nem bolsa, comam o que lhes oferecem, deixem seus lugares onde não aceitam ouvi-los" (Lc 10, 4-11). Por outro lado, na comunidade primitiva de Jerusalém, os fiéis reunidos em torno dos Apóstolos levaram uma vida de oração e de repartição dos bens (Atos 2, 44; 4, 32). Frequentemente estas ordens e diversas precisões sobre o modo de vida e de agir dos apóstolos serviram de ideal a várias reformas na Igreja e a diversas famílias religiosas, tal como a dos irmãos Pregadores cujo fundador, São

APÓSTOLOS — ARCA

Domingos, entendia levar a *vita apostolica* ("vida apostólica"). Foi ainda o caso de muitas congregações missionárias, cuja missão e espiritualidade foram ditas "apostólicas", para diferenciar daquelas ordens ditas "contemplativas", uma distinção consagrada pelo direito canônico.

A palavra "apóstolo", como título aposto ao nome de um santo, serviu por muito tempo para qualificar o primeiro evangelizador de um país (São Bonifácio, apóstolo dos Germanos) ou de uma cidade (São Dênis [Saint Denis], apóstolo de Paris). Ele designa, atualmente, todo cristão convicto e militante e, além deste emprego, toda pessoa que se dedica a difundir ideias ou promover uma causa na qual ela acredita. O Concílio Vaticano II deu sua plena justificação a este uso, promulgando o primeiro texto da história da Igreja consagrado ao "apostolado dos leigos": sua vocação ao apostolado, ensinou ele, é comum a todos os batizados (*Apostolicam Actuositatem*, 18 de novembro de 1965).

François Boespflug

➢ André; Apostólica (vida); Credo; Discípulo; Domingos; Evangelistas; Tiago; João; Judas; Lucas; Maria Madalena; Mateus; Paulo; Pedro; Tomé.

ARCA

Arca, "caixa", em latim, traduz duas palavras hebraicas, *aron*, designando a Arca da aliança, e *tevah*, usada para a arca de Noé e para o cesto de papiro onde foi depositado o jovem Moisés (Ex 2, 3).

A arca de Noé é o barco que o patriarca construiu pela ordem de Deus para escapar do dilúvio (Gn 6-9).

A Arca da aliança é um cofre precioso, construído também pelas indicações do Senhor (Ex 25, 10-22), de madeira de acácia banhada a ouro. Este cofre acompanhou ou precedeu Israel durante 40 anos passados no deserto, até a entrada na Terra Prometida, depois da travessia do Jordão. Quando da conquista de Jerusalém, David a escoltou, dançando (2 S 6), e Salomão mandou construir o primeiro Templo para aí abrigá-la, no santo dos santos. Ninguém estava autorizado a tocar nela. Na Arca eram conservadas preciosas relíquias: fragmentos do maná caído do céu para alimentar os hebreus famintos, o ramo de Aarão, que tinha milagrosamente florido e produzido amêndoas (Nm 17, 16-26) e, principalmente, as Tábuas da Lei escritas pelo dedo de Deus (Ex 24, 12). Sobre sua tampa (o "propiciatório") se efetuava, uma vez por ano, um sacrifício para o perdão dos pecados do povo.

Essas duas arcas foram interpretadas na história cristã como as figuras anunciadoras. A de Noé foi compreendida como o anúncio da arca-nave da Igreja, na qual os cristãos originários de todas as nações, protegidos da cólera de Deus, são convidados a embarcar para sua salvação através do batismo (1 P 3, 20). A Arca da aliança foi diversamente interpretada como a cruz do Cristo ou como o tabernáculo onde são conservadas as espécies eucarísticas.

François Boespflug

➢ Dilúvio; Moisés.

ARCANJO

Ver *Anjo*.

ASCENSÃO

Embora haja outros personagens bíblicos a quem se atribui uma ascensão – ou um arrebatamento ao céu, Enoque (Gn 5, 24), Elias (2 R 2) e até Isaías –, a Ascensão se refere principalmente a Jesus, nos três textos do Novo Testamento: no final do Evangelho de Lucas (24, 50-53), no do Evangelho de Marcos (16, 19) e, principalmente, no relato circunstanciado que figura nos Atos dos Apóstolos (1, 9-11).

Para São Paulo e a maior parte dos autores do Novo Testamento, a Ascensão é incluída no movimento de exaltação que se segue à descida com a qual o Cristo Jesus consentiu: "Ele se rebaixou, Deus o exaltou" – parece este o cerne do querigma paulino. Esta subida inclui a Ressurreição e a Ascensão numa total continuidade. Ela se situa numa representação ternária do cosmos: céu, terra e inferno. Vindo do céu, o Cristo desceu à Terra, e mesmo sob a Terra, e Ele tornou a sair para alcançar o céu (Ef 4, 9-10).

A exaltação do Cristo e o fato consecutivo de sentar-se à direita de Deus são lidos na ótica do Salmo 110 [109], 1: "Senta-te à minha direita, que eu faço dos teus inimigos o escabelo dos teus pés!" Há, sem dúvida, aí, no início, a lembrança de um ritual de entronização dos reis, instalados em um palácio à direita do Templo, ou sentando-se num mesmo trono ao lado da divindade. Mas, para o Novo Testamento, trata-se de marcar o triunfo de Jesus, colocado em posse de um poder que se estende sobre todos os povos e o cosmos inteiro. A Ascensão é também para o Cristo o meio de enviar o Espírito Santo sobre seus discípulos (Jo 16, 7; Luc 24, 49).

O elo entre o tema teológico da exaltação e o relato da Ascensão "factual", relatado principalmente por Lucas, em seu Evangelho, e pelos Atos dos Apóstolos, foi, às vezes, contestado. Serviu-se da ausência de menção de uma Ascensão na final breve de Marcos, assim como no Evangelho de João e em Mateus. Em Jo 20-21, Jesus aparece várias vezes, mas não desaparece jamais. Entretanto, João faz menção, por várias vezes, quando do discurso da Ceia (14, 3.19.28; 16, 7.10.16), de uma partida para o Pai e de um desaparecimento visível que não podem estar relacionados somente à morte de Jesus. A final de Mt 28, 16-20 é mais curiosa ainda: o último encontro com o Ressuscitado aconteceu na Galileia (contrariamente a Lucas, que o situa em Jerusalém), numa montanha, ele tem as características de um envio em missão (como para Lucas) e parece dizer respeito a um grupo de discípulos bastante numerosos (os 500 irmãos de 1 Co 15, 9). O mais intrigante é a diferença de cronologia entre o Evangelho de Lucas e os Atos. Em Lc 24, a Ascensão fecha aparentemente uma jornada bem cheia, que começou perto do túmulo vazio e continuou com a viagem a Emaús e a volta a Jerusalém. Em Atos 1, existe uma demora de 40 dias entre a Ressurreição e a Ascensão. Como os dois textos emanam do mesmo autor, pode-se pensar que eles não são percebidos como contraditórios e que a perspectiva cavaleira de Lc 24 não tem pretensão cronológica.

ASCENSÃO — ASCETAS

Não se poderia deduzir dessas flutuações que a Ascensão é somente a encenação de uma afirmação teológica. Muito cedo, as aparições do Ressuscitado foram enumeradas como formando uma série (1 Co 15, 4-8, e, à sua maneira, a final longa de Marcos). Neste contexto, parece normal que se tenha guardado a lembrança de uma última manifestação do Cristo aos seus discípulos, mais solene que as outras, e que se fez acompanhar, sem dúvida, por um desaparecimento misterioso.

A localização das lembranças da Ascensão no Monte das Oliveiras levou, no século IV, à construção de uma das primeiras basílicas (a Eleona), depois de uma igreja com a cúpula aberta para o céu, no cume do Monte das Oliveiras. Mostrava-se aí a pegada milagrosa do pé do Senhor na areia, que se reformava cada vez. Uma festa distinta da Ascensão, 40 dias depois da Páscoa, é atestada no fim do século IV, e seria de origem capadócia. Santo Agostinho foi um dos primeiros, com São João Crisóstomo, que a ilustraram com uma pregação especial.

O ensinamento patrístico vê na Ascensão não somente o triunfo cósmico do Cristo, mas também a promoção da natureza humana prometida ao comércio com Deus. A ausência visível do Cristo, condição de uma presença diferente e mais profunda, foi guardada pelos autores espirituais como descrição da vida de oração.

Michel Gitton

➢ Jesus.

ASCETAS

O termo "ascese" provém do substantivo grego *askesis*, que designa o exercício, em especial o exercício gímnico. O verbo de que deriva, *askeo*, é interessante por sua dupla significação, "modelar" e "enfeitar" ou "ornar". É assim que o empregam Homero (*Ilíada*, X, 438) ou Heródoto (*Histórias*, III, 1). Esta conotação positiva, que deriva da estética, desapareceu por muito tempo do termo "ascese", concebido unicamente sob o modo da privação (privação de prazeres) ou da repressão (repressão das paixões). Pode-se dizer que, hoje, com a recrudescência dos métodos orientais de concentração e de domínio de si e a perspectiva ecológica da higiene de vida, a dimensão da ascese reencontrou, em parte, este polo positivo, mas nem sempre foi assim.

Na origem, isto é, no contexto da civilização grega, o asceta é aquele que modela seu corpo para torná-lo apto aos jogos: é o atleta. Duas concepções antropológicas distintas vão contribuir para modificar seu sentido: por um lado, a filosofia platônica, depois neoplatônica (Plotino), que considera que o corpo é um peso de que a alma deve poder liberar-se para atingir o divino. Tanto para uma como para outra, os dois apetites que são o princípio da cobiça e o princípio da cólera são opostos ao princípio racional, parte superior da alma humana. Por outro lado, o estoicismo, que reparte esta visão depreciativa do corpo, empreende uma luta sem trégua contra as paixões, movimentos nocivos, porque irracionais, que a razão,

ASCETAS

outro nome da virtude, deve dominar. Somente Aristóteles propõe uma visão mais moderada: longe de aspirar a suprimir as paixões, ele sustenta que estas devem ser disciplinadas para chegar à "mediatidade", ao meio exato, que caracteriza para ele a virtude. Assim, se há ascese para Aristóteles, esta remete à disciplina.

O Cristianismo herda, ao mesmo tempo, do termo e dessa perspectiva antropológica, mesmo se o ascetismo cristão possui um objetivo completamente diferente, o de imitar Jesus Cristo. Nos primeiros tempos do Cristianismo, o que domina é a dimensão da participação na morte e nos sofrimentos do Cristo, numa fidelidade às injunções paulinas: "Completo em minha carne o que falta à paixão do Cristo" (1 Col 1-24). O eremitismo dos primeiros séculos, com figuras como a de Santo Antônio ou de São Simeão, o Estilita, contribuiu para dar ao ascetismo cristão uma cor particular: rigor da penitência, continência absoluta e maceração da carne se tornam as características da perfeição cristã. O combate cristão ou ascese ocupa um lugar maior e consiste em enfrentar o demônio – ou seus prepostos, que são as paixões. Uma ênfase particular é, então, colocada sobre a virgindade, considerada nos primeiros tempos do Cristianismo como o único estado de vida que permite alcançar os picos da união com Deus; os padres a colocam assim imediatamente depois do martírio. De fato, a ascese consiste essencialmente em combater as paixões. Para Clemente de Alexandria, a vida espiritual comporta três etapas: a purificação das paixões (ascese), a aquisição das virtudes, depois, o acesso ao amor e ao conhecimento de Deus. A *apatheia* permanece assim uma etapa indispensável, mesmo se o objetivo perseguido é a contemplação e não a ataraxia. Agostinho, meditando sobre a humanidade do Cristo, reabilita as paixões que o próprio Cristo experimentou e que não poderiam, então, ser más: ele estabelece a distinção fundamental entre a "concupiscência", resto desviado do pecado das origens e fonte permanente de desregramento interior, e o "concupiscível", foco das paixões e dos movimentos naturais da alma. A vida cristã pode, então, apoiar-se na primeira das paixões, o amor.

O monasticismo, que sucede ao eremitismo, herda desse patrimônio cultural, mesmo se a Regra de São Bento continua notável pelo equilíbrio de vida proposta. Outras formas de vida religiosa assumem o lugar na Idade Média: com a aparição das ordens mendicantes, Dominicanos, ou irmãos Pregadores, e Franciscanos, ou irmãos Menores, encontram na pobreza a melhor maneira de seguir o Cristo. Sob o impulso de Gerson, e pelo viés da corrente da *Devotio Moderna*, uma atenção especial é atribuída aos fiéis leigos que estão no mundo, mas são chamados eles também a imitar Jesus Cristo: a obra anônima *A Imitação de Jesus Cristo* conhece uma divulgação inigualável nos séculos por vir (do século XV ao século XVII, ele concorre com a Bíblia nos meios devotos). Desenvolve-se assim uma forma de ascetismo própria ao seu modo de vida, ainda que fortemente imitado a partir do modelo religioso. Francisco de Sales, em seguida a eles, propõe uma "devoção civil" que não exclui os elementos essenciais da ascese cristã, mas se adapta às circunstâncias do século: mortificação da curiosidade, temperança habitual no beber e no comer, no domínio da língua, no porte habitual do cilício.

ANDRÉ VAUCHEZ

ASCETAS — ASSIS

No século XVI e no início do século XVII, a necessidade de reforma e de uma volta às origens se fez sentir na Igreja, concretizada pela aplicação do Concílio de Trento: é deste movimento que nasce a recuperação dos mosteiros, dentre os quais o de Port-Royal, que se torna um elevado lugar de espiritualidade e difunde um Cristianismo agostiniano centrado de novo no combate ascético. Se foi para seu tempo uma ocasião de conversão e de santidade, ele deu lugar, em seguida, a simplificações da vida cristã que o aproximarão do puritanismo anglicano: o século XIX se nutre desta austeridade que se volta, em certos casos, para o simples moralismo, mesmo se o exemplo de Teresa de Lisieux, com reputação de santidade fulminante, contrasta fortemente com a piedade rigorista de seu tempo, propondo uma "pequena via" acessível a todos e colocando ênfase na ternura de um Deus Pai. Na mesma época, a figura do cura de Ars, declarado "patrono de todos os curas do universo" por Pio XI, por suas austeridades notórias, funciona como uma lembrança constante da necessidade da penitência e da mortificação. Os exemplos dos grandes místicos do século XX, de Edith Stein a Padre Pio, reatam com a forte tradição ascética: a primeira dá o testemunho do martírio; o outro, dos estigmas. Entretanto, uma outra corrente espiritual atravessa o século XX, a do apelo à santidade na vida quotidiana, intuição comum aos fundadores de diferentes instituições eclesiais (Notre-Dame de Vie, Opus Dei, Communion et Libération), assim como a simples leigos (Madeleine Delbrêl, Charles de Foucauld), que consagra o Concílio Vaticano II: a noção de santidade vem, então, reconciliar de maneira durável a tensão entre ascetismo e piedade.

Hélène Michon

➢ Antônio, o Egípcio; Bento; Eremita; Foucauld (Charles de); Monge; Penitente.

ASSIS

Pequena cidade da Umbria, situada num sítio natural esplêndido celebrado por Dante em *A Divina Comédia*, ela guarda até hoje um caráter medieval. Deve sua celebridade a São Francisco, que aí nasceu, em 1181 ou 1182, aí morreu na noite de 03 a 04 de outubro de 1226 e aí foi canonizado pelo Papa Gregório IX, em 19 de julho de 1228. Este mesmo papa mandou construir aí, em sua honra, com a colaboração da Ordem dos Irmãos Menores, uma esplêndida basílica para abrigar suas relíquias, que para lá foram transferidas em 1230. Foram convidados os melhores artistas da época. O canteiro compreendia também a construção de um imenso convento, o *Sacro Convento*, e de um palácio pontifical acabados no essencial por volta de 1240. Mas a decoração continuou até por volta de 1300, época em que Giotto e seu ateliê cobriram de afrescos consagrados à vida do Pobre de Assis as paredes da igreja superior. Os peregrinos se dirigiam também à Igreja de Santa Maria dos Anjos ou da Porciúncula, situada na planície abaixo da cidade onde Francisco se tinha instalado com seus primeiros companheiros. As partir dos anos 1260-1270, este lugar foi muito frequentado porque os fiéis eram persuadidos de

CRISTIANISMO – DICIONÁRIO DOS TEMPOS, DOS LUGARES E DAS FIGURAS

ASSIS — ASSUNÇÃO

que a peregrinação lhes valia uma indulgência plenária. A cidadezinha, absorvida nos Estados pontificais no fim da Idade Média, recaiu numa mediocridade provincial na época moderna, mas saiu de sua letargia no fim do século XIX, graças à renovação dos estudos franciscanos e à retomada da peregrinação, que ganhou uma dimensão internacional. A partir dos anos 1950, "caminhadas pela paz" aí foram organizadas a cada ano e, em outubro de 1986, o Papa João Paulo II escolheu esta cidade para um encontro de oração com os representantes das principais religiões, destinado a promover o diálogo inter-religioso e a paz no mundo. É o que se chama desde então de "espírito de Assis".

André Vauchez

➢ Francisco de Assis; Mendicantes (ordens); Papa.

ASSUNÇÃO

A Assunção é o nome dado à ascensão da Virgem Maria para o céu, onde ela é preservada com sua alma e seu corpo. A Igreja Católica, que definiu este dogma em 1º de novembro de 1950, pela boca do Papa Pio XII (Encíclica *Munificentissimus Deus*), não decidiu a questão de saber se esta Assunção sobrevinha após uma morte corporal (ou um "sono", segundo as liturgias orientais) ou não.

A crença na Assunção de Maria vem principalmente de um apócrifo cristão traduzido em todas as línguas das antigas cristandades do Oriente e do Ocidente (grego, latim, siríaco, armênio, copta, árabe etc.), o *Transitus Mariae*. Sua data e sua origem são o objeto de debates, mas a possibilidade de uma redação antiga proveniente dos meios judaico-cristãos de Jerusalém não deve ser excluída. Conta-se aí os últimos dias da Virgem Maria em Jerusalém, a reunião dos Apóstolos que voltam um pouco de todas as partes para assistir a mãe de Deus em seus últimos momentos, seu adormecimento pacífico, o voo de sua alma junto a seu filho, sua sepultura em um túmulo novo ao fundo do Cédron, a aparição do Cristo que vem retirar o corpo de sua mãe e subtraí-la aos olhares.

As primeiras menções da Assunção e de um túmulo da Virgem, visível perto do Cédron, remontam ao século V: o Imperador Marciano pediu ao patriarca de Jerusalém, Juvenal, que se dirigisse ao Concílio de Calcedônia (451), levando relíquias do lugar venerado. Foi, sem dúvida, pouco depois que se ergueu a primeira igreja cruciforme sobre os restos do túmulo. As escavações revelaram um túmulo com banco, no meio de uma necrópole do século I. O cômodo talhado na pedra foi logo isolado do resto e carrega os vestígios precoces de veneração.

Os padres da Igreja, a partir do século VI (Pseudo-Dinis, o Areopagita, São João de Damasco etc.), fazem menção a esse episódio e atestam logo a existência de uma festa em sua honra. A data de 15 de agosto parece vir da dedicação de uma igreja (pensa-se na Katishma, que comemora a última parada de Maria na estrada de Belém).

ASSUNÇÃO — ATOS

A tradição que fixa o sono, depois o enterro de Maria em Jerusalém ficou constante em todas as liturgias do Oriente, que continuam a celebrar no lugar, em grande solenidade, estes acontecimentos. Os latinos foram excluídos do edifício do Cédron a partir do século XVIII. Mas os beneditinos alemães construíram no Monte Sião, próximo aos restos do Cenáculo, uma grande basílica em honra do Sono da Virgem Maria.

Desde a Idade Média, um outro lugar se apresentou, sem muita probabilidade, como o cenário dos últimos momentos da Virgem Maria. É Éfeso, ligado há muito tempo à figura do Apóstolo São João, que aí tinha seu túmulo. Lembrando-se de que João tinha tomado Maria "em sua casa", em Jerusalém (Jo 19, 27), alguns daí deduziram que ele tinha alcançado a Ásia Menor em companhia da mãe de Jesus (ela teria feito à época mais de 80 anos!). As visões da bem-aventurada Anne-Catherine Emmerich (1774-1824) ilustraram esta crença. O lugar, denominado hoje Meryemana, que parecia corresponder à descrição, ficou muito venerado e atrai ainda cristãos e muçulmanos, perto de uma capela mantida pelos padres lazaristas.

O episódio da Assunção é mais que um epílogo legendário da história de Maria, mesmo se a Escritura não nos diz nada sobre ela depois de Pentecostes. Ele se inscreve num paralelo muito forte entre Jesus e sua mãe: associada de uma maneira toda especial ao mistério pascal de seu Filho, ela conheceu com ele a espada de dor cravada em seu coração e conhece com ele o triunfo antecipado da Páscoa e da Ascensão. Se Maria é o ícone da Igreja, ela prefigura nela mesma a vitória escatológica sobre a morte que será a de todo o corpo místico. É neste sentido que a Igreja utiliza para sua festa o capítulo 12 do Apocalipse ("eu vi uma mulher coroada com doze estrelas..."), texto complexo que une indissoluvelmente a apresentação da Igreja e a evocação de Maria.

Michel Gitton

➢ Maria.

ATOS (MONTE)

Península culminando a mais de dois mil metros a leste da Calcídica, na costa da Macedônia, que constitui uma república monástica ortodoxa.

Desde o século VII, monges bizantinos expulsos pelas invasões vieram continuar aí sua vida solitária. Um decreto imperial de Basílio I, em 885, faz do Atos uma terra reservada aos mosteiros. A primeira comunidade, a Grande Lavra, foi fundada em 963 por Atanásio, com o apoio do Imperador Nicéforo Focas. A tradição monástica observada se inspirava nas regras estuditas.

Outros mosteiros foram fundados pouco depois: Vatopédi, sob a influência do mesmo Atanásio; Iviron, por um monge georgiano auxiliado pelo Imperador Basílio II; Chilandar, mencionado no início do século XII, depois restaurado pelo príncipe da Sérvia, Stefan Nemanja, cujo filho aí se tornou monge sob o nome de

ATOS

Savvas. Cada fundação se beneficiou do apoio de um personagem garantindo um apoio material. Todo o território fazia, então, parte integrante do Império Bizantino. A partir de 1430, o Atos passa sob domínio otomano, e as dificuldades materiais levam os monges a adotar um regime idiorrítmico – onde cada um garante sua própria subsistência num mesmo mosteiro. Todos os grandes mosteiros voltaram atualmente a um regime comunitário, oferecendo melhores condições para a vida espiritual e para a oração. Esta se pratica sob uma forma particular chamada "hesicasmo" e que, no século XIV, recebeu sua justificação doutrinal graças a Gregório Palamas, monge da Grande Lavra. Esta tradição é explicada numa coletânea de textos, a *Filocalia*, reunindo escritos de mestres espirituais que transmitiram sua experiência de oração. Um monge atonita, Nicodemos, conseguiu sua primeira edição no século XVIII.

Por esse elo que ele garante entre oração e doutrina, mas também por sua tradição de universalidade, o Atos serve de referência cultural e espiritual ao mundo ortodoxo. Apesar de uma maioria de monges gregos, várias comunidades são multinacionais e acolhem peregrinos e viajantes de todas as origens, em busca de vida espiritual ou de autenticidade.

André Lossky

➤ Constantinopla; Ortodoxia.

B

BAAL

Ver *Ídolos*.

BABEL

Babel é o nome original de Babilônia, cidade antiga da baixa Mesopotâmia situada no Eufrates, fundada perto do fim do terceiro milênio, pelos Sumérios. Nômades se instalaram na planície onde eles construíram uma cidade. No século XVIII a.C., a cidade ganhou uma importância considerável. Objeto de cobiça, Babel teve de se reforçar contra os assaltos dos Assírios, através da aliança do Rei Nabupolasar (626-605) com os Medos. Em 587, os soldados do rei babilônico Nabucodonosor (605-562) atacaram o reino de Judá e levaram para a Babilônia todas as pessoas válidas de Jerusalém. Assim se realizavam as profecias de invasão militar de Jeremias. O profeta Ezequiel foi um dos primeiros deportados para a Babilônia. O rei judeu Sedecias terminou aí seus dias em cativeiro. A vitalidade comercial da cidade serviu-se da atividade dos exilados, até que o rei persa Ciro, que reinava sobre toda a Ásia Ocidental, tomasse a cidade, em 539. Sua queda teve uma enorme repercussão. A Babilônia se tornou vassala do Império persa. Para os judeus exilados, todas as esperanças foram então permitidas. Como o tinham anunciado as Escrituras (Jr 50-51), o julgamento de Deus se exercia contra a cidade orgulhosa, e a liberação por Ciro ia tornar-se uma realidade bem próxima (Is 47, 1-15).

O capítulo 11 do livro da Gênese relata a construção interrompida de uma torre em Babilônia. Ela se apresenta como uma torre com sete andares (*ziggurat*) fazendo parte dos edifícios de culto da cidade, e podendo chegar a 90 metros.

O último andar comportava um pequeno templo que, segundo as inscrições de Nabucodonosor, era revestido de pedras esmaltadas azuis. Era aí que se julgava que Deus descia. A torre, em sumério *É-témen-an-ki*, era considerada como o centro do mundo, "templo do fundamento do céu e da Terra". Vinha-se aí para venerar os deuses propriamente dinásticos, Marduque em particular, evocado pela inscrição do Rei Nabucodonosor sobre o Templo: "Eu estabeleci em seu cume a alta morada para Marduque, meu Senhor. De *É-témen-an-ki* eu elevei a ponta com pedras cozidas de esmalte azul resplandecente."

CRISTIANISMO – DICIONÁRIO DOS TEMPOS, DOS LUGARES E DAS FIGURAS

BABEL — BABILÔNIA

Um culto era celebrado a esse demiurgo da cidade de Babilônia, em cada festa do Ano Novo, desde o século XIX antes da nossa era. Adoravam-se aí as divindades astrais (Sin, Shamasch, Ishtar) próprias das populações de ascendência aramaica presentes na Babilônia.

Os povos da Babilônia aspiravam a tornar-se os donos do mundo: "Construamos para nós uma torre cujo cume penetra os céus!" (v. 4). O projeto é demencial: erigir um edifício cujo cume viria zombar do próprio Deus. O livro de Isaías lembra uma tal vaidade: "Eu subirei ao cume das nuvens, eu sou o igual do Altíssimo" (Is 14, 13-14). O edifício é simbólico da vontade de poder de um povo que pretende apagar os seus limites, alcançar o infinito e fazer-se eterno. Contestando a Deus o direito de escolher para ele o mundo superior, os Babilônicos entendiam subir ao céu por sua vez. O nome que o grupo quer se dar o obriga à unidade linguística que os povos de Babel compreenderam como expressão identitária. Para além, é a abolição da diferença que é visada. Ou seja, toda alteridade deve ser confundida.

Uma incompreensão repentina provocou mal-entendidos, disputas eclodiram, a construção parou. Mais que uma punição do orgulho desses povos, o texto revela o objetivo criador de Deus que os "dispersou sobre toda a superfície da Terra" (v. 8). O lugar deserto foi "chamado Babel, porque é aí que o Senhor *confundiu* sua língua" (v. 9).

A chave da leitura da dispersão dos construtores se encontra nas palavras de Deus a Abraão: "Em ti serão abençoadas todas as nações da Terra" (Gn 12, 3). A bênção do pai de todos os povos tem, pois, um caráter universal. Abraão, abençoado para todos, é sinal da pluralidade querida por Deus. O que os homens teriam desejado obter por eles mesmos, sem interferência de Deus, o Senhor lhes dá pela mediação de Abraão.

O relato bíblico estabelece a diversidade, necessária à relação entre os homens como entre as nações. A obra de criação de Deus, em resposta ao projeto totalitário dos construtores da Torre de Babel, cava o sulco que religará uns aos outros.

Mais tarde, a diversidade das culturas reunidas em Jerusalém para o Pentecostes (Atos 2, 1-11) fará eco àquela das nações que Deus abençoou na pessoa de Abraão. É a todas as nações da Terra que se dirigirá a promessa da salvação.

Gérard Leroy

➢ Abraão; Babilônia; Pentecostes.

BABILÔNIA

Capital do antigo Império assírio-babilônico, nas margens do Eufrates, destruída em 127 a.C. Ela evoca no *corpus* bíblico o poder que pôs fim, em 721 a.C., à realeza em Judá, mas simboliza antes de mais nada a cidade do exílio para onde os habitantes de Jerusalém foram deportados por vagas sucessivas, principalmente em 586-538 depois da pilhagem e do incêndio do Templo. Ela encarna a cidade-

BABILÔNIA — BACH, J. S.

contraponto por excelência, a insolente cidade do Mal que tem a pretensão de destronar Deus (Gn 11, 2-9) e acumula todos os riscos de idolatria. Seu nome volta frequentemente na literatura profética, o mais frequentemente em má parte (Is 13, 19; 14, 4), principalmente em Jeremias (Jr 51, 41.53). O nome original da cidade é Babel, e a famosa Torre de Babel deve ser entendida como Torre de Babilônia: outra lembrança dolorosa, talvez mítica, da confusão das línguas (daí o jogo de palavras com fundo de consonância, Babel estando ligado ao hebraico *balal*, "confundir") consecutiva ao empreendimento arquitetural dos filhos de Noé (Gn 11, 1-9).

Jerusalém, cidade da compreensão encontrada, funciona como o avesso simbólico de Babilônia ou do Egito, ele próprio assimilado por muitos dos Padres da Igreja à Babilônia. Nada de surpreendente, por conseguinte, em relação à Roma das perseguições e da imoralidade que ela seja chamada, por sua vez, "Babilônia, a Grande" no livro do Apocalipse (Ap 14, 8; 16, 19; 17, 5) e num versículo da *Prima Petri* (1 P 5, 13). Sua queda inelutável é anunciada aí por três vezes (Ap 18, 2.10.21). Na Idade Média, Babilônia designava Cairo para os cristãos do Ocidente. Assim, Francisco de Assis encontrou, em 1219, o "sultão da Babilônia", segundo os cronistas da época.

François Boespflug

➢ Babel; Pentecostes.

BACH, J. S. (1685-1750)

Compositor alemão, J. S. Bach nasceu em Eisenach, ao pé do castelo da Wartburg, onde Lutero se refugiou e traduziu para o alemão o Novo Testamento. Educado na fé cristã segundo o Reformador, apaixonado por Teologia, ele manifesta desde jovem um conhecimento bíblico aprofundado, o que provará o inventário de sua biblioteca religiosa. Mais ou menos numa breve exceção (em Köthen), as funções que ele ocupou sucessivamente em Arnstadt, Mühlhausen, Weimar e Leipzig foram primeiramente as de um servente da Igreja, em liturgias que atribuem o primado à palavra e à música, segundo a fórmula de Santo Agostinho, retomada por Lutero: "O que canta, reza em dobro." Os 27 anos passados em Leipzig lhe davam o comando sobre o repertório musical da cidade, principalmente em suas quatro igrejas: execução de cantatas todo domingo e dia de festa, na missa e nas vésperas, escolha dos motetos, das peças de órgão e dos corais, inclusive os executados quotidianamente na prefeitura da cidade. Para esse sacerdócio sonoro, ele compôs um repertório de mais ou menos 300 cantatas e outro tanto de peças para órgão. Ouvidas antes e depois da pregação, as cantatas desenvolviam musicalmente uma glosa fundada sobre um ponto das leituras da liturgia do dia, constituindo um dublê do ensinamento verbal do pastor, enquanto o frequente recurso ao coral implicava a adesão espiritual da comunidade. A tradução que o compositor faz dos textos de suas cantatas, motetos e oratórios mostra como, pelos meios da retórica e da simbólica sonoras, em códigos conhecidos de

BACH, J. S. — BASÍLIO DE CESAREIA

todos, ele se preocupa em praticar, em intenção dos fiéis, uma catequese e uma exegese dos mistérios da fé, na estrita ortodoxia luterana. Até em suas obras para órgão só, sem palavras expressas, ele se considera em sua tribuna, em seu comentário dos textos sagrados, o homólogo do pregador no púlpito, com o que se pôde cognominá-lo como "quinto evangelista".

Gilles Cantagrel

➢ Lutero; Reforma.

BALAÃO

Balaão é um profeta a serviço de Balaque, rei de Moab (Nm 22-24). Como este se prepara para combater Israel, ele encarrega por duas vezes Balaão de maldizer seu inimigo. Indo até lá, Deus lhe barra o caminho, mas Balaão, cego, força sua jumenta, que ainda enxerga, a avançar. Por três vezes, ele a espanca, por três vezes, ela se empina e Yahvé faz a jumenta falar. Enfim, os olhos do profeta se abrem: ele amaldiçoa Balaque e abençoa Israel (Nm 22, 2-21). Algumas versões contam que Balaão tentou maldizer Israel, mas que Yahvé mudou essa maldição em bênção.

O Novo Testamento o menciona três vezes (2 P 2, 15-16; Jud11; Ap 2, 24) e destaca sua cupidez, sua atração pela imoralidade e pela oferenda de animais aos ídolos. Ele teria até cobrado (Nm 24, 11). Mas nas imediações da era cristã, projeta-se a figura do Messias em seu último oráculo (Qumrân, Bar Kohba e o Novo Testamento). Uma lenda lhe atribui a fundação de uma ordem à qual teriam pertencido os magos de Mateus, primeiros pagãos a reconhecer o Cristo (Orígenes, Homilia sobre os números 17, 5 e Homilias sobre São João 13, 26). A tradição patrística retomará esse tema, e a arte medieval aproximará a estrela de Balaão da que conduziu os magos a Belém.

Jacques Trublet

➢ Magos (Reis).

BASÍLIO DE CESAREIA (SÃO, POR VOLTA DE 330-379)

Nascido em Cesareia da Capadócia, de uma família de cristãos remediados que tinha sido perseguida por sua fé, Basílio faz estudos em Cesareia, depois em Atenas, onde ele se torna amigo de Gregório de Nazianzo. De volta à Capadócia, ele se torna retórico, depois recebe o batismo. Empreende, então, uma visita às comunidades monásticas do Oriente, antes de fundar um mosteiro perto do Ponto Euxino. Em 364, é ordenado padre pelo bispo de Cesareia, ao qual sucederá em 370. Como padre, depois como bispo, ele combate os arianos, apoiados pelo Imperador Valens, que recusam a divindade do Filho e do Espírito. Ocupa-se ativamente com os pobres e os doentes e funda, em Cesareia, para acolhê-los, um complexo hospitalar conhecido sob o nome de "Basilíada". Para combater a política eclesiástica de Valens, que quer enfraquecer os ortodoxos, nomeia um grande número de bispos, dentre os quais seu irmão Gregório de Nissa e seu amigo Gregório de Nazianzo. Paralelamente, ele trabalha para restabelecer a unidade eclesiástica (resolução do cisma de Antioquia) e a reconduzir para a Igreja comunidades monásticas que tendiam a se afastar dela; é nesta ocasião que ele redige, sob forma de diálogos, as Regras monásticas que inspirarão todo o monasticismo oriental (dito "basiliano"), centrado na Igreja local. Sua correspondência com Anfiloco de Iconio compreende regras canônicas que formarão a base do direito canônico oriental. Ele é também um reformador da liturgia e o autor de uma das duas grandes orações eucarísticas do rito bizantino. Morre em 379, um ano após seu grande adversário, o Imperador Valens.

Sua obra comporta principalmente comentários exegéticos (*Sobre o Hexâmeron*, *Sobre os Salmos*), tratados teológicos (*Sobre o Espírito Santo*, *Contra Eunômio*), regras monásticas e uma abundante correspondência. Basílio é, com Gregório de Nissa e Gregório de Nazianzo, um dos três padres capadócios, e ele divide com João Crisóstomo e Gregório de Nazianzo o título de "santo hierarca" da Igreja ortodoxa.

Marie-Hélène Congourdeau

➢ Herético.

BATISMO

O batismo é fundamental no Cristianismo, visto que é pelo batismo que se torna cristão. Segundo sua etimologia (*baptizein*, "mergulhar"), o batismo consiste em ser mergulhado na água, mas a prática batismal evoluiu sensivelmente ao longo dos séculos. Inúmeras religiões, dentre as quais o Judaísmo, conheciam as abluções rituais, contudo, parece que João, o Batista, foi o primeiro a praticar um verdadeiro batismo: o candidato desce à água, mas é João que o mergulha completamente, colocando-lhe a cabeça sob a água, porque não se batiza a si mesmo. E, diferentemente dos banhos frequentes de purificação praticados aqui e acolá, este batismo não é renovado: ele é feito uma só vez, para a remissão dos pecados. Jesus quer ser batizado por João, que se surpreende, mas seu batismo se prolonga por uma manifestação do Pai, que declara: "Este é meu filho bem-amado", e do Espírito Santo, que desce sobre ele sob a aparência de uma pomba (Mt 3, 13-17). Seu batismo o investe de sua missão e inaugura para o futuro o batismo cristão. A cena foi frequentemente representada, desde os mosaicos das catacumbas ou dos batistérios até os afrescos de Giotto e em quadros mais recentes.

O Novo Testamento não oferece um ensinamento único sobre o batismo, mas propõe diversos textos sobre este assunto. Alguns são palavras de Jesus, ou antes, atribuídas a Jesus: conversa com Nicodemos sobre o necessário renascimento da água e do Espírito (Jo 3, 1-10); envio dos Apóstolos com a missão de batizar "em nome do Pai e do Filho e do Espírito Santo" (Mt 28, 19). Outros textos, numerosos, fazem o relato de batismos nos primeiros tempos do Cristianismo: batismo de três

BATISMO

mil homens no dia de Pentecostes, em Jerusalém, em seguida a um longo discurso de Pedro (Atos 2, 14-41); batismo em dois tempos na Samaria, onde, depois de ter anunciado a Palavra de Deus, o diácono Felipe batiza "em nome do Senhor Jesus", antes que os apóstolos Pedro e João cheguem para impor as mãos para o dom do Espírito Santo (Atos 8, 12-17); batismo do centurião romano Cornélio e de sua família por Pedro (Atos 10, 1-48). Enfim, encontram-se também catequeses sobre o batismo que figuram nos Evangelhos e nas cartas de Paulo, e propõem diferentes teologias do batismo: renascer da água e principalmente do Espírito, participar da morte e da ressurreição do Cristo, entrar na comunidade dos crentes.

Durante os seis primeiros séculos, os candidatos ao batismo são, na maioria, adultos que se convertem e obtêm por esse sacramento a remissão de seus pecados. Alguns não se apressam, querendo aproveitar ao máximo esta oportunidade. Os candidatos são preparados por um catecumenato que conduz aos três sacramentos da iniciação cristã: batismo, confirmação e eucaristia, todos recebidos no decorrer da vigília pascal presidida pelo bispo. As crianças são frequentemente batizadas ao mesmo tempo que seus pais, mas a questão do sentido do sacramento de remissão dos pecados para crianças que não cometeram pecados então se coloca. Santo Agostinho (354-430), entre outros, desenvolve a teoria do pecado original, tanto que, sendo conferido principalmente a crianças, acaba-se por considerá-lo primeiramente como o sacramento que "apaga" o pecado original.

Na Idade Média, quando a mortalidade infantil é elevada, a Igreja insiste na obrigação de batizar as crianças o mais rápido possível. Chega-se a praticar o batismo provisório, ou batismo de urgência, que consiste em derramar um pouco de água na testa da criança, dizendo a fórmula sacramental, deixando para mais tarde as "cerimônias do batismo", que acontecerão na Igreja. Ao mesmo tempo, no Ocidente, o batismo é dissociado dos dois outros sacramentos da iniciação. Em compensação, a maior parte das Igrejas do Oriente conservou, de maneira um pouco artificial, a unidade da iniciação cristã: o padre que batiza a criança a unge com o crisma (confirmação) e lhe dá algumas gotas de vinho consagrado. Para o conjunto dos cristãos, o batismo é um rito indispensável, mas que jamais é evocado e não irriga a vida cristã.

A partir de 1950-1960, encontra-se, ao mesmo tempo, a importância do mistério pascal e a do batismo, o que culmina, em 1968, na publicação (na França) de um novo *Ritual do Batismo das Crianças em Francês*, seguido, em 1977, de um *Ritual do Batismo das Crianças em Idade Escolar.* Por outro lado, em inúmeras dioceses, adultos pedem o batismo: restabelece-se para eles um catecumenato por etapas, e aparece em 1974 um *Ritual da Iniciação Cristã dos Adultos.* Pelo menos para os adultos, o elo com a festa de Páscoa foi reatado, e para todos os cristãos uma renovação do engajamento batismal foi instituída no decorrer da vigília pascal. Hoje, como no tempo dos apóstolos, o mistério do batismo é muito vasto para que uma só teologia baste a dar conta dele, e cada cristão é chamado a vivê-lo de maneira pessoal.

Philippe Rouillard

➤ João Batista; Páscoa; Pecador.

BEGUINAS

No início do século XIII aparece o termo "beguina", cuja etimologia é controversa, para designar mulheres que levam uma vida "semirreligiosa": elas não são nem monjas, já que não pronunciam votos definitivos, nem simples leigas, porque observam exigências de renúncia, de oração e de serviço ao próximo, que se aproximam daquelas das ordens regulares. Conservando a livre disposição de seus bens, as beguinas vivem do trabalho de suas mãos, dedicam-se ao cuidado dos doentes ou da manutenção de pequenas escolas.

Principalmente urbano, o movimento teve origem na diocese de Liège, de onde alcançou o Vale do Reno, o Brabante, Flandres, o Hainaut e a Artésia, depois estendeu-se até a Turingia, Saxe e Holanda. As beguinas estavam instaladas em casas isoladas, reunidas ao longo de uma rua ou distribuídas em torno de um "pátio das beguinas", estas "grandes beguinarias" cujos conjuntos monumentais foram conservados em várias cidades flamengas e que eram colocadas sob a direção material e espiritual de uma "mestra".

Essas mulheres, cujo número surpreendeu os contemporâneos, nutriam aspirações religiosas que as ordens tradicionais não lhes permitiam satisfazer, em razão das condições sociais e financeiras impostas ao recrutamento. De um modo mais flexível, elas levavam uma vida de penitência e de caridade, igualmente ilustrada na Itália pelas irmãs da penitência ou *matellate*. Algumas delas deixaram a prova de uma elevada cultura (sermões, tratados espirituais), e algumas tiveram ricas experiências místicas.

Sua intrusão nesses domínios reservados aos clérigos, como seu modo de vida sem precedente na Igreja, lhes atraiu a suspeita das autoridades, que as condenaram no Concílio de Viena (1311), a menos que religiosos, em geral membros das ordens mendicantes, se fizessem fiadores de sua ortodoxia. As beguinarias conheceram um profundo declínio no fim da Idade Média, seguido de uma fase de renovação no século XVII, na Bélgica, com o apoio dos Dominicanos.

O sucesso ganho pelas beguinas e sua projeção junto aos mais poderosos, como São Luís, marcam, no século XIII, a entrada em cena das mulheres na vida religiosa.

Catherine Vincent

➢ Mulher; Monge; Penitente.

BELÉM

Cidade da Judeia a sudeste de Jerusalém, Belém é a cidade de Jessé, o pai de Davi. O profeta Samuel aí vem sagrar o futuro rei de Israel (1 S 16, 1-13). É aí que nasce Jesus, segundo Lucas e Mateus, que destacam assim que Jesus pertence à raça de David (Mt 2, 6; Jo 7, 42). O profeta Miqueias (Mi 5, 1-5) situava em Belém a vinda do Messias: "Mas tu, (Belém) Efrata, tu não és o menor dos clãs de

CRISTIANISMO – DICIONÁRIO DOS TEMPOS, DOS LUGARES E DAS FIGURAS

BELÉM — BEM-AVENTURANÇAS

Judá, é de ti que nascerá Aquele que deve reinar sobre Israel." Região de inúmeras grutas no calcário das colinas, é em uma delas que nasceria Jesus, quando José foi para sua cidade de origem para um recenseamento organizado pelos Romanos, sob o mandato de Quirino (Lc 2, 1-5). Ele estava acompanhado de sua mulher grávida, que deu à luz em um estábulo (presépio), por falta de lugar na hospedaria. A adoração dos pastores faz supor que esta aldeia era então cercada de pastagens. A festa de Natal, em 25 de dezembro, no Ocidente, celebra este nascimento, que os historiadores situam no ano 4 a.C.

Mateus relata a vinda de Magos chegados do Oriente para adorar o rei dos judeus. Ele se informa junto ao Rei Herodes sobre o lugar deste nascimento: auxiliando-se com profecias, este os orienta para Belém, onde eles encontram a criança. Mas, temendo ser suplantado por esse recém-nascido, Herodes manda massacrar todas as crianças do sexo masculino com menos de dois anos da cidade. Um sonho de José lhe sugere fugir para o Egito e esconder, assim, a criança de Herodes.

Desde 150, Justino declara que o nascimento aconteceu numa gruta perto da cidade, e Orígenes, em Contra Celso, diz o mesmo. Uma grande basílica foi erguida no sítio da Natividade, sob Constantino. Ela sobreviveu aos ataques dos árabes, graças aos afrescos representando os Magos como árabes. Belém, seja no quadro da Natividade, do massacre dos Inocentes ou da adoração dos Magos, é o objeto de inúmeras representações tanto no Ocidente quanto no Oriente cristão.

Catherine Grémion

➢ Inocentes (santos); José (esposo de Maria); Magos (Reis); Natal.

BELZEBU

Ver *Diabo*.

BEM-AVENTURANÇAS

Chamam-se Bem-Aventuranças (ou macarismo, do grego *makarios*, "feliz") uma série de palavras de Jesus que declaram felizes os discípulos que colocam seu ensinamento em prática. São encontradas em Mt 5, 3-12, assim como em versão resumida em Lc 6, 20-26. Elas constituem, em Mateus, a abertura do Sermão da Montanha (Mt 5-7) e, em Lucas, a do Sermão da Planície, a contrapartida do Sermão da Montanha. Lucas as faz acompanhar por uma série de maldições, ausentes em Mateus. O Evangelho segundo Mateus enumera oito Bem-Aventuranças, contra quatro em Lucas, mas os dois textos adotam a mesma estrutura antitética que estabelece primeiro a condição da felicidade ("felizes...") antes de enunciar o motivo desta alegria ("porque..."). Em Lucas, as Bem-Aventuranças se dirigem a pessoas caracterizadas por sua situação de pobreza, de fome, de aflição; Mateus lhes confere uma extensão claramente mais ética: ele declara bem-aventurados os pobres "de espírito" e os que são famintos "de justiça". Esta espiritualização das

BEM-AVENTURANÇAS

Bem-Aventuranças encontra sua origem na literatura judaica (o Antigo Testamento, a literatura intertestamentária, como os escritos de Qumrân, por exemplo, ou ainda no Talmude). A pesquisa contemporânea, concordando sobre o caráter original da versão de Mateus, é a que será aqui abordada.

A primeira Bem-Aventurança do Evangelho de Mateus se dirige aos que têm uma "alma de pobre"; em nossos dias, a maioria dos pesquisadores concordam em interpretá-la no sentido de uma pobreza espiritual, que se sabe dependente de Deus e dos outros para viver, uma pobreza que não é, pois, autossuficiente. Esta imagem do homem que espera seu socorro de Deus já está presente no Antigo Testamento, principalmente nos Salmos (Sl 24, 16; 39, 18; 60, 30 etc.). A segunda Bem-Aventurança, que evoca os "aflitos", deve ser lida em estreita relação com Is 61, 2: choram os que conhecem um sofrimento imenso, provocado por calamidades, e que Deus consolará. A terceira Bem-Aventurança diz respeito aos "humildes", que, no Antigo Testamento (ver Sl 37, 11), se caracterizam pela ausência de cólera e pela total confiança em Deus. Esta Bem-Aventurança está próxima da primeira, que coloca também na frente a necessidade de apoiar-se em Deus. A quarta Bem-Aventurança diz respeito aos "que têm fome e sede de justiça". Por "justiça", deve-se entender uma conduta humana conforme às exigências de Deus, não uma espera passiva da justiça de Deus, mas a atitude ativa que Deus exige do crente. A quinta Bem-Aventurança se dirige aos "misericordiosos". Pode-se, respeitando a etimologia do termo, traduzi-lo por "aqueles cujo coração está atento às misérias", estado interior que se manifesta nos atos: são misericordiosos os que abrem seu coração aos outros. A sexta Bem-Aventurança visa aos "corações puros", mencionados no Salmo 24, 4, e designa os que se mantêm diante de Deus honestamente e com toda a integridade, isentos de malícia e de perversidade, leais para com Deus e para com os outros. Em linguagem moderna, falar-se-ia de "autenticidade". A sétima Bem-Aventurança se dirige aos "que procuram a paz", os que se engajam ativamente na promoção da paz, no nível interpessoal, comunitário ou internacional. Neste sentido, a paz evocada é sinônimo de justiça. A última Bem-Aventurança, enfim, concerne aos que são "perseguidos pela justiça". Ela visa, num sentido amplo, a toda pessoa perseguida (ou servindo como alvo da hostilidade) por causa de suas convicções religiosas, quaisquer que elas sejam. Ela termina com o mesmo motivo de felicidade que a primeira, o dom do Reino. É por causa deste fenômeno de inclusão entre a primeira e a oitava Bem-Aventurança que a pesquisa tende a limitar o número das Bem-Aventuranças em oito, e a ver nos versículos seguintes (11-12) não uma Bem-Aventurança, mas o desenvolvimento do que precede. O destino em "vós" dos versículos 11-12, enquanto o destino era atribuído na terceira pessoa nos versículos 3-10, vai no mesmo sentido: trata-se de uma aplicação particular da Bem-Aventurança dos perseguidos aos discípulos de Jesus.

Emmanuelle Steffek

➢ Coração; Intertestamentários (escritos); Justo; Mateus; Próximo; Qumrân; Reino dos céus.

BENTO (SÃO, CERCA DE 490-CERCA DE 560)

Sabem-se poucas coisas sobre São Bento, além do que nos ensina o Papa Gregório, o Grande (†604), que lhe consagrou o Livro II de seus *Diálogos*. Ele teria nascido em Núrsia, na Úmbria, no seio de uma família de posse. O jovem Bento (*Benedictus*, em latim) partiu cedo para Roma, onde recebeu uma formação escolar totalmente impregnada pela cultura antiga. Mas este ensino suscitou nele uma reação de desgosto, e ele não tardou a ir para uma região montanhosa a leste de Roma, para aí aprender a "douta ignorância". Passou três anos sozinho, numa gruta perto de Subiaco ("Sacro Speco"), dedicando-se ao ascetismo mais extremo, depois reuniu as ermidas da vizinhança em uma dúzia de pequenos mosteiros. Seu prestígio crescendo incessantemente, aristocratas romanos lhe enviaram como oblatos jovens, dos quais os mais célebres foram, em seguida, seus principais discípulos, Mauro e Plácido. Mas Bento, tendo entrado em conflito com o padre que tinha jurisdição em sua região, partiu, por volta de 530, com diversos companheiros para o Monte Cassino, uma centena de quilômetros mais ao sul, onde ele construiu um mosteiro. Morreria aí por volta de 560 e teria sido enterrado ao lado de sua irmã Escolástica. A abadia foi destruída pelos lombardos, por volta de 580, e a tradição pretende que suas relíquias tenham sido levadas para a França, em Saint-Benoît-sur-Loire, por um monge franco que as teria encontrado nas ruínas. Segundo a imagem que dele dá Gregório, o Grande, o "pai dos monges do Ocidente" foi um homem carismático, ao qual se atribuíram, ainda enquanto vivo, inúmeros milagres. Mas é provável que sua lembrança se tivesse apagado bastante rápido se ele não tivesse deixado uma regra monástica que devia constituir seu principal título de glória.

A Regra beneditina foi composta no Monte Cassino, entre 530 e 560. Ela se apresenta como "uma pequena regra para os iniciantes" (RB 73, 8) e depende de um texto anterior, a Regra do Mestre, que Bento resumiu e simplificou, integrando nele outros aportes e retirando as consequências de sua própria experiência: tendo em vista que a maior parte dos candidatos à vida monástica não era capaz de enfrentar os rigores do eremitismo, era importante, antes de mais nada, definir as regras de uma vida comunitária solidamente estruturada e solidária. Assim, ele acrescentou à relação vertical que unia o religioso ao seu mestre espiritual, o abade, uma relação horizontal fundada na caridade mútua entre os monges. O mesmo realismo o levou a limitar as exigências ascéticas: assim, os monges teriam direito a uma quantia de vinho em cada refeição, enquanto os ascetas da idade de ouro só bebiam água. Eles deveriam trabalhar com suas próprias mãos para evitar a ociosidade, mas também para garantir a sobrevivência de suas comunidades, dispersas no mundo rural e desprovidas de apoio externo. A Regra beneditina deve seu sucesso, em larga medida, às suas qualidades de equilíbrio e de medida. Para Bento, a vida religiosa deve ser acessível a todos os que procuram Deus; ela se apresenta como uma "escola do serviço do Senhor". Aprende-se aí como chegar à santidade, não por uma atividade febril ou mortificações excessivas, mas por uma observância regular e fiel na serenidade. Os instrumentos desta volta a Deus são o silêncio, que permite ouvir a voz do Senhor, a obediência ao abade, que assume o lugar do Cristo na comunidade, e a humildade, "mãe e mestre de toda virtude". O tempo do monge se divide entre o trabalho, a oração litúrgica ou privada e a *lectio divina*, isto é, a leitura e a meditação da Sagrada Escritura. A propriedade privada é proibida ao monge, mas a comunidade pode e até deve ter recursos para garantir a manutenção dos seus membros e suas funções próprias.

A Regra de São Bento só se impôs lenta e progressivamente no Ocidente e, nos séculos VII e VIII, ela coexistiu frequentemente com outras regras, como a de São Columbano, mais exigente no plano ascético. Mas suas qualidades intrínsecas e o apoio que lhe concedeu o papado lhe valeram um prestígio particular, em especial na Inglaterra, onde ela foi introduzida a partir de Roma, quando da cristianização das ilhas britânicas, depois no mundo germânico, cuja conversão foi, em larga medida, a obra de monges anglo-saxões. Carlos Magno mandou efetuar no Monte Cassino uma cópia da Regra, que foi, em seguida, difundida em seus Estados. Em 817, sob o reinado de seu sucessor, Luís, o Piedoso, o Concílio de Aix-la-Chapelle decidiu que a Regra beneditina seria a partir daí a única admissível, e o Abade Bento de Aniana procedeu a uma revisão do texto a fim de restabelecer uma observância regular e uniforme em todos os mosteiros do Império. Isto não foi feito num só dia, mas, em torno do ano mil, com exceção de alguns mosteiros espanhóis, irlandeses ou do Sul da Itália, todos os monges do Ocidente viviam sob a Regra de São Bento. Mesmo mais tarde, quando se desenvolveram novas ordens que se referiam a outras regras, os Beneditinos continuaram sendo os religiosos mais numerosos. Foi assim até a Revolução Francesa e o fim do Antigo Regime.

André Vauchez

➢ Cassino (Monte); Eremita; Monge.

BERNANOS, GEORGES (1888-1948)

Uma das maiores figuras dos romancistas católicos do século XX, Georges Bernanos se caracteriza por uma fé profunda e intransigente que o habita durante toda a sua existência e constitui a base de todos os seus combates. Partidário da Ação Francesa e da monarquia – indissociável, segundo ele, do Catolicismo –, ele inicia, depois da Primeira Guerra Mundial, uma modesta carreira de inspetor dos seguros para satisfazer às necessidades de sua mulher e de seus filhos. Mas a publicação de seu primeiro romance, *Sous le Soleil de Satan* (Sob o Sol de Satã), em 1926, garante a ele um sucesso imediato que não cessará. Bernanos abandona, então, seu emprego, para se consagrar à escrita.

Os personagens de seus romances – padres, gente do povo ou da alta sociedade – compõem uma galeria de figuras que encarnam a incerteza da graça divina e a angústia que penetra em seu Criador. Com efeito, apesar de sua fé, Bernanos é preso à dúvida e ao medo de Satã, demônio tentador onipresente. Em face dele, nada de super-homem, nada de cristão todo-poderoso, mas homens que se esforçam para realizar a condição humana em toda sua plenitude, com suas falhas e suas grandezas – e abrem, assim, a via para a santidade. Esta "literatura sacerdotal" mergulha, então, no mais próximo das preocupações quotidianas dos homens: a prosa do romancista desposa a monotonia destas existências humildes, atravessadas pelo sobrenatural da fé (*Journal d'un Curé de Campagne*, 1936).

A evolução do contexto internacional a partir dos anos de 1930 suscita em Bernanos uma veemente cólera contra a tibieza e os compromissos da Igreja, em especial quando da guerra da Espanha. Seus textos se tornam mais militantes (*Les Enfants Humiliés*, 1939), e os romances dão lugar aos escritos de combate onde se desenha uma moral da ação engajada e da honra cristã, a única válida. Sem que sua fé seja abalada por esta rejeição da instituição, sua angústia pelo futuro deste mundo que procura desfazer-se de Deus se intensifica. Durante a Segunda Guerra Mundial, sua entrada para a Resistência acaba consagrando sua figura de escritor católico engajado. Ele morre em 1948, depois de ter escrito para a televisão os *Dialogues des Carmélites*.

Camille Wolff

➢ Claudel (Paul).

BERNARD DE CLAIRVAUX (SÃO, 1091-1153)

Filho de cavaleiro, depois de entrar em Cîteaux em 1113, partiu em 1115 para fundar Clairvaux, de que se torna o abade. Logo conhecido por suas críticas contra os clunisianos, mas também por seu carisma, ele percorreu a Itália, a Aquitânia e a Alemanha para fazer reconhecer o Papa Inocente II contra Anacleto (1130-1138). Mandou condenar Abelardo em 1140, lutou em 1145 contra os heréticos do Sudoeste, depois pregou, a pedido de seu discípulo o Papa Eugênio III, a segunda cruzada (1146-1147) em Flandres e no Vale do Reno. Estas viagens permitiram o estabelecimento de inúmeras filhas de Clairvaux, que se dispersaram também pelas Ilhas Britânicas, na Escandinávia e na Península Ibérica. Autor de diversos tratados, de centenas de sermões e cartas (para os místicos), é canonizado em 1174, depois reconhecido como doutor da Igreja, em 1830.

Alexis Grélois

➢ Cîteaux; Monge; Mosteiro.

BETÂNIA

Aldeia situada no flanco leste do Monte das Oliveiras, dominando Jerusalém, é aí que moram amigos de Jesus, Marta, Maria e seu irmão, Lázaro, assim como Simão, o Leproso (Mc 14, 3-9; Mat 26, 6-13; Jo 12, 1-11). É em Betânia que Marta e Maria se distinguem, a primeira se dedica ao serviço, a outra escuta Jesus, sentada aos seus pés. Lázaro cai doente, morre e é enterrado. Três dias depois de sua

BETÂNIA — BÍBLIA

morte, Jesus o ressuscita diante de Marta e de Maria, e em presença dos judeus, o que fará com que os judeus o mandem à morte (Jo 11, 1-43).

Betânia marca o ponto de partida da Paixão de Jesus: aí ele recebe a unção de perfume, que ele descreve como um "prelúdio à sua sepultura", que Maria derrama em seus pés, fortemente criticada por isso por Judas: é a unção de Betânia. É também daí que vem o burrinho sobre o qual ele entra em Jerusalém, aclamado pela multidão e celebrado com ramos como o "Filho de Davi", o Messias (Mc 11, 1-11). Para lá volta à noite, com seus discípulos, depois de um dia em Jerusalém.

Para Lucas, Betânia é também o lugar onde Jesus conduz os apóstolos antes de desaparecer aos seus olhos, no dia da Ascensão (Lc 24, 50). Ao mesmo tempo, refúgio amigo, lugar de morte e de vida, próximo ao Templo, a distância do ódio dos notáveis judeus, a cidade se tornou o símbolo da hospitalidade.

Seu lugar nos Evangelhos a predispunha a ser venerada pelos peregrinos. Mostrava-se, no início do século IV, o túmulo de Lázaro; uma igreja aí foi erguida pouco depois. A rotunda da Igreja da Ascensão tem como centro o lugar preciso de onde Jesus se teria elevado diante dos olhos dos apóstolos.

Catherine Grémion

➢ Lázaro; Maria Madalena; Marta e Maria; Ramos; Ressuscitado.

BÍBLIA

Testemunha insigne da Antiguidade clássica, a Bíblia é um dos grandes monumentos culturais da humanidade, um conservatório literário que não deixou de inspirar artistas e poetas, e, atualmente, os cineastas. A palavra, do latim *biblia*, só apareceu no século XII, e levou tempo para se impor como título. A constituição do texto estende-se por um bom milênio, com a vasta coleção de unidades literárias chamadas "livros". Uma primeira série destas últimas, o Antigo Testamento – 46 livros –, foi composta na sociedade judaica pré-cristã; a segunda, o Novo Testamento – 27 livros –, viu a luz no meio cristão na segunda metade do século I e no início do século II. Serão necessários séculos para terminar a realização material deste corpo bíblico, que é a Bíblia dos cristãos. Para os judeus, a coletânea dos livros santos só compreende uma parte do Antigo Testamento, chamada, desde o século VIII, *TaNaK*, acrônimo construído sobre as iniciais das três partes que o compõem: *Torah* (Lei), *Neviîm* (Profetas) e *Ketûvîm* (Escritos). No século IX, será também *Mikerâ*, "Escritura", de uma raiz aramaica significando "ler" (a exemplo da palavra "Corão").

A primeira manifestação oficializada de um conjunto literário formalmente constitutivo da futura Bíblia interveio sob a forma de uma tradução. No meio do século III a.C., em Alexandria, a comunidade judaica local editou a Lei de Moisés em grego. Ela se valia, assim, de um bom grau de integração, política e cultural, na grandiosa cidade com sua *nomos* própria ou "Lei". A obra de Moisés se apoiava, de alguma maneira, na de Homero. A tradução fixava o texto de maneira perene. Divisível em "cinco volumes", a Lei grega recebe o nome de "Pentateuco": Fílon

BÍBLIA

será o primeiro a atestar os títulos, que figuram ainda em nossas Bíblias – *Genesis* ou "Gênese" etc. Os inúmeros manuscritos descobertos perto do Mar Morto revelaram que, na terra nacional, no início de nossa era, "a Lei" recobria outros livros além destes cinco instituídos. Ora, um século aproximadamente depois da publicação grega da *nomos* judaica, um documento judeu-grego, a *Carta de Aristeu*, a chamará *hê Biblos*, "o Livro". Excetuando-se sua reaparição furtiva neste Padre grego, será necessário esperar a cristandade medieval para ver ressurgir o termo sob sua forma latina. É esta "Bíblia" grega, em conjunto com muitos outros livros, proféticos, poéticos ou de sabedoria, traduzidos do hebraico ou redigidos diretamente em grego, que os cristãos receberam de herança como "Escrituras", e que se tornou o fundamento de sua cultura.

A Bíblia (grega) inaugurada em Alexandria permanece "canônica" na grande maioria das Igrejas ditas orientais. Ela inspirou uma vasta literatura eclesiástica com a qual, com a ajuda da instauração do Império constantiniano, ela substituiu favoravelmente os clássicos. O mesmo aconteceu no Ocidente, onde o latim, já amplamente praticado, substituiu o grego nos meios cultos no início do século III. As revisões das Escrituras latinas, fruto de traduções rápidas e utilitárias, mas imperfeitas, do grego, se multiplicaram, em seguida, para culminar num conjunto denominado globalmente *Vetus Latina*, "Velha Latina", e praticado em especial por Ambrósio de Milão e por Agostinho, na segunda metade do século IV. Nos primeiros tempos, privilegiou-se o *sermo humilis*, uma "expressão pobre" dos livros santos, mas iniciativas foram tomadas bastante rapidamente para tirar o texto sagrado de uma situação julgada aviltante e enobrecê-lo – verdadeiro ato político e cultural. Roma, capital de um Império doravante cristão, tinha que rivalizar com a *Urbs* dos tempos antigos. Foi então que veio o letrado Jerônimo (347-420). Mandatário do Papa Dâmaso, ele revisou primeiramente os Evangelhos e os Salmos, depois, instalado em Belém, os livros do Antigo Testamento, recorrendo cada vez mais às revisões judaicas que ele tinha descoberto em Cesareia nos *Hexaples* de Orígenes. O caminho lhe estava aberto para a terceira fase de sua atividade de biblista, conduzindo à *veritas hebraica*. Ele se consagrou à tradução exclusiva dos livros santos a partir da coletânea hebraica própria dos judeus. Da mesma forma que seu trabalho de revisão contentou as personalidades latinas, Agostinho em particular, suas traduções também as chocaram, porque elas iam de encontro ao uso tradicional das Igrejas, tanto do Ocidente quanto do Oriente.

O último empreendimento de Jerônimo o favoreceu, contudo, e, desde o século VI, a Igreja romana homologava suas traduções do hebraico. Os livros que não pertencem ao *corpus* hebraico, como os Deuterocanônicos, originários da Septuaginta, foram completados com uma seleção de revisões latinas. Mas os manuscritos da *Vetus Latina* continuavam a proliferar e a circular, e as duas correntes textuais, a se influenciar. Sucederam-se revisões sem trégua até a publicação, na esteira do Concílio de Trento, das Bíblias latinas, sob a égide dos Papas Sixto V (em 1590), depois Clemente VIII (em 1592), que constituíram a Bíblia oficial da Igreja Católica Romana, até que a Encíclica de Pio XII, *Divino Afflante Spiritu* (1943), viesse destroná-la, exigindo o retorno aos textos originais.

BÍBLIA — BISPO

Por volta do fim do século XVI, a palavra latina *Vulgata* se tinha imposto como título oficial da Bíblia latina. Na Antiguidade cristã, *vulgata editio*, "edição comumente admitida", designava as versões das Escrituras anteriores à de Jerônimo – dentre as quais a Septuaginta. Até o século XIX, as grandes Bíblias em línguas europeias permaneceram amplamente traduções da Vulgata (a de Lefèvre d'Étaples, no século XVI, para os protestantes, ou de Lemaistre de Sacy, para os católicos, no século XVII). A primeira Bíblia católica francesa traduzida dos textos originais data do fim do século XIX.

No Ocidente latino, a realização física de uma Bíblia verdadeira foi uma obra de longo fôlego. Cassiodoro, no século VI, é o primeiro a conhecer a edição em um só *codex* da totalidade dos livros que compõem as Escrituras (chamavam-se *pandectas*, palavra, sem dúvida, emprestada do Código de Justiniano). Na Idade Média, a Bíblia saiu dos mosteiros para entrar nos programas escolares, donde uma multiplicação fulgurante de seus exemplares graças aos esforços conjugados da Universidade de Paris e dos livreiros. Deste ponto de vista, o século XIII foi o grande século da Bíblia – com, talvez, o século XX, marcado pela "renovação bíblica" que desencadeou, entre outras, a famosa Encíclica de Pio XII. Foi no século XII que se inventou o meio de navegar de livro em livro, de página em página segundo as necessidades. Assim apareceram os *capitula*, "seções" ou "capítulos". Os diversos sistemas de *capitula* se multiplicaram até o início do século XIII, quando o britânico Étienne Langton imaginou a divisão que nós conhecemos até hoje. Enfim, a imprensa (com a Bíblia de Gutenberg em 1456) permitiu unificar a paginação dos exemplares de uma mesma edição, progresso imenso para os estudos bíblicos.

André Paul

➢ Sagradas Escrituras; Jerônimo; Qumrân; Septuaginta; Testamentos (Antigo e Novo).

BISPO

Chama-se "bispo", desde o início do século III, o cristão que preside ao conjunto da vida de Igreja local, sua liturgia e seu ensinamento, e que assegura seus elos com as outras Igrejas que professam a mesma fé. No século XVI, o Protestantismo clássico conserva este ministério sob formas variáveis ou transfere suas funções a órgãos colegiados: assim, até 1918, os príncipes luteranos alemães exercem o episcopado pelo viés do consistório e dos superintendentes. A ortodoxia mantém este ministério imutável.

O Novo Testamento menciona *episkopoi* (Fil 1, 1; Atos 20, 28; 1 Tm 3, 2; Tt 1, 7) que prefiguram os bispos. A palavra, sem conotação religiosa particular, remete à ação de discernir, supervisionar.

Os bispos recebem o ministério do ensinamento dos profetas e dos doutores (1 Tm 3, 2): eles são encarregados de zelar fielmente pela garantia da fé. Simultaneamente, requer-se deles sólidas qualidades cristãs e uma boa inserção familiar e social (1 Tm 3, 1-7).

CRISTIANISMO – DICIONÁRIO DOS TEMPOS, DOS LUGARES E DAS FIGURAS

BISPO

Nas Igrejas de Roma, Corinto e Alexandria, a unicidade do bispo não se impõe antes do fim do século II, salvo na Síria, onde o episcopado é, aliás, concebido como monárquico. O *status* de bispo exprime um equilíbrio institucional entre a responsabilidade de um só (o bispo), de alguns (padres e diáconos) e de todos (o povo). O bispo deve ser eleito por sua Igreja, com o concurso dos bispos vizinhos. Eleito, ele deve gozar da confiança de seu povo e de seus pares: se ele se afasta da fé apostólica, ele deixa de ser bispo.

O bispo de uma Igreja local garante sua comunhão com a Igreja Católica e Apostólica. Obrigatória no direito escrito até 1917, a eleição não basta para aceder ao cargo: no quadro da epiclese comum, a imposição das mãos de todos os bispos da província, ou de pelo menos três dentre eles, é necessária. O bispo local é assim estabelecido como testemunha e servidor da fé e da comunhão da Igreja onde ele preside ao serviço da palavra e dos sacramentos.

Se todos os cristãos têm a guarda da fé apostólica, os bispos sucedem parcialmente aos apóstolos num ministério específico: o bispo não sucede aos que lhe impõem as mãos, mas àquele que o precedia na mesma sede; mas esta sucessão se opera na Igreja e não diretamente de bispo a bispo.

Em termos de doutrina, os bispos são iguais, mas uma hierarquia se estabelece entre eles segundo a importância de suas Igrejas. Assim, o bispo de uma capital regional é metropolita, e os bispos de Roma, Alexandria, Antioquia, Constantinopla e Jerusalém são patriarcas, título ao qual Bento XVI renunciou em 2006.

No Império cristão, os bispos exercem um papel econômico e político de que decorrerão muitas vicissitudes espirituais. No Oriente bizantino, a unidade religiosa é um negócio político: o Imperador escolhe os bispos, num regime de "sinfonia" entre a Igreja e o Estado, convoca seus concílios, mesmo ecumênicos, lhes impõe o celibato – para que o dinheiro da Igreja vá aos pobres e não aos seus filhos (Código de Justiniano). A partir de então, os bispos ortodoxos são escolhidos entre os monges ou os viúvos. Os tzares, em especial Pedro, o Grande, os vigiam estritamente. Depois da queda de Bizâncio, os Otomanos lhes confiam a responsabilidade de sua nação sob a responsabilidade do patriarca ("etnarca"). Makarios III (†1977), ao mesmo tempo arcebispo e presidente do Chipre, é o último exemplo disso.

No Ocidente, os bispos, frequentemente defensores da cidade quando das invasões bárbaras, serão logo submetidos aos reis francos e visigodos, antes de se integrarem nas estruturas feudais. Eles se tornam frequentemente soberanos territoriais (assim, o Estado do Vaticano é um vestígio dos Estados do papa, perdidos em 1870). Nos séculos XI e XII, no momento da reforma gregoriana, o papado obterá que a Igreja local, mesmo inserida no feudalismo, eleja de novo seu bispo. A partir do século XV, os Estados podem, por concordata, nomear os bispos (França, Espanha, Portugal). Às vésperas da Reforma, no espaço germânico e nas regiões controladas pela cúria romana, a corrupção do episcopado é profunda: venalidade dos cargos, acúmulo de bispados, absenteísmo. As reformas reclamadas "na cabeça e nos membros" tardam; as do Concílio de Trento (1545-1563) somente

BISPO — BODE EXPIATÓRIO

são aplicadas no século seguinte. A ausência total de bispos originados do terceiro estado na França, na Revolução, influiu sobre o futuro da Igreja. O Estado cessou de nomear os bispos em 1905 (lei da separação da Igreja e do Estado). O Vaticano II estenderá esta disposição por toda parte.

O Vaticano II desenha uma nova figura do bispo católico. Pastor antes de tudo, seu primeiro papel é o anúncio do Evangelho. Sua ordenação volta a ser sacramental, o que tinha acabado desde o século XIII. O conjunto dos bispos forma um colégio, presidido pelo bispo de Roma, sem o aval do qual ele não pode agir. O Código de Direito Canônico (1983) e seus desenvolvimentos não sancionaram as vias de colegialidade abertas pelo Vaticano II. A nomeação direta de quase todos os bispos pelo papa, a multiplicação dos bispos sem diocese são tantas disposições que fazem deles o "alto pessoal dirigente da Igreja universal" (K. Rahner), uma figura sem recepção ecumênica previsível.

Ordenando mulheres e homossexuais bispos, a Igreja anglicana viu essas figuras de unidade tornarem-se fatores de divisão. Isto onerará a reflexão que se renova sobre o episcopado em muitas Igrejas da Reforma? Para se aproximar das Igrejas anglicana e ortodoxa, os bispos católicos deveriam tornar-se mais efetivamente os ministros da comunhão entre as Igrejas locais, elas próprias consideradas como sujeitos de direito. Segundo a comissão doutrinal do Conselho ecumênico das Igrejas, a unidade cristã passa por uma melhor articulação entre as diferentes responsabilidades de uns e de outros no seio de cada Igreja. A unidade progrediria se se chegasse a criar uma instância conciliar entre os bispos e seu primaz, e uma instância sinodal entre o bispo e seu povo.

Hervé Legrand

➤ Concílios (sete primeiros); Igreja (povo); Imperador; Ortodoxos; Padre; Reforma; Vaticano I e II.

BODE EXPIATÓRIO

A expressão provém da passagem do livro do Levítico (16), que descreve a Festa da Expiação. Para restabelecer a comunhão com Deus, o sumo sacerdote escolhia todos os anos dois bodes. O primeiro era degolado, e seu sangue espalhado no Templo. O sumo sacerdote enviava o segundo a "Azazel": ele "oferece o bode vivo, e, colocando as duas mãos sobre sua cabeça, confessa todas as iniquidades dos filhos de Israel, todas as suas transgressões e todos os seus pecados, ele os coloca sobre a cabeça do bode e o envia ao deserto por um homem designado para isso. O bode leva sobre ele todas as suas iniquidades para a terra deserta" (Lv 16, 21-22). A Michna precisa que se conduzisse o bode a cerca de 18 quilômetros da cidade, onde era lançado em um terrível precipício. O sentido do rito é claro: o bode imolado indica que o pecado desaparece aos olhos de Deus, o bode expiatório, que ele é levado sem volta. O símbolo é duplo, ainda que traduza o mesmo perdão.

Os Padres da Igreja viram nos dois bodes uma prefiguração do Cristo: o bode expiatório é o Cristo que morre na cruz, carregado dos pecados do mundo,

CRISTIANISMO – DICIONÁRIO DOS TEMPOS, DOS LUGARES E DAS FIGURAS

BODE EXPIATÓRIO — BONHÖFFER, DIETRICH

o bode imolado é o Cristo que se dá como alimento aos fiéis – a exemplo do bode que servia de alimento aos padres. "Azazel" foi interpretado pela tradição cristã como um demônio, ao mesmo tempo que parece tratar-se somente do nome do precipício.

O termo "bode expiatório" entrou na linguagem corrente para designar a pessoa sobre a qual se faz recair o erro dos outros. Os antropólogos, sob a influência de Frazer, designam desta forma o conjunto dos ritos de expiação de uma comunidade, e René Girard se serve disto como metáfora para explicar como a sociedade evacua periodicamente a violência que a anima, descarregando sobre indivíduos que não estão em condição de se defender (e, então, de amplificar a violência), de que todos, inclusive, às vezes, estes próprios indivíduos, são persuadidos de que são culpados.

Régis Burnet

➢ Jó; Judeus.

BONHÖFFER, DIETRICH (1906-1945)

A celebridade do Pastor Dietrich Bonhöffer não se caracteriza somente pelo vigor de sua cultura e o sólido equilíbrio de suas construções dogmáticas, exegéticas ou éticas, mas, também, por sua maneira exemplar de ser, junto de seus irmãos, uma testemunha de Deus, às voltas com os poderes totalitários do século XX. Este visionário dos tempos novos deixou cartas esclarecedoras, enviadas de sua prisão, com o título evocativo de "Resistência e submissão".

Dietrich Bonhöffer nasce em Breslau, numa família luterana de alta cultura. Ele decide muito depressa tornar-se pastor. Sua vida é breve, em razão de sua oposição determinada e imediata ao regime instituído por Hitler em 1933. Muito rapidamente, ele precisa, então, viver à margem de sua Igreja, que capitula diante da ditadura que se instala, por seu silêncio e seus atos. Com coragem, o teólogo entra em dissidência, ata elos com jovens pastores que vêm até ele e, fora do Reich, com os dirigentes de círculos ecumênicos que ele conheceu antes da guerra. Ele os convida a organizar uma resistência do exterior. Finalmente suspeito de conivência com os autores do atentado de 20 de julho de 1944 contra o Führer, ele é lançado na prisão e levado à justiça. Morre enforcado alguns dias antes da capitulação alemã.

Nesse período dramático, o teólogo defende que os "religiosos" se misturem aos "irreligiosos" num mundo confuso, que leva a crer doravante, apesar das dúvidas e dos questionamentos radicais, *etsi deus non daretur*, "ainda que Deus não se tivesse dado".

Desde 1928, Bonhöffer anuncia tempos novos onde convirá voltar as costas a leituras apocalípticas da situação do mundo para habitar de forma resoluta na terra e não perder a mão de Deus que nos guia neste mundo, bem real. Ser cristão, afirma, é permanecer fiel à terra, que é nossa mãe, para poder ir a Deus, que é nosso Pai. Querendo fugir da terra, renuncia-se a fazer dela a terra de Deus, uma terra cujo Cristo seria o "meio".

Henri Madelin

C

CAFARNAUM

Cafarnaum vem do hebraico Kphar Nâhûm, "aldeia de Nahum", hoje Tell Hum. Situada a quatro quilômetros da foz do Jordão, no Lago de Genesaré (ou Mar da Galileia), foi aí que Jesus começou sua pregação e se tinha estabelecido com seus Apóstolos. Até mesmo se disse, às vezes, que era "sua" cidade (Mt 9, 1). Pedro morava aí com sua família, sua sogra aí foi curada por Jesus (Lc 4, 38). O Evangelho situa aí inúmeras cenas da pregação de Jesus: o chamado dos apóstolos, Pedro e André, Tiago e João, em seu barco, que, deixando tudo, o seguem (Mt 5, 13; Mc 1, 16-20), depois o de Mateus (Mt 9, 9), a cura do paralítico, cujos carregadores desfazem o teto da casa para se aproximarem de Jesus, tamanha era a multidão (Mt 9, 1), ou a visita de Maria, que não consegue aproximar-se dele. A alvura da sinagoga de calcário esculpida é sempre um recorte no local onde Jesus ensinou. João situa aí seu grande discurso sobre o pão da vida – "Se vocês não comerem minha carne e não beberem meu sangue, não terão a vida em vocês" – que provoca o desafeto de muitos discípulos, depois a confissão de Pedro: "Para quem iríamos nós?" (Jo 6, 6).

Cafarnaum é também uma cidade romana, na época do Cristo, posto de fronteira entre os Estados dos tetrarcas Herodes e Filipe, sede de uma guarnição romana. Jesus cura aí o servo de um centurião romano amigo dos judeus (Lc 7, 1-10), cujas palavras passaram para a liturgia: "Eu não sou digno de te receber, mas dize uma só palavra e meu servo será curado." É do alto da colina de Tagba-Cafarnaum que ele pronuncia o sermão da montanha. Mas a cidade não se converteu, apesar dos sinais que aí se multiplicaram, e Jesus lhe anuncia que ela será castigada no fim dos tempos por sua incredulidade. Inúmeros vestígios cristãos atestam a lembrança que se liga a estes lugares, em particular basílicas dos séculos V e VI, apesar das destruições que aconteceram no curso dos séculos.

Catherine Grémion

➤ Lugares santos.

CAIM

Caim, com Abel e Seth, era um dos três filhos de Adão e Eva. Lavrador, ele faz com seu irmão Abel, que é pastor, uma oferenda. Ora, enquanto a oferenda

CAIM — CALENDÁRIO

de Abel é aceita por Deus, a de Caim é rejeitada. Louco de ciúme, Caim acaba por matar seu irmão Abel e se torna, assim, o primeiro assassino da humanidade. Amaldiçoado por Deus e obrigado ao exílio, ele clama que sua punição é muito pesada: não arriscaria ele ser morto pelo primeiro a aparecer? Assim, Deus o protege por uma marca (o "signo de Caim"). Ele se estabelece a leste do Éden, gera um filho, Enoque, e constrói uma cidade. Seus descendentes se distinguem por sua prática da música, sua habilidade na forja, mas também pela poligamia e pela violência. A linhagem de Caim se extinguiu no momento do Dilúvio.

Esse mito, que se junta a outros relatos de irmãos inimigos (Osíris e Seth, Shun e Yao, Rômulo e Remo), evoca a dualidade entre o bem e o mal, mas conserva também os vestígios de uma antiga rivalidade entre os pastores nômades e os agricultores sedentários. A valorização de Abel, o pastor, poderia explicar-se pela origem mítica que se fixavam os hebreus, que se concebiam como um povo nômade, na origem.

O Cristianismo fez uma leitura tipológica do relato de Caim e Abel. Enquanto Abel é o tipo do justo perseguido, que derrama seu sangue por fidelidade à promessa de Deus e prefigura o Cristo oferecendo sua vida pelos homens, Caim é uma das figuras do mal. Ele revela que o pecado atingiu o coração do homem desde a Queda, e ele representa o adversário, o incrédulo, o mau. Os contestadores do Cristianismo sempre viram no desprezo incompreensível de Deus pela oferenda de Caim uma marca do arbitrário divino e quiseram reabilitar Caim. Gnósticos descritos por Ireneu de Lyon se reivindicavam caimitas, enquanto Baudelaire, em "Abel et Caïn", descreve a revolta da raça de Caim que se curva ao trabalho, enquanto viceja ao lado deles a raça de Abel, gozando sem razão do favor de Deus.

Régis Burnet

➢ Adão; Abel; Queda; Eva; Justo; Pecador; Penitente.

CALENDÁRIO

O calendário (*calendae*, primeiro dia do mês para os romanos) é um instrumento indispensável para toda vida em sociedade. Dias, semanas, meses, estações e anos ritmam a vida individual e social. Decênios, séculos, milênios e eras medem a história da humanidade. Todos os calendários levam em conta os ciclos solar e lunar, como já o indicava a Gênese (1, 14): "Deus diz que há luminárias no firmamento do céu para separar o dia da noite, para marcar as estações, os dias e os anos." O problema com que se chocam todos os calendários vem do fato de que 12 meses lunares correspondem a 354 dias, enquanto o ano solar é de 365,25 dias. Múltiplos calendários existem desde sempre no mundo. No Ocidente, Júlio César, em 45 a.C., impõe ao mundo romano um calendário solar, chamado em seguida "calendário juliano", que é adotado pela Igreja. Mas este calendário não corresponde exatamente à duração do ano. Em 1582, para recuperar o atraso acumulado, o Papa Gregório XIII decide suprimir 10 dias, passando diretamente de 04 a 15 de outubro. Este calendário gregoriano não é aceito nem pelos ortodoxos nem pelos reformados: hoje, a diferença com os primeiros é de 13 dias. A Revolução Francesa tenta uma reforma radical e antirreligiosa, instituindo, em 1793, um calendário republicano, onde a década substitui a semana. Em 1803, volta-se ao calendário gregoriano, à semana e ao quadro das festas cristãs, Natal, Páscoa, Pentecostes.

No sistema romano, contavam-se os anos desde a fundação de Roma. Por volta de 525, o Monge Denys le Petit é encarregado pelo papa de determinar o ano do nascimento do Cristo, que marcará o início da era cristã e permitirá datar os acontecimentos. O ano que ele fixa, mesmo se não é absolutamente exato, serve doravante de referência para datar todos os acontecimentos da história, "antes" ou "depois de Jesus Cristo".

Philippe Rouillard

➢ Calendário litúrgico; Ortodoxos.

CALENDÁRIO LITÚRGICO

O calendário litúrgico se constituiu progressivamente, e não se pode jamais considerá-lo como definitivo. Os primeiros cristãos não sentem a necessidade de estabelecer um calendário, porque eles esperam a volta iminente do Cristo, de que celebram a ressurreição a cada domingo. É somente no início do século II que, primeiro no Oriente, em seguida no Ocidente, escolhem um domingo de primavera para celebrar a festa de Páscoa, assim como os judeus comemoram desde sempre a Páscoa de sua liberação. Um século mais tarde, a festa conhece uma dupla ampliação: por um lado, segundo o modelo judeu, celebra-se durante 50 dias (*pentecoste*, em grego) e, por outro, ela se torna o dia em que são batizados os novos cristãos: festeja-se, então, ao mesmo tempo, a ressurreição do Cristo e o crescimento anual da Igreja. Por volta de 380, em Roma como em Milão, o último dia da Cinquentena, um domingo, se torna a festa de Pentecostes, comemorando a descida do Espírito Santo. Na mesma época, aparece no Ocidente e no Oriente a festa da Ascensão, celebrada 40 dias depois da Páscoa (Atos 1, 1-11) em Roma e Constantinopla, ou ainda o dia de Pentecostes, em Turim e em Jerusalém.

A festa de Natal aparece em Roma por volta de 330: ela é fixada em 25 de dezembro para fazer concorrência ou cristianizar uma velha festa romana do sol invicto (*Sol invictus*). É, pois, uma festa solar, que os cristãos de Roma celebram na colina do Vaticano, no mesmo lugar onde o povo romano, voltado para o sol poente, prestava homenagem ao divino sol. No Oriente, na mesma época, começa-se a festejar a Epifania em 06 de janeiro, data tradicional de uma festa do sol vitorioso. De um e de outro lado, quer-se celebrar a manifestação do Cristo, luz e salvador do mundo. Bastante rapidamente, o Ocidente adota a Epifania, atestada em Paris, em 361, e o Oriente adota o Natal, em 25 de dezembro, o que leva a precisar o objeto de cada festa: manifestação aos pastores para o Natal, aos magos para a Epifania. Na esteira do Natal aparecem ulteriormente as festas da circuncisão, em 1º de janeiro, do batismo do Cristo (outra manifestação) e da apresentação no Templo,

CALENDÁRIO LITÚRGICO

ou Candelária, em 02 de fevereiro. Páscoa e Natal têm um tempo de preparação, respectivamente, a Quaresma (40 dias) e o Advento (quatro semanas), e um tempo de prolongação, o tempo pascal (50 dias), encerrado pelo Pentecostes, e o tempo de Natal (40 dias), até 02 de fevereiro.

Outras festas virão muito mais tarde: Trindade e *Corpus Christi* (ou festa do Santo Sacramento, ou do Corpo e do Sangue do Cristo) no século XIV, festa do Sagrado Coração, que aparece em 1672, mas só é estendida a toda a Igreja latina em 1856. Uma festa do Cristo Rei é instituída por Pio XI, em 1925, para se contrapor ao fascismo de Mussolini, e, sob o pontificado de João Paulo II, uma tentativa polonesa para instaurar uma festa da Misericórdia Divina só conseguiu dar este nome ao primeiro domingo depois da Páscoa. Todas estas festas são acolhidas com reserva, porque elas não celebram um acontecimento da vida do Cristo que seria, ao mesmo tempo, um mistério de salvação, o que é o objeto da liturgia.

O calendário litúrgico comporta igualmente festas marianas: Imaculada Conceição, em 08 de dezembro; Natividade, em 08 de setembro; Anunciação, em 25 de março; Visitação, em 31 de maio; Santa Maria Mãe de Deus, em 1º de janeiro: esta festa antiga, vindo oito dias depois do Natal, cede lugar, no século VIII, a uma festa da Circuncisão do Menino Jesus, depois é esquecida em favor do dia de Ano; o Missal de 1970 tentou restabelecê-la, sem muito sucesso. A festa mais importante e mais popular continua sendo a Assunção, em 15 de agosto. Esta festa, vinda de Jerusalém, onde leva o nome de "Dormição" (Sono), só aparece em Roma no século VII, e é o Concílio de Mogúncia, em 813, que a torna obrigatória em todo o Império de Carlos Magno. Num certo número de paróquias da França, uma procissão se desenvolve na parte da tarde para cumprir o voto do Rei Luís XIII que, em 1638, consagrou seu reino a Maria. Outras festas marianas, de menor importância ou de caráter local, figuram nos calendários.

São principalmente os santos, mais ou menos conhecidos, que preenchem os calendários. Se os calendários usuais propõem um santo ou uma santa para cada dia do ano, os calendários litúrgicos são felizmente mais sóbrios. Às vésperas do Vaticano II, o calendário romano contava com cerca de 270 festas de santos. O novo calendário dos santos, publicado em 1969, comporta quatro solenidades (São José, São João Batista, São Pedro e São Paulo e Todos os Santos), 23 festas, 63 memórias obrigatórias e 95 facultativas. No total, ele só comporta, então, 90 celebrações obrigatórias. A reforma eliminou 27 festas de santos, cuja existência ou o culto eram mal assegurados, e 70 santos mais ou menos desconhecidos, dentre os quais muitos mártires romanos. Em compensação, para manifestar a universalidade da santidade no tempo e no espaço, introduziu-se um certo número de santos vindos da Europa oriental e dos outros continentes, assim como alguns santos contemporâneos. Ao lado do calendário romano existem os calendários próprios aos países, às dioceses e às ordens religiosas, onde figuram os santos destes grupos. O culto dos santos é uma celebração do mistério da Igreja.

Philippe Rouillard

> Anunciação; Assunção; *Corpus Christi*; Imaculada Conceição; Maria; Natal; Páscoa; Pentecostes; Santo.

CALVÁRIO

Ver *Gólgota.*

CALVINO, JOÃO (1509-1564)

Nascido em Noyon (Picardie), Jean Cauvin (que latinizará mais tarde seu nome em Calvin) segue uma formação em direito e em letras clássicas. Depois de seus estudos em Paris, aproxima-se das "novas" doutrinas e é obrigado a deixar Paris. Depois de dois anos de clandestinidade, chega à Basileia, onde publica, em 1536, a primeira edição de sua obra maior, a *Institutio Religionis Christianae* [Instituição da Religião Cristã], uma exposição da fé cristã, acompanhada por uma defesa de seus correligionários acusados de heresia em consequência do caso dos cartazes (outubro de 1534). Em 1536, de passagem por Genebra, recentemente convertido à Reforma por Guillaume Farel, é obrigado a ficar na cidade para ajudar na reedificação da Igreja. Calvino torna-se, assim, não somente o homem de biblioteca e de pena que ele desejava continuar a ser, mas um homem em contato direto com o povo (ele escreverá doravante em francês e em latim). Menos de dois anos mais tarde, é expulso da cidade e convidado em Estrasburgo, onde conhece inúmeros responsáveis pela reforma luterana. Traduz sua *Institutio* em francês e aborda sua longa série de comentários bíblicos (Romanos, 1540). Encontra até tempo para casar-se.

Em 1541, as autoridades genebrinas o convidam a retomar seu posto de pastor. Durante 23 anos, continua uma luta persistente para reformar a cidade, cuidando da organização eclesiástica, da liturgia e compondo um catecismo, milhares de sermões, e intervindo diante do Conselho da cidade. Ele divulga assim esta reforma e seu ensino na França e para além (Países Baixos, Inglaterra, Escócia). Sua maneira de escrever em francês, profundamente diferente da de seus contemporâneos, terá uma influência capital sobre a evolução da língua francesa. Morre, esgotado e doente, em 27 de maio de 1564.

A imagem de um "Calvino ditador" é falsa. Sua autoridade era moral e positiva, como comprova o afluxo de refugiados religiosos que dobraram a população de Genebra antes de sua morte.

Sua doutrina se pretende bíblica. Ele é penetrado pela antítese radical entre a perfeição de Deus e o estado decaído do homem. Incapaz de obedecer plenamente à Lei de Deus ou de agradar a Ele por suas obras e méritos, o homem está em estado de perdição – salvo se a graça de Deus dá gratuitamente a salvação ao que crê nos méritos de Jesus Cristo. Mas esta graça não é concedida a todos, donde a doutrina (paulina) da dupla predestinação: alguns são eleitos, outros são condenados, mesmo se esta divisão nos é incompreensível, só Deus define o que é justo. A atitude do fiel se resume à penitência, à oração, à esperança de figurar entre os eleitos e à ação.

Sobre os sete sacramentos da Igreja Católica, Calvino só conserva dois, o batismo e a Eucaristia, instituídos pelo próprio Cristo; os outros podem ser importantes (o casamento, por exemplo), mas não sacramentais. A penitência não é um meio de

CRISTIANISMO – DICIONÁRIO DOS TEMPOS, DOS LUGARES E DAS FIGURAS

CALVINO, JOÃO — CANÁ

graça veiculado unicamente por um padre, é uma relação do indivíduo com Deus. A confirmação é substituída pelo catecismo; os pastores são escolhidos pela comunidade e fazem parte de um quádruplo ministério que conta também com os professores ("doutores"), os "anciãos" (responsáveis pela disciplina com os pastores) e os "diáconos" (responsáveis pelos doentes e pela esmola). Os anciãos e os diáconos são leigos. Contrariamente às outras correntes do Protestantismo, Calvino insiste sobre uma margem de autonomia da Igreja em relação ao Estado. O cristão deve defender a Igreja contra as incursões do Estado em seu domínio (sobre questões de doutrina, liturgia, catequese...); mas ele deve respeitar o governo civil e até obedecer a um tirano.

Os ensinamentos de Calvino tiveram um impacto maciço inicialmente na França, onde uma investigação (talvez otimista) levada a efeito em 1561 destaca duas mil Igrejas reformadas e dois milhões de fiéis (um décimo da população). Esta projeção parou com as guerras de religião (1562-1598). Igreja minoritária, perseguida até à extinção sob Luís XIV, a Igreja reformada da França sobreviveu ao século XVIII, fortemente influenciada pelo racionalismo dos filósofos, donde, no século XIX, uma renovação de espiritualismo (o Despertar) nas Igrejas evangélicas. A Escócia e os Países Baixos adotaram uma organização presbiteriana; um desvio do calvinismo de origem, colocando mais ênfase sobre a responsabilidade do indivíduo e da comunidade local, tornar-se-á uma força motriz na colonização da América do Norte.

Dois temas não estritamente religiosos, a democracia e o capitalismo, fazem vir à tona a influência excepcional de Calvino sobre o mundo moderno. Nos dois casos, trata-se de um atalho que justapõe três séculos de história. O próprio Calvino não era nem democrata nem capitalista. Mas o lugar que ele atribui à responsabilidade moral individual constitui o primeiro passo para uma sociedade democrática moderna, e uma ética do trabalho derivada de seus ensinamentos está na base do desenvolvimento das sociedades industriais e comerciantes da Holanda, da Inglaterra e da América, nos séculos seguintes.

Francis Higman

➤ Genebra; Lutero; Protestantes; Reforma.

CANÁ

Caná, do hebraico *qânè*, "caniço", aldeia da Galileia a 14 quilômetros de Nazaré (Hirbet Qana) onde Jesus faz seu primeiro milagre, quando é convidado para um casamento com seus discípulos e sua mãe (Jo 2, 1-12). Vindo a faltar vinho, Maria o incita a intervir. Jesus resiste no começo: "Minha hora ainda não chegou". Depois, ele diz aos servos que encham com água seis jarros próximos. O chefe, tendo experimentado, descobre um vinho cuja origem ele ignora, e faz ao noivo uma observação que se tornou célebre: "Todo mundo serve primeiro o bom vinho, e quando as pessoas estão alegres, o menos bom. Quanto a você, você guardou o bom vinho para agora." Este relato foi lido pelos autores cristãos de diferentes maneiras: o papel de Maria na manifestação pública de Jesus, a escolha do vinho como primeiro sinal milagroso, primícias da eucaristia e do sangue derramado, mas também a refeição de núpcias, símbolo da Aliança divina com a humanidade e da felicidade escatológica.

O local de Caná foi uma etapa para os peregrinos desde o século IV. Construiu-se aí, no século V, uma igreja onde se mostravam duas urnas que tinham servido para o milagre, assim como o assento sobre o qual tinha ficado Jesus. A cena da refeição foi frequentemente representada pelos pintores.

Catherine Grémion

➢ Milagre; Vinho.

CANAÃ

O nome Canaã parece ter aparecido no terceiro milênio a.C. Encontra-se em tabletes de Mári como entidade política. Os cananeus correspondem aos fenícios. Na Bíblia, o termo é, às vezes, sinônimo de "comerciante" (Job 40, 30; Pr 31,24; Za 14, 21). Canaã designa, a partir do século XVI a.C., a população urbana e comercial do Oriente Próximo situada entre a costa oriental do Mediterrâneo e o Jordão, antes de sua conquista por Josué e pelas tribos de Israel vindas do Egito. Originário de uma raiz semítica que significa "curvar" ou "inclinar", o termo aparece na Bíblia, em Gn 9, 18 a propósito dos três filhos de Noé, Sem, Cam e Jafé, e, em especial, Cam, considerado como o "pai de Canaã". Canaã é a terra da bênção de Deus em favor de Abraão (Gn 12, 1-5). A conquista de Canaã se inspira em uma teologia da Aliança, ritmada por um ciclo de contrato, promessa, apostasia, arrependimento e salvação. A emergência de Israel foi antes o resultado do que a causa do desmoronamento da cultura Cananeia e a maior parte dos israelitas seriam provavelmente de origem Cananeia, como o lembra Ezequiel (Ez 16, 3.45). Segundo um oráculo de Isaías, no Egito convertido ao Deus verdadeiro, "cinco cidades falarão a língua de Canaã" (Is 19, 18), primeiro cumprimento da promessa feita a Abraão.

Somente os Atos dos Apóstolos fazem referência a Canaã. Quando de seu martírio, Estevão retraça, segundo Lucas, a história de Israel, em particular sua partida para o Egito, a propósito de José (Atos 7, 9-11). Paulo fala em sua apologia diante dos judeus para lembrar a reinstalação do povo eleito nesta terra, depois do Êxodo (Atos 13, 17-20). Nos dois casos, Canaã figura como a inscrição concreta no espaço e na história da aliança concluída por Deus com Israel. Assim, Canaã serve de emblema, tanto no Antigo quanto no Novo Testamento, da terra concreta onde se viveu, ao mesmo tempo, a eleição judaica e a encarnação do Filho, atestada por suas testemunhas.

Yves Simoens

➢ Arca; Israel.

CÂNTICO DOS CÂNTICOS

Pequeno livro do Antigo Testamento, que a menção do nome de Salomão no cabeçalho convida a ligar à tradição sapiencial, o Cântico dos Cânticos desafia em parte a identificação de suas fontes e de sua origem. Suas relações com a literatura hínica egípcia tornam-se as mais convincentes, ainda que o amor aí celebrado fale uma língua universal. Ter-se-á, então, como plausível que o Cântico seja uma coleção de cantos, eventualmente retomados no Egito, retrabalhados e harmonizados por um redator final que introduziu neles alusões à terra e à história de Israel. Assim é superada – mas em parte somente – a surpresa de ver figurar na Bíblia este livro que canta com uma franqueza jubilosa a bondade do amor e a beleza dos corpos, que leva um título superlativo, enquanto o nome de Yahvé não aparece praticamente. Os debates relativos a sua canonicidade comprovam a dificuldade que se sentiu, em alguns tempos, em fixar sua legitimidade teológica.

O favor de que o Cântico goza, tanto no Judaísmo quanto no Cristianismo, impõe, no entanto, o reconhecimento de sua conaturalidade com a revelação bíblica e com a experiência espiritual que lhe é relacionada. Nas duas tradições, ele é lido assiduamente de um modo alegórico que coloca em correspondência os dois papéis masculino e feminino respectivamente com Deus e Israel, com o Cristo e a Igreja (como coletividade ou como alma crente). Escandido com variações sobre a fórmula de aliança ("meu bem-amado é meu", "eu sou do meu bem-amado"), o Cântico aparece como o canto por excelência da Aliança.

Nessa base, e durante os primeiros séculos cristãos, encontra-se abundantemente citado na catequese comum dos futuros batizados (em Ambrósio, Cirilo de Jerusalém, Agostinho, João Crisóstomo). A vida batismal é ensinada como acesso ao diálogo do amor que, no Cristo, Deus ata entre ele e o homem. Mas esta inteligência profunda e audaciosa da vida do cristão não sobreviverá muito tempo. A partir do século V, constata-se uma retração do Cântico em direção só da vida consagrada. Já Orígenes, em seus comentários, colocava o texto em relação com os diversos graus de avanço na vida espiritual e proporcionava a inteligência do sentido à experiência que o leitor tem de Deus. Foi assim que o Cântico foi subtraído à frequentação dos cristãos do mundo, que não o encontraram mais senão nas Vésperas da Virgem. Ele se tornou, em compensação, o livro onde se exprime – ou melhor, que permite exprimir – a vida cristã vivida sob as formas do maior fervor. Ele será, assim, por vários séculos, o livro de eleição da vida monástica.

Será meditado indefinidamente nos claustros, de onde sairão alguns de seus mais elevados comentários. Assim, na Idade Média, dos *Sermões* de São Bernardo, do *Comentário* de Guillaume de Saint-Thierry, atestando o lugar eminente do livro nos meios cistercienses. Assim, também, os escritos de mulheres tais como Hadewijch d'Anvers ou Gertrude d'Helfta mostram que o Cântico é finalmente menos, para estas, um texto a explicar, do que uma verdadeira língua em que se reconhecem os "amantes do nome de Deus". Mais tarde, Jean de La Croix (São João da Cruz), Santa

CÂNTICO DOS CÂNTICOS — CARISMA

Tereza de Ávila, a Madame Guyon, entre outros, caminharão por estas palavras e as prolongarão, ilustrando aí também o fato de que o diálogo que constitui este livro conduz mais a uma reenunciação pessoal do que uma elucidação exegética.

Entretanto, a partir da Renascença, a ideia formulada de maneira isolada no século V, por Théodore de Mopsueste, fazendo do Cântico um epitalâmio profano, vai progressivamente fazer seu caminho para terminar por impor-se no século XVIII. Esta evolução é, aliás, concomitante com um movimento cultural profundo que tende a subtrair os textos sagrados somente à jurisdição da leitura crente. Assim, o Cântico será cada vez mais destacado de seu sentido alegórico espiritual e lido como uma intriga amorosa entre três parceiros (uma pastora que seu amante pastor e o Rei Salomão disputam). Esta interpretação em termos de drama pastoral, formulada por Jacobi, em 1772, será retomada e desenvolvida por Renan, no século seguinte. Sem excluir a continuação de leituras espirituais, as palavras e as metáforas do livro exprimem doravante os aspectos múltiplos da paixão amorosa, fora de todo horizonte espiritual, às vezes à maneira de um erotismo distante de toda poesia. É assim que, continuando a habitar as memórias, o Cântico ressurge a todo instante na literatura moderna, de Hugo a Pierre-Jean Jouve, de Léopold Sedar Senghor a Umberto Eco. Se acontece que, nesta aventura, o livro bíblico seja parodiado e maltratado, ele pode também ser aumentado de harmônicas que desvendam a riqueza cintilante de suas palavras.

Enfim, notar-se-á que a época contemporânea acrescenta sua novidade à história exegética do Cântico. O interesse encontrado pela literalidade do texto conduz a análises refinadas e novas deste. Além disso, a tomada em conta de sua espessura antropológica não implica mais necessariamente que seja repudiado todo sentido espiritual. E reciprocamente. Operando de maneira inédita a síntese do humano e do divino, estas abordagens novas de um livro que parecia comentado até o esgotamento ilustram o princípio de Gregório, o Grande, reanimado pela hermenêutica contemporânea, segundo o qual o sentido de um texto pode crescer ao longo da história de suas leituras.

Anne-Marie Pelletier

➤ Místicos; Núpcias; Salomão.

CAOS

Ver *Criação*.

CARIDADE

Ver *Amor*.

CARISMA

Palavra de origem grega que significa "dom", "presente", "graça". Ela aparece no vocabulário cristão com São Paulo (1 Co 12, 4-11), que apresenta os carismas

CRISTIANISMO – DICIONÁRIO DOS TEMPOS, DOS LUGARES E DAS FIGURAS

CARISMA — CARISMÁTICOS

como dons espirituais feitos por Deus à comunidade dos batizados e das manifestações de sua graça na vida dos homens. Neste texto fundamental, o Apóstolo dos gentios precisa sua natureza: aptidão para os discursos de fé, de sabedoria ou de ciência, dons de cura e de profecia, poder milagroso, capacidade de discernimento dos espíritos, dom das línguas e da interpretação dos propósitos proferidos durante o êxtase. O carisma profético, que permite a um fiel inspirado pelo Espírito adivinhar os pensamentos ocultos assim como os segredos dos corações, e ler os "sinais dos tempos", é o que é mais frequentemente evocado. Mas esta lista não tem, contudo, nada de exaustivo, porque, um pouco mais adiante, Paulo evoca também a aptidão ao governo, o zelo apostólico, o dom do ensino e o de se levar ao auxílio do próximo. Estes carismas dão a cada cristão um papel particular a desempenhar na Igreja, mas eles só têm valor se se exercerem "na caridade", isto é, em vista do bem comum. No século XIII, Tomás de Aquino trata dos carismas em sua *Suma Teológica* (IIa, IIae, q. 171-178). Ele retoma a lista de São Paulo, mas acrescenta o *raptus*, ou "êxtase" (q. 175), isto é, a perda de sensibilidade corporal que marca o termo da ascensão mística, que define como um "grau especial da profecia". Ele estabelece assim uma continuidade entre a vida mística, tal como se tinha desenvolvido desde o século XII, em alguns mosteiros e entre os leigos devotos, e a vida carismática. A partir dos últimos séculos da Idade Média, a trilogia visões/revelações/profecias passará para o primeiro plano, relegando a lista tradicional dos carismas numa certa obscuridade até que ela tenha sido redescoberta e recolocada em vigor, no século XX, pelos movimentos carismáticos, protestantes e católicos.

André Vauchez

➤ Carismáticos; Espírito Santo; Profetismo; Tomás de Aquino.

CARISMÁTICOS

Os carismáticos (termo forjado a partir do grego *charisma*, "dom do Espírito Santo") constituem uma corrente de renovação espiritual cristã que faz sua aparição no início do século XX. Nascida no seio do metodismo, difundiu-se sob o nome de "pentecostalismo", principalmente nos Estados Unidos. Está centrado na conversão, na leitura literal da Bíblia e na experiência espiritual pessoal. Enraíza-se na ideia de que o batismo do Espírito Santo, como em Pentecostes (Atos 2, 1-4), acompanha-se sempre do falar em línguas diferentes ou glossolalia. Seu movimento mais representativo é o das "assembleias de Deus", muito presente no Brasil. A partir dos anos 1960, esta corrente pentecostal se diversifica e enfatiza o desabrochamento pelo Espírito – sem se focalizar na glossolalia e em sua abertura ecumênica. Os movimentos carismáticos se expandem, então, no mundo católico, em especial na Europa, e assumem a forma de comunidades constituídas pela iniciativa de leigos: o Emmanuel (1972), o Caminho Novo (1973), as Bem-Aventuranças (1974) etc. Desde os anos 1980, o neopentecostalismo coloca em primeiro plano a "guerra espiritual" (*spiritual warfare*) entre Deus e Satã nas nações, nas cidades

CARISMÁTICOS — CARMELO

e nas casas. Ele insiste igualmente nos sinais e prodígios e valoriza os profetas-
-estrategos com forte autoridade carismática (como, por exemplo, Peter Wagner)
não sem manifestar uma propensão sectária.

Sylvie Barnay

➢ Igreja (povo); Espírito Santo.

CARMELO

A ordem do Carmelo tem origem em duas fontes: Elias e a Virgem Maria. É
na Palestina, no Monte Carmelo, tornado célebre pelo sacrifício de Elias ao Deus
de Israel, que, bem antes das cruzadas, Bizantinos prestam um culto ao profeta.

Por volta de 1192, alguns eremitas latinos, peregrinos e antigos cruzados se
instalam nessa montanha para aí viver um retiro de ascese e de oração fundamentado na Escritura. Uma capela dedicada à Virgem está construída no meio do lugar
de habitação. Eles tomam o nome de "irmãos da Bem-Aventurada Virgem Maria
do Monte Carmelo", desde 1252. A vida dos Carmelitas será um serviço e uma
imitação de Maria.

Entre 1206 e 1214, o patriarca latino de Jerusalém, Albert de Verceil, escreve
para os frades uma *Norma de Vida* (*Vitae Formula*) que se tornará uma Regra, em
1247, por uma intervenção oficial de Inocêncio IV. Este texto, bastante breve e de
inspiração bíblica, atesta o apego dos Carmelitas à imitação do profeta Elias. O
escapulário, que teria sido entregue pela Virgem a Simon Stock, prior da Ordem
depois de 1247, fará definitivamente parte do hábito da Ordem, em 1324, e conhecerá uma imensa popularidade entre os fiéis que podem beneficiar-se dos mesmos
privilégios que os frades. As confrarias do escapulário irão multiplicando-se durante todo o período moderno.

Os conventos de Chipre e de Messina são estabelecidos por volta de 1235.
As fundações se desenvolvem: Valenciennes (1235), Aylesford (1242), Les Ayga-
lades, perto de Marseille (1244), Pisa (1250), Paris (1254), Colônia (1260) etc. Os
frades se orientam para o modelo dos mendicantes, e o Carmelo reveste-se de sua
forma definitiva no fim do século XIII, com suas duas dimensões, contemplativa e
apostólica, conservando uma nostalgia sadia da vida eremítica.

A integração dos Carmelitas no grupo dos mendicantes implicou a entrada dos
frades na universidade (1271) e na constituição de um *Studium Generale*, em Paris.

A Ordem não escapa da crise que sacode a vida religiosa durante o Grande
Cisma, nem à mitigação da Regra, em 1432. Depois de 1450, as principais causas
de sua decadência foram eliminadas por uma série de reformas que defenderam o
retorno à prática do silêncio e a abstinência de carne.

Em outubro de 1452, a Ordem recebe a autorização de acolher comunidades
de mulheres, exclusivamente dedicadas à contemplação, vivendo segundo a Regra
mitigada de 1447. O movimento, originário da Holanda, de Flandres e da Itália,
é introduzido na França com a ajuda da Duquesa Françoise d'Amboise, funda-

CARMELO — CARNE

dora do Convento de Bondon, perto de Nantes (1460), e do de Vannes (1463). O objetivo desta decisão é confirmar a vocação primeira da Ordem, juntando a ela conventos de mulheres. Em 1789, esta Antiga Observância só contará com quatro casas femininas na França, para uma centena na Europa. Nenhum mosteiro será restaurado no século XIX. Mas a principal reforma é elaborada por Teresa de Jesus, em agosto de 1562, em Ávila, para as monjas, e em novembro de 1568, em Duruelo, para os frades. A intuição de Teresa corresponde de tal forma à do Concílio de Trento que o general Rossi não pode deixar de apoiar o empreendimento. Com a ajuda de João da Cruz, Teresa dissemina em toda a Castela os conventos reformados. Em 1593, quando do capítulo geral de Cremona, os Carmelitas Descalços obtêm sua total separação da Antiga Observância. Separados juridicamente, os dois ramos ficam unidos por suas origens. Reatando com a Regra primitiva e seu ideal de pobreza absoluta, de silêncio e de contemplação, a nova ordem carmelita se estende no mundo inteiro. O Carmelo francês, fundado em 1604, é particularmente rico em personalidades: Barbe Acarie, Madeleine de Saint-Joseph, Thérèse de Saint-Augustin (filha de Luís XV), Bernard de Saint-Joseph, Louis de la Trinité. A reforma clementina (Clemente VIII), comum aos outros religiosos, insufla um novo espírito na França em torno da grande figura do Frei Jean de Saint-Samson (1571-1636), carmelita cego, autor de inúmeros tratados místicos.

Em 1792, 130 conventos são suprimidos, 79 casas de Descalços e 77 mosteiros de Carmelitas. A restauração da Ordem na França começará para os Descalços, em 1840, e em 1989, para os da Antiga Observância. A nova floração dos mosteiros de monjas (1850-1900), na França e nos outros países, corresponde ao retorno da vida contemplativa e ao entusiasmo provocado pela figura de Teresa do Menino Jesus (1873-1897) e, de uma maneira mais discreta, pela de Elisabete da Trindade (1880-1906). A partir do século XVII, o Carmelo continua fiel à sua vocação contemplativa (mais acentuada entre os Descalços) e ao apostolado. Ilustra-se particularmente no domínio da literatura mística e da vida espiritual. Inúmeras obras serviram assim de fundamento para a elaboração do vocabulário e do que se decidiu chamar de "teologia mística".

Stéphane-Marie Morgain

➢ João da Cruz; Mendicantes (ordens); Monges; Teresa de Ávila; Teresa de Lisieux.

CARNE

A carne evoca espontaneamente o que, no corpo, é material, perecível e frágil, inferior, senão mau. O termo hebraico *bâsâr*, e sua tradução em grego, *sarx*, no Antigo e no Novo Testamentos, exprimem primeiramente uma relação com a criação. Adão exclama em Gn 2, 21: "Esta vez osso dos meus ossos, carne de minha carne! Esta será chamada mulher [*îshâh*] porque do homem [*îsh*] ela foi tirada, esta!" A conclusão se deduz daí: "Eis a razão pela qual o homem deixa seu pai e sua mãe e se liga à sua mulher e eles são uma carne única" (Gn 2, 24). Decorre daí uma antropo-

ANDRÉ VAUCHEZ

CARNE

logia teológica: *bâsâr* designa o composto humano em sua vulnerabilidade mortal (Gn 6, 3; Is 40, 6; Jr 17, 5), mas, também, a humanidade ou o conjunto dos seres vivos (Gn 6, 17.19; Sl 136, 25; Is 40, 5-6). A Bíblia não dissocia o humano, o vegetal e o animal. Chamado a dominar o mundo sem violência, o homem é vegetariano (Gn 1, 29). O alimento cárneo (de *caro*, "carne", em latim) só é permitido depois do dilúvio, com a estrita condição de que a carne seja dissociada de sua "alma", o sangue (Gn 9, 3-4). A carne é animada por um "sopro" (*nèfèsh*) de vida (Gn 2, 7), que não coincide com o que os gregos entendem por *psychè*, "alma". Jesus ressuscitado insufla este mesmo sopro em seus discípulos, na noite de Páscoa (Jo 20, 22). O outro princípio de animação da carne é o espírito (*roûah*, Gn 6, 7*)*, que designa o ar, o sopro do vento (Ex 10, 13; Jô 21, 18) e das narinas (Gn 7, 15.22). Carne e espírito se conjugam sem se opor (Sl 78, 39; Qo 12, 7). Quando a carne serve de mediação ao Espírito, ela produz um "coração de carne", em contraste com o "coração de pedra". O gênio semítico mantém então unificado o que o pensamento helenístico tendia a dissociar. A carne criada por Deus é boa. Ela é assumida pelo Filho por meio da Encarnação. Esta carne do Verbo fundamenta a fé na ressurreição da carne. Esta visão una permite não opor os estados de vida do casamento e do celibato. A carne, sendo o lugar do Espírito, não é, pois, necessário desvalorizar o desejo da carne em proveito de uma superavaliação da virgindade ou da castidade consagradas. A fé católica mantém que a concupiscência permanece mesmo depois da liberação do pecado original pelo batismo, o que permite não cair em nenhum angelismo. O próprio Jesus afirma: "O espírito está cheio de ardor, mas a carne é fraca (Mt 26, 41; Mc 14, 38). A primeira Epístola de João alerta contra toda sedução mundana: "Tudo (o que está) no mundo, a cobiça da carne e a cobiça dos olhos e o orgulho da vida, não é do Pai, mas do mundo, assim é" (1 Jo 2, 16). Trata-se não do mundo em sua bondade profunda, criado por Deus, mas do mundo como princípio de incredulidade. Acontece, então, que, nesta antropologia, o corpo carnal faz parte da bondade original da Criação.

A carne não poderia ser confundida com o lugar do pecado (Ga 5, 17; Rm 8, 3). Paulo fala de combate espiritual (Rm 7, 18): "Minha vida presente na carne, eu a vejo na fé no Filho de Deus que me amou e se entregou por mim" (Ga 2, 20b). "O corpo da carne" (Col 2, 11), identificado com "o corpo de pecado" (Rm 8, 3), só é nomeado na medida em que Cristo e seu Espírito o liberam. As variações cátaras, puritanas, jansenistas foram alimentadas por uma compreensão negativa da carne. A concepção joanina da carne é positiva. "O Verbo se tornou carne" (Jo 1, 14) deve ser entendido como a condição colocada aqui de um engendramento do crente pelo Pai. Pode surgir uma oposição entre carne e Espírito: "O que é gerado da carne é carne; o que é gerado do Espírito é Espírito" (Jo 3, 6). Contudo, o que se chama "dualismo joanino" corre muito o risco de ser a projeção de uma tendência dualista do espírito humano. A carne e o sangue estão a serviço do dom que o Verbo oferece dele mesmo na eucaristia (Jo 6, 53-56): "Minha carne é verdadeiro alimento e meu sangue verdadeira bebida" (Jo 6, 55).

Yves Simoens

➤ Ceia; Espírito Santo; Eucaristia; Pão; Sangue.

CRISTIANISMO – DICIONÁRIO DOS TEMPOS, DOS LUGARES E DAS FIGURAS

CARTUXOS — CASSINO

CARTUXOS

A ordem contemplativa dos Cartuxos foi fundada por São Bruno de Colônia (por volta de 1035-1101), quando ele se retirou para o deserto de Cartuxa, em 1084, com seis companheiros, para levar uma vida de solidão, de ascese e de oração. Chamado a Roma em 1090 pelo Papa Urbano II, ele deixou aos seus primeiros companheiros o eremitério de Cartuxa, que dá seu nome à ordem. Foi o quinto prior de Cartuxa, Guigues I, que lhe deu sua forma legislativa, redigindo os *Costumes de Cartuxa*, entre 1121 e 1128, em intenção das outras casas da Ordem, que apareciam um pouco por toda parte na França. Em 1150, as monjas de Prébayon, no Sul da França, pedem sua afiliação à Ordem, o que marca o nascimento de um ramo feminino, até hoje representado. No decorrer dos séculos, três séries de estatutos vieram completar os costumes originais, os *Statuta Antiqua* (1250), os *Statuta Nova* (1368) e a *Tertia Compilatio* (1509). Em 1570, os quatro documentos são fundidos sob o título de *Nova Collectio*. A reforma do Vaticano II culmina nos *Statuta Ordinis Cartusiensis*, em 1991.

O monasticismo cartusiano é uma mistura temperada de cenobitismo e de eremitismo, que permite aos monges e às monjas repartir sua vida entre as atividades de leitura, meditação, oração, trabalho manual em sua cela e vida litúrgica (missa, Vésperas e ofício noturno) na igreja. A espiritualidade cartusiana é fundamentada na separação do mundo, uma grande ascese (pobreza e alimentação vegetariana), o silêncio exterior e interior (donde a ausência de cenário), a vida contemplativa e litúrgica no ambiente de uma comunidade restrita de 13 professos de coro que saem pouco de sua cela, e de 16 conversos divididos entre a vida de oração e as tarefas materiais. Os Cartuxos são a única ordem que conservou estes dois carismas e manteve intacto seu projeto inicial.

Nathalie Nabert

➢ Monge.

CASSINO (MONTE)

Segundo Gregório, o Grande, São Bento fundou seu último mosteiro no Monte Cassino (nos anos 540) e aí morreu. Pouco depois, o mosteiro foi destruído pelos Lombardos. Mas a lembrança de Bento se mantém pelos *Diálogos* de Gregório e pela Regra monástica transmitida sob seu nome. Por volta de 720, um mosteiro é recriado no Monte Cassino por Petronax de Brescia. Ele tem o benefício dos papas (isenção), dos duques, depois dos príncipes lombardos de Benevento, enfim, dos Carolíngios e de seus sucessores. Mas em 04 de setembro de 883, ele é destruído por uma tropa muçulmana. Os monges, refugiados em Teano, depois em Cápua, são atingidos pela reforma cluniasiana. Por volta de 950, o Abade Aligern os reconduz ao Monte Cassino. A abadia atinge o apogeu de seu poder e de seu renome entre o meio do século X e o início do século XII. Ela é proprietária de inúmeras habitações fortificadas situadas nos arredores (a "terra de São Bento"), assim como de bens espalhados em toda a Itália meridional e muito mais. Ela reivindica a preeminência sobre todos os mosteiros do Ocidente; dois de seus abades se tornam papas, em especial Desiderius (Vítor III), que reconstrói a abadia; ela participa da reforma da Igreja, forma bispos, acolhe sábios. No início do século XII, Léon des Marses empreende a redação das *Crônicas do Monte Cassino*, continuada por Pierre Diacre, que manda compilar o grande cartulário da abadia.

Mas a criação do reino da Sicília (1130) e a espiritualidade do monasticismo reformado diminuem a projeção do Monte Cassino. No século XIII, os monges são em um momento expulsos por Frederico II. Em 1349, um tremor de terra destrói em parte a abadia. A basílica é reconstruída entre o século XVII e o XVIII; nesta época, os arquivos são reorganizados e em parte publicados. Em 15 de fevereiro de 1944, os bombardeamentos aliados pulverizam a abadia (reconstruída desde então), cujos arquivos e biblioteca tinham sido transportados para Roma.

Jean-Marie Martin

➤ Bento; Monge; Mosteiro; Papa.

CATACUMBAS

A palavra "catacumbas" (*ad catacumbas*) designava na Antiguidade um lugar situado na Via Apia, a alguns quilômetros ao sul dos muros de Roma. Esta zona de pedreiras subterrâneas foi utilizada como cemitério pela comunidade cristã da cidade, entre o século II e o V. Por extensão, esta denominação se aplica também a todos os cemitérios paleocristãos subterrâneos de Roma e de outras cidades, como Nápoles. Contrariamente a uma lenda que data do século XIX, as catacumbas não foram jamais um lugar de refúgio para os cristãos, nem para os judeus, que tinham também os seus na periferia das cidades. Mas, a partir de 200 mais ou menos, é certo que a comunidade cristã de Roma procurou afirmar sua identidade, enterrando seus mortos em cemitérios particulares. O mais antigo é o da Via Apia (catacumba de São Sebastião, que abrigava a "cripta dos papas"), seguido pelos de Pretextatus, Priscila e Domitila. Por razões econômicas, os corpos dos defuntos eram aí depositados em nichos superpostos, escavados no tufo (*loculi*), fechados, mais frequentemente, com algumas pedras ou por uma placa de mármore onde figurava o nome do defunto, seguido da fórmula *in pace* ("Que descanse em paz") e, às vezes, por um símbolo cristão (crisma, âncora, baleia ou cabaças de Jonas). As famílias de mais posse se ofereciam um *arcosolium*, túmulo coberto com uma abóbada cavada na rocha, ou um *cubiculum*, vasta câmara às vezes ornamentada com afrescos, que continha várias tumbas. A decoração pictural consistia de faixas de cor vermelha e verde, bastante banais, mas encontra-se, às vezes, cenas de inspiração bíblica (Moisés fazendo brotar água do rochedo, Lázaro saindo do túmulo), em relação com a crença dos cristãos na ressurreição. De acordo com o costume antigo, as catacumbas parecem ter sido o teatro de banquetes rituais organizados

74 CRISTIANISMO – DICIONÁRIO DOS TEMPOS, DOS LUGARES E DAS FIGURAS

CATACUMBAS — CATEDRAL

em memória dos mortos por seus próximos, o que não exclui que aí se tenha, às vezes, celebrado o sacrifício eucarístico em seu favor. Os restos de certos mártires romanos aí foram depositados e venerados, mas, contrariamente àquilo em que se acreditou desde a Idade Média até o século XX, não era mais que uma ínfima minoria entre a massa dos cristãos ordinários – várias dezenas de milhares em cada catacumba – que se fizeram enterrar aí durante três séculos. No decurso do século V, as catacumbas foram definitivamente abandonadas como lugares de sepultura, mas continuam sendo os lugares de devoção muito frequentados pelos romanos, e desde cedo pelos peregrinos que começaram a afluir na cidade eterna para venerar aí os despojos dos mártires ou dos papas. Entregues à pilhagem entre o século VI e o XI, as catacumbas constituíram uma jazida de relíquias amplamente explorada por abades e bispos vindos das regiões transalpinas, depois abandonada quando os corpos santos que aí se encontravam foram levados para as igrejas de Roma pelos cuidados do papado e do clero local. Foi preciso esperar o século XVI, com a descoberta da catacumba de Priscila, na Via Salaria, em 1578, para que se interessasse de novo por esta "Roma subterrânea" à qual Bosio consagrou, em 1636, uma obra fundadora. Os peregrinos voltaram para aí, então em massa, e, com a cumplicidade da cúria romana – de que Mabillon denunciou as práticas simoníacas em um corajoso tratado, no fim do século XVII –, uma quantidade de fragmentos de ossos extraídos das catacumbas foi distribuída ou vendida a fiéis crédulos, como se se tratasse de relíquias autênticas. Assim, em 1802, a descoberta do túmulo de uma cristã chamada Filomena deu origem ao culto – aprovado pela Congregação dos Ritos, em 1837 – desta pretensa mártir, pela qual o cura de Ars demonstrava uma grande devoção. Foi somente no fim do século XIX, com os trabalhos de G. B. de Rossi, o pai da arqueologia cristã como ciência, e, no século XX, as escavações dirigidas pela Comissão Pontifícia de Arqueologia Cristã, que se encontrou a verdadeira significação das catacumbas, que constituem uma fonte excepcional para o conhecimento da vida da comunidade cristã de Roma na Antiguidade tardia.

André Vauchez

➢ Mártires; Morte; Roma.

CATEDRAL

Desde os primeiros séculos do Cristianismo, a catedral é a igreja do bispo e o símbolo de sua autoridade. Por esta razão, ela constituía a igreja mãe de onde procediam todas as outras igrejas da cidade. A primeira foi a de São João de Latrão, em Roma. A partir do século IX, no Ocidente, o papel e o tamanho das catedrais não pararam de crescer, à medida que se afirmava o poder episcopal no domínio temporal e espiritual. Era considerado que elas tinham sido fundadas pelo primeiro evangelizador da cidade ou por um de seus mais antigos bispos, e abrigavam frequentemente inúmeras relíquias assim como objetos cultuais de grande valor conservados no tesouro. A sacralidade do lugar e o esplendor particular dos ofícios

CATEDRAL

contribuíam para fazer da catedral um centro cultual. Além disso, a igreja catedral constituiu desde a origem um lugar de memória cristã, visando a dar o sentimento de uma continuidade histórica ininterrupta. A partir do século V, começou-se a gravar em placas listas de bispos chamados "fastos episcopais". Às vezes, os clérigos ligaram a introdução do Cristianismo em sua cidade à pregação de tal discípulo do Cristo, suscitando inúmeras lendas e obras de arte sobre as grandes figuras – reais ou míticas – da história religiosa da diocese, cuja catedral constituía, de alguma maneira, o Panteão. Símbolo da cidade santa e antecipação monumental da Jerusalém celeste, a catedral recapitula em seu seio todas as dimensões da experiência religiosa, local e universal, histórica e escatológica.

A catedral não é somente uma igreja, é um mundo, como bem o mostrou Victor Hugo em *Notre-Dame de Paris*, na medida em que ela comportava, pelo menos até a Revolução Francesa, todo um conjunto de edifícios anexos. As catedrais romanas e góticas eram, em geral, flanqueadas por um claustro com a sala do coro, onde a maestria preparava os cantos, e uma sala capitular, onde os cônegos encarregados de recitar o ofício nas horas canônicas se reuniam em cabido. Perto encontrava-se também a biblioteca. Com efeito, a partir dos séculos XII e XIII, os bispos e os cabidos tiveram de manter às suas custas uma escola onde um ensino era dado aos futuros clérigos, sob a direção de um cônego, o chanceler, auxiliado por mestres. Mesmo se estas escolas catedrais tiverem sido eclipsadas depois de 1200 pelo sucesso das universidades, não se deve esquecer o prestígio das de Chartres, Laon e Paris, para só falar das maiores. Não longe da catedral ficavam o palácio episcopal, a sala sinodal, a Santa Casa, hospital destinado aos pobres e aos doentes, assim como o bairro canonical, reunindo as casas dos cônegos. O cabido e o bispo geriam também os canteiros de obras, porque as catedrais foram reconstruídas sem parar, embelezadas ou restauradas até nossos dias; mas desde a lei de separação de 1905, foi o Estado que assumiu o papel da Igreja para garantir a manutenção das 89 catedrais francesas. Nos últimos séculos da Idade Média, a riqueza do clero e a rivalidade entre as cidades de que eram a principal ornamentação conduziram as autoridades eclesiásticas e leigas a lançarem-se numa competição em busca da altura sob uma abóbada cada vez mais alta (36 metros em Notre-Dame de Paris e 48 na Catedral de Beauvais, que desmoronou pouco tempo depois do seu término) e torres gigantescas, como a de Estrasburgo (século XV), que atingiu 142 metros.

A catedral não é, no entanto, um edifício puramente religioso e acolhe frequentemente manifestações profanas. Foi na Catedral de Senlis que Hugo Capeto foi eleito rei dos Francos, e Felipe, o Belo, no momento do violento conflito que o opôs ao Papa Bonifácio VIII, reuniu em Notre-Dame de Paris, em 1302, os representantes do clero e da nobreza. Até a disposição interior destas igrejas reflete seu papel de lugar de encontro privilegiado entre o temporal e o espiritual, como comprova o fato de que a nave tenha sido frequentemente separada do coro, reservado ao clero, por uma tribuna. Na época, com efeito, a comunicação entre o clero e os fiéis não passava mais pela participação comunitária ao sacrifício do altar,

CRISTIANISMO – DICIONÁRIO DOS TEMPOS, DOS LUGARES E DAS FIGURAS

CATEDRAL — CATÓLICOS

mas pelo Ministério da Palavra, feita ao povo por pregadores. Donde a construção, entre o século XIII e o XV, de esplêndidos púlpitos para pregar. E não é, com certeza, um acaso se uma das raras catedrais construídas na França no século XX – a de Évry, no sul de Paris, tem um plano circular, reflexo de uma eclesiologia que enfatiza a unidade do povo de Deus e não a distinção entre clérigos e leigos. Isto confirma que a vocação da catedral, hoje como ontem, é a de ser um espelho da fé e da história, na articulação do sagrado e do profano.

André Vauchez

➢ Igreja (edifício); Bispo.

CATÓLICOS

O termo, como adjetivo ou como substantivo, tem um lugar na língua oficial na França. Ele é, com efeito, reservado, nos atos administrativos, à designação do que pertence ao sistema cujo centro é o papado, a Igreja Católica romana, e designa os fiéis desta hierarquia. As estatísticas que se pretendem precisas incluem sob este termo todos os adultos e crianças que foram batizados na comunhão desta Igreja Romana, e cujos nomes foram inscritos nos registros de batismo mantidos nas paróquias. Muitos batizados só guardam, de fato, muito pouco contacto, alguns recusam mesmo toda relação com a vida da Igreja. O número global habitualmente apresentado ultrapassa o bilhão, os grupos mais importantes encontrando-se na América Latina (mais de 450 milhões), e na Europa (mais de 250 milhões).

Se o número dos batizados aumenta, em nível mundial (principalmente graças à África), a proporção dos que se distanciaram mais ou menos completamente aumenta rapidamente, na maior parte dos países onde o Catolicismo foi dominante. Algumas destas pessoas, senão o maior número, podem continuar, entretanto, a considerar-se como católicos. Na França, 60% dos interrogados se declaravam católicos no fim do século XX, mas os praticantes são menos de 10%.

Uma particularidade da sociedade francesa é validar, ao mesmo tempo, um princípio de respeito por todos os cultos, sob o regime em princípio restrito de separação entre o Estado e as Igrejas, e um reconhecimento, de alguma maneira jurídico, da ligação com a organização do Catolicismo – as dioceses com a hierarquia episcopal – à autoridade da Santa Sé. É sobre um certo tipo de acordo com a Santa Sé que se baseou o reconhecimento civil de uma organização financeira das dioceses da França, as "associações diocesanas", cuja existência foi reconhecida graças a um acordo concluído em 1924 entre os governantes da Terceira República e o papado.

Nos usos que acabam de ser evocados, o termo "católico" encontra sua origem em uma prática introduzida por Lutero, que subsiste ainda em nossos dias em alguns meios protestantes. Ela consistia em substituir, na formulação do *Credo*, a expressão "uma santa Igreja Católica" por "uma santa Igreja cristã". O adjetivo "católico" teria evocado somente a Igreja romana, da qual os protestantes faziam questão de se distinguir. A partir da Reforma de Lutero, a palavra se torna também um substantivo, os "católicos" opondo-se desde então aos protestantes.

CATÓLICOS — CEIA

Entretanto, as Igrejas orientais e os anglicanos utilizam em suas definições fundamentais a caracterização da Igreja do Cristo como "católica". É a formulação que se encontra na confissão da fé cristã, o símbolo de Niceia-Constantinopla, e no Símbolo dos apóstolos, o *Credo* mais habitualmente utilizado no Ocidente.

Esse uso do adjetivo nasceu no século II. É encontrado pela primeira vez, qualificando a Igreja, a Igreja plenária, numa carta de Inácio de Antioquia aos cristãos de Esmirna (§ 8, 2), e nos Atos do Mártir Policarpo (no parágrafo inicial, depois nas alíneas 8, 1; 16, 2; 19, 2). Este uso não decorre da tradição bíblica. A palavra pertencia à língua grega clássica, "o que diz respeito ao conjunto, o todo". No uso cristão, tal como finalmente se impôs para a formulação das confissões de fé, a partir do século III, o adjetivo não tem a função quantitativa que ele podia ter em algumas passagens citadas. Os tradutores dos *Credo* resistem à tentação de traduzir "Igreja católica" por "Igreja universal". O adjetivo evoca a Igreja enquanto ela é plenária, não podendo ser identificada com um grupo local que só daria uma versão parcial da fé em Cristo: tal é o sentido que lhe conferem normalmente os teólogos na época do Vaticano II, onde o termo serviu para denunciar todo fechamento da Igreja sobre as posições adquiridas. Ele pode também servir para designar o que deveria constituir o caráter próprio de uma instituição que se diz católica, e que se distingue da sociedade leiga contemporânea.

A França utiliza, geralmente, o substantivo "católicos" para opor aos outros cidadãos um grupo particular e fechado. Por isso, alguns militantes se qualificavam como "cristãos", e não como "católicos", apesar de sua pertença confessional. Um tom polêmico se liga também ao substantivo *"cathos"*. Mas alguns jovens crentes reivindicam a qualidade de *"cathos"* como uma afirmação de sua identidade, em relação a um círculo hostil ou que afeta mais a indiferença.

Pierre Vallin

➢ Concílios (sete primeiros); *Credo*; Igreja; Ecumenismo; Papa; Vaticano I e II.

CEIA

A Ceia (do latim *cena*, "refeição da noite") designa a última refeição que Jesus fez com os 12 apóstolos na véspera de sua Paixão. É um dos momentos fundadores da história do Cristianismo. Jesus institui a eucaristia durante esta refeição, cujo caráter pascal, discutido pelos exegetas, é destacado nos Evangelhos sinópticos (Mt 26, 20-29; Mc 14, 22-26; Lc 22, 14-20). Estes relatos são completados e até comentados por São Paulo em sua Primeira Epístola aos Coríntios (1 Co 11, 20-34). Os textos bíblicos enfatizam, inicialmente, a ação de graças (*eucharistëin*), depois a fração do pão e, enfim, a bênção do cálice. São João (13, 1-30) não menciona a instituição da eucaristia, mas o Quarto Evangelho é importante para a história do assunto cujo sentido ele esclarece.

Prática central, na religião e na cultura cristãs, a "refeição do Senhor" renova as palavras e os gestos de Jesus. É nos relatos de Lucas e de Paulo que figura o

CEIA

mandamento explícito: "Fazei isto em memória de mim." Os Atos dos Apóstolos (2, 42-47) indicam que a Ceia já era celebrada na Igreja primitiva. No decorrer dos séculos, as controvérsias se referiram principalmente sobre o modo de conceber a maneira como o Cristo estava presente nas espécies consagradas. Para os latinos, no momento de cada celebração da eucaristia, quando o padre pronuncia as palavras de Jesus na Ceia, "Isto é o meu corpo", o que ele segura em suas mãos tem a aparência de um pão, mas é real e substancialmente o corpo do Cristo. Como o explica Santo Tomás de Aquino, desenvolvendo a concepção aristotélica segundo a qual cada "coisa" é definida por propriedades acidentais fixadas sobre uma "substância" essencial, a substância deste pão foi convertida na carne do Cristo. Ela é, pois, realmente o seu corpo, como o vinho é realmente o seu sangue. É a doutrina da transubstanciação. Os gregos e a maioria dos cristãos orientais, que colocam a mudança de substância depois da consagração, não adotam o termo, mas compartilham a fé dos latinos na presença real.

Inaugurada no IV Concílio de Latrão, em 1215, a transubstanciação é oficialmente proclamada como dogma no Concílio de Trento (1551) para afastar as interpretações simbólicas da consagração, difundidas nas Igrejas protestantes que limitavam ou negavam a presença real do Cristo. Ela se opõe em especial à doutrina da consubstanciação defendida por Lutero em *O Cativeiro Babilônico da Igreja*, em 1520, segundo a qual o pão e o vinho conservam suas substâncias próprias com as quais coexistem as substâncias do corpo e do sangue do Cristo, no momento da Ceia. Mas a concepção que predomina numa ampla medida entre os reformados é a de João Calvino, para quem a presença do Cristo se desloca das espécies para a assembleia. O termo "Santa Ceia", que Calvino preconiza utilizar para designar a comunhão com o pão e com o vinho, na *Instituição da Religião Cristã*, destaca a importância simbólica atribuída à refeição pascal e ao aspecto comemorativo do sacramento.

Não se conhece representação da Ceia antes do século VI. O mais antigo exemplo ocidental aparece num manuscrito conservado em Cambridge (*Corpus Christ College*, ms. 286, fº 125) trazido para a Inglaterra pelo bispo evangelizador Agostinho. Contemporâneo desta obra, o mosaico do ciclo cristológico de Santo Apolinário Novo, em Ravena, que mostra os convivas em torno de uma mesa em sigma, resto bizantino de espírito. A refeição do Senhor é geralmente uma refeição com peixes nas figuras. O pão e o vinho estão bem presentes na mesa, que aparece frequentemente guarnecida, como comprova a *Ceia de Lagostins*, difundida nos Alpes italianos no *Quattrocento*.

Associando diferentes momentos dos relatos evangélicos, a tradição iconográfica da Ceia insiste sobre a designação do traidor, representada, no mais das vezes, conforme o relato de São João: Jesus estende um bocado a Judas, isolado do outro lado da mesa retangular. Longe de temer a redundância, a iconografia, principalmente medieval, justapõe frequentemente os diferentes modos de designação do traidor, em especial na Itália, onde se pode ver o apóstolo traidor colocar uma mão no prato (Mt 26, 23) enquanto recebe o bocado acusador (Jo 13, 26).

CEIA — CÉSAR

Na tradição joanina está também ligado o motivo recorrente de São João descansando no peito de Jesus, surpreso pela visão que o encanta, perfeita alegoria da contemplação. Na escultura germânica, o grupo de Jesus e João apoiado em seu peito basta por si só para evocar a Ceia. O Cenáculo, nome dado à sala da refeição que ganha uma importância crescente nas imagens da Renascença, acaba por designar, por extensão, o conjunto da composição pintada, em especial nos grandes refeitórios da Toscana.

Dominique Rigaux

➢ Calvino; Cenáculo; Carne; Eucaristia; João; Judas; Lutero; Pão; Reforma; Tomás de Aquino; Vinho.

CENÁCULO

Vindo do latim *cœnaculum*, a parte da casa onde se come, o lugar designa o local onde os Evangelhos mostram Jesus fazendo sua última refeição e instituindo a eucaristia (Mt 14, 15; Lc 22, 12). O termo que eles empregam, *anagaïon*, designa o cômodo alto de casas do Oriente Próximo, uma sala de recepção que se abre para o terraço, onde acontecem os encontros importantes da vida familiar e social. O proprietário da casa nos é desconhecido. Os Atos dos Apóstolos (1, 13) situam aí a primeira assembleia dos Apóstolos depois da Ressurreição, o que indica que ela pôde servir ainda algum tempo como lugar de reunião para os primeiros discípulos. Em 350, Cirilo de Jerusalém indica que o cenáculo ainda existe. Os cruzados construirão uma igreja no lugar de peregrinação histórica (cuja realidade histórica é difícil de avaliar), em seguida transformada em mesquita.

Evocando um lugar de reunião de convivência, o termo foi retomado a partir de 1827 pelos românticos, preocupados em transcender, em nome da arte, as divisões religiosas e políticas. O Cenáculo literário reunido no apartamento de Victor Hugo viu cruzarem-se Balzac, Dumas, Nodier, Musset, Sainte-Beuve, Vigny. Hugo fez aí a primeira leitura de *Hernani*.

Régis Burnet

➢ Apóstolos; Ceia; Eucaristia.

CÉSAR

Nem todas as religiões têm a mesma maneira de encarar as relações entre a crença e o poder político, entre Deus e César. O Cristo, segundo o Evangelho, afirma: "Dai a César o que é de César e a Deus o que é de Deus" (Mt 22, 15-21). Não convém esconder o caráter liberador desta máxima, mesmo se sua aplicação tomou formas diversas, segundo as teologias em voga, em Roma ou em Bizâncio.

A fórmula permanece paradoxal: ela significa a liberação do homem em relação ao risco da tirania vinda da esfera política, mas diz também da necessidade de

CÉSAR

levar a sério a tarefa política, o que Pio XI, em 1927, concebia como "o campo da mais ampla caridade, a caridade política". É porque os primeiros cristãos puderam ser chamados "ateus", porque, em razão de sua fé em Cristo, eles recusavam-se a dobrar o joelho diante dos deuses da cidade. Mas, em sentido inverso, a fórmula "Dai a César o que é de César" destaca a importância do que está em jogo na política. Ora, frequentemente nos círculos religiosos, por excesso de pieguismo ou segundo desígnios apocalípticos recorrentes na história, esta dimensão do engajamento político não encontra mais espaço próprio. A religião, então, ocupa todo espaço e recusa-se a ver o papel do político no governo normal dos homens.

Em *Gaudium et Spes* (nº 36), o Concílio Vaticano II destaca a atualidade dessa tensão na época moderna: por um lado, "um certo número de nossos contemporâneos parece temer (...) um perigo para a autonomia dos homens, das sociedades e das ciências" (§ 1) e, por outro, se, por "autonomia temporal", se quer dizer que "as coisas criadas não dependem de Deus e que o homem pode delas dispor sem referência ao Criador, a falsidade de tais propósitos não pode escapar a quem quer que reconheça a Deus..." (§ 3).

Por sua vez, a *Declaração sobre a Liberdade Religiosa*, obra desse mesmo Concílio, insiste sobre a necessidade de fazer chegar-se a um Estado de Direito. De fato, a sentença evangélica "Dai a César..." coloca em honra a convicção de que é Deus que confere sentido à totalidade da experiência humana. O cristão vive numa dupla fidelidade que se apresenta como a frente e o verso de uma moeda, como o próprio Jesus o mostra no Evangelho: "De quem é essa efígie?" (Lc 20, 24). O crente é membro da cidade terrestre, mas ele pertence também a uma estranha república espiritual que, segundo a Epístola a Diogneto, comporta suas regras e suas leis. Pilatos tem o poder de mandar condenar Jesus e, no entanto, ele ouve, lembrado pelo próprio Jesus, a origem oculta de seu próprio poder: "Tu não terias sobre mim nenhum poder se ele não te fosse dado do alto" (Jo 19, 11). O reino de Deus não é deste mundo e, no entanto, ele já aflora neste mundo.

Privilegiando a noção de progresso contínuo, o período contemporâneo tende a considerar que as religiões pertencem à infância da humanidade. Como, então, explicar a persistência do fenômeno religioso em uma sociedade tão avançada como a dos Estados Unidos? Por outro lado, os acontecimentos de 1989, dentre os quais a queda do muro de Berlim foi o símbolo, permitiram tomar a medida da persistência do fenômeno religioso no leste da Europa, a despeito dos esforços de erradicação deste "ópio do povo". Desde o atentado de 11 de setembro de 2001, na cidade símbolo de um capitalismo que se tornou dominador do mundo, fala-se em certos meios muçulmanos da "revanche de Deus". A erosão do religioso parece questionada sob a pressão de um fundamentalismo que obriga os novos "Césares" a se colocarem sob o jugo de um Deus vingador e renegador de toda autonomia política.

A lembrança dos totalitarismos nazista e comunista, os deslizes autoritaristas do fascismo italiano ("o Duce tem sempre razão") geraram uma desconfiança durável em relação a transbordamentos políticos. No momento, a aspiração à democracia que se espalha sobre todo o planeta prepara novas alquimias no conflito raramente apaziguado entre Deus e César. Os avanços evangélicos atuais confundem o jogo político anterior, porque eles acreditam lutar contra a secularização dos países emergentes e das sociedades desenvolvidas. Entretanto, para o crente familiarizado com as Escrituras, estas efervescências religiosas novas podem conduzir tanto a uma leitura ateia de toda realidade quanto à descoberta de um rosto de Deus purificado.

Através do tempo, o rosto e os costumes de César não mudam. Mas a figura de Deus pode modificar-se. Os cristãos, por sua vez, são convidados a renunciar a adorar os falsos "ídolos" próprios à sua cultura para se voltarem para o "Deus vivo e verdadeiro" de que fala São Paulo (1 Tes 1, 9-10).

Henri Madelin

➢ Imperador; Bispo; Ídolo.

CÉU

O céu designa uma realidade espiritual e divina, em relação com o ser humano colocado na Terra, e oposta aos abismos infernais. Nos Evangelhos, Jesus emprega a palavra "céu" (*ouranos*, em grego) numa perspectiva escatológica (Jo 1, 51; Mt 22, 30) e, mais frequentemente, a expressão "céus" (*ouranoi*) ou "Reino dos céus" (*Basileia tou Ouranou*, Mt 18, 10). São Paulo declara ter sido arrebatado ao "terceiro céu" (2 Co 12, 2). Os Evangelhos (Mt 24), os Atos (10) e o Apocalipse de João fazem também do céu um espaço onde tomam forma visões, as do trono de glória e das calamidades dos últimos tempos.

O céu designa a esperança da vida eterna e o estado de bem-aventurança que prevalecerá no Além; os céus sugerem um mundo espiritual ordenado e graduado, onde tomam lugar em volta de Deus os anjos e os eleitos, segundo sua posição e seu mérito.

No quadro eclesial, a liturgia é concebida como uma descida do céu sobre a Terra, uma imitação da liturgia angélica em torno do trono divino, uma visão antecipada do Reino de Deus. Assim, segundo Suger, abade de Saint-Denis, a basílica gótica é uma imagem terrestre da Jerusalém celeste, que manifesta o céu sobre a Terra e permite a união dos anjos e dos homens na celebração.

Durante toda a Idade Média, a correspondência entre as hierarquias angélicas e as etapas da ascensão da alma são valorizadas por inúmeros autores espirituais como Boaventura, Hugues de Balma ou Jean Tauler. O céu é, pois, interior, e o movimento espiritual é paradoxal: subir ao céu é descer em si. Até o século XII, a contemplação tende a ser reservada aos monges, que se consideram anjos terrestres. A partir do século XIII, a vida contemplativa e a imitação dos anjos não são mais as únicas vias de acesso ao céu; a pobreza vivida, a participação nos sofrimentos da Paixão ganham terreno e permitem aos leigos engajar-se no caminho do céu, inclusive criando sociedades de caridade ou confrarias de devoção.

82 CRISTIANISMO – DICIONÁRIO DOS TEMPOS, DOS LUGARES E DAS FIGURAS

CÉU — CÎTEAUX

Ao lado do tema da ascensão gradual ao céu toma lugar o do arrebatamento imediato, que caracteriza a via mística. As letras e o estudo encontram igualmente direito de cidade como via de acesso à sabedoria, que Christine de Pisan, por exemplo, situa no quinto céu. A literatura religiosa e as artes multiplicaram as imagens deste espaço bem-aventurado, sob a forma de um jardim verdejante, povoado de anjos e de eleitos, de uma cidade celeste, harmoniosa e poderosa, e da audição dos anjos, chantres ou músicos. Entre o Paraíso e o Inferno, o Purgatório, local de espera e de purificação, tomou lugar nas representações ocidentais do mundo celeste, a partir do fim do século XIII.

O céu cristão não se refere aos céus astronômicos, mas a influência do platonismo conduziu alguns autores a conjugar espiritualidade e cosmologia. A subida ao cosmos e a da alma são associadas por assimilação da escala celeste ao universo inteiro. No século XIII, a influência do aristotelismo relança uma especulação sobre os lugares do céu. Inúmeros autores distinguem, para além das esferas planetárias e astrais, um céu de luz pura, o empíreo, morada dos anjos, feito de um quinto elemento, a "quinta essência". Dante deu a esta visão dos céus toda sua magnificência. A teologia moderna enfatizou estados de ser mais do que lugares tributários de uma dada visão cosmológica.

Alguns teólogos consideram a vida celeste antes de tudo como uma contemplação eterna da divindade, outros sugerem uma vida social perfeita, enquanto os poetas e os místicos enfatizam a relação de amor entre os eleitos e o Cristo.

Philippe Faure

➢ Dante Alighieri; Inferno; Fim dos tempos; Limbos; Místicos; Paraíso; Purgatório.

CHAVES

Ver *Pedro*.

CÎTEAUX

Os monges instalados em 1098 em Cîteaux, perto de Dijon, denunciavam os desvios dos "clunisianos". Eles pretendiam voltar à observância literal da Regra Beneditina e aos seus ideais de fuga do mundo e de pobreza, donde a adoção de um hábito de lã não tingida (branco ou cinza), a rejeição de todo ornamento supérfluo na arquitetura, nos manuscritos ou na liturgia, a interdição de possuir rendas eclesiásticas ou senhoriais e, enfim, a obrigação do trabalho manual para os monges, os grandes trabalhos, no entanto, ficando confiados a conversos. Implantados longe das cidades, os mosteiros cistercienses se multiplicaram em toda a cristandade latina no decorrer do século XII, graças, em especial, ao carisma de Bernardo de Claraval; muitas comunidades eremíticas, beneditinas ou canônicas se agregaram aos cistercienses. Para garantir a aplicação uniforme da Regra e organizar de maneira harmônica as relações entre os diferentes abades, estabeleceu-se a "Ordem de Cîteaux". Esta instituição de

CÎTEAUX — CLAUDEL, PAUL

um tipo novo repousava sobre a *Carta de Caridade*, que instaurava uma instância disciplinar e legislativa, o capítulo geral, reunindo todos os abades da ordem em Cîteaux, no meio de setembro, e elos de filiação entre mosteiros servindo de quadro a inspeções (visitas) anuais. Desde o século XII, mulheres se esforçaram para imitar a vida dos monges brancos, às vezes, sob a direção destes, mas foi somente no início do século XIII que o capítulo geral definiu um procedimento de incorporação formal para as monjas, das quais muitos mosteiros foram, em seguida, fundados. Criticado porque enriquecido graças à gestão eficaz de seu patrimônio, a ordem continuou, no século XIII, a ser favorecida pelo papado, que a utilizou para lutar contra os heréticos e organizar as cruzadas, mas ela atravessou, em seguida, longos períodos de dificuldades devidas às guerras, ao cisma, à comenda e ao desenvolvimento do Protestantismo. As reformas dos séculos XV a XVII fortaleceram a vida regular, mas favoreceram a fragmentação da ordem em congregações, algumas independentes (Feuillants). Depois do aniquilamento da quase totalidade de seus mosteiros pela Revolução Francesa e pelas guerras napoleônicas, os cistercienses chegaram a reformar duas grandes famílias, a Comum Observância e a Estrita Observância (Trapistas), inspirada pela reforma do Abade de Rancé (†1700).

Alexis Grélois

➢ Bento; Bernardo de Claraval; Monge; Mosteiro.

CLAUDEL, PAUL (1868-1955)

Desconfiado da religião em sua adolescência, Claudel se converte de maneira tão repentina quanto intensa ao Catolicismo, quando da missa de Natal de Notre--Dame de Paris, em 25 de dezembro de 1886 – ele tem 18 anos. Ele comentou amplamente, em seguida, esta conversão brutal onde a existência de Deus se impôs a ele como uma evidência. À beira de uma brilhante carreira diplomática, ele pensa até em renunciar ao mundo para se consagrar a Deus, mas, ao final de um retiro espiritual em Ligugé, compreende que sua vocação não está num mosteiro. O homem ficará, contudo, despedaçado entre suas aspirações mundanas e espirituais, e sua obra leva a marca deste esquartejamento, desta procura desvairada e desesperada de uma vocação cujo final empresta necessariamente a via do sacrifício.

Paralelamente com suas funções diplomáticas na Ásia, em Washington ou no Rio de Janeiro, ele compõe uma vasta obra literária, teatral – *Partage de Midi, L'Annonce Faite à Marie* –, poética, reflexiva e exegética, cujo lirismo exprime uma fé sensual e vibrante. Eleito para a Academia Francesa em 1946, ele morre no pico de sua glória, em 1955.

Figura maior da literatura do século XX, ele deu ao patrimônio literário da França algumas de suas mais belas figuras cristãs. Seus personagens se debatem em um mundo que Deus aparentemente abandonou, mas do qual cada parcela aparece como um sinal de sua presença. O herói claudeliano deve ficar atento ao apelo

CLAUDEL, PAUL — CLUNY

imperceptível de Deus, qualquer que ele seja, porque a Alegria está presente para o cristão que jamais renunciou, apesar do distanciamento divino. Assim, Rodrigue e Prouhèze, o casal do Soulier de Satin, encarnam pela eternidade a relação de amor a distância entre Deus e o homem, dolorosa, mas da qual emergem as maiores obras.

Camille Wolff

➤ Bernanos (Georges); Convertido.

CLUNY

Mosteiro medieval situado na região de Mâcon (Borgonha), na dependência do qual se constituiu uma importante rede de estabelecimentos (abadias e priorados), Cluny se confunde, no imaginário coletivo, com o próprio tipo da comunidade beneditina tradicional ou "monasticismo negro".

Em 11 de setembro de 910 (ou 909), Guilherme III, duque da Aquitânia e conde de Mâcon, concede a Bernon, abade de Baume-les-Messieurs e de vários estabelecimentos monásticos situados em Berry e no Jura, uma vivenda perto de Mâcon, que, talvez, já tivesse abrigado uma comunidade de religiosos ou de religiosas na época carolíngia. Este grande príncipe territorial resolve fundar um mosteiro beneditino colocado sob a patronagem dos apóstolos romanos Pedro e Paulo; ele renuncia a todo direito sobre o estabelecimento, abandona à comunidade a livre eleição do abade e coloca o mosteiro diretamente sob a proteção do papado. Estas disposições garantem a Cluny as condições de afirmação de um monasticismo independente dos poderes espiritual e temporal até o início dos anos 1200.

Em 926, o testamento de Bernon atribui Cluny a seu discípulo Odon, sob o abaciato do qual o mosteiro conhece sua verdadeira arrancada (927-942). É ele quem garante a Cluny seu *status* de grande estabelecimento reformador, que, na tradição de Bento de Aniana e da política religiosa dos soberanos carolíngios, impõe o modelo beneditino na cristandade latina. É também desta época que datam os primeiros costumes, que, em complemento à Regra de São Bento, organizam a vida da comunidade entre um serviço litúrgico abundante e os trabalhos dos dias, mais frequentemente reduzidos à prática das letras divinas (atividades no ateliê de escrita; meditações das Escrituras, das obras dos padres e das *Vidas* de santos). Depois dos abaciatos de Aymard (942-954) e de Mayeul (954-994), Cluny conhece, sob Odilon (994-1049), uma virada maior de sua história, tornando-se o mosteiro, por um lado, um domínio senhorial, por outro, um santuário autônomo, graças ao privilégio de isenção dado por Gregório V (998) e estendido por João XIX (1024) a todos os Clunisianos "onde quer que estivessem". Esta última disposição marca a verdadeira data de nascimento da Igreja de Cluny (*Ecclesia Cluniacensis*), rede eclesiástica (abadias e priorados) centrada na casa-mãe (o próprio Cluny), a cabeça deste grande corpo convidado a dilatar-se, no decorrer dos séculos XI e XII, nas dimensões da cristandade, encarnando-se num abade com poderes quase monárquicos.

Desde essa época, o modelo clunisiano, considerado como muito enraizado nos fastos senhoriais do século, se acha em concorrência com outras formas de práticas monásticas no próprio seio da herança de São Bento (começando pelos cistercienses) ou por experiências mais contemplativas (como os cartuxos). Em resposta a esta nova "oferta", Cluny empreende reformar-se sob o abaciato de Pierre le Vénérable (1122-1156), que convoca, em 1132, um capítulo geral, habitualmente considerado como o primeiro passo para mais colegialidade no seio da *Ecclesia Cluniacensis*. Mas é somente com os estatutos de Hugo V (1199-1207) que a prática do capítulo geral anual se torna, imitando usos cistercienses, um mecanismo institucional. Pode-se, a partir daí, falar de "ordem" estruturada em províncias cujos estabelecimentos são visitados periodicamente.

Cluny continua, em seguida, na Idade Média e durante todo o Antigo Regime, a desempenhar um papel no seio do monasticismo beneditino, mas sem comum medida com a projeção alcançada nos séculos X, XI e XII. Os últimos monges deixam Cluny na Revolução. A abadia é vendida como bem do clero e, em parte, destruída. Atualmente só subsistem uma parte da igreja de Cluny III, empreendida por Hugues de Semur, nos anos 1080, e os edifícios dos séculos XVII e XVIII. Da Idade Média clunisiana permanecem principalmente as inúmeras casas romanas e góticas do burgo que se constitui em torno da abadia a partir do fim do século X. Uma tentativa de restauração monástica, por iniciativa de Dom Mayeul Lamey, em 1888, aborta depois de alguns anos. Desde então, Cluny é apenas (diferentemente de outras ordens monásticas fundadas na Idade Média, como os Cistercienses) uma lembrança da História, tão portadora das nostalgias da ordem do Antigo Regime que nenhuma comunidade viva está mais aí para reivindicar a herança clunisiana. Donde a fascinação de bela adormecida que exerce ainda hoje o Cluny monumental para os visitantes que, assim como Huysmans no limiar do século XX, ficam propensos a ver aí "o convento de arte, a casa do luxo para Deus".

Dominique Iogna-Prat

➢ Bento; Monge; Mosteiro.

COLOSSO COM OS PÉS DE ARGILA

O colosso com os pés de argila é uma imagem popular tirada do livro de Daniel, redigido no século II a.C. Quando do Exílio dos judeus na Babilônia, o Rei Nabucodonosor fica perturbado com um sonho: uma estátua muito brilhante se eleva diante dele, sua cabeça é de ouro fino, seu peito e seus braços são de prata, seu ventre e suas coxas, de bronze, suas pernas de ferro, seus pés de uma mistura de ferro e argila... de repente, surge uma pedra, que vem atingir a estátua, seus pés de ferro e argila e tudo se desagrega. A própria pedra se torna uma montanha que enche o universo (Dn 2, 1-46). Os sábios da Babilônia, interrogados pelo Rei, são ameaçados de morte, por não poderem esclarecê-lo sobre este sonho. Só Daniel,

COLOSSO COM OS PÉS DE ARGILA — COMUNHÃO DOS SANTOS

depois de ter implorado seu Deus, está em condição de lhe revelar o sentido oculto de seu sonho: seu reino será destruído, outros o sucederão, a pedra que cobre o mundo inteiro é um último reino que não verá fim.

Os empreendimentos mais brilhantes, fundados na base frágil das visões puramente humanas, são a estátua, colossal, com os pés de argila. O Cristo dos Evangelhos falará das casas fundadas sobre a areia, e não sobre o rochedo, que desmoronam com a primeira chuva. À argila e à areia ele opõe o rochedo, a pedra, fundamento sólido, sobre o qual é construída sua Igreja, à confiança em Deus, a argila do orgulho ou da presunção dos homens. A pedra está também em Isaías, "uma pedra de granito, pedra angular, preciosa, pedra de fundação, bem assentada", que Yahvé envia contra o orgulho de Samaria (Is 28, 16), retomando o Salmo 118: "A pedra que recusaram os construtores se tornou pedra de ângulo." Diante dos judeus, Jesus se identificará com esta pedra angular, rejeitada pelos construtores. Quanto ao Reino que não terá fim, anunciado por Daniel, é o reino messiânico que se estende nas dimensões do mundo.

Catherine Grémion

➢ Daniel; Pedra.

COMUNHÃO DOS SANTOS

A expressão "comunhão dos santos" contida no *Credo* designa, a uma só vez, a união espiritual entre todos os cristãos e sua união com o Cristo; ela associa os do Céu (Igreja triunfante) e os da Terra (Igreja militante) aos do Purgatório (Igreja sofredora). Ela exprime o mistério da comunhão dos justos através do tempo e do espaço. As redações dos símbolos antigos não fazem menção disto, mas a noção já aparece no Novo Testamento (1 Co 12, 12-13, 26-27; Col 1, 24). A primeira alusão explícita figura na catequese batismal de Nicetas de Remesiana (v. 400): "Desde o começo do mundo, todos os santos que existiram, que existem, que existirão formam apenas uma Igreja... Acredita que é nesta única Igreja que obterás a comunhão dos santos." Foi, provavelmente, na mesma época que esta ganhou espaço no *Credo* latino. Mas de que santos se fala? Para São Cipriano e Santo Agostinho, trata-se primeiramente da comunhão entre os batizados; mais tarde, a ênfase será dada à comunhão de esperança que une os vivos aos que morreram na fé. Neste processo evolutivo que se estendeu por vários séculos, Cluny exerceu um grande papel, insistindo sobre a capacidade que tinha a oração – principalmente a dos monges, dedicados ao serviço divino e vivendo na castidade – de arrancar de Satã as almas dos fiéis defuntos. Em torno de 1033 – aniversário do milênio da Paixão redentora do Cristo –, o Abade Odilon de Cluny instituiu na data de 02 de novembro uma nova festa, a comemoração dos fiéis defuntos ou "dia dos mortos", colocada imediatamente depois de Todos os Santos, de modo a associar a oração para os mortos à celebração dos eleitos. Graças a São Pedro Damião, um eremita que se tornou cardeal, que foi a Cluny em 1063 e ficou seduzido por esta iniciativa,

COMUNHÃO DOS SANTOS — CONCÍLIOS

o papado fez entrar esta festa na liturgia romana, e ela se espalhou rapidamente em todo o Ocidente. Ela afirmava que a oração da Igreja podia penetrar no domínio sobrenatural e ultrapassar o limiar que separa o aqui embaixo do além: contou-se até, na época, que as orações dos Clunisianos tinha conseguido tirar do Inferno a alma do Papa Bento VIII, que tinha praticado a simonia enquanto vivo! Nos séculos XII e XIII, assiste-se no Ocidente à elaboração teológica desta crença, o que culminou com o estabelecimento do Purgatório como terceiro lugar do além, destinado à purificação das almas: tempo de sofrimentos, mas que, talvez, reduzido pela oração dos vivos e que desemboca infalivelmente numa eternidade bem-aventurada. A comunidade de vida dos justos no além implica a interdependência dos membros do "corpo místico" que transcende as barreiras do tempo e do espaço, uma participação nos mesmos meios de santificação e a colocação em comum dos méritos de todos os santos. É à Igreja que cabe gerir este "tesouro dos méritos" acumulado pelo Cristo inicialmente, depois pelos que O seguiram e Lhe permaneceram fiéis. Sua hierarquia – os bispos e o papa – dispõe deles pelo viés das indulgências concedidas aos cristãos vivos e também aplicáveis aos defuntos, que aliviam as penas dos que estão no Purgatório e garantem o apoio da Igreja triunfante à Igreja sofredora. Mas os clérigos e os leigos parecem ter sido principalmente animados pela convicção de que os batizados, solidários em sua condição de pecadores – devida à transmissão hereditária da culpa de Adão e Eva –, o eram também em seu resgate. Este princípio da reversibilidade dos méritos – uns pelos outros – fez o sucesso das confrarias leigas, cujo objetivo essencial era a busca desta solidariedade mútua, que se manifestava, ao mesmo tempo, pela prática da caridade fraterna entre os vivos e pela celebração de ofícios e de missas pelos defuntos do grupo, que eram assim garantidos de não serem esquecidos. Os fiéis, vivos ou mortos, podiam também beneficiar-se dos "sufrágios" de alguns intercessores: a Virgem Maria, ou seu santo patrono, ao qual suas virtudes e méritos que ele tinha adquirido para si por seus sofrimentos permitiam interceder junto a Deus, e, enfim, os pobres, porque a esmola, como a missa e a oração, contribui para apagar os pecados. Assim se estabeleceu, entre o século XIII e o XV, um sistema, ao mesmo tempo, teológico, social e econômico que devia durar até o início do século XX, no centro do qual se situavam as almas do Purgatório, objeto de todas as solicitudes por parte dos vivos.

André Vauchez

➢ Céu; Cluny; Corpo místico; *Credo*; Inferno; Purgatório; Santo.

CONCÍLIOS (SETE PRIMEIROS)

Um concílio é uma reunião (*concilium*) de bispos representantes das Igrejas de uma província para tratar de questões de dogma ou de disciplina. Quando o conjunto das Igrejas é representado, fala-se de concílio ecumênico. As Igrejas ortodoxas só reconhecem como ecumênicos os sete concílios anteriores a 1054; estes são tão importantes que os ortodoxos fazem dos concílios a fonte da autoridade em matéria de dogma.

CONCÍLIOS

Em 325, para resolver a crise ariana que divide a Igreja, o Imperador Constantino convoca em Nicea (Iznik, na Turquia) o primeiro concílio ecumênico. Os "318 Padres" do concílio são majoritariamente bispos orientais, o papa de Roma é representado por dois legados. Para opor-se a Arius, que ensina que o Filho é a primeira criatura, eles editam um símbolo de fé proclamando o Filho consubstancial (*homoousios*) ao Pai. Eles colocam fim a um cisma egípcio (cisma melitano) e decretam para a festa de Páscoa uma data comum em todas as Igrejas. Os 20 cânones do concílio reconhecem a autoridade de algumas sedes prestigiosas (Roma, Alexandria e Antioquia) sobre as dioceses de sua província: é a origem dos patriarcados; eles dão os preceitos para o regulamento de problemas de disciplina eclesiástica. O símbolo de Nicea (em especial a *homoousios*) leva várias décadas para impor-se, mas este primeiro concílio ecumênico (válido para toda a Igreja) conservou em seguida um prestígio incontestável.

Na segunda metade do século IV, o arianismo retoma vigor sob formas mais ou menos mitigadas. Inúmeros bispos "niceanos" conhecem o exílio. Para restabelecer a unidade religiosa do Império, em 381, Teodósio I convoca em Constantinopla um concílio que reúne principalmente bispos do Império do Oriente, em número de 150. O concílio é presidido sucessivamente por três bispos de Constantinopla: após a morte de Meletios e a demissão de Gregório de Nazianzo, Nectário termina o concílio. O símbolo de Constantinopla retoma e completa o de Nicea, desenvolvendo o parágrafo sobre o Espírito Santo para opor-se a uma heresia que lhe nega a igualdade com o Pai e o Filho. O símbolo de Nicea-Constantinopla é ainda o dos ortodoxos; os católicos latinos aí acrescentam *Filioque*, mais tardio, que faz proceder o Espírito pelo Pai e pelo Filho, e não apenas pelo Pai. O 3º cânon do concílio dá a Constantinopla, capital da Nova Roma, a segunda posição depois de Roma, o que Roma vai constatar. A ecumenicidade deste concílio, onde o papa de Roma não é representado, será estabelecida pelo Concílio de Calcedônia (451).

Os dois primeiros concílios diziam respeito à Trindade; os seguintes se referem ao Cristo. No século V, duas escolas se enfrentam. A escola de Antioquia, com o bispo de Constantinopla, Nestorius, insiste na distinção entre a humanidade e a divindade do Cristo, a ponto que Nestorius nega a Maria o título de "mãe de Deus" (*Theotokos*), chamando-a simplesmente de "mãe do Cristo" (*Christotokos*). A escola de Alexandria, conduzida pelo Bispo Cirilo, insiste na união das duas naturezas do Cristo e acusa Nestorius de heresia. Diante dos riscos de explosão, Teodósio II convoca um concílio em Éfeso, em 431. Como os Antioquianos se atrasaram, os alexandrinos começam os trabalhos sem eles e sem legados romanos, e depõem Nestorius. À sua chegada, os Antioquianos, por sua vez, depõem Cirilo. As perturbações se ampliam, o imperador ordena uma nova sessão do concílio, com a presença dos Antioquianos e dos legados romanos. Este novo concílio, presidido por Cirilo, apoiado pelos legados romanos, decide em favor dos Alexandrinos, bane Nestorius e reconhece a legitimidade do termo *Theotokos*.

CONCÍLIOS

Éfeso não encerra as discussões sobre as duas naturezas do Cristo. O Monge Eutychès leva ao extremo a posição alexandrina e fala de uma "única natureza" do Cristo (monofisismo), a divindade absorvendo a humanidade. Flaviano, bispo de Constantinopla, o condena em 448; mas Dioscoro, sucessor de Cirilo em Alexandria, apoia Eutychès e obtém do imperador a realização em Éfeso de um novo concílio, que condena Flaviano sob a pressão do exército imperial. Indignado, o Papa Leão I estigmatiza este pseudoconcílio sob o nome de "banditismo de Éfeso". Em 451, o Imperador Marciano convoca um novo concílio em Calcedônia, perto de Constantinopla. Este concílio, onde têm assento quatro legados romanos, depõe Dioscoro e adota um decreto dogmático, inspirado por uma carta de Leão a Flaviano (*Tomo de Leão*), que reconhece um só Cristo "em duas naturezas", unidas em uma hipóstase (pessoa) "sem confusão, sem mudança, sem divisão nem separação". O 28º cânon do concílio, que concede a Constantinopla as mesmas prerrogativas que a Roma jamais foi reconhecido pelo papa.

A condenação de Nestorius em Éfeso e o decreto de Calcedônia não bastam aos cirílicos intransigentes que gostariam de mandar condenar teólogos antioquianos, suspeitos de nestorianismo: Teodoro de Mopsueste, Teodoreto de Ciro e Ibas de Edessa. Diante dos riscos reais de divisão, o Imperador Justiniano publica, em 543, uma condenação dos "Três Capítulos", a saber a pessoa e os escritos de Teodoro, e os escritos de Teodoreto e de Ibas contra Cirilo. Como o Papa Vigílio protesta contra esta condenação de Calcedônia (que tinha reconhecido a ortodoxia destes teólogos), Justiniano o convoca a Constantinopla; após diversas peripécias, decide-se reunir um novo concílio, em 553. Este, que se realiza na Igreja Santa Sofia de Constantinopla, na ausência do papa reticente, ratifica a condenação dos Três Capítulos e fixa a interpretação ortodoxa do Concílio de Calcedônia num sentido cirílico (insistência na união das duas naturezas). Após hesitações, os papas homologam as decisões deste concílio.

No início do século VII, o Imperador Heráclio quer juntar os monofisitas para fazer a unidade religiosa do Império diante dos perigos externos. Com o acordo do patriarca Sergios, ele impõe um compromisso: falar-se-á das duas naturezas do Cristo, mas de uma única atividade (monoenergismo), ou até mesmo de uma única vontade (monotelismo). O monge bizantino Máximo, o Confessor, e o Papa Martinho I se opõem a estas doutrinas e as condenam durante um concílio em Latrão, em 655. O Imperador Constante II os manda prender e eles morrerão na prisão. Vinte anos mais tarde, o Imperador Constantino III, desejando reatar com o Ocidente, convida o Papa Agatão para um novo concílio em Constantinopla, em 680. Este concílio edita um decreto que reitera as afirmações de Calcedônia e afirma duas vontades do Cristo, fundamentando-se nos escritos de Máximo. Morto Agatão, o Papa Leão II ratifica o concílio, embora este último condene o Papa Honório, que parecia ter aprovado o monotelismo.

No século VIII, uma querela divide o Império bizantino, a respeito da legitimidade da confecção e do culto das imagens santas. O Imperador Leão III, em 730, proíbe este culto, e seu filho Constantino V enfatiza esta interdição, fundamentando-a em raciocínios teológicos. Um "concílio" reunido em Hiereia, em 754, aprova a interdição das imagens, apesar da reprovação do Papa Gregório III. Os partidários das imagens são perseguidos. Na morte de Constantino V, a regência é assegurada pela Imperatriz Irene, favorável às imagens, que reúne um concílio em Constantinopla, do qual participam dois legados do papa. Como este concílio foi dispersado pelo exército fiel ao iconoclasmo, um segundo concílio se reúne em Nicea, em 787, sob a presidência do patriarca Taraise. Este segundo concílio de Nicea justifica o culto das imagens, distinguindo a veneração (*proskynesis*), que é legítima, da adoração (*latreia*) assimilada à idolatria.

Marie-Hélène Congourdeau

➢ Cristo; Constantinopla; Dualismo; Gnósticos; Herético; Ícone; Imagem; Maria; Ortodoxos; Papa.

CONFESSOR DA FÉ

Desde os primeiros tempos do Cristianismo, dar testemunho de sua fé em Jesus ressuscitado equivale a expor-se à perseguição, logo em seguida ao martírio. Assim, durante mais ou menos três séculos de hegemonia da Roma pagã no Ocidente, os primeiros confessores da fé são mártires: confessa-se sua fé ao preço do seu sangue. Chega-se a considerar como tais também aqueles que, tendo sido expostos ao martírio, sobreviveram, contudo, às torturas e aos ferimentos, como Asclepíades, bispo de Antioquia (†217), ou o Papa Milcíades (†314), e, depois de sua morte, a venerá-los como santos a exemplo dos mártires.

Com o edito de Constantino (313), as perseguições contra os cristãos cessam pouco a pouco, e a idade dos confessores sucede à dos mártires: os grandes doutores, dos quais alguns, como Atanásio (†373), João Crisóstomo (†407) ou Agostinho (†430), lutaram contra os abusos do poder temporal ou as heresias, são honrados depois de sua morte como confessores da fé. A noção se amplia logo, designando os ascetas que levaram uma vida de renúncia pelo amor do Cristo, como Antonio, o Grande (†356), ou os bispos protetores da cidade, como Martin de Tours (†397). Com a instituição das canonizações, o termo "confessor" acaba por designar todo santo não mártir, as mulheres repertoriadas como virgens, viúvas ou piedosas.

As perseguições do século XX recolocaram em voga a noção de confessor da fé: a Igreja não hesita em saudar assim, e isso enquanto vivos, bispos (e, em sua pessoa, seus padres e fiéis) que, sob o regime comunista, foram objeto de perseguições às quais sobreviveram – prelados albaneses, romenos, lituanos, chineses etc. –, da mesma forma que honrou com este título o beato cardeal Klemens von Galen (1878-1946), oponente do nazismo, depois da Segunda Guerra Mundial.

Joachim Bouflet

➢ Mártir; Santo.

CONFISSÃO

Formado a partir de *confiteor*, que pode querer dizer "confessar" ou "reconhecer", o termo serviu muito cedo para designar a profissão pública da fé cristã: desde o século II de nossa era, os confessores juntaram-se aos mártires no catálogo dos santos venerados pela Igreja. Ele redescobriu uma atualidade forte no tempo da Reforma, quando a unidade dos cristãos se estilhaçava em uma multiplicidade de Igrejas das quais cada uma se reconhecia em uma confissão de fé particular. É também um dos sentidos que convêm dar ao título da obra famosa na qual Santo Agostinho, descrevendo sua experiência de conversão, reconhece, ao mesmo tempo que sua fraqueza humana, a glória de Deus. Estas *Confissões* são também "revelações", e foi este sentido que se impôs no uso medieval mais comum da palavra. Entre os séculos XII e XIII, a "confissão" começou até a significar em seu todo o sacramento de penitência que os teólogos descreviam em três etapas: a contrição interior ou arrependimento; a confissão; a satisfação ou reparação do pecado. As duras penas prévias ao perdão se tinham tornado, é verdade, simbólicas, e as palavras de absolvição do padre confessor garantiam a reconciliação imediata após a confissão, em referência ao versículo evangélico que funda o poder das chaves: "O que você desligar na Terra será desligado nos céus" (Mt 16, 19). A insistência secular sobre a indignidade do homem tinha imposto há muito tempo a convicção de que toda comunhão devia ser precedida de uma confissão. O cânon da Latrão IV (1215) o registrou. Sem chegar a ver na detecção dos heréticos o motivo principal de sua promulgação, deve-se reconhecer que ele dava o meio de descobrir os que não compartilhavam com a fé comum.

A nova exigência de uma frequência regular do sacramento suscitou um imenso esforço de educação dos fiéis penitentes e dos padres confessores. Contudo, os padres apoiavam dificilmente a comparação com o novo clero dos frades mendicantes, tranquilizados por um itinerário que os fazia parecerem mais discretos e pela solidez de sua formação pastoral. Os próprios papas estimularam, por privilégios, sua atividade de confessores sobre a qual se apoiam muitos manuais de confessores e sumas de casos de consciência, em geral destinados a seus irmãos ou aos vigários de paróquia, mais raramente aos leigos. Nos sermões, a confissão é descrita como uma experiência de libertação garantida pela misericórdia de Deus, o que confunde o processo que conduz da confissão à punição, habitual no contexto judiciário, e como uma experiência de volta ao equilíbrio, similar à da cura dos corpos pela medicina, ou como um hábito de higiene moral e espiritual eficaz porque regular. Avareza, orgulho e luxúria constituem os vícios maiores nos discursos dos pregadores, enquanto a necessidade, para o penitente, de preparar sua confissão por um exame de consciência sistemática ou, para o confessor, de guiá-la segundo uma ordem preestabelecida está na origem de inúmeros manuais que colocam em jogo a classificação dos pecados a partir dos sete vícios capitais ou dos Dez Mandamentos. A isto se acrescentará a invenção do confessionário, no século XVI, manifestando mais o caráter privado e secreto do procedimento.

CRISTIANISMO – DICIONÁRIO DOS TEMPOS, DOS LUGARES E DAS FIGURAS

CONFISSÃO — CONSTANTINO

A confissão anual entrou pouco a pouco nos costumes. São Luís, que se confessava toda semana, até mais, se certificava para isto da presença constante ao seu lado dos frades mendicantes; a partir do século XIV, a confissão quotidiana é mais atestada entre os leigos com cheiro de santidade, mas a recepção da eucaristia se desligou rapidamente dela. Em face da contestação humanista e protestante, Carlos Borromeu, representativo do Concílio de Trento, reforçou as exigências, abrindo o caminho ao rigorismo que devia dominar até o século XIX, temperado, contudo, por alguns pastores, como Afonso de Ligório.

A Igreja latina pode fazer da confissão um instrumento de conhecimento de si e de progresso moral e espiritual. Persistente até o meio do século XX, a prática se atenuou em algumas dezenas de anos sob o efeito conjugado dos questionamentos da autoridade hierárquica dos clérigos e das terapias psicanalíticas. As cerimônias públicas e coletivas de reconciliação durante a Semana Santa não bastaram, todavia, para substituir a confissão privada. Ela conserva ainda hoje sua importância nas catedrais, nos lugares de peregrinação e para muitos indivíduos em fim de vida.

Nicole Bériou

➤ Confessor da fé; Pecador; Penitente; Reforma.

CONSTANTINO (SÃO, 273-337)

Constantino era o filho de Constâncio Cloro, Augusto na Grã-Bretanha, e de sua concubina, Helena. Na morte de seu pai, em 306, ele é proclamado César, depois Augusto. Em 312, depois de sua vitória sobre Maxêncio, na Ponte Milvius, ele se torna o único imperador do Ocidente. Ele teria tido, antes da batalha, a visão de um signo (chi e rhô, iniciais de *Christos*) prometendo-lhe a vitória. A partir deste momento, ele se afirma cristão, mas só será batizado em seu leito de morte, por um bispo semiariano. Em 313, ele conclui com Augusto Licínio o edito de Milão, que estabelece a tolerância religiosa, pondo fim à perseguição dos cristãos. Em 324, tendo vencido Licínio, ele se torna o único imperador romano. Reforma a administração, estabelece uma moeda sólida e inspira leis favoráveis à Igreja e aos princípios cristãos: privilégios concedidos aos clérigos, leis em favor dos escravos (libertação facilitada, não separação das famílias), leis contra o divórcio e a prostituição, interdição do suplício da cruz. Funda Constantinopla, nova Roma, chamada a se tornar capital do Império do Oriente. Reconhecido, por seu chantre Eusébio de Cesareia, como o representante de Deus na Terra, ele convoca e preside o Concílio de Nicea, em 325. Morre em 337.

Sua mãe, Helena, que é cristã, contribui para a cristianização do Império e financia a construção de igrejas. Aos 80 anos, ela vai à Terra Santa e dirige escavações no sítio do Calvário, onde encontra a Verdadeira Cruz. Manda construir edifícios sagrados nos lugares da Paixão e da Ressurreição do Cristo, dando, assim, origem às peregrinações na Terra Santa.

Constantino e sua mãe Helena são festejados juntos pela Igreja ortodoxa, em 21 de maio.

Marie-Hélène Congourdeau

➢ Constantinopla; Cruz; Terra Santa.

CONSTANTINOPLA

Fundada por Constantino, situada na margem europeia do Bósforo, no lugar da antiga Bizâncio e voltada para o Oriente, Constantinopla se afirma definitivamente como capital das mais populosas (400 mil habitantes no século V) por iniciativa de Teodósio (379-395). Ainda mais, com ele e com seus sucessores, ela se define como a Nova Roma e, contrariamente à sua antecessora, se pretende preservada de toda sujeira pagã. Para manifestar o poder da religião cristã e sacralizar a cidade, os imperadores cristãos aí reúnem prestigiosas relíquias, como as de diversos profetas (João Batista, Samuel, Isaías talvez, e ainda José, filho de Jacó, ou Zacarias), que autorizam assim a participação profética da cidade de Constantino no plano de Deus. Justiniano aumenta este prestígio centralizador, reconstruindo a Catedral de Santa Sofia (532-537).

Constantinopla concentra assim restos santos vindos da Ásia Menor e de outros territórios romanos (Ilíria, Chipre e Oriente antioquiano, África), e até de países longínquos (Pérsia). A cidade procura simultaneamente afirmar-se como a capital religiosa do Império Romano do Oriente (movimento monástico, realização frequente de um sínodo permanente, prerrogativas e jurisdição da sede constantinopolitana definidas pelos cânones 2 e 3 do 1º Concílio de Constantinopla; 9, 17 e 28, de Calcedônia).

Assim, Constantinopla é a Nova Roma, com certeza, mas sem que a Roma dos papas lhe reconheça ter parte na apostolicidade petriniana, a única que vale aos seus olhos; nova Jerusalém sem dúvida, mas ao preço de uma repartição implícita dos papéis já pensada por Constantino e renovada por Justiniano; nova Antioquia, sabendo que a transferência espiritual sírio-mesopotamiana contribui para a emergência de uma grave crise de identidade no Oriente. Nova Alexandria, enfim? Certamente, não. Esta derrota contribui para uma primeira reformulação de sua vocação. De fato, é procurando tornar-se a cidade da *Theotokos* ("mãe de Deus") que Constantino decide polir sua ambição integrativa. Mas, apenas elaborada, esta reivindicação deve enfrentar as consequências da severa redução territorial sofrida pelo Império. Experimentada durante os terríveis cercos ávaro e árabe, esta proteção é exaltada como benefício da ortodoxia depois da prova iconoclasta (730-843). Sob as dinastias dos Macedônios e dos Comnenos (867-1185), Constantinopla reata com seu esplendor passado, reencontra sua atratividade demográfica e espiritual. Logo, os ocidentais, atraídos pelo ouro e pelas relíquias de Bizâncio, cedem à tentação da cobiça: venezianos e cavaleiros da França tomam e pilham Constantinopla em 13 de março de 1204 (quarta cruzada). Esta transferência brutal dos te-

CRISTIANISMO – DICIONÁRIO DOS TEMPOS, DOS LUGARES E DAS FIGURAS

CONSTANTINOPLA — CONVERTIDO

souros de igrejas quebra por muito tempo a esperança de uma conciliação entre as duas confissões. Grave contencioso que, depois da reinstalação bizantina na cidade (1261), arruína as chances de uma Constantinopla enfraquecida diante do avanço otomano. Enquanto o seu vencedor, o sultão Mehmet II, faz dela sua nova capital (1453), na Rússia, Moscou se reivindica como a terceira Roma imperial e cristã.

Philippe Blaudeau

➤ Alexandria; Antioquia; Concílios (sete primeiros); Constantino; Ícone; Imagem; Jerusalém; Moscou; Relíquias; Roma.

CONVERTIDO

Converter-se, no sentido estrito, é mudar voluntariamente de vida e passar de uma crença a uma outra considerada como verdadeira, ou de uma descrença ao que julga ser a verdade. Trata-se, então, de um acontecimento que sobrevém numa existência em consequência de uma tomada de consciência através de uma aventura pessoal. Ora, converter-se é sempre um fenômeno complexo. Com certeza, para cristãos, o batismo é o lugar principal da conversão primeira e fundamental. Mas pode-se tentar fixar, através de certas figuras emblemáticas, as características essenciais do estado de "convertido".

Ruptura com uma maneira de viver anterior não é jamais uma operação de ordem unicamente intelectual. É a partir daí uma nova atitude de vida que guia o convertido. Esta ruptura se produz frequentemente de forma brutal, após uma visão, uma palavra ouvida. Mas, na realidade, ela é preparada por motivações variadas, às vezes inconscientes, num clima psicológico de inquietude, até de angústia e de insatisfação. Resposta a um chamado ressentido no mais profundo de si, esta *metanoia* exige a passagem difícil, às vezes dolorosa de um eu a Deus, de um ser limitado a um Absoluto. Tomando consciência de seu caráter finito, o convertido reconhece então uma transcendência.

A esse respeito, a figura de Paulo é exemplar, ele que, "por uma revelação de Jesus Cristo, recebeu a boa nova" e rompeu com sua antiga religião (Ga 1, 11-15). É também o caso de Antonio, o primeiro dos padres do deserto, que, tendo ouvido, durante um ofício, a palavra de Mateus (19, 21), e tendo-se persuadido de que esta palavra de Jesus lhe era pessoalmente dirigida, decide abandonar tudo, vender seus bens e reparti-los entre os pobres. Sua conversão é também uma aversão ao mundo com o qual ele rompe, para engajar-se, sempre mais adiante, nos desertos do Egito e aí levar uma vida de ascese. Quinze séculos mais tarde, Charles de Foucauld descobre no deserto os valores de abandono frente ao imprevisível, a paciência, o desnudamento, a pobreza em espírito. Sua vocação religiosa data do mesmo instante que sua conversão, em 1886.

Mas o conteúdo real de toda conversão implica uma mudança que se estende à duração de uma vida. As existências de convertidos revelam que elas são tecidas

CONVERTIDO

de etapas, até de recaídas e de retomadas, donde a importância do tempo como fator de maturação. O caso de Paul Claudel é, neste sentido, revelador: depois de uma iluminação súbita, quando das vésperas de Natal de 1886, o poeta esperou perto de 20 anos para se converter definitivamente, o que ele celebrou em 1905, pelo *Magnificat* das *Cinco Grandes Odes*. Inversamente, Charles Péguy, tendo perdido a fé que ele só reencontrará em 1908, em peregrinação a Notre-Dame de Chartres, sempre se recusou a ser chamado de "convertido". Não renegando nada de seu ideal socialista, ele afirma: "Eu aprofundei meu ser interior e encontrei Deus no fim desse trabalho." O tempo vivido é, então, fator de progresso espiritual. Vê-se bem isso no caso de Santo Agostinho, no fim da Antiguidade, a partir das experiências que ele relata nas *Confissões*: a do tempo que foge, seus amores, suas fidelidades, seu encontro com o Mal, seu desejo absoluto, depois, sua conversão. A duração de uma longa vida conduziu pouco a pouco o bispo de Hipona à união com Deus. Como ele escreveu, ele foi "um homem que escreve progredindo e que progride escrevendo" (carta 143, 2). Em muitos pontos de vista, ele aparece como o primeiro dos convertidos da época moderna.

Por seu engajamento em levar uma nova vida, o convertido se torna um homem novo. A curva decisiva que ele toma o transforma interiormente, e é com frequência expresso pela metáfora de um novo nascimento: o convertido é *born again*. Esta concepção é particularmente difundida nos meios pietistas e nos diversos "despertares" que balizaram a espiritualidade cristã ocidental desde a Reforma. A origem, a causa deste "novo nascimento", está sempre ligada a uma "condução" de Deus. É Deus Pai quem converte um de seus filhos e que está na obra durante toda sua vida. Em 24 de maio de 1738, John Wesley "sentiu seu coração se aquecer de forma estranha e se pôs a pregar a santificação"; é esta experiência de conversão que estará na origem do metodismo e das diversas Igrejas "de santidade" americanas. Trata-se antes de tudo de uma renovação interior sob a ação do Espírito. Uma tal concepção se reencontra também entre os pentecostalistas e em certos carismáticos católicos. Um tal acontecimento não pode e não deve ser senão o início de um longo trabalho interior para aquele que é re-nato para uma vida nova.

A espiritualidade ortodoxa suscitou inúmeros casos de convertidos que realizaram a mudança de sua vida no quadro da antiga tradição monástica da *Pequena Filocalia do Coração*. A figura do *staretz* Silouane, o Atonita (1868-1938), pode ser símbolo disto. Depois de uma juventude dissipada, uma visão da Virgem o incita ao arrependimento e ele entra no Monte Atos. Lá, durante 15 anos, ele está às voltas com recaídas e tentações demoníacas, até que, em 1909, lhe seja dado viver uma experiência decisiva, quando de uma visão do Cristo que lhe pede que renuncie à sua vontade própria e reze pelo mundo inteiro. A partir de 1925, inteiramente liberado das paixões e vivendo sob a ação do Espírito, ele se torna um mestre espiritual muito grande, numa total estabilidade religiosa; ele será canonizado em 1987.

96 CRISTIANISMO – DICIONÁRIO DOS TEMPOS, DOS LUGARES E DAS FIGURAS

CONVERTIDO — CORAÇÃO

Esses diferentes tipos de convertidos são outros tantos aspectos de uma realidade humana frequentemente complexa, senão ambígua. Para crentes, eles são os sinais da transcendência divina e do poder da graça, fundadora da liberdade interior numa existência nova.

Michel Meslin

➢ Agostinho; Batismo; Claudel (Paul); Foucauld (Charles de); Péguy (Charles); Penitente.

CORAÇÃO

O coração é uma noção que depende, ao mesmo tempo, da espiritualidade e da antropologia. Na tradição semítica, que se exprime em especial na Bíblia, percebe-se um esforço para distinguir a inteligência, de que o lugar é o coração, dos outros fenômenos da vida psíquica, as emoções e os sentimentos, que, por sua vez, ocupam lugar no ventre e em outras vísceras. O coração é, com efeito, descrito em especial na literatura sapiencial, como a sede do pensamento intuitivo e discursivo, e o lugar onde se tomam as decisões mais secretas. A esta primeira tradição se opõe a tripartição platônica da alma, veiculada desde o diálogo de Fedro pela imagem do cocheiro conduzindo dois cavalos: o cocheiro representa o *nous*, a "inteligência", que dirige os dois apetites: o *thumos* (ou "irascível"), a parte da alma susceptível de arrebatamento, da cólera e da coragem), e o *epithumia* (ou "concupiscível", a sede das paixões e dos desejos). Platão destaca a primazia do *nous*, que encontra seu lugar não no coração, mas na cabeça. A medicina lhe dará razão quando, no século II, o médico grego Galeno decretará que o pensamento tem sua sede na cabeça. A questão de saber qual é o órgão principal do corpo – cérebro, coração ou fígado – ligado à querela referente ao lugar da inteligência, oscilando entre cabeça e coração, perdurará até a Idade Média.

Fílon de Alexandria e São Paulo representam dois pontos de junção da tradição bíblica e da tradição filosófica grega: se eles herdam da tripartição do homem em corpo, espírito e alma (1 Th 5, 23), o termo "coração" está mesmo presente nos dois para designar a interioridade do homem: tanto um como o outro opõe a circuncisão do corpo à do coração. Agostinho, por sua vez, une as duas heranças: ele conserva para a aceitação do "coração" uma significação genérica para designar a alma em seu conjunto e em sua unidade, mas ele lhe reserva uma compreensão mais espiritualista do que propunha o texto sagrado. O coração é, ao mesmo tempo, um lugar *superior atque interior*, bem próximo da *mens-imago Dei* que é o verdadeiro cume da alma. A partir dele, espiritualidade ocidental e oriental se diferenciam mais claramente: a primeira considera o coração numa perspectiva estritamente metafórica (o coração não exerce praticamente nenhuma função nos escritos do Pseudo-Dinis, autor decisivo para toda uma tradição da mística); a segunda funda uma verdadeira "mística do coração", cuja espiritualidade hesicasta – oração de adoração silenciosa – aparece como uma das mais claras manifestações. Enquanto a espiritualidade oriental conserva uma posição concreta muito clara e uma análise frequentemente

CORAÇÃO — CORDEIRO

materialista da vida psíquica, a espiritualidade ocidental, sob a influência da filosofia platônica, repugna a situar numa parte do corpo os fenômenos psicológicos, donde esta utilização espiritual do coração. Podemos, no seio desta última, distinguir duas famílias espirituais: por um lado, uma mística que chamaríamos comumente mística do "espaço interior", de tradição agostiniana, que valoriza grandemente o coração como sede das afeições, mas, não detalhando os diferentes poderes da alma, não o distingue jamais verdadeiramente da própria alma. O coração pode, assim, designar a interioridade em seu conjunto e destacar a unidade da alma humana em sua relação com Deus. Por outro lado, as místicas da "arquitetura da alma" que, no quadro de uma análise mais rebuscada das faculdades da alma, recorrem à terminologia do "cume" ou "fagulha" da alma. Esquecendo progressivamente de considerar o coração como um espaço, eles vão centrar sua atenção no "cume da alma" que eles identificam pouco a pouco com a vontade, separando-a ao mesmo tempo da inteligência: os termos de um conflito possível estabelecem, então, que os moralistas, na segunda metade do século XVII, se encarregarão de explicitar.

No século XVII, a devoção ao Sagrado Coração, pressentida por várias monjas da Idade Média sob a égide de Santa Lutgarde d'Aywiers, e que se estabelece pelo viés das aparições a Santa Marguerite-Marie Alacoque, em Paray-le-Monial, entre 1673 e 1675, consagra no Ocidente uma forma de piedade mais afetiva que intelectual.

Hélène Michon

➢ Dênis, o Areopagita; Sagrado Coração.

CORDEIRO

O filhote do carneiro, cordeiro ou ovelha, foi promovido na civilização pastoral da Bíblia à posição de símbolo maior da doçura, da paciência e da inocência. Foi associado à ideia de sacrifício cruento, aceito por Deus, desde a oferenda de Abel (Gn 4, 2-4). É, também, a razão pela qual a literatura profética, e principalmente o livro de Isaías (Is 51, 3-53, 12), fez deste animal ritualmente abatido, em especial na Páscoa judaica, comido em família sem que nenhum de seus ossos seja quebrado (Ex 12, 3), uma figura do gênero de Messias que Jesus, no dizer dos evangelistas, entenderá ser: não um Messias guerreiro e triunfante, mas um Messias sofredor, silencioso, não violento, tal como um cordeiro levado ao abatedouro (Is 53, 7).

Essa figura do cordeiro não serve, então, para designar o discípulo que segue docilmente o "bom pastor", mas a figura cristológica do "Cordeiro sem mancha" (He 9, 14), formada a partir do cordeiro pascal, que serviu de referência para pensar o sacrifício redentor: "o Cristo nossa Páscoa foi imolado" (1 Co 5,7). O "Cordeiro de Deus" é uma expressão que só o Evangelho de João emprega. É por este último título que João Batista, pregando o arrependimento às margens do Jordão, saúda a chegada de Jesus: "Eis o Cordeiro de Deus, que tira o pecado do mundo"

(Jo 1, 29.36), profecia daquilo que Jesus conhecerá, conduzido como uma ovelha ao abatedouro e não abrindo a boca (Atos 8, 32 citando Is 53, 7). Esta palavra de João se tornou o *Agnus Dei* da missa. É ainda dele que se trata no Livro do Apocalipse, numa série de visões grandiosas onde intervém também uma simbólica real (Ap 7, 17; 17, 14). Ele é, então, o "Cordeiro imolado", no sangue do qual a corte dos mártires lavou sua túnica, que recebe a adoração das criaturas celestes (Ap 5, 8; 7, 10) e que está sentado a partir de então no trono de Deus (Ap. 22, 1.3). As "Núpcias do cordeiro" celebram sua união com a Jerusalém celeste, símbolo da Igreja triunfante (Ap 19, 7; 21, 9).

Na arte cristã, o cordeiro conta entre os raros símbolos de que é legítimo, segundo Clemente de Alexandria em *O Pedagogo*, que os cristãos façam uso em seus anéis e selos. O símbolo se encontra, em seguida, no primeiro de todos os léxicos sobre a arte paleocristã para designar o cristão, ou a alma do cristão, que vem desalterar-se nas fontes vivas da salvação, ou os apóstolos reunidos em torno do Cordeiro. Aureolado, elevado num montículo de onde se escoam os quatro rios do Paraíso (Gn 2, 10), o cordeiro crístico aparece na arte das catacumbas, depois em relevos de sarcófagos, e logo em composições monumentais, assim em certos mosaicos de Ravena. Sua trajetória continuará por muito tempo e brilhantemente na arte cristã do Ocidente, suscitando magníficas páginas pintadas na iluminura carolíngia ou otoniana, nos relevos dos fechos de abóbada em policromia na arte romana, depois, de novo, em miniaturas góticas, mas também em retábulos – tal como o *Retábulo do Cordeiro Místico* dos irmãos Van Eyck, em Saint-Bavon de Gand (1432). No Oriente, em compensação, o Concílio Quinissexto, que ocorreu em Bizâncio, em 692, exigiu com firmeza que se abstivessem a partir de então de pintar esta figura, que teve, seguramente, sua função enquanto o Cristo, que ela anunciava, não tinha vindo em pessoa, mas que não tinha mais desde a Encarnação: continuar a representar o Cristo sob a forma do Cordeiro equivalia a preferir a sombra à luz. De fato, o motivo do cordeiro, até então bem atestado na arte do Oriente e do Ocidente, vai desaparecer no Oriente. Ele está ausente da arte do ícone.

A temática do cordeiro que se deixa imolar por amor, sem protestar, inspirou diversas correntes de espiritualidade e deu até seu nome a congregações religiosas. Atualmente ainda, algumas comunidades carismáticas se colocaram sob sua patronagem.

François Boespflug

➢ Pastor (Bom); João Batista; Jesus; Paixão.

COROA DE ESPINHOS

Os Evangelhos relatam que, no palácio de Caifás, os soldados romanos zombaram do Cristo impondo-lhe uma coroa de espinhos (Jo 19, 5; Mc 15, 16-20; Mt 27, 27-29).

COROA DE ESPINHOS — CORPO MÍSTICO

Os relatos dos peregrinos que iam a Jerusalém nos primeiros séculos do Cristianismo a mencionam entre as relíquias da Basílica do Monte Sião, onde se encontrava o antigo palácio de Caifás. Bernardo, o Monge, é o último a falar de sua presença, em Jerusalém, em 870. Foi, provavelmente, em 1046, que o imperador bizantino Constantino IX decidiu transferi-la para Constantinopla. Em 1238, o imperador latino Baudouin de Flandre a coloca como penhor junto a banqueiros venezianos para sustentar o Império latino do Oriente agonizante. Ele propõe ao seu primo, o rei da França Luís IX, adquiri-la para evitar sua venda aos venezianos.

São Luís manda construir para isso a Sainte-Chapelle e instaura uma festa em 11 de agosto. A relíquia se torna um *status symbol* para a monarquia e para Paris. A fim de celebrar a comemoração da chegada da relíquia na França, vários ofícios litúrgicos foram compostos. Estas páginas fazem eco a uma convicção do rei que, dando glória à coroa de espinhos, exalta também a França e sua monarquia. O sucesso desta propaganda foi tal que se lhe deve o nascimento do modelo iconográfico do Cristo crucificado coroado de espinhos, elaborado, quando da transferência da relíquia para a França.

Depois da morte de Luís IX, o culto declinou, mas a relíquia ficou na Sainte-Chapelle até a Revolução Francesa, quando todas as relíquias que aí se encontravam foram depositadas na Biblioteca nacional. Em 10 de agosto de 1806, ela foi devolvida ao arcebispo de Paris e se encontra desde então no tesouro da Catedral de Notre-Dame de Paris.

Chiara Mercuri

➢ Luís (São); Paixão; Sião.

CORPO MÍSTICO

Sob essa forma, a expressão está ausente do Novo Testamento, mas o tema do corpo do Cristo de que nós somos os membros é eminentemente paulino. São Paulo utiliza primeiro a imagem do corpo no sentido da complementaridade dos membros, todos diferentes e todos necessários (1 Co 12, 12), segundo uma temática já presente na literatura greco-romana. Mas, na Epístola aos Efésios, a imagem é a relação da cabeça e dos membros que passa ao primeiro plano: "Confessando a verdade no amor, nós cresceremos em todos os sentidos para aquele que é a cabeça, o Cristo. E é dele que o corpo inteiro, coordenado e bem unido graças a todas as articulações que o servem, segundo uma atividade repartida na medida de cada um, realiza seu próprio crescimento para se construir a ele mesmo no amor" (Ef 4, 15-16).

O casal Cristo-Igreja, frequentemente lido na temática nupcial Esposo-Esposa, é aqui pensado na relação da cabeça com o corpo. A cabeça já está terminada, quando o corpo deve continuar seu crescimento, para alcançar o tamanho do homem perfeito (Ef 4, 13: "ao estado de adultos, ao tamanho de Cristo em sua plenitude"). A unidade da cabeça e do corpo é aqui apreendida de maneira mais vital que na imagem nup-

CORPO MÍSTICO

cial, ela é vista como uma continuidade orgânica, que não exclui evidentemente o jogo das liberdades; a unidade com a cabeça condiciona, por outro lado, a união dos membros entre eles. Estamos perto da parábola da cepa e dos sarmentos.

A partir daí, era difícil não colocar em relação essa reflexão sobre o corpo com o pensamento expresso igualmente em São Paulo a respeito do corpo eucarístico: "O pão que partimos não é uma comunhão com o corpo do Cristo? Visto que há um só pão, somos todos um só corpo: porque todos participamos deste pão único" (1 Co 10, 16-17). Desta "corporeidade" (Ef, 3, 6) com o Cristo, a eucaristia é o meio e o princípio da unidade dinâmica que se instaura entre os membros.

Todo o pensamento eclesiológico de Santo Agostinho é nutrido por essa referência à Igreja-corpo do Cristo. A união dos membros com o Cristo cabeça se realiza na e pela eucaristia: "Já que, pois, vós sois o corpo do Cristo e seus membros, é vosso mistério só vosso que é colocado na mesa do Senhor; é vosso mistério que recebeis" (Sermão, 272).

São Cirilo de Alexandria desenvolve uma mística da união com o Cristo no mistério de seu corpo. Ele é mais sensível que outros na operação do Espírito Santo que faz circular a vida entre o Cristo e os membros de seu corpo.

O adjetivo "místico" – que significa, no início, ligado aos mistérios, então aos sacramentos –, unido ao termo "corpo", serviu inicialmente para designar o corpo sacramental, isto é, a eucaristia. Somente mais tarde ele é associado ao corpo celestial, a palavra designando, então, realidades espirituais, invisíveis. O corpo místico acabou por designar a Igreja em sua invisível realidade, confundindo-se, praticamente, com a comunhão dos santos. Em uma perspectiva que destacava cada vez mais a estrutura jurídica da instituição, a noção de corpo parecia muito metafórica para se aplicar à realidade concreta da Igreja. Como, por outro lado, a reflexão sobre a eucaristia se fixava principalmente sobre a presença real, o elo entre o corpo eclesial e o corpo eucarístico corria o risco de não ser mais entendido. O Concílio de Trento o afirma, no entanto: o Senhor quis nos deixar "esse sacramento como símbolo da unidade íntima desse corpo do qual ele é a cabeça".

A renovação da teologia da Igreja, no século XIX, recolocou em valor o tema da Igreja-corpo místico, fundamento de uma existência solidária, numa adesão vital ao Cristo. O conhecimento das fontes orientais e da ortodoxia, principalmente russa, abriu novos horizontes (eclesiologia eucarística, eclesiologia de comunhão). A compreensão da Igreja como realidade, ao mesmo tempo, mística e organizada se exprime particularmente da Encíclica de Pio XII (*Mystici Corporis* [do Corpo Místico], 1943). Os trabalhos do Padre Henri de Lubac mostram o enraizamento da eclesiologia antiga numa compreensão da eucaristia onde a realidade última do sacramento é primeiramente a reunião dos membros do corpo do Cristo. Integrando estas conquistas, a constituição *Lumen Gentium* [Luz dos povos] do Concílio Vaticano II privilegiou uma outra abordagem da Igreja, a do povo de Deus.

Michel Gitton

➤ Carne; Comunhão dos santos; Igreja; Eucaristia; Pão; Povo.

CREDO

Chama-se *Credo* (de um verbo latino na primeira pessoa, "eu creio") ou "símbolo" (subentendido "de fé") um dos textos de referência que enuncia em resumo o conteúdo da fé dos cristãos (um sinônimo é "confissão de fé") e, por metonímia, este próprio conteúdo (a palavra toma, então, uma significação próxima da de "fé", de "doutrina cristã" ou de "dogma"). Os primeiros *Credo* são fórmulas curtas, do tipo "Jesus é Senhor" ou "Eu creio em Deus Criador e em seu Filho Jesus, o Salvador". Pouco a pouco, a luta contra os movimentos gnósticos e heréticos suscitou a redação de muitas fórmulas muito mais desenvolvidas, e o costume se espalhou entre bispos de trocar seus símbolos de fé respectivos para verificar que eles estavam em comunhão uns com os outros em torno das mesmas realidades da fé. Esta necessidade de unidade doutrinal se fez sentir muito além da época patrística. Assim, as fórmulas de fé pulularam, até nossos dias. Em duas épocas, principalmente, os meios cristãos experimentaram a necessidade de reformular o *Credo* e de atualizá-lo. Primeiro, no momento das reformas, onde se recomeçou a redigir fórmulas de fé e a constituir coletâneas de *Credo* ("Livros simbólicos"). Em seguida, depois do Concílio Vaticano II, quando se tomou consciência, brutalmente, de uma espécie de gasto das palavras da fé, o que provocou a redação de muitos textos esforçando-se para "reescrever" o *Credo* tradicional em termos susceptíveis de serem entendidos pelos contemporâneos – esforço do qual participaram teólogos renomados, tais como René Marlé ou Bernard Sesboüé, na França, e Karl Rahner, na Alemanha.

Apesar disso, alguns *Credo* antigos tendem a conservar um valor de referência, em especial dois dentre eles: o símbolo de Nicea-Constantinopla, do nome de dois concílios ecumênicos de 325 e 381, chamado, às vezes, de o "Grande *Credo*", que é o único *Credo* comum a todas as Igrejas, e o "Símbolo dos Apóstolos" sobre o qual por muito tempo se contentou em acreditar que ele tinha sido recitado pelos Apóstolos, no dia de Pentecostes, mas que é mais tardio e desconhecido do Oriente: ele só foi difundido a partir de Aix-la-Chapelle, pelos teólogos de Carlos Magno. Uma cláusula tinha sido introduzida, a do *Filioque*, a respeito da "procedência" do Espírito Santo – é um dos pomos de discórdia do cisma de 1054 entre Ocidente e Oriente. Outras fórmulas de fé foram consideradas como normas litúrgicas e dogmáticas durante séculos, por exemplo o Símbolo dito "de Santo Atanásio", ainda designado por seu começo, *Quicumque*, e particularmente desenvolvidas quanto a tudo o que se refere às relações intratrinitárias; e a confissão de fé *Firmiter*, promulgada pelo IV Concílio de Latrão, em 1215, contra os Albigenses, que destaca que é toda a Trindade que cria o mundo e que o salva, o que exclui poder opor, de maneira dualista, o Criador (da matéria) e o Salvador (das almas). Os textos do *Credo* foram, algumas vezes, ilustrados na arte da pintura ou da escultura. Mas foi principalmente na forma cantada e orquestrada que eles foram celebrados, nas múltiplas transformações em música de coral e instrumental do ordinário da missa.

François Boespflug

➢ Concílios (sete primeiros); Criação; Trindade.

CRIAÇÃO

A ideia de uma origem divina do universo é comum a todas as representações religiosas. Se, no pensamento antigo, alguns sistemas como o epicurismo preferem conceber um divino indiferente ao caminhar do mundo, é mais a exceção. Entre as reflexões elaboradas, deve-se mencionar o *Timeu* de Platão, que apresenta o cosmos como a obra de um "demiurgo" e a *Metafísica* de Aristóteles onde Deus é aquele que garante o movimento do conjunto do universo.

O pensamento bíblico introduz um elemento específico: Deus cria, por sua palavra, no começo dos tempos ("Deus diz", Gn 1, 3). Os primeiros teólogos cristãos, refletindo no cerne do pensamento grego, destacarão a diferença com ele, afirmando a total liberdade criadora de Deus. Ele cria "a partir do nada" (*ex nihilo*), sem ser confrontado, como o demiurgo de Platão, com uma matéria preexistente, susceptível eventualmente de resistir a ele. Deve-se, pois, abandonar o modelo "artesanal" que representa Deus como um operário. Um outro elemento central do relato bíblico é o fato de que o homem é criado "à imagem de Deus" (Gn 1, 26). Isto destaca a eminente dignidade da humanidade, homem e mulher, única criatura semelhante a Deus (nem os astros têm este *status*). Está, então, iniciado um processo de "dessacralização" do cosmos que se concluirá finalmente numa emergência da ciência e da técnica nos Tempos modernos.

Enquanto isso, as primeiras gerações de teólogos cristãos não se interessam particularmente pela marcha do universo. A insistência na liberdade do homem, que não depende mais dos "elementos do mundo" e não tem mais que conformar seu agir com uma "lei natural" à maneira estoica, conduz a polemizar contra a astrologia. O destino da pessoa humana não está inscrito no céu, ele depende da vontade salutar de Deus: Deus quer "que todos os homens sejam salvos" (1 Tm 2, 4), isto é, entrem em comunhão filial com ele e fraternal com as outras criaturas. Tal é o objetivo da criação: Deus será "tudo em todos" (1 Co 15, 28). Santo Agostinho destaca a novidade introduzida na história do universo pela morte e ressurreição do Cristo (*Cidade de Deus*, XII, 14). Isto rejeita as tentativas dos "filósofos" de imaginar uma "marcha circular do tempo" em que são perpetuamente os mesmos seres que aparecem e desaparecem.

Não se trata, pois, mais de contemplar a ordem permanente do cosmos, mas de esperar ativamente a salvação por vir do universo em seu conjunto. Na Gênese, a criação é apresentada como "boa" no querer divino ("Deus viu que isso era bom", repetido seis vezes em Gn 1, dos quais um "muito bom"), mas também marcada pelo mal. Este mal não é uma fatalidade porque a humanidade, pelo fato de sua liberdade, encontrou-se cúmplice da entrada do mal no mundo (Gn 2-3), o que será formalizado com Santo Agostinho (354-430) na noção de "pecado original". Os teólogos cristãos insistem na possibilidade de se liberar do mal, com a ajuda de Deus.

A doutrina da criação conhece uma inflexão no decorrer da Idade Média, quando se redescobre a filosofia de Aristóteles no início do século XIII. Isto de-

CRIAÇÃO

sencadeia uma retomada de interesse pelo conhecimento científico do funcionamento do universo. Mas a física de Aristóteles entra em conflito com a Escritura: a primeira postula um mundo eterno, e a segunda, uma criação no começo do tempo. É o gênio de Tomás de Aquino (1227-1274) tentar, senão uma impossível síntese, pelo menos uma espécie de compromisso "indeciso", deixando a questão aberta no plano puramente racional. A razão humana não pode pronunciar-se sobre esta questão do começo do mundo. O compromisso se considerou instável. Uma primeira linha valoriza a autonomia do mundo em relação ao seu Criador, o que permite o desenvolvimento de um conhecimento científico do universo. Uma segunda linha insiste mais na "contingência" do criado, que depende a cada instante do "poder" divino ("nominalismo"). Como se, em sua liberdade soberana, Deus criasse o mundo a cada instante. Isto torna problemático o conhecimento científico (que supõe leis estáveis), mas tem como efeito valorizar a noção de liberdade, a de Deus, mas também a do que é criado "à sua imagem".

De fato, a ciência moderna combina essas duas linhas. Ela é, ao mesmo tempo, conhecimento racional das leis de funcionamento do mundo e técnica de transformação da natureza. O aspecto técnico da ciência é uma novidade capital em relação à ciência antiga. No século XVII, ele tem, com Francis Bacon (1561-1626), uma justificação teológica: a dominação do homem sobre a natureza corresponde ao projeto de Deus. A oposição das Igrejas com pretensões da razão "emancipada" e os ataques dos espíritos "esclarecidos" contra o "obscurantismo" religioso não impediram um número crescente de pensadores cristãos de militar por uma reconciliação do Cristianismo com a ciência moderna. Pierre Teilhard de Chardin (1881-1955) fica como o exemplo mais célebre. No mundo católico, o Concílio Vaticano II (1962-1965) quis promover um diálogo crítico entre a Igreja e a cultura moderna, em particular a ciência e a técnica.

Hoje, a situação mudou de novo. A sensibilidade ecológica nova provoca o questionamento do modelo "tecno-científico" moderno. Esta dominação da humanidade sobre a natureza tem consequências potencialmente catastróficas. Acontece, aliás, que o Cristianismo seja colocado em acusação por ter gerado esta atitude, dessacralizando o cosmos e valorizando a liberdade do homem (Lynn White, 1967).

Mesmo se os cristãos não estão na vanguarda dos movimentos ecologistas, não faltaram respostas à tese de White. Teólogos reconheceram que a reflexão teológica se tinha desinteressado demais da natureza em favor do homem. Uma redução individualista da espiritualidade e uma concepção da salvação rejeitada num "além" provocam um desprezo dos cristãos em relação ao "mundo", muito rapidamente assimilado ao reino do mal. Há, então uma urgência em desenvolver uma "teologia da natureza". Para o teólogo de Louvain, Adolphe Gesché, "o mundo tem uma tal consistência própria, que se considera que ele é capaz de cantar a glória de Deus (...) e de cantá-la "sozinho", sem nenhuma necessidade do homem".

Entretanto, a teologia cristã continua crítica em relação a correntes da "ecologia profunda", como em relação a posições científicas que tendem a "naturalizar"

CRIAÇÃO — CRISMA

o humano. A noção de imagem de Deus indica uma especificidade, que se pode identificar com a liberdade. A humanidade não é uma espécie animal como as outras. Ela tem uma responsabilidade própria no destino do mundo, pelo menos do mundo terrestre.

A crítica legítima do antropocentrismo moderno provoca a teologia a retomar o tema bíblico do "sabá" (Jürgen Moltmann). Segundo o relato da Gênese, a criação do homem no sexto dia não marca o ponto de chegada do processo criador, é o sabá, o sétimo dia. Este não diz respeito somente ao humano, mas ao conjunto do criado: "É o sabá que abençoa, santifica, e revela o mundo como criação de Deus."

François Euvé

➢ Queda; Fim dos tempos; Mundo; Sabá; Salvação; Tomás de Aquino.

CRIANÇA

Ver *Jesus*.

CRISMA

Símbolo cristão composto das duas primeiras letras gregas do nome do Cristo, X (chi) e P (rhô) colocadas uma sobre a outra, o crisma existia no mundo pagão ao lado de outros monogramas similares antes de sua adoção por Constantino. Correntemente empregado como abreviação paleográfica na Antiguidade grega, ele se revestia de significações variadas, em especial em ligação com o culto solar. Os testemunhos cristãos da utilização de um tal sinal são raros antes da chegada de Constantino. Lactâncio e Eusébio contam que este imperador teria mandado colocar o crisma sobre seu capacete, seu estandarte – o *labarum* – e sobre os escudos dos soldados, em 312, quando da batalha da Ponte Milvius (hoje Ponte Mole), que o confrontou com Maxêncio, após um sonho onde este símbolo lhe teria aparecido acompanhado da mensagem "Com esse sinal vencerás" [em latim, *In hoc signo vinces*]. Mesmo se o Imperador exibe assim publicamente os sinais de sua conversão, é, no entanto, só a partir de 324-325, depois de sua vitória sobre Licínio e o estabelecimento de uma política religiosa imperial, que o crisma começa a ser verdadeiramente interpretado como um sinal de vitória do Cristianismo.

Transformado em emblema oficial do Império sob os sucessores de Constantino, o crisma se encontra nas moedas, nos sarcófagos, nos mosaicos e nas inscrições funerárias. Às vezes, fica junto com diversas letras como o alfa e o ômega, para indicar que o Cristo está no começo e no fim de todas as coisas. Na Gália, é o mais antigo emblema religioso atestado na moedagem merovíngia, cujos motivos procedem diretamente da moedagem bizantina. Entretanto, a partir do século V, a adoção da cruz simples como símbolo universal do Cristianismo provoca a rarefação do crisma constantiniano, mesmo se é encontrado ainda representado na arte carolíngia, que emprestava, geralmente, suas referências da Antiguidade

CRISMA — CRISTÃOS

paleocristã e da figura de Constantino. Na Idade Média central, seu uso monogramático desaparece em proveito do trigrama IHS [*Iesus Hominum Salvator* – Jesus, Salvador dos Homens], a abreviação do nome latino de Jesus.

Charlotte Denoël

➢ Constantino; Cruz.

CRISTÃOS (PRIMEIROS)

Os discípulos de Jesus de Nazaré reconheceram nele o Messias (Cristo) e o filho de Deus, morto e ressuscitado para a salvação dos homens. A fé dos cristãos é fundamentada no testemunho dos Apóstolos, enviados pelo Cristo para anunciar esta boa nova ("evangelho") "até os confins da Terra". Após uma visão, Paulo, um judeu de Tarso, que tinha perseguido os cristãos, se converte e se torna apóstolo.

Em Jerusalém, a primeira comunidade, tendo à sua frente Tiago, dito o "irmão do Senhor", compreende judeus de língua e cultura hebraicas e judeus helenizados; os novos adeptos recebem um batismo em nome de Jesus e colocam seus bens em comum, mas é em Antioquia que eles recebem o nome de "cristãos".

A mensagem cristã é também anunciada aos gentios, os pagãos, já, às vezes, simpatizantes do Judaísmo. Ficou decidido de não impor aos não judeus as observâncias judaicas, em particular a circuncisão. A missão alcança a Mesopotâmia, a Ásia Menor, depois a Macedônia e a Grécia, Creta, Alexandria, o Egito e a Cirenaica. Há, sem dúvida, cristãos em Roma desde 49, antes da chegada de Pedro e de Paulo. De Roma, a evangelização se estende para o Ocidente romano: África, Gália, Península Ibérica.

Se as primeiras comunidades têm à sua frente "epíscopos" (vigias), "presbíteros" (anciãos) e diáconos (serventes), desde 110-120, existe uma organização eclesiástica onde se precisam as responsabilidades e as funções de ministros permanentes. A direção colegial cede lugar a um bispo único, que preside uma comunidade dotada de padres e de diáconos. Os bispos são sucessores dos Apóstolos, e listas episcopais são organizadas para estabelecer esta apostolicidade.

Os ritos do batismo – então sempre oferecido a adultos – e da eucaristia são evocados nos escritos do século I, mas a Igreja só evoca de forma reticente estes rituais reservados aos "iniciados". No decorrer do século II é instaurada a festa da Páscoa. Animados de uma fé exclusiva, os cristãos recusam toda participação nos cultos tradicionais e em certas formas de sociabilidade (banquetes e espetáculos). Além disso, algumas profissões são incompatíveis com sua fé. Mantendo-se afastados de uma parte da vida pública, eles são acusados de "ódio do gênero humano", suspeitos de formar uma seita perigosa e de se entregar a ritos depravados. A estas acusações dos filósofos (Celso, em especial) como dos boatos, intelectuais cristãos respondem: são apologistas, tais como Justino e Atenágoras ou Tertuliano. Elabora-se assim uma maneira cristã de viver no mundo sem ser do mundo (*A Diogneto*, por volta de 190-210).

CRISTIANISMO – DICIONÁRIO DOS TEMPOS, DOS LUGARES E DAS FIGURAS

CRISTÃOS — CRUZ

Conscientes de sua identidade, os cristãos não deixam de reivindicar sua pertença às estruturas do Império Romano e à cultura greco-romana.

De maneira ainda episódica nos séculos I e II, sua diferença irredutível levou os cristãos a serem perseguidos. A despeito de sua lealdade política, eles são vistos como perigosos para a salvação do Império fundado sobre o acordo com os deuses garantido pelos ritos do culto público. É o fato de ser cristão que é punido com morte e não o de pretensos delitos.

Desde 64, em Roma, após o incêndio que devasta a Cidade, cristãos são executados, expostos às feras, crucificados ou transformados em tochas durante jogos no anfiteatro; foi então, provavelmente, que o Apóstolo Pedro foi crucificado. Paulo foi decapitado em 66 ou 67, depois de um processo. Perseguições pontuais e locais aconteceram durante o século II; os cristãos são executados só pela confissão do Cristianismo, dando assim testemunho: é o martírio. Mas eles podem também tornar-se responsáveis pelas desgraças do tempo e constituir-se em vítimas potenciais de ritos expiatórios, tal como Justino em Roma, ou os mártires de Lyon, em 177: o Bispo Pothin, a escrava Blandine, o adolescente Ponticus e seus companheiros são expostos às feras no anfiteatro das Três-Gálias. Mas, vê-se, também, governadores relaxarem cristãos e o Imperador Cômodo anistiar confessores, sob a influência de seu círculo, porque, no fim do século II, o Cristianismo penetrou em todos os meios, inclusive na corte. Estes primeiros cristãos permanecem, no entanto, muito minoritários e desigualmente repartidos.

Françoise Thelamon

➢ Apóstolos; Batismo; Mártir; Paulo; Pedro; Padre; Roma.

CRISTO

Ver *Jesus.*

CRUZ

Na arte cristã ocidental, e latina, a imagem da cruz parece, à primeira vista, preponderante em todas as épocas. Entretanto, examinando, a situação é mais complexa e um certo número de marcas permitem propor uma periodização mais precisa; nos séculos II e III, tratava-se, em geral, de cruzes nuas; do século IV ao século XII, crucifixo e crucificações celebravam também a dupla natureza de Jesus Cristo, Filho de Deus e homem; passado o primeiro terço do século XII, os suportes e as imagens esculpidas e pintadas evoluíram para o gênero anedótico da história da Paixão: elas relegavam assim ao segundo plano a ideia da realeza crística em proveito da afirmação da redenção pelo sacrifício consentido na cruz.

Durante séculos, as cruzes são mostradas sozinhas, sem nenhuma outra iconografia. O Imperador Constantino (306-307) mandou dispor na abside de Santa Irene uma grande cruz que não carregava o Salvador. As cruzes conservadas da

CRUZ

época de Justiniano (século VI) apareciam nuas, igualmente. No Cristianismo antigo, fazia-se intervir a cruz mais à maneira de um sinal do que de uma lembrança concreta ou narrativa do desenrolar da Paixão. Em cenas escolhidas, podia-se mostrá-la, preferentemente ao próprio Crucificado ou ao Salvador. Uma espécie de reserva parecia ditar estas reticências em figurar o sofrimento de Deus num instrumento de tortura infamante, entre os romanos, a crucificação sendo a marca do suplicio infligido aos bandidos e aos ladrões. Muito tempo, estas atitudes impediram todo desenvolvimento iconográfico do crucifixo e favoreceram, em contrapartida, as formas triunfais da majestade do Cristo e de sua Ascensão. No fim do século IV, erguia-se uma cruz triunfal no alto do mosaico que decorava a abside de Santa Prudenciana, em Roma: instrumento da vitória sobre a morte e sobre os inimigos da fé cristã, a cruz era colocada acima de Jesus Cristo sentado no trono, reinando no meio de sua Igreja e preservando-a. É uma concepção idêntica que se encontra no desenho geral das igrejas, e em especial na adoção do plano em forma de cruz: em 382, Santo Ambrósio (por volta de 340-397), bispo de Milão, interpretava o plano cruciforme que ele acabava de mandar traçar para a igreja dos Santos Apóstolos na sua cidade, como o sinal da vitória do Cristo e da cruz. No decorrer dos séculos VII e VIII, na Irlanda, na Escócia, na Inglaterra, ergueu-se uma grande cruz de pedra esculpida no exterior da igreja (Bewcastle) ou no interior, entre a nave e o coro (Ruthwell, 731). Em Ruthwell, foi adornada com uma iconografia sabiamente ordenada, segundo um duplo programa que via a sucessão, na face sul, em direção da nave, da *Ecclesia Christi*, depois, na face norte, da *Vita Monastica*. Embaixo da face sul, sempre na cruz de Ruthwell, os pedreiros tinham esculpido um Crucificado, de acordo com os hábitos de oração dos crentes e dos peregrinos que, tendo chegado, se ajoelhavam ao pé da cruz e rezavam voltados para leste. No interior dos edifícios monásticos, aliás, encontrava-se vestígio destas práticas no muro oriental das igrejas, onde se pintava, em geral, uma grande cruz ou um grande crucifixo monumental. Assim, sob a influência clunisiana, no fim do século X, colocou-se sobre o altar crucifixos trabalhados, que se inseriam na liturgia do culto. Nos séculos XI e XII, suspenderam-se na abóbada do coro, na Itália do Norte e do Centro, grandes crucifixos de madeira pintados, acima do altar-mor, assim, no domo de Espoleto, um pintado por Alberto Sozio, em 1198. O crucifixo, como a cruz, era concebido como um sinal cósmico: ele indicava os quatro pontos cardeais (Cassiodoro, Sedulio), revelava, na vertical, as disposições secretas que Deus tinha preparado para o homem resgatado (Beda, o Venerável). Os dois grandes mistérios cristãos da Encarnação e da Paixão eram, então, vistos como os desígnios eternos de Deus que, a exemplo da cruz ou do crucifixo, emergiam da terra, assim tornando-se visíveis. Segundo esta concepção de conjunto, figurava-se sobre o crucifixo um Jesus Cristo de preferência jovem, trabalhado na madeira, reto, com os olhos abertos ou fechados, conforme os ateliês e as maneiras de fazer. Dispunha-se sob seus pés o escabelo triunfal, o *suppedaneum*, que citavam os Salmos (Sl 99, 5; 110) e bem no alto aparecia a mão de Deus coroando a cabeça de seu filho. Por volta do

CRUZ — CRUZ

século XI, entretanto, produziu-se uma mudança, ao mesmo tempo, quantitativa e qualitativa: o crucifixo venceu, na arte, as outras formas e suportes. Por uma grande parte, Cluny esteve na origem destas novidades: no interior do movimento de reforma da Igreja, e na sequência das medidas anti-heréticas, a Ordem colocou a cruz, e principalmente o crucifixo, no centro da liturgia: a festa da Invenção da cruz, em 03 de maio, e a da Exaltação, em 14 de setembro, revestiram-se com um brilho particular. Sob o ideal gregoriano da Igreja, um modo de figuração se difundiu rapidamente na cristandade latina. Ele associava, em grandes realizações monumentais, Jesus Cristo reinando com majestade, no meio da abside ou do tímpano, ao Crucificado, figurado em lugar próximo: assim, na diocese de Bourges, a decoração pintada da Igreja Prioral de São Silvano, em Chalivoy-Milon, por volta de 1130-1138, unia os dois aspectos do Salvador. O caminho estava, pois, aberto para uma reinterpretação do episódio da crucificação como o coroamento da vida terrestre de Jesus Cristo. Desde o século XI, a circulação de relatos de milagres e de visões sobrenaturais contribuíram também a estes desenvolvimentos: o Santo Vulto de Lucca tornou-se, então, no século XII, na cidade e na região vizinha, um objeto de culto particular, porque era capaz de realizar milagres. Pelo meio do século XII, a imagem do crucifixo se insinuou no seio das composições até então reservadas ao Cristo de majestade: em Saint-Julien de Jonzy, superpôs-se ao tímpano, no meio, Jesus Cristo cercado com a mandorla e, no lintel, a última Ceia com os Apóstolos; no tímpano esculpido da Igreja de Champagne, substituiu-se ao Cristo de majestade um Crucificado colocado acima da Ceia no lintel. Durante todo o século XIII, na arte das catedrais, como na inspirada pelas ordens religiosas mendicantes, Franciscanos e Dominicanos em particular, o crucifixo captava todos os olhares nos cenários litúrgicos arranjados em torno dos coros.

Daniel Russo

➢ Cluny; Igrejas; Paixão.

CRUZ (CAMINHO DA) [VIA-SACRA]

Do "caminho da cruz" [via-sacra], o percurso realizado do pretório de Pilatos ao Gólgota pelo Cristo carregando sua cruz, ao exercício da devoção fundado numa reconstituição meditada deste itinerário, balizado por 14 estações, operou-se uma evolução espiritual cujas primeiras etapas não se recuperam antes do segundo milênio, no Ocidente.

A atenção crescente em relação à humanidade do Cristo se concentrou nos últimos momentos de sua vida, em uma devoção compassiva à Paixão, sob a influência decisiva, no século XII, de São Bernardo, depois, no século XIII e além, de São Francisco e dos místicos. Às orações inspiradas por estes autores se acrescentaram representações figurativas: atentas aos "lugares onde o Senhor sofreu sua pena", estas eram dispostas em alturas lembrando os lugares santos (os *Sacri monti*) ou em capelas, tal como aquela de que o franciscano Alvar de Córdoba dotou seu convento.

CRUZ — CRUZADOS

Fundados nos relatos da escritura, os episódios fixados são enriquecidos pelas devoções, nascidas a partir do século XV, na Alemanha e nos Países Baixos, que se referem às feridas do Cristo, a Santa Face, as quedas de Jesus ou ainda seus degraus.

O caminho da cruz encontra uma outra fonte de inspiração nas descrições relatadas pelos peregrinos das procissões e itinerários de visita realizados na cidade de Jerusalém. Estes percursos apresentam uma grande variedade. Na Idade Média, nem todos seguem a ordem cronológica da Paixão, a qual só prevalece na época moderna, ao longo da *via dolorosa*. A prática *in loco* foi logo imitada por peregrinações espirituais que procedem a uma visita em espírito dos lugares santos, guiada pela leitura meditativa de pequenos opúsculos. Já preconizado na Idade Média, este uso conhece um grande sucesso no século XVII.

São os Franciscanos, guardiães dos lugares santos desde 1311, que dão ao caminho da cruz sua forma definitiva, introduzida através da Espanha, da Sardenha e da Itália. As 14 estações foram fixadas por Clemente XII (1731) e confirmadas por Bento XIV (1742), que regulamenta também o direito de estabelecimento dos caminhos da cruz e sua apresentação material. O exercício só conhece sua verdadeira difusão no século XVIII, sob a ação da pregação de São Leonardo de Port-Maurice (franciscano, †1751) e de Afonso de Ligório (fundador dos Redentoristas, †1787), reforçada pela concessão de indulgências; na França, ele só se torna popular depois da Revolução.

A tradição espiritual viu no caminho da cruz, que permite unir-se aos sofrimentos do Cristo e meditar as lições que o fiel daí retira, um dos atos mais frutuosos, depois da liturgia e dos sacramentos. Elemento importante do arranjo interior das igrejas, esta devoção inspirou e inspira ainda inúmeros artistas.

Catherine Vincent

➢ Igreja (edifício); Lugares santos; Paixão; Terra Santa.

CRUZADOS

A ideia de cruzada nasceu no Ocidente no decorrer do século XI, quando Urbano II, no Concílio de Clermont (1095), lançou um apelo direto aos cristãos em idade de levar as armas para ir socorrer os cristãos do Oriente, oprimidos pelos turcos, desde a derrota infligida por estes aos bizantinos, em Mantzikert, em 1071, e liberar o Santo Sepulcro de Jerusalém, que caiu nas mãos dos muçulmanos há séculos e destruído no início do século XI pelo sultão Al-Hakin. Fazendo isto, ele conferia a esta expedição militar o caráter de uma guerra santa e de um combate legítimo pela fé. A mensagem do papa, retomada por pregadores populares como Pierre l'Ermite, teve um amplo eco em toda a cristandade, e inúmeros fiéis partiram, então, sozinhos ou em grupos, para o Oriente distante, seguindo a estrada de terra que passava pelos Bálcãs e por Constantinopla. Com as cruzadas, a luta contra os "infiéis", em seguida, mais tarde contra os heréticos (cruzada contra os Albigenses, em 1209), se tornou um objetivo que oferecia à aristocracia leiga a possibilidade de obter sua salvação, dedicando-se, ao mesmo tempo, a suas ati-

CRUZADOS

vidades principais – a guerra e a conquista – no quadro de uma peregrinação expiatória que apaga os pecados daqueles que a faziam depois de ter feito o voto de cruzado. A primeira cruzada (1096-1099) se desenrolou num clima de forte tensão escatológica, sobre o modelo da conquista da Terra Prometida pelos hebreus, tal como é descrita na Bíblia; ela foi marcada pelo cerco de Antioquia, em 1098, e principalmente pela tomada de Jerusalém, em julho de 1099, que se acompanhou por um massacre de populações judias e muçulmanas. É interessante observar que os cristãos do Império bizantino ficaram totalmente refratários à ideia da cruzada e consideraram os cruzados ocidentais como perigosos exaltados, habituados que eram a lutar contra soberanos e povos muçulmanos, sem, no entanto, conferir a estes combates uma significação religiosa particular.

Em compensação, os cruzados foram bem acolhidos pelos outros cristãos do Oriente que viviam sob a dominação islâmica. No início do século XII, os "Francos", como eram chamados no Oriente, estabeleceram seu poder em toda uma faixa costeira indo do norte da Síria ao sul da Palestina, assim como sobre um conjunto de territórios que se estendiam da Silícia até Edessa, em direção à Mesopotâmia. Mas os poderes muçulmanos da região não tardaram a reerguer a cabeça e se esforçaram em relançar os cruzados no mar. Depois da queda de Edessa (1145) e a de Jerusalém, conquistada por Saladino, em 1187, após a batalha de Hattin, foi preciso organizar, então, novas cruzadas para "vingar a honra de Deus", assimilado na mentalidade feudal a um senhor ao qual um vassalo traidor ou um herdeiro ilegítimo teria injustamente tomado seu feudo. Estes acontecimentos suscitaram a reflexão dos homens de Igreja que fizeram disto uma leitura moral e espiritual: São Bernardo e os papas de seu tempo atribuíram as derrotas sofridas pelos cristãos aos seus vícios e às suas divisões, e os convidaram a arrepender-se de seus erros. Nesta perspectiva, a cruzada ia tornar-se cada vez mais uma operação penitencial que exigia do cruzado uma preparação espiritual e esforços ascéticos, de modo a permitir-lhe associar-se plenamente aos sofrimentos do Cristo, de quem ele levava a cruz costurada sobre suas roupas. Decepcionado pelo comportamento dos soberanos, dos quais alguns se recusavam a partir ou não hesitavam em abandonar a Terra Santa para defender seus interesses políticos no Ocidente, o papado, a partir de Inocêncio III (1198-1216), tomou a direção das cruzadas que foram a partir de então conduzidas por legados pontificais e parcialmente financiadas por taxas pontificais chamadas dízimos. Mas o desvio da quarta cruzada para Constantinopla, em 1204, seguido da tomada e da pilhagem da cidade, ilustrou de maneira trágica o papel que os interesses econômicos e políticos das cidades marítimas italianas e dos príncipes continuavam a desempenhar nestas expedições militares, em detrimento de seus objetivos religiosos. A incapacidade dos grandes deste mundo e dos cavaleiros em liberar Jerusalém suscitou movimentos religiosos populares, como as cruzadas dos Pastoureaux, de 1212 e 1251: sob o apelo de alguns líderes carismáticos, multidões de jovens se lançaram nas estradas e tentaram alcançar a Palestina, mas a maior parte deles morreu no caminho ou foi reduzida à escravidão. Por

CRUZADOS

sua vez, o papado contribuiu para enfraquecer a ideia da cruzada e seu prestígio no espírito dos fiéis, lançando-se contra os pagãos os heréticos, e até contra seus adversários políticos como Frederico II ou Manfredo, assim como oferecendo aos leigos a possibilidade de resgatar seu voto de participação através do pagamento de uma certa soma de dinheiro. Assim, a opinião pública começou, a partir do meio do século XIII, a manifestar um certo cansaço em relação à cruzada, que foi ainda reforçado pelo insucesso das duas expedições empreendidas por São Luís, em 1248 (Damiette, no Egito) e 1270 (cerco de Tunis, durante o qual ele morreu). Inúmeros planos de cruzada foram ainda elaborados até o fim da Idade Média e fim do século XVI, mas um pequeno número somente foi efetivamente colocado em prática, e eles não obtiveram senão resultados precários e limitados. O espírito de cruzada sobreviveu, no entanto, por muito tempo, no seio da nobreza e dos milhares de cavaleiros franceses; borgonheses e húngaros morreram nas sangrentas batalhas de Nicopolis (1396) e Varna (1444), tentando em vão frear o avanço dos Turcos nos Bálcãs.

André Vauchez

➢ Antioquia; Constantinopla; Herético; Jerusalém; Lugares santos; Luís (São); Sepulcro (Santo); Terra Santa.

D

DAMASCO (CAMINHO DE)

Paulo era um fariseu hostil aos cristãos, que ele perseguia com zelo (Atos 26, 11). Nos Atos dos Apóstolos, o Cristianismo inicial é chamado de "Via", *hodos* (Atos 9, 1; 18, 25-26 etc.), por causa de um termo utilizado por Jesus: "Eu sou o caminho [*hodos*], a verdade e a vida" (Jo 14, 6). Enquanto ele se dirige para Damasco, durante o inverno de 36-37, para ir perseguir os cristãos, Paulo é derrubado e ouve uma voz: "Saul, Saul, por que me persegues?" "Quem é você, Senhor?", pergunta. "Eu sou Jesus que tu persegues. Mas levanta-te e entra na cidade e te dirão o que deves fazer" (Atos 9, 4-6). Assim, Paulo faz a experiência do encontro com Jesus ressuscitado na luz da glória divina. Ele entende que Deus, seu Senhor, lhe fala por Jesus. Esta reviravolta é chamada "conversão de Paulo". Ela consiste, de fato, em tomar consciência de que Jesus é vivo nos seus discípulos, visto que se diz perseguido por Paulo (Atos 9, 6), enquanto este não o tinha jamais encontrado antes da Páscoa. A teologia será marcada por esta experiência, que lhe fez descobrir a articulação entre o Cristo e a Igreja, graças à metáfora do corpo: "Vós sois, vós, o corpo do Cristo, e membros, cada um por sua parte" (1 Co 27). Esta experiência, relatada três vezes nos Atos (9, 1-31; 22, 1-16; 26, 1-32), nutrirá a fé das comunidades cristãs, e sua formulação serve como modelo literário aos relatos de conversão (Agostinho, Inácio de Loyola e muitos outros até Blaise Pascal e Paul Claudel). A Conversão de São Paulo do Caravaggio (1601) na Igreja Santa-Maria--del-Popolo, em Roma, ilustra a posteridade pictural da cena.

A versão dos acontecimentos, dada por Paulo em seus dois discursos, tem a ver com o gênero literário da apologia, isto é, de uma maneira de se defender num processo intentado pelas autoridades judaicas inicialmente, romanas em seguida. Como Estêvão e Tiago antes dele, o itinerário de Paulo o identifica ao mistério de Jesus vivo. Os mecanismos do pecado de que ele é vítima são desmontados, como na Paixão do Cristo: deve-se entender que o pecado é homicídio, para dele livrar, dele "justificar" os pecadores. A consciência do pecado, o "caminho de Damasco" o comprova, depende da luz recebida. Diante de seus detratores, Paulo só pode apelar para "a prática das obras dignas da conversão" (Atos 26, 20), transposição da "fé operando através do amor" (Ga 5, 6).

Yves Simoens

➢ Cristãos (primeiros); Lugares santos; Paulo.

CRISTIANISMO – DICIONÁRIO DOS TEMPOS, DOS LUGARES E DAS FIGURAS

DANIEL — DANTE ALIGHIERI

DANIEL

Daniel é um dos profetas. Habitando a Babilônia, no tempo do Exílio, ele não para de enfrentar os reis, Nabucodonosor, depois, Baltazar. Ora ele se recusa a ceder quando eles lhe proíbem rezar para seu Deus único, Yahvé, ou o obrigam a comer alimentos impuros, ora ele esclarece seus sonhos. Daniel é também o campeão, que, com a ajuda de Deus, triunfa de todos os tormentos. Denunciado, ele é lançado numa cova com leões famintos, mas estes não o tocam (Dn 6). Denunciados como ele e lançados numa fornalha, seus companheiros aí cantam salmos, sem se queimar. A exemplo de José, Daniel interpreta sinais divinos – o colosso com pés de argila (Dn 2), inscrições misteriosas durante o festim de Baltazar, anunciando o fim de seu reino. Ele se torna, então, o conselheiro privilegiado dos reis que prestam assim homenagem a seu Deus. O livro inteiro se compõe de relatos manifestando a fidelidade de Deus para com aqueles que escolhem obedecer a ele. Trata-se, de fato, de um escrito apocalíptico composto entre 167 e 164 a.C., durante a perseguição de Antíoco Epifânio, que foi objeto de múltiplas leituras simbólicas. Para os padres, ele anuncia a queda do Império Romano, enquanto o episódio da cova com leões prefigura a ressurreição. Esta cena, que aparece em sarcófagos no século IV, foi frequentemente retomada pelos artistas (em Moissac, por Tintoretto, Rubens). Daniel anunciou a vinda de um Filho do homem (Dn 7, 13), com o qual se identificou o Cristo no Novo Testamento, o que foi um dos motivos de sua condenação.

Catherine Grémion e Jacques Trublet

➢ Profetas.

DANTE ALIGHIERI (1265-1321)

Nascido em Florença, morto no exílio em Ravena, Dante foi o maior poeta italiano da Idade Média e um dos raros autores dessa época cuja obra continua a fascinar os espíritos em nossos dias. Originário de uma família da aristocracia florentina, misturou-se logo às lutas políticas de sua cidade e se distinguiu como partidário da autonomia do poder temporal em relação ao espiritual, e da independência de Florença em relação ao papado. Eliminado do poder em 1301, foi banido e condenado à errância até sua morte. O grande acontecimento de sua vida tinha sido seu encontro com Beatriz, amada desde a adolescência mas que morreu cedo e se tornou seu ideal da mulher amada, inspirando-lhe a *Vita Nuova* (por volta de 1293). Sua obra essencial é *A Divina Comédia*, vasto poema em língua toscana comportando três partes consagradas ao Inferno, ao Purgatório e ao Paraíso. Sob a condução de Virgílio, símbolo da cultura antiga, depois de Beatriz, símbolo da revelação cristã, o poeta visita sucessivamente estes três lugares do além, onde ele situa inúmeras personagens de seu tempo, em função do julgamento que ele fazia deles: muito positivo sobre São Bernardo, Joaquim de Flora, o intelectual parisiense Siger de Brabant, bem como os fundadores das ordens mendicantes, São Francisco e São Domingos, negativo sobre seu contemporâneo, o Papa Bonifácio VIII, que ele situa no Purgatório, até mesmo no Inferno... A *Comédia* – que se chama "divina" desde o século XVI somente – constitui uma suma poética da cristandade medieval repousando sobre a filosofia aristotélica adaptada à doutrina cristã por Tomás de Aquino, mas dobrada em certos pontos pelos pensamentos agostiniano e neoplatônico. É a primeira obra na qual se exprime com autoridade o pensamento de um leigo profundamente cristão, mas escandalizado pela aspiração de inúmeros clérigos, e, em particular, dos papas de seu tempo, à riqueza e ao poder.

André Vauchez

➢ Inferno; Paraíso; Purgatório; Tomás de Aquino; Virgílio.

DAVI

Davi é o rei de Israel ao qual a Bíblia se refere mais frequentemente: seu nome significa "bem-amado". Os principais acontecimentos de sua vida aparecem nos livros de Samuel (1 S 16) e dos Reis (1 R 2). Davi é uma figura muito humana, ao mesmo tempo histórica e lendária, que deixou vestígios na posteridade: assim, qualifica-se Jerusalém de cidade de Davi, e Jesus, de Messias, Filho de Davi.

Davi sucede a Saul, o primeiro rei, que desobedeceu a Deus. Ele é escolhido por Samuel, por ordem de Yahvé, da seguinte maneira: Jessé tem sete filhos que se apresentam a Samuel, mas é o último, um jovem rapaz ruço, que é o eleito de Deus. Muito rapidamente, o jovem se encontra no campo dos hebreus, em face dos filisteus, que reclamam um combate singular, sendo seu campeão um gigante, Golias. Somente Davi, fortalecido por sua confiança em Deus, se propõe. Com uma pedra na testa, ele abate o gigante, seguro da sua confiança em Deus e lhe corta a cabeça.

Davi se torna tão popular que suscita a inveja, depois o ódio de Saul, o qual procura matá-lo enquanto ele o acolheu em sua corte e lhe deu sua filha. Mas Davi escapa dele graças à amizade que fez com Jônatas, o filho de Saul. Quando este desapareceu numa batalha, Davi se torna rei e instala a Arca da aliança em Jerusalém, que se torna o centro do culto dos judeus. Ele dança diante da Arca e compõe poemas, orações de louvor ou de arrependimento que se tornarão os Salmos. Entretanto, Davi é um dia seduzido por Betsabé, a mulher de um de seus oficiais, e comete o adultério com ela. Ela fica grávida. Davi se aplica então a trazer de volta Urias à sua mulher para que ele se creia o pai da criança, mas em vão. Então ele o manda matar durante um combate. O profeta Samuel exige que ele meça seu erro, e Davi, transtornado, e arrependido, se reconhece pecador e obtém o perdão de Deus. Mais tarde, o nascimento de seu sucessor, Salomão, consagra este perdão. Vários salmos, dentre os quais o *Miserere*, são considerados como seu grito depois desta dupla falta. As discórdias com seus filhos e a morte do jovem Absalão marcam ainda seu reino. Enfim, ele quer construir uma "casa" para Deus, um templo que abrigará a Arca da aliança, mas o profeta lhe responde que "é Deus que lhe

CRISTIANISMO – DICIONÁRIO DOS TEMPOS, DOS LUGARES E DAS FIGURAS

DAVI — DECÁLOGO

construirá uma casa" (1 S 7): esta profecia é vista pela literatura messiânica (Isaías) e pelos cristãos como o anúncio do Messias, originário da raiz de Jessé e da "casa" de Davi.

Davi é frequentemente representado com sua cítara, cantando aos pés de Yahvé, a testa cingida com uma coroa. A árvore de Jessé, e suas folhas com nomes dos reis de Israel, figura a ascendência do Cristo sobre os lintéis das igrejas romanas e góticas (Gisors) e seus vitrais (Saint-Étienne-du-Mont, em Paris). Os múltiplos episódios de sua vida inspiraram os monges nas iluminuras, os pintores dos séculos XVI e XVII (Claude Lorrain, Rembrandt, o Caravaggio). O jovem Davi inspirou os escultores florentinos, pretexto para exaltar o corpo masculino: Donatello (1440), Miguel Ângelo (1504).

Os Evangelhos situam o nascimento de Jesus em Belém, para onde José deve dirigir-se para ser recenseado, porque ele é da casa de Davi.

Personagem complexo, chefe de guerra impiedoso em suas horas, pecador arrependido de que a Bíblia não esconde as fraquezas, Davi se tornará, no entanto, o ideal de monarcas cristãos, que, a partir de Constantino, tomarão o título de "novo Davi". Quando da querela das Investiduras, é ainda ele que os príncipes invocarão contra o papa. Sua amizade com Jônatas deu um fundamento à causa homossexual e, em 1971, uma associação cristã ligada a esta causa toma o nome de Davi e Jônatas. Este diz, com efeito de Jônatas morto: "Teu amor era para mim mais maravilhoso que o amor das mulheres" (2 S 1, 26). Em todo caso, a ascendência de Davi mostra que o Messias não descende de homens perfeitos, mas que sua encarnação se inscreve numa história humana.

Catherine Grémion e Jacques Trublet

➢ Arca; Jessé; Jesus; José (esposo de Maria); Salmos; Rei; Salomão; Templo.

DECÁLOGO

Tradução grega de uma expressão hebraica significando as "dez palavras", o Decálogo é o resumo em 10 pontos do conjunto dos deveres para com Deus e para com o próximo. Duas passagens do Pentateuco retomam esses Dez Mandamentos, Ex 20, 1-17; Dt 5, 6-21. As duas listas diferem um pouco na numeração e na ordem dos mandamentos, o que deu lugar a inúmeros debates entre os Padres da Igreja, depois entre os historiadores, mas são apenas variações de detalhe. A tradição judaica, fundando-se no fato de que o texto fala, às vezes, de duas tábuas (Ex 32, 15), distingue quatro mandamentos para com Deus e seis mandamentos para com os homens. Os quatro mandamentos para com Deus são a obrigação de reconhecer um Deus único que retirou o povo do Egito, a proibição do culto dos outros deuses (monolatria e não monoteísmo), inclusive sob a forma de imagens ("ídolos"), o respeito do "nome" divino em uma civilização onde o nome traduz o ser, o respeito do sabá, dia consagrado a Deus. Os seis mandamentos para com os homens são a obrigação de honrar seus pais, a proibição do assassinato, a interdição do adultério, o respeito da propriedade ("não roubarás"), a interdição do falso testemunho, a proibição da cobiça do bem de outrem e de sua mulher. Em toda a Bíblia e na tradição rabínica, essas Dez Palavras foram sempre consideradas não como um resumo, mas como o fundamento da lei, que não é mais que sua consequência. O texto bíblico conta que elas foram entregues a Moisés no Sinai e inscritas em Tábuas contidas na Arca, o próprio símbolo da Aliança entre Deus e seu povo. Os cristãos, abandonando o respeito das prescrições da lei, as compreendem assim, e continuam a fazer delas o fundamento de toda relação com Deus e entre os homens. As civilizações ocidentais, marcadas pelo Cristianismo, também homologaram o caráter intangível destes preceitos, inscrevendo os seis mandamentos para com os homens no conjunto de seus códigos de lei.

Régis Burnet

➢ Arca; Horeb; Ídolos; Moisés; Próximo.

DÊNIS, O AREOPAGITA (PSEUDO)

Identificado pela tradição com o discípulo que São Paulo teria feito no Areópago de Atenas (Atos 17, 34), esse autor é, na realidade, um monge cristão de origem síria que se beneficiou com o ensinamento do filósofo neoplatônico Proclus, em Atenas, e escreveu em grego uma obra teológica importante na passagem dos séculos V e VI. No século XII, ele foi identificado como Dênis, primeiro bispo de Paris e santo mártir, pelo Abade Suger, de São Dênis. Na Renascença, Lorenzo Valla e Erasmo desmitificaram definitivamente a lenda de Denis, o Areopagita.

Tal como nos chegou, o Corpus dionisiano é composto de uma dezena de cartas que fornecem um ensinamento místico, e de quatro obras: *A Hierarquia Celeste* expõe a organização do mundo angélico em três tríades de três coros, suas funções e seu simbolismo, em torno das operações de purificação, de iluminação e de aperfeiçoamento. *A Hierarquia Eclesiástica* analisa a estrutura hierárquica da Igreja, imagem da ordem celeste, as funções iniciáticas de seus membros, o sentido dos ritos e dos sacramentos. *A Teologia Mística*, enfim, trata da união com Deus, enfatizando a via negativa (a renúncia a toda atividade e conceito) como caminho privilegiado de acesso à treva mística, isto é, a um estado de ignorância que é a mais alta forma de conhecimento de Deus.

Traduzido em latim e comentado no século IX por Jean Scot Erigena, o Corpus dionisiano teve uma grande influência no Ocidente a partir do século XII, sobre os grandes teólogos escolásticos, sobre os místicos e sobre a arte monumental que utiliza a luz como manifestação da divindade e modo de participação do homem na vida divina.

Philippe Faure

➢ Místicos; Teólogo.

DESERTO

O deserto representa o lugar do despojamento por excelência. No centro dos imaginários religiosos, ele suscita itinerários espirituais audaciosos que renascem em todas as épocas. Necessário para a construção de si, voluntário ou sofrido, desejado e temido, este espaço se revela também propício às tentações.

A imagem do deserto é frequentemente associada a um tempo de solidão, onde os apoios e as referências habituais desaparecem. Fala-se de uma "travessia do deserto" para aqueles e aquelas que romperam os elos sociais costumeiros e entram numa difícil confrontação com eles mesmos.

São as Escrituras judaicas e cristãs que deram ao deserto seu caráter de nobreza. O homem, às vezes um povo inteiro, aí faz a experiência de Deus e de seu adversário satânico. Com a assistência dos anjos e no meio dos demônios que rondam, os humanos oscilam entre o desejo do bem e a sedução do mal. O deserto do Antigo Testamento é uma terra desolada, submetida à maldição de Deus. Entretanto, Deus escolheu fazer passar seu povo por este lugar hostil para guiá-lo, educá-lo e conduzi-lo para uma terra nova e generosa, um país onde correm o leite e o mel. No percurso deste Êxodo no deserto, o povo é submetido por Deus a grandes tentações, das quais a pior é um retorno aos ídolos mentirosos que o faz regressar para a aceitação da servidão.

Os evangelistas tomam o cuidado de observar que o Cristo foi tentado no deserto durante 40 dias, como o povo eleito durante 40 anos. Mas, na solidão do deserto, Jesus supera a prova e continua fiel a seu Pai, assim como, no momento da Paixão, Ele prefere a confiança em Deus e o serviço do Pai a qualquer forma de genuflexão servil diante dos poderes terrestres.

Quando cessa a perseguição dos cristãos, no século IV, sob Constantino, monges e eremitas procuram na rude vida do deserto um substituto ao martírio, desde então desaparecido. No século V, um monge, Cassiano, inventa a expressão "demônio do meio-dia" para os monges tentados pelo desengajamento no meio do dia ou no entretempo de sua vida de ascetas. Estes últimos se põem repentinamente a assumir sua vida presente com desgosto, a imaginar o ambiente bem melhor de outros mosteiros, a sonhar com visitas inesperadas de amigos muito caros...

Em nossos dias, o deserto se tornou um lugar geográfico apreciado, carregado de um perfume de exotismo e de evasão. A experiência da solidão, própria às multidões modernas anônimas, permite entender os mecanismos psicológicos ligados ao tempo vivido no deserto. Fala-se, então, de "desertos interiores" (François Mauriac, *Le Désert de l'Amour*; Dino Buzzati, *O Deserto dos Tártaros*).

Henri Madelin

➤ Antônio, o Egípcio; Diabo; Eremita; Êxodo; Monge; Moisés; Satã; Terra Santa.

DEUS

A palavra, no singular e com uma maiúscula, remete, na cultura ocidental, à afirmação do Deus de Jesus Cristo, tal como é encontrada no Antigo e no Novo Testamentos. Segundo o monoteísmo judeu, há somente um Deus, e este Deus é único. O monoteísmo de Israel representa o fim de todo politeísmo, dualismo e idolatria. Ele culminará com a revelação do Deus Pai em Jesus Cristo. Não se pode compreender o Deus de Jesus senão em continuidade com o Deus de Israel. A revelação bíblica trata essencialmente da intervenção de Deus em favor de um povo que ele escolheu livremente como parceiro (Dt 12, 6). Não há outro motivo da eleição divina senão o amor gratuito (Dt 7, 7) ao qual Israel não pode responder senão por um amor sem reserva (Dt 6, 5). Diferentemente do deus cósmico das religiões naturais, o Deus de Israel se revela primeiro como o Deus da aliança, um Deus que fala e age. A resposta misteriosa de Deus a Moisés no Êxodo insiste nesta presença que age (Êx 3, 14): "Eu sou aquele que sou." É porque o Deus de Israel é primeiramente o Deus da Aliança, da história da salvação, que ele é também o Deus criador do céu e da Terra.

O Deus que se revela no Antigo Testamento é, ao mesmo tempo, santo e próximo. A santidade não é uma qualificação moral, mas a nota distintiva de Deus completamente Outro, separado do criado, que só é profano. Deus é santo porque ele é Deus, e tudo o que é tocado por Deus pode tornar-se santo. É um fogo que devora (a sarça ardente), que pode aniquilar, mas que, mais frequentemente, quer somente purificar. Mas o Deus santo é inseparavelmente o Deus próximo, bom, fiel, paciente e misericordioso, tantas características que constituem o próprio mistério de Deus. Os profetas comparam a Aliança a núpcias entre Yahvé e seu povo (Os 1-3; Jr 3, 19), e este Deus-Esposo viverá a traição de Israel como um adultério.

Constata-se no Antigo Testamento uma grande hesitação em invocar Deus como Pai, enquanto esta designação é corrente no Antigo Oriente. A palavra aparece, no entanto, com os profetas Oseias, Jeremias, o terceiro Isaías: Deus é o Pai que perdoa os erros de seu povo Israel. O Novo Testamento insiste sobre a paternidade de Deus e a pregação do Reino que vem. O Deus de Jesus não é outro senão o da Aliança, mas sua paternidade se estende doravante também aos maus e aos ímpios. A novidade em relação ao Deus de Israel é que Ele se torna o Deus da graça antes de ser o Deus da Lei. Entregando seu Filho bem-amado à morte para a salvação do mundo, o Pai dá a prova decisiva de seu amor (Jo 3, 16).

Quando Jesus se dirige a Deus na oração, Ele o invoca como *Abba*, "Papai". Esta expressão aramaica é completamente insólita em toda a literatura judaica paralela. Ela não exprime somente a obediência filial de Jesus em relação a Deus, mas uma relação única entre eles: "Ninguém conhece o Filho senão o Pai, e ninguém conhece o Pai senão o Filho" (Mt 11, 27). Deve-se dizer que Deus se revela como Pai porque ele é o Pai de um Filho único. A revelação aos homens da paternidade de Deus é inseparável da revelação da filiação única de Jesus. E há filiação porque há comunhão com o Filho único pelo dom do Espírito (Ga 4, 6).

DEUS

O Corão não retém o nome de "Pai" entre os 99 nomes de Deus. De fato, este nome é mais e melhor que um atributo divino. Diferentemente da linguagem filosófica, a linguagem religiosa é uma linguagem de invocação e não simplesmente de atribuição. Assim como no Êxodo, o Deus *El* se designou pelo tetragrama Yahvé, assim também é o próprio Deus que revela seu nome próprio e permite que seja invocado como Pai. O nome próprio não designa tal ou tal propriedade, mas o "Eu" da pessoa no que ela tem de irredutível. Revelando-se como Pai, Deus instaura o ser humano como seu interlocutor que pode invocar o "Tu" indizível de Deus.

O nome próprio de Deus como "Pai" remete, pois, a um Deus diferente do "Deus dos filósofos e dos sábios" (Pascal). Ele é Pai, Filho e Espírito. Não somente Deus é diferente Nele mesmo, mas Ele suscita diferenças. Isto convida a ir além dos perigos de um certo pensamento imaginário que se representa Deus como o inverso do homem. Em face do Deus Pai se instaura a verdade da relação religiosa do homem com Deus: adora o Pai em espírito e verdade (Jo 4, 23).

Durante o desenvolvimento do pensamento patrístico, a Igreja teve de enfrentar crises muito graves. Assim, contra o arianismo, que negava a divindade do Filho, Atanásio mostrou que o Filho era da mesma substância (*homoousios*) divina que o Pai. Esta palavra-chave entrará no *Credo* de Nicea (325).

Agostinho, por sua vez, começa estudando a natureza divina comum às três pessoas, o que terá um alcance considerável na teologia ulterior no Ocidente. Como a natureza de Deus em sua unidade já é acessível à razão natural, Tomás de Aquino, por sua vez, não teme colocar a serviço de uma melhor inteligência do mistério de Deus os recursos da tradição filosófica de seu tempo, em particular o pensamento de Aristóteles. Interpretando a Palavra de Deus a Moisés – "Eu sou aquele que sou" – num sentido ontológico, ele descobre na identificação de Deus com o Ser absoluto o princípio inteligível que permite dar conta de todos os atributos e de todas as obras de Deus (*Suma Teológica*, Ia, q. 13).

Essa teologia metafísica que insiste na continuidade analógica entre a linguagem humana e a linguagem da Revelação será diretamente contestada por Lutero, no século XVI, em nome da linguagem da Cruz. Deus não se manifesta a partir da glória do mundo, mas a partir do que é justamente o contrário da glória mundana, a saber, o sofrimento e a morte. A *theologia crucis* de Lutero identifica o Deus oculto que se manifesta *sub contrario* com o Deus crucificado. Ainda hoje, na idade da crise da metafísica, o discurso sobre Deus, entre os católicos como entre os protestantes, está colocado sob o signo da "concentração cristológica". A teologia contemporânea não renunciou a pensar o Ser de Deus, mas ela procura melhor manifestar o elo entre o mistério trinitário e a cruz de Jesus.

Claude Geffré

➢ Agostinho; *Credo*; Espírito Santo; Herético; Jesus; Revelação; Tomás de Aquino; Trindade.

DIABO

No Antigo Testamento, o termo hebraico *Satân*, literalmente, o "adversário", designa o que exerce no tribunal o papel de acusador (Sl 109, 6.20.29). Nos livros de Zacarias e de Jó, ele é um ser sobrenatural. Em Jó 1-2, ele acusa Jó diante de Deus e o submete à provação. Enquanto no segundo livro de Samuel a cólera de Yahvé suscita a iniciativa infeliz do recenseamento do povo de Israel por Davi (2 S 24, 1), a versão mais recente do primeiro livro das Crônicas indica claramente que Satã é o instigador do projeto (1 Cr 21, 1): ele se torna a figura do tentador, e o livro da Sabedoria identifica o diabo com a serpente do Paraíso (Sab 2, 24).

No Judaísmo tardio, a reserva que o Antigo Testamento fazia em relação aos demônios (as referências aí são raras – Dt 32, 17; Sl 106,37) não está mais em voga. Os escritos de Qumrân, em particular, dão a conhecer de maneira mais detalhada, embora frequentemente confusa, a demonologia em vigor no Judaísmo, sempre retomada do mundo religioso ambiente, em especial do dualismo iraniano. Segundo estes textos, Deus criou duas espécies de espíritos. O "anjo das trevas", ou Belial, tenta fazer cair os "filhos da luz". No momento do Julgamento final serão julgados os espíritos submissos a Belial.

No Novo Testamento, Satã (em grego, *satanas*), ou o diabo (em grego, *diabolos*, isto é, "divisor"), se estabelece como adversário de Jesus desde a tentação no deserto (Mt 4, 1-11). A resistência que Jesus lhe opõe é um motivo central do Novo Testamento e da teologia cristã. A figura do diabo ilustra o debate interior que se encontra no episódio da oração de Jesus em Getsêmani (Mc 14, 32-42), a saber, a tentação de escapar à finitude e à morte, a missão que, segundo os evangelistas, ele recebeu de Deus.

O diabo está também associado às cenas de possessão demoníaca do Novo Testamento. Os relatos de exorcismos são, com efeito, numerosos nos Evangelhos (Mc 1, 21-28; 1, 32-34; 3, 11-12... e paralelos). A possessão pode ser compreendida como uma representação da partição da pessoa. O demônio figura o inimigo interior que divide, que rompe a unidade da pessoa. A palavra de Jesus expulsa os demônios, permite ao homem reencontrar sua unidade, libera-o do mal que o oprime e o impede de viver relações normais com seus semelhantes. Os vocábulos pelos quais os textos do Novo Testamento designam o diabo ou Satã são variados: Belzebu (Mc 3, 22), o Inimigo (Mt 13, 39), o Príncipe desse mundo (Jo 12, 31), a Antiga Serpente (Ap 12, 9). Esta personificação dos poderes maus é a marca de uma reflexão sobre o mal e o sofrimento como poderes exteriores que acabrunham o homem e o tornam escravo.

Para prolongar a vitória do Cristo sobre Satã, a Igreja antiga praticou o exorcismo. Os Padres da Igreja combateram a compreensão gnóstica do mal, elaborada na base de um dualismo opondo o demiurgo – fonte do mal – ao Deus salvador dos eleitos. A culpa de Satã é interpretada como pecado de orgulho: este é um anjo caído que quis fazer-se o igual de Deus. O diabo e seus anjos – que não são sempre

CRISTIANISMO – DICIONÁRIO DOS TEMPOS, DOS LUGARES E DAS FIGURAS

DIABO — *DIES IRAE*

identificados com demônios – serão julgados no último dia. Nesta espera, eles são relegados nos ares de onde eles agem ainda contra os homens. Até o período moderno, o diabo e os demônios exercem um papel importante na explicação das catástrofes naturais e num certo número de fenômenos inexplicáveis ou de doenças.

Sob a influência das Luzes, a teologia moderna abandonou a ideia de uma personificação do diabo e dos demônios. Mas alguns teólogos revisitam hoje os relatos que põem em cena diabos e demônios. O caráter mítico destes textos é considerado como portador de um sentido que não deixa de lembrar as intuições dos teólogos do passado. Estes relatos procuram, com efeito, traduzir uma verdade sobre o homem confrontado com o mistério do mal de que se tenta redescobrir e retraduzir a pertinência para hoje. As interpretações antropológicas, em particular a psicanálise, permitem renovar sua leitura. Assim, Gn 3 (a serpente das origens) e Mt 4, 1-11 (a tentação de Jesus) são frequentemente articulados um ao outro. A antiga serpente faz voltar a lei original, que estabelece que não há homem que não seja marcado pela lei da finitude. Ela faz surgir a dúvida sobre o dizer de Deus, sobre o sentido verdadeiro da Lei: e se Deus proibisse a árvore para dela conservar o gozo exclusivo? Ela faz emergir a ideia de um Deus que se reserva com ciúme a totalidade do saber e do poder. Em suma, um Deus construído à contraimagem do que nós somos e que aparece como o grande proibidor: nosso saber é limitado, ele é onisciente; nosso poder tem limites, ele é onipotente; nós somos mortais, ele é imortal etc. O relato da tentação de Jesus no deserto pode, então, ser lido em paralelo: à voz do tentador que declara filho de Deus aquele que escapa da condição humana, Jesus opõe sua recusa. Ele destrói a imagem de Deus definida pelo tentador: seu Deus só é Deus quando renuncia a sê-lo, manifestando-se como não Deus. Torna-se, então, possível ao homem se saber "filho" sem se querer "deus", isto é, recusando a tentação da onipotência, assumindo plenamente sua finitude.

Élian Cuvillier

➢ Anjo; Queda; Dualismo; Satã; Serpente.

DIES IRAE

Poema latino medieval, cujo título significa "dia de cólera (divina)", e cujo primeiro manuscrito data do século XIII, um calendário franciscano conservado na Biblioteca Nacional de Nápoles, sem dúvida anterior a 1255. Quanto ao autor, vários nomes foram invocados: Tomás de Celano, Gregório, o Grande, Boaventura, mas nenhum é certo. Cantava-se esse hino na missa pelos defuntos (*Requiem*). A reforma litúrgica imposta pelo Concílio Vaticano II também se referiu ao *Dies Irae*. Em 1967, o poema se torna facultativo no *Requiem*, para desaparecer completamente dois anos mais tarde. O concílio quis afastar do Missal romano os trechos portadores de uma "espiritualidade negativa", de origem medieval, que insistem muito no medo, no temor e no desespero. O *Dies Irae* foi substituído pelo *Aleluia*. O poema contém 17 estrofes de três versos, uma de quatro versos e uma última de dois versos somente. Consideram-se as duas últimas estrofes como acréscimos ulteriores.

DIES IRAE — DILÚVIO

Vários temas se entrecortam: a perspectiva do julgamento final e o temor que acompanha a alma do crente ("Dia de cólera, esse dia/ Que reduzirá o mundo a cinzas,/ Como o anunciam Davi e Sibila"), a cenografia do fim do mundo – a trombeta que reúne todos os homens, a ressurreição dos mortos, o livro dos pecados, a chegada do Juiz; a súplica ("Justo juiz da punição,/ Dá-me perdão/ Antes do dia de prestação de contas"). Os primeiros versos parecem inspirados pelo profeta Sofonias, segundo a versão da Vulgata (15 s.): *Dies irae dies illa,/ Dies tribulationis et angustiae* etc. ("Dia de cólera, esse dia/ Dia de tribulações e de angústia" etc.). Outros elementos teriam origem no Novo Testamento (Ap 20, 11-15; Mt 25, 41-46; 1 Tes 4, 16; Lc 21 26-27).

Christian Badilita

➢ Anticristo; Apocalipse; Fim dos tempos; Juízo final; Pecador; Sibila; Vaticano I e II.

DILÚVIO

Paradigma da catástrofe punitiva, o afogamento dos humanos e a inundação calamitosa das terras por uma chuva de 40 dias (Gn 7, 12) é apresentada na Bíblia (Gn 6, 5-9, 14) como um castigo enviado do céu por Deus para purificar a Terra de sua população pecadora e de recomeçar seu povoamento de novo a partir de Noé, o justo (Gn 7, 1), e dos seus – Deus os obriga a construir uma arca para escapar da desaparição e introduzir nela um casal de cada espécie animal, a fim de preservar a eco-diversidade e os animais necessários ao sacrifício final.

Esse elemento mítico, mas que poderia ter algum elo com a experiência ancestral das inundações e tsunamis se encontra em muitas culturas. Figura nos textos indianos (*Brahmana, Mahabharata*) que poderiam tê-lo emprestado, como os redatores bíblicos, da *Epopeia de Gilgamesh*. Mas neste texto sumério-assiriano, o dilúvio é a obra dos deuses egoístas e caprichosos, preocupados em acabar com os homens, muito numerosos e turbulentos. Ao contrário, sua retomada no livro da Gênese, numa perspectiva monoteísta, mostra um Deus justo e bom, desejando fundar em Noé uma aliança eterna, que ele não questionará nunca mais, e estenderá a toda a humanidade (Gn 9, 1-17): o arco-íris final marca a paciência de Deus e sua vontade de salvação (Gn 9, 8-12).

A aventura de Noé se torna, então, o símbolo da história das relações entre Deus e Israel, a figura do batismo, assim como o anúncio do Julgamento (Mt 24, 37 e segs.) e da salvação em Jesus, novo Noé descido nas águas da morte para daí emergir vencedor com uma multidão de sobreviventes (1 Pedro 3, 18-21).

Na arte, o Dilúvio inspirou quadros que detalham cada fase do ciclo de Noé. Os mais patéticos mostram os humanos não embarcados procurando desesperadamente escapar da subida das ondas ou já afogados e inertes, como numa miniatura do *Pentateuco de Ashburnham*, do século VII.

François Boespflug

➢ Arca.

DINHEIRO

A cunhagem das moedas metálicas se impôs no Mediterrâneo oriental a partir do século VI a.C. A prata era utilizada – ela o foi durante muito tempo – para as moedas de valor médio, entre o ouro e o bronze. O nome do metal tornou-se, então, em várias línguas dessas regiões, um sinônimo da riqueza que circula, tanto mais procurada quanto serve ao exercício do poder, social ou político. No mundo bíblico, a palavra toma assim um sentido pejorativo. Um texto profético tardio (Za 11, 12 e segs.) falando de um salário de "trinta peças de prata" é atribuído a Jeremias e utilizado para cifrar o preço da traição de Jesus por Judas (Mt 26, 15). Num sentido metafórico, na época de Jesus, "prata" era substituída, em aramaico, depois em grego, por *mammôn*. A palavra, em tradição cristã, é conhecida principalmente sob a fórmula: "Não podeis servir a Deus e a Mammon" (Mt 6, 24; Lc 16, 9-13), passagens onde a palavra foi, às vezes, traduzida, em nossos dias, por "dinheiro enganador". Este uso pejorativo se encontra também na Primeira Epístola a Timóteo: "O amor pelo dinheiro é a raiz de todos os males" (1 Tm 6, 10). A denúncia do apego ao dinheiro marca o Novo Testamento, observa Roger Mehl, teólogo reformado.

A desconfiança em relação ao dinheiro reforça uma exigência de resistência ao desejo de riqueza, de poder. Avidez que pôde ser denunciada, em diversas épocas, entre responsáveis pela Igreja, bispos ou papas, mas também entre monges. Esta desconfiança se combinou, na tradição cristã, com a condenação mais antiga, aristotélica, de toda usura, do empréstimo com juros. Por este fato, os moralistas demonstraram um desprezo duradouro em relação a negócios financeiros, o "mundo do dinheiro", como se dirá a partir da Renascença. Em seu romance *L'Argent* (1891), Émile Zola fará, de alguma maneira, a apologia da "Bolsa" – não sem denunciar os maus lados da finança, mas o futuro defensor de Dreyfus, fazia, mais ou menos, cair a responsabilidade aos judeus. Amálgama que foi amplamente praticado na polêmica católica.

A doutrina antiga e principalmente medieval da injustiça social habitualmente ligada à tomada de juros sobre os empréstimos foi progressivamente deixada de lado pelos teólogos, protestantes primeiro, depois católicos. Com o recuo do tempo, quis-se reconhecer a pertinência da reflexão dos moralistas na teoria econômica. Não deveria ela receber, em nossos dias, equivalentes ou substitutos que pudessem convir à civilização industrial? O livro de René Gonnard, *Histoire des Doctrines Économiques* (1921), pode ser entendido como testemunha desta reorientação, a de um catolicismo social aberto à economia moderna, mas permanecendo desconfiado em relação ao capitalismo financeiro e ao seu liberalismo.

Depois da Segunda Guerra Mundial, leu-se ordinariamente na Bíblia não mais uma desconfiança em relação ao dinheiro – à riqueza material –, mas um ensinamento sobre seu bom uso – que é possível, segundo o teólogo Roger Mehl. No Concílio Vaticano II, uma tendência comparável marca a constituição [encíclica] *Gaudium et Spes* [Alegria e esperança] (1964). Ela chama também a atenção sobre as injustiças cometidas pelos sistemas econômicos modernos. Jean-Yves Calvez, no entanto, pôde observar (*Les Silences de la Doctrine Sociale Catholique*, 1999) que os católicos não elaboraram análises nem práticas que tivessem uma visão crítica efetiva sobre os riscos do capitalismo financeiro e sobre o domínio do *dinheiro* na sociedade contemporânea.

Pierre Vallin

➢ César; Décima primeira hora; Pobre; Rico.

DISCÍPULO

A palavra "discípulo" é originária do verbo grego *mantanô*, "ensinar". O discípulo é, pois, etimologicamente, aquele que recebe um ensinamento. A relação de mestre a discípulo já é conhecida no Antigo Testamento: se o termo não aparece frequentemente (ele se encontra essencialmente em Isaías), a noção está bem presente: o profeta, ou sábio, e seus discípulos são descritos por uma relação pai-filho (2 R 2, 7; Pr 4, 1). O exemplo mais conhecido é o de Elias, a quem seu discípulo Eliseu dedica um apego sem limites (2 R 2). No Judaísmo antigo, escolas rabínicas célebres, como as de Shammaï ou de Hillel (dois grandes rabinos do século I a.C.) formavam inúmeros discípulos no pensamento e na prática interpretativa dos mestres.

Parece que Jesus imitou nisso a prática dos rabinos de seu tempo, prodigando seu ensinamento a discípulos: em primeiro lugar, os Doze, o círculo dos íntimos escolhidos pelo próprio Jesus (Mt 10, 1-4; Mc 3, 16-19; Lc 6, 13-16); um segundo grupo é composto de 70 ou 72 discípulos, enviados dois a dois em missão (Lc 10, 1); enfim, um terceiro círculo é constituído pelos simpatizantes que ofereciam ocasionalmente a moradia, a comida, assim como um apoio financeiro e logístico a Jesus e aos Doze. Nos Atos dos Apóstolos, a palavra "discípulo" recebe uma acepção mais ampla ainda e se torna sinônimo de "cristão" (Atos 11, 26). A apelação "cristão" vai, aliás, muito rapidamente suplantar a de "discípulo": embora Eusébio de Cesareia o empregue para qualificar os continuadores do pensamento de Orígenes, a *Didachè* (fim do século I) prefere designar os fiéis pelo nome "cristão".

Emmanuelle Steffek

➢ Apóstolos; Rabino.

DOMINGOS (SÃO, POR VOLTA DE 1172-1221)

Fundador da Ordem dos Irmãos Pregadores, ele nasce em Castela, provavelmente de uma família da pequena nobreza, e frequenta as escolas de Palência antes de se tornar cônego regular da Catedral de Osma. Em diferentes viagens com seu bispo, em 1203-1206, ele atravessa o sul da França, onde descobre o desafio herético e realiza, ao lado dos legados cistercienses, uma experiência nova de pregação

DOMINGOS — DOUTORES DA IGREJA

itinerante na pobreza. Enfraquecido pela partida de seu bispo, assim como pela cruzada albigense, prossegue, no entanto, esta missão com o apoio de Simon de Montfort e, mais tarde, do bispo de Toulouse. Em 1215, um novo impulso é dado ao projeto graças ao encontro com Inocêncio III, no Concílio de Latrão. Domingos começa, então, a lançar os fundamentos de uma verdadeira ordem religiosa, a Ordem dos Irmãos Pregadores, regida, como o capítulo de Osma, pela regra de Santo Agostinho, assim como por alguns costumes dos Premonstratenses, aos quais se acrescentam, a partir de 1220, os atos de capítulos gerais anuais. Em 1217, o levante de Toulouse provoca a dispersão dos frades, enviados para fundar conventos nos principais centros urbanos da cristandade. A ordem adquire, então, uma vocação pastoral mais ampla que somente a luta anti-herética, e enfatiza claramente sua orientação intelectual e seu caráter mendicante. Domingos passa o resto de sua vida entre a Espanha, a França e a Itália, a fim de assegurar sua coesão. Mora principalmente em Roma, onde obtém para sua ordem inúmeros privilégios, assim como para suas fundações femininas de Prouille, Madri e São Sixto de Roma. Esgotado, ele morre em Bolonha, sem dúvida numa legação na Lombardia. É canonizado em 1234, enquanto modelo de perfeição regular e de santidade mendicante ao mesmo tempo, no duplo contexto de um movimento de fervor religioso orquestrado pelas ordens mendicantes, na Lombardia, e da atribuição do ofício inquisitorial aos irmãos pregadores pelo papado.

Anne Reltgen-Tallon

➢ Herético; Mendicantes (Ordens); Teólogo.

DOUTORES DA IGREJA

O uso da expressão "doutores da Igreja" se enxerta de forma distante no título de *didaskaloi*, empregado no Novo Testamento para designar "homens encarregados do ensino" a serviço das primeiras comunidades cristãs (Atos 13, 1; 1 Co 12, 28). Com o tempo, ela chegou a qualificar o ministério eclesial dos que são reconhecidos por ter trazido uma contribuição eminente à doutrina cristã. Foi em 1298 que o magistério romano começou a conceder este título a alguns teólogos, ratificando o que os séculos anteriores já haviam reconhecido. De fato, um certo número de padres era consagrado como "doutores" pela tradição: quatro padres da Igreja grega (Atanásio, Basílio, Gregório de Nazianzo e João Crisóstomo) e quatro padres da Igreja latina (Ambrósio, Jerônimo, Agostinho e Gregório, o Grande). Entretanto, a maior parte foi solenemente proclamada como "doutores da Igreja" nas épocas moderna e contemporânea: assim, foram sucessivamente reconhecidos Tomás de Aquino, Boaventura, Anselmo de Cantuária, Isidoro de Sevilha, Pedro Crisólogo, Leão, o Grande, Pedro Damião, Bernardo de Claraval, Hilário de Poitiers, Afonso de Ligório, Francisco de Sales, Cirilo de Alexandria, Cirilo de Jerusalém, João Damasceno, Beda, o Venerável, Efrém de Nisibe, Pedro Canísio, João da Cruz, Roberto Belarmino, Alberto, o Grande, Antônio de Pádua, Laurent

DOUTORES DA IGREJA

de Brindisi, Teresa de Ávila, Catarina de Siena e Teresa de Lisieux. Os critérios para conceder este título coincidem em parte com os que são tradicionalmente invocados para a apelação de "Padre da Igreja". Entretanto, diferenças se impõem. O critério de antiguidade, que vale para esta última apelação, não vale para os doutores: cristãos da época moderna ou contemporânea puderam ser proclamados "doutores da Igreja". Além disso, o critério de "ortodoxia" é insuficiente: o título "doutor da Igreja" não implica somente um pensamento conforme à fé católica, mas um aporte todo particular à inteligência desta fé e à compreensão da doutrina cristã. Enfim, se a apelação "Padres da Igreja" pressupõe uma forma de aprovação eclesial, a de "doutores da Igreja" requer uma aprovação mais solene que emana do papa ou de um concílio geral. Nem todos os "doutores" são sem dúvida colocados na mesma posição; é assim que, fora os quatro padres gregos e os quatro padres latinos consagrados pela tradição, reconheceu-se em especial a Tomás de Aquino uma certa primazia, dada a importância de sua doutrina e o lugar que lhe foi dado no ensino da teologia na época moderna. Deve-se, entretanto, destacar que a Igreja jamais teve a intenção de canonizar uma escola mais do que a outra: a diversidade das escolas, contanto que seu ensino seja conforme a fé católica, é antes considerada como uma riqueza para o conjunto da vida eclesial.

Diversas evoluções são características da época contemporânea. Enquanto o título era reservado, até 1970, a homens pertencentes à hierarquia eclesiástica, ele foi recentemente concedido a mulheres (Teresa de Ávila e Catarina de Siena, em 1970; Teresa de Lisieux, em 1997). Assim, uma distinção deve ser colocada entre o carisma dos "doutores da Igreja" e o exercício de um magistério na Igreja. Em seguida, estas mulheres reconhecidas como "doutores da Igreja" não tinham competência técnica em teologia. O critério tradicional de uma "ciência eminente" deve, pois, ser reinterpretado em função deste fato: no caso de Teresa de Lisieux, em particular, a aplicação do título de "doutor da Igreja" se esclarece pela relação entre ortodoxia e santidade da vida, ou ainda pela experiência que comprova esta santa, que coloca em evidência aspectos fundamentais da doutrina cristã. Este aspecto, levantado por H. U. von Balthasar, foi destacado por João Paulo II (*Divini Amoris Scientia*, 1997): Teresa se apresenta como uma "autêntica mestra da fé e da vida cristãs". Mesmo se não tem um "corpo de doutrina propriamente dito", ela desenvolveu os elementos de uma "ciência espiritual", centrada no mistério de Deus Amor e na revelação do Cristo. A expressão "doutores da Igreja" enriqueceu-se, então: ela se aplica a homens e mulheres solenemente reconhecidos como mestres privilegiados de doutrina e de experiência cristã, tanto na época contemporânea quanto nos séculos mais antigos. Ela ilustra assim, de modo exemplar, a importância do ministério do "ensino" que mencionava já o Novo Testamento, e a própria liturgia faz eco pelo lugar que ela dá aos "doutores da Igreja" na oração das horas como na celebração da eucaristia.

Michel Fédou

➤ Agostinho; Padres da Igreja; Teólogo; Teresa de Ávila; Teresa de Lisieux; Tomás de Aquino.

DOUTRINA SOCIAL DA IGREJA

O Evangelho e as Epístolas de Paulo, já são ricos em recomendações sobre a vida social de seu tempo. A *Epístola a Diogneto*, no século II, fala das leis "paradoxais", contraculturais, segundo as quais viviam os cristãos, participando da vida quotidiana de seus concidadãos. João Crisóstomo prega com vigor sobre a riqueza e a pobreza, e os teólogos da Idade Média, Tomás de Aquino em especial, escrevem tratados sobre a justiça, a paz e a guerra. Eles são retomados por Vitoria e Suarez no século XVI, os quais reconhecem direitos do homem universais em favor dos índios.

No fim do século XIX e no século XX, um ensino social mais sistemático se estabelece, principalmente entre os católicos. Ele se enraíza na reflexão e experiência de cristãos leigos e de bispos como Monsenhor Ketteler, bispo de Mogúncia. A chama é retomada pelos papas, a começar por Leão XIII (1878-1903), que se envolve em aspectos essenciais da economia, por sua carta "sobre a condição operária" (*Rerum Novarum*, 1891). Antes desta "encíclica social", ele tinha tratado de questões políticas do tempo, das "liberdades" liberais e da democracia, e é ele quem chama os católicos franceses ao "reatamento" com a República.

Depois dele, Pio XI (1923-1938) convida a um "remanejamento total" da economia na base da justiça e da caridade sociais, denunciando no liberalismo de seu tempo uma luta de estilo darwiniano, sem regras; Pio XII (1938-1958) subordina a propriedade à regra mais fundamental do direito de todo homem a usar dos bens deste mundo, depois ele reconhece a empresa como uma verdadeira comunidade que ultrapassa a sociedade de capitais. Na mesma época, o Conselho ecumênico das Igrejas, quando da conferência de Boston (1956), num estilo mais protestante, tomava também posição sobre a vida econômica e social. A Igreja Católica e seus papas estiveram em primeira linha na questão do desenvolvimento, originária da descolonização. O nome de Paulo VI (1963-1978) fica ligado à encíclica *Populorum Progressio*, "O Desenvolvimento dos Povos" (1967).

O ensinamento social católico revestiu-se também de uma dimensão política importante, principalmente a partir de João XXIII (1958-1963), não somente em matéria de política nacional, mas também internacional. Por sua carta "A Paz na Terra" (*Pacem in Terris*, 1963), este assumiu posição sobre os direitos do homem, sobre a vida política – que deve ser inteiramente vida de "participação" –, as relações entre os povos, a necessidade de uma autoridade política internacional, sobre a guerra, enfim, para a qual os homens devem trabalhar em renunciar completamente como modo de acerto dos conflitos. João Paulo II (1978-2005) se ilustra inicialmente por um novo engajamento sobre os direitos do homem e por uma encíclica, "Sobre o Trabalho" (1981), forte crítica do capitalismo, depois uma outra, em 1991, trazendo a marca dos acontecimentos de 1989-1991. No fim de sua vida, ele condena uma democracia muito frequentemente reduzida a um procedimento e à decisão majoritária, em matérias que não se satisfazem com isso.

DOUTRINA SOCIAL DA IGREJA — DUALISMO

Depois do Concílio Vaticano II (1962-1965), a palavra é retomada durante algum tempo pelos episcopados nacionais. Em 1986, os bispos católicos dos Estados Unidos publicam assim *Economic Justice for All* ("Justiça Econômica para Todos"), na preparação do qual participaram também não católicos.

O patriarcado de Moscou, por sua vez, deu, recentemente, lugar a um ensinamento social ortodoxo, que se parece muitas vezes com as formulações católicas e protestantes, mas que difere em certos pontos. A Igreja ortodoxa russa é mais relativista que a Igreja Católica em matéria de propriedade. Ela se preocupa mais com a mundialização em curso, temendo principalmente que esta se traduza por uma dominação cultural perigosa.

No momento atual, a Igreja Católica está em tensão com os Estados a respeito da circulação das pessoas. Ela respeita um princípio de destinação universal dos bens da terra, até da própria Terra, e reclama um verdadeiro "direito de migração". A Igreja Católica continua, então, "contracultural", como sobre as questões referentes ao início e ao fim da vida.

Jean-Yves Calvez

➢ Dinheiro; Pobre; Rico.

DOZE

Ver *Apóstolos*.

DUALISMO

A história das religiões define pelo termo "dualismo" uma doutrina que admite no universo dois princípios primeiros irredutíveis. A palavra aparece pela primeira vez no fim do século XVII, com Thomas Hyde, em sua *História da Religião dos Antigos Persas*. O Cristianismo foi confrontado desde os primeiros séculos com teorias de inspiração dualista, sustentadas por movimentos de pensamento que os padres da Igreja combateram ferozmente e definiram como heréticos a fim de isolá-los e de preservar a mensagem evangélica transmitida pela corrente majoritária da Igreja. Se não conhecem o termo "dualismo", eles falam de oposição de dois princípios contrários ou, mais raramente, de *dualitas*.

O movimento mais nitidamente dualista com o qual se confrontou o Cristianismo é o do Maniqueísmo. Religião fundada por Mani, no século III, ela constitui, segundo suas próprias palavras, o objetivo final das religiões que a precederam. Tingido de sincretismo, o Maniqueísmo absorveu elementos de diversas religiões: Zoroastrismo, Budismo, Cristianismo. A teoria zoroastriana, que opõe duas divindades, Ahura Mazda e Ahriman, o bem e o mal, influenciou muito Mani. A apelação utilizada pelos próprios maniqueístas para definir sua religião – a religião dos "dois princípios e dos três tempos" – exprime seu caráter fortemente dualista. Os dois princípios são o bem e o mal, coeternos e de mesma importância. Eles são

DUALISMO

também chamados na literatura maniqueísta de "Príncipe – ou Deus – da luz" e "Príncipe da treva". Suas relações se articulam em três tempos. O tempo do início é o da separação, cada entidade está no seu reino. O tempo do meio é o da mistura: a treva agride a luz, e uma mistura de substâncias luminosa e tenebrosa se produz. Por conseguinte, bem e mal se tornam inextricavelmente ligados. Mani insiste no fato de que se deve progressivamente liberar as partículas de luz, a fim de que elas retomem o reino celeste. O momento conclusivo do enfrentamento se produzirá no fim dos tempos, e cada entidade será restabelecida em seu reino. Contudo, é a luz que leva a vitória, e subsiste somente um resíduo do poder tenebroso, aprisionado no Inferno. O dualismo, muito pronunciado no Maniqueísmo, não é, contudo, absoluto. O dualismo cosmológico repercute também na alma do homem, onde bem e mal se combatem obstinadamente.

Temendo a penetração dessas teorias, os padres da Igreja combateram os maniqueístas por refutações, como os *Atos de Archélaüs*.

Antes do Maniqueísmo, os movimentos gnósticos dos séculos II e III já exprimem tendências dualistas. Com efeito, a fim de fornecer uma resposta ao problema do mal, eles sustentam que o Deus superior e irreconhecível não foi o autor da criação. Foi um deus segundo, mesquinho e incapaz, que criou o universo e o corpo do homem: eles o chamam de "demiurgo", identificando-o com o Deus bíblico, numa violenta crítica do relato da Gênese. Este deus inferior é acompanhado por suas cortes demoníacas, que regem o universo e o corpo do homem. Mas o espírito do homem, proveniente do Deus superior, lhe escapa, e o ser humano pode liberar-se de seu ataque graças ao conhecimento.

As teorias de Marcion, no século II, são igualmente tingidas de dualismo. Este difundiu seu pensamento no Oriente. Suas obras não foram conservadas, mas as refutações dos padres da Igreja, em particular Tertuliano (*Contra Marcion*, 200-210) e Ireneu (*Contra as Heresias*, por volta de 180), permitem reconstituir seu pensamento. Ele opõe o Deus justo, Deus criador, Deus da Lei e dos Judeus, que ele chama de "demiurgo", ao Deus desconhecido, perfeitamente bom, de quem Jesus Cristo foi o enviado. Desta oposição decorre aquela entre o Antigo Testamento, palavra do Deus da Lei, e o Novo Testamento, onde se exprime a voz do Cristo. Marcion levanta inúmeras contradições entre os dois Testamentos e constitui para suas Igrejas um Novo Testamento, baseado no Evangelho de Lucas, depois de tê-lo privado de seus elementos judeus, e nas 10 Epístolas de Paulo.

No período bizantino, os paulianos [seguidores de Paulo de Samósata] proclamam também a nítida distinção entre um Deus desconhecido e o Deus da criação. Na Bulgária e nos Bálcãs, entre os séculos X e XII, florescem os movimentos bogomilos, que provocaram a reação da Igreja. Enfim, a doutrina cátara (séculos XII-XIII), fundada na distinção entre um Deus perfeito e um Deus criador do mundo, leva a marca do dualismo.

Madeleine Scopello

➢ Herético; Gnósticos; Satã.

ECCE HOMO

"Eis o homem": tais são as palavras de Pilatos, o procurador romano da Judeia, apresentando Jesus aos judeus reunidos, depois de mandá-lo açoitar e coroar com espinhos (Jo 19, 4-5). Este momento da Paixão, que termina com um grito imperativo dos grandes sacerdotes e da multidão, "Crucifica-o!" (Jo 19, 6), foi um dos assuntos privilegiados da arte medieval, renascente e moderna. A *ostentatio Christi* [apresentação de Cristo] conheceu duas formas principais. Uma tem a ver com o gênero narrativo e coloca em cena um grande número de personagens, entre os quais, além de Pilatos e Jesus, os grandes sacerdotes, os carrascos, uma multidão de transeuntes, agitadores odiosos ou curiosos estupefatos (Jérôme Bosch, gravuras de Rembrandt). A outra, influenciada pela figura do Homem de dores, pertence às imagens de devoção. Ela se contenta com um ou dois figurantes ou representa Jesus sozinho, enquadrado de maneira estrita, às vezes com meio corpo, para as necessidades contemplativas dos devotos: é o próprio tipo de imagem diante da qual a gente se coloca em silêncio para rezar. Uma das mais antigas poderia ser um ícone trazido de Bizâncio a Roma. Ticiano realizou uma dezena de quadros desse tipo. Em todos os casos, Jesus é retratado torso nu, e leva, em geral, o traço bem visível das chicotadas. Dotado de um cetro de palha ou de madeira, ele está vestido por derrisão com a túnica púrpura, tal como o Cristo dos ultrajes de Arcabas, em Saint-Hugeus-de-Chartreuse, em Isère (1984).

François Boespflug

➢ Ícone; Paixão.

ÉDEN

A palavra vem do acadiano *Edinu* e do sumério *Edin* ("estepe, deserto"), mas assumiu em hebraico o sentido de "delícias". Ela designa diversos lugares impossíveis de localizar (Gn 2, 8): "Deus plantou um jardim no Éden", depois algumas pessoas (Levitas, 2 Cr 29, 12; 31, 15) e uma cidade (2 R 19, 12; Is 37, 12), cujos habitantes são os Edênicos. Mas o Éden evoca principalmente o próprio paraíso terrestre: um jardim bem irrigado e plantado com árvores florescentes, onde o ca-

132 CRISTIANISMO – DICIONÁRIO DOS TEMPOS, DOS LUGARES E DAS FIGURAS

ÉDEN — EGITO

minho é curto e fácil da necessidade à satisfação, e que contrasta com o deserto e a estepe. É um lugar de felicidade e de paz, de beleza e de harmonia, onde Adão e Eva, o primeiro homem e a primeira mulher, foram colocados por Deus. Constituídos por ele guardiães desse jardim (Gn 2, 15), dele serão expulsos (Gn 3, 23-24) sem esperança de retorno (a porta será vigiada por um querubim flamejante) por terem infringido a ordem de Deus. Este lhes tinha proibido de comer do fruto da árvore do conhecimento, plantada no meio de tal jardim. O Éden foi identificado com o jardim de Yahvé, lugar de gozos (Is 51, 3) fechado num muro de pedras preciosas (Ez 28, 13; Ap 21, 18.20; 22, 1-2). Ele se tornou, em seguida, um objeto de especulações concernentes à felicidade que esperava o gênero humano, não tivesse sido a queda. O jardim do Éden é um jardim das delícias (Si 40, 27). Um manuscrito entre os mais coloridos da Idade Média (mais de 300 miniaturas), o *Hortus Deliciarum*, sugere só por seu título que a vida das monjas (no caso, as da abadia do Monte Saint-Odile, na Alsácia) foi vivida como a estada em um jardim das delícias... Os pintores de cavalete se apoderaram desse tema, em especial Jérôme Bosch, em 1503, cujo quadro assim intitulado abunda de motivos insólitos e continua muito misterioso.

François Boespflug

➢ Adão; Queda; Eva; Paraíso; Serpente.

EGITO

Se a Bíblia propõe, desde seu segundo livro, uma aproximação entre Egito e Êxodo, é necessário distingui-los. Porque estes dois termos não se encaixam exatamente, e cada um deles manifesta um domínio literário diferente. Na Gênese, Abraão passa pelo Egito quando de uma rocambolesca história de comportamento enganoso com sua mulher. O país acolhe, em seguida, a história de José, depois aparece nas evocações poéticas dos Profetas, nas reflexões do Livro da Sabedoria evocando sua salvação, até no Evangelho de Mateus, onde Jesus menino é levado ao Egito. Assim, este país está longe de se reduzir ao Êxodo, quando os filhos dos hebreus tiveram de fugir com toda urgência sob pena de aí morrer de brutalidade e fome.

O Egito é, pois, um magnífico tema literário como comprovam as aventuras do jovem José, onde essa região é tanto herói quanto cenário da história, como o mostram representações pictóricas da história de José ou das entrevistas de Moisés com o Faraó. No século XX, o romance de Thomas Mann, *José e seus Irmãos*, permanece fiel à história bíblica, sem que por isso se prive de marcar seu desacordo com a interpretação bíblica, em particular sobre o "julgamento" de Deus.

Um outro Egito entra em cena depois do livro do Êxodo, presente em dezenas de ocorrências durante todo o Antigo Testamento e assunto de obras posteriores. Assim, em *La Peste*, de Camus, o Padre Paneloux evoca a peste que atingirá o Egito, como instrumento do castigo divino sobre os que o merecem.

EGITO — EMANUEL

O Egito, suas pragas, seu Nilo não cessarão de perseguir o imaginário dos pintores e escritores como frequentou o imaginário bíblico. Ele continua, aliás, a impregnar o nosso, onde as análises e as preocupações econômicas reativam regularmente o temor dos "anos de vacas magras" do sonho de Faraó decifrado por José.

Pierre Gibert

➢ Êxodo; José (o patriarca); Moisés.

ELIAS

Elias é, sem dúvida, um dos mais famosos profetas bíblicos. Os relatos que a ele dizem respeito nos dois livros dos Reis alternam com aventuras pitorescas e um propósito grave, beirando o desespero. Seu ensinamento inclui a verdade de Deus numa busca no Horeb: do Deus do fogo, da tempestade e do tremor de terra ao Deus do sopro suave da brisa. Elias marca assim o limiar do grande profetismo bíblico que ele encarna na Transfiguração do Cristo, como simetria de Moisés representando a Lei. Sua elevação ao céu numa carruagem de fogo e o manto que ele abandona ao seu sucessor, Eliseu, fazem dele uma figura de espera. Mas, nos Evangelhos, o Cristo porá fim a essa espera, identificando-o com João Batista.

Durante séculos, Elias inspirará a arte cristã, dos ícones bizantinos ao grande teatro da arte barroca, passando pela arte medieval: Elias no Carmelo, Elias no deserto visitado pelo Anjo do Senhor, Elias no Horeb e, naturalmente, Elias elevado ao céu, sem esquecer sua presença na Transfiguração do Cristo. A alegoria da eucaristia o fará entrar nos grandes trípticos medievais.

Há algumas décadas, ele entra na poesia do Oriente Próximo (Khalil Gibran, Adonis, Salah Stétié...).

Pierre Gibert

➢ Discípulo; Glória; Profeta; Tabor.

EMANUEL

Nome hebraico (*Imanou-El*) significando "Deus conosco", o termo aparece numa profecia feita por Isaías a Achaz, rei de Judá (736-716): "Eis que a jovem [ou a Virgem] está grávida, ela vai dar à luz um menino e lhe dará o nome de Emanuel" (Is 7, 14). O Evangelho de São Mateus (1, 21-25) cita esta profecia a respeito da criança que nascerá da Virgem Maria, e indica que, na realidade, se lhe dará o nome de "Jesus". Padres da Igreja e alguns textos litúrgicos do Advento ou de Natal retomaram o nome simbólico de Emanuel para designar o Cristo.

Philippe Rouillard

➢ Advento; Jesus; Natal.

CRISTIANISMO – DICIONÁRIO DOS TEMPOS, DOS LUGARES E DAS FIGURAS

EMAÚS — ENCARNAÇÃO

EMAÚS

Vilarejo situado nas cercanias de Jerusalém, Emaús é o quadro, segundo Lucas 25, de um encontro entre o Cristo ressuscitado e dois discípulos que não o reconhecem quando ele lhes fala no caminho.

Os dois homens que se distanciam de Jerusalém estão tristes e abatidos e carregam o peso da morte violenta, injusta e, então, incompreensível de Jesus, crucificado entre dois criminosos, nas portas de Jerusalém. Este era portador de uma salvação, mas os hierarcas o condenaram sem razão.

Um ofício de luto começa graças a um estrangeiro que caminha com eles. Ele os acompanha até Emaús, onde divide sua refeição, depois desaparece. Então, "seus olhos se abriram e eles o reconheceram". O que era desconhecido enquanto vivo e irreconhecível na estrada pode ser, enfim, reconhecido. A memória deve curar-se de um passado doloroso para se lembrar os elos tecidos pela inteligência e o coração. A ressurreição está a caminho. O que estava perdido é finalmente reencontrado na partilha do pão fraterno. A refeição em torno da mesa prefigura o reino que vem. Mas ninguém pode colocar a mão sobre aquele que, ressuscitado, se revela a olhos de carne saídos de sua cegueira. Sua presença reencontrada só se manifesta pelos efeitos que ela produz nos corações e nas inteligências dos crentes, um reconforto e uma paz inimagináveis. O caminho de volta não é mais o mesmo para aqueles que foram queimados pela graça da conversação e pelo fogo da presença. Assim também Jesus passou da morte para a vida, a cegueira se torna reconhecimento do que foi cumprido e falta acabar.

Henri Madelin

➢ Apóstolos; Convertido; Ressuscitado.

ENCARNAÇÃO

O conceito de encarnação tem sua origem escriturária principal em Jo 1, 14: "O *Logos* se fez carne!" A palavra mesmo (*sarkôsis*) aparece em Ireneu de Lyon (*Contra as Heresias*, III, 18, 3) e pertence muito rapidamente à "regra de fé", *regula fidei*; seu equivalente latino, *incarnatio*, é moeda corrente no século III. O termo é rapidamente introduzido nas liturgias do Oriente e do Ocidente. Ela entra no símbolo de Nicea-Constantinopla, onde o *et incarnatus est* alimentará, ao mesmo tempo, a piedade dos fiéis e a inspiração dos músicos. Além da simples fidelidade à Escritura, a aparição de "encarnação" tem uma aposta clara: recusar as tendências docetas pelas quais o Verbo "aparece" somente na carne. Era, todavia, insuficiente só falar de encarnação. Depois de Ireneu, com efeito, Orígenes é o autor de uma cristologia da encarnação onde esta é entendida segundo o modelo platônico da união a um corpo de almas preexistentes (*ensômatôsis*). *Logos* e "carne", entendidos num sentido grego e não hebraico (onde o equivalente de "carne", *basar*, pode designar o homem em seu todo), conduzem, assim, a um modelo cristológico defi-

ENCARNAÇÃO

ciente que permite dizer (Apolinário de Laodiceia, por exemplo) que a humanidade do Cristo possui uma alma sem possuir espírito, o *Logos* divino se substituindo a esse. O futuro pertencia, pois, a cristologias fundadas no esquema *Logos*-homem. Ia-se assim ver emergir até o fim do século VII uma série de afirmações sobre a plena humanidade do Cristo: o homem Jesus possui uma "energia" humana plena e uma vontade humana completa (segundo Máximo, o Confessor, sancionadas pelo Concílio de Constantinopla III, 681). Estas afirmações esclareciam existencialmente o que o Concílio de Calcedônia (451) tinha dito de maneira somente metafísica, proclamando o Filho "consubstancial a nós em sua humanidade".

A cristologia de encarnação – que não era a única a emergir explicitamente dos testemunhos evangélicos – foi verbalmente rejeitada pelas comunidades que se separaram da grande Igreja depois do Concílio de Calcedônia, mas diálogos teológicos recentes e estudos históricos mostraram que nenhum desacordo dogmático real existiu verdadeiramente. Uma fonte de perigo permaneceu, o adocionismo, que via no Cristo um homem "adotado" pelo Pai ou "assumido" como Deus. O risco estava evidentemente presente no Cristianismo primitivo de origem judaica. Este risco reaparece na Espanha, no século VIII: para manter mais firmemente a divindade do Cristo, teólogos, como Felix d'Urgel e Élipand de Toledo, distinguem uma dupla filiação do Cristo: natural no plano da divindade, adotiva no plano de sua humanidade. O Concílio de Francoforte (794) pôs fim a um movimento onde o erro era filho da boa intenção. A Idade Média devia ainda conhecer até o século XI uma tentação adocionista, provavelmente devida a confusões conceituais: a humanidade do Cristo era aí concebida como "assumida" como Deus (*assumptus homo*). A mesma cristologia se encontrará curiosamente nas obras poéticas e literárias de Déodat de Basly (1862-1937), "o franciscano extravagante", certamente também em razão de confusões conceituais. Não é certo, no entanto, que a história do adocionismo esteja encerrada.

Na teologia pré-escolástica e escolástica, a teologia da encarnação continua inicialmente como "ontologia da encarnação", sem grande aporte, senão, talvez, a precisão trazida por Tomás de Aquino, segundo o qual a humanidade do Cristo é "instrumento conjunto" do *Logos*. Para a escolástica, o principal debate trata do motivo da encarnação. À questão "o Verbo teria encarnado se o homem não tivesse pecado?", Anselmo, depois Tomás, responde em termos soteriológicos, de acordo com o que diz o símbolo de Nicea-Constantinopla ("por nós, homens, e por nossa salvação..."): a encarnação é e só é redentora. Duns Scot sustenta uma tese oposta: *de facto*, a encarnação é redentora; mas se o homem não tivesse pecado, ela teria, mesmo assim, acontecido para levar a criação ao seu objetivo. Um certo número de séculos mais tarde, Teilhard de Chardin, para quem o pecado das origens é diminuído ao extremo, retoma um pouco o argumento scotista numa perspectiva evolucionista.

Era de se prever que a celebração, em 1951, 2.500 anos do Concílio de Calcedônia teria repercussões sobre a teologia da encarnação. Ela teve. P. Schoonenberg se propõe a inverter o modelo calcedonense e pós-calcedonense (uma hipóstase divi-

CRISTIANISMO – DICIONÁRIO DOS TEMPOS, DOS LUGARES E DAS FIGURAS

ENCARNAÇÃO — EPIFANIA

na, uma natureza humana "nessa" hipóstase divina) e considera que a divindade do Cristo repousa numa pessoa humana: há encarnação, mas o *Logos* perde, de alguma maneira, sua "personalidade" quando ele é assumido pela personalidade de Jesus. Para H. U. von Balthasar, a ontologia da encarnação se integra a um esquema dramático que tenta levar completamente a sério o fato de que, antes de "ser" carne, o Verbo "se torna" carne; o esquema dramático permite, por outro lado, evitar o choque das interpretações do motivo da encarnação e pensar do mesmo modo a encarnação como salvadora e como realização da criação. De uma maneira geral, o pensamento católico contemporâneo integra a encarnação a uma teologia da história da salvação na qual o acontecimento passa antes do fato, enquanto a análise ontológica ou ôntica da pessoa do Cristo é percebida segundo uma lógica da preexistência, da "kenose" e da exaltação (aliás calcedonense: ela foi o aporte de Leão, o Grande no concílio de 451). Não se deve esquecer, enfim, de mencionar a cristologia de K. Barth, notável pelo equilíbrio com o qual ela percebe no *Logos* ao mesmo tempo Deus-Filho e Deus-Palavra. O Deus que se encarna é o Deus que fala, e que fala como Deus.

Jean-Yves Lacoste

➤ Dualismo; Gnósticos; Herege; Jesus; Ressuscitado; Trindade.

EPIFANIA

A festa da Epifania (do grego *épiphaneia*, "manifestação", "aparição"), celebrada em 06 de janeiro, ou no domingo que segue, é de origem oriental. Desde o século II, ela era celebrada em Alexandria por seitas gnósticas que festejavam o batismo do Cristo, considerado como o verdadeiro nascimento do Filho de Deus. No século IV, ela é conhecida pelas diversas Igrejas do Oriente, que festejam neste dia o nascimento do Cristo, a adoração dos magos, o batismo ou o milagre da Caná. Assim como o Natal, em Roma, substituiu uma festa solar, a Epifania, no Egito, se substitui à festa do nascimento do deus solar Aion, quando do solstício de inverno, que o Oriente situa em 06 de janeiro (25 de dezembro no Ocidente). Uma bênção solene das águas acontece na noite de 05 de janeiro, e a celebração do batismo é transferida da Páscoa para a Epifania.

No Ocidente, a Epifania de 06 de janeiro aparece na segunda metade do século IV. Festeja-se a vinda dos magos, isto é, a manifestação do Cristo às nações e, em segundo lugar, seu batismo. Acrescentam-se também as bodas de Caná. A piedade popular se apegou aos magos, portadores de presentes, que logo se tornam os Reis magos, em número de três, dotados de nomes, Melquior, Gaspar e Baltazar.

Desde o século XIV, a Epifania se acompanha na França pela degustação de uma *"galette des rois"* [espécie de biscoito], que evoca, provavelmente, o disco solar. Na Itália ela deu origem à Befana, fada bondosa que distribui presentes às crianças bem--comportadas, lembrando o gesto dos magos trazendo presentes ao Menino Jesus.

Philippe Rouillard

➤ Batismo; Calendário litúrgico; Caná; Magos (Reis); Natal.

ERASMO, DIDIER (POR VOLTA DE 1469-1536)

Filho ilegítimo de um clérigo, nascido em Rotterdam, Erasmo entra nas ordens sem verdadeira vocação e se inicia na arte literária. Em Paris, ele integra um meio humanista cosmopolita, graças ao qual ele conhece Thomas More e John Colet, cujo evangelismo intransigente exerce sobre ele uma profunda influência. Os *Adágios*, elegante compêndio da sabedoria antiga publicado em 1500, lhe valem uma reputação europeia. Erasmo retoma, então, o projeto de Lorenzo Valla de aplicar o novo método filológico e crítico ao texto bíblico. Este projeto culmina na publicação de uma tradução latina do Novo Testamento, em 1516, que teve uma grande repercussão. Ligada à sua obra de exegeta, Erasmo desenvolve uma "filosofia do Cristo", exposta em seu *Manual do Cavaleiro Cristão*, que reconcilia sabedoria antiga e mensagem evangélica, em torno de um moralismo indiferente às definições dogmáticas muito decisivas e de uma vida espiritual alimentada pela frequentação direta das Escrituras. Com ironia, e até audácia, ele ridiculariza tudo o que lhe parece depender dos desvios humanos para defender uma religião depurada, centrada somente na pessoa do Cristo. Seu magistério europeu atinge seu apogeu no fim dos anos 1510, mas a crise luterana dá armas aos seus adversários, que o acusam de ter provocado a nova heresia. Tardiamente, em 1524, Erasmo se opõe a Lutero, por uma defesa do livre arbítrio. Apesar de seus esforços em promover uma "amável concórdia da Igreja", o humanista não é mais ouvido. Sua herança é difícil de identificar nas confissões que se enfrentam e que o condenam, mas sua religião, fundada na relação individual do crente com o Cristo, irrigou por muito tempo correntes moderadas muito diversas.

Alain Tallon

➤ Lutero; Reforma.

EREMITA

A palavra "eremita" vem do latim *eremus*, termo de origem grega que significa "deserto". Desde os primeiros séculos do Cristianismo, com efeito, no Oriente, um certo número de fiéis entusiasmados pela perfeição se retiraram na solidão, à imitação do Cristo, que tinha passado 40 dias no deserto, no início de sua missão, e de João Batista, que permanecerá o modelo da vida eremítica. Entre estes eremitas, ou anacoretas, que viviam sozinhos ou em pequenos grupos, Santo Antônio (251-356) ocupa um lugar particular; ele é o mais célebre dos Padres do Deserto do Egito e sua *Vida*, por Atanásio de Alexandria, conheceu uma ampla difusão no decorrer dos séculos seguintes. No fim da Antiguidade, os eremitas eram numerosos nos países mediterrâneos, e os bispos não viam sempre com bons olhos estes personagens marginais e anárquicos sobre os quais eles não podiam exercer controle. No Oriente, no entanto, o papel destes homens de Deus foi importante e duradouro, como o ilustra a popularidade de São Simeão, o Estilita (521-592), que

EREMITA

viveu no alto de uma coluna, na Síria, e atraía para ele as multidões, por suas façanhas ascéticas e seu poder taumatúrgico. No Ocidente, onde o monasticismo assumiu muito rapidamente uma forma comunitária (cenobitismo), os eremitas foram relativamente pouco numerosos durante a alta Idade Média; a Regra de São Bento, sem o proibir, reservava a prática do eremitismo a um pequeno número de monges experimentados, autorizados por seu abade a levar este gênero de vida reputado como muito difícil. Mas, a partir do fim do século X, o eremitismo conheceu uma retomada de popularidade, pelo fato da retomada da vida urbana e do desenvolvimento econômico que colocaram em evidência as contradições de uma sociedade que se dizia cristã sem fazer grande caso dos pobres e dos humildes. Um pouco por toda parte na Europa ocidental, nos séculos XI e XII, destaca-se a presença de eremitas desbravadores escondidos nas florestas e nos campos, colocados nos lugares certos para ajudar os viajantes perdidos a encontrar seu caminho, e acolhendo as almas sofredoras ou os amantes fugitivos, como Tristão e Isolda. Pela Itália do sul, a influência do mundo bizantino, onde a tradição dos Padres de Deserto tinha ficado bem viva, ganhou o norte dos Alpes. Seu gênero de vida exerceu uma fascinação nos espíritos mais exigentes, como São Bruno (†1101), que foi de Reims à Calábria para se iniciar no anacoretismo junto aos eremitas gregos. Mas, mais que por sua solidão, frequentemente relativa, os novos eremitas do Ocidente se caracterizavam por sua mobilidade e sua liberdade em relação às estruturas eclesiásticas, que lhes permitiu garantir um apostolado muito variado, indo da pregação itinerante (Roberto de Arbrissel) à cruzada (Pedro o Eremita).

Nas experiências eremíticas da época medieval, a fase puramente individual não durava, em geral, senão um tempo. Assim que ele perseverasse em sua vocação e aí encontrasse seu desabrochar, o eremita atraía geralmente discípulos, e uma pequena comunidade acabava por se constituir em torno dele. Em alguns casos, estes grupos espontâneos deram origem a congregações religiosas, tanto monásticas quanto canônicas, praticando um cenobitismo em pequena escala no meio rural. Assim, na Itália central, os Camáldulos, originários de São Romualdo (†1027), e a ordem de Vallombreuse, criada por São João Gualberto (†1073), associaram a vida comunitária a práticas eremíticas. Estes religiosos cultivavam a ascese e a contemplação, mas não hesitavam em sair de seu retiro para participar ativamente na luta contra os abusos no seio da Igreja. Na França, a ordem de Grandmont, originária de um eremitério que Santo Estêvão (†1124) tinha fundado perto de Muret, em Limousin, se singularizou por seu apego à pobreza mais rigorosa e o papel importante que desempenhavam os irmãos conversos, isto é, leigos, em sua administração. Mas a única organização religiosa importante de inspiração eremítica foi a Ordem dos Cartuxos, criada por São Bruno, fundador da Grande Cartuxa, num vale de montanha isolado, ao norte de Grenoble. Sua Regra, redigida por volta de 1130, pelo Abade Guigues, enfatiza o silêncio perpétuo, a abstenção quase completa de carne e a divisão do tempo entre o trabalho manual e a oração pessoal. A vida do cartuxo se desenvolve numa pequena casa individual cercada por um jardim, e as práticas comunitárias se reduzem à vida litúrgica e a algumas trocas. Para São Francisco de Assis (†1226), autor de uma regra para os eremitérios, os tempos de vida solitária no fundo dos bosques consagrados à oração e à contemplação deviam alternar com as fases de apostolado em meio urbano, mas, no decorrer do século XIII, a maior parte dos irmãos Menores abandonaram esta prática à qual só uma minoria dentre eles continuou fiel, principalmente nas regiões montanhosas da Itália central e meridional. Em meio urbano, viu-se multiplicarem os reclusos e reclusas que se fechavam voluntariamente em pequenas casas situadas contra as muralhas ou à proximidade das portas das cidades para aí fazer penitência e rezar pela comunidade citadina que os mantinha. Na época moderna, a despeito da desconfiança da hierarquia eclesiástica em relação a eles, encontram-se ainda inúmeros eremitas nos campos, mas os últimos desapareceram no fim do século XIX. Há algumas décadas, esta forma de vida religiosa redescobriu um certo prestígio, e existem, hoje, na França, algumas dezenas de eremitas, tanto homens quanto mulheres, principalmente nos Alpes do Sul e no Maciço central.

André Vauchez

➢ Antônio, o Egípcio; Cartuxo; Deserto; João Batista; Monge; Roberto de Arbrissel.

ESCATOLOGIA

Ver *Fim dos tempos*.

ESCRITURAS SAGRADAS

Da Antiguidade judaica até nossos dias, as Igrejas designam como "Escritura(s)" os textos que servem de fontes ou de referência para o culto e a doutrina. Fala-se também de "Santa(s) Escritura(s)". A ênfase é colocada sobre o caráter sagrado do corpo literário instituído, que sozinho tem autoridade. Falta definir seu princípio, o próprio Deus, que se julga "falar" na ou por estas Escrituras.

O filósofo judeu de Alexandria, Aristobulos, no século II, apresenta como *Graphè*, "Escritura", o que seus compatriotas chamavam *Nomos*, "Lei" (de Moisés). Na Antiguidade grega são consideradas como *graphai* ou "escrituras" a própria escritura, o desenho, a inscrição, a letra, o ato de acusação, as listas ou catálogos e as leis. No limiar da era cristã, Fílon de Alexandria impõe *Graphè* como designação irreversível da *Nomos* de Moisés. Em seguida, os meios judaicos, depois cristãos, a estenderão ao conjunto dos livros "santos".

Um rico leque de expressões patrísticas completa as dos autores judaico-gregos: "as letras sagradas" (*ta hiéra grammata*), em Fílon, Josefo e Paulo de Tarso, se encontram na literatura dita pagã a partir do século IV a.C. A noção de escritos sagrados ganhou importância no período helenístico, com os arquivos do Templo, os livros mágicos e os escritos herméticos, na verdade, cartas ou decretos imperiais, considerados como "divinos". Aliás, desde a idade clássica, a autoridade

ESCRITURAS SAGRADAS

reconhecida de certos escritos provocou a composição de comentários. Julgando-se pelos manuscritos do Mar Morto, era o caso na sociedade judaica pré-cristã em relação aos livros referentes à Lei, dos Profetas e até dos Salmos. Fílon se impõe na diáspora grega como o maior comentador alegórico da Lei. Outras fórmulas praticamente sinônimas aparecem nos textos da Antiguidade: "Escrituras sagradas (ou muito sagradas)", "Livro sagrado (ou de Deus)", "colunas [de um rolo] sagradas", "palavras de Deus (ou do ensinamento de Deus)", "palavra sagrada (ou santa ou divina)", "oráculos divinos", "Lei santa", "santa legislação". Os autores latinos retomarão a maior parte destas fórmulas em sua língua. A elas se acrescentarão outras, a tradição monástica ocidental incluirá *sacra pagina*, "página sagrada", designando, ao mesmo tempo, o texto das Escrituras e o estudo destas (no mesmo sentido, dizia-se também *Scriptura sacra* e até *theologia*).

A tradição eclesiástica não cessou de privilegiar as apelações "Escritura(s)" ou "Escritura(s) santa(s)", deixando aos editores e aos livreiros o título "Bíblia", cuja função, em teoria, pelo menos, é apenas literária, senão comercial. A teologia da Escritura (santa) se liga à doutrina da inspiração das Escrituras, herança platônica transmitida aos cristãos por Fílon de Alexandria, que justificou o caráter sagrado da Lei por uma teoria da "inspiração". Para Fílon, os livros santos são a própria expressão do "santo *Logos*". Sua doutrina é retomada pelos padres, que a aplicam inicialmente à Septuaginta e designam os Escritos sagrados como "inspirados pelo Espírito Santo". Muitas declarações sucessivas contribuíram para elaborar uma sólida doutrina da inspiração que encontra sua maturidade no Concílio Vaticano II (1963-1965) com a Constituição dogmática *Dei Verbum* [Palavra de Deus]. No decorrer dos tempos, o autor humano foi reconhecido como o parceiro livre e autônomo de um princípio divino, "autor" das Escrituras ditas "santas".

O "cânon das Escrituras", por sua vez, se constituiu da seguinte maneira. Muito cedo, na sociedade judaica, desde o século II ou III a.C., depois, entre os cristãos dos primeiros tempos, propuseram-se títulos genéricos para uma categoria de escritos mais ou menos qualificados. Os textos ditos de Qumrân e os escritos do Novo Testamento atestam estas fórmulas: "A Lei (de Moisés)", "Os Profetas", "A Lei e os Profetas"... O conteúdo designado não era definido. As listas de livros só virão mais tarde, no século II de nossa era, e variavam conforme fossem judias ou cristãs, mas também de uma Igreja ou de uma testemunha a outra. Mas o objeto material correspondente não existia ainda. A adoção do *codex* pelos cristãos esteve para muitos na constituição física de conjuntos de livros. No fim do século IV, no Oriente, existiam coletâneas inteiras reagrupando o Antigo e o Novo Testamento. Chamou-se do grego *kanon*, "regra", o corpo constituído dos livros santos cuja lista foi definida e proclamada pela autoridade eclesiástica. A palavra passou para o latim, *canon*. A origem deste vocábulo assim especificado é dupla. Conhecia-se de longa data o *kanon* dos escritores gregos, estabelecido em Alexandria dois séculos antes de nossa era. Por outro lado, desde o século II, a palavra intervinha em fórmulas como *kanon pistéôs*, "regra de fé" ou *kanon alètheias*, "regra de verdade".

ESCRITURAS SAGRADAS — ESMOLA

Assim era apresentado o conjunto definido das crenças cristãs. Houve, pois, a transferência da ordem doutrinal para a ordem literária. No "cânon das Escrituras" (e, não, estritamente falando, "cânon bíblico"), dois aspectos são indissociáveis: o aspecto "normalizado" do texto que reflete a composição oficial e irreversível; e sua dimensão "normativa", que remete às "Santas Escrituras" como "regra" de fé. Em 1546, o Concílio de Trento proclamou de uma vez por todas a lista canônica dos livros "santos" constituindo para sempre o corpo das "Escrituras".

André Paul

➢ Alexandria; Apócrifos; Bíblia; Lutero; Septuaginta; Testamentos (Antigo e Novo).

ESMOLA

O termo francês, assim como seus equivalentes em espanhol, italiano, inglês, alemão..., deriva do latim *eleemosyna* (ortografias variadas), ele próprio copiado, entre os cristãos, do grego *elemosyne*, que tinha existido tardiamente no grego corrente, com o sentido de "compaixão", "misericórdia" (a palavra tem a mesma raiz que *eleison*, "tem piedade"). Este sentido existiu também para o uso da palavra nos livros bíblicos tardios escritos (ou traduzidos) em grego. O sentido, como entre os cristãos, se especializa e designa o dom de uma ajuda a pobres. Daí vem a palavra latina, depois, nossos termos atuais.

A esmola não é própria das tradições cristãs. Pode-se citar, por exemplo, os dons feitos pelos fiéis aos monges em práticas inspiradas do budismo. Ela é muito importante também no Islã, na linhagem da prática cristã, atestada já no Judaísmo. A Bíblia, há muito tempo, conhece a obrigação moral e religiosa, até política, de ajudar aos pobres, aos desmunidos. Uma forma voluntária de dom é inculcada nos livros mais recentes de nosso Antigo Testamento, assim no livro de Tobias – de que não possuímos senão o texto grego, em diversas variantes. A tradução latina, a Vulgata, fere assim o preceito dado por um pai ao seu filho: "Bens que te sustentam [literalmente; de tua substância, *substantia*] faze a esmola, não vira a tua face a nenhum pobre. Desta maneira, de ti não mais será desviada a face do Senhor" (Tb 4, 7). A passagem, no texto grego, começa por uma restrição. "*Aos que praticam a justiça*, faze a esmola..." Esta formulação influenciou as Igrejas latinas? Em todo caso, a expressão negligenciada pela tradução latina chama a atenção sobre o que será sempre um problema: a quem dar a esmola? A qualquer pobre encontrado ou àquele que, de uma certa maneira, é digno dela? Distinguiu-se, habitualmente, entre os bons e os maus pobres.

Os testemunhos cristãos antigos evocam, na maior parte, o apoio dado por cristãos a outros cristãos, viajantes, viúvas, órfãos. Pode ser também uma ajuda de comunidade a comunidade. Tem-se um exemplo maior com a coleta organizada por São Paulo em favor dos cristãos que ficaram em Jerusalém. Pessoas ainda estranhas ao Cristianismo podiam, sem dúvida, ser ajudadas, em certos casos. Uma prática se desenvolveu particularmente, a hospitalidade. Foi a origem da institui-

ESMOLA — ESPÍRITO SANTO

ção dos hospícios, das "caridades", das "casas [de] Deus". As esmolas reunidas formaram a "Parte de Deus", recurso do Hôtel Dieu, de Lyon. De maneira comparável, os responsáveis pelo serviço litúrgico junto a algumas casas remediadas tinham sob sua responsabilidade a distribuição das esmolas, o que está na origem do termo de "esmoleiro" [*aumônier*, em francês].

A motivação caritativa propriamente dita era apoiada por uma outra, que se pode qualificar de penitencial. A origem desta tradição espiritual aparece na passagem do Evangelho segundo São Mateus, que coloca lado a lado três práticas fundamentais: a esmola, a oração, o jejum (Mt 6, 1-21). Intervém também a ideia de que os dons merecem uma recompensa divina futura – cláusula mais explicitada no Evangelho segundo São Lucas (Lc 12, 2; 16, 9). Esta prática penitencial interessada foi favorecida, a partir da Idade Média, pela esmola feita aos monges e monjas, aos religiosos e religiosas, a fim de beneficiar de suas orações nesta vida e na outra.

A reflexão cristã desenvolve a tese segundo a qual os que possuem de que "subsistir" têm, em relação aos que estão na necessidade, a responsabilidade de socorrê-los, na completa medida do possível. Ensina-se, então, como um dever dar "esmolas". A teologia moral quis delimitar um dever estrito do rico, em face de uma real miséria, de dar toda sua "sobra" (tradução discutível de Lc 11, 41 na Vulgata latina, Lc 21, 4). A *quaestio* de Santo Tomás de Aquino sobre a esmola (*Suma Teológica*, IIa, IIae, q. 32, a. 5) é consagrada a esta discussão: o "supérfluo" não deve ser medido como o que ultrapassa só as necessidades do doador, mas como o que resta depois da satisfação das necessidades das pessoas de que o doador tem o encargo.

Os ensinamentos sociais da Igreja, a partir de Leão XIII, retomaram a regulação ética desse gênero, generalizando-a. O uso de seus próprios bens por cada um deve concorrer à satisfação das necessidades de todos na sociedade, ao bem comum. Trata-se, então, é verdade, de princípios gerais que não podem esclarecer as decisões individuais dos eventuais doadores.

Pierre Vallin

➤ Amor; Doutrina social da Igreja; Pobre; Penitente.

ESPÍRITO SANTO

O espírito, na Escritura, é o sopro, o sinal de que alguém está vivo. O sopro de Deus se manifesta no vento, às vezes, destruidor, mas frequentemente vivificante (Sl 103, 30). "Espiritual" tem mais frequentemente o sentido de "vivo" que o de "imaterial" (1 Co 15, 44). É o sopro que "planava sobre as águas" no primeiro dia da criação (Gn 1, 2). Enfim, o Salmo 50, 13 forja a expressão "espírito de santidade", Espírito Santo.

No Antigo Testamento, o Espírito é enviado sobre alguns homens para colocá-los a serviço do povo de Deus: Otoniel (Jz 3, 10), Gedeão (6, 34), Sansão (13, 25) e Saul (1 S 10, 6.10). A presença do Espírito se marca por uma força hercúlea,

ESPÍRITO SANTO

um ardor belicoso, transes, mas também por um conhecimento eminente (Êx 28, 3; 31, 3). À medida que avança a história de Israel, suas manifestações se fazem menos espetaculares, mas mais profundas e duráveis. Ele inspira em especial os Profetas e o Messias (Is 11, 2; 61, 1).

Toda a vida de Jesus está ligada ao Espírito Santo: desde que ele se anuncia, o espírito da profecia refloresce (Lc 1, 67). É o Espírito que preside à concepção de Jesus, que manifesta seu acordo com o Pai no batismo, que o dirige ao deserto (Mt 4, 1), é nele que ele exulta em sua prece (Lc 10, 21), por ele que ele expulsa os demônios (Mt 12, 28). Em suma, Jesus é "cheio do Espírito Santo" (Lc 4, 1). Contudo, Jesus "não ressente o Espírito como uma força que o invadiria de fora, ele está nele no Espírito; o Espírito está nele, é seu próprio Espírito" (Jo 16, 14) (Guillet).

No ensinamento do Cristo, o Espírito vem do Pai que o "dá" (Lc 11, 13), ensina ele mesmo (Lc 12, 12; Jo 14, 26), ele é um personagem contra quem se pode blasfemar (Mt 18, 31), ele fala ao coração do discípulo (Mt 10, 20).

Paulo não analisa a reflexão sobre o Espírito Santo. Este é sempre evocado por ocasião de sua ação na Igreja e no coração dos batizados. Paulo deixa também entrever que o Espírito traz sua origem do Pai (1 Co 2, 12), ele "sonda tudo, até as profundezas de Deus" (1 Co 2, 10). Por outro lado, ele é o do Filho (Rm 8, 9; 2 Co 3, 17).

Em João, o Espírito Santo intervém igualmente desde o início, mas seu dom está claramente ligado ao mistério pascal, a ponto de poder dizer do período anterior: "não havia ainda Espírito" (Jo 7, 39). É depois da Ceia que Jesus se pronuncia mais claramente sobre a ação e a personalidade do Espírito Santo (Jo 15-16). Na cruz, Jesus "entrega o Espírito" (19, 30), o que vai bem além da fórmula dos Sinópticos: "ele devolveu o espírito" (Mt 27, 50). Na noite de Páscoa, o Cristo insufla o Espírito em seus discípulos, juntando o gesto à palavra: "Recebei o Espírito Santo" (20, 22) com o perdão dos pecados, como finalidade direta.

Quase todos os textos do Novo Testamento mencionam o papel do Espírito, mas é nos Atos dos Apóstolos que ele se torna o agente principal, visto que ele suscita, inspira e dirige a missão da primitiva Igreja. O tempo da Igreja é por excelência o do Espírito, pois o Apocalipse termina com esta certeza: "O Espírito e a esposa dizem: Vem!" (22, 17).

A reflexão da Igreja sobre o Espírito Santo toma várias direções. A questão que se coloca inicialmente é a do *status* do Espírito, uma vez adquirida sua personalidade. Os debates trinitários dos primeiros séculos valorizam sua consubstancialidade com o Pai e o Filho: o que confere a vida divina só pode ser o próprio Deus, igual ao Pai e ao Filho. Interroga-se, em seguida, sobre o modo de procedência do Espírito Santo. O Evangelho diz que ele "procede do Pai" (Jo 15, 26). Seria o bastante para distingui-lo do Filho? Os teólogos orientais recusam-se a empregar um termo mais explícito que "procedência". Em compensação, os Ocidentais, principalmente depois de Santo Agostinho, querem compreender esta procedência

144 CRISTIANISMO – DICIONÁRIO DOS TEMPOS, DOS LUGARES E DAS FIGURAS

ESPÍRITO SANTO

como um redobramento da do Filho: não somente o Pai dá tudo a seu Filho, mas ele lhe dá ainda a própria possibilidade de dar, e os dois estão na origem dessa terceira pessoa divina, que é o elo de seu amor mútuo. Este conflito mal resolvido em torno do *Filioque* (o Espírito procede do Pai *e do Filho*, como contém o *Credo* latino desde pelo menos o século IX) está na origem das confusões e das incompreensões sempre persistentes entre Roma e Constantinopla. Soluções tentam levar em conta as duas tradições, que não são sem dúvida incompatíveis.

No Novo Testamento, o elo entre o Espírito Santo e o dinamismo interior da graça no coração dos batizados não deixa dúvida, é mesmo um dos principais traços de sua ação no mundo presente. São Paulo fala do "penhor do Espírito" (2 Co 1, 22; 5, 5), o primeiro penhor feito por Deus, à espera da ressurreição dos corpos.

Para dar conta dessa ação de Deus sobre o homem, o Ocidente opera uma distinção entre "graça criada" (o efeito da graça na alma humana) e "graça não criada" (que é simplesmente o Espírito Santo). Contudo, de tanto querer distingui-las, reduz-se frequentemente a ação de Deus a uma simples transformação moral da natureza humana, cada vez mais destacada da pessoa do Espírito, visto que toda obra de Deus é comum às três pessoas e, então, atribuível à natureza divina. Esta separação, devida principalmente ao medo do panteísmo, jamais foi o fato da liturgia que sempre reservou um lugar ao Espírito Santo. Entretanto, há meio século, constata-se uma redescoberta do Espírito e de seus dons, tanto na vida pessoal dos batizados quanto na da Igreja.

Paralelamente, no Oriente, elaborou-se um outro esquema para fazer face ao mesmo perigo, mas numa perspectiva diferente: a teoria das "energias" divinas, participação real na vida da Trindade, que faz penetrar a luz não criada na alma humana e até, algumas vezes, em seu corpo. Esta teoria, ilustrada principalmente por São Gregório Palamas, inspira uma espiritualidade dita hesicasta, que se esforça para fazer "descer" o Espírito Santo até o coração do homem que reza.

A riqueza da perspectiva trinitária permite unir uma percepção renovada da objetividade através do Filho – o Verbo, a própria expressão do pensamento do Pai – e da subjetividade, que torna possível o Espírito Santo, ele que torna o homem interiormente de acordo com o que Deus revela em seu Filho. O mundo, em vez de se colocar como um dado bruto e pobre, torna-se o lugar encantado que o Espírito permite decifrar como uma "floresta de símbolos" (Baudelaire).

O Espírito Santo se aproxima, por São Paulo, dos "carismas", isto é, dos dons gratuitos feitos a alguns com vistas à construção do corpo do Cristo (1 Co 12, 4), dons ao mesmo tempo extraordinários (falar em línguas, profetizar...), e mais comuns (ensinar, dirigir, servir...) que não têm a menor importância. Muito frequentemente, opuseram-se estes "carismas" diversos e imprevisíveis à rigidez da instituição, julgada muitas vezes opaca ao Espírito, principalmente representada pelo clero, pelo episcopado, pelo papa. Foi assim que, no século XIII, as ideias de Joaquim de Flora culminaram numa espera fervorosa da idade do Espírito, suposto sucessor do de Cristo.

ESPÍRITO SANTO — ESTER

A Igreja é, por definição, a do filho e a do Espírito. Sua própria estrutura é carismática: ela é o dom renovado que, em cada época, Deus dá aos homens. O papado, fecho da abóbada da instituição, tem como função levar as Igrejas particulares a ultrapassar seus horizontes sempre limitados para ir à frente do Cristo que vem.

Sem dúvida, essa expansão carismática se manifesta frequentemente através de uma tensão entre homens pecadores e limitados, mas o Espírito confiado aos responsáveis da Igreja deve permitir um discernimento fecundo e um autêntico avanço.

Enfim, a ordem das pessoas divinas coloca o Espírito após o Filho; entretanto, em muitos pontos, foi preciso dar direito a uma perspectiva inversa, que coloca o Espírito na origem da missão do Filho: é ele quem dispõe a humanidade do Salvador no seio de Maria (Lc 1, 35), que inspira ao Cristo o fio condutor de sua missão (He 9, 14), que leva os crentes a reconhecê-lo como Senhor (1 Co 12, 3). Falou-se, algumas vezes, de "inversão trinitária" (Von Balthasar). A riqueza das relações trinitárias é tal que a tradição cristã não pôde explorar simultaneamente todos os seus aspectos. O Espírito transborda do esquema linear, ele envolve desde a origem o Filho, é como esse "seio do Pai" que carrega sua geração eterna, porque esta não pode, em nenhum momento, separar-se do espiramento do Espírito.

Michel Gitton

➢ Concílios (sete primeiros); Deus; Milenarismo; Nicodemos; Pentecostes; Pai; Trindade.

ESPOSO, ESPOSA

Ver *Núpcias*.

ESTER

A Rainha Ester, a "Estrela", é uma das únicas soberanas judaicas de que fala a Bíblia, mas ela reinou na Pérsia. Nascida no meio judeu deportada para a Pérsia, ela deve sua chegada ao trono ao repúdio da Rainha Vasti pelo Rei Assuero. Este escolheu a jovem Ester como nova esposa, sem conhecer sua pertença judaica. Para responder às suplicações de seu tio Mardoqueu, a rainha consente em forçar a porta do rei, com o risco de sua vida. Ela lhe revela os projetos de seu grande vizir, Aman, que quer a perda dos judeus, e suplica ao rei que poupe seu povo. Assuero se inclina e manda enforcar seu vizir no dia das sortes (*pour*, em persa), desde então comemorado pela festa de Pourim, que lembra a intercessão de Ester.

O relato fornece ao mundo judeu no exílio um exemplo de integração que não renega suas raízes. O personagem de Ester goza de uma grande reputação.

O livro de Ester foi provavelmente escrito no século II a.C., a fim de legitimar a festa de Pourim, e se parece mais com um conto popular do que com um livro religioso. O nome de Deus não figura, aliás, uma única vez no relato. Flávio Josefo traz algumas variantes a esta história, de que se apossa, em seguida, o teatro medie-

CRISTIANISMO – DICIONÁRIO DOS TEMPOS, DOS LUGARES E DAS FIGURAS

ESTER — EUCARISTIA

val iídiche. Dante, Racine, depois toda a literatura europeia recuperam, em seguida, este tema, Lope de Vega, Goethe e Balzac. A fortuna literária popular da Rainha Ester a impediu, provavelmente, de desempenhar um papel religioso importante no Cristianismo que a recuperou, sem, todavia, fazer dela uma prefiguração mariana ou crística, como geralmente fez pelos personagens femininos do Antigo Testamento.

Ester não é representada nas igrejas, mas o livro bíblico epônimo foi frequentemente ilustrado com uma predileção pela intervenção da jovem junto a Assuero (Henri Met de Bles) ou a caminho do seu destino (Filippo Lippi, Thédore Chasseriau).

Christine Bousquet-Labouérie

➢ Judite; Judeus.

EUCARISTIA

Tomado do grego *eucharistein*, "dar graças", o termo descreve o rito principal do culto cristão. Aquele que preside à assembleia dominical faz subir até Deus orações e "ações de graças" (*eucharistias*), às quais todos dão seu assentimento. O pão e o vinho consagrado no ritual, depois distribuídos aos fiéis presentes para que eles os levem com eles, recebem a mesma denominação, a fim de significar a transformação de um alimento ordinário em corpo e sangue de Jesus. O modelo da Ceia, que inaugurou o acontecimento da Paixão vivida por Jesus Cristo, filho de Deus, até o sacrifício da cruz, é, pois, a referência maior, ainda que a elaboração ritual tenha conduzido, desde o século I, a distanciar-se da forma de uma refeição de verdade. Primeiramente múltiplos, os modos de celebração cederam progressivamente lugar, desde o século IV, a uma diversidade relativa de ritos. Mas qualquer que seja sua forma, a celebração eucarística apareceu, aos olhos das testemunhas exteriores, como uma das características essenciais do Cristianismo: encontra-se, em especial, uma evocação dela no Corão.

As orações da liturgia eucarística colocam em evidência os elos entre Jesus e a figura do rei-sacerdote Melquisedeque (He 5, 6, e 7, 17), entre a instituição eucarística durante a Ceia e a saída do Egito (Êx 12), entre o maná que tinha alimentado os hebreus no deserto (Êx 16) e as espécies consagradas, alimento místico dos cristãos. O uso de uma língua litúrgica imediatamente compreendida pelos fiéis nas Igrejas do Oriente favoreceu a perenidade desta função de ensino da oração eucarística, enquanto, no Ocidente, o fosso cada vez mais denunciado entre o latim das cerimônias e as línguas vernáculas manteve, sem dúvida, a consciência de participar de uma celebração de mistérios sagrados, onde o papel essencial cabia ao padre celebrante. A cerimônia, desde a alta Idade Média, foi chamada cada vez mais regularmente de "missa", e o termo *eucharistia* se achou então aplicado somente às espécies que constituíam o objeto da transformação enunciada por Jesus, na noite da Quinta-Feira Santa: "Isto é meu corpo, entregue por vós", depois "Isto é meu sangue, que será derramado por vós".

EUCARISTIA

A atenção dada a esse fenômeno confortou, sem dúvida, a ideia de que a vinda de Deus entre os homens sob as espécies do pão e do vinho exigia um lugar próprio para a realização de um tal mistério. Edifícios consagrados para este fim iam multiplicar-se a partir do século XI, como tantos polos estruturadores do espaço religioso, em concorrência com os lugares de veneração das relíquias. Mas são principalmente as novas formas da devoção, nos séculos XII e XIII, que atestam a importância de primeiro plano destas espécies. Não se trata, salvo exceção, da comunhão regular na eucaristia, um dos sete sacramentos pelos quais Deus espalha sua graça, mas traços perceptíveis de outras formas de veneração.

O debate entre os defensores do simbolismo ou do realismo eucarístico conduziu os clérigos do Ocidente a elaborar uma doutrina da transmutação das espécies eucarísticas, que toma o nome de "transubstanciação", a partir do meio do século XII. A transposição de tais interrogações na vida religiosa dos fiéis pode ler-se na floração impressionante de relatos de milagres eucarísticos, no século XII: hóstias ameaçadas de profanação e milagrosamente salvaguardadas – as profanações de hóstias ou de cálices, de que os judeus foram frequentemente acusados a partir do século XIII, mas também a comunhão dos cristãos em estado de indignidade, sem ter confessado seus pecados – conheceu uma orquestração tal que o uso da comunhão frequente, até mesmo reservada às grandes festas de Natal, Páscoa e Pentecostes, se perdeu progressivamente no decorrer da Idade Média. Em vez de receber a Deus no favor de uma comunhão sacramental, a maior parte dos fiéis da Igreja latina persuadiu-se de que fora do momento crucial da agonia, quanto eles desejavam intensamente receber a eucaristia em viático, era mais seguro e também bom procurar somente "ver Deus" e, contemplando-o devotamente, chegar a uma autêntica comunhão espiritual, antecipação do encontro em plenitude com ele, que se faria no além da eternidade. É a razão do sucesso do rito instaurado nos primeiros anos do século XIII, a elevação da hóstia durante a missa, depois que o padre pronunciou sobre ela as palavras da consagração. Neste contexto, a comunhão anual, na Páscoa, depois de se ter confessado, tornou-se antes a expressão de um conformismo que era, antes de mais nada, a ocasião de manifestar concretamente a realidade da comunhão eclesial.

Um pouco mais tarde, a Igreja latina exaltou ainda esse lugar singular da eucaristia em suas práticas, instaurando uma nova festa no calendário litúrgico, a Festa de Deus [o *Corpus Christi*], dedicado à celebração coletiva do *Corpus Domini* [Corpo do Senhor]. Seu sucesso a partir do século XIV coincide com o momento em que a espiritualidade eucarística atinge um auge no Oriente, na obra de Nicolas Cabasilas, para quem a vida cristã consiste antes de tudo em se conformar com o Cristo ressuscitado pelos sacramentos portadores de energia divina, no primeiro lugar dos quais ele coloca a eucaristia.

As críticas virulentas dos defensores da Reforma contra prática e doutrinas eucarísticas que se tornaram dominantes na Igreja latina tiveram como principal efeito dar um novo vigor às manifestações solenes do culto, com o apoio de muitas confrarias ditas do Santo Sacramento. Se a comunhão sob as duas espécies (utraquismo) esteve no cerne do movimento reformador de Jean Hus e dos seus discípulos na Boêmia, no século XV, em prelúdio ao que ia tornar-se regra entre os reformadores protestantes, a Contrarreforma optou pela comunhão frequente. Do Concílio de Trento ao pontificado de Pio X, uma outra linha se desenha cada vez mais nitidamente a favor da comunhão das crianças com a idade de "discrição". Mas quando, em 1910, esta foi fixada em sete anos, a preocupação de prolongar a educação religiosa para além desta cerimônia conduziu os bispos franceses a distinguir desta comunhão "particular" à eucaristia a comunhão solene, mantida, como a antiga "primeira comunhão", com a idade de 12 anos, e mais orientada para a renovação das promessas do batismo.

Num outro registro afirmou-se pouco a pouco, principalmente a partir do século XVIII, a ideia de que, para contrariar a laicização e ao anticlericalismo, importava recorrer à devoção eucarística, sob a forma da adoração prolongada em presença das espécies consagradas, encerradas em tabernáculos ou expostas em repositórios. Isso vai contra a concepção das Igrejas do Oriente onde a consagração das espécies está sempre associada com sua recepção na comunhão.

Nicole Bériou

➤ Cenáculo; Ceia; Corpo místico; *Corpus Christi*; Hóstia; Missa; Pão; Vinho.

EVA

Eva, em hebraico *hawwah*, "a viva", é o nome da primeira mulher, "mãe de todos os viventes" (Gn 3, 20). Conforme o segundo relato da criação do gênero humano, ela teria sido formada a partir de uma costela do primeiro homem, Adão (Gn 2, 21-22). Este motivo, sem equivalente na história das religiões, parece ter sido criado especialmente pelo redator bíblico, para que ficasse claro que a mulher é a igual do homem, de mesma natureza e dignidade que ele, e que ela vem diretamente das mãos de Deus. Vendo-a, Adão teria exclamado: "Eis o osso dos meus ossos e a carne de minha carne" (Gn 1, 23), declaração sobre o sentido da qual se interrogou sem fim. Foi Eva que, seduzida pelo discurso astucioso da serpente (Gn 3, 1-6; 2 Co 11, 3), teria cedido à tentação de provar do fruto da árvore do conhecimento, entretanto, proibido por Deus, e teria convencido Adão a fazer o mesmo. Seus olhos, então, se abrem, eles veem que estão nus e são expulsos do paraíso. O relato termina com um quadro mais sombrio da condição humana. Deus anuncia à serpente a hostilidade durável da mulher em relação a ela e a futura vitória dela sobre a serpente, único assunto de esperança e aurora da boa nova (fala-se do "Protoevangelho", Gn 3, 15). À mulher, ele promete as dores do parto, sua sujeição ao homem e ao seu desejo, e ao homem, a maldição da terra, a dureza do trabalho para sua simples sobrevivência e sua mortalidade. Seguem o nascimento de Caim, depois o de Abel (Gn 4, 1).

EVA — EVANGELISTA

O título de "nova Eva" foi dado desde o século II a Maria, a mãe de Jesus, Jesus sendo considerado ele próprio como o "novo Adão".

O personagem de Eva inspirou muitas obras de arte: na escultura romana (a *Eva* de Autun), na pintura da Renascença, mas também na literatura, na poesia, no cinema. Na imensa maioria dos casos, em pintura e em escultura, o personagem de Eva foi idealizado; até o século XIX, com efeito, os artistas partiram do princípio de que os primeiros pais tinham sido criados perfeitos e que a Queda não tinha manchado seu porte original, tanto que a Eva das belas-artes é, no mais das vezes, um cânon de beleza, uma espécie de Vênus ou de Afrodite cristã, cheia de encanto e de delicadeza, mesmo quando ela apanha a maçã, cedendo ao Tentador. Um dos primeiros artistas que ousaram tornar pouco atraente a nudez da primeira mulher é Rembrandt, numa gravura de 1636.

François Boespflug

➤ Adão; Anunciação; Queda; Éden; Mulher; Maria; Serpente.

EVANGELISTA

No fim do século II, Ireneu de Lyon reconhece a autoridade de quatro evangelhos. Ele afirma veementemente a necessidade de só preservar estes últimos no cânon do Novo Testamento: "Não pode haver nem um maior nem um menor número de evangelhos. Com efeito, visto que existem quatro regiões do mundo no qual estamos e quatro ventos principais, e visto que, por outro lado, a Igreja está espalhada sobre toda a Terra e que ela tem por coluna e por apoio o Evangelho e o Espírito de vida, é natural que ela tenha quatro colunas que soprem de todas as partes a incorruptibilidade e deem a vida aos homens. Donde se evidencia que o Verbo [...] nos deu um Evangelho com forma quádrupla, ainda que sustentado por um único Espírito" (*Contra as Heresias*, III, 11, 8). Mas Ireneu retoma aí uma tradição preexistente.

Sua escolha respondia a quatro critérios que, embora não codificados nos primeiros séculos da cristandade, foram, no entanto, aplicados com um certo discernimento. O primeiro critério é o da antiguidade: um evangelho é considerado confiável se se pode atestar que ele é conhecido há muito tempo (e, então, que sua redação é próxima da data dos acontecimentos relatados). O segundo critério, o da apostolicidade: é preciso que seu autor seja um dos Apóstolos (Mateus) ou um próximo de um Apóstolo (Marcos, presumivelmente discípulo e intérprete do apóstolo Pedro; Lucas, que se conhece como médico e colaborador de Paulo). O terceiro critério é o de catolicidade (no sentido etimológico do termo, isto é, "universal"): um evangelho deve ser lido em todas as comunidades. O quarto critério está estreitamente ligado ao terceiro: trata-se da ortodoxia. É reconhecido útil e edificante um evangelho que não apresenta desvio doutrinal; *a contrario*, um evangelho lido por grupos suspeitos de heresia não pode ser admitido no cânon nem pregado, mesmo se não é formalmente proibido de leitura privada.

150 CRISTIANISMO – DICIONÁRIO DOS TEMPOS, DOS LUGARES E DAS FIGURAS

EVANGELISTA — EVOLUÇÃO

À luz desses quatro critérios, os evangelhos de Mateus, Marcos, Lucas e João foram conservados no cânon e considerados como normativos. (O Evangelho segundo João teve um pouco mais de dificuldade para entrar no cânon, por causa de sua proximidade com o Apocalipse, que não foi integrado no cânon antes do século V pelo menos.)

A tradição atribuiu, além disso, um emblema a cada um dos evangelistas, cujo conjunto compõe o "tetramorfo" (quatro formas), segundo uma visão de João de Patmos (Ap 4, 6-8), ela própria inspirada de Ez 1, a de um trono celeste cercado de quatro seres. Isto se explica pelo fato de que, na Antiguidade, um livro, que muito frequentemente não tinha título (e é ainda mais verdade sobre os livros da Bíblia), era designado por uma das primeiras palavras da obra. Este costume presidiu a repartição dos emblemas do tetramorfo: a Marcos foi atribuído o leão, porque o início de seu evangelho apresenta João Batista pregando (literalmente, "gritando", "urrando" como um leão) no deserto. A menção do deserto faz, além disso, pensar infalivelmente nos animais selvagens, e em especial no leão, animal do deserto por excelência. O emblema de Mateus é um ser humano alado, talvez um anjo; pode-se ver aí uma alusão à genealogia de Jesus no início do Evangelho ou ao anjo que aparece a José no início do relato para lhe anunciar o nascimento de Jesus. Lucas é pintado sob os traços de um touro, animal sacrificial de primeira ordem nas religiões antigas, porque seu Evangelho começa no Templo de Jerusalém, com Zacarias, que aí oficia. A João coube a águia, ave com reputação de voar em grandes altitudes, e por sua visão perspicaz, porque o Quarto Evangelho começa com uma visão das coisas mais elevadas espiritualmente.

Emmanuelle Steffek

➢ Apócrifos (evangelhos); João; Lucas; Marcos; Mateus; Testamentos (Antigo e Novo).

EVOLUÇÃO

A ideia de uma evolução do mundo vivo aparece no seio dos meios eruditos a partir da segunda metade do século XVIII, com os trabalhos de Buffon. O primeiro modelo é proposto por Lamarck (*Filosofia Zoológica*, 1809), que postula uma geração espontânea do vivo a partir da matéria inerte. Um modelo mais elaborado é proposto por Charles Darwin (1809-1882) na *Origem das Espécies* (1859): variações aleatórias dos organismos são selecionadas pelo meio. Alguns anos mais tarde, em *A Filiação do Homem* (1871), ele aplica este modelo à espécie humana. As reações do mundo cristão são mais hostis, mas não somente. É verdade que a ideia de evolução contribui para criticar a visão aristotélica ("fixista") do mundo, de que a metafísica constituía, à época, o fundamento da teologia católica. Além disso, admitia-se dificilmente a continuidade entre o animal e o humano, a função do acaso no processo evolutivo, a possível geração do homem a partir de vários indivíduos ("poligenismo") que desmantelava a representação histórica do pecado original. Entretanto, outros pensadores cristãos viram na história evolutiva uma metáfora da história da salvação. Para Pierre Teilhard de Chardin (1881-1955), a criação é um processo contínuo: Deus cria sem parar. O acaso aparente dissimula o projeto divino da comunhão universal ("união criadora"), que a liberdade responsável da humanidade tem o encargo de bem conduzir, com a ajuda de Deus. A posição atual da Igreja Católica é expressa nitidamente numa declaração de João Paulo II, em 1996: a evolução é reconhecida como "mais que uma hipótese", com a condição de respeitar a especificidade do humano, criado "à imagem de Deus". Isto significa que "o indivíduo humano não poderia estar subordinado como um puro meio ou um puro instrumento nem à espécie nem à sociedade; ele tem valor por si mesmo".

François Euvé

➢ Criação.

ÊXODO

Do grego *exodos*, que significa "saída", "passagem para um outro lugar", mas também, "saída da estrada", do caminho traçado, o nome do segundo livro da Bíblia é ambivalente.

O êxodo é, primeiramente, a "saída" do povo hebreu do Egito: mantido em cativeiro, ele foge para encontrar uma terra habitável. Este episódio é particularmente impreciso: nenhum elo histórico nem geográfico permite situá-lo no tempo ou no espaço. Ele se situa num Egito de escravidão e de morte, coloca em cena um Faraó sem nome, com um rei de conto ou de lenda, engaja uma dialética da desgraça, da salvação e da resistência tanto do lado do perseguidor quanto do das vítimas, e um herói salvador, enfim, sobre quem se cristalizam todas as esperanças e todas as energias, ainda mais que ele está em ligação constante e direta com a divindade. Tudo neste livro concorre para uma leitura poética, promessa de fortuna literária para a sequência. São nomeados somente o herói principal, Moisés e os membros de sua família, Aarão, seu irmão, Miriam, sua irmã, Jetro, seu sogro, o que centra o relato na salvação dos que aceitam a "saída" para um outro lugar. O povo hebreu, aqui legendário, seria apenas o primeiro a deixar sua terra de desgraça sob a égide de um chefe que lhe devolve esperança e vontade. Ele recebe no caminho uma Lei – divina – em um lugar não menos legendário, o Sinai. Quarenta anos de errância no deserto lhe serão necessários para alcançar a terra onde os judeus esperavam ver correr o leite e o mel. Quarenta, duração que está presente tanto no Antigo como no Novo Testamento, seja em anos ou em dias.

O Novo Testamento relerá e reescreverá a saída do Egito, a travessia do Mar Vermelho, a subida da montanha, a fonte que brotou do rochedo sob o bastão de Moisés, o maná caído do céu: todos estes elementos anunciam a salvação trazida pelo Cristo, novo Moisés, que nutre seu povo com a eucaristia depois de lhe ter feito atravessar as águas do batismo. Assim continua o destino literário do Êxodo, que, seguindo Paulo na Epístola aos Gálatas, os padres da Igreja confirmarão.

152 CRISTIANISMO – DICIONÁRIO DOS TEMPOS, DOS LUGARES E DAS FIGURAS

ÊXODO

A primeira arte cristã se apossa amplamente desse tema, mosaicos bizantinos em seus batistérios arcaicos, associando Êxodo e mistérios da vida do Cristo, depois a arte medieval, barroca e clássica (*Moisés* de Rembrandt), até a época contemporânea (Chagall).

Na liturgia, o Êxodo se torna a esperança dos oprimidos. E dos campos de algodão do Sul americano às grandes revoltas contra o *apartheid* na África do Sul, não cessarão de ressoar entre os negros os *negro spirituals* inspirados da Bíblia, e do Êxodo em particular.

No século XIX, a palavra se impõe na Irlanda, cujos filhos se expatriam para os Estados Unidos da América, para "sair" da miséria de um país submetido à opressão britânica. É ainda este termo que qualifica a fuga desesperada dos franceses, em 1940. Trata-se sempre de deixar uma terra de ameaça e de terror, na esperança de encontrar algo melhor em outro lugar. Neste contexto, o motivo do êxodo se torna sinônimo de ilusão. A grande literatura norte-americana, depois sul-africana, mostrou também a imagem da derrota, ilustrada pelos heróis das *Vinhas da Ira* (Steinbeck), que deixam assim as terras erodidas de Oklahoma, que se tornou terra maldita do Egito, mas os sobreviventes acabam sua errância em uma fazenda.

Em André Brink (*An Instant in the Wind, The other Side of Silence*), a história acabará mal, como se o êxodo do século XX não garantisse mais a esperança que a Bíblia tinha trazido.

Pierre Gibert

➤ Deserto; Egito; Horeb; Moisés.

F

FACE (SANTA) [O SANTO SUDÁRIO]

Nenhuma imagem do Cristianismo é mais misteriosa que esta, de que se diz que é o verdadeiro retrato do Cristo. Segundo uma primeira tradição, o Rei Abgar de Edessa teria obtido do Cristo o envio de seu rosto impresso num lençol. Uma outra pretende que uma mulher compassiva, Verônica – ou Berenice –, teria recebido essa milagrosa impressão num lençol estendido no Cristo a caminho do Calvário, para refrescá-lo. Esse rosto, desde o século XIII, e apesar do saque de Roma, foi guardado preciosamente na Cidade Eterna e oferecido, durante jubileus, à veneração dos fiéis. Essas duas tradições inspiraram os artistas, iconógrafos orientais, pintores ocidentais até nossos dias (Rouault). Muitos pintores, o "Mestre da Verônica", Petrus Christus, Jerôme Bosch, pintores italianos ou franceses (no século XVII, em particular) não pararam de meditar e representar o segredo do "verdadeiro" rosto do Cristo. Santa Face do tempo último da presença de Jesus em nossa Terra, do último instante, seja antes de sua decomposição na morte, seja seu despertar na Vida eterna. Em 1898, o fotógrafo Secondo Pia vê surgir um rosto de homem no negativo de um clichê do lençol de Turim. O que quer que se pense da "autenticidade" desse rosto, ele mergulha num abismo de mistério. Um ano antes de sua "revelação", morria, em Lisieux, Teresa do Menino Jesus e da Santa Face, cujo nome remete aos primeiros e últimos instantes da vida do Cristo. Em seu rosto também se pode contemplar o reflexo do rosto d'Aquele que se diz "o Alfa e o Ômega".

Dominique Ponnau

➢ Milagre; Relíquias; Teresa de Lisieux.

FAMÍLIA (SAGRADA)

Somente muito tardiamente a célula familiar composta de Jesus, Maria e José foi identificada e venerada sob o termo de Sagrada Família. Durante toda a Idade Média, prefere-se destacar o caráter excepcional das relações entre Jesus e seus pais terrestres. É a partir do século XIV, sob o impulso dos Franciscanos, que se interessa mais pela sua vida quotidiana. José sai da sombra, é reconhecido como santo durante o século XV, e as imagens associam cada vez mais frequentemente os dois pais em torno do Cristo criança. Começa-se, então, a falar, conforme Gérson,

FAMÍLIA — FARISEUS

de uma "trindade terrestre", os termos de "Sagrada Família" e de "Sagrado Parentesco", sendo ainda reservados à família ampliada do Cristo (Santa Isabel, Santa Ana...). Os artistas se apoderam desse tema, antes mesmo que a Sagrada Família se torne um verdadeiro objeto de devoção no século XVII, após o desabrochar do culto de São José e da devoção à *Santa Casa* de Lorette, na perspectiva de uma valorização da célula familiar. É no Canadá que esse fenômeno é mais espetacular, sem dúvida para acompanhar a tarefa de colonização e de missão.

No século XIX, a devoção à Sagrada Família encontra um grande sucesso, propagado por associações piedosas, e ela é oficialmente aprovada, em 1890, pelo Papa Leão XIII, que reúne em uma só Associação da Sagrada Família os diferentes movimentos existentes. Um ofício próprio é composto, e uma festa é instituída, tornado obrigatório em 1921 e fixado em 1969 no domingo depois de Natal.

Paul Payan

➤ Ana e Joaquim; Apócrifos (Evangelhos); José (esposo de Maria); Maria; Visitação.

FARISEUS

Os fariseus constituem uma das três principais correntes do Judaísmo da Judeia no século I, com os saduceus e os essênios. As duas fontes que os evocam são Flávio Josefo (*A Guerra dos Judeus*, II, 162-166; *Antiguidades Judaicas*, XVIII, 12-15 e segs.) e o Novo Testamento (Evangelhos sinópticos e Atos dos Apóstolos).

O próprio nome "fariseus" (em hebraico, *perushim*) parece significar "separados", "dissidentes", o que implica uma cisão no interior do Judaísmo. A maior parte dos historiadores situam-na por volta do século II antes da era cristã, no prolongamento da revolta do Macabeus. Josefo, quanto a ele, os mostra constituídos em partido tanto político quanto religioso, sob o reinado de Hircano I (134-104), quando eles entram em oposição. São perseguidos por Alexandre Janné (103-76), depois por Herodes (37-4), depois de ter conhecido uma breve trégua sob o reinado de Salomé-Alexandra (76-67).

Sua principal divergência com os saduceus se refere à legitimidade da tradição oral que vem flexibilizar, temperar, completar a Lei escrita contida no Pentateuco (*Antiguidades Judaicas*, XIII, 297). Daí decorrem os outros pontos de desacordo. Os fariseus, contrariamente aos saduceus, tentam conciliar liberdade do homem e presciência divina, acreditam na sobrevivência da alma, na retribuição depois da morte, na ressurreição e na existência dos anjos. A oposição das duas correntes sobre esses dois últimos pontos é bem destacada nos sinópticos a respeito da questão sobre a mulher e seus sete maridos (Mc 12, 18-27; Mt 22, 23-33; Lc 20, 27-40), e durante o processo de Paulo (Atos 23). A esses pontos de doutrina acrescentam-se divergências concernentes às práticas. Josefo observa a esse respeito que os saduceus são obrigados a se conformar com as propostas dos fariseus "porque, de outra maneira, o povo não o suportaria" (*Antiguidades Judaicas*, XVIII, 17). Ele destaca, com efeito, a popularidade dos fariseus, virtuosos, afáveis, e cuja doutrina encontra a adesão da multidão, enquanto apresenta os saduceus como aristocratas arrogantes.

FARISEUS — FÁTIMA

Essa imagem dada por um judeu nascido em Jerusalém em 37, membro da casta sacerdotal que, depois de ter hesitado entre as diversas correntes de seu tempo, optou pelos fariseus, difere consideravelmente da apresentação que se encontra nos Evangelhos. O tom muito áspero de Mt 22, 13-33, em particular, é frequentemente explicado hoje pelas circunstâncias da redação do texto depois de 70, no momento em que os fariseus, únicos sobreviventes da guerra, são os que o Cristianismo principiante deve enfrentar. É preciso observar, em compensação, que os fariseus aparecem sob uma luz muito mais favorável nos Atos, onde Paulo se vangloria de ser "fariseu, filho de fariseu", e quando o célebre mestre fariseu Gamaliel, estimado por todo o povo, toma a defesa dos apóstolos (5, 34).

Os fariseus eram apenas cerca de seis mil antes de 70, como diz Josefo, mas eles preconizavam uma forma de religião popular e consoladora. Eles parecem ser visados por alguns textos de Qumrân que os incriminam por seu laxismo. Se esses textos emanam do meio essênio, o Cristianismo primitivo deve mais aos fariseus do que aos essênios dos quais se quis frequentemente aproximá-lo.

Mireille Hadas-Lebel

➢ Cristãos (primeiros); Judeus; Saduceus.

FÁTIMA

Entre 13 de maio e 13 de outubro de 1917, a pequena aldeia de Fátima, em Portugal, a 100 quilômetros ao norte de Lisboa, é o lugar de aparições da Virgem a três pastores, Lúcia dos Santos (10 anos), e Francisco e Jacinta Marto (9 e 7 anos), seus primos, reconhecidas pela Igreja, em 1930. As seis aparições se sucedem seis meses em seguida – em 13 de cada mês, segundo o anúncio mariano feito na primeira aparição –, numa comba selvagem afastada da localidade, Cova de Iria. A mensagem das aparições está próxima dos discursos dos católicos intransigentes do fim do século XIX: recitação do terço para obter a paz no mundo, apelo à conversão, pedido de construção de uma capela. Sinais e segredos dão às mariofanias de Fátima uma tonalidade apocalíptica. Milhares de pessoas assistem a fenômenos milagrosos que acontecem no momento das manifestações marianas: assim, o "milagre do sol", quando o Sol se põe a girar e avança sobre a Terra, em 13 de outubro de 1917. Muito rapidamente, a mensagem mariana é instrumentalizada pelas autoridades civis e religiosas. Ela interessa aos anticlericais, depois, da ditadura que chega ao poder em 1928. Ela alimenta, também, a propaganda anticomunista do entre-duas-guerras, e o movimento anticonciliar depois do Vaticano II (1962-1965). As polêmicas ligadas aos "segredos" revelados pela Virgem, em particular sobre a consagração a Seu Coração Imaculado e sobre o anúncio da queda do comunismo no leste da Europa, estão na origem da circulação de inúmeros "apócrifos", que tornam mais complexa ainda a leitura histórica desse episódio.

Sylvie Barnay

➢ Aparições; Maria; Milagre; Revelações.

FESTA DE DEUS [*CORPUS CHRISTI*]

Inscrita no calendário litúrgico, a quinta-feira que segue o domingo da Trindade, a "Festa de Deus" é atestada sob esse nome [*Fête-Dieu*] em francês desde o século XIV. Uma "festa da Eucaristia" tinha aparecido no século XIII na Diocese de Liège, propagada em Roma, depois em toda a cristandade pelo Papa Urbano IV, sob o nome de "festa do Corpo de Cristo". Mas foi necessário aguardar o registro da bula na coleção canônica das Clementinas, em 1317, para que a iniciativa pontifical fosse plenamente recebida. Em algumas décadas, a festa conhece um sucesso prodigioso, que atestam os calendários manuscritos, as crônicas, os sermões e a expansão de novas confrarias ditas do *Corpus Domini*, que acompanhavam as procissões por representações teatrais.

A Festa de Deus celebra o sacramento da eucaristia por uma missa própria; desde 1275, procissões são organizadas pelo clero e pelas autoridades comunais, dando seus traços particulares a essa festa religiosa. Uma hóstia, fechada num ostensório, aí é carregada solenemente por um padre sob um pálio e exposta à veneração dos fiéis em altares. A implicação dos governos urbanos fez desses ritos uma manifestação de religião cívica. Sua presença ao lado do clero e o desdobramento do cortejo em grupos de citadinos diferenciados segundo o sexo, a idade, ou a profissão representavam o corpo místico e o corpo social, enquanto roupas e fantasias, instrumentos de música, luminárias, flores e quadros vivos davam à festa sua tonalidade de alegria ruidosa. Diferentemente dos Ramos, que anunciam a Paixão, celebrando o Cristo Rei, a Festa de Deus, profundamente alegre, oferece uma espécie de antecipação da bem-aventurança neste mundo, honrando, ao mesmo tempo, o Cristo Deus, supremo soberano da Terra.

O desdobramento dos "jogos" favoreceu a transformação da procissão em espetáculo teatral em toda a Europa a partir do século XV. A festa e seus desvios suscitaram fortes reações no tempo da Reforma, sem abalar sua audiência popular. Durante séculos, as procissões da Festa de Deus continuaram a acolher intrusões profanas e se abriram à aculturação para serem adotadas nas terras de missão: em Pequim, os altares tomaram, assim, a feição de pagodes. A secularização da sociedade teve razão em tais manifestações no século XX, e optou-se por uma dissociação radical entre congressos eucarísticos e adorações noturnas. As Igrejas do Oriente jamais adotaram a Festa de Deus, mas, desde 843, a festa da Ortodoxia celebra nos ícones sagrados o lugar privilegiado da presença de Deus, em reação contra os iconoclastas, para quem a eucaristia era a única "verdadeira imagem" do Cristo.

Nicole Bériou

➢ Calendário litúrgico; Eucaristia; Hóstia; Ícone; Imagem.

FIGURA

A palavra "figura" recebeu no Cristianismo um sentido original, no quadro de uma reflexão sobre o cumprimento das Escrituras e sobre a relação dos dois

FIGURA

Testamentos. O latim *figura*, de que ela deriva, é a tradução do grego *typos*, que Paulo tinha utilizado a propósito de um episódio do livro dos Números (1 Co 10, 4-6): os hebreus tinham bebido no deserto água jorrada de um rochedo, "espiritual", que não era outra coisa senão o Cristo. Entretanto, a maior parte dos hebreus não tinham sido, no entanto, agradáveis a Deus; esses acontecimentos, comentava Paulo, "aconteceram para nos servir como figuras" (*typoi*). O Novo Testamento convida também a ver em realidades antigas a "imagem" ou a "sombra" das realidades por vir graças à Páscoa do Cristo que, levando as Escrituras ao seu cumprimento, esclarece de maneira nova seu sentido profundo. Sobre esse fundamento desenvolveu-se, durante toda a época patrística e medieval, uma exegese "tipológica" ou "figurativa" do Antigo Testamento. A prática que consiste em reler de outra maneira um texto antigo já era muito corrente entre os gramáticos e os filósofos da antiguidade, e o alegorismo era também representado na tradição judaica, em particular por Fílon de Alexandria. Mas, embora os autores cristãos tenham emprestado desses predecessores, sua exegese propriamente "tipológica" (mesmo quando ela assumia frequentemente o nome de "alegoria") se caracterizava antes de tudo por sua referência ao Cristo: é à luz dele que se procurava o que, nas Escrituras antigas, continha já a prefiguração de sua vinda entre os homens, de sua morte e de sua ressurreição (assim o sacrifício de Isaac era relido como figura da Paixão do Cristo, e o Êxodo do povo hebreu como figura de sua vitória sobre a morte). Essa exegese foi abundantemente praticada no século III por Orígenes, que fez dela até um elemento maior de sua teoria sobre os sentidos da Escritura, evocada em uma grande posteridade nos séculos seguintes: o texto bíblico não se limita ao sentido literal, ele é portador de um sentido espiritual. Este compreende em si vários aspectos conforme o texto bíblico contenha uma prefiguração do Cristo, aplique-se ao comportamento do cristão ou tenha um alcance místico ou escatológico. Os exegetas de Antioquia, nos séculos IV-V, mais preocupados com a letra e com a história, inclinaram-se a limitar o uso da exegese figurativa. Esta, contudo, continuou a se desenvolver no Oriente grego e no Ocidente latino, que recolheu a herança da exegese origeniano e se beneficiou, além disso, com as profundas reflexões de Agostinho sobre a linguagem bíblica.

Na Idade Média, a diversidade das práticas exegéticas não impede um consenso de fundo sobre a interpretação figurativa, e os autores retomam comodamente, por sua conta, a doutrina clássica da tipologia: uma realidade antiga é, por disposição divina, "figura" de uma realidade posterior, o que deve inicialmente entender-se à luz do Cristo que "cumpriu as Escrituras". Na época moderna, entretanto, o uso da exegese figurativa é contestado. Por um lado, seus excessos são vigorosamente denunciados por Lutero, que remete antes de tudo ao sentido literal, identificado ao sentido crístico. Por outro, enquanto Pascal dá ainda uma extrema importância à exegese figurativa, a exegese crítica parte do princípio de que o sentido do texto escritural não pode ser determinado a partir da Bíblia toda, e que é importante, então, estudar separadamente cada um dos dois Testamentos, e até, no interior destes, cada

FIGURA — FILHO DE DEUS

uma das unidades que os compõem. O desenvolvimento das ciências bíblicas conduz em seguida, tanto do lado católico quanto do protestante, a buscar antes de tudo o sentido literal dos textos escriturais (um sentido espiritual pode ser reivindicado pelo autor, mas fala-se, antes, nesse caso, de "sentido figurado").

Entretanto, por mais necessária e frutuosa que seja ela, a exegese crítica não deveria dissuadir de interessar-se pela exegese tipológica. Por um lado, com efeito, as pesquisas contemporâneas sobre a linguagem trazem novas justificações a uma exegese preocupada com fazer parecer as relações de tal palavra ou de tal texto com tal outro, no seio de um corpo bíblico encarada em sua unidade e em sua totalidade. Por outro lado, é-se mais consciente de que um certo uso da tipologia já é atestado no próprio Antigo Testamento, assim como na tradição do Judaísmo ulterior; desse ponto de vista, a exegese figurativa permite, em especial, frutuosas trocas entre cristãos e judeus. Enfim, e, sobretudo, a exegese crítica não poderia dispensar um trabalho de teologia bíblica que se esforça em ler as Escrituras à luz do Cristo – visto que o próprio Cristo, dirigindo-se aos discípulos no caminho de Emaús, havia começado por Moisés e pelos profetas para lhes explicar "em todas as Escrituras" o que dizia respeito a ele (Lc 24, 27).

Michel Fédou

➤ Agostinho; Sagradas Escrituras; Fim dos tempos; Lutero.

FILHO DE DEUS

Se a ideia de uma filiação divina vale para o conjunto da humanidade, segundo a fé cristã, ela se aplica também, de maneira exclusiva, ao Cristo, reconhecido como próprio, verdadeiro e único Filho de Deus.

Na Bíblia, a expressão "filho de Deus" se reveste de vários sentidos. Ela pode valer para os anjos, que constituem a corte celeste de Deus, mas designa, entretanto, de maneira mais precisa, o rei. Tal é a promessa expressa no segundo livro de Samuel (7, 14): "Ele será para mim um filho". Essa filiação não deixa de continuar puramente simbólica, e o rei conserva sua condição humana.

Mas a expressão se aplica também de maneira geral a todo o povo de Israel (Êx 4, 22; Os 11, 1). Então, se Deus é coletivamente o Pai de todo o povo, Ele se torna individualmente de cada um de seus membros: "Vós sois filhos para o Senhor vosso Deus" (Dt 14, 1): "Verdadeiramente, eles são meu povo, filhos que não enganam" (Is 63, 8). Paradoxalmente, é, pois, natural para um judeu do período intertestamentário dizer-se "filho de Deus", enquanto a corrente apocalíptica da época reserva a um só a apelação de "Filho do homem".

A expressão "filho de Deus" não poderia indicar de chofre uma característica "divina" quando ela aparece no Novo Testamento, salvo quando usada de maneira única e absoluta. Os Evangelhos manifestam, aliás, uma espécie de prevenção em relação a esse título, por causa de sua conotação real, que corre o risco de induzir à ideia de um messianismo triunfante.

FILHO DE DEUS

Nesse caso, Jesus não reivindica jamais esse título para Ele mesmo, ainda se Ele deixa outros Lhe darem o mesmo: Simão Pedro ("Tu és o Cristo, o filho do Deus vivo", Mt 16, 16), o grande sacerdote ("Tu és, então, o Filho de Deus?", Lc 22, 70), Satã ("Se tu és o Filho de Deus...", Mt 4, 3.6)... pronto a trazer, Ele mesmo, uma precisão ou uma correção. Sendo "Filho de Deus", não deverá deixar de sofrer e perecer, embora isso pareça contraditório com sua condição divina. De fato, o caráter filial de Jesus se expressa menos pelo recurso ao vocabulário da filiação do que pela evocação de uma paternidade à qual ele se refere constantemente. Ela chama Deus Abba, "Papai", em suas orações, e manifesta assim uma proximidade surpreendente e até completamente única com Ele. Ele não é somente "filho", mas "o Filho".

É dessa maneira que os primeiros discípulos compreendem a figura de seu mestre no dia seguinte de sua Ressurreição: ele é "Jesus, Filho de Deus", e proclamado como tal nas sinagogas (Atos 9, 20). É mesmo o obstáculo que distinguirá os que acolhem a mensagem cristã dos que a rejeitam, tal como o grande sacerdote, que tinha acusado Jesus de blasfêmia. No Evangelho de João e nas cartas de Paulo encontram-se as construções teológicas mais elaboradas sobre essa filiação divina. Assim, no Prólogo do Quarto Evangelho, o Verbo é qualificado de "Filho único, cheio de graça e de verdade", e as relações entre o Pai e o Filho são descritas assim: "O que faz o Pai, o Filho o faz igualmente" (Jo 5, 19). Será para dizer que o caráter filial único de Jesus impede seus discípulos de se reconhecerem eles mesmos "filhos de Deus"? De maneira alguma, à condição que eles não o façam senão através dele. É, com efeito, somente "no Filho único" que eles podem tornar-se, por sua vez, filhos de Deus: "Vós sois, pela fé, filhos de Deus em Jesus Cristo" (Ga 3, 26). E Jesus poderá, então, aparecer como "o mais velho de uma multidão de irmãos" (Rm 8, 29).

A expressão mais completa da fé cristã na filiação divina de Jesus se manifesta no *Credo* elaborado pelo Concílio de Nicea, em 325. Essa primeira reunião ecumênica dos bispos cristãos fixa a doutrina em relação às múltiplas tendências que dividiam a comunidade cristã, e dos quais vários negavam a filiação divina de Jesus. Assim, segundo o adocionismo, Jesus se teria tornado "Filho de Deus" em um dado momento de sua história humana, pela "adoção" especial do Pai, enquanto o monarquianismo considera que o Cristo, embora Deus, não seria realmente distinto do Pai; ele não poderia, então, ser realmente seu Filho. Frente a essas afirmações, o Símbolo de Nicea professa que o Cristo é "Filho único de Deus, nascido do Pai antes de todos os séculos", o que define sua filiação e o caráter eterno de sua existência. A profissão de fé continua assim: "Ele é Deus nascido de Deus, luz nascida da luz, verdadeiro Deus nascido do Deus verdadeiro", o que manifesta a distinção entre o Pai e o Filho no seio da unidade. Enfim, ele é dito "gerado, não criado, da mesma natureza que o pai", fórmula que põe o filho absolutamente à parte de todo o criado, mas estabelece a igual dignidade entre o Pai e o Filho, ao inverso das tendências que procuravam introduzir alguma subordinação em sua relação.

Jesus foi sempre considerado como um grande profeta do Islã. O povo judeu reconhece desde então que esse mesmo Jesus é originário de sua própria histó-

160 CRISTIANISMO – DICIONÁRIO DOS TEMPOS, DOS LUGARES E DAS FIGURAS

FILHO DE DEUS — FILHO DO HOMEM

ria secular. Muitos contemporâneos admitem a grandeza do personagem e de sua mensagem. Mas os que acreditam Nele como "Filho de Deus" se distinguem por uma profissão de fé que constitui propriamente o cerne da mensagem cristã, e representa, pois, a pedra de toque da identidade cristã.

Joseph Doré

➤ Concílios (sete primeiros); *Credo*; Deus; Filho do homem; Jesus; Revelação; Trindade.

FILHO DO HOMEM

Em seu sentido primeiro, a expressão "filho do homem" designa a filiação humana e o pertencimento à humanidade, o que instala uma distinção entre a animalidade e a divindade. Essa noção visa à identidade humana do que ela qualifica, e lhe reconhece nessa condição específica, com suas prerrogativas próprias, a dignidade que lhe é inerente como seus limites.

A Bíblia emprega dessa maneira as expressões "filho do homem", "filho de homem" ou "filho de Adão", para designar um membro da raça humana. Pode-se assim ler a interpelação do profeta Ezequiel pelo Senhor (Ex 2, 1-3) como uma maneira de lembrar a ele sua condição humana, e, por conseguinte, a distância que o separa de Deus. Assim, também, concorda-se em considerar que a expressão "nascido de uma mulher", utilizada por São Paulo a respeito de Jesus (Ga 4, 4), destaca a identidade humana de "Jesus Cristo".

No livro de Daniel, a expressão "Filho do homem" assume uma dimensão apocalíptica. Durante uma visão grandiosa onde os impérios humanos, simbolizados por animais monstruosos, desmoronam uns depois dos outros, chega sobre as nuvens do céu "como um Filho de homem", que recebe o reinado universal (Dn 7, 13). A expressão vai claramente além da simples designação humana, visto que ela atribui ao personagem um caráter nitidamente transcendente. Sua origem foi aproximada das tradições pagãs do "homem primordial", das representações mitológicas dos Fenícios e dos Cananeus, ou ainda da ideia, muito presente nos textos bíblicos de tradição sapiencial, da Sabedoria personificada.

Alguns textos posteriores da tradição judaica apocalíptica, ausentes do cânon das Escrituras, tais como as *Parábolas de Enoque* ou o *Quarto Livro de Esdras*, retomam e desenvolvem a figura da visão de Daniel. Eles fazem do "Filho do homem" um ser misterioso, preexistente, vivendo na proximidade com Deus, e chamado a exercer um papel maior na destruição dos maus e de seus impérios no fim dos tempos. Essas características o aproximam da figura messiânica que explorará à sua maneira o Novo Testamento.

Os quatro Evangelhos recorrem muito frequentemente a essa expressão, mas exclusivamente na boca de Jesus. Segundo os exegetas, trata-se quase do único título que Jesus se dá regularmente a Ele próprio, o que os inclina a reconhecer como autênticas as passagens onde a expressão é utilizada. Na utilização que dela faz Jesus, a expressão se torna como o equivalente do pronome pessoal da primeira pessoa.

FILHO DO HOMEM — FILHO PRÓDIGO

Se parece que Jesus retoma os dois níveis que a expressão recobria antes Dele, identidade humana e dimensão apocalíptica ("O Filho do homem virá sobre as nuvens do céu", Mt 24, 30), Ele acrescenta um terceiro sentido, desconhecido até aí, inserindo esse título de "Filho do homem" na tradição do Servo doente, desenvolvida pelo livro de Isaías. Ele o integra à temática da submissão na provação, seguida de um soerguimento definitivo. De fato, a expressão volta tanto no contexto glorioso da Parúsia do fim dos tempos quanto no do anúncio da Paixão e da Ressurreição (Mc 8, 31: "O Filho do homem vai ser entregue às mãos dos homens. Eles o matarão e, quando Ele tiver sido morto, três dias depois, Ele ressuscitará.").

O Evangelho de João retoma os diferentes aspectos que aparecem nos sinópticos – a glorificação celeste e a humilhação terrestre – mas o recurso a essa expressão se faz rara fora dos quatro Evangelhos. Ela desaparece até completamente na Igreja primitiva pós-apostólica, que escolhe outros títulos para designar o Cristo. É provável que o caráter complexo, e, então, um pouco obscuro, da fórmula tenha provocado seu abandono. Para o leitor que não conhece a tradição judaica apocalíptica, ela parece, com efeito, colocar adiante somente a humanidade de Jesus, enquanto a insistência da pregação apostólica se refere, é claro, à sua divindade.

Joseph Doré

➢ Apocalipse; Daniel; Filho de Deus; Jesus.

FILHO PRÓDIGO

Esta parábola da misericórdia divina, de que existe uma versão budista, coloca em cena um pai e seus dois filhos. O mais velho fica junto de seu pai quando o caçula vai dilapidar sua herança distante. Anos mais tarde, ele volta ao lar cheio de contrição. A acolhida calorosa que lhe reserva seu pai é exemplo do amor incondicional ao qual Deus convida os fiéis (Lc 15, 11-31). Ela deu margem a inúmeras ilustrações no decorrer das idades, dos vitrais de Bourges à escultura de Zadkine. Os maiores artistas se inspiraram, até de maneira alusiva. Assim *O Vagabundo*, de Jerôme Bosch: um homem pobre e miserável viaja na solidão, entre esperança e derrelição. No século XVII, Murillo desenvolve explicitamente o gesto desse filho insensato e arrependido. Mas um famoso quadro de Rembrandt recolheu, de certa maneira, a quintessência desse amor, com a imagem inesquecível do filho ajoelhado ao colo de seu pai inclinado sobre ele. E o que é mais, nesse quadro, ergue-se à direita, de pé, vestido com um manto de luz e de fogo como seu pai, usando uma longa barba como ele, o filho mais velho, nada hostil ao seu irmão, ainda não amando, mas já sereno, contemplando esse mistério. O quadro de Rembrandt, tão terno para o caçula, convida a fazer melhor justiça ao filho mais velho fiel.

Dominique Ponnau

➢ Penitente.

FIM DOS TEMPOS

Numa perspectiva cristã, a visão da história é indissociável da escatologia, isto é, de uma interrogação sobre o fim dos tempos que impregna toda a Bíblia. Ela já está presente no Antigo Testamento, em particular entre os profetas. Amós, Miqueias e Oseias anunciam um "dia de trevas": tempestades e tremôres de terra precederão o Juízo Final, depois do que Deus se manifestará em todo seu esplendor, e a conversão da humanidade inaugurará um longo período de felicidade. Ezequiel, Joel, Isaías e Daniel enfatizam a vinda do Messias, rei sobre-humano que governará esse mundo regenerado. No Novo Testamento, o Evangelho de Mateus, as duas Epístolas de Paulo aos Tessalonicenses e principalmente o Apocalipse de João evocam a Parúsia, a segunda chegada do Cristo no fim dos tempos, seus sinais precursores (catástrofes cósmicas, perseguições contra os cristãos, apostasia geral e abandono da fé) e suas principais etapas: estabelecimento na terra do reino do Anticristo, derrota final deste, ressurreição dos mortos e Juízo final.

Um dos problemas maiores que coloca o texto do Apocalipse (Ap 20, 1-5) é a menção de um período intermediário, um "reino de mil anos" situado entre o tempo da história e a entrada na eternidade. Deve-se tomar a expressão ao pé da letra ou atribuir-lhe um simples valor simbólico? É essa última interpretação que faz prevalecer Santo Agostinho que, no início do século V, apresenta esse "milênio" como uma figura da história da Igreja até o fim dos tempos. Mas, a partir do século X, o Ocidente manifesta uma renovação de interesse por uma leitura histórica do Apocalipse, levando a sério essa duração de mil anos, era de felicidade e de paz, de que um "grande dia" deve marcar o início. A espera desse momento decisivo suscitou, durante toda a Idade Média e até o século XVI, uma atenção vigilante aos "sinais dos tempos" suscetíveis de anunciar sua vinda, e às profecias que precisavam suas etapas. É essa crença que se designa sob o nome de "milenarismo". Este é, no entanto, somente uma das formas possíveis da escatologia cristã: assim, algumas correntes reformadoras, como Cluny ou, mais tarde, as ordens mendicantes, procuraram criar aqui embaixo microssociedades fervorosas, antecipações da Jerusalém celeste, no quadro de seus mosteiros ou de algumas cidades que se tinham estabelecido sob sua direção espiritual, como Florença, no tempo de Savonarola. De Gregório VII a Bonifácio VIII, o papado esforçou-se em fazer da cristandade uma sociedade perfeita, colocada sob sua autoridade, no quadro da utopia teocrática. Mas essas representações estiveram também na origem das cruzadas: a escatologia cristã visa, com efeito, à salvação prometida aos homens por Deus, no termo de sua história – a história individual de cada pessoa e a história coletiva da Igreja, novo Israel a caminho do Reino eterno. Nessa perspectiva, o lugar do Juízo final só podia ser Jerusalém, onde deviam cumprir-se as promessas divinas para Israel e para o conjunto das nações (Is 42, 6 e 49, 6). Donde a importância fundamental, aos olhos dos cristãos, dessa cidade, cujo nome significa "visão de paz" e onde "o imperador dos últimos tempos" virá depositar sua coroa no Monte das Oliveiras antes do retorno glorioso do Cristo. Daí decorrem também seus esforços para arrancá-la dos muçulmanos a partir do fim do século XI.

FIM DOS TEMPOS

Desde o século XIII, essas concepções foram atacadas por Joaquim de Flora. Esse monge calabrês foi o primeiro cristão a ver no livro do Apocalipse a chave de uma leitura teológica e prospectiva da história da Igreja, e não a simples evocação das perseguições sofridas pelas primeiras comunidades cristãs. Em seu *Comentário do Apocalipse*, ele dividiu a história em três idades, correspondendo a cada uma das pessoas da Trindade. A primeira, da Criação à Encarnação, era a idade do Pai, seu livro era o Antigo Testamento e os homens, todos casados, aí tinham vivido de maneira puramente carnal. A segunda, a idade do Filho, ia do nascimento do Cristo até 1260, data obtida a partir dos números tirados do livro de Daniel: era uma época ao mesmo tempo carnal e espiritual, colocada sob o signo do Novo Testamento e marcada pela preponderância dos clérigos que enquadravam os simples fiéis para iniciá-los na fé. Depois disso ia começar a terceira idade, marcada pela plena manifestação do Espírito, quando os crentes, sob a influência de uma elite de homens espirituais, monges ou frades mendicantes, chegariam a uma plena compreensão em espírito e em verdade da Palavra de Deus, o "Evangelho eterno" (Orígenes). Esse florescimento da Igreja, de Joaquim não esclarece a duração, se estenderia até a aproximação do fim dos tempos. Para além das especulações para as quais pôde estabelecer a datação dos prazos, a importância de Joaquim de Flora e das correntes joaquimitas se deve ao fato de que a história se encontra aí investida, pela primeira vez, de uma significação positiva, na medida em que ela é concebida como um tempo de progresso, e quando o fim do mundo não é apresentado como uma catástrofe final, mas como o coroamento de um desabrochamento inaugurado no momento da Criação.

Ao lado dessas grandes perspectivas coletivas, o fim dos tempos é inicialmente, para cada indivíduo, o fim de sua vida. Até o século XII, considerou-se, conforme um certo número de textos evangélicos, que os defuntos seriam julgados quando do Juízo universal, ou Juízo final, no termo do qual as almas dos mortos não poderiam ir senão para o Céu ou para o Inferno. Mas essas concepções rigorosas foram questionadas nos últimos séculos da Idade Média: numa perspectiva pastoral, a preocupação de incentivar os pecadores a se arrependerem levou os clérigos e os teólogos ocidentais – porque os ortodoxos e os cristãos do Oriente não os seguiram nesse ponto – a afirmar a existência de um novo lugar no além, o Purgatório, destinado à expiação dos erros cometidos aqui embaixo, quando estes não eram de natureza a condenar seus autores à danação eterna. As almas assim chamadas a serem purificadas precisavam de orações e de missas, e, a partir do século XIV, instaurou-se o sistema das indulgências que os vivos podiam conseguir por suas boas ações e suas esmolas. Por outro lado, a ideia de um julgamento particular seguindo imediatamente a morte de cada indivíduo, que o julgamento final só confirmaria, acabou por impor-se nos anos de 1330-1340, apesar da oposição do Papa João XXII (querela da visão bem-aventurada). Considerou-se, então, que desde que a vida se tivesse retirado de seu corpo, a alma dos fiéis defuntos via Deus face a face. A Reforma protestante reagiu contra essas concepções que, aos olhos de Lutero e Calvino, davam à Igreja e ao clero um poder exorbitante sobre o além

CRISTIANISMO – DICIONÁRIO DOS TEMPOS, DOS LUGARES E DAS FIGURAS

FIM DOS TEMPOS — FOGO

e atentavam contra a onipotência divina. No Concílio de Trento, a Igreja católica reafirmou a validade das indulgências e a doutrina do Purgatório, referindo-se à comunhão dos santos, que constitui um dos artigos do Credo, e inúmeras confrarias e capelas foram criadas até o século XIX em favor das almas do Purgatório, a fim de abreviar a duração de sua penitência. Desde o Vaticano II, sem que a doutrina da Igreja Católica tenha oficialmente evoluído, essas concepções e práticas de devoção não estão mais na moda, e a pastoral ordinária insiste sobre a misericórdia divina, sem que se tenha, geralmente, a necessidade de precisar mais as modalidades segundo as quais esta se exercerá no dia seguinte da morte.

André Vauchez

➤ Apocalipse; Céu; Comunhão dos santos; Inferno; Milenarismo; Morte; Purgatório.

FOGO

O fogo brota desde as primeiras páginas da história de Abraão, por ocasião de um sacrifício de animais e de uma revelação divina, mas está ausente da criação nos primeiros capítulos da Gênese, ainda que o anjo que fecha o Éden a Adão e Eva depois da queda esteja armado com uma espada ardente.

O fogo aparece frequentemente na Bíblia como meio de castigo divino (Sodoma e Gomorra), e os profetas a ele se referem para fulminar os espíritos. O fogo dos sacrifícios traduz, contudo, também a aceitação divina das oferendas, em "holocaustos" em especial. Sem dúvida, é por isso que as manifestações divinas tomam amplamente a forma do fogo, em que os escritores místicos, cristãos em especial, encontrarão uma de suas mais fortes expressões. Assim, no Êxodo, Deus se manifesta a Moisés na sarça ardente, enquanto no livro dos Números uma nuvem ardente guia o povo através do deserto, de noite.

O profeta Isaías chama *Seraphim*, "ardentes", os seres que formam a corte do Rei Yahvé Sabaoth [dos exércitos]. Assim, também, Ezequiel, no início de seu ministério, vê correrem seres de fogo, entre os relâmpagos, sob a condução do Espírito, Espírito que o autor dos Atos dos Apóstolos descreverá "como línguas de fogo".

Enfim, o fogo está associado à morte: uma carruagem de fogo arrebata Elias para o céu, no fim de sua vida, enquanto o castigo supremo depois da morte se fará num lugar de chamas inextinguíveis.

De certa maneira, o fogo não tem, sem dúvida, mais lugar na Bíblia do que em qualquer outro campo cultural e religioso, mesmo se ele coloca aí uma marca específica, religiosa, profética, apocalíptica. É, no entanto, dessa fonte que se servirá a cultura literária no Ocidente, em especial na única e última alusão ao fogo do Cântico dos Cânticos: "O amor é forte como a morte/ Paixão dura como o Inferno/ Chamas de fogo/ Chama de Yah/ Muita água não apagará o amor/ Nenhum rio o levará."

Essa imagem será recuperada por Teresa de Ávila e João da Cruz, para contar sua experiência do divino (*A Viva Chama de Amor*, João da Cruz): "Oh, chama

FOGO — FOUCAULD, CHARLES DE

viva de amor/ Que feres com ternura.../ Oh, vós, tochas de fogo, oh, vós/ nos esplendores brilhantes...”; assim, é preciso, sem dúvida, entender o “Memorial” de Pascal: “Fogo/ Deus de Abraão, Deus de Isaac, Deus de Jacó, não filósofos e sábios.../ Deus de Jesus Cristo.../ Alegria, alegria, alegria, choros de alegria...”

Enfim, Rimbaud multiplica as evocações do fogo em *Uma Estação no Inferno*, onde o poeta queria justamente acabar com seu catecismo e esse Inferno em princípio só destinado aos crentes.

Pierre Gibert

➢ Abraão; Cântico dos Cânticos; Elias; Espírito Santo; João da Cruz; Moisés; Místicos; Pentecostes; Sodoma e Gomorra; Teresa de Ávila.

FOUCAULD, CHARLES DE (1858-1916)

Com a beatificação de Charles de Foucauld, em 13 de novembro de 2005, uma nova forma de santidade é honrada pela Igreja Católica. Aristocrata afortunado que buscará, pela imitação de Jesus, um despojamento total, esse homem chamado aos primeiros lugares aspirará, desde a sua conversão, ao último lugar. Esse oficial voltou as costas à sua vida mundana no momento em que a descrença era de bom tom no exército republicano e renunciou aos confortos de uma época para enfrentar desertos imensos.

Marcado pela leviandade de sua época e das desgraças familiares, Charles de Foucauld conhece uma trajetória de “filho pródigo”, acometido por uma tristeza permanente e pelo aborrecimento, fruto de um desacordo entre seu ser profundo e sua vida social de devasso desabusado.

Em 1886, Charles de Foucauld está em plena crise pessoal. Sua prima, Maria de Bondy, o faz encontrar o Abade Huvelin, em Paris, que o convida a confessar-se, dá-lhe a absolvição e o incita a ir comungar. Sua conversão é súbita. O Abade Huvelin, que se tornou seu orientador espiritual, terá muita dificuldade para canalizar seu ardor de neófito. Porque o convertido quer viver decididamente longe dos caminhos construídos e escolher experiências religiosas extremas.

Sua segunda vida é marcada pelo apagamento no silêncio, na distância dos seres e das coisas, na vontade de explorar os segredos e as alegrias que encobrem a vida de Jesus em Nazaré, durante 30 anos. Ele tem sede de abjeção, de desaparecimento, de tarefas humilhantes. Ele quer ir sempre mais longe, geográfica e espiritualmente, no desprezo de toda consideração social – até a Trapa de Nossa Senhora das Neves, na Palestina, em Roma para se preparar para uma ordenação que ele acabou por aceitar, e, enfim, no Saara. Esse novo eremita é um trabalhador obstinado; ele se restringe à realização de múltiplas tarefas quotidianas: correspondência, diário espiritual, acolhida de visitantes, pesquisa do sentido do Islã, redação de gramáticas, traduções, coletânea de contos... A originalidade desse santo dotado de uma saúde robusta é imitar a vida de Jesus no que ela tem de mais oculto e de mais distante das ambições modernas.

166 CRISTIANISMO – DICIONÁRIO DOS TEMPOS, DOS LUGARES E DAS FIGURAS

FOUCAULD, CHARLES DE — FRANCISCO DE ASSIS

Quando a guerra eclode na Europa, em 1914, o homem do deserto fica em Tamanrasset. A região é perturbada por ataques de tribos. Para proteger as populações locais, Charles de Foucauld constrói um fortim onde são entrepostos víveres e armas, e onde ele se instala. Em 1º de dezembro de 1916, Tuaregues, influenciados por Senussitas hostis aos interesses franceses, o fazem prisioneiro, depois o matam. Seu corpo é enterrado no fosso que cerca o fortim.

Esse eremita que queria discípulos não os encontrou durante sua vida. Mas ele deu origem, muito tempo depois de sua morte, a um movimento como o dos Irmãozinhos e Irmãzinhas de Jesus. Estes querem levar o Evangelho a todos os lugares mais distantes do mundo, não pela palavra, mas compartilhando da vida quotidiana dos humildes e vivendo numa grande pobreza, para testemunhar o amor do Cristo.

Henri Madelin

➢ Convertido; Eremita.

FRANCISCO DE ASSIS (SÃO, 1181/1182-1226)

Francisco, filho do comerciante de tecidos Pietro di Bernardone, nasceu em Assis. A riqueza de sua família lhe permitiu frequentar os meios aristocráticos da pequena cidade úmbria e, nesse contato, ele se impregnou dos ideais da cultura da corte e cavalheiresca. Em 1205, quis juntar-se a uma expedição militar, mas foi barrado no caminho por uma visão que o levou a questionar a orientação de sua existência. Depois de ter rompido com seu pai e procurado seu caminho durante alguns anos, tomou consciência de sua verdadeira vocação: viver na pobreza e humildade e chamar a humanidade à conversão. Foi logo seguido por alguns habitantes de Assis e das cercanias, tanto clérigos quanto leigos, que formaram com ele uma pequena comunidade itinerante. Em 1209, Francisco redigiu um programa de vida constituído de algumas frases de Evangelho colocadas do começo ao fim e foi para Roma com seus companheiros para submetê-lo ao Papa Inocêncio III. Este se contentou em aprovar oralmente seu gênero de vida, esperando ver como ia evoluir essa experiência que parecia, em muitos traços, com a dos primeiros Valdenses, condenados por heresia em 1184. A partir de então, o pequeno grupo, que logo assumiu o nome de "Irmãos Menores", isto é, "pequeninos", multiplicou as campanhas de pregação na Itália central e atraiu inúmeras recrutas, entre as quais Clara de Assis, na origem da ordem das Clarissas, ramo feminino do movimento franciscano. Em 1217, quando do capítulo geral que reunia uma vez por ano todos os irmãos em torno da pequena Igreja Santa Maria da Porciúncula, foi tomada a decisão de enviar alguns dentre eles em missão ao norte dos Alpes e além-mar. O próprio Francisco foi para o Egito, em 1219, durante o cerco de Damiette, e aí encontrou o sultão Al-Kâmil, que ele tentou em vão converter à fé cristã. De volta à Itália, em 1220, teve de enfrentar as dificuldades ligadas à institucionalização de sua ordem, imposta pelo papado. A partir daí, sem interromper suas campanhas

FRANCISCO DE ASSIS

de pregação marcadas por um sucesso crescente, consagrou o essencial de seus esforços à redação da Regra dos Irmãos Menores: em 1221, uma primeira versão, onde seu projeto religioso se exprime em todo seu radicalismo, não foi aceita pela cúria romana, mas a segunda, mais jurídica e menos original em suas formulações, foi aprovada pelo Papa Honório III, em 1223. Doente, incomodado com a evolução rápida de sua ordem, fez, então, longas estadas em eremitérios, em particular no de La Verna, onde ele teria recebido em seu corpo os estigmas da crucifixão, em setembro de 1224. Tendo ficado quase cego, compôs, no entanto, o *Cântico do Irmão Sol* ou *Cântico das Criaturas*, no qual ele celebra o Criador através da beleza do mundo, texto fundador da literatura religiosa em língua italiana. Sentindo o fim aproximar-se, redigiu seu *Testamento*, onde ele evoca com emoção sua conversão e os primeiros tempos de sua fraternidade e lembra com vigor aos seus filhos espirituais a necessidade de permanecerem fiéis ao ideal de pobreza e de humildade que tinha sido o seu. Morreu em Porciúncula, berço de sua ordem, na noite de 3 para 4 de outubro de 1226, e seu corpo foi levado para Assis, em procissão.

O Papa Gregório IX, que o conhecia bem por ter colaborado com ele enquanto cardeal, canonizou o "Pobre de Assis", em 16 de julho de 1228. Pouco depois começou a construção de uma basílica em dois níveis, que lhe foi dedicada e para onde seus restos foram transladados, em 1230. As paredes da igreja superior foram cobertas de afrescos evocando os principais episódios de sua vida e seus milagres, realizados por Giotto e seu ateliê, em torno de 1300. Durante o século XIII, inúmeras *Vidas* de São Francisco foram escritas, em particular por Thomas de Celano (1229 e 1247-1253) e por Boaventura, ministro geral dos Irmãos Menores, de 1257 a 1274, das quais a Legenda Maior (1260/1263) se tornou, em 1266, a única biografia autorizada no seio da ordem. Mas sua mensagem mais autêntica se encontra em seus escritos, onde ele exprime seu desejo de levar uma vida plenamente evangélica, isto é, viver, como o Cristo e os apóstolos, na pobreza e na recusa de toda superioridade ou proteção. Para ele, com efeito, a pobreza não se reduzia à recusa de possuir bens particulares ou em comum, mas supunha aceitar a insegurança e o recurso ao trabalho manual ou, caso necessário, à esmola, para garantir sua subsistência, de modo a partilhar das condições de existência dos marginais e dos excluídos, em particular dos leprosos.

Francisco de Assis não é somente o fundador de uma ordem religiosa que desempenhou um papel importante na vida da Igreja ou um mestre espiritual que marcou de maneira durável a sensibilidade religiosa do Ocidente; ele também procurou criar um modelo alternativo de sociedade, subtraída à dominação do dinheiro e ultrapassando as clivagens hierárquicas ligadas ao poder, ao prestígio social e à cultura. É, sem dúvida, a razão pela qual sua figura continua hoje a exercer uma real fascinação sobre os espíritos, bem além das fronteiras da Igreja Católica de que ele se mostrou sempre, o que quer que lhe tenha custado, um filho respeitoso.

André Vauchez

➢ Assis; Louco em Cristo; Mendicantes (ordens).

G

GABRIEL (SÃO)

Ver *Anjo*; *Anunciação*.

GALILEIA

A Galileia, em hebraico *gelil*, "círculo", é também conhecida na Bíblia como "Cerco das nações" (Is 8, 23 e 1 M 5, 15). Na Bíblia, parece que ela seria um território à parte, ao norte do atual Estado de Israel, e que seus habitantes vivem em osmose com etnias estrangeiras. Reflexo da realidade ou reputação polêmica? Eruditos do passado e de hoje tentaram responder. Os Evangelhos sinópticos situam a maior parte da vida ativa de Jesus na Galileia, cujas situações típicas eles refletem maravilhosamente. Desse ponto de vista, eles são uma fonte preciosa. O Evangelho de João, por sua vez, apresenta as palavras e os fatos do herói na Judeia meridional e em torno de Jerusalém, onde se urde e se desfecha o drama maior. Os escritos rabínicos contêm também múltiplas informações que têm um valor histórico inegável. Mas a arqueologia se impõe hoje como a disciplina mais apta a informar sobre a vida econômica, social e religiosa da Galileia na virada da era e depois.

Do ponto de vista estritamente histórico, foi na Galileia que foram assentados os fundamentos do Cristianismo, por um certo Jesus de Nazaré, precisamente qualificado de "Galileu" (Mt 26, 69). É ainda aí que o Judaísmo recomposto depois da ruína do Templo verá instaurarem-se seus centros maiores de estudo da lei e de produção, de animação e de regulação.

Pode-se opor a Galileia setentrional, úmida e fértil, à Judeia meridional, seca e árida. Por razões ideológicas – a distinção entre Arianos e Semitas –, Renan opunha a "Galileia verdejante", terra de Jesus, à Judeia, "o mais triste país do mundo". Ele se colocava ao lado dos defensores de uma Galileia "pagã", que tomavam ao pé da letra a expressão bíblica "Galileia das nações".

A Galileia era um lugar de comunicação intensa entre o Mediterrâneo e o Oriente. Os bens econômicos, culturais, até mesmo religiosos circulavam nos dois sentidos. Alguns fazem dos galileus os descendentes diretos dos antigos israelitas: estabelecidos no lugar, estes teriam conservado ao longo dos séculos as crenças e os cultos ancestrais, apesar das invasões, em especial a dos assírios. É incômodo

170 CRISTIANISMO – DICIONÁRIO DOS TEMPOS, DOS LUGARES E DAS FIGURAS

GALILEIA — GEENA

conceber tão longa duração. Eles teriam, contudo, desenvolvido costumes e práticas próprias que os diferenciavam dos judeus. A despeito das incertezas, é provável que a população galileana fosse etnicamente, senão culturalmente, misturada no tempo de Jesus. Os indícios arqueológicos, principalmente, convidam a admitir a judaização ou rejudaização tardia da Galileia, pelos hasmoneanos vindos do sul.

A Galileia de Jesus é a de Herodes Antipas, senhor do território com a morte de Herodes, o Grande, seu pai (4/5 a.C.), até sua destituição em 39. Durante 40 anos, sob o título de "etnarca" da Galileia e da Pereia, "cliente" de Roma, ele manteve uma política de urbanização que completava ou prolongava a de seu insigne predecessor nos territórios do sul e no estrangeiro. Ele reconstruiu a cidade de Séforis, destruída por Varo depois de motins e lhe retirou suas prerrogativas de capital com a fundação de Tiberíades, onde se instalou em 19. Uma transformação econômica atingiu o conjunto do país, de que Jesus e seus companheiros foram testemunhas.

Mas outras dimensões, simbólicas por um lado, estão ligadas à época ao conceito de Galileia. Para os contemporâneos, a superfície do país era bem mais vasta que o que se apresenta em geral, até o Líbano e ao Antilíbano ao norte, com o Monte Hermon, até Damasco a nordeste e a Decápole a leste; enfim, até Tiro e Sidon, e o litoral a oeste. Flávio Josefo se refere a essas fronteiras ampliadas em sua repartição das tribos na parte setentrional da Terra Santa (*Antiguidades Judaicas*, V, 84-86). Um documento encontrado em vários exemplares nas grutas de Qumrân, o *Documento de Damasco*, dá conta de um "exílio em Damasco" da "comunidade da Nova Aliança". Uma mística galileana mais ou menos latente teria existido na virada da era, até mesmo antes. A julgar-se pelas rebeliões que se sucederam na Galileia da morte de Herodes, o Grande, à guerra contra Roma (66-70), ela podia tomar uma forma nacionalista armada. O Cristianismo retomou esse ideal em um sentido totalmente diferente, fazendo da Galileia o lugar quase mítico da missão universal de paz iniciada por seu fundador. Assim, Mateus encerra seu Evangelho com o relato das aparições na Galileia, com o envio dos discípulos através do mundo (Mt 28, 16-20), anunciado por três vezes (Mt 26, 32; 28, 7.10).

André Paul

➤ Evangelistas; Herodes; Jesus; Tiberíades.

GEENA

A Geena (do hebraico *ge'ben-hinnom*, "vale do filho de Hinnom") é o vale que costeia o oeste e o sul de Jerusalém, onde se une aos vales de Tiropéon e do Cédron. Ele delimita os territórios das tribos de Judá e de Benjamin (Jos 15, 18, Ne 11, 30). A Geena é, sobretudo, um lugar mal afamado: é aí que são queimados os detritos da cidade na época real, e, principalmente, no mesmo momento, o lugar onde está construído um *Tofet*, lugar de oferendas ao deus Moloch. Sobre essas oferendas, a dúvida permanece. A interpretação óbvia de sacrifício de crianças ao deus (Jr 32,

GEENA — GENEBRA

35 etc.) não é mais sustentada. Hesita-se entre duas hipóteses. De acordo com a primeira, um culto sincretista a Yahvé e ao Baal cananeu e fenício teria sido celebrado aí, enquanto a segunda, atualmente tida como a mais provável, vê aí um lugar de consagração das crianças a Yahvé e ao deus Hadad, introduzido em Judá nos séculos VII-VIII. O *Tofet* foi purificado pelo Rei Josias, que restaurou depois de 622 o culto estritamente monoteísta de Yahvé e de sua Lei; ele recebeu, então, o apelido de "vale do assassínio" (Jr 7, 31-34). A crítica à Geena nos textos proféticos valeu ulteriormente ao lugar ser excluído da topologia de Jerusalém ou de reconhecer-se como uma antecipação do julgamento e do fogo eterno. É o caso na apocalíptica judaica, na literatura rabínica, e, enfim, no Novo Testamento (Mc 9, 43, Mt 5, 22.29 etc.): a Geena é somente, então, um outro nome do Inferno – uma assimilação desconhecida do Antigo Testamento, que não reconhece para os mortos outra estada senão o Schéol. Não haverá, pois, especulação cristã sobre a Geena, com a qual só o judaísmo se preocupará. Segundo Maïmonide, a Geena significa, de fato, que a vida eterna é recusada ao maldoso. O Zohar, enfim, desdobra a Geena em uma Geena do alto e uma Geena do baixo, um pouco equivalente ao Purgatório cristão.

Jean-Yves Lacoste

➢ Inferno; Fim dos tempos; Ídolos; Purgatório.

GENEBRA

Importante elo de comunicação com sua ponte sobre o Ródano, Genebra foi cristianizada desde o século III, antes de se tornar, no século seguinte, a sede de um vasto bispado. No século V, a cidade se torna uma das capitais do reino burgúndio, cujos dirigentes são arianos até a conversão do Rei Sigismundo, o fundador da Abadia de São Maurício, no Valais. Anexada ao reino franco no século VI, Genebra é ligada algumas décadas depois do tratado de Verdun (843) ao segundo reino de Borgonha, depois, em 1034, ao Santo Império romano germânico. Detendo o poder efetivo, o bispo dirige a cidade que chega ao *status* de principado episcopal, no século XII (donde a meia águia e a chave que figuram nas armas genebrinas). Protetor da independência de Genebra, frente às perspectivas hegemônicas dos condes de Genebra, depois, de Saboia, o príncipe-bispo deve compor, a partir da segunda metade do século XIII, com o crescimento do movimento comunal. Em 1387, a carta das franquias do bispo Adhémar Fabri homologa os direitos jurídicos e as conquistas políticas dos cidadãos de Genebra. Quando, em 1439, o primeiro duque de Saboia Amadeu VIII, então retirado em um convento, sobe ao pontificado pelo concílio de Basileia, ele se arroga, enquanto papa Félix V, a sede episcopal de Genebra, cuja autoridade permanece sob o controle de Saboia até a Reforma. Em reação contra a ingerência crescente do Duque Carlos II, o partido dos *Eidguenots* – ou "confederados" – consegue assinar um tratado de "comburguesia" com os cantões suíços de Friburgo e de Berna (1526).

GENEBRA

A Reforma é proclamada em Genebra, em maio de 1536, antes mesmo da primeira estada de Calvino na cidade. O impulso foi dado pelos *Eidguenots*, que aspiram a emancipar-se definitivamente da tutela saboiana e da autoridade dos príncipes-bispos enfeudados na casa de Saboia. O primeiro culto público é celebrado em 1533; a missa é abolida em agosto de 1535. Situada na encruzilhada da Suíça, da França e da Itália, próxima da Alemanha, Genebra constitui um lugar ideal para erigir uma cidadela exemplar da fé nos frontes ocidental e meridional da Reforma e oferecer um asilo aos perseguidos. Quando Calvino aí se instala definitivamente em 1541, ele chega a impor sua concepção original da Igreja e a pôr em prática seu projeto de disciplina eclesiástica, apesar da resistência que lhe opõem os Velhos Genebrinos, conduzidos por Ami Perrin, até sua derrota, em 1555. O Consistório, tribunal eclesiástico misto que pretende fazer respeitar as regras da disciplina cristã, zelando pelos costumes e regularizando as relações matrimoniais, pode, então, exercer plenamente sua atividade. O primeiro refúgio huguenote em Genebra exerceu um papel determinante no fortalecimento e na projeção da Reforma genebrina, no século XVI. Calvino se beneficiou amplamente do apoio da comunidade de refugiados, que contribuiu para o dinamismo intelectual da cidade e, em particular, ao desenvolvimento rápido da imprensa, um dos principais vetores da difusão do calvinismo. A criação, em 1559, de uma Academia permitiu, além disso, garantir a formação de inúmeros ministros enviados à França para se encarregar das coletividades reformadas que se organizaram em Igrejas.

Enquanto os polemistas católicos se prenderam em pintar a cidade de adoção com a heresia calvinista como um lugar de devassidão e de transbordamento, o reformador escocês John Knox considera, no mesmo momento, que o modelo genebrino não tem equivalente na cristandade. Quanto a Bernardino Ochino, ex-geral da Ordem dos Capuchinhos convertido ao Protestantismo, ele se felicita por ter contemplado na cidade-refúgio o retrato da vida eterna: duas faces de um mesmo mito que revelam de chofre as apostas aferentes à imagem de um pequeno Estado-cidade, elevado à posição de capital de um movimento religioso – a "Roma protestante" – e a própria encarnação do calvinismo por seus partidários, assim como por seus adversários. Esse caráter arquetípico contribuiu para estender as exigências de exemplaridade inerentes à instauração durável de uma pura piedade e de uma ordem moral em todos os escalões da sociedade. O insucesso de uma tentativa saboiana empreendida de noite, em 1602 (a Escalada), conforta, em todo caso, os genebrinos na ideia de que eles se beneficiam de uma proteção milagrosa da providência divina.

A política de repressão levada a efeito por Luís XIV contra "religionários" franceses, depois, a revogação do edito de Nantes (1685) ocasionam um novo afluxo maciço de refugiados, que participam do crescimento econômico de Genebra. Com a instalação permanente de um residente da França imposta por Luís XIV, em 1679, para controlar esse "segundo refúgio", os genebrinos devem aceitar que a missa para os estrangeiros seja celebrada na cidade, em seu hotel particular.

GENEBRA

Bastião da ortodoxia reformada, tributária da obra de Teodoro de Bèze, a teologia genebrina evolui lentamente ao longo da segunda metade do século XVII sob a dupla influência do cartesianismo e das ideias da Academia de Saumur. Com Louis Tronchin, e mais ainda com Jean-Alphonse Turrettini, ela se libera pouco a pouco dos fundamentos dogmáticos da ortodoxia reformada, tanto que, no século XVIII, o modelo genebrino é exaltado pelos partidários das Luzes e reprovado como foco de heresia pelas Igrejas reformadas que ficaram fiéis aos artigos de fé tradicionais. Avatar do mito de Genebra, a República esclarecida e sua escola de moderação teológica são celebradas por Rousseau, "cidadão de Genebra" – antes que o *Contrato Social* e o *Emílio* sejam condenados pelas autoridades (1762) –, e principalmente por d'Alembert na *Enciclopédia* (1757).

Durante o século XIX, enquanto Genebra entrou na Confederação helvética (1815), a futura Igreja nacional protestante e os movimentos originários do Réveil [Despertar] se disputam a herança do que é doravante qualificado de "bem-aventurada reformação". Em torno de Merle d'Aubigné, pastores dissidentes fundam a sociedade evangélica, que reata com os valores ortodoxos reformados, promove a leitura da Bíblia e a evangelização. Essa cisão interna no Protestantismo genebrino se opera enquanto o crescimento da população católica, que se torna majoritária em 1860, desfalca as marcas identitárias herdadas da Reforma. A revolução radical de James Fazy (1846), que recebeu o apoio dos católicos, instaurou, aliás, a igualdade religiosa e pôs fim à predominância da Igreja protestante em Genebra. Em 1907, o povo genebrino se pronuncia a favor da separação da Igreja e do Estado e da supressão do orçamento dos cultos. Dois anos mais tarde, um monumento internacional da Reforma (ou muro dos reformadores) é erguido por ocasião do quadringentésimo aniversário do nascimento de Calvino, e resolve destacar a contribuição do calvinismo para os valores fundadores da modernidade.

O filantropismo cristão originário do Réveil vai exercer um papel importante na gênese do caráter internacional da cidade que favorece a política de abertura e de acolhimento dos radicais. Sob o impulso de Henri Dunant, o comitê internacional da Cruz Vermelha é fundado em 1863, um ano antes da assinatura da primeira convenção de Genebra. A cidade, onde se reúne o congresso internacional da paz (1867), torna-se, por outro lado, o lugar privilegiado das resoluções dos conflitos e, no século XX, de encontros de cúpula. A instalação, em 1920, da Sociedade das Nações (SDN), depois, o estabelecimento, em 1946, do escritório europeu das Nações Unidas consagram a vocação internacional da cidade – doravante assimilada por alguns ao "espírito de Genebra" – e fazem afluir muitas organizações governamentais e não governamentais, dentre as quais o primeiro secretariado do Conselho Ecumênico das Igrejas (1938) e o próprio Conselho Ecumênico (1948).

Nicolas Fornerod

➢ Calvino; Lutero; Protestantes; Reforma.

GETSEMANI

Jesus tinha o costume de ir com seus discípulos para passar a noite (Mc 14; Jo 8, 1-2) no jardim de Getsemani, situado ao pé do Monte das Oliveiras. Segundo a etimologia, Getsemani significa "prensa de óleo". Foi aí que, antes de sua prisão e de sua Paixão, Jesus se pôs a rezar e entrou em agonia. Durante sua vigília, Jesus é arrebatado pela tristeza e pela angústia. Segundo o Evangelho de Lucas, "ele rezava de maneira mais continuamente, e seu suor se tornou como grossas gotas de sangue que caíam ao chão" (Lc 22, 44).

Em sua agonia, literalmente seu "combate", Jesus está sozinho; ele não chega a acordar seus discípulos, "adormecidos de tristeza" diante de sua impotência em face dos últimos acontecimentos. Esse adormecimento dos discípulos é premonitório da fragilidade espiritual que afeta até os eleitos de Deus.

A agonia é um enfrentamento entre a vontade própria de Jesus e a missão que lhe confia o Pai para a salvação do mundo: "Afasta de mim esse cálice". Ela se conclui num ato de obediência cara: "Não o que quero, mas o que tu queres". Getsemani evoca a solidão sofredora, o abandono pelo homem de sua "vontade própria" que precede a morte.

Henri Madelin

➢ Paixão.

GLÓRIA

"Glória" associa em francês (*gloire*) os campos semânticos de dois termos hebraicos com forte carga teológica, *kavod* e *shekinah*. A *shekinah* (termo derivado de versículos bíblicos, como Êx 25, 8 ou Lv 16, 16) é a presença gloriosa de Deus, que se manifesta, por exemplo, no Templo de Jerusalém sob a forma de uma nuvem, no dia de sua dedicação. Às vezes simples circunlocução utilizada nos textos rabínicos para não pronunciar o nome de Yahvé, ela aí designa globalmente sua presença na vida do homem e em Israel, e sua imanência na criação. Para designar a bem-aventurança escatológica dos justos, o tratado talmúdico Berekhot diz que eles "gozarão do esplendor da *shekinah*" (17a).

Os empregos de *kavod* (que será tratado tardiamente como um sinônimo de *shekinah*) são mais numerosos. A palavra designa inicialmente o peso ou o valor de uma pessoa (Gn 13, 2), a glória de um rei, divino ou humano (Sl 25, 2). A "glória de Yahvé" é mencionada abundantemente nos Salmos, presente na nuvem (Êx 40, 34) e no Templo (1 R 8, 10) e possui uma dimensão cósmica ("os céus contam a glória de Deus", Sl 19, 1). Ela se manifesta em inúmeras teofanias, a começar pela do Sinai (Êx 24, 40; Lv 9, 6.23). Para os textos sapienciais, a Sabedoria resume toda a manifestação divina, e ela está religada ao tema da glória, visto que é "irradiação da glória do Todo-Poderoso" (Sab 7, 25).

ANDRÉ VAUCHEZ   175

GLÓRIA — GNÓSTICOS

O tema da glória, *doxa*, em grego, percorre quase todo o Novo Testamento, com mais de 200 ocorrências. A continuidade com a temática veterotestamentária é manifestada no cântico de Simeão (Lc 2, 29-32): Jesus recém-nascido apresentado no Templo é "glória de Israel seu povo". O Evangelho de João – em duas partes convencionalmente designadas como "Livro dos Sinais" e "Livro da Glória" – se apresenta primeiramente como a revelação da glória do *Logos* feito carne: Jesus é aquele a quem o Pai comunica sua glória e quem a comunica aos seus (Jo 17, 22). Para Paulo (2 Co 3, 4-6), glória, aliança nova e dom do Espírito estão ligados: é "o *locus theologicus classicus* da estética teológica paulina", "a glória de Deus se comunica à comunidade dos crentes por integração da Torá, dos profetas, da sabedoria e do apocalíptico" (Y. Simoens).

Um relato evangélico ocupa uma posição preponderante, o da Transfiguração (Mt 17, 1-8), onde Jesus aparece banhado da glória de Deus. Se a teologia ocidental se demora pouco em especulações sobre esse texto, acontece de outra maneira com a teologia oriental. Numa longa história que passa pelo Pseudo-Dinis (por volta de 500) e se conclui com Gregório Palamas (por volta de 1296-1359), a "luz do Tabor" acaba sendo assimilada às "energias divinas", distintas da essência divina. A glória de Deus não é, pois, sua essência irreconhecível, mas sua dimensão comunicável. A comunicação dessa glória ao homem tem um nome, "deificação" ou "divinização", *theiôsis*. Inúmeros textos místicos, testemunhos feitos com experiências místicas mostram o homem já revestido da glória divina, de alguma maneira pré-divinizado sob a ação do Espírito. A teologia ocidental ligará, também ela, a glória ao destino do homem: o destino escatológico do corpo humano é de se tornar um "corpo glorioso".

Não se pode, finalmente, esquecer que Deus manifesta com certeza sua glória, mas que o homem é também o que lhe dá glória, principalmente na liturgia. A doxologia, em todas as teologias da liturgia, é considerada como o pico da ação humana. Dando glória a Deus, o homem se une ao louvor das criaturas angélicas. O conceito de glória é assim o de uma circulação ou de uma troca perpétua entre Deus e o homem. A doxologia, no caso, pode até servir de conceito organizador de uma teologia. A glória de Deus, enfim, entendida como sua "beleza" ou seu "esplendor soberano", *Herrlichkeit*, ocupa um lugar central para os dois maiores teólogos do século XX, K. Barth e H. U. von Balthasar.

Jean-Yves Lacoste

➤ Revelação; Tabor; Templo.

GNÓSTICOS

A gnose, do grego *gnôsis*, "conhecimento", é um movimento de pensamento que se manifestou entre o século I e o V de nossa era, no Império Romano. Ela está centrada na ideia de um conhecimento revelador que traz a salvação, um conheci-

GNÓSTICOS

mento ao mesmo tempo de si mesmo e de Deus, concebido como o Um absoluto, desconhecível e oculto. Doutrina pessimista, a gnose fornece um retrato muito negativo do mundo e da criação, obras de um deus inferior (o demiurgo), onde o homem está confinado, carregado de elos da carne. Mas se o corpo do homem foi modelado como uma prisão pelo demiurgo e seus anjos maus, os arcontes, ele guardou do reino do Incognoscível uma fagulha de luz. É revivificando essa parte luminosa de consciência que o homem pode descobrir suas origens e atingir o absoluto por uma busca que o leva ao interior dele mesmo, separando-o da matéria. Poucos homens são capazes de alcançar esse estado: "um em mil, dois em dez mil", segundo as palavras do mestre Basílides, que se instruiu em Alexandria, sob o reino de Adriano (117-138).

O pensamento abstrato da gnose alimentou muitos mitos complexos, em que múltiplas entidades repartem a cena das origens. Ao mundo do Incognoscível e de suas emanações se opõe o mundo pululante de maus anjos que governam a criação, regida por um destino implacável. O homem luta para se subtrair aos seus carcereiros e às paixões, empreendendo uma subida ao mesmo tempo interior e celeste, para reconquistar sua pátria do alto.

A gnose enriqueceu-se com tradições religiosas e culturais diversas que explicam sua dimensão sincretista. O cadinho intelectual e espiritual do fim da Antiguidade permitiu-lhe beneficiar-se dos aportes do Judaísmo, do pensamento grego e do Cristianismo, sem esquecer o hermetismo e a teurgia. Esses elos se teceram nas grandes cidades do Império, Alexandria, Antioquia, Roma, mas também em outras regiões do mundo romano, da Ásia Menor à Gália.

Os mais antigos mestres da gnose se enraízam num contexto judeu: Simão mago, personagem que coincide com Simão de Samaria, citado pelos Atos dos Apóstolos, Menandro, seu discípulo, que difundiu sua doutrina na Síria, antes de 80, e Saturnino, que fundou nessa mesma cidade uma escola de pensamento, entre 120 e 130. Eles contestam os dados da Bíblia, reinterpretando o relato das origens: a Criação é, segundo eles, o resultado de um complô entre o Deus criador e seus anjos, às custas do homem. O desprezo em relação ao Deus da Bíblia os leva a rejeitar as escrituras veterotestamentárias, inspiradas por esse mesmo Deus, cujos porta-vozes, os profetas, são considerados mentirosos.

Cristianismo e gnose se entrelaçam estreitamente: no Cristianismo em formação, a gnose apresenta uma interpretação do Cristo e de sua mensagem que se opõe à da Igreja: o homem, preso nas trevas, encontra o caminho da salvação por um Salvador celeste, o Cristo, enviado pelo Incognoscível não para liberar o homem do pecado, mas para lhe revelar o mistério do conhecimento. Entidade preexistente, inteiramente divina, o Cristo não é contaminado por um nascimento humano. Indene de todo sofrimento, sua morte e sua crucificação são apenas uma armadilha para enganar os maus governantes do cosmos. O pensamento de Basílides, fundador de uma escola em Alexandria, entre 120 e 150, e de Valentino mostra

GNÓSTICOS

a reelaboração de elementos cristãos em doutrinas de um alto valor intelectual, onde a interpretação alegórica dos textos bíblicos contém um grande espaço. A influência da filosofia grega, da corrente medioplatônica e, em menor medida, do neoplatonismo lhe permitiu estruturar a reflexão sobre a entidade primeira e apoiar o tema da ascensão intelectual do homem até sua origem.

Os que aderiram à gnose são chamados "gnósticos", do termo grego *gnostikoi*, "os que conhecem". Se esse nome se encontra em seus próprios escritos, ele é principalmente utilizado com uma intenção polêmica por seus adversários, os heresiólogos cristãos e os filósofos do movimento de Plotino (205-270). Os gnósticos suscitaram, com efeito, uma violenta reação dos padres da Igreja, que escreveram contra suas doutrinas das refutações documentadas. A cisão operada pelos gnósticos entre Deus superior e Deus criador para dar uma resposta à questão da existência do mal, a interpretação da figura do Cristo e a alienação em relação ao mundo foram percebidas como uma ameaça para o ensinamento da Igreja. A profundidade da reflexão intelectual dos gnósticos era, além disso, suscetível de atrair em suas fileiras a elite culta e de subtrair crentes da Igreja. A gnose foi então taxada de heresia, e suas inúmeras correntes, postas no *index*. Os gnósticos foram também perseguidos pelo Estado Romano, que se tornou cristão, e sua produção literária, em grande parte destruída. Do lado pagão, a crítica foi também virulenta: Plotino, cujas aulas em Roma eram também frequentadas por gnósticos, escreveu contra eles a segunda *Enéada* e encarregou alguns de seus alunos de contrariar suas teorias.

As doutrinas da gnose foram por muito tempo conhecidas só pelo intermédio dos padres da Igreja – documentação parcial e manchada pela polêmica. Somente no fim do século XVII encontraram-se alguns documentos escritos pelos próprios gnósticos: dois *codices* escritos em língua copta e contendo alguns tratados gnósticos (*codex* Askew; *codex* Bruce), que datam do fim do século IV. Um outro *codex* contendo quatro escritos foi também encontrado no Egito, no início do século XX (*codex* de Berlim). Mas a grande descoberta que renovou profundamente o estudo da gnose data de 1945: um pote contendo 12 *codices* em papiros, e fragmentos de um décimo terceiro foram encontrados por felás numa gruta dominando o Nilo, em Nag Hammadi, no Alto Egito. Os 54 tratados em língua copta conservados nesses manuscritos constituem uma documentação de primeira mão e comprovam a rica produção literária dos gnósticos: escritos de revelação, evangelhos atribuídos na ficção literária a apóstolos, cartas dogmáticas, orações e tratados mitológicos e filosóficos, todos anônimos. Esses manuscritos datam do século IV, como o atestam suas encadernações e as grafias coptas utilizadas, mas são traduções de escritos compostos originalmente em grego, cujas versões originais, perdidas, remontam aos séculos II e III. Essa biblioteca constituía provavelmente o *corpus* de escritos sagrados de uma comunidade gnóstica, estabelecida em pleno século IV no Alto Egito. Mais recentemente, um outro *codex* veio à tona nos anos 1980, perto de Mynia (Médio Egito), o *codex* Tchacos.

CRISTIANISMO – DICIONÁRIO DOS TEMPOS, DOS LUGARES E DAS FIGURAS

GNÓSTICOS — GREGÓRIO, O GRANDE

As teorias da gnose exerceram um papel na formação de outros movimentos de pensamento, igualmente centrados na noção de um conhecimento portador de salvação: o maniqueísmo, o mandeísmo, a cabala.

Madeleine Scopello

➤ Dualismo; Herético.

GÓLGOTA

O Gólgota (do aramaico *gulgota*, "crânio"), ou Calvário, é uma colina que se encontrava no exterior dos muros de Jerusalém, que os romanos tinham escolhido como lugar de crucificamento dos condenados. Seu nome proviria da forma desse monte, pelo fato de aí se praticarem os suplícios ou inúmeros crânios que o cobriam. Os quatro Evangelhos concordam em dizer que Jesus foi crucificado no Gólgota (Mt 27, 33; Mc 15, 22; Lc 23, 33; Jo 19, 17), que todos traduzem como "lugar do crânio". O túmulo no qual o depositaram após sua morte, em um jardim pertencente a José de Arimateia, parece ficar perto desse lugar. Por volta de 326-335, Helena, a mãe de Constantino, identificou o Gólgota graças a dois templos pagãos que Adriano havia mandado construir, e decidiu construir uma basílica. Esta, reconstruída pelos cruzados, no século XI, leva o nome de Santo Sepulcro e se encontra na atual cidade velha de Jerusalém. Ela envolve ao mesmo tempo o calvário e o sepulcro.

Uma exegese antiga considera que o nome de Gólgota provém do fato de que o Rei Melquisedeque teria aí depositado o crânio de Adão (Orígenes, *Comentário sobre Mateus*, 126; Ambrósio, *Comentário sobre Lucas*, 10, 114). O sentido da tradição é evidentemente simbólico: o sangue que escorre da cruz de Cristo vem lavar o crânio de Adão, da mesma maneira que seu sacrifício restabelece nos homens o pecado original, realizando a salvação da humanidade. Encontra-se frequentemente esse tema na pintura: um crânio, ao pé da cruz, é inundado com o sangue que goteja dos ferimentos do Cristo.

Régis Burnet

➤ Constantino; José de Arimateia; Lugares santos; Paixão; Santo Sepulcro

GOMORRA

Ver *Sodoma*.

GREGÓRIO, O GRANDE (SANTO)

Ver *padres da Igreja*.

GREGÓRIO VII

GREGÓRIO VII (SANTO, POR VOLTA DE 1020-1087)

Hildebrando, nascido no sul da Toscana, foi primeiro monge em Cluny e na abadia romana de São Paulo-fora-dos-Muros, depois fez toda sua carreira na companhia dos papas, a partir de Leão IX (1048-1054), que o nomeou cardeal e o enviou como legado à França. Foi, em seguida, um dos principais colaboradores de Nicolau II (1058-1061) e de Alexandre II (1061-1073), que empreenderam reformar a Igreja romana, retirando-a da dominação do poder imperial (eleição do papa reservada aos cardeais, em 1059) e de elevar o nível moral do clero pela condenação da simonia (compra de dignidades eclesiásticas) e do nicolaísmo (vida conjugal dos padres). Eleito papa em 1073, sob o nome de Gregório VII, ele foi mais longe que seus predecessores, atacando o que ele considerava como a própria raiz de todos os males de que a Igreja sofria: o embargo dos poderes leigos, e, em particular, da autoridade imperial, sobre a designação dos bispos, cujo símbolo era a investidura dos prelados pelo soberano que lhes entregava o báculo e o anel, insígnias de sua função. Essa luta, que devia prolongar-se até em pleno século XII, é designada sob o nome de "querela das Investiduras" ou "querela do Sacerdócio e do Império". Sob o impulso de Gregório VII, sínodos romanos, em 1074 e 1075, condenaram essas práticas tornadas tradicionais, que permitiam aos imperadores germânicos e aos reis controlar as cidades de seus Estados por intermédio de prelados escolhidos e nomeados por eles. O Imperador Henrique IV reage violentamente contra essas decisões. Ele mandou, por um sínodo, depor o papa, que o excomungou, por sua vez, e invadiu a Itália. Mas depois de sucessos iniciais, ele teve de se humilhar diante de Gregório VII, em Canossa, em 1077. A trégua que seguiu foi de curta duração, e o imperador chegou a Roma em 1084. Fechado no castelo Santo Ângelo, o papa só conseguiu salvar-se com a chegada dos Normandos de Roberto Guiscardo, que o levaram com eles, depois de ter colocado a cidade em fogo e sangue. Morreu em Salerno, em 1085, dizendo que ele tinha "amado a justiça e odiado a iniquidade". Mas o combate reformador continuou sob seus sucessores, e a reforma dita "gregoriana" – do nome desse papa que a tinha conduzido com uma energia feroz – só acabou com a concordata que foi concluída em Worms, em 1122, entre o papado e o império, em virtude da qual o imperador renunciava a revestir os bispos com seu poder espiritual e não lhes conferia a posse senão para as possessões e os direitos temporais que lhes atribuía. Gregório VII, além disso, desempenhou um papel decisivo no reforço do poder pontifical no seio da Igreja. Em seus *Dictatus Papae*, de 1074, ele afirma que só o pontífice romano é universal e que ele pode depor os bispos e até o imperador; todos os julgamentos são submetidos à sua correção, mas ele não pode ser julgado por ninguém. Se esse programa ambicioso não foi inteiramente realizado sob seu pontificado, é certo que o prestígio e a autoridade do papado saíram reforçados dessa crise, e a Igreja, mais clericalizada.

André Vauchez

➢ Igreja; Imperador; Papa.

HELENA (SANTA)

Ver *Constantino*.

HEREGE

O herege, designado como tal pela autoridade religiosa, é aquele que contesta, na totalidade ou em parte, a doutrina, a expressão institucional e o magistério da Igreja. Ele aparece quando Justino e Ireneu formulam contra os gnósticos uma norma da fé que define a ortodoxia. A partir de então, o dissidente constitui um perigo para a ortodoxia, mas ele só é qualificado como herege se sua fé carrega a reivindicação de uma comunidade onde ela se encarna.

Depois das perseguições contra os cristãos, erguem-se controvérsias trinitárias ou cristológicas. Por iniciativa de Constantino e de seus sucessores, concílios decisivos estabelecem o *Credo* e condenam o arianismo e o monofisismo. A adesão ao desvio, nessa época, pode depender de rivalidades entre as grandes metrópoles eclesiásticas, e quando o Cristianismo se torna uma religião universal, algumas regiões afirmam sua especificidade, optando pela diferença religiosa.

Depois do século IV, o herege critica, apoiando-se no Evangelho, a integração da Igreja na sociedade, sua riqueza e seu poder. Ele só admite a autoridade da Bíblia e reivindica para si ser portador da verdadeira tradição evangélica e apostólica; nesse sentido, os ministros do albigensianismo se dizem "bons cristãos". O herege se restringe, geralmente, a uma severa ascese para alcançar a plenitude espiritual. Essa rejeição do corpo culmina, algumas vezes, no dualismo. O herege recusa o ministério dos clérigos, cuja vida se afasta do propósito evangélico, e repele as vias ordinárias da mediação eclesiástica entre os fiéis e Deus: liturgia, sacramentos e, muitas vezes, as imagens e as igrejas. Para conseguir a salvação, muitos hereges privilegiam o esforço pessoal ou o contato direto com Deus. Pelágio, por volta de 390, sustenta que o homem pode chegar à salvação por seu livre arbítrio, o flagelante do século XIV julga que a mortificação pessoal permite encontrar a graça sem confissão nem indulgências.

HEREGE

O herege rejeita, frequentemente, talvez por antijudaísmo, o Deus do Antigo Testamento. Ele procura também ir além da Nova Aliança, de que a Igreja afirma ser o instrumento, para atingir uma terceira idade, a do Espírito, preparando o fim dos tempos.

Tanto na Antiguidade como na Idade Média, a religião constitui o elo social essencial; o poder dos imperadores e dos príncipes repousa sobre um fundamento religioso, e a Igreja exerce um papel fundamental na regulação, no controle e no equilíbrio da sociedade. O herege, sem nenhuma dúvida, motivado por uma angústia espiritual, aparece, então, como um agente maior de subversão e é objeto de uma repressão vigorosa.

Os clérigos, ameaçados em seu magistério, constroem uma imagem deles particularmente negativa, que justifica as perseguições. Para Justino e Tertuliano, o herege é animado de uma perversão demoníaca, tanto mais grave que ele mascara seu caráter diabólico sob as aparências da austeridade. Censura-se neles crimes contra a natureza, portanto, contra Deus, participando do oculto e do indizível: orgias noturnas, comunidade das mulheres, incestos, sodomia, infanticídios. Depois do ano mil, num período em que se sucedem as mudanças profundas, os homens da Igreja veem nos hereges a ressurgência do maniqueísmo ou do arianismo; eles dão aos dissidentes da região de Colônia o nome de "cátaros", tirado de Agostinho, que condena movimentos ascéticos que recusam tanto o casamento quanto o consumo de alimentos cárneos. O herege é, muitas vezes, denunciado como o seguidor de um heresiarca estrangeiro.

Os poderes constituídos sempre foram atentos à manutenção da ortodoxia, mas, depois do ano mil, o herege sofre o castigo das multidões e de uma repressão selvagem, porque ele reúne contra sua diferença uma comunidade cuja coesão se reforça, procedendo à sua eliminação. Na segunda metade do século XII, o poder eclesiástico e o poder principesco retomam em mãos a perseguição do herege, tornada um dos modos fundamentais de sua afirmação. A Inquisição se estabelece, com o apoio dos poderes leigos. Refratário a toda apostasia, o herege acaba na fogueira. Se ele se converte, sofre penas infamantes, como o porte de cruzes amarelas em suas roupas.

Destruidor de um elo social maior, o herege não deixa de exercer um papel essencial na cristandade. Embora suscite o terror dos clérigos, ele serve como unificação da Igreja e seu *aggiornamento*. O processo é, às vezes, violento – cruzadas em país cristão, contra os albigenses (1209-1229), os apostólicos (1305) ou os hussitas (1418-1431) – mas a presença do herege permite principalmente a extensão da justiça do papa a todo o Ocidente, enquanto o campo da heresia não para de aumentar. É herege não somente o simoníaco, mas, também, todo adversário do soberano pontífice, o usurário, o camponês que se recusa a pagar o dízimo. O herege contribui igualmente para a evolução da doutrina da Igreja e das instituições eclesiásticas, justificando a palavra de Paulo: "Convém mesmo que existam hereges" (1 Co 11, 19). Com efeito, o desviante coloca em evidência a via certa; o dogma se constrói e

HEREGE — HERODES

se esclarece contra ele. É contra Pelágio que Agostinho sustenta que a livre vontade do homem e a ascese não bastam para abrir o caminho da salvação, e que a graça de Deus é indispensável. O princípio da transubstanciação se refina depois que Bérenger de Tours, no século XI, contestou a presença do Cristo nas santas espécies.

O herege serve também ao avanço da cristianização, favorecendo a intervenção dos poderes, o que permite fazer explodir, a partir de 1160, todos os núcleos de resistência à autoridade eclesiástica como ao poder do príncipe. Um século mais tarde começa a caça às bruxas e aos mágicos. Esse novo período mostra que os poderes devem dispor de bodes expiatórios, dos quais o herege constitui o melhor. A imagem das bruxas, totalmente fantasiada, mas recebida por todos como uma realidade, faz da bruxaria uma heresia de Estado, para a qual a justiça do príncipe se encarrega do castigo, desde o século XIV, no Delfinado, antes de arrogar para si sua exclusividade, na França. Paralelamente, o herege dessa época se mostra cada vez mais frequentemente uma mulher, mística e inspirada, para grande horror dos clérigos. Queima-se a beguina Marguerite Porète, em 1306. A hierarquia eclesiástica, que os visionários inquietam, sofre para fazer a distinção entre o enviado de Deus e a possuída do demônio; ela opta frequentemente pelo segundo caso. Mas as mulheres inspiradas são capazes de todas as audácias frente à Inquisição, que se trate de Constance de Rabastens ou de Joana d'Arc.

O maior herege do século XV é o hussita da Boêmia. Em 1436, o Concílio de Basileia assume um compromisso com os hussitas moderados que eliminaram os radicais. O pluralismo religioso se instala pela primeira vez na Europa, e desde que se instaura a conjunção dos príncipes ou dos poderes urbanos e da dissidência, o herege se instala de maneira definitiva em alguns Estados, onde se define uma nova ortodoxia, que gera, por sua vez, seus próprios hereges, assim para a Genebra de Calvino.

Cinco séculos mais tarde, enquanto se afirma o ecumenismo, o herege da história merece ser reconhecido pelo que era, não um filho do diabo, mas um cristão diferente.

Jean-Louis Biget

➢ Concílios (sete primeiros); Dualismo; Gnósticos; Hildegarde de Bingen; Hus (João); Inquisidor (Grande); Joana d'Arc; Ortodoxos; Revelação.

HERODES

Dois Herodes são importantes na tradição cristã: Herodes o Grande, e seu filho Antipas. O primeiro, rei da Judeia imposto por Roma, reina de 39 a 4 a.C. Bem visto pelos romanos, mas detestado pelos judeus por sua crueldade, foi um grande construtor, edificando palácios e fortalezas, Herodium, perto de Belém, Massada, e, em 19 a.C., ele reconstrói o Templo com sua magnificência. É a ele que se atribui o Massacre dos Inocentes. Mateus conta que Herodes recebeu a visita dos Magos em busca do "rei dos judeus" que acabava de nascer. Convocando sábios judeus, Herodes fica sabendo que Belém é o lugar anunciado por uma profecia. Pretextando

184 CRISTIANISMO – DICIONÁRIO DOS TEMPOS, DOS LUGARES E DAS FIGURAS

HERODES — HILDEGARDE DE BINGEN

querer adorar a criança, por sua vez, ele pede aos Magos que voltem para informá-lo dos resultados de sua procura. Mas estes, depois de terem visto a criança, são avisados em sonho para irem embora sem rever Herodes. Este, para eliminar qualquer rival, manda, então, seus soldados matarem todos os meninos com menos de dois anos na cidade. Contudo, José, também avisado em sonho, fugiu para o Egito com a criança e sua mãe (Mt 2, 1-30). Eles só voltaram depois da morte de Herodes.

Seu filho, Herodes Antipas, é tetrarca da Galileia. Rei fastuoso, manda prender João Batista, que lhe censura o casamento com a mulher de seu irmão, Herodíades (Lc 9, 7-9). Durante um festim onde dança a filha de Herodíades, Salomé, ele jura dar-lhe tudo o que ela quiser. Seguindo o conselho de sua mãe, Salomé reclama a cabeça de João Batista, que é logo decapitado. Presente em Jerusalém quando do processo de Jesus (Lc 23), Herodes quer vê-lo e ouvi-lo, mas Jesus se fecha no silêncio. A partir desse dia, Pilatos e ele se reconciliam.

Herodes Agrippa, neto de Herodes o Grande, irmão de Herodíades e favorito dos imperadores Cláudio e Calígula, reunifica o país, de 41 a 44.

Catherine Grémion

➢ Belém; Inocentes (santos); João Batista; Magos (Reis); Natal; Rei.

HILDEGARDE DE BINGEN (SANTA, 1098-1179)

Hildegarde nasceu em Hesse renana e foi confiada, com a idade de 14 anos, à enclausurada Jutta de Spanheim, que dirigia uma pequena comunidade dependente do mosteiro beneditino de Saint-Disibod (Disibodenberg), depois, quando esta morreu, em 1136, ela foi nomeada superiora do eremitério. Tinha visões desde a infância e se sentia investida de uma missão profética, mas resistiu à injunção divina até 1141, data em que se abriu para seu círculo. Em 1146, Hildegarde escreveu a Bernardo de Claraval para lhe pedir incentivos e, no ano seguinte, Eugênio III reuniu um sínodo em Tréveros, durante o qual foi lida a primeira obra da freira, ainda inacabada. Convidada pelo papa a publicar a partir de então tudo o que o Espírito Santo lhe revelasse, Hildegarde não deveria mais parar de escrever e de agir até sua morte.

Em 1150, ela fundou o mosteiro do Rupertsberg, perto de Bingen, onde se instalou. Transformada em uma personagem à vista na cristandade, ela correspondeu-se com papas, imperadores e bispos, cuja conduta ela não hesitava em criticar, e esclareceu com seus conselhos inúmeros religiosos ou leigos. Apesar de uma saúde precária, empreendeu viagens de pregação e lutou contra os inícios do catarismo na Germânia. Foi a única mulher de seu século não somente autorizada a pregar, mas exortada a fazê-lo por um clero urbano em busca de reforma.

Cumpriu também uma obra de escritora com a ajuda de secretários. Além de uma rica correspondência e três grandes livros visionários – *Scivias*, *Liber Vitae Meritorum* e *Liber Divinorum Operum* –, deve-se-lhe, entre outras coisas, a *Vida* dos santos padroeiros dos mosteiros onde viveu, ou textos didáticos ou exegéticos.

Para todos, seus escritos tinham uma origem visionária, e ela própria recorria frequentemente à fórmula *in vera visione vidi*, "numa verdadeira visão, eu vi". Mas Hildegarde não tinha nada de extática, como sua contemporânea Elisabeth de Schönau ou outras místicas ulteriores. "As visões que tive", afirma ela no *Scivias*, "não são nos sonhos, nem dormindo, nem no delírio, nem pelos olhos do corpo, nem pelos ouvidos do homem exterior, nem em lugares escondidos que eu as percebi, mas estando acordada, com toda minha atenção, com os olhos e os ouvidos do homem interior, em lugares abertos." Hildegarde tinha uma relação puramente exterior com a divindade.

Hildegarde só queria ser devedora a Deus do que ela dizia, e exibia uma recusa de toda cultura, tópica da literatura mística. Ela opunha estritamente ciência divina e saber livresco e, no fim de sua vida, em uma carta ao seu último secretário, Guibert de Gembloux, ela define ainda a essência de suas visões nesses termos: "O que eu percebo e aprendo nessas visões fica muito tempo em minha memória, de tal maneira que, vendo e ouvindo essa luz, eu posso lembrar-me incessantemente de ver, de ouvir e de saber. Mas o que eu não compreendo, não conheço; porque realmente eu não recebi ensinamento." Ela passou assim para a posteridade como santa visionária e profetiza inspirada, e não como uma mulher erudita comparável à "muito sábia" Heloísa, embora trabalhos de erudição cada vez mais numerosos tenham mostrado a surpreendente extensão de seus conhecimentos e relegado suas protestações de ignorância à posição de precauções oratórias.

Laurence Moulinier

➤ Mulher; Místico; Profetas; Revelação.

HISTÓRIA SAGRADA

A expressão "história sagrada" foi utilizada na instrução religiosa para designar uma transcrição dos livros bíblicos em série construída de maneira cronológica. Esse uso se tornou corrente por uma obra de Claude Fleury, *Catecismo Histórico Contendo Resumidamente a História Sagrada e a Doutrina Cristã* (1683). As edições e traduções são contadas por centenas até o século XIX. Na segunda metade do século XX, os responsáveis pela catequese retomaram, de uma certa maneira, o projeto de Fleury para construir um "catecismo histórico", no qual a "doutrina" também seria recolocada em seu surgimento histórico, tal como uma "história da salvação".

Essa "história sagrada" para uso nas escolas retoma, simplificando-a muito, a *Historia Scolastica*, obra composta por volta de 1170, por um chanceler da universidade de Paris, Pierre le Mangeur ou Comestor. O autor anunciava uma "história da sagrada Escritura [editada] em série". A obra é, efetivamente, uma transposição da Bíblia em relato cronológico, da Criação até a morte dos apóstolos Pedro e Paulo.

Uma transposição dessa história "escolar" aparece no século XVII sob a pena do jesuíta Isaac-Joseph Berruyer. Repreenderam-no por romancear o texto sagrado

186 CRISTIANISMO – DICIONÁRIO DOS TEMPOS, DOS LUGARES E DAS FIGURAS

HISTÓRIA SAGRADA — HOREB

e adiantar opiniões teológicas errôneas. Uma nova edição surgiu no século XIX, corrigida por professores do grande seminário de Besançon.

Paralelamente a esses usos, encontra-se no Ocidente a noção de uma *historia sacra* – herança de Santo Agostinho, que inspirou, sem dúvida, Pierre Comestor. A "história sagrada" é a história constituída pela *Scriptura Sacra*, o Antigo e o Novo Testamentos, como Escrituras. A essa *historia sacra* sucede, segundo a teologia agostiniana, a *historia ecclesiastica*, que relata as obras dos santos, mas sem que a interpretação desses *Acta Sancta* seja garantida por uma inspiração profética. Assim, só se falou de "história sagrada" para a transposição historiada dos dois Testamentos, não para uma "história" da obra do Espírito de Deus nas Igrejas.

Sempre existiram, no entanto, projetos de organização do tempo da Igreja depois de Cristo, segundo etapas determinadas por uma ação divina, anunciada nas profecias bíblicas, sob a pena de Ireneu, por volta de 200, ou de Joaquim de Flora, teólogo medieval, que espera uma renovação da vida religiosa, sob a ação do Espírito.

A oposição entre história sagrada, bíblica, e história da Igreja é, de certa forma, superada pela visão de uma "história da salvação", que atravessa, no prolongamento dos tempos bíblicos, o tempo das comunidades cristãs no mundo, em marcha para a eternidade. A expressão "história da salvação" designa de maneira acumulada uma continuidade fundamental entre a história bíblica, até o Cristo, e uma história da espera numa Igreja, a partir do Cristo, de uma consumação da história universal. O propósito que inicia o uso dessa expressão é de se opor a uma suma abstrata de "verdades reveladas". Convida-se, ao contrário, a tomar consciência de uma continuidade viva, pertencente à Revelação de Deus aos homens, tendo em vista sua salvação plenária, numa diversidade de momentos históricos centrados no Cristo, e orientados para a consumação final. O interesse por tal história da salvação marca, em nossos dias, a formação catequética, a vida litúrgica, a pregação. A própria expressão pode ser julgada ambígua, na medida em que se percebe mal como compreender "história". Relatos? Um misterioso devir? A expressão foi pouco utilizada nos documentos do Concílio Vaticano II e permanece raramente empregada pelos teólogos, pelo menos na França, mesmo se a preocupação que ela exprime continua viva.

Pierre Vallin

➢ Agostinho; Sagrada Escritura; Profetas; Revelação; Santo; Testamentos (Antigo e Novo).

HOREB (MONTE)

Segundo o livro do Êxodo, é sobre o "'Horeb', a montanha de Deus", que Yahvé (o Senhor) se manifesta a Moisés numa sarça ardente e o envia para libertar os filhos de Israel oprimidos no Egito (Êx 3). No Deuteronômio, é igualmente no Horeb, depois da saída do Egito, que Yavé entrega o Decálogo a Moisés e conclui uma Aliança com Israel. Mas o Êxodo, o Levítico e os Números situam esse segundo episódio num lugar chamado Sinai. Tem-se aí o índice de tradições diferentes concernentes aos tempos fundadores, conservadas no momento da edição desses livros na Torá (primeira parte da Bíblia) pelo fim do século VI ou no século V a.C.

Segundo o livro dos Reis, datado da mesma época, é também no "Horeb, a montanha de Deus", que Yahvé se manifesta ao profeta Elias (1 R 19). No século II a.C., a equivalência entre Sinai e Horeb é admitida pelo livro do Siracida (Si 48, 7). A tradição judaica posterior jamais procurou localizar realmente os lugares.

No século IV de nossa era, a tradição cristã fixa o Sinai-Horeb ao sul da Península do Sinai, em um maciço chamado desde então Djebel Mousa. Por volta de 380, a viajante aquitana Égérie destaca a presença de inúmeros eremitérios na região. No Monte Sinai, ela evoca o dom do Decálogo e desce, diz ela, "pelo Monte Horeb bem próximo, ligado à memória de Elias". Ao pé do maciço se encontra uma igreja em cujo jardim estaria a sarça ardente. É aí que, por volta de 560, o Imperador Justiniano constrói um mosteiro fortificado e uma basílica dedicada à mãe de Deus (a sarça que transmite a palavra divina sem se consumir é interpretada como a imagem de Maria dando à luz Jesus-Palavra de Deus sem perder sua virgindade). O mosaico da abside celebra a Transfiguração de Jesus, onde este, última manifestação de Deus, dialoga com Moisés e Elias (Mt 17, 1-9). Tendo passado no século X ou XII sob a patronagem de Santa Catarina de Alexandria, o mosteiro se torna, no século XVI, a sede da Igreja ortodoxa do Monte Sinai.

Gérard Billon

➤ Decálogo; Elias; Moisés; Montanha.

HÓSTIA

Se o uso do pão "ázimo" já era costumeiro no século IX, foi, no mais tardar, a partir do século XI que, na Igreja latina, uma das espécies consagradas durante a missa foi feita de pedaços de pão de trigo de forma redonda e cozidos sem fermento, maiores para o celebrante e menores para os fiéis, e cuja denominação "hóstia" (literalmente, "vítima") se inscrevia no campo semântico do sacrifício – diferentemente do antigo nome do pão de altar que remetia ao gesto da oferenda (*oblatio*). A escolha de fazer dela a única espécie recebida pelos fiéis na comunhão sacramental no século XII, depois a importância assumida pelo rito da elevação no século XIII, e pelo da ostensão num ostensório, nas procissões do *Corpus Christi*, a partir do século XIV, conferiram à hóstia um lugar singular no imaginário e na devoção dos cristãos dessa Igreja.

Cozida entre os dois pratos do ferro de hóstia, ela evoca ao pregador franciscano Bernardino de Sena (século XV), ao mesmo tempo, os tormentos da Paixão infligidos ao Cristo pelos judeus e o ardor da caridade que levou o Deus encarnado dos cristãos ao sacrifício da cruz. Seu caráter sagrado levou muito rapidamente a afastar as mulheres de sua manipulação, até mesmo de sua confecção, tomando

CRISTIANISMO – DICIONÁRIO DOS TEMPOS, DOS LUGARES E DAS FIGURAS

HÓSTIA — HUS, JOÃO

como argumento a impureza de sua natureza, a ponto de pretender, às vezes, que só os padres poderiam preparar as hóstias que serviriam para a celebração. As religiosas, no entanto, escaparam a esses preconceitos e, no mais das vezes, são elas que, até nossos dias, as têm confeccionado. Acontecia, por outro lado, que um campo, dito "do *Corpus Domini*", fosse reservado à cultura do trigo de que seriam feitas essas hóstias. Uma vez consagradas, as que não eram imediatamente consumidas deviam ser conservadas com cuidado, protegidas de toda forma de deterioração, em caixas denominadas "píxides", onde elas eram periodicamente renovadas, depois em tabernáculos, e oferecidas nessas "reservas eucarísticas" à adoração devota dos fiéis.

Sua forma circular evoca a do dinheiro ou, mais geralmente, uma moeda. Tomou-se logo o hábito de fazer três partes na hóstia de tamanho grande que o padre segurava em suas mãos durante a consagração e a elevação, a fim de manifestar que a oferenda eucarística era feita para os vivos, para os mortos e para os santos. Para o fiel, o simples fato de olhar a hóstia tinha efeitos imediatos, protegendo-o da morte súbita ou da cegueira. Não é, pois, surpreendente que, na maior parte das anedotas pelas quais os pregadores se esforçaram em atestar a veracidade da presença real, a hóstia tem o principal papel, ora zombada ou profanada, ora venerada pelos animais, atingida por transformações prodigiosas: ela se tornava carne viva, deixando pingar sangue, até mesmo revelava, fazendo aparecer o Menino Deus, essa presença real tornada, a partir do século XIII, pedra de toque da fé dos cristãos da Igreja latina.

Nicole Bériou

➢ Eucaristia; *Corpus Christi*; Missa; Pão.

HUS, JOÃO (1369-1415)

Reformador tcheco, João Hus deu origem a um movimento religioso que ia abalar profundamente a cristandade e marcar duradouramente a história da Boêmia. Depois dos estudos de teologia em Paris, esse universitário e grande pregador se fez o promotor de uma reforma do clero e da vida religiosa em seu país. Primeiro apoiado pelo arcebispo de Praga, Hus foi excomungado por ele quando teria aderido às teses do teólogo inglês Wyclif. Este afirmava que a Igreja dos justos era a única parte sadia da Igreja visível constituída pelo conjunto dos batizados; ele foi, então, apoiado pelo rei da Boêmia, Venceslau, mas este o abandonou, por sua vez, em 1412. Convidado pelo rei e pelo Imperador Sigismundo a explicar-se no concílio reunido em 1415, em Constância, para pôr fim ao Grande Cisma, aí foi acusado de heresia, condenado e queimado vivo. Sua morte provocou um sobressalto de indignação na Boêmia, onde seus discípulos – os hussitas – organizaram, com o apoio da nobreza tcheca e da burguesia de Praga, uma Igreja dissidente, cujos fiéis praticavam a comunhão sob as duas espécies (utraquismo) e onde os ofícios eram celebrados na língua do povo. Apesar das condenações e das cruzadas organizadas contra eles pelo imperador e pelo papado, os hussitas não foram jamais vencidos. Eles se dividiram, todavia, entre "calixtinos", que reivindicavam o acesso ao cálice tanto para os leigos quanto para os padres, e "taboritas", mais radicais, que rejeitavam a liturgia romana e questionavam a ordem social numa perspectiva escatológica e milenarista. Estes últimos acabaram por ser vencidos e dispersados pelos moderados (1421-1425), que obtiveram, em 1431, do Concílio de Basileia, o reconhecimento dos artigos fundamentais do programa reformador hussita. Um século antes de Lutero, João Hus tinha inaugurado o processo que deveria conduzir de um desacordo no plano doutrinal e litúrgico à Reforma.

André Vauchez

➤ Igreja; Eucaristia; Herege; Milenarismo; Reforma.

I

ÍCONE

Eikôn é o vocábulo grego genérico que designa toda imagem, e que foi conservado na Septuaginta para traduzir de maneira neutra ou positiva as inúmeras palavras hebraicas que designam as imagens materiais. A palavra se encontra várias vezes no Novo Testamento, mas, mais frequentemente, num sentido cristológico ("Ele é a imagem do Deus invisível..." – Co 1, 15). No sentido amplo, o menos utilizado em nossos dias, a palavra engloba as imagens religiosas em geral, conforme ao uso fixado pelo Concílio de Nicea II, em 787, quaisquer que sejam seu material e suas dimensões, inclusive mosaicos e afrescos murais, painéis pintados e pequenos objetos feitos de matérias diversas (moedas, joias, marfins esculpidos etc.). No sentido estrito, que empregam quase que exclusivamente os Ocidentais, o ícone designa as imagens religiosas destinadas à veneração, suscetíveis de ocupar espaço na liturgia e bentas durante uma cerimônia especial. São, pois, imagens diante das quais as pessoas se inclinam ou se prosternam, diante das quais se colocam velas acesas, as quais são tocadas e beijadas, que se pode guardar em casa e transportar comodamente em procissão ou em viagem – o que exclui os afrescos, mosaicos e iconóstases. O terceiro sentido da palavra se encontra hoje nas mídias para designar um artista famoso.

O Cristianismo propagou-se inicialmente sem nenhum recurso à imagem. E, como se mostrou preocupado, durante os primeiros séculos, em evitar todo retorno à idolatria dos pagãos, ele poderia ter-se mantido distante por um tempo. Os ícones não tardaram, no entanto, em aparecer. No início da arte cristã, de fato, a maior parte das imagens utilizadas pelos cristãos não tinha sido fabricada para a veneração. O desaparecimento progressivo do mundo pagão e sua erradicação organizada favorecem o nascimento de um novo tipo de imagens cristãs, não narrativas, do tipo do retrato, destinadas à veneração.

Essa espécie de imagens, que cedo se chamou de "ícones", deve-se aos painéis pintados antigos e aos retratos greco-romanos, em homenagem a personagens vivos ou retratos funerários em madeira, em cera ou em gesso. Estes representavam o rosto ou o alto do busto do defunto individualizado, mas mais ou menos idealizado, frontalmente disposto, com os olhos abertos, e davam testemunho, as-

ÍCONE

sim, da vida feliz que lhe desejavam no além. Tais retratos vão progressivamente substituir, principalmente a partir da conquista romana, a tradicional máscara sobre as múmias. Os romanos, a partir do século I d.C., contribuíram com isso, substituindo as máscaras por pranchetas ou lençóis pintados com a efígie dos defuntos e mantidos sobre a múmia com tiras. Mas parou-se de produzi-los pelo final do século IV, por causa do abandono da mumificação.

A palavra tomou, a partir de então, um sentido particular no Cristianismo, para designar toda imagem destinada à veneração. Já no decorrer do século VI, e mais ainda durante os dois seguintes, inúmeros testemunhos literários e arqueológicos destacam a multiplicação dos comportamentos de devoção ou de veneração das imagens, reveladora do nascimento e da difusão de um novo uso ou de uma nova concepção das imagens. O ícone se define pelo uso: ele não é um tipo de objeto (painel pintado), nem mesmo uma técnica particular, mas uma imagem que se presta à veneração (H. Belting).

Sua aparição suscitou entre os bispos e os teólogos reações diversas. Sua veneração, principalmente, foi objeto das primeiras tomadas de posição elaboradas da Igreja hierárquica (papas, bispos, pastores e concílios) a propósito das imagens. No Ocidente, Gregório, o Grande, papa de 590 a 604, censurou o bispo de Marselha, que tinha mandado destruir as imagens de sua catedral sob o pretexto de que elas eram adoradas. Ele insistia sobre o valor didático das imagens religiosas. Esta percepção, que os filósofos gregos já haviam destacado e que não é estranha ao Oriente cristão, permanece, contudo, característica da concepção latina da arte religiosa. A concepção oriental foi por muito tempo marcada pelos dramáticos debates ocasionados pela querela das imagens, em Bizâncio, que durou mais de um século (730-843) e opôs os iconoclastas, contrários às imagens, e os iconódulos, seus adeptos. Os teólogos iconódulos (principalmente João Damasceno, Germano de Constantinopla, Nicéforo de Constantinopla e Teodoro Studita) aprofundaram a ontologia da imagem e a relação da forma figurativa com a encarnação do Verbo de Deus. Eles enfatizaram a presença do santo representado no ícone, o contato interpessoal que se pode estabelecer entre ele e o fiel, e, por conseguinte, a veneração de que o ícone pode validamente ser o objeto, visto que a homenagem que lhe prestam é destinada à pessoa santa representada. Esta é, em substância, a doutrina do decreto do Concílio de Nicea II. Foi principalmente a legitimidade da fabricação, da exposição e da veneração das imagens do Cristo que esteve no centro dos debates. Os ícones da mãe de Deus, dos anjos e dos santos receberam, também eles, explicitamente direito de cidade, ao inverso dos da Trindade, de Deus o Pai ou do Espírito Santo, que não são nomeados, e dos quais é o caso de se pensar que os padres não imaginaram que se pudesse fazer imagens.

François Boespflug

➤ Constantinopla; Ídolos; Imagem; Roublev (André).

ÍDOLOS

O substantivo grego *eidolon* significa "imagem". Unido a *latreia*, "adoração", ele forma a palavra "idolatria", "adoração de imagens". O conceito encontra sua origem no monoteísmo de Israel e remete, no Antigo Testamento, à reação profética contra as concepções religiosas que envolvem o povo de Deus.

Na Mesopotâmia como no Egito, a estátua do deus exerce um papel importante no culto, principalmente por ocasião das festas. Os padres cuidam disso. Hinos são compostos para sua dedicação. A representação é primeiramente antropomórfica, depois ela toma pouco a pouco uma forma animal; divindades inferiores podem ser meio animais, meio humanas. Ornamentações, coroas ou vestimentas atestam seu caráter divino. Uma simples pedra pode bastar. O nome de "imagem", *salmu*, pode servir como objeto ou pessoa. A imagem não tem a pretensão de corresponder à divindade. Ela serve para descrever sua função e seus atributos, como um pictograma mais do que um retrato. Ela atesta, apesar disso, a presença vital da divindade. Essas características do ídolo no Oriente Próximo antigo continuam a aplicar-se a outras culturas, em outras latitudes, em outras épocas. Elas contrastam com o que o Judaísmo, o Cristianismo e até o Islamismo pretendem venerar.

A condenação formal da idolatria figura no Decálogo (Êx 20, 3-6). O próprio nome de Yahvé exprime o Sujeito absoluto, irrepresentável senão simbolicamente, como na sarça ardente. Ele interdiz o culto dos deuses estrangeiros e a imagem que pretenderia torná-lo presente. Uma tendência rigorista exige banir qualquer ornamentação de um edifício religioso. Uma outra, mais liberal, é verificada nas decorações animais e humanas de sinagogas tardias. A única imagem que tem a ver com o Deus criador é o ser humano, "homem e mulher", "masculino e feminino", "à sua imagem e semelhança" (Gn 1, 26-27).

As tribos hebraicas ficam submissas à influência da cultura cananeia e ao culto dos Baals (Jz 3, 5-6; Dt 7, 1-6). Gedeão derruba um altar para substituí-lo por um outro destinado a Yahavé (Jz 6, 25-32), enquanto a tradição religiosa dos bezerros de ouro é atestada no reino do Norte, depois do cisma de 935 (1 R 12, 28-33). Os profetas combaterão o recurso às imagens como uma superstição. Para Isaías, a tentação dos ídolos procede da confiança nas alianças políticas em vez da fé no Deus da Aliança (Is 7, 9). Depois de 587 e da volta do Exílio, o perigo mais ameaçador consiste na invasão estrangeira. Antíoco IV Epifânio constrói a "abominação da desolação" (Dn 12, 11), uma estátua a Zeus Olímpico, no altar dos holocaustos do Templo, em Jerusalém (2 M 6, 2). Ele desencadeia a revolta de Judas Macabeu (2 M 8, 1-10, 8). A tradição sapiencial prolonga esta crítica dos ídolos nos Salmos e, principalmente, no Livro da Sabedoria. Seu autor critica, entre outras coisas, a divinização da natureza, o culto do soberano divinizado sob os Ptolemeus e as religiões de mistério. A desordem provocada pela idolatria conduz a aberrações mentais e morais.

CRISTIANISMO – DICIONÁRIO DOS TEMPOS, DOS LUGARES E DAS FIGURAS

ÍDOLOS — IGREJA

O termo não se encontra nos Evangelhos. Jesus previne, no entanto, um uso idolátrico da lei, da esmola, da oração e do jejum (Mt 5, 20-48; 6, 1-18). A lei não fica desqualificada, mas relativizada em sua pessoa, pelo fato de sua filiação divina, de sua morte e de sua ressurreição. Paulo, na primeira Epístola aos Coríntios, estigmatiza o caráter demoníaco da veneração dos ídolos e assimila a idolatria ao paganismo (1 Co 12, 2). Converter-se ao Deus vivo graças à mediação do Cristo passa pelo abandono dos ídolos (1 Tes 1, 9). Enfim, a Primeira Epístola de João qualifica de "ídolos" as gnoses, como a de Cerinto, que nega o messiado de Jesus e a igualdade entre o Pai e o Filho, ou a que nega a vinda de Jesus na carne, de inspiração doceta. A crítica dos ídolos se encontra no Apocalipse (Ap 9, 20): a Jerusalém nova, em contato com a história, não está indene (Ap 21, 8; 22, 15).

A vaidade dos ídolos e o caráter demoníaco da idolatria voltam com os apologistas (Justino, Aristides e Atenágoras de Atenas, Clemente de Alexandria). Para Agostinho, a idolatria jaz no coração humano onde ela briga com o verdadeiro Deus. O iconoclasmo no Império bizantino (século VIII-IX), rejeitado pela Imperatriz Teodora, proibiu como idolatria a representação e a veneração das imagens do Cristo e dos santos. A Reforma, no século XVI, também lutou contra o problema das representações no culto divino, suscitando uma reforma católica, mais moderada na matéria, no Concílio de Trento (1545-1563). A vigilância em relação a ídolos é aceita na Igreja para a decoração dos edifícios e da liturgia. O "homem religioso" não para de se explicar com o sagrado, o mito, o rito e o símbolo. A fé cristã opera uma purificação incessante em proveito dos mistérios vividos da Encarnação e da Páscoa do Cristo.

Yves Simoens

➢ Constantinopla; Gnósticos; Herege; Ícone; Imagem.

IGREJA (EDIFÍCIO)

Como a sinagoga e a mesquita, a igreja cristã é, na origem, um lugar de reunião. Preocupados em marcar uma ruptura irreversível em relação ao Templo de Jerusalém e à sacralidade difusa dos lugares do paganismo greco-romano, os primeiros cristãos dão pouca importância aos edifícios de pedra, enfatizando as "pedras vivas" que são os fiéis à espera de uma consagração no além. Eles se reúnem em casas particulares (*domus Ecclesiae*), cuja estrutura é pouco adaptada às necessidades dos rituais (batismo e eucaristia). É preciso esperar o reconhecimento do Cristianismo por Constantino, o Grande, em 313, depois sua proclamação como religião oficial do Império Romano, no fim do século IV, para que a Igreja se torne um lugar público, uma sala (*aula Ecclesiae*) que toma geralmente a forma do edifício polivalente mais corrente na Antiguidade tardia, a basílica. A primeira arquitetura do Cristianismo é composta de três lugares, que podem ser articulados, como no caso dos grupos episcopais paleocristãos, mas não são inseridos num conjunto arquitetural único: o lugar do culto no sentido próprio do termo, definido

IGREJA

pela presença do altar; a capela dos mártires (ou *martyrium*), onde se encontram as relíquias; o batistério, centrado na pia ou piscina. A evolução essencial no decorrer da alta Idade Média consiste justamente em reunir, articular e hierarquizar estes diferentes polos funcionais. Em São Pedro de Roma, no fim do século VI, o Papa Gregório, o Grande introduz mudanças decisivas. Ele escolhe colocar o altar em valor, elevando-o com alguns degraus e coloca exatamente em cima da cripta que abriga as relíquias, de modo a estabelecer uma relação vertical e hierárquica entre o Cristo e seus santos. Entre o século IX e o século XI, fontes batismais são instaladas no seio do edifício que abriga já o altar e a confissão dos santos.

Desde os séculos IV-V, a Igreja se beneficia de um estatuto específico: ela goza dos privilégios dos antigos templos sacrossantos. É um lugar à parte ao qual se ligam a lembrança e os restos físicos desses "mortos muito especiais" que são os santos; neste sentido, é a pessoa do santo que torna a igreja "santa". Depois, ela se torna "sagrada" ao termo de um ritual que se estabelece lentamente, a partir do século VI, segundo um ritmo e modalidades diferentes no Oriente e no Ocidente; o altar e o conjunto do edifício e seus arredores (o cemitério no Ocidente a partir do século X) são "sagrados" porque a instituição eclesial os dedicou a um uso próprio: a celebração da presença de Deus e o cumprimento dos sacramentos destinados a transformar os fiéis.

Os termos para designar o edifício eclesiástico são, nos primeiros tempos, de uma grande diversidade. Mas, enquanto o Oriente continua a distinguir a assembleia cristã (*Ecclesia*) do edifício propriamente dito (*naos*), o Ocidente latino confunde, entre o século IX e o XI, a Igreja-comunidade e a igreja-monumento. Um poderoso trabalho doutrinal é, então, empreendido pelos clérigos eruditos para explicar a metonímia Igreja/igreja e para justificar seu estatuto de lugar "especial". Os escolásticos explicam assim, desde os anos 1130, que o ritual de consagração da Igreja equivale ao batismo do edifício, que é o primeiro dos sacramentos, indispensável ao cumprimento dos outros sacramentos pelos quais a comunidade dos fiéis é transformada em corpo do Cristo; em suma, a Igreja assim batizada como uma pessoa é a indispensável porta de entrada na Igreja; e é a essa "pessoa" que se identifica o fiel para se construir interiormente como uma redução ideal da Igreja/igreja.

Essa concepção muito material da Igreja, nas antípodas da espiritualidade patrística ligada às "pedras vivas", não se impõe, todavia, jamais como uma doutrina intangível. O templo dos reformados representa, deste ponto de vista, um retorno às origens cristãs e um questionamento de toda mediação clerical materializada pela igreja-monumento: é um lugar neutralizado destinado a celebrar o tempo da reunião dos batizados. A Igreja sobrevive, contudo, a essa crise. Apesar de um rearranjo interior para melhor colocar em "comunhão" os fiéis e os clérigos, a Igreja da Reforma católica se inscreve amplamente na concepção medieval de um lugar específico, necessário à expressão do divino; é mesmo a principal justificação doutrinal dos abusos pictóricos barrocos. Mais tarde, inspirado pela imagem um tanto mítica da catedral da Idade Média, o Romantismo sonha em restaurar uma

CRISTIANISMO – DICIONÁRIO DOS TEMPOS, DOS LUGARES E DAS FIGURAS

IGREJA — IGREJA

sociedade orgânica, onde cada um, como uma pedrinha, teria seu lugar no seio de um conjunto arquitetural do tipo eclesial.

A onipresença da igreja nas paisagens do Ocidente cristão não é mais, hoje, senão uma lembrança monumental do passado oferecido à apreciação dos amantes do patrimônio? Os católicos contemporâneos, frequentemente em ruptura com a instituição, só entretêm um elo bastante frouxo com os lugares das práticas comunitárias, mas a igreja continua um elemento de identidade cultural. Todavia, a instalação de populações novas vindas da África e da Ásia para os países de tradição cristã impõe novos lugares onde cada comunidade exiba sua própria identidade, a igreja, a sinagoga, a mesquita e diversos templos.

Dominique Iogna-Prat

➢ Altar; Catedral; Cruz; Eucaristia; Sinagoga.

IGREJA (POVO)

Desde a origem, a Igreja é, ao mesmo tempo, obra de Deus e trabalho dos homens, bênção recebida e tarefa a cumprir, dom divino e invenção humana.

O Cristo escolheu Simão para construir sua Igreja e transformou seu nome para assentar o edifício: "Simão, tu és Pedro e sobre esta pedra edificarei minha Igreja". Fundando uma Igreja composta de pecadores, o Cristo a confiou a homens ordinários. Simão Pedro, o primeiro, não era o mais digno nem o mais místico dos 12 apóstolos. Ele traiu Jesus nos momentos difíceis, mas acreditou, como São Bernardo dirá mais tarde por ele mesmo, que "nada neste mundo é a tal ponto devotado à morte que a morte do Cristo não possa liberá-lo".

A fundação dessa morada de Deus entre os homens é o Cristo, enviado por Deus para dela se tornar "pedra angular". Vindos de toda a Terra, os crentes se tornam, por sua vez, as "pedras vivas" dessa construção humano-divina. Teologicamente, poder-se-ia dizer que a Igreja é a porção da humanidade que reconheceu Deus. Michel de Certeau o observou com pertinência: "Porque ela é também uma sociedade, embora de um gênero especial, a Igreja está sempre tentada a contradizer o que afirma, a se defender, a obedecer a essa lei que exclui ou suprime estrangeiros, a identificar a verdade no que ela diz deles, a enumerar os 'bons' segundo seus membros visíveis, a levar Deus a não ser mais que a justificação e o 'ídolo' de um grupo existente."

A Igreja não é imóvel. Alguns aí estão presentes de corpo, observa Agostinho, mas seu coração está em outro lugar. Outros estão presentes em coração, sem ainda serem membros deste corpo. Todos os povos e todas as culturas estão convidadas a acolher o Evangelho ao preço de um trabalho sobre si. É ainda Agostinho que dá esse aviso salutar: mesmo em caso de escândalo, "não penses mal de teu irmão e esforça-te humildemente em ser o que tu gostarias que ele fosse, e assim tu não pensarás que ele é o que tu não és". Os membros dessa Igreja devem viver no meio dos outros, sob o olhar de Deus. Destinada a "toda criatura", a Palavra deve conferir aos cristãos uma força interior, o gosto pela terra associado ao desejo de um Deus sempre maior que o que se concebe dele.

Em 1549, Francisco Xavier, no Japão, envia uma carta aos seus companheiros jesuítas de Goa: "Lembrem-se sempre de que Deus estima mais uma boa vontade cheia de humildade pela qual os homens se oferecem a ele fazendo a oblação de suas vidas só por seu amor e por sua glória, do que estima e aprecia os serviços que se fazem para ele, por mais numerosos que fossem."

Os grandes construtores de Igreja são habitados pela íntima convicção de que a liberdade de Deus não faz número com a liberdade dos homens. Ao contrário, ela a suscita para que se desabroche para além das fronteiras. O Espírito de Deus parece agir secretamente em cada crente como a iniciativa que suscita as iniciativas humanas. A obra feita pela mão do homem se torna, então, assinatura de Deus. No Evangelho de João (14, 12), o Cristo não diz: "Aquele que crê em mim fará, também ele, as obras que eu faço; e ele fará até maiores"?

Henri Madelin

➢ Corpo místico; Pedro.

IMACULADA CONCEIÇÃO

O Novo Testamento mostra-se discreto sobre Maria, mas, desde o século II, um apócrifo, *O Protoevangelho de Tiago*, propõe-se a contar sua vida. Sua concepção aí é apresentada como milagrosa: é uma intervenção divina que teria permitido aos seus pais, Ana e Joaquim, até então estéreis, gerá-la. Mais tarde, este relato dá lugar a uma celebração litúrgica: depois da festa da Natividade de Maria (08 de setembro) e de sua Dormição (15 de agosto) instituídas no século VI, a Igreja bizantina celebra no século VII a festa da Concepção de Maria (08 de dezembro). Mas é preciso esperar o fim do século XI para vê-la aparecer no Ocidente, mais precisamente na Inglaterra. Ora, sua introdução suscita reações contrastadas. Alguns a adotam com entusiasmo, outros a proscrevem. É que a tradição teológica latina, acompanhando Santo Agostinho, enfatizou o pecado original e suas consequências. Uma das consequências é a concupiscência, apetite desordenado que afeta em especial o exercício da sexualidade. Segundo as concepções agostinianas, o casamento "escusa" o pecado, mas não pode impedir que a criança, concebida na febre do prazer, não contraia desta maneira a falta herdada de Adão. Por volta de 1140, Bernardo de Claraval previne os cônegos de Lyon que tinham adotado a festa da Concepção, lembrando-lhes que "onde a *libido* esteve presente, o pecado não esteve ausente". Ele sugere, entretanto, que Maria foi santificada desde o seio de sua mãe de uma maneira incomparável, de maneira que ela não cometeria nenhum pecado. Assim se estabelece uma linha de divisão: por um lado, os que retêm a ideia de uma santificação *in utero* de Maria, que só tem, relativamente ao pecado original, um caráter curativo; por outro, os que consideram que Maria se benefi-

IMACULADA CONCEIÇÃO

ciou de uma graça preventiva tendo-a protegido imediatamente de todo alcance do pecado original – será a "Imaculada Conceição". No século XIII, a maioria dos teólogos escolásticos são chamados a se pronunciar no âmbito de seu ensino. Enquanto a controvérsia se referia, no século XII, à possibilidade de uma preservação de Maria, no século XIII, é sobre a conveniência desta preservação que se interroga: tal privilégio não fere o do Cristo de ser o Redentor de todos? Assim, os mestres dessa época rejeitam a tese imaculatista, mesmo se certos franciscanos, como Boaventura, trazem propósitos que defendem esta tese a partir da noção de redenção preservativa. Na virada dos séculos XIII e XIV, o franciscano inglês John Duns Scot revolve o obstáculo erguido pela tradição escolástica: ele declara que é precisamente a título de sua excelência como mediador e como redentor que o Cristo mereceu resgatar sua mãe da maneira mais perfeita possível, isto é, preservando-a do pecado original. Seu propósito será difundido e desenvolvido na primeira metade do século XIV, dando direito de cidade à "piedosa opinião". Paralelamente, a festa da Concepção ganha terreno. Dioceses ou províncias inteiras a adotam e até a cúria pontifícia de Avignon, desde antes da metade do século XIV. Os dominicanos ficam, no entanto, ligado à doutrina de Santo Tomás, que se tinha pronunciado contra o privilégio mariano. Aqui e acolá a controvérsia reaparece, quando ela cristaliza conflitos subjacentes ou quando os pregadores se servem dos fiéis (na França e em Aragão, no fim do século XIV; na Itália, no século XV). Em 1439, o Concílio de Basileia procedeu à definição do dogma da Imaculada Conceição, mas ele já havia rompido com o Papa Eugênio IV e não tinha mais autoridade canônica. Foi a Reforma protestante que, questionando pontos mais importantes por outra razão, fez passar para segundo plano a controvérsia sobre a concepção de Maria. O Concílio de Trento se contentou, em 1546, em precisar que o decreto que ele promulgava sobre o pecado original tinha um caráter geral e não prejulgava o caso de Maria. No século XVII, o culto da Imaculada Conceição se amplia, promovido em especial no mundo hispânico por festas solenes, pela multiplicação das igrejas, confrarias e ordens religiosas colocadas sob sua patronagem, ou ainda pelas obras de arte. Nem toda controvérsia, no entanto, estava extinta no seio do mundo católico e, em 1661, o Papa Alexandre VII renovou a interdição de polemizar em aulas, pregações ou publicações sobre este assunto. Foi preciso, entretanto, esperar ainda perto de dois séculos para chegar a uma definição de fé. Foi o Papa Pio IX que promulgou o dogma da Imaculada Conceição, em 08 de dezembro de 1854. Em 1858, as aparições de Lourdes e a declaração da "Senhora" a Bernadette: "Eu sou a Imaculada Conceição", foram interpretadas por alguns como uma atestação divina do bem-fundado desta definição. Ligando devoção mariana e autoridade pontifícia em um tempo quando a posição da Igreja se encontrava questionada, ela pode aparecer como a reafirmação de uma identidade católica ameaçada pela modernidade e pelo pluralismo. Mas a doutrina da Imaculada Conceição tomou também uma outra dimensão, interiorizada e meditada pelos fiéis. Grandes poetas cristãos encontraram na figura de Maria Imaculada uma fonte de inspiração: ela é

IMACULADA CONCEIÇÃO — IMAGEM

para Claudel "a mulher na Graça enfim restituída, a criatura em sua honra primeira e em seu desabrochamento final"; para Péguy, "uma criatura única, infinitamente única, infinitamente rara. Uma só e nenhuma outra, conjuntamente carnal e pura". Num outro registro totalmente diferente, Maximilien Kolbe fundamentou sua espiritualidade numa devoção particular à Imaculada, considerada como a Esposa e uma "quase-encarnação" do Espírito Santo.

Mas o sentido do dogma se tornou mais problemático na segunda metade do século XX. O questionamento da definição tradicional do pecado original constituiu uma primeira fonte de dificuldades, depois outros pontos foram levantados: essa doutrina colocaria Maria à parte na humanidade comum; interrogou-se sobre uma graça "decorrente dos méritos do Cristo", mas ganhando efeito de maneira antecipada, sobre o alcance desse privilégio singular e da "eleição" de Maria em vista de uma livre resposta ao projeto de Deus. Enfim, esta doutrina constitui um obstáculo no diálogo ecumênico. O sesquicentenário do aniversário da definição dogmática, em 2004, suscitou inúmeros trabalhos de teólogos, exegetas ou historiadores para uma "atualização" do dogma, cujo alcance só poderá ser apreciado com o tempo.

Marielle Lamy

➤ Ana e Joaquim; Lourdes; Maria.

IMAGEM

Inscrita no Decálogo (Êx 20, 4), a rejeição das imagens não significava para Israel uma interdição de qualquer representação, mas somente das que podiam ser objeto de um culto, como comprova a decoração das sinagogas de Doura Europos ou Beth Alpha. No Cristianismo primitivo, o problema das imagens não existe. Herdeiros dos retratos mortuários egípcios, os ícones estão logo presentes nos lugares de culto cristãos; fundamenta-se frequentemente sua legitimidade numa lendária atividade iconográfica do evangelista Lucas. No século VI aparecem, além disso, na Síria e na Ásia Menor, imagens do Cristo e de Maria ditas "arqueiropoietes" ("que não são feitas pela mão do homem"), que intervêm milagrosamente e fornecem uma vigorosa legitimação, embora não teórica, ao culto dos ícones. É preciso esperar pelo século VII para que um problema teológico sobrevenha. Ele diz respeito somente a uma representação, a do Cristo. Em 692, o concílio chamado Quinissexto proíbe a representação do Cristo como cordeiro: o cordeiro só tem valor tipológico, e é "segundo sua forma humana" que o Verbo deve ser representado. Enquanto isso, o islã apareceu, e com ele um iconoclasmo radical, que inclui uma interdição das imagens cristãs. O iconoclasmo alcança a Igreja a partir de 726, sob o impulso do *basileus* Leão III. Em 754, um concílio reunido em Hiereia e convocado pelo Imperador Constantino V proíbe como herege todo culto de imagens: somente a cruz é digna de veneração. Em reação, o Papa Estêvão III reúne, em 769, um sínodo que condena as decisões tomadas em Hiereia. Em

IMAGEM — IMPERADOR

787, enfim, o segundo concílio de Niceia, reunido pela Imperatriz Irene, e do qual nenhum patriarcado está ausente, restabelece o pleno direito ao culto das imagens. Os debates durarão ainda muito tempo, até 11 de março de 843, dia em que o ícone do Cristo foi restabelecido na entrada do palácio imperial. No rasto, as imagens de Maria e dos santos retomam espaço nas igrejas. A Igreja ortodoxa lembra esse dia como do "triunfo da ortodoxia".

A crise iconoclasta se referia a um ponto maior, a representabilidade do Cristo. Conforme os iconoclastas, o ícone não pode só "circunscrever" sua humanidade, e sua divindade é necessariamente "incircunscrítível", *aperigraptè*. A partir de então, o ícone só representa de fato um homem – e um homem não pode ser objeto de um culto. A resposta proposta pelos partidários do ícone, ou "iconódulos" (em especial João Damasceno e Teodoro Studita), é cristológica. A humanidade visível e representável de Jesus, em virtude da união hipostática definida pelo Concílio de Éfeso, está pessoalmente unida ao *Logos* divino; e em Cristo, o humano e o divino estão unidos "sem confusão nem separação", segundo a confissão de fé do Concílio de Calcedônia. Representar a humanidade do Cristo não equivale, pois, a dissociá-la de sua divindade: o ícone preserva autenticamente o mistério da encarnação. A questão era, por um lado, indissociavelmente teórica e cultual. Neste ponto, Nicea II, é claro: o ícone pode ser venerado, ele não pode ser adorado. Por outro, o ícone exerce uma função mediadora na liturgia. Segundo uma passagem de Basílio de Cesareia abundantemente citada pelos iconódulos, "a honra prestada à imagem vai ao seu protótipo".

O após-Nicea II vê as imagens cristãs retomarem sua história. No Oriente, esta é pouco movimentada: os tipos iconográficos do século XX estão ligados aos tipos bizantinos clássicos por uma tradição em que as modificações interessam à história da arte, mas pouco da teologia. A iconografia latina conhece desenvolvimentos complexos. Um contrassenso dos teólogos de Carlos Magno tinha mandado condenar os decretos de Nicea II pelo Concílio de Francoforte, de 794. Os *Libri carolini*, no fim do século VIII, insistem no caráter somente pedagógico e catequético das imagens. Enquanto a piedade oriental permanece orientada para as imagens, a piedade ocidental só será orientada para a eucaristia. A história das imagens será, a partir de então, a dos estilos artísticos romanos dominantes, e verá alternar o melhor (enquanto o material da imagem será a madeira e a influência oriental ficará sensível entre os artistas ocidentais) e o pior. A crise da arte representativa e a presença de comunidades ortodoxas imigradas provocaram, todavia, no último terço do século XX, um (re)nascimento da veneração dos ícones na Igreja latina.

Jean-Yves Lacoste

➤ Ícone; Ídolos.

IMPERADOR

O Cristianismo nasceu e se desenvolveu no início no quadro do Império Romano. Mesmo tendo entrado em conflito com ele na época das perseguições, jamais

IMPERADOR

o questionou. Ao contrário, os bispos multiplicaram os protestos de obediência em relação a ele no domínio temporal, conforme a distinção operada pelo Cristo entre Deus e César e o convite feito aos seus discípulos de dar a cada um deles o que lhe é devido. Depois da conversão de Constantino, no século IV, o imperador foi considerado como o defensor da Igreja contra seus inimigos, em particular contra os heréticos: assim, foi Constantino que convocou e presidiu o Concílio de Nicea, em 431. No Império Bizantino, que prolongou o Império Romano no Oriente e nos Bálcãs até o século XV, e exerceu durante toda a Idade Média uma forte influência sobre os povos eslavos da Europa do Leste, o papel da instituição imperial – sua sacralidade indelével, seu caráter sacerdotal inconfesso – foi ainda mais considerável. Mesmo quando a situação histórica que tinha originado essa eclesiologia tiver desaparecido com a conquista turca, depois, com a chegada do comunismo, a partir de 1917, as Igrejas ortodoxas, como o mostra a história da Rússia, conservam sua nostalgia e estão sempre à procura de um novo imperador.

No Ocidente, a evolução foi menos linear: depois da queda do Império, no fim do século V, a Igreja tratou com diversos povos "bárbaros", cujos chefes se converteram mais ou menos rapidamente ao Catolicismo romano. Em uma carta dirigida em 494 ao Imperador Anastásio I, o Papa Gelásio I afirmou a origem divina da distinção dos dois poderes, sacerdotal e imperial, sua autonomia em suas esferas respectivas de competência e a preponderância da autoridade dos bispos, responsáveis diante de Deus pela salvação do povo cristão. Ao termo de inúmeros conflitos, o papado acaba por assumir sua independência em relação a Constantinopla, no decorrer do século VIII, mas Carlos Magno, rei dos Francos, restabelece o império no Ocidente, em 800, fazendo-se coroar em Roma pelo papa. Sob seu reino, o imperador voltou a ser o chefe da cristandade: foi ele quem submeteu os povos pagãos e os fez entrar – conforme a necessidade, por força – na Igreja; ele presidia os concílios (Francoforte, 794) e nomeava os bispos, o papel do papa reduzindo-se a dirigir o clero e orar para o sucesso de suas tarefas. Mas as novas invasões e o crescimento do poderio dos poderes regionais não permitiram a esse sistema funcionar por muito tempo e, desde o fim do século IX, o Império carolíngio foi dividido em reinos rivais. O rei da Germânia, Otão I, depois de ter estabelecido sua autoridade sobre o conjunto da Alemanha, do Leste da França atual e da Itália do Norte, fundou, em 962, o santo Império Romano germânico, que devia durar até sua supressão por Napoleão I, em 1806. O imperador, cujo poder se tinha inicialmente transmitido num quadro dinástico (Otonianos, Salios, Staufen etc.), foi, em seguida, designado por príncipes leigos e eclesiásticos alemães chamados "eleitores", em número de sete, a partir da promulgação da Bula de ouro, por Carlos IV, em 1356. Até aí, uma vez eleito, o imperador assumia o título de "rei dos Romanos" e se dirigia a Roma, para ser coroado pelo papa, o que gerou frequentemente conflitos violentos com a comuna e o papado. Desde a reforma gregoriana, com efeito, a Igreja romana se tinha emancipado da tutela imperial. Ao término da querela das Investiduras, de que ela saiu vencedora, no século XII, o papa não demorou em disputar com o imperador o papel de guia da cristandade,

202 CRISTIANISMO – DICIONÁRIO DOS TEMPOS, DOS LUGARES E DAS FIGURAS

IMPERADOR — INÁCIO DE LOYOLA

reivindicando, a partir de Inocêncio III (1198-1215), o título de "vigário de Cristo". Numa perspectiva teocrática, os soberanos pontífices da primeira metade do século XIII, aplicando às relações do espiritual e do temporal a relação que existe entre o Sol e a Lua, que recebe dele sua luz, esforçaram-se para controlar o poder imperial, reservando-se o direito de conferir o "gládio temporal" a um candidato de sua escolha ou de retirá-lo de um imperador que se tivesse tornado indigno dele. O conflito entre o papado e o império atingiu seu paroxismo sob o reino de Frederico II (1220-1250), que Gregório IX excomungou, em 1227, e que Inocêncio IV mandou depor pelo Concílio de Lyon I, em 1245. Paralelamente, o poder imperial foi enfraquecido pelo aumento de poder das monarquias nacionais na França, na Inglaterra e na Espanha, cada rei pretendendo doravante ser "imperador em seu reino". Todavia, mesmo quando o poder imperial perdeu toda autoridade na Itália, ele continuou influente no mundo germânico até a abdicação de Carlos Quinto, e seu prestígio sobreviveu a ele por muito tempo: no *De Monarchia*, Dante, no início do século XIV, sonha ainda em ver a cristandade unida sob a direção de um imperador que aí faria reinar a paz e a justiça e reformaria uma Igreja tornada poderosa e rica.

André Vauchez

➢ César; Constantino; Igreja (povo); Papa; Roma.

INÁCIO DE LOYOLA (SANTO, 1491-1556)

Inácio de Loyola nasceu no País basco, na alvorada da Renascença. Um ano depois, Cristóvão Colombo descobria a América, abrindo o caminho para uma expansão missionária na qual a nova ordem religiosa fundada por Inácio ia ter muita importância.

No início, o jovem cavalheiro se põe a serviço dos poderosos de uma Espanha desmantelada em províncias e reinos. Mas ele é ferido por um obus, num cerco organizado por uma esquadra francesa. Com a idade de 30 anos, ele é tomado por Deus. No início, ele sonha em repetir as grandes explorações de São Francisco e São Domingos. Pouco a pouco, durante sua convalescença, um trabalho de discernimento começa, não o deixando mais durante toda a vida, onde a paz se mistura com a preocupação. Ele vai confiar, no fim de sua vida, no *Relato*: "É o próprio Deus que deve dar a verdadeira alegria e gozo espiritual, suprimindo toda tristeza e confusão que nos inspira o inimigo. É próprio, deste último lutar contra a alegria e esta consolação espiritual."

Curado, mas manco para sempre, como Jacob, o cavaleiro de Deus transformado em mendigo se torna peregrino através da Espanha e embarca para Jerusalém. De volta ao país, suspeito de ser um "iluminado", preocupado com a Inquisição por causa de seu ensinamento espiritual, este leigo decide dotar-se de uma indispensável bagagem intelectual e vai seguir estudos de teologia em Paris.

Aos primeiros companheiros parisienses que ele reúne em torno dele, Francisco Xavier, Pierre Favre, entre outros, ele dá os famosos *Exercícios* que ele não para de aperfeiçoar. Logo, estes novos "amigos do Senhor" pronunciam os três votos de religião, em 15 de agosto de 1534, na colina de Montmartre. Eles se propõem a viver uma castidade perpétua, uma pobreza segundo o Evangelho e uma nova forma de obediência. Prometem embarcar para Jerusalém ou, caso contrário, colocar-se à disposição do papa para que este os envie "por toda parte do mundo". Em Veneza, o bloqueio naval praticado pelos turcos torna o embarque para Jerusalém impossível. É, então, para Roma que eles se dirigem, finalmente.

Em 27 de setembro de 1540, o Papa Paulo III assina a bula de aprovação do novo Instituto, de que Inácio se torna o Preposto geral. Enquanto seus companheiros se dispersam logo por todos os continentes, o Preposto geral se extenua na tarefa que o retém enclausurado em Roma até sua morte: dirigir a companhia que está nascendo e terminar a redação dos *Exercícios Espirituais* e *Constituições* da nova ordem. Ele escreve também inúmeras *Cartas* onde se descobre como homem de conselho e de governo, tratando de questões de todas as espécies que lhe submetem seus inúmeros correspondentes. Nos últimos anos de sua vida, ele aceita deixar-se interrogar sobre seu itinerário singular, de onde vai emergir uma espécie de autobiografia chamada *Relato*.

Henri Madelin

> Jesuítas; Missão.

INFERNO

A palavra vem do latim *infernus*, "inferior", "situado embaixo", em oposição a *supernus*, "situado acima", ou "do alto". O Inferno, no singular, tem de ser distinto dos infernos, no plural, *inferna*, os "lugares inferiores". Nas cosmologias tripartites comuns à maior parte dos povos da antiguidade (na Grécia, o Hades, o Styx [Estige]; entre os hebreus, o Schéol; para os Mesopotâmicos, o Apsu), eles designam a zona do mundo situada sob a terra, ela própria situada sob o céu. Neste subsolo residem, acredita-se, os defuntos. Eles vivem aí sem alegria, sem esperança e sem luz. É nestes "limbos dos patriarcas" que um texto do Novo Testamento imagina fazer descer o Cristo para manifestar sua ressurreição e levar a salvação aos defuntos (1 Pr 3, 18-19). Este ato do Salvador é celebrado na arte desde a Antiguidade e deu origem ao motivo tradicional da "descida aos infernos" na tradição cristã ocidental e da *anastasis* ("ressurreição") na tradição oriental.

Mais recente, o Inferno, no singular, não se opõe mais à terra e ao céu, mas ao Purgatório e à Jerusalém celeste. É o lugar da danação eterna, "dos choros e rangeres de dentes". Os condenados aí sofrem essencialmente o castigo da privação de Deus ("pena do dano"). O imaginário medieval se deleitou, com base nos relatos visionários (de Tungdal à Divina Comédia, de Dante), em exagerar as diversas formas de suplício que esperavam os pecadores segundo os pecados capitais que eles tinham cometido: devem-se-lhe as representações dos suplícios do Inferno, onde o macabro e a crueldade rivalizam.

INFERNO — INQUISIDOR

O povoamento do Inferno sempre suscitou as especulações dos teólogos. Alguns se entregaram a hipotéticas enumerações, enquanto outros eram de opinião que o Inferno era pouco povoado, até mesmo deserto. Eles sempre concordaram, em compensação, dizendo que, se o Inferno existe, de lá não se volta, sendo a condenação infernal considerada como irreversível.

François Boespflug

➤ Diabo; Geena; Juízo final; Limbos; Paraíso; Purgatório; Satã.

INOCENTES (SANTOS)

Designam-se assim as crianças do sexo masculino de menos de dois anos, mortos em Belém e em sua região por ordem de Herodes, que temia o nascimento do "rei dos Judeus" anunciado incidentemente pelos magos vindos do Oriente quando de sua passagem por Jerusalém (Mt 2, 16). Desde o século V, a liturgia os celebra como mártires, em 28 de dezembro, imediatamente depois do Natal, ao mesmo tempo para associar as crianças mortas ao Cristo criança e dar a entender que o próprio Jesus estava destinado a sofrer. A homilética patrística ou medieval fez disso uma ocasião para meditar sobre o sofrimento dos inocentes. Foi pensando neles que a teologia imaginou um "lugar" intermediário entre o Purgatório e a visão bem-aventurada, os limbos, lugar das crianças mortas sem batismo, de quem o pecado original não foi apagado e que estão, pois, passíveis do castigo da danação (privação da visão de Deus). Pode-se também considerar que essas crianças, mortas em razão do Cristo, foram batizadas na morte do Cristo, como os mártires. Este episódio da infância do Cristo deu origem a muitos quadros trágicos (Poussin) até nossos dias (Arcabas).

Na Idade Média, a partir do século XII, na festa dos Santos Inocentes ou alguns dias mais tarde (Festa da Circuncisão ou da Epifania), era costume, por exemplo, em alguns mosteiros, proceder-se a uma inversão ritual da ordem, nomeando o mais jovem dos noviços prior ou abade por um dia – tudo volta à ordem a partir do dia seguinte. A mesma festa dos loucos, ou do burro, permitia a todos os que estavam submetidos durante o ano à autoridade episcopal ou à de seu superior (monges e monjas, religiosos e religiosas, cônegos, diáconos, alunos, crianças do coral), entregarem-se a paródias de cerimônias com coral, depois de ter procedido à eleição do bispo de um dia. Estas paródias duraram até o fim da Idade Média, em especial nas festividades da meia Quaresma, apesar de reiteradas condenações.

François Boespflug

➤ Herodes; Limbos; Magos (Reis); Natal; Purgatório.

INQUISIDOR (GRANDE)

Foi a Espanha, no tempo da *Reconquista*, que deu à Inquisição uma forma nova. A tolerância não foi mais admitida em relação a minoridades étnico-religiosas

INQUISIDOR — INTEGRISTAS

judaicas e muçulmanas, que, nesse tempo de busca de unidade, eram condenadas a escolher entre o batismo ou o exílio. Para vigiar estes *conversos* e punir os relapsos, os reis católicos obtiveram, em 1478, do Papa Sixto IV a autorização de nomear inquisidores no reino, tal como o dominicano Tomas Torquemada (1426-1498), inquisidor geral da Espanha. Aplicando as regras da Inquisição com um rigor exemplar, este se tornou o modelo por excelência da autoridade religiosa opressiva.

É, talvez, nessa figura emblemática que pensava Dostoievsky, em *Os Irmãos Karamazov*, criando um retrato surpreendente intitulado "O grande inquisidor". O romancista russo valoriza os domínios psicológicos, sociológicos e espirituais no fundamento dessa violência extrema que se apodera da Espanha. O Cardeal, nonagenário, velho inquisidor, habituado na arte de manipular as massas errantes, censura Jesus, de volta à Terra, por ter estragado o trabalho dos "aparelhos", introduzindo no mundo uma liberdade perigosa que as autoridades sofrem para refrear desde a origem. Jesus permanece silencioso e desaparece de novo do palco terrestre.

Tais comportamentos suscitam hoje uma crítica virulenta. O modelo do inquisidor, como o do cruzado, separado de seu contexto histórico, tornou-se o símbolo da intransigência e da desumanidade dos hierarcas religiosos, e o exemplo *a contrario* do que preconiza a *Declaração sobre a Liberdade Religiosa* do Concílio Vaticano II.

Henri Madelin

➤ Herege.

INTEGRISTAS

Qualificam-se como "integristas" os católicos que contestam uma parte importante do ensinamento do Concílio Vaticano II e a reforma litúrgica consecutiva, e que se reconhecem na operação lançada em 1970 pelo Monsenhor Marcel Lefebvre. Esse termo não é reivindicado, em razão de sua conotação pejorativa, pelos "integristas" católicos, que preferem apresentar-se como defensores da "tradição".

Historicamente, o termo "integrista" apareceu na Igreja, no fim do século XIX, quando católicos espanhóis criaram com esse vocábulo um partido político que se inscrevia na linhagem do *Syllabus* de Pio IX, condenando, em 1864, os "erros modernistas". Esta oposição ao "modernismo" foi encontrada, em seguida, em especial na ação francesa, antes de sua condenação pela Santa Sé. Estes católicos, hostis ou desconfiados em relação à República, defendiam os "direitos" da Igreja na sociedade política.

Depois do Vaticano II, a contestação integrista se tornou antes de tudo doutrinal e se refere especialmente aos decretos sobre a liberdade religiosa e sobre o ecumenismo. Os integristas denunciam também a adoção do Missal de Paulo VI no lugar do de Pio V, suspeito de estar muito perto da concepção protestante da eucaristia.

Em 1988, a decisão do Monsenhor Lefebvre de ordenar quatro bispos, apesar da interdição do Papa João Paulo II, provocou um cisma. Desde esta data, distingue-se, por um lado, os "tradicionalistas", que permaneceram no seio da Igreja

INTEGRISTAS — INTERTESTAMENTÁRIOS

Católica, a maioria na fraternidade São Pedro, e, por outro, os "integristas", que seguiram os quatro bispos excomungados da fraternidade São Pio X. Os integristas são cerca de 300 mil no mundo, dos quais quase a metade na França. A fraternidade São Pio X reivindica quase 500 padres, dos quais 50 na França. Reconhecendo, *motu proprio*, em julho de 2007, o *status* de "rito extraordinário" do Missal romano ao Missal de São Pio V, depois, retirando a excomunhão dos quatro bispos lefebvristas, em 2009, Bento XVI fez da reabsorção da crise integrista uma das prioridades de seu pontificado.

Guillaume Tabard

INTERTESTAMENTÁRIOS (ESCRITOS)

Os "escritos intertestamentários" designam correntemente as obras literárias originárias da sociedade judaica entre o século III a.C. e o século I da era cristã, excluindo-se escritos bíblicos. Conforme os lugares ou as situações de origem, trata-se de textos compostos em hebraico, em aramaico ou em grego. Alguns só nos chegaram como traduções, na esteira das Bíblias cristãs, e, às vezes, integrados a elas: é o caso, por exemplo, dos livros dos *Jubileus* e de *Enoque*, conservados na Bíblia etíope. A expressão é ambígua. Não se poderia aplicá-la a uma literatura que, supostamente, ocupa o intervalo temporal "entre" o Antigo e o Novo Testamento, visto que um e outro se constituíram quase simultaneamente. Trata-se, antes, de um espaço social de proliferação literária, com uma série de origens culturais de onde emanam os frutos de uma produção ao mesmo tempo próxima e distinta dos livros tratados como "sagrados". Nesse sentido de "intertextualidade" produtiva, poder-se-á falar de "intertestamento".

Nos países anglo-saxões com dominante protestante, designam tais escritos pelas fórmulas "escritos pseudoepigráficos" ou simplesmente "pseudoepígrafes (do Antigo Testamento)". Em grego, os *pseudepigrapha* são os "livros que têm um falso destinatário ou título". Pelo fim do século II, o bispo de Antioquia, Serapião, assim chamava os escritos abusivamente "colocados sob os nomes" de Pedro e dos outros apóstolos. Mas este termo só tem pertinência estrita para uma parte da literatura dita intertestamentária, pertencente à pseudonímia, isto é, um procedimento de assinatura fictícia e, *a posteriori*, muito utilizado na Antiguidade, judaica e cristã. Muitas dessas obras são atribuídas a grandes figuras bíblicas. O que fornece, entre muitas outras, *Apocalipse de Abraão, Testamento de Abraão, Testamentos dos Doze Patriarcas, Testamento de Moisés, Apocalipse de Elias, Testamento de Jó*. O termo "pseudoepígrafes" foi recolocado em moda no início do século XVIII por um luterano alemão, J. A. Fabricius (1668-1736), no título de sua obra monumental, *Codex Pseudepigraphus Veteris Testamenti* [Código Pseudoepigráfico do Antigo Testamento]. Hoje, encontra-se promovido por uma obra coletiva sob a direção do americano J. H. Charlesworth, *The Old Testament Pseudepigrapha*.

INTERTESTAMENTÁRIOS

Por sua vez, os católicos qualificam como "apócrifos" o conjunto dos escritos ditos "intertestamentários". No século XIX, o Abade Migne publicou seu *Dictionnaire des Apocryphes, ou Collection de tous les Livres Apocryphes Relatifs à l'Ancien et au Nouveau Testament* [Dicionário dos Apócrifos, ou Coleção de todos os Livros Apócrifos Relativos ao Antigo e ao Novo Testamento]. Os editores espanhóis e italianos recorrem ainda a essa expressão, enquanto, na França, a publicação na "Bibliothèque de la Pléiade" do primeiro volume de *La Bible. Écrits Intertestamentaires* [A Bíblia. Escritos Intertestamentários] (1987) contribuiu para generalizar o adjetivo "intertestamentário". Mas, na verdade, nenhuma das denominações é satisfatória, quando se trata de abarcar a totalidade das obras "não bíblicas" de que se possuem hoje as testemunhas diretas.

O número e a diversidade dos documentos revelados pelas descobertas do Mar Morto tornam a situação mais complexa. Fica evidente que, na virada da era, e ainda mais no decurso dos dois séculos anteriores, a distinção entre os livros "bíblicos" e os outros não era feita nem materialmente nem mesmo formalmente: ainda não havia listas. Com todo rigor, mas apenas na teoria, só a noção de Antiguidade literária (judaica) seria pertinente; ela integra por si mesma o que aos nossos olhos é "bíblico" e tudo o que não o é.

Como quer que seja, os livros "intertestamentários" são bem mais numerosos que os que compõem o Antigo Testamento. Pode-se classificá-los por setores geográficos ou linguísticos – distinguindo a diáspora grega da terra nacional – ou por gêneros literários – testamentos, apocalipses e todas as formas entendidas como "reescrituras" de passagens bíblicas, com profusão de desenvolvimentos que fixam no escrito as lendas e as lições que evoluem na sociedade da época. As obras de Fílon de Alexandria e de Flávio Josefo, exclusivamente em grego, se inserem de forma pertinente nesse âmbito. E com elas a produção judaico-grega nascida principalmente em Alexandria, no orbe da tradução grega da lei, nos séculos II e I a.C. A elite letrada da comunidade judaica se pôs a escrever em grego e à moda dos gregos. A partir da Lei e de outras tradições nacionais, ela compôs obras de filosofia (Aristobulos) e de história (Artapanos), de poesia (oráculos Sibilinos), até de teatro (Ezequiel, o Trágico). Ela não se privou de plagiar a forma dos modelos helênicos, a métrica de Homero, por exemplo. Com o corpo judaico-grego das Escrituras, a futura Septuaginta do Cristianismo, este conjunto literário constituiu para os primeiros pensadores ou escritores cristãos uma cultura *a priori*. Assim, ele merece, mais do que qualquer outro, ser qualificado de "intertestamentário".

Algumas obras se apresentam como novos desdobramentos literários de uma parte (o *Livro dos Jubileus*, que retoma e parafraseia as narrativas da Gênese e do Êxodo) ou da totalidade (as *Antiguidades Judaicas*, de Flávio Josefo) da história da nação judaica. Um dos florões do gênero, o *Livro das Antiguidades Bíblicas*, também chamado *Pseudo-Fílon*, do século I, faz a história do povo eleito, da criação de Adão à morte de Saul. Nele se retomou e se remodelou o único tecido nar-

CRISTIANISMO – DICIONÁRIO DOS TEMPOS, DOS LUGARES E DAS FIGURAS

INTERTESTAMENTÁRIOS — ISAÍAS

rativo dos livros bíblicos correspondentes. Este livro, que tem, às vezes, o tom de uma epopeia nacional, faz a ponte entre o Novo Testamento e o Antigo.

André Paul

➢ Apocalipse; Bíblia; Sagradas Escrituras; Qumrân; Testamentos (Antigo e Novo).

ISAAC

Filho único de Abraão e Sara, ele desposa Rebeca (Gn 24-25), que lhe dará gêmeos: Esaú e Jacob. O ciclo de Isaac (Gn 21-28) lembra que ele é o herdeiro da aliança. Seu nome significa a "criança do riso", em referência ao ceticismo de sua mãe nonagenária quando lhe anunciam esse nascimento (Gn 18, 10-15).

Segundo Flávio Josefo, Isaac tinha 25 anos quando Abraão, obedecendo à ordem de Deus, que queria pô-lo à prova, se preparou a oferecê-lo em holocausto. Ele teria aceitado todo contente com a perspectiva do sacrifício. Associou-se sua "ligadura" – ou imolação – ao sacrifício pascal, situando-os no mesmo local (Moriah/Sião/Templo) e na mesma hora (Jubileus 17, 15). Isaac figura na galeria de retratos de Ben Sira (Sir 44, 22).

O Novo Testamento e os padres consideram a oferenda de Isaac como um sacrifício perfeito, que anuncia o do Cristo crucificado, e Paulo o qualifica de "Filho da promessa" (Ga 4, 28).

Os quatro elementos da ligadura: a faca, a madeira, o carneiro e a mão de Deus se encontram nos afrescos da sinagoga de Doura-Europos (século III) e na pintura ocidental, o Caravaggio (1603), Rembrandt (1635). Em sua tragédia, Abraão sacrificando (1550), Théodore de Bèze segue de muito perto Gn 22, mas acrescenta um certo número de elementos dramáticos: Satã intervém, e Isaac constrói ele próprio o altar.

Jacques Trublet e Catherine Grémion

➢ Abraão; Cruz; Esaú; Eucaristia; Jacob.

ISABEL (SANTA)

Ver *Visitação*.

ISAÍAS

Em sua primeira acepção, Isaías é o nome de um profeta que, segundo os especialistas, esteve ativo entre 740 e 700 antes de nossa era. Na segunda acepção, Isaías é um livro de 66 capítulos que, em nossas Bíblias, é o primeiro e mais longo dos livros proféticos. Para a tradição antiga, todo o livro era atribuído ao profeta Isaías, o que não quer dizer que todo mundo tenha pensado que o personagem histórico tenha realmente sido o autor dos 66 capítulos, no sentido moderno do termo.

ISAÍAS

A crítica recente distingue, em geral, três grandes partes no livro: uma parte mais antiga que tem um elo particular com o profeta Isaías (Is 1-39); uma segunda parte, pós-exílica, que fala do retorno a Jerusalém depois do Exílio (40-55); uma terceira, ainda mais tardia, que trata dos problemas consecutivos ao retorno dos exilados à Cidade Santa (Is 56-66). É a razão pela qual se fala do primeiro Isaías, do segundo Isaías, ou Dêutero-Isaías, e do terceiro Isaías, ou Trito-Isaías. Cada uma de suas partes contém passagens mais tardias, por exemplo, o Apocalipse de Isaías (Is 24-27).

O personagem de Isaías é bem difícil de descrever, primeiro porque não sabemos nada deste profeta, a não ser por seus escritos, algumas narrativas do livro dos Reis (2 R 18-20) e algumas raras alusões em outra parte. Em segundo lugar, o personagem se esconde atrás da obra, como é quase sempre o caso no mundo bíblico e do Oriente Próximo.

No entanto, é possível traçar um retrato seu de forma aproximativa. Isaías pertencia à grande aristocracia de Jerusalém e era um conhecido da corte real. Suas relações estreitas com o rei Achez e seu filho Ezequias são a prova disso. Poucos outros profetas tiveram o mesmo privilégio. Isaías está, com efeito, no centro dos debates políticos que agitaram a cidade de Jerusalém e o reino de Judá, entre 740 e 700 antes de nossa era, em especial contra o Império Assírio, que procurava controlar as rotas comerciais do Mediterrâneo oriental. Assim, durante a guerra siro-efraimista (734-732), os reis de Damasco e da Samaria quiserem obrigar Acez a entrar numa aliança contra a Assíria. Acez se recusou a isso e, para escapar ao perigo da guerra, ele se aliou à Assíria contra a opinião de Isaías. A queda da Samaria, em 721, faz de Jerusalém, pequena cidade isolada na montanha de Judá, o único centro político e religioso da região capaz de perpetuar as tradições de Israel e de ser o guardião de sua identidade. Enfim, Senaquerib, em 701, quis reprimir os soberanos rebeldes da região e terminou sua campanha pelo cerco de Jerusalém. A cidade não foi tomada. Sem dúvida, Ezequias se submeteu e pagou o tributo. Os diversos relatos bíblicos (Is 36-39; 2 R 18-20) veem, antes, na partida do exército assírio uma vitória de Yahvé, o Deus de Sião, contra seus inimigos.

A política e a teologia de Isaías podem ser resumidas pelo oráculo de Is 8, 5-8. O profeta convida seu povo a matar a sede nas águas tranquilas da fonte de Siloé. Mas o povo que recusa será submerso pelas águas impetuosas do Eufrates, que representa o poder assírio. Em termos mais simples, Isaías convida Jerusalém e seu rei ao isolamento. É preciso que eles evitem aliar-se com os poderes estrangeiros e fiquem afastados da política internacional.

A primeira parte de Isaías é completamente centrada em Jerusalém, sua sorte e seu futuro. Esta focalização sobre a Cidade Santa supõe também um grande interesse pelo Templo de Yahvé, pela dinastia de David e pela província de Judá. Ao mesmo tempo, ela contém inúmeras acusações contra a Cidade Santa, sobre a qual pesa a ameaça de uma condenação divina, em particular a deportação de seus habitantes.

ISAÍAS — ISMAEL

A segunda parte do livro afirma pela primeira vez, muito claramente, um monoteísmo teórico: há um só Deus, Criador e Senhor de todo o universo – donde a forte polêmica contra os ídolos das nações.

O segundo Isaías contém também os quatro cantos do Servo (Is 42, 1-4 [5-9]; 49, 1-6; 5-, 4-9 [10-11]; 52, 13-53, 12). Existem muitas incertezas a propósito da identidade do Servo. Os próprios textos deixam a porta aberta a diversas interpretações. Assim sendo, estes cantos, em particular o último, atribuem um valor positivo ao sofrimento do Servo, onde eles veem a razão da redenção de todo o povo.

A terceira parte do livro é menos unificada. Ela está centrada nas dificuldades da comunidade pós-exílica e no futuro da Cidade Santa. Alguns grandes poemas celebram a cidade que se torna o centro do universo (60; 62). Ao mesmo tempo, o texto justifica a missão do profeta, que é, sem dúvida, o autor dos capítulos mais importantes desta coletânea sobre a sorte futura de Jerusalém (Is 61).

O Novo Testamento cita frequentemente o livro de Isaías, em particular a respeito do nascimento de Jesus (Is 7, 14; Mt 1, 23), da pregação de João Batista (Is 40, 3; Mt 3, 3), da de Jesus (Is 9, 1-2; Mt 4, 15-16) e da Paixão (Is 52, 13-53, 12; Mt 8, 17; Lc 22, 37...).

Jean-Louis Ska

➤ Jesus; Profetas; Servo.

ISMAEL

No Livro da Gênese, Ismael é apresentado como o primeiro filho de Abraão, nascido de uma criada egípcia, Agar, que sua esposa Sara, estéril, lhe entrega "para ter com ela um filho". A rivalidade entre as duas mulheres conduz Agar a fugir para o deserto, onde o anjo do Senhor lhe anuncia, perto de uma fonte, que ela dará à luz um filho chamado Isma-el, "Deus ouve" (Gn 16). Os motivos do deserto e da fonte se reencontram numa segunda narrativa, que vê Agar e seu filho expulsos por Abraão, por instigação de Sara, que não quer ver o filho da escrava herdar com Isaac. Quando a criança e sua mãe estão prestes a morrer de sede, "Deus ouve" a voz do menino, e Agar avista um poço com água (Gn 21). O deserto se torna o lugar de residência de Ismael, ancestral epônimo de algumas tribos nômades designadas como ismaelitas (Gn 35, 25.27; Jz 6, 3-5; Sl 83).

Essas tradições narrativas serão desenvolvidas em meio muçulmano: uma das explicações do rito da viagem de peregrinação entre as duas rochas sagradas de Safa e de Marwa, a leste da Caaba, é a corrida de Agar à procura da água. A fonte é a de Zamzam, o poço sagrado situado no recinto cultual do santuário da Meca onde a mãe e o filho seriam enterrados. No Corão, Ismael está associado ao seu pai para a construção de um santuário, lugar de oração e de peregrinação (Corão 2, 125-9), que a tradição designará como o da Meca. Enfim, nas genealogias árabes pós-islâmicas, Ismael se torna o ancestral distante dos Árabes do Norte.

ISMAEL — ISRAEL

Um outro tema importante do Livro da Gênese é a aliança de Deus com Abraão e seus descendentes. O sinal desta Aliança na carne, pela circuncisão, marca o pai e seu filho Ismael no mesmo dia, mas Deus menciona uma outra Aliança que passa por Isaac, cujo nascimento é anunciado (Gn 17).

Esse tema da aliança suscitará uma releitura em Paulo, que fará dos discípulos do Cristo a verdadeira descendência de Abraão, passando pela promessa e não pela carne (Rm 9, 7-8). As duas figuras rivais de Agar e de Sara se tornarão alegorias da Aliança segundo a carne ou segundo a promessa, tornando-se os judeus os filhos da escrava, e os cristãos, os da mulher livre (Ga 4, 21-31). O Apóstolo acrescentará, transpondo tradições ligadas ao Targum e a Agadah judeus, a perseguição da criança nascida segundo o espírito pela criança nascida segundo a carne (Ga 4, 29). Esta alegoria encontrará seu prolongamento na literatura patrística. Assim, Agostinho verá na figura de Ismael todos os que oferecem a Deus um culto carnal, pedindo a felicidade terrestre (*Discurso sobre o Salmo 119*), e na escrava expulsa com seu filho, a figura dos hereges rejeitados da Igreja (*Sermões*, III).

Viviane Comerro-de Prémare

➤ Abraão; Aliança; Herege; Isaac.

ISRAEL

O nome "Israel" aparece, pela primeira vez, na inscrição egípcia de Merneftá, por volta de 1200 a.C., e designa seja um povo, seja o patriarca Jacob, o filho mais jovem de Isaac e Rebeca, irmão gêmeo de Esaú. Seu nome, Jacob, é transformado em Israel ("Deus luta", "Deus é forte") durante uma luta com um adversário misterioso no vau do Yabboq (Gn 32, 29); Os 12, 4), imortalizada pelo quadro de E. Delacroix: "A luta com o anjo", na Igreja de Saint-Sulpice de Paris. Seus 12 filhos deram seus nomes às 12 tribos de Israel, do norte ao sul da "terra de Israel". Quem é este personagem que lutou com ele até o alvorecer e de quem ele extrai o seu nome? Só pode tratar-se de Deus. O texto procura dar conta de Jacob-Israel em sua relação com o povo e com Deus através de uma narrativa fundadora cuja aposta é a bênção de Deus na Aliança (Gn 15, 18; 17; 31, 52-53). A relação entre "Israel" e seus inimigos hereditários é seu elemento constitutivo. Aquém e para além de todo conflito, eles são irmãos e irmãos gêmeos, como Jacob e Esaú.

Israel designa, pois, essencialmente a "comunidade de Israel" (Êx 12, 3.6). O Decálogo é transmitido por Moisés aos "filhos de Israel" (Êx 19, 1-6), e é por esta razão que lhe são endereçados os discursos do Deuteronômio, as promessas proféticas de Isaías. O "Deus de Israel" é o Santo, o Forte, o Rochedo, o Rei, o Redentor. A história de Deus com Israel é a história pessoal de Deus com a humanidade. A eleição de um se faz em vista de todos, mas esse universal não poderia ser imediato. Ele só pode abrir um caminho de mediações particulares para se transmitir a todos. Israel faz, assim, parte da humanidade pela qual ele é também

ISRAEL

responsável. Ele só existe suspenso pela eleição divina no centro da história, para que a humanidade inteira participe desta escolha gratuita.

Desde então, a história de Israel é tecida pelas vicissitudes dessa eleição numa aliança, indefectível da parte de seu Deus, mas incessantemente rompida do seu lado, porque ele se reconhece pecador. A unidade em um só povo de 12 tribos é, no entanto, o fim sempre perseguido, mesmo se ele é frequentemente contrariado. David chega a fazer a unidade do Sul, o reino de Judá, e do Norte, o reino de Israel (2 S 2, 4; 5, 3). Mas, desde a morte de Salomão, Israel se separa da casa de David (1 R 12, 19). Frente a esse cisma, os profetas nascem no Norte, distinguindo Judá de Israel, identificado com Efraim, a tribo dominante do Norte. A história do povo se confunde com as ameaças que pesam sobre a Samaria, no norte, que cairá, em 721, sob Sargão II, rei da Babilônia, e sobre Jerusalém, ao sul, destruída por Nabucodonosor, em 587. O Exílio na Babilônia durará 50 anos, até 538. Ciro, rei da Pérsia, permite, então, o retorno, a reconstrução de Jerusalém e, principalmente, de seu Templo. O papel preponderante de Judá nesta restauração explica que o nome de "judeus" seja dado aos membros do povo disperso, de volta à sua terra. O Judaísmo é a instituição que os reúne, mas o nome de Israel não deixa de redescobrir seu valor de santidade (Ne 9). Para os profetas, a unidade do povo faz parte das esperanças da Nova Aliança, graças à gravura da lei nos corações pelo Espírito, que sela o perdão dos pecados. Israel se tornaria, então, o centro de reunião das nações, que coincidiria com a salvação para a glória de todos.

Essa perspectiva é adotada pelos autores do Novo Testamento. O batismo de João se propõe a esse objetivo e, antes da Páscoa de Jesus, sua missão se restringe a Israel. Depois de sua ressurreição, a proclamação da salvação é primeiramente notificada a Israel. A salvação trazida pelo Cristo preenche a esperança dos que esperam a consolação, a salvação e a restauração da realeza por Israel. Por Jesus, Deus veio trazer socorro a Israel, conceder-lhe a conversão e a remissão dos pecados. Israel constitui, pois, o elo orgânico e permanente que liga a realização da salvação à história humana toda.

Os Apóstolos, à maneira de Jesus, julgaram as 12 tribos de Israel (Mt 19, 28). A Igreja se percebe assim como o Israel escatológico a quem Deus reservava a Nova Aliança (He 8). Nela se cumpre a reunião dos eleitos escolhidos nas 12 tribos (Ap 7, 4). Cidade santa que repousa sobre o fundamento dos 12 apóstolos, ela leva os nomes das 12 tribos inscritas em suas portas (Ap 21, 12). Nem por isso, a Igreja se substitui a Israel na história que continua. A primeira Aliança é irrevogável. Honrar o Cristo e Israel passa pela aprendizagem da bênção mútua, enquanto a maldição prevaleceu, nos dois sentidos. Para Paulo, o "Israel de Deus" (Ga 6, 16) não poderia ocultar o "Israel segundo a carne" (1 Co 10, 18), desprezando-o.

Yves Simoens

➤ Galileia; Isaac; Jacob; Jerusalém; Terra Santa.

J

JACOB

Irmão caçula de seu gêmeo Esaú, ele rouba, com a cumplicidade de sua mãe, Rebeca, a bênção de seu pai, Isaac, que tinha ficado cego. Seu irmão tenta, então, matá-lo, e ele deve refugiar-se na casa de Labão, que o explora, mas ele se casa, sucessivamente, com suas duas filhas, Lia e Raquel. Delas e de duas concubinas nascerão 12 filhos, dos quais derivam as 12 tribos de Israel. Sua história, que nos é contada em Gn 25-37, se apoia, sem dúvida, em tradições antigas, mas cuja forma não remonta além dos séculos VI ou VII, época em que Israel, em busca de identidade, procurava seus fundadores. De sua vida agitada, conservar-se-ão principalmente três acontecimentos maiores dos quais a tradição judaica e cristã ia apoderar-se: seu conflito com Esaú, primeiramente, do qual ele rouba seu direito de primogenitura (Gn 27, 1-40); o sonho (Gn 28, 10-32), em seguida, em que Jacob, durante suas peregrinações, adormece e vê em sonho uma escada erguida entre céu e terra na qual anjos sobem e descem. Deus lhe aparece, então, e lhe promete uma numerosa descendência. Enfim, seu combate com o anjo (Gn 32, 25-33; Os 12, 45): em plena noite, Jacob enfrenta um personagem misterioso – anjo ou Deus, ele não sabe – que luta com ele até de madrugada. Uma vez terminado o combate, ele lhe pede sua bênção. Jacob guardará deste combate um ferimento na coxa e uma mudança de nome: a partir daí, ele se chama Israel, porque lutou contra Deus.

A tradição cristã valorizou particularmente os dois últimos episódios: na escada de Jacob, Jacque de Saroug (†521) viu uma figura da cruz do Cristo, que funciona como uma escada entre o mundo terrestre e as moradas celestes. A Idade Média continuará no mesmo sentido e a *scala coeli* ("escada das virtudes") se tornará um tema clássico para os autores espirituais, principalmente em meio monástico. Para místicos como Ruysbroeck, ela é a escada dos contemplativos no pico da qual a alma encontra Deus. Mas alguns comentadores incitaram também as almas de elite a tornar a descer destas alturas para se consagrarem à salvação do mundo... Enfim, a luta com o anjo foi considerada, a partir de Orígenes e de São Jerônimo, como o símbolo do combate espiritual contra as forças do mal e a ilustração da eficacidade da oração insistente.

Jacques Trublet e André Vauchez

➤ Isaac; Israel; Raquel.

JANSENISTAS

O que é um jansenista? Segundo Arnauld, ele mesmo jansenista, é um "fantasma", uma ficção. Entre as controvérsias sobre a predestinação que aconteceram em Louvain em torno de Baïus, no fim do século XVI, os convulsionários de Saint-Médard durante os anos 1730, é possível desenhar um único retrato do jansenismo? O que caracteriza o movimento é um rigorismo, um protesto contra as falsas grandezas do mundo, uma consciência aguda da corrupção da natureza humana, ao mesmo tempo que uma exaltação da onipotência divina, e a afirmação da independência do indivíduo em relação ao absolutismo do papa e do rei. Apoiando-se nos escritos de Agostinho, o jansenista sustenta que o homem não pode cumprir o bem sem a ajuda necessária da graça divina, que age infalivelmente, sem destruir o livre arbítrio humano, mas, também, sem se subordinar a ela (tese da graça eficaz). É somente Deus, e não nossos méritos, que nos salva (tese da predestinação gratuita). Desde a corrupção do pecado, o homem é escravo do prazer ou concupiscência; converter-se é preferir o prazer da graça ao da carne (tese do deleite vitorioso). Ao inverso, os jesuítas, seguindo Molina, sustentam que a graça não pode produzir seu efeito sem a cooperação do livre arbítrio (tese da graça suficiente) e que Deus predestina em previsão de nossos méritos. Quando se abrem, em Roma, em 1598, as reuniões *De auxiliis*, colocando frente a frente os partidários da graça eficaz e os da graça suficiente, o jansenista não existe ainda, mas os antijansenistas já estão em posse de teses a opor-lhe. É preciso esperar 1640 e a publicação do *Augustinus* do teólogo flamengo Jansênio, bispo de Ypres, para que o jansenismo e o próprio termo apareçam oficialmente. É por intermédio de Saint-Cyran que esta interpretação particular do agostinismo se dá a conhecer na França. Ele prega em Port-Royal-des-Champs, no Vale de Chevreuse, e no convento do bairro Saint-Jacques. Em 1643, o sucesso do livro de Arnauld, *Da Comunhão Frequente*, marca uma primeira ofensiva e suscita a cólera de Richelieu, hostil a esta exigência de contrição e penitência. Com a sucessão de Mazarino, a luta contra o jansenismo se intensifica. Em 1653, a bula papal *Cum Occasione* declara hereges cinco proposições atribuídas a Jansênio. A reação de Port-Royal consiste em distinguir o fato do direito, isto é, em condenar as proposições, sustentando que elas não se encontram em Jansênio. O poder político pretende ir ainda mais longe e, em 1656, ele prescreve a todos os bispos a assinatura de um formulário rejeitando as teses jansenistas. Arnauld é censurado e excluído da faculdade de teologia de Paris. O socorro virá de Pascal, jovem mundano convertido, conhecido por seus trabalhos científicos sobre o vazio, cuja irmã, Jacqueline, já havia entrado para o Mosteiro de Port-Royal, e cuja sobrinha, Marguerite, tinha sido milagrosamente curada de uma fístula lacrimal. Pascal traz a controvérsia para a cena pública, exportando, assim, o jansenismo da Sorbonne para os salões. Luís XIV incita as perseguições contra os pensionistas do mosteiro, que são expulsos, privados dos sacramentos e colocados sob a vigilância da polícia. Mas Roma defende a paz, que se torna uma realidade na virada do século. É durante esta trégua que Port-Royal conhece sua maior projeção: importantes traduções, em especial do Novo Testamento, são empreendidas, vários aristocratas constroem residências na vizinhança do convento, como a duquesa de Longueville, prima do rei. Tudo isso só serve para reforçar o soberano na convicção de que o jansenismo constitui um partido de oposição e o fermento de uma nova Fronda. Em 1710, ele manda demolir o Convento de Port-Royal. Arnauld se vê obrigado ao exílio, e é Quesnel que se faz doravante o porta-voz do "partido". Seu jansenismo deve mais a Santo Tomás de Aquino do que ao próprio Jansênio; ele é fortemente impregnado de galicanismo e defende que a verdade revelada é diretamente confiada à Igreja como corpo de fiéis e não como hierarquia autoritária. Suas *Reflexões Morais* ressuscitam as antigas querelas e são condenadas como heréticas por Clemente XI. Alguns bispos veem nesta condenação a prova da falibilidade pontifical. O jansenismo é assim amplamente associado às reivindicações galicanas e "richeristas", isto é, à concepção da Igreja como comunidade de fiéis, mais colocados sob a tutela do episcopado do que de Roma. O bispo de Auxerre, Caylus, é, sem dúvida, nos anos 1750, o último representante do jansenismo, enquanto seu último teólogo é Laurent Boursier, que publica, em 1713, *Da Ação de Deus sobre as Criaturas*, obra mais tomista que agostiniana. Seria preciso ver nas convulsões que aconteceram, em Saint-Médard, no túmulo de François de Paris, um último sobressalto da piedade jansenista? Estas assembleias estão mais próximas do fervor dos Quakers do que dos Solitários de Port-Royal, as cenas de histeria coletiva que os acompanham, lançando, contudo, o descrédito sobre o que sobra do jansenismo. Pode-se interrogar sobre os repetidos insucessos do movimento: esmagado pela monarquia, distante de uma sociedade confiante na natureza humana, não seria ele somente o sonho de uma "aristocracia da classe média" (Sainte-Beuve)? O jansenismo perdeu a batalha teológica, visto que reina em nossos dias a doutrina que ele combateu, a que ele qualifica de "semipelagianismo", e que consiste na certeza de uma tranquila harmonia entre o homem e Deus, não concedendo a este nada que possa ofender o sentimento que o primeiro tem de sua grandeza e de sua liberdade.

Laurence Devillairs

➤ Agostinho; Herege; Jesuítas; Místicos; Tomás de Aquino.

JEJUM

Prática de ascese, o jejum se reveste, na tradição cristã, que não detém seu monopólio, um sentido enraizado na antropologia bíblica. No Antigo Testamento, para construir sua relação com Deus, o homem utiliza tanto sua alma quanto seu corpo: em jejum, ele experimenta sua dependência em relação àquele de quem recebe o alimento, e, portanto, a vida. A experiência de tal estado de privação, ao qual está associada uma dimensão moral de humildade e de penitência, intervém no âmbito dos ritos de luto, mas também para implorar o perdão de uma falta, pedir um favor ou preparar-se para uma decisão grave. O Cristo deu exemplo disto,

216 CRISTIANISMO – DICIONÁRIO DOS TEMPOS, DOS LUGARES E DAS FIGURAS

JEJUM — JEREMIAS

passando 40 dias no deserto antes de seu ministério público. Mas, seguindo as Escrituras, ele jamais impôs jejum aos seus discípulos, convidando-os a tomar suas distâncias deste uso e a só se submeter a isso na discrição, para escapar dos riscos de formalismo e de orgulho (Mt 6, 16-18). Assim, a Igreja não manda o jejum entrar de imediato em seus hábitos, salvo para os catecúmenos, em preparação para o recebimento da graça.

Por volta do século V, os diferentes jejuns se encontram fixados, mesmo se sua aplicação sofreu variações no decorrer dos séculos. O que é chamado "jejum" (não comer nem beber nada) corresponde mais correntemente à "abstinência" de certos alimentos (principalmente carne, mas, em concepções mais rigoristas, outros produtos de origem animal, laticínios, ovos e peixes) e de relações sexuais, o que equivale a dizer uma atitude de renúncia que se aproxima, mesmo que por alguns dias, de um dos três votos monásticos. Dois grandes tempos de jejum pontuam o ano e são observados por todos os fiéis, exceto as crianças, os idosos e os doentes: a Quaresma, preparatória para a Páscoa, de uma duração de 40 dias, em memória da passagem do Cristo no deserto, ainda aumentada em alguns mosteiros (a ruptura do jejum no domingo explica que ele começa desde a Quarta-Feira de Cinzas); o Advento, preparatório para o Natal, onde o jejum só intervém durante três dias por semana. Acrescentam-se a isso os Quatro Tempos, três dias no início de cada uma das estações; enfim, a vigília de algumas grandes festas. Além disso, impôs-se o uso do jejum eucarístico, antes da celebração da missa para os padres e a comunhão para os leigos.

Com a oração e a esmola, o jejum foi reconhecido como um ato propício para a salvação, às vezes imposto pelos confessores em penitência. Assim, num espírito de ascese e de renúncia, alguns fiéis fizeram uso dele muito mais intensamente que o exigia a Igreja, como mulheres místicas que só se alimentavam da eucaristia. Nesta mesma perspectiva de desapego, foi recentemente sugerido deslocar o jejum para outros elementos de consumo além do alimento.

Catherine Vincent

➤ Advento; Calendário litúrgico; Quaresma.

JEREMIAS

Jeremias é o segundo grande profeta. Nasce de uma família sacerdotal, em Anatot, a seis quilômetros ao norte de Jerusalém. Sua pregação (587-627) coincide com a reforma política e religiosa do Rei Josias, depois da publicação do Deuteronômio. Profeta das nações, ele conta com Yahvé para cumprir sua palavra (1, 10.12) e se envolve num combate contra tudo o que ataca suas afirmações e exige um engajamento radical, na solidão do celibato, excepcional para o Antigo Testamento (16, 2).

Ele luta contra a idolatria; seu convite à conversão e à circuncisão do coração está em consonância com a Aliança deuteronômica (Dt 4, 1-4; 10, 16). Convoca

JEREMIAS — JERICÓ

a um retorno dos exilados da Assíria, mas sua mensagem não é recebida. É preciso enfrentar o inimigo, Babilônia: ele denuncia os acordos dos últimos reis de Judá com o Egito contra o rei de Babilônia, Nabucodonosor (2, 18.36; 13, 1-11), anuncia as desgraças iminentes e convida o povo a converter-se. Preso, escapa por pouco da morte.

A perseguição que ele sofre explica o caráter personalizado de suas confissões (11, 18-12, 15; 15, 10-21; 17, 14-18; 18, 18-23; 20, 7-18). Promete uma "aliança nova" – única menção da expressão na Bíblia hebraica –, que envolve o ato criador e salvador de Yahvé pela transformação das relações humanas (31, 21-22.31-34). Esta novidade é prometida para os tempos escatológicos: gravura da lei no coração por Yahvé, que a estende a todos graças ao perdão dos pecados.

Quando acontece o saque de Jerusalém, ele oferece sua vida e cumpre assim realmente sua vocação (1, 8.19; 15, 20-21). O povo se volta de novo para ele, mas, uma vez mais, sua palavra não é seguida. Um grupo parte para o Egito, levando Jeremias e Baruch (43, 7). A Bíblia não menciona sua morte, mas fontes mais recentes falam de um martírio ou de uma morte natural no Egito.

As lamentações poderiam dar a impressão de um temperamento depressivo, origem de "jeremiadas". Elas refletem, ao contrário, uma hipersensibilidade de fogo e uma força pouco comum para resistir à desgraça dos tempos. Profeta incompreendido, perseguido e mal-amado, Jeremias é uma das identificações possíveis do Servo sofredor de Isaías (52, 13-53; 12). O livro de Jeremias coloca a questão aguda da relação entre os textos hebraico e grego, muito diferentes.

Yves Simoens

➤ Isaías; Profetas.

JERICÓ

Cidade da Judeia, perto do Mar Morto, oásis no deserto, Jericó é citada no Antigo e no Novo Testamento. Quando da conquista da terra prometida, Josué, à frente dos exércitos de Israel, se encontra diante de uma cidade poderosamente fortificada, decidida a resistir. Ele manda seu exército dar a volta em torno das fortificações, com a Arca da aliança, e soar as trombetas. As muralhas desabam no sétimo dia (Jos 6, 1-21). O episódio das muralhas de Jericó, que se tornou célebre, manifesta a impotência dos homens em resistir à força de Deus.

Essa cidade antiga, famosa por seus frutos, onde Herodes edificou um palácio, é também o lugar de duas curas, uma física, a outra espiritual, por Jesus. Ele salva um cego, Bartimeu (Mc 10, 46-42), na porta da cidade, e, quando ele atravessa a cidade, a multidão é tão densa que Zaqueu, rico publicano de tamanho pequeno, sobe numa árvore para enxergá-lo. Jesus o chama: "Preciso ficar em sua casa", o que indica a conversão de Zaqueu (Lc 19, 1-10). É também na estrada de Jerusalém, em Jericó, que se situa a parábola do bom Samaritano.

JERICÓ — JERÔNIMO

Diversos locais foram venerados pelos peregrinos como lugares santos: Jerônimo cita a localização dos cegos, um sicômoro, na entrada da cidade, considerado como o de Zaqueu, desde o século IV, é cercado num oratório, no século VI. Enfim, o Monte da Quarentena, dominando a cidade, era considerado como o lugar da tentação de Jesus no deserto. Os manuscritos de Qumrân foram conservados em grutas próximas a Jericó, e os montes vizinhos abrigaram anacoretas nos primeiros séculos do Cristianismo.

Catherine Grémion

➤ Herodes; Samaritana.

JERÔNIMO (SÃO, POR VOLTA DE 347-419/420)

Um dos mais altos títulos de glória de São Jerônimo, senão o mais alto, continua por ter traduzido a bíblia em latim segundo o original hebraico, esse texto que os padres do concílio reunido em Trento (1545-1547) consagrarão para sempre, em 1546, como o "autêntico", isto é, a versão normativa. O texto definitivo foi promulgado pelo Papa Clemente VIII (1592-1605), em 1592, e reconhecido como oficial em seguida, durante mais de três séculos, sob a apelação de Vulgata. Ele trabalhou nele entre 391 e 405, em Roma, depois, em seu mosteiro, fundado em Belém, a fim de substituir a antiga versão chamada de Septuaginta. Durante sua tradução, ele elaborou um número de princípios de método que expôs em especial em algumas de suas cartas, verdadeiros pequenos tratados, como a Carta 57 (ed. J. Labourt), dirigida a seu discípulo Pammachius, por volta de 395-396, que constitui um manifesto pela preocupação do espírito contra a carta: segundo ele, o tradutor devia, com efeito, respeitar o projeto do texto mais do que seu sentido literal. Como referência, ele convocava os grandes autores da Antiguidade, Cícero, Horácio, ou ainda Plauto e Terêncio, mas cristãos também, tais como seu amigo Evagro de Antioquia e Hilário, o Confessor. Não teve intenção de esquecer os evangelistas, Marcos, Mateus e João. Citou também sua própria tradução da *Crônica* de Eusébio de Cesareia, inserindo-o, assim, na enumeração de todos estes autores consagrados pela tradição das letras, depois da Igreja. Sua versão só se impôs a partir do século VII, em Roma, depois, no Ocidente cristão. Ao mesmo tempo, a iconografia da arte religiosa mostrou São Jerônimo como tradutor da Bíblia, figura mais célebre do autor monástico: assim, numa das duas capas de marfim de encadernação do *Saltério de Dagulf* (obra da escola da corte de Carlos Magno, 783-785), onde São Jerônimo, traduzindo a Bíblia, é mostrado frente a David, que dita os Salmos; no *scriptorium* de Cîteaux, um dos primeiros manuscritos ilustrado na abadia (ms. 132, primeiro terço do século XII) o mostra aureolado, sentado sob um pálio de arquitetura, entregando o Livro fechado, com encadernação preciosa, a Marcella e Principia. Por sua tradução, doravante consagrada, Jerônimo se tornou o autor monástico por excelência, antes de ser o santo padroeiro dos tradutores.

Daniel Russo

➤ Bíblia; Septuaginta.

JERUSALÉM

Estabelecida no coração dos montes da Judeia, apoiando-se nas colinas de Sião e de Moriá, cercada pelos vales estreitados do Cédron e da Geena, Jerusalém leva em sua própria designação uma vocação excepcional: não tem ela por nome "Visão da paz" segundo a etimologia proposta por Flávio Josefo (*Antiguidades Judaicas*, I, 180; VII, 67)? A tradição hebraica a designa como a cidade de David, antes de centrá-la em torno do Templo e do palácio real construídos por Salomão. O traumatismo do Exílio não deixa de realçar a imprescritibilidade da lembrança: "Se eu te esqueço, Jerusalém..." (Sl 137), enquanto, no retorno dos judeus, uma nova esperança, logo relacionada com a vinda de um Messias (Za 9), lhe é confiada. No Novo Testamento, ela é a cidade onde é manifestada a realeza do Cristo segundo o ensinamento do Quarto Evangelho; a tradição "lucaniana" faz dela o espaço decisivo da história da salvação, a memória "mateense", mais profundamente marcada pela destruição do Templo herodiano pelos romanos, em 70 d.C., imputa-lhe a responsabilidade da sorte trágica infligida, para melhor lhe substituir o horizonte universal da missão que Marcos já havia apontado. Reinterpretadas pelo autor do Apocalipse, as promessas dirigidas a Jerusalém não se aplicam mais à velha cidade terrestre, mas à cidade nova vinda do alto, "morada de Deus com os homens".

Por muito tempo colocada sob a presidência de Tiago, o irmão do Senhor (mártir em 62 d.C.), a comunidade cristã é aí marcada por um cuidado de preservação da herança judaica que suscita diferenciações sucessivas (fuga dos helenistas perseguidos por volta de 35, partida de Pedro). Esta primeira figura eclesial é arrebatada pela repressão muito severa imposta por Adriano, que ordena o desaparecimento da memória de Jerusalém, substituída por uma nova fundação. Privada em princípio de sua população judaica, enquanto se reforma uma comunidade cristã, originária do rebento pagão, desta vez, a colônia romana é destinada a impor-se como modelo greco-romano, apagando os lugares de memória judeus ou até cristãos, e substituindo-os por templos em honra das divindades que lembram a glória imperial.

Por ocasião do Concílio de Nicea, Constantino decide "aliviar o lugar santo do ídolo intruso (Afrodite)": o lugar da crucificação recebe uma basílica, enquanto, algum tempo mais tarde, a gruta sepulcral é coberta por uma rotunda; a cidade suscita um forte entusiasmo para a peregrinação, e a descoberta da Verdadeira Cruz aumenta sua atratividade. Inúmeros outros santuários comemorativos são construídos durante a Antiguidade tardia, abrigando relíquias famosas. A Igreja de Jerusalém impressiona ainda seus visitantes com uma liturgia de valor mistagógico, que ressoa como uma vigorosa resposta trazida a traidores que questionam o bem-fundado da peregrinação (Gregório de Nissa). Ela tenta igualmente afirmar sua influência institucional, enquanto potência regional autônoma, em face da sua rival, Cesareia, depois, em face do cerco de Antioquia. Graças ao seu Bispo Juvenal, um patriarcado de Jerusalém é formado a partir de 451. Sua zona de competência, compreendendo os lugares santos, se estende a toda a Palestina.

JERUSALÉM — JESSÉ

A "Cidade santa do Cristo" passa por uma experiência terrível com a conquista persa (614): pilhagens e ruína, perda da relíquia da Cruz, triunfalmente recuperada, no entanto, pelo Imperador Heráclio, em 630. Mal o patriarca Modesto chegou a consolidar outra vez o complexo do Gólgota, ou Santa Sião, em especial, seu sucessor deve enfrentar o cerco provocado pelas tropas do califa Omar (638). Tomada, a cidade – Al-Kuds (ou Qods) pelos muçulmanos –, onde reina um regime de liberdade religiosa, vê sua significação simbólica ampliar-se, visto que as duas mesquitas edificadas sobre a esplanada do Templo (Domo do Rochedo e El-Aqsa) lhe conferem posição de terceiro lugar santo do Islã. Nem por isso acabam as peregrinações cristãs.

Num tempo fortalecido pelo acordo havido entre Carlos Magno e Haroun al-Rachid (803), essa relação especial do Ocidente com Jerusalém evolui. O imaginário que se apodera dela constitui uma das molas fundamentais da chamada liberação do túmulo do Cristo. Sangrante, a primeira cruzada (1099) que daí resulta inicia uma difícil aprendizagem da coexistência, que ameaça regularmente a tentação do exclusivismo, latino primeiramente. Retomada por Saladin, em 1187, Jerusalém continua sob autoridade muçulmana até o século XX, com exceção de um breve episódio (1229-1244). No Ocidente, esta situação incita um tempo ainda a cultivar o pretexto de cruzada, depois, suscita uma disposição ambivalente, entre apropriação por transferência e desejo renovado de visita. Herdeiro desta última aspiração, o peregrino contemporâneo se surpreende, muitas vezes, diante do espetáculo da pluralidade confessional da cidade, enquanto o *status* desta continua disputado: ele forma a esperança de que aí desabroche a paz prometida.

Philippe Blaudeau

➢ Antíoco; Constantino; Cruzado; Lugares santos; Roma; Terra Santa.

JESSÉ

Jessé, de Belém, em Judá, neto de Booz e pai de David, é sobretudo célebre enquanto "raiz" da genealogia do Salvador, segundo uma profecia de Nathan (2 S 7, 12-16) e uma visão de Isaías (Is 11, 1.10: "Um rebento sairá do tronco de Jessé, um broto nascerá de suas raízes"), confirmada pela genealogia colocada no início do Evangelho de Mateus (Mt 1, 5-16). A liturgia cristã do Natal conservará o título que Paulo dá a Jesus, emprestando-o de Isaías, o "rebento de Jessé" (Rm 15, 12). Os padres da Igreja, depois a hinódia farão, por sua vez, seu eco.

A "árvore de Jessé" é a expressão consagrada para designar a família das imagens que ecoam dessa visão. As mais antigas representações da genealogia do Cristo e de Maria não são anteriores ao século X (Beatus de Liebana, *Comentário do Apocalipse*; Lorsch, *Codex Aureus*). Daí deriva a árvore de Jessé, a partir do século XII (Bíblia de São Benigno, Dijon; *Hortus Deliciarum*). Vê-se, geralmente, aí surgida dos lados do profeta representado em posição deitada, uma árvore grande que pode ser interpretada como uma vinha com sarmentos, estendendo em seus ramos e em sua folhagem, em camadas sucessivas, uma descendência que lá no alto culmina só em Maria (raramente), no salvador, representado ora sozinho, ora nos braços da Virgem (o caso mais frequente), o grupo todo coroado com uma pomba do Espírito, às vezes, sétuplo, para dar conta da visão de Isaías, ou de um busto de Deus Pai, até mesmo de um motivo trinitário (relevo de Santo Domingo de Silos). Este tipo de árvore genealógica tinha sido utilizado e continuará a ser adotado para a apresentação das dinastias dos príncipes, depois, a das genealogias religiosas (com o fundador ou a fundadora instalada como Jessé). Uma tapeçaria de Lurçat, em Notre-Dame-de--Toute-Grace do Planalto de Assy, retomou este tema em 1946.

François Boespflug

➢ David; Isaías; Jesus.

JESUÍTAS

Fundada em 1534 por Inácio de Loyola e seus sete primeiros companheiros, a Companhia de Jesus conhece uma expansão surpreendente. Em 1556, quando morre seu fundador, ele já reúne 900 membros. Vinte anos mais tarde, eles são mais de 4 mil, e o dobro a partir de 1600.

Na realidade, são três companhias que se sucedem na história. A primeira, centrada na Europa, conhece um surpreendente movimento missionário com a penetração no Quebec e no norte da América, com a abordagem dos Mongóis e a fascinação da Etiópia, as aculturações bem-sucedidas na China, na Índia, no Vietnã, a fundação das missões junto aos índios guaranis que popularizou, em nossos dias, o filme *Missão...* Esta companhia, fortalecida com inúmeros colégios de pedagogia original, é suprimida em 1773 pelo Papa Clemente XIV, sob a pressão das cortes europeias "muito cristãs". Mas, em 1814, a companhia é restabelecida pelo Papa Pio VII. Ela contava com 20 mil membros em 1773; somente com 600 à época, ela se choca com a hostilidade dos democratas e de uma burguesia voltairiana e anticlerical. Michelet e Quinet a combatem.

Depois do aumento do anticlericalismo e das experiências dolorosas de expulsões, guerras, rejeições, uma terceira companhia aparece por volta dos anos 1930. Ela é mais universal, menos europeia, muitas vezes posicionada nas fronteiras da Igreja e do mundo, preocupada com o encontro das culturas. No momento do Concílio Vaticano II, a companhia estava em seu apogeu numérico, com 30.306 membros. Hoje, ela retornou sob a barra de 20 mil membros. A refundação de que ela precisava foi bem conduzida pelo Padre Arrupe. Seu centro de gravidade se deslocou grandemente para os países emergentes, em especial na Ásia. Sessenta por cento dos jesuítas são do primeiro mundo (Europa e América do Norte), mas este não oferece mais do que um terço das vocações mundiais. O crescimento é grande nos países novos, emancipando-se pouco a pouco das tutelas ocidentais.

CRISTIANISMO – DICIONÁRIO DOS TEMPOS, DOS LUGARES E DAS FIGURAS

JESUÍTAS — JESUS, O CRISTO

Assim se desenha o mapa das futuras expansões jesuíticas. Compreende-se, então, que os filhos de Santo Inácio tenham eleito em 2008 como novo Preposto geral o espanhol Adolfo Nicolau, um europeu missionário implantado no Japão, onde chegou com a idade de 25 anos, mergulhado nas culturas da Ásia desde os primeiros anos de sua vida religiosa.

Henri Madelin

➢ Inácio de Loyola; Missão.

JESUS, O CRISTO

Pronuncia-se geralmente a designação "Jesus Cristo" com uma só emissão de voz, sem marcar a distinção entre os dois elementos que ela comporta. No entanto, é importante não confundir "Jesus de Nazaré", o homem que viveu na Galileia há dois mil anos, e o "Cristo", título que foi e continua atribuído a este Jesus (Mt 1, 16; Mc 4, 41; Atos 6, 14) pelos crentes que, invocando-o, se reconhecem a si mesmos como "cristãos".

Os documentos de que dispomos a respeito de Jesus se reduzem praticamente aos escritos do Novo Testamento; por conseguinte, as únicas atestações sobre as quais nos podemos apoiar para mostrar a verdade sobre sua figura histórica o apresentam como sempre mais que simplesmente Jesus: como o já bastante misterioso "Filho do homem", e até como o próprio "Filho de Deus". Este estado da documentação permite chegar a alguma certeza sobre sua realidade histórica concreta? Uma alusão de Tácito, de Suetônio e de Plínio, o Jovem, uma passagem mais importante de Flávio Josefo (mas suspeito de interpolação cristã); pouca coisa, em suma, mas que apresenta o interesse de atestar irrefutavelmente a existência histórica de Jesus. É até esclarecido que ele "foi reconhecido como Cristo" pelos que o seguiram. A literatura profana clássica não menciona nem seu nome. Não é o que se dá com a literatura dita apócrifa do Novo Testamento, mas sua fiabilidade é amplamente problemática.

É somente a partir do século XIX que se dispõe, na Alemanha, depois na França e em outros lugares, de meios da crítica e, então, da ciência históricas. Houve inicialmente a tentativa abortada da *Lebenjesuforschung* ("pesquisa sobre a vida de Jesus"), de restituir o "verdadeiro Jesus", puro de toda a "ganga doutrinal" na qual a crença de seus discípulos o teria aprisionado. Veio, em seguida, a contraproposta abrupta da *formgeschichtliche Schule* ("escola da história das formas") que pretendia que não se pode jamais juntar senão as "formas" que deram, por sua vez, as comunidades pós-apostólicas que invocavam Jesus, e de maneira nenhuma o próprio Jesus. Mas não haveria com o que se aborrecer, porque o problema não seria tanto pretender remontar para além desta fé (para estabelecer julgamentos impossíveis) quanto para consentir nela e imitá-la.

Hoje, os exegetas estimam poder dar conta de um certo número de resultados cientificamente plausíveis a respeito do "homem de Nazaré", e teríamos até entrado no que se pôde chamar de "terceira busca do Jesus histórico". Com ela, as "cartas" foram especialmente esclarecidas. O essencial se situa aqui no plano metodológico. Progressivamente, os especialistas estabeleceram vários "critérios", cuja aplicação judiciosa e conjugada lhes permite atualizar, a partir do Novo Testamento, elementos de verdade histórica seguros. Um só exemplo bastará, o do critério da dupla diferença. Se tal dado neotestamentário difere, ao mesmo tempo, em relação ao contexto judeu, que era o do círculo de Jesus, e em relação ao que nós sabemos ter sido a mentalidade das comunidades imediatamente posteriores a Jesus, deduz-se daí que este dado remonta, de maneira mais altamente provável, ao próprio Jesus histórico. Ora, percebe-se bem rapidamente que a aplicação deste critério (em união com alguns outros) permite efetivamente recolher um certo número de resultados importantes: atitude em relação ao Templo, à Lei, ao pecado – em tudo isso, Jesus parece adotar um comportamento respeitoso e, no entanto, exercer uma autoridade soberana, como o provam as antíteses do Sermão da Montanha: "Disseram-vos... Eu vos digo..." Jesus podia dar a entender melhor que se inaugurava com ele uma nova etapa da história da salvação?

Entre as correntes judaicas da época, ele parece estar ligado ao movimento batista, adotando pouco a pouco o perfil de um profeta escatológico anunciando o advento efetivo do Reino dos Céus até então somente esperado. Ele apareceu como tendo exatamente vindo para redimir e realizar em sua própria pessoa as esperanças de seu povo (Lc 4, 21-22).

É claro, seu círculo não podia deixar de se perguntar sobre seu saber e seu surpreendente poder (Mc 6, 2), sobre sua origem (Lc 4, 22), sobre sua própria identidade (Mc 4, 41).

Se a pesquisa histórica deixa dúvidas sobre Jesus, o testemunho de seus discípulos propõe uma resposta que pode resumir-se na maneira como Pedro reagiu à pergunta de Jesus: "E você, quem você diz que eu sou?", "Tu és o Cristo, o Filho de Deus vivo" (Mt 16, 15-16). Literalmente, "Cristo" exprime em grego o que "Messias" diz em hebraico. O termo remete ao "ungido" (rei, profeta ou sacerdote) enviado por Deus para cumprir nas qualidades no seio de seu povo uma missão de revelação e de salvação. A noção é, entretanto, complexa, até confusa, e o próprio Jesus parece reticente em permitir empregá-la a seu respeito, assim como, aliás, a de "Filho de Deus". Preferindo apresentar-se ele próprio como o "Filho do homem", ele dá a entender que não se compreenderá o sentido de tais designações senão depois que sua morte, que ele sabe e diz inelutável, tiver feito chegar à verdadeira descoberta de sua missão e de sua identidade.

Os discípulos de Jesus chegaram, depois de sua morte, a acreditá-lo como o Filho de Deus. O próprio Plínio o atesta à sua maneira: Jesus lhe aparece venerado pelos cristãos "como se ele fosse Deus". Ora, como não se interrogar sobre a aparição desta convicção entre os que seguiram Jesus? Totalmente perturbados com sua morte violenta e vergonhosa, seus discípulos se espalham através da bacia mediterrânea para afirmar que Jesus não ficou prisioneiro da morte, que Deus o ressuscitou

JESUS, O CRISTO

e que ele está presente neles para sempre através do seu Espírito! Entretanto, nem em sua concepção de Deus nem em suas expectativas de salvação, que eram nem mais nem menos as da fé judaica, eles não estavam dispostos a compreender assim Jesus. Donde esta questão incontornável: "Como isso pôde acontecer?" Uma reviravolta desta espécie supõe primeiro a intervenção de um acontecimento que faz mudar em alegria a tristeza dos discípulos: a fé cristã o identifica na Ressurreição. Mas esta mesma reviravolta supõe também a lenta preparação que, durante o tempo em que os discípulos seguiram Jesus nas estradas da Palestina, já os conduziu a se perguntarem sobre sua identidade, a reconhecer em seu ensinamento e em seu comportamento o que seria, talvez, a irrupção da salvação de Deus, até então somente anunciada – e, assim, a começar a ter confiança nele, a acreditar nele.

A fé dos discípulos em Jesus como Cristo Filho de Deus só poderia, pois, ter nascido na manhã de Páscoa. Sua atitude crente somente se reforçou, esclareceu-se, radicalizou-se na Páscoa, depois de ter quase desaparecido na hora da crucificação. Voltando-se para eles mesmos, como os discípulos de Emaús (Lc 24), eles se lembraram de ter visto crescer em seu mestre a consciência cada vez mais clara de que a morte o esperava, a exemplo dos profetas perseguidos; mas eles se lembraram também de tê-lo visto enfrentar esta morte com uma confiança desarmada, dando até a entender que ela não seria para ele a última palavra (a refeição dividida na véspera de sua morte o comprova especialmente), e que convinha, pois, entregar-se nas mãos de Deus. Assim, Jesus não era somente o anunciador do Reino de Deus, somente seu primeiro beneficiário, já que tinha triunfado da morte, mas seu realizador (e até sua "causa": He 5, 9) visto que ele compartilhava agora da glória eterna do Pai. Eles foram, desde então, logicamente conduzidos a dar o passo decisivo para e na fé em Jesus: ele, que eles tinham visto na sua autoridade singular e na sua proximidade surpreendente com o Deus que ele chamava de seu Pai, eles acabaram por reconhecê-la, então, como o próprio Deus. Eles estimaram não poder dar conta de tudo o que tinham vivido com Jesus "nos dias de sua carne" (He 5, 7) senão passando da fé em Deus, na qual eles tinham sido educados no âmbito do povo de Israel, à fé cristã em Deus, na qual Deus e Jesus se encontram indissociavelmente unidos. Os discípulos reconheceram em Jesus um mistério que eles não acreditaram poder compreender de outra maneira senão professando aquilo em que não podiam, todavia, de forma alguma esperar: não somente que Deus estava operando por ele na história, mas que ele era mesmo, com ele e nele, no meio deles – literalmente "Emanuel, Deus conosco" (Mt 1, 23). Eles somente precisaram: Deus como vindo de Deus, Deus como originado de Deus – Deus como Filho de Deus.

Somente o discurso e os atos do Jesus de quem eles tinham sido testemunhas antes de sua morte puderam prepará-los para essa afirmação radical que fez com que identificassem a vida terrestre de Jesus na presença de Deus, mesmo entre os homens, e confessar Jesus como o próprio e único Filho de Deus. Eles não puderam proceder a uma tal afirmação senão em virtude de uma atitude de fé. Mas esta, justamente, lhes pareceu ser chamada por aquilo mesmo que eles tinham ouvido, visto e experimentado diretamente na história de Jesus... que era também a deles, na medida em que o tinham efetivamente acompanhado.

Joseph Doré

➤ Deus; Emanuel; Paixão; Ressuscitado; Revelação.

JOANA (PAPISA)

A existência de uma papisa é mencionada pela primeira vez pelo dominicano Jean de Mailly, em sua *Crônica Universal* (1255), e precedida do aviso "A averiguar". A papisa ainda não tem nome nem origem. Tendo escondido sua natureza de mulher, ela tinha feito carreira na cúria (tabeliã [apostólica], cardeal) antes de se tornar papa. Um dia, estando a cavalo, deu à luz uma criança. A justiça romana intervém. Amarrada ao rabo de um cavalo, ela foi arrastada uma meia légua e apedrejada pelo povo.

Por volta de 1260, a lenda foi retomada pela *Crônica Menor*, de Erfurt, e o dominicano Estêvão de Bourbon fez dela um *exemplum*. Em torno de 1280, ela foi incluída na *Crônica dos Pontífices e Imperadores Romanos*, de Martin, o Polonês, com um nome (João, o Inglês) e uma origem (Mogúncia), e seu pontificado teria durado dois anos, sete meses e quatro dias. Desde esta época, ela se torna também uma figura literária (J. Enikel e J. van Maerlant) pouco antes de, por volta de 1290, se acrescentar uma segunda lenda segundo a qual, a fim de evitar que uma nova mulher subisse ao trono de Pedro, se teria verificado a virilidade do novo papa, quando ele se sentava num dos assentos de pórfiro, diante do Palácio do Latrão (G. de Courlon; R. d'Uzès) – a que faz referência Rabelais.

Boccacio fez da papisa uma heroína, mas sua história já serve à polêmica antipapal (Ockham, Wyclif, João Hus). Por volta de 1450, ela se torna uma figura do tarô. Associada ao Anticristo, ela será satanizada pela sátira antipapal luterana, anglicana e calvinista, antes de ser renegada pela Contrarreforma. É somente em 1863 (Von Döllinger) que a lenda da papisa, nascida para afirmar a rejeição pela Igreja do Sacerdócio Feminino, começará a ser desmontada historicamente.

Agostino Paravicini Bagliani

➤ Mulher; Papa.

JOANA D'ARC (SANTA, 1412-1431)

Se observarmos os testemunhos convergentes e circunstanciados produzidos em 1455-1456, quando do processo de nulidade de sua condenação, Joana d'Arc foi, durante sua infância, em Domremy, junto aos seus, em condições às vezes difíceis, uma menina piedosa, alegre, modesta, trabalhadora. Mas quando dons sobrenaturais lhe foram atribuídos, ela foi convocada, em fevereiro de 1429, a

JOANA D'ARC

Nancy pelo Duque Carlos II da Lorena, na esperança de que ela o curasse. Alguns dias mais tarde, em sua partida de Vaucouleurs para Chinon, ela já tinha uma fama de "menina de Deus" e se apresentava como a "Donzela", reivindicando, assim, de maneira implícita, a dimensão religiosa de sua virgindade (uma fonte da época a qualifica até como "beguina").

Concebem-se sem dificuldade as hesitações de Carlos VII em aceitar a mensagem fora da norma de Joana d'Arc quando ela se apresentou, precedida pelo boato, como enviada de Deus para salvar Orléans cercada e, ulteriormente, para derrubar a situação política e militar em proveito do Rei Valois e contra os ingleses e os borgonheses. Seguiu-se, em Chinon, depois em Poitiers, um escrupuloso exame conduzido por pessoas da Igreja *a priori* desconfiadas, que não viram nela senão "humildade, virgindade, devoção, honestidade, simplicidade". Em resumo, sua pessoa tornava sua mensagem fidedigna.

Nesse estágio, não era absolutamente o caso de se fazer dela uma santa. Entretanto, principalmente depois da suspensão do cerco de Orléans, na obediência de Carlos VII, até mesmo além, uma parte do povo da França fez dela seu "ídolo", chamando-a a "Angélica" e aproximando-a de outras santas. A literatura tomou partido: retirada na abadia dos dominicanos de Poissy, em pleno "país de conquista", Christine de Pizan, em seu *Ditié*, ousa comparar a Donzela, comandada por Deus, enviada por milagre e conduzida ao rei da França pelo "anjo de Deus", a Judite, Débora e Ester. Implicitamente, ela a aproxima da Virgem Maria aleitando o Menino Jesus quando escreve que esta jovem donzela "dá à França a mama de paz e doce alimento".

Joana d'Arc, como apesar dela, foi o objeto de diversas formas de devoção, o que Jean d'Estivet devia censurar-lhe em seu *processo de condenação*. Nem a derrota em Paris (08 de setembro de 1429) pôs fim a essa devoção difusa, fortalecida pelo milagre de uma criança ressuscitada em Lagny-sur-Marne em tempo de receber o batismo, em março de 1430.

Fontes parcimoniosas impedem de conhecer o impacto exato da sentença e da fogueira de Rouen, em 1431, junto aos seus incontáveis zeladores. Sabe-se bastante, entretanto, para acreditar que muitos não foram abalados em sua confiança. O processo de nulidade só pode fortalecer semelhante opinião. "Queimamos uma santa": a fala, colocada na boca de um Inglês anônimo, é bem conhecida. Chegou-se a comparar o processo de Joana d'Arc com o do Cristo. Sem dúvida, alguns teriam desejado vê-la oficialmente reconhecida como santa, mas isso era imaginável na época? A ação e a pessoa de Joana d'Arc podiam entrar em uma ou outra categoria de "canonizáveis"? Uma desvantagem a superar provinha da ausência de relíquias e, no plano teológico, seu fim não podia ser assimilado ao martírio.

Por volta de 1530, um monumento foi erigido em Rouen. Em Orléans, todo dia 08 de maio, dia do aniversário do levante do cerco, desenrolavam-se diversas manifestações de religião cívica. Durante os séculos clássicos, a ênfase foi colocada em suas virtudes de mulher de guerra bem mais do que de boa cristã. A partir do século XIX, em compensação, um outro olhar dirigido sobre os séculos medievais, a união do Trono e do Altar, no tempo da Restauração, mudou o ambiente mental. Em Domremy, a casa da Donzela começou a tornar-se o lugar de uma espécie de peregrinação. O impulso maior veio do Monsenhor Dupanloup, bispo de Orléans, em 1849. Este prelado de vasta cultura, porta-voz esclarecido do Catolicismo liberal, "descobriu", de alguma maneira, Joana d'Arc através das lembranças locais da heroína e da leitura de Michelet, Quicherat e Guido Goerres, traduzido em francês por um discípulo de Lamennais. Monsenhor Dupanloup tinha aberto uma brecha. O Catolicismo francês se precipitou aí, insistindo na dupla dimensão, patriótica e espiritual, de Joana d'Arc, em concordância com a sensibilidade religiosa das últimas décadas do século XIX e das primeiras décadas do século XX, ao mesmo tempo em que ela a modelava. Uma vez aberto o "processo informativo" (1874), seus advogados foram bastante hábeis para obter de Roma a introdução da causa, a beatificação e a canonização (1920). Os lugares específicos da devoção joânica se tornaram, além de Orléans e Domremy, Vaucouleurs, Reims e Chinon, mas também Paris, onde, depois de um voto pronunciado pelo Cardeal Amette, uma basílica dedicada a Santa Joana d'Arc começou a ser edificada a partir de 1932. Em 1922, ela foi proclamada padroeira secundária da França por Pio XI, a primeira sendo a Virgem.

A posteriori, pode-se ver, no período de 1920-1940, o apogeu do culto joânico, identificável, em especial, além de Péguy, Claudel e Bernanos, numa inumerável literatura hagiográfica.

Desde os anos 1950-1960, em compensação, mesmo havendo sempre ilhas de fervor demonstrado, mas sempre discretas, mesmo se o *Catecismo para Adultos dos Bispos da França* (1993) cita quatro palavras joânicas e que se perpetuam as comemorações oficiais de Rouen e de Orléans, pode-se falar de um refluxo num contexto de desaparecimento geral da identidade católica. Há meio século, muitos católicos da França se perguntavam por que a Igreja tinha demorado tanto em reconhecer a heroicidade das virtudes de Joana. Hoje, o sentimento dominante seria mais que a canonização desta guerreira que está "datada", e que Roma, em sua prudência, não consentiria mais com isso.

Philippe Contamine

➢ Mulher; Herege; Místicos; Péguy (Charles); Santo.

JOÃO (SÃO)

Para a maioria dos exegetas, o Quarto Evangelho foi composto depois dos Evangelhos sinópticos (Mateus, Marcos e Lucas), dos quais ele se distingue muito claramente, tanto pelos fatos que relata quanto pela cronologia da vida de Jesus que ele apresenta. Assim, quando os outros fazem durar um ano a vida pública de Jesus, ele estende por dois ou três anos, mencionando várias festas de Páscoa. Assim também, ele não dá a mesma data para a última refeição do Cristo e não situa o episódio da purificação do Templo no mesmo momento (no início do ministério

228 CRISTIANISMO – DICIONÁRIO DOS TEMPOS, DOS LUGARES E DAS FIGURAS

JOÃO

para João, 2, 12-22; no fim, nos outros Evangelhos, Mc 11, 15-18 e paralelos). Por outro lado, a linguagem do Quarto Evangelho é muito específica: o *Logos* para designar o Cristo, a linguagem simbólica, a utilização de procedimentos literários como o mal-entendido e a ironia (4, 12; 7, 35; 8, 22; 9, 40; 11, 50...), os longos desenvolvimentos teológicos depois dos relatos de milagres chamados "sinais", os diálogos de Jesus com a Samaritana, Nicodemos, Pilatos; os retratos pessoais (Nicodemos, Pedro, Tomás), as oposições entre vida/morte, luz/trevas, verdade/ mentira, reino do mundo/reino do alto e o Prólogo, os discursos de revelação de Jesus (discurso de adeus a partir do cap. 13) etc.

A mensagem que desenvolve o Quarto Evangelho encontra seu apoio na afirmação central do Prólogo: "A Palavra se fez carne" (1, 18). Jesus é, então, designado como "Palavra" existindo junto a Deus e vindo a este mundo. Falar-se-á, em João, de "alta cristologia". O conjunto da narração se centra na revelação de um Deus que se dá a encontrar no homem Jesus de Nazaré. Entretanto, o Jesus que João apresenta não revela nada: é sua própria pessoa que é o conteúdo da mensagem. Sinais e palavras têm todos como objetivo confrontar o leitor a esta pergunta: Pode Jesus ser realmente a encarnação de Deus? Para além da elaboração teológica de João, sem dúvida mais desenhada do que nos Evangelhos sinópticos, a fidelidade do Quarto Evangelho à figura histórica de Jesus reside na percepção de uma personalidade fora do comum que, por sua palavra, colocava seus interlocutores, tal como a Samaritana (Jo 4), diante da verdade de sua existência.

Que tradição representa o Quarto Evangelho no Cristianismo primitivo? A figura do discípulo que o Evangelho qualifica de "bem-amado" (13, 23-25; 19, 26-27; 20, 2-10; 21, 2-8 e 20-24) fornece informações preciosas. Relatando o destino deste discípulo – que a tradição identifica habitualmente com João, filho de Zebedeu, o que a pesquisa moderna discute sem chegar a um consenso –, o Quarto Evangelho evoca simultaneamente o destino da comunidade joânica. Esta, por intermédio do discípulo, afirma sua legitimidade apostólica, mas tenta aproximar-se da Igreja oficial, reconhecendo a figura exemplar de Pedro (as passagens onde aparece o discípulo bem-amado põem igualmente em cena o Apóstolo Pedro).

A história e a evolução do movimento joânico continuam para a exegese neotestamentária uma questão controversa. Trata-se de um grupo marginal, em perpétua mutação na paisagem teológica do Cristianismo primitivo. Sua reflexão cristológica muito avançada o levou a uma situação ambígua que não pôde se resolver sem conflitos e sem uma cisão: por um lado, a reunificação (donde desaparecimento por integração) com a Igreja "oficial"; por outro, a heresia doceta, e, finalmente, a ruptura com o Cristianismo ortodoxo. O lugar do movimento joânico evidencia-se importante por mais de uma razão: ele comprova em particular a evolução e as dificuldades próprias a uma tendência do Cristianismo primitivo inscrito numa história; ele dá conta de um Cristianismo centrado na cristologia como cerne da fé cristã de uma mesma forma desenvolvida teologicamente, mas muito diferente das reflexões de Paulo.

João — João Batista

Designa-se sob a expressão "escritos joânicos" o Evangelho e as Epístolas do mesmo nome. O pertencimento do Apocalipse de João no meio joânico é muito discutido entre os exegetas. Para uns, os motivos paralelos provêm de tradições às quais teriam tido acesso o Apocalipse e o Quarto Evangelho, enquanto as diferenças de fundo militam, no entanto, por autores e um meio teológico diferentes. Para outros, ao contrário, deve-se levar em conta o fato de que, no século II, os editores do cânon do Novo Testamento consideraram o apocalipse e os escritos joânicos como pertencendo ao mesmo grupo. Pode-se, então, pensar *ad minima* que estes escritos reúnem tradições de vários grupos de cristãos dos quais alguns originários do meio joânico.

A recepção do Evangelho de João na história é marcada por um duplo destino. Por um lado, o primeiro comentador conhecido do Evangelho é o gnóstico Heráclion. Por outro, as elaborações teológicas centrais do Cristianismo (Trindade, cristologia, sacramento...) terão, muitas vezes, por base escriturária uma reflexão sobre os textos do Quarto Evangelho (o Prólogo, o discurso sobre o pão da vida...). Os grandes teólogos comentarão, no todo ou em parte, este Evangelho (Agostinho, Tomás de Aquino, Calvino, Lutero, Bultmann). Na pesquisa exegética contemporânea, o Evangelho é uma obra particularmente propícia ao funcionamento de novos métodos de análise literária, particularmente as leituras narrativas.

Élian Cuvillier

➢ Apocalipse; Apóstolos; Cristãos (primeiros); Evangelistas; Gnósticos; Lucas; Marcos; Mateus; Samaritana.

JOÃO BATISTA (SÃO)

João Batista é uma figura presente nos quatro Evangelhos. Se o seu lugar difere segundo os evangelistas, todos o colocam imediatamente numa dimensão escatológica. A contribuição de Flávio Josefo concorda com as características principais que lhe atribuem estes textos: exortando a praticar uma vida virtuosa e praticando o batismo, morto por Herodes Antipas (*Antiguidades Judaicas*, XVIII), João se situa na linhagem dos grandes profetas de Israel, no cruzamento dos mundos judeu e cristão, dirigindo um grupo de judeus lá pelo sul do Jordão, e praticando uma vida ascética, da qual uma variante nos é dada a conhecer através do Qumrân. Os relatos que o colocam em cena comprovam uma percepção universal da mensagem da salvação, mesmo se o batismo que ele administra só de destine aos judeus. Sua vida é conhecida essencialmente por meio de quatro episódios: sua infância, sua pregação, o batismo de Jesus, sua decapitação.

Filho de Isabel, prima de Maria, e de Zacarias, seu nascimento milagroso de uma mãe idosa e estéril e a incredulidade de seu pai, castigado pela afasia, são sinais anunciadores da vinda do Redentor (Lc 1, 57). Maria, avisada da vinda de João Batista, na Anunciação, vai logo para Belém, na Judeia, visitar Isabel, cuja criança "estremece de alegria" com sua vinda: é a Visitação. Ao canto de alegria de Maria, o *Magnificat*, corresponde o de Zacarias, o *Benedictus*, que lembra a

JOÃO BATISTA

promessa de um Messias e anuncia os papéis de João e de Jesus: "E você, criancinha, você será chamado profeta do Altíssimo (...), você precederá o Senhor para preparar-lhe os caminhos." O nascimento de João Batista é festejado em 24 de junho. Ele é o único santo de que a Igreja celebra o nascimento.

Último profeta, ele anuncia Jesus como o Messias esperado por Israel, muito particularmente através de Isaías e o Servo sofredor. Ele se apresenta como a "voz que clama no deserto": "Aplainai as colinas, enchei os vales para preparar os caminhos do Senhor!" O Prólogo de João o apresenta como um "homem enviado de Deus, que não era a Luz", mas devia "dar testemunho à Luz, a fim de que todos cressem nele". Vivendo no deserto, de gafanhotos e de mel selvagem, ele prega, em 27-28 d.C., o arrependimento dos pecados, proclama que o Messias anunciado pelos profetas antes dele já está aí. Ele propõe, no Jordão, um batismo purificador dos pecados, prefiguração do batismo trazido pelo Messias, que será de natureza totalmente diferente: "Eu vos batizo na água, mas, o que me segue, este batizará no Espírito Santo e no fogo" (Lc 3, 15).

Quando Jesus se apresenta a ele, no meio dos outros, e pede o batismo, João se recusa num primeiro momento, porque se considera "indigno de desatar os laços de seus sapatos", depois, acaba por aceitar. O batismo recebido por Jesus de sua mão é o primeiro sinal de sua vocação (Mt 3; Mc 1; Lc 3): ele "viu os céus se rasgarem, e o Espírito Santo descer sobre ele como uma pomba, e uma voz dizia 'Tu és meu Filho bem-amado'". Os primeiros Apóstolos, como André e Pedro (Jo 1, 40), provêm do círculo de João, que lhes designou Jesus como o Cordeiro de Deus.

João Batista é pouco a pouco abandonado, mas continua a pregar a conversão. Opõe-se a Herodes, o rei judeu, que tomou como mulher sua cunhada, Herodíades, e é preso. De sua prisão, tomado pela dúvida, João envia discípulos para perguntarem a Jesus se ele é mesmo o Messias. Este responde: "Dizei-lhe que os surdos ouvem, os cegos veem, os mortos ressuscitam, a boa nova é anunciada aos pobres" (Mt 1, 12-15). Pouco depois, João será decapitado a pedido de Herodíades e de sua filha, Salomé, durante um banquete, quando Herodes havia feito à sua nora uma promessa inconsiderada para agradecê-la por ter dançado para ele. Jesus fala dele como o "maior entre os homens". Avisado de sua morte (Mt 14), ele se retira no deserto para chorá-lo.

O rito de imersão praticado por João lembra ritos universais de purificação, em especial judeus, mas também os da comunidade dos essênios, dos quais alguns em seu círculo puderam estar próximos. Um número de seus discípulos, os joaninos, ficou ao lado de João Batista, acreditando que ele mesmo podia ser o Messias, e subsistirão depois de sua morte.

A figura de João Batista, precursor, asceta, eremita e figura batismal, foi exaltada pelo movimento monástico dos inícios, depois, pelos cenobitas do século XII. Suas relíquias são veneradas em diversos lugares: Gênova, Saint-Jean-de-Maurienne, ou Amiens. Sua promoção na iconografia ocidental está ligada à origem das ordens mendicantes do século XII, para as quais ele encarna o espírito de penitência assim como a espera messiânica e escatológica. Suas representações picturais são muito numerosas. A dança de Salomé e a chegada da cabeça de João numa bandeja entraram para a lenda. Ele próprio é ora representado como criança perto do Menino Jesus, ora como asceta descalço, vestido com um manto de pelos, segurando uma cruz e com o dedo erguido, para simbolizar o anúncio de um Messias sofredor. Às vezes, seguindo uma tradição oriental, ele é vestido como padre, com um longo manto sacerdotal ou como asceta nu, com os cabelos arrepiados.

Catherine Grémion

➢ Cordeiro; André; Batismo; Deserto; Discípulos; Isabel; Eremita; Herodes; Isaías; Jordão; Pedro; Visitação.

JOÃO DA CRUZ (SÃO, 1542-1591)

João de Yepes nasceu em Fontiveros, perto de Ávila, na Castela, em uma família de pobres tecelões toledanos. Em 1563, depois de alguns estudos no Instituto da Doutrina e no colégio dos jesuítas, ele entra para o Carmelo em Medina Del Campo, sob o nome de João de São Matias. É ordenado padre em 1567, depois de seus estudos de teologia na Universidade de Salamanca. Durante o outono, ele encontra, em Medina, Teresa de Jesus, que o dissuade de entrar para a Cartuxa. Apaixonado pela vida contemplativa, ele funda, em novembro de 1568, em Duruelo, o primeiro mosteiro dos Carmelitas contemplativos e toma o nome de João da Cruz. A partir de então, participa ativamente na reforma e na formação dos irmãos e das irmãs com a Madre. Com medo de se ver impor a reforma, os Carmelitas calçados encarceram o irmão João no calabouço do convento de Toledo, de dezembro de 1577 a agosto de 1578. Foragido, João continua a obra de expansão e de consolidação da reforma (1578-1591). Liberado de seus encargos e destinado às Américas, ele é, finalmente, enviado para o convento de Ubeda (Jaén), em 1591, onde morre aos 49 anos. É beatificado em 1675 e canonizado em 1726. Pio XI o declara doutor da Igreja, em 1926.

A obra literária do doutor místico é primeiramente poética. Seus poemas (cânticos, romances) são na maior parte compostos em Toledo: "No meio de uma noite obscura", "Onde você se esconde, Bem-Amado?", "Oh, chama de amor". A pedido de seus discípulos, ele redige tratados espirituais e longos comentários de seus poemas (1579-1586): *A Subida do Monte Carmelo*, a *Noite Obscura*, depois o *Cântico Espiritual* e a *Viva Chama*. Algumas cartas ainda subsistem.

No itinerário espiritual descrito por João da Cruz, o Cristo está no começo (imitação), no meio (vida teologal), no fim (união de amor). No término, a alma escuta do Cristo: "Eu sou teu e para ti, alegro-me em ser o que sou, para entregar-me a ti e ser teu para sempre" (*Viva Chama de Amor*, III, 6).

Stéphane-Marie Morgain

➢ Carmelo; Fogo; Teresa de Ávila.

JOAQUIM

Ver *Ana e Joaquim*.

JOAQUIM DE FLORA

Ver *Fim dos tempos*; *Milenarismo*.

JOB

Job é o símbolo do justo confrontado com o mal e com o sofrimento. O livro de Job, escrito por volta do século V a.C., compreende várias partes distintas: a prosperidade de Job e o desafio de Satã, suas provações e a chegada dos amigos, sua lamentação, depois, os diálogos com os três amigos, que se estendem em três ciclos, o discurso final de Job, o discurso de Deus, e, enfim, um epílogo que vê restaurada a situação inicial de Job, riquezas, saúde e descendência.

O prólogo apresenta a pessoa de Job, exemplo perfeito da fidelidade a Deus, que goza de uma prosperidade merecida, tanto por sua família quanto por seus bens e sua reputação na sua comunidade.

Satã consegue de Deus que o ponha à prova, privando-o acidentalmente primeiro de seus bens materiais, rebanhos, servos, depois de seus filhos, sete filhos e três filhas mortos todos juntos. Apesar destas perdas repentinas e cruéis, Job continua a louvar a Deus e a ser-lhe fiel: "Yahvé deu, Yahvé tomou, que o nome de Yahvé seja abençoado". O diabo persuade Deus de deixá-lo tocar em seu próprio ser e sua carne: Job fica, então, coberto de úlceras da cabeça aos pés, e de tão repugnante todos se afastam dele, e ele se refugia num monte de estrume. O papel dos companheiros de Job é notável: sua mulher o pressiona para desistir de um Deus que o trata tão cruelmente: "Você vai persistir em sua integridade? Amaldiçoe seu Deus e morra!" (Jb 2, 9). Amigos vêm vê-lo, Elifaz de Teman, Bildad de Shouah e Çofar de Naama, enfim, Elihu que, depois de um tempo de silêncio, vão exortá-lo a reconhecer sua responsabilidade no drama que o atinge, ou, pelo menos, a detectar sua causa, até mesmo um remédio.

Segundo eles, Deus recompensa os justos e pune os maus; é preciso, pois, que Job tenha cometido alguma injustiça ou impiedade para ser assim tratado. O ciclo dos discursos de Job e de seus amigos coloca a questão da justiça e da sabedoria no mundo. Job passa por períodos de revolta – "Morra o dia que me viu nascer" (Jb 3, 1) – e de tranquilidade, mas recusa com constância reconhecer-se culpado, seja contra Deus, seja contra os homens. Ele afirma sua fidelidade inabalável em Deus, mas observa que, apesar da justiça de Deus, a realidade do mundo não é a retribuição visível dos justos, nem a desgraça dos maus: "Por que os maus continuam em vida? Sua posteridade diante deles se afirma, a paz de sua casa não tem nada a temer" (Jb 21, 7-8). Recusando os discursos de seus amigos (Jb 21, 34), ele invoca ardentemente uma manifestação de Deus: "Dize-me qual foi minha transgressão,

JOB — JONAS

meu pecado, por que me escondes tua face?" (Jb 13, 24), e afirma: "Eu sei que meu Defensor está vivo, que ele, o último, se levantará na poeira (...) fora de minha carne, eu verei Deus, o que estará a meu favor" (Jb 29, 7-10; 30, 13). Contudo, sua última frase é um grito de confiança: "Eu disse minha última palavra, cabe ao Senhor responder-me. Eu me adiantarei para ele como um príncipe." O discurso final de Deus lhe dá razão e condena seus amigos. Depois, todos os seus bens e novos filhos lhe são dados, assim como a estima de todos.

O livro é bem anterior aos primeiros escritos bíblicos, que afirmam a existência de uma vida após a morte, tais como os Macabeus, mas ele questiona a retribuição durante a vida terrestre e constitui uma abertura para a afirmação de que a justiça não é finalmente feita senão após a morte. Esta leitura não foi frequente entre os primeiros autores cristãos. Um dos primeiros a ater-se a Job como figura do justo é Gregório, o Grande, que comenta a reação de Job à provação: "Para o santo Job, o vaso de argila experimentou por fora a ferida de suas úlceras, mas o tesouro interior permaneceu intacto." Destacando a sabedoria com a qual Job na desgraça se lembrou dos benefícios recebidos antes, ele acrescenta: "Com efeito, pelo pecado estamos em desacordo com Deus; é, pois, justo que façamos as pazes com ele pelas provações."

Job é uma matéria frequente de representações dos pintores ao longo da história. La Tour o representa junto à sua mulher, que o domina com toda sua altura. Hoje, ele é, geralmente, retomado como um dos textos maiores de uma reflexão sobre a sabedoria e o sofrimento (Paul Ricœur, François Feijtö). René Girard propõe uma interpretação dele que rompe com as visões clássicas. Em *O Caminho Antigo dos Homens Perversos*, ele opõe o constante julgamento de culpabilidade de que sofrem vítimas no universo antigo, tal como Édipo, e o reconhecimento de sua inocência pela Bíblia, tal como Job. Ele se torna o bode expiatório cuja companhia, sua mulher, seus amigos participam do linchamento.

Catherine Grémion

➢ Bode expiatório; Juízo final; Justo; Rico.

JONAS

Jonas foi um profeta que viveu três dias no ventre de um grande peixe, sempre representado como uma baleia, citado no Evangelho. Quando judeus reclamam um sinal a Jesus, ele lhes responde: "Vocês só terão um sinal, o sinal de Jonas" (Mt 12, 39; Lc 11, 29). O que compreender deste enigma? Jonas, provavelmente sem existência histórica, é o herói de uma parábola: enviado por Deus para anunciar à grande cidade de Nínive que ela seria destruída por causa do excesso de seus crimes, ele recusou sua missão e se salvou num barco. Este, enfrentando uma terrível tempestade, Jonas confessou que ele era a causa disso, por causa de sua desobediência a Deus: os marinheiros o lançaram à água e ele foi engolido por um peixe que, três dias depois, o relançou na direção de Nínive. Ele pregou, então, a

CRISTIANISMO – DICIONÁRIO DOS TEMPOS, DOS LUGARES E DAS FIGURAS

JONAS — JORDÃO

cólera de Deus, mas Nínive fez penitência e Deus voltou atrás em sua destruição. Isto escandalizou o profeta que se lamentava amargamente desta clemência, e de um Deus "de piedade e de ternura, demorado na cólera" e pronto ao perdão.

Qual é o sinal de Jonas? Esse livro, composto provavelmente no século V a.C., é lido no dia do Kippour [Yom Kippour – Dia do Perdão] pelos judeus, e a Mishnah insiste sobre o arrependimento dos Ninivitas, tema retomado pelos padres da Igreja primitiva, tais como Clemente de Alexandria, Cesário de Arles... Mas Jesus evoca também antes sua descida para a morte, seu surgimento à luz da vida no terceiro dia, como Jonas lançado na praia, e a lição de misericórdia frente aos pecadores e aos não judeus, que eram os pagãos de Nínive. Jonas é também, para Tertuliano, ou Agostinho, o símbolo de Adão, que desce à morte por sua desobediência, e renasce no terceiro dia, à imagem do Cristo.

Catherine Grémion

➢ Ressuscitado; Tau.

JORDÃO

O Jordão, do hebraico *yarden* (*yarad*, "descer"), é o rio que percorre Israel do norte ao sul, em 220 quilômetros até o Mar Morto. O Novo Testamento distingue o vale do Jordão e os países do outro lado, margem esquerda do rio habitada por estrangeiros, hoje a Transjordânia.

O rio e a água que ele carreia são sinais fortes para o povo judeu, e também assim permanecem no Evangelho. É atravessando o Jordão sob o comando de Josué que os hebreus entram, enfim, na Terra Prometida. Estancando a sede, ele revela os fortes conforme sua maneira de saciar-se. Lugar da purificação e da cura, o episódio do pagão Naaman (2 R 5) que vem ver o profeta Eliseu e é curado de sua lepra banhando-se sete vezes no Jordão é uma ilustração dele.

O rio é a água na qual João, o batista, mergulha as multidões, símbolo da morte e do retorno à vida. É às suas margens que ele chama os judeus à conversão e prega o arrependimento dos pecados na espera do Messias. É no Jordão que a filiação de Jesus lhe é revelada durante seu batismo, por uma voz que anuncia: "Este é meu filho bem-amado."

O vau do Jordão, a cinco quilômetros da entrada no Mar Morto, era venerado como o lugar da passagem dos judeus sob as ordens de Josué. Mas os cristãos aí veem também o lugar da pregação do batista, e do batismo do Cristo, embora uma tradição os situe mais ao norte. O Imperador Atanásio manda edificar aí uma igreja e uma coluna de mármore. No dia da Epifania, o local do batismo era o lugar de uma liturgia solene com bênção das águas do rio. Os inúmeros peregrinos aí se banhavam e se faziam batizar. Ainda hoje, as virtudes do Jordão como água purificadora e libertadora são cantadas nos *negro spirituals*: *Let's go down to Jordan. Halleluia!*

Catherine Grémion

➢ Batismo; João Batista; Lugares santos.

JOSÉ (O PATRIARCA)

A história de José corresponde à última parte do Livro da Gênese (37-50). Ela conta o que aconteceu ao filho do patriarca Jacob e de Raquel: invejado por seus irmãos, lançado num poço, vendido a mercadores itinerantes, encontrando-se na corte egípcia onde é entronizado como intendente, ele salva o Egito da fome, depois sua própria família e seu povo, devolvendo assim o bem pelo mal, levando seus irmãos ao arrependimento. Talvez inspirada do conto egípcio "Os dois irmãos", esta história se baseia para alguns numa redação pós-exílica com origem na diáspora egípcia. Outros acreditam reconhecer aí o eco das relações privilegiadas que a corte salomônica manteve com o Egito.

Às vezes qualificado como "romance", manifestando uma arte consumada da narração, esse relato pode parecer sem ligação estreita com seu contexto imediato ou mais amplo. Só o Salmo 105 faz alusão a José, e o Novo Testamento só o evoca duas vezes (Atos 7, 9; He 11, 21-22). Entretanto, orquestrando os temas do ciúme entre irmãos, da eleição, do perdão, mostrando os acasos da promessa divina, ele é testemunha de preocupações eminentemente bíblicas. Além disso, diversos de seus episódios estão inscritos na memória comum (José lançado no poço, "vacas gordas" e "vacas magras" dos sonhos de Faraó, tentativa de sedução de José pela mulher de Putífar). A literatura moral de edificação foi a primeira a recorrer a estas cenas para tratar do ciúme, e a última, para ensinar a castidade. Paralelamente, a leitura tipológica inaugurada na literatura patrística argumenta, principalmente no Ocidente (Hipólito, Ambrósio, Agostinho), o alcance profético e cristológico da narrativa e vê em José uma prefiguração do Cristo, ao mesmo tempo em sua Encarnação, no rebaixamento da Paixão, em sua glorificação final, na salvação dada às nações e de que o Egito é aqui a figura. Enfim, o estilo sapiencial da história não deixa de ter relação com a inspiração que daí absorve, na época contemporânea, um Thomas Mann, autor de *José e seus Irmãos*.

Anne-Marie Pelletier

➤ Egito; Raquel; Sabedoria.

JOSÉ (SÃO, ESPOSO DE MARIA)

Os Evangelhos são muito discretos sobre o pai terrestre de Jesus. Sabe-se que ele exercia o ofício de carpinteiro (Mt 13, 55) e que era "noivo" de Maria no momento da anunciação, sem coabitar ainda com ela – um *status* que, no mundo judeu, estava próximo do estado matrimonial (Mt 1, 18). Ele é qualificado como "justo" (Mt 1, 19), mas nenhuma de suas palavras é relatada, e nada se sabe de sua idade nem da data de sua morte. Talvez em referência ao seu homônimo do Antigo Testamento, ele é antes de tudo um sonhador, recebendo em sonho as injunções angélicas para tranquilizá-lo a respeito da gravidez de sua noiva (Mt 1, 21) ou para incitá-lo a fugir para o Egito (Mt 2, 13).

CRISTIANISMO – DICIONÁRIO DOS TEMPOS, DOS LUGARES E DAS FIGURAS

JOSÉ — JOSÉ

É, de fato, a literatura apócrifa, originária do *Protoevangelho de Tiago*, que constrói uma figura de José marcando demoradamente o imaginário cristão: ela faz dele um velho – e, às vezes, até um viúvo –, designado como esposo de Maria pelo milagre da floração de seu bastão. Ele se torna assim um idoso modesto e retirado, a fim de melhor afirmar a virgindade de Maria e a filiação divina do Cristo.

Entretanto, um apócrifo copta, a *História de José, o Carpinteiro*, lhe atribui um lugar bem mais honrável, relatando longamente sua morte, entre Maria e Jesus. É o testemunho de uma devoção precoce a José entre os cristãos do Egito. Da mesma forma, a liturgia oriental associa rapidamente José às celebrações da Natividade. Mas no Ocidente, onde o apócrifo egípcio é desconhecido antes do extremo fim da Idade Média, ele conserva por muito tempo um lugar muito subalterno. Os exegetas não se interessam por isso senão para resolver as discordâncias das genealogias de Mateus e de Lucas, e para minimizar seu *status* de esposo e sua paternidade, definida como "putativa" em referência a Lucas (Lc 3, 23), isto é, uma espécie de simulacro destinado a criar ilusão aos olhos dos homens e do diabo. Sua função de pai adotivo e de protetor é destacada, mas não se pensa ainda em afirmar sua santidade. Há um só elemento de casuística que permite aos canonistas e aos teólogos do século XII afirmar pouco a pouco o caráter sacramental do casamento, discutindo sobre o lugar a atribuir à consumação carnal em sua definição. No mesmo momento, Bernardo de Claraval escreve belas páginas sobre a posição eminente de José, mas numa perspectiva de devoção mariana.

Desde a época carolíngia, no entanto, encontra-se a menção do esposo da Virgem em alguns martirológios, com a data de 19 de março, sem dúvida por confusão com algum José mártir. Mas esta celebração parece ter ficado muito excepcional antes do fim da Idade Média, quando se assiste, a partir do século XIII, a uma verdadeira redescoberta do pai terrestre do Cristo. O elã é dado pelos Franciscanos, na lógica de uma valorização da vida terrestre do Cristo. Eles começam a interessar-se no personagem em si, a oferecê-lo como modelo aos fiéis e até ao clero. Vê-se cada vez mais frequentemente qualificá-lo como "santo", mas é preciso esperar o século XV para que a festa de 19 de março seja instaurada na ordem dos Irmãos Menores, talvez porque os principais zeladores de José (Pierre de Jean Olivi, Ubertin de Casale) tinham sido muito implicados nos debates internos da ordem. Em compensação, uma ordem mendicante mais modesta, a dos Servos de Maria, adota a festa de José desde 1324. Em torno de 1400, um outro movimento se desenvolve em favor de José, levado a efeito por alguns universitários parisienses, Pierre d'Ailly e principalmente Jean Gerson, que veem no pai terrestre do Cristo um modelo de paz susceptível de resolver a crise do reino da França e a ferida do Grande Cisma.

Essa dupla corrente de promoção conduz à eclosão, no decorrer do século XV, de uma verdadeira devoção a São José, no momento em que a iconografia da Natividade o mostra a partir de então em adoração diante do Menino, no mesmo plano que a Virgem. No fim do século, talvez sob o impulso de Sixto IV, um papa franciscano, a festa de 19 de março aparece no breviário romano. Nos séculos XVI e XVII, os sinais desta devoção aumentam. Ela é sensível nas confrarias onde José é invocado como o padroeiro dos carpinteiros, ou o da "boa morte", e o 19 de março se torna festa de preceito em 1621. O esposo da Virgem interessa os místicos (Teresa de Ávila), os pregadores (Bossuet), mas também os jesuítas e os missionários. É justamente no Novo Mundo que ele encontra uma terra de eleição, em especial no México e no Canadá, colocados sob sua proteção respectivamente em 1555 e 1624. Esta dimensão militante se reencontra no século XIX, que vê multiplicarem-se as instituições colocadas sob a patronagem de São José. Em 1870, o Papa Pio IX o proclama padroeiro da Igreja universal. Pouco tempo depois, de novo no Canadá, a devoção do irmão André conduz à construção, em Montréal, do grande Oratório de São José, que permanece ainda hoje um grande centro de devoção e de estudos, na origem da "josefologia".

Na Igreja contemporânea, a figura de São José é frequentemente invocada em reação a algumas evoluções políticas e sociais. Foi assim que a celebração de José trabalhador tentou entrar em concorrência com a festa de 1º de maio, e que seu lugar de esposo e de pai é valorizado em reação às evoluções das práticas familiares. Este interesse foi sancionado em especial pela inserção de São José no cânon da Missa em 1962, por ocasião do Concílio Vaticano II.

Paul Payan

➢ Presépio; Egito; Família (santa); Jesus; Maria; Natal.

JOSÉ DE ARIMATEIA (SÃO)

Discípulo do Cristo, sem ser apóstolo, José de Arimateia participa do desencravamento e da descida da cruz, coloca o Cristo num sudário ou mortalha, o carrega com Nicodemos até o fosso, executa a primeira unção e fecha o túmulo com uma grande pedra. O *Evangelho Apócrifo de Nicodemos* ou *Atos de Pilatos* lhe reserva um lugar maior: membro do Sinédrio, ele tenta convencer seus colegas da divindade de Jesus. José de Arimateia e Nicodemos são figuras de primeiro plano na representação da colocação do Cristo no túmulo, desde os ícones bizantinos do século VII até os sepulcros monumentais esculpidos dos séculos XV e XVI. Outros discípulos secretos os acompanham, às vezes, Gamaliel e Abidon.

Toda uma tradição literária relaciona José de Arimateia com o esoterismo do Graal. Ele se torna o detentor do segredo de eternidade, recolhendo o sangue do Cristo no Graal, princípio de vida eterna, no vaso que leva este nome. Da Judeia, ele vai para a França com Maria Madalena, Marta e Lázaro, depois, para a Inglaterra, onde teria semeado os germes da cristianização. Ele teria trazido e transmitido o precioso cálice com a esmeralda (Amalaire de Metz, por volta de 850). Esta lenda do Graal, propagada por Robert de Boron, foi retomada e amplificada nos ciclos arturianos. Existe também uma tradição que liga o vaso do Graal ao cadinho alquímico e a Paixão do Cristo à *oeuvre au noir* [trabalho no escuro].

Jean-Pierre Nicol

➢ Apócrifos (evangelhos); Evangelistas; Sangue; Sepulcro (Santo).

JUBILEU

O jubileu é uma noção de origem bíblica: o termo aparece pela primeira vez no Levítico (25, 8-16) para designar o quinquagésimo ano, ao término de sete ciclos de sete anos. Segundo este texto, que data do século VI antes de nossa era, este ano jubilar devia ser marcado pela restituição de suas terras àqueles aos quais elas haviam sido confiscadas, a libertação dos escravos por dívidas e a proibição de qualquer trabalho agrícola. Não se encontra vestígio da aplicação destas medidas na história de Israel, mas a noção foi retomada em diversos escritos intertestamentários, como o *Livro dos Jubileus*, e no Talmude, com o sentido de tempo de purificação e de renovação da Aliança do povo judeu com Deus. Do Judaísmo, o termo passou para o Cristianismo com São Jerônimo que, na Vulgata, traduziu a palavra hebraica *yobel* por *jubilaeus* ("jubileu") e o definiu como um ano de remissão oferecido aos homens pela misericórdia divina. A Igreja só começou a instituir jubileus a partir do século XIII: o primeiro foi em 1220, em Cantuária, 50 anos depois do assassinato de São Thomas Becket, mas o uso só foi realmente estabelecido em 1300, quando o Papa Bonifácio decretou que, cada centésimo ano, os fiéis que fossem a Roma com um espírito de devoção, aí permanecessem pelo menos 15 dias e visitassem as basílicas dos Apóstolos Pedro e Paulo se beneficiariam de uma indulgência plenária, isto é, da remissão completa das penas devidas por seus pecados. Sua iniciativa teve uma grande repercussão, e peregrinos afluíram de todas as partes da cristandade. No decorrer dos últimos séculos da Idade Média, o intervalo entre dois jubileus foi transformado de 100 para 50 anos, depois para 25 anos, a partir de 1475. O último jubileu, ou "ano santo", aconteceu em 2000 e atraiu a Roma, considerada há séculos como a cidade do perdão, um número importante de fiéis da Igreja Católica.

André Vauchez

➤ Papa; Roma.

JUDAS

De todos os personagens do Novo Testamento, Judas é, com certeza, um dos mais misteriosos. Por seu patrônimo, inicialmente: se ele leva um nome bastante comum, o do patriarca fundador do reino de Judá, seu sobrenome fez correr muita tinta. Iscariotes significaria o sicário (um contestador do poder romano armado do *sica*, um punhal), o que faria dele um nacionalista judeu violento? Parece mais conforme à cronologia ver aí uma marca de origem, Judas seria *isch Kariot*, o "homem de Carioth", uma cidade da Judeia. Por seu ato, em seguida: é muito difícil saber o que faz realmente Judas "entregando" Jesus. Diz ele às autoridades judaicas onde se encontra Jesus? Isto não tem interesse numa pequena cidade onde o Nazareno era conhecido e seus hábitos bem estabelecidos. Conta-lhes o que aconteceu na última refeição? Não era "pior" do que o que Jesus proclamava abertamente e não

JUDAS

justificava uma condenação à morte. Faz simplesmente parte da tropa que veio prender Jesus, o que implicaria que ele já não era mais solidário com seu mestre? Por estas razões: por que teria ele traído por 30 moedas, enquanto se diz que a mulher de Betânia quebra um vaso de perfume que custa 300 moedas? O dinheiro não faltava para o grupo apostólico. Por sua morte, enfim: Judas é o único personagem do Novo Testamento de quem se conhecem dois relatos de morte diferentes: para Mateus (27, 3-10), tomado de remorso, ele entrega o dinheiro no Templo e corre para se enforcar; nos Atos dos Apóstolos (1, 15-26), ele compra um domínio com o preço de sua traição e sofre a morte dos traidores (como Herodes ou Antíoco Epifânio), ele se rasga ao meio e suas entranhas se espalham ao chão.

Se a realidade histórica do personagem de Judas fica perdida para sempre, este constitui o ponto de partida de uma reputação de infâmia que perdura até na linguagem corrente: "judas" é um nome comum para os traidores. Esta começa desde os Evangelhos em relação com as predições proféticas sobre o sofrimento do Messias (Is). No Evangelho de Mateus (26, 24), a profecia é retomada pelo próprio Cristo: "Infeliz o homem por quem o Filho do homem é entregue! Teria valido mais a pena para ele que não tivesse nascido, esse homem." O anúncio que Jesus fez na última refeição de sua entrega próxima pelo Iscariotes está relacionada com o Salmo 42, 4: "Aquele mesmo com quem eu estava em paz, que tinha minha confiança e que comia meu pão, me persegue." Ela se espalha, em seguida, entre os padres da Igreja que, com exceção de Orígenes, condenam sem apelo Judas. Desde os primeiros séculos, descreve-se sua morte como o castigo dos ímpios, depois, com Agostinho e João Crisóstomo, censura-se, ao mesmo tempo, sua avareza, sua ausência de fé e seu trágico fechamento ao perdão divino, que o faz se suicidar (Agostinho estabelece simultaneamente a condenação de Judas e a do suicídio).

Desde o século IV, Judas desempenha o papel de uma espécie de bode expiatório de todas as falhas humanas e de todos os erros do grupo apostólico. Ele se torna, desde então, o suporte de todos os antijudaísmos (com características que se encontram até o antissemitismo contemporâneo): seu suposto amor pelo dinheiro é transferido aos judeus em seu conjunto, enquanto seu ato de entrega condensa todas as "malfeitorias" do povo "deicida".

A partir do século XIX, em ligação com o aumento de poder da psicologia e de uma compreensão de Jesus que insiste mais em sua humanidade, historiadores, exegetas e romancistas procuraram compreender os motivos de Judas. Duas explicações recebem até hoje um grande crédito: uma faz de Judas o melhor amigo de Jesus, e seu ato, o resultado de um acordo prévio entre os dois homens, a fim de que Jesus pudesse cumprir seu destino; a outra vê nele um nacionalista ardoroso que empurra Jesus para a cruz a fim de forçá-lo a revelar seu poder e que, decepcionado, acaba por suicidar-se.

Régis Burnet

➢ Apóstolo; Bode expiatório; Ceia; Jesus; Paixão.

JUDEUS

Derivado do latim *judaeus*, "de Judeia", pessoa pertencente ao povo judeu, que professa a religião judaica. A palavra "judeu" aplicava-se originalmente aos membros da tribo de Judá (ou Judah), quarto filho do patriarca Jacob. Durante os sete anos de reino de David, seu território foi chamado o reino de Judá. Mais tarde, o norte do reino foi chamado Israel, e o sul, Judá. Originário do hebraico *Yehudi*, este vocábulo designa, pois, primitivamente, os membros do reino de Judá (940-586 a.C.), cuja primeira menção bíblica é feita no segundo Livro dos Reis (2 R 16, 6). Em seguida, este termo se aplicou ao povo de Israel em seu conjunto.

Depois da destruição de Israel, somente Judá se manteve, e a palavra *Yehudi* perdeu, então, seu elo específico com o reino do Sul. O termo vai assumir nesta época uma conotação religiosa, política e designa uma entidade nacional, sem diferença entre estas categorias.

Durante os últimos séculos da era antiga, que marcam livros bíblicos quase exclusivamente transmitidos pelo grego, os termos "Israel" ou "povo de Israel", "filhos de Israel" ou "homens de Israel" não desapareceram, mas têm uma ressonância expressamente religiosa. O termo "judeu" se encontra mais de 100 vezes só nos Livros dos Macabeus.

No Novo Testamento, ele designa simplesmente os contemporâneos do Cristo e dos apóstolos, que habitavam a Palestina ou pertenciam à Dispersão ou Diáspora. Os evangelistas trazem, muitas vezes, nuances: os judeus estão particularmente ligados aos minuciosos costumes dos Anciãos, à letra da Lei mosaica mais do que ao espírito de que eles são inspirados; são principalmente os incrédulos, até mesmo os que são hostis ao Cristo, à sua doutrina, aos seus discípulos. Depois do fim do Estado judeu antigo, ainda que aglomerações judaicas tenham subsistido no país (principalmente na Galileia), em todas as épocas, o povo judeu vive disperso entre as nações e partilha sua vida.

Na Idade Média, nos documentos latinos, o judeu é sempre identificado através do qualificativo *judaeus*, que o define. Da mesma forma o "neófito" (na Provença, por exemplo) ou "novo cristão", ele será designado pela expressão *olim judaeus* ("outrora judeu"). O judeu na Idade Média, tolerado em sua diferença religiosa e desenvolvendo uma civilização ao mesmo tempo vizinha e diferente da que é majoritária, deverá logo sofrer com um antijudaísmo crescente, suscitado pelas cruzadas, nutrido por lendas acusadoras, em especial as do assassinato ritual, e seu *status* será legiferado em 1215, quando do Concílio de Latrão (marginalização institucionalizada em todos os níveis no *habitat*, na roupa, na vida quotidiana). Apesar de períodos mais ou menos calmos, os tempos de crise culminarão com seu banimento, afetando em duas vagas o Ocidente cristão, Inglaterra (1290) e o reino da França (1306-1394); depois, no fim do século XV, a Península Ibérica (1492-1497) e as possessões aragonesas, Provença (1501), principado de Orange (1505) etc.

JUDEUS

Assim, ao termo de perseguições e de expulsões, num movimento de fluxo (Oriente a Ocidente) e de refluxo (Ocidente a Oriente), o judeu se desloca ainda. Os lares prestigiosos da França, da Alemanha e da Espanha medievais, desenraizados no século XIV, depois no século XV, ressurgirão na Polônia e na Turquia no século XVI, levando à maturidade culturas alemã e espanhola alimentadas dos territórios perdidos.

Atualmente, a jurisprudência rabínica (em hebraico, *Halakhah*) dá como definição de judeu toda pessoa nascida de mãe judia, ou toda pessoa convertida ao Judaísmo, a conversão "haláquica" exigindo a circuncisão masculina, a imersão em um *mikvé* (banho ritual) dos homens e das mulheres e a aceitação dos preceitos do Judaísmo.

Grupos de obediências religiosas diversas debateram sobre o caráter legal da definição de "quem é judeu": não se poderia, segundo o Judaísmo reformado (primeira metade do século XIX), dispensar-se das formalidades rituais (circuncisão e imersão) e limitar-se a um juramento dos novos convertidos prometendo comportar-se como judeus fiéis? Sua disposição de considerar como judeu uma criança de pai judeu (e de mãe não judia) – legislação fundada na patrilinearidade – chocou-se com uma forte oposição nas fileiras dos ortodoxos e conservadores, partidários obstinados da *Halakhah*.

De um ponto de vista leigo, essa questão depende mais do interesse nacional que religioso, os defensores desta concepção, acrescentando que toda pessoa que se sente solidária com a sorte do povo judeu pode ser considerada como judia. Este ponto de vista conduz a considerar a religião judaica como um dos componentes do Estado judeu, e não como o componente essencial. Outros, inclusive Jean-Paul Sartre, sugeriram que era judeu aquele que fosse considerado como tal pelos não judeus.

A questão referente a ser judeu teve em Israel repercussões na vida prática e política. O problema decorre da lei do retorno, que dá o direito a todo judeu de imigrar para Israel e aí receber automaticamente a cidadania israelita, sem ter de ser naturalizado. De fato, a definição do judeu (pessoa nascida de mãe judia ou sendo convertida) colocou problema e suscitou um pomo de discórdia: a que obediência pertencia o rabino que procedeu à cerimônia? Ortodoxo (que respeita as leis da *Halakhah*), conservador ou reformado? Tratou-se de distinguir as conversões ortodoxas e as outras. Vasto e delicado problema que encontrou uma acuidade nova em Israel com a chegada dos judeus da Etiópia, depois, com a imigração maciça dos judeus dos países do Leste.

O judeu errante é um personagem lendário, Ahasverus, condenado a caminhar sem parar até o fim do mundo, por ter injuriado Jesus carregando sua cruz. No início, a lenda é só um esboço que requer a imaginação popular, de onde ela saiu. Desde seu aparecimento no século XIII, o judeu errante (mencionado nas *Chronica Maiora*, de Mathieu Paris) recebe atributos pitorescos e diversos. Pode-se citar a versão do sapateiro judeu, obrigado à errância perpétua por ter recusado

242 CRISTIANISMO – DICIONÁRIO DOS TEMPOS, DOS LUGARES E DAS FIGURAS

JUDEUS — JUÍZES

um instante de repouso ao Cristo carregando a cruz. Ele encarna o "povo deicida" e constitui um argumento do antissemitismo teológico, antes de se tornar o símbolo por excelência do povo em diáspora.

A lenda do judeu errante, espalhada pela Europa, foi impressa pela primeira vez na Alemanha, em 1602, e se desenvolve na época moderna, quando o judeu recebe o nome de Ahasverus. As traduções em todas as línguas se multiplicam.

Danièle Iancu-Agou

➢ Israel; Messias.

JUDITE

Heroína bíblica cujo nome significa "a judia", ela é conhecida por um livro que leva seu nome na Bíblia grega e que foi considerado como um conto moral, um testemunho que judeus e cristãos reconhecem como edificante. Esta viúva rica, muito piedosa, vive no tempo da invasão da Judeia pelo General Holofernes, que cerca e mata de fome sua cidade Betúlia. Judite, disfarçada de prostituta, seduz o general e o decapita durante seu sono. Ela empunha sua cabeça diante do exército adverso que deixa o campo de batalha desmoralizado. Os anciãos a abençoam com uma fórmula que anuncia a do anjo Gabriel quando da Anunciação a Maria no Novo Testamento. Depois da morte de seu esposo, ela se recusa a tornar a casar-se, faz o elogio da castidade e observa muito rigorosamente os mandamentos da Torá.

Os autores cristãos retomam tardiamente sua história: São Jerônimo a abandonou, considerando o livro como apócrifo, mas a Vulgata o integrou; Santo Agostinho faz dele o assunto de dois sermões; São Boaventura, no século XIII, faz dela uma prefiguração da Virgem derrubando o dragão do Apocalipse, e Dante a coloca no Paraíso, perto de Maria. A literatura medieval se apossa dela, em especial no *Mistério de Judite e Holofernes* (fim do século XV). O século XIX lhe dá uma outra identidade: ela se torna mulher de desejo e de sedução. Jean Giraudoux questiona sua pureza bíblica na *Judite* composta em 1931. Na segunda metade do século XX, a volta ao texto suscita inúmeros estudos.

A decapitação de Holofernes é um tema iconográfico muito frequente: Donatello (Florença, Palazzo Vecchio) é talvez seu exemplo mais célebre. Ela é uma das raras mulheres do Antigo Testamento a ser representada na iconografia monumental. Inversamente, seus momentos de prece, onipresentes no texto, não figuram nas cenas; as imagens de todos os períodos a preferem ativa, livrando seu povo da ameaça.

Christine Bousquet-Labouérie

➢ Ester; Jejum; Raquel.

JUÍZES

No livro que tem esse nome, deve-se distinguir os grandes e os pequenos juízes. Os seis grandes juízes são Otniel, Ehud, Baraq e Débora, Gedeão, Jefté e

JUÍZES — JUÍZO FINAL

Sansão. São libertadores ou salvadores. Os seis pequenos juízes são Shamgar, Tola e Yair, Ibsan, Elon e Abdon. Só temos algumas informações deles sobre sua família ou seu clã de origem, sua ação e o lugar de sua sepultura.

O nome "juízes" pode induzir ao erro, porque suas intervenções se parecem com as dos sufetas de Cartago, na época greco-romana, que não exerciam a justiça, mas governavam uma cidade ou um distrito e comandavam, eventualmente, combates. Foi uma instituição política, intermediária entre o sistema tribal e a monarquia, que durou quase um século, e a ordem cronológica dada é fictícia. O profeta Samuel possui ainda traços que o aparentam aos juízes. Os mais conhecidos são Débora, Jefté, Gedeão e Sansão, que influenciaram profundamente a tradição.

Jacques Trublet

➢ Sansão.

JUÍZO FINAL

Os monoteísmos abraâmicos partilham uma concepção linear do tempo da história do mundo, marcada por um início absoluto, aquém do qual nada existe senão somente Deus. Mas a Bíblia, como o Corão, revela também que o tempo da história tem vocação para acabar por um Juízo final, que se anuncia como o grande dia da prestação de contas e da retribuição de cada um em função de suas obras boas ou más.

O julgamento de todo homem por Deus está esquematizado no Livro da Sabedoria (Sb 3-5). No Cristianismo, o Juízo final, ou geral, peça importante da doutrina dos fins últimos evocada pelo *Credo*, opõe-se ao julgamento particular pelo qual cada um, no momento de sua morte, já é retribuído segundo suas obras (Mt 16, 27; Rm 2, 6). A relação entre os dois julgamentos provocou muitas polêmicas na Idade Média. O núcleo da versão cristã do fim da história coincide com a ressurreição geral, a renovação da terra e dos céus e o Juízo final. Este é evocado em muitas parábolas (tal como das virgens prudentes e das virgens loucas, Mt 25, 1-13), mas sua descrição mais precisa se encontra em uma grandiosa visão relatada no Evangelho segundo São Mateus (Mt 24, 30-32; 25, 31-46). Pode-se ler aí que, chegado o momento (conhecido só por Deus, anunciado erroneamente uma grande quantidade de vezes por falsos profetas sobre a fé de intuições falaciosas ou de especulações ao acaso, como as de Nostradamus), a trombeta ressoará, o sinal do Filho do homem, isto é, a cruz gloriosa, aparecerá no céu, precedendo o próprio Juiz das nações, apresentando as marcas de sua Paixão: será então a segunda Parúsia (a primeira é a Encarnação), que provocará a ressurreição geral de todos os mortos da história humana. Depois disso, proceder-se-á à pesagem das almas (motivo que se reencontra no Corão) e ao julgamento solene e público de cada um, este julgamento tendo sido deferido por Deus, o Pai, ao Filho encarnado. Constituído assim Juiz das nações, este será assistido pelos 12 Apóstolos e pelos 24 anciãos, que lhe servirão de assessores, enquanto Maria e João Batista intercederão *in extremis*. O

JUÍZO FINAL — JUSTO

Juiz separará as ovelhas dos bodes, os bons dos maus, uns sendo convidados a partilhar sua felicidade eterna, enquanto os outros serão precipitados nas trevas. Não se encontra, na escatologia cristã, o motivo corânico da ponte construída sobre o Inferno, julgamento de Deus sob forma de ordálio.

O Juízo final é de aparição relativamente tardia na arte. Mas atravessado o ano mil, ele se torna frequente, no Oriente como no Ocidente, em especial na arte monumental. Ele foi o assunto de muitos tímpanos no portal central das igrejas romanas (Conques, Autun), das catedrais góticas (Chartres), de pinturas murais sobre os muros oeste (Torcello; Sant'Angelo in Formis, perto de Cápua) e, também, de ícones bizantinos (a partir do século XIII) e grandes retábulos, como o de Van der Weyden no Hospício de Beaune (por volta de 1440) ou do afresco monumental da Sistina pintado por Miguel Ângelo (1541), que domina a figura hercúlea do Cristo Juiz. Pinturas murais de grande escala, no exterior das igrejas da Moldávia, no interior dos santuários, no nártex (Asinou, Chipre), elegeram este tema, em composições ao mesmo tempo dramáticas e detalhadas quanto aos intercessores com os quais contar e aos suplícios a temer. O papel dos anjos, na dramaturgia do Juízo final, é essencial: numerosos, indispensáveis, eles se ocupam no céu levando as *arma Christi* ou tocando a trompa, na terra, ajudando os defuntos a sair da terra, pesando as almas, zelando pela liberdade da manobra (que os demônios tentam fraudar, apoiando-se nas bandejas), guiando os eleitos para a cidade celeste e enfornar os condenados na boca do inferno. O Juízo final inspirou ainda obras literárias em grande número, desde *A Divina Comédia*, de Dante, até a *Glória*, de Pierre-Jean Jouve (1942), assim como filmes (Ingmar Bergman, *O Sétimo Selo*, 1956; Buñuel, *O Anjo Exterminador*, 1962).

François Boespflug

➤ Fim dos tempos; Virgens prudentes e virgens loucas.

JUSTO

Os Salmos fazem parte da oração dos cristãos, retomada na liturgia. Muitos são conhecidos como "de David" e são mais frequentemente o grito de um homem sedento de Deus, que chama ao socorro e que chamam de "justo". Desde o primeiro canto, o que ora busca a justiça e oferece um retrato do justo, ameaçado por seus inimigos terrestres e que clama a Deus seu socorro: "Não temo essas pessoas por milhares/ Levanta-te Yahvé, salva-me" (Sl 3). Este justo teme, por sua vez, cair no mal circundante, mas clama sua confiança: "Se eu fiz o mal, que eu seja esmagado, julga-me, Yahvé, segundo minha justiça e segundo minha inocência, oh! Deus o Justo" (Sl 7).

Enquanto os gregos, observa René Girard, consideram a desgraça como uma sanção do mal, vinda dos deuses, os Salmos dão a palavra ao justo, cuja justiça eclode no meio da desgraça, na frente de Deus e de seus inimigos. É o clamor da

JUSTO

vítima, bode expiatório. Sobre seus, ele invoca violentamente o castigo. Para ele mesmo, ele defende os erros, as falhas, mas, por sua fé, espera o perdão e curva-se diante do seu Senhor. Este grito é retomado pelos evangelistas, para quem o Cristo é este justo perseguido.

Catherine Grémion

➢ Bode expiatório; Jesus; Job; Salmos.

L

LADRÕES

Segundo os Evangelistas, Jesus foi crucificado como um fora da lei (Mt 26, 55), um bandido entre dois bandidos (Mt 27, 38; Mc 15, 27; Lc 23, 32; Jo 19, 18-32). Somente Lucas distingue um "bom" ladrão de um "mau", este insultando Jesus, Aquele lhe pedindo para lembrar-se Dele quando estivesse no seu reino (Lc 23, 39-43). Esses personagens têm direito a dois capítulos do *Evangelho de Nicodemos* e reaparecem em *A Lenda Dourada*, as *Meditações*, os mistérios medievais, a *Bíblia dos Pobres* etc. A tradição lhes deu um nome: Dimas designa o bom ladrão, Gestas, o mau.

São vistos representados na arte ao lado do Cristo crucificado, em especial nas lâmpadas de Monza (por volta de 600), onde a colocação tradicional se observa pela primeira vez, o bom ladrão à direita do Cristo. Na tradição iconográfica ulterior, para evitar qualquer confusão possível entre o Salvador e eles, foram representados em uma escala menor e amarrados na madeira. A oposição entre os dois ladrões se acentuou também. A alma do bom ladrão expirando sob a forma convencional de uma pequena imagem nua é recolhida por um ou anjos, enquanto a do mau é apanhada por demônios. A arte do fim da Idade Média mostrou, em geral, suas pernas quebradas (Jo 19, 32). Desde o século XVIII, os ladrões foram progressivamente abandonados, e eles estão quase sempre ausentes na arte do século XX.

François Boespflug

➤ Cruz; Jesus; Paixão; Semana Santa.

LÁZARO

Lázaro é a forma helenizada de um nome hebraico, Eleazar ("Deus socorreu", ou "aquele que Deus ajuda"). Ele aparece duas vezes no Novo Testamento. É o nome do irmão de Marta e de Maria de Betânia, que cai doente, depois morre, a quem Jesus devolve a vida (Jo 11) e em cuja casa ele fará uma refeição (Jo 12).

Por outro lado, o "pobre Lázaro" é o nome de um personagem de parábola. Ele mendiga diante da porta de um rico que festeja todo dia sem nada lhe oferecer

LÁZARO — LÁZARO DE BETÂNIA

(Lc 16, 19-31). Quando morreu, o pobre é levado pelos anjos ao seio de Abraão, enquanto o rico sofre com sede na casa dos mortos.

A "ressurreição" de Lázaro de Betânia foi representada na arte paleocristã, em particular nas catacumbas, como uma figura maior da esperança cristã na vida eterna e de fé no Salvador. Suas relíquias chegaram a Constantinopla no século IX e seu crânio à abadia de Andlau, na Alsácia. Sua fama foi grande no Ocidente a partir do século XI. Sua ressurreição faz dele um personagem crístico. Ele é mencionado em 1040, quando da consagração de São Vítor de Marseille, cidade cuja lenda declara que ele foi o primeiro bispo.

São Lázaro, na parábola, é o tipo do pobre que, por seus sofrimentos, está associado aos do Cristo. Ele também teve as honras da arte, mas não antes do século IX, no Oriente (nas ilustrações) e no Ocidente (manuscritos, pinturas murais, capitéis esculpidos: Autun, Vézelay). O Ocidente fez dele o santo padroeiro dos leprosos. O termo "lázaro", afrancesado sob a forma de "*lazre*" ou "*ladre*", tornou-se um sinônimo de leproso e explicou a formação da palavra "lazareto" ["*lazaret*", em francês, mas também o adjetivo "lazarento", em português]. Muitas instituições caritativas medievais e modernas foram colocadas sob sua patronagem, tal como o vasto leprosário criado nos arredores de Paris, em Saint-Martin. Foi aí que São Vicente de Paulo estabeleceu, em 1632, a casa mãe de sua Congregação da Missão, fundada em 1625, e cujos membros serão chamados de Lazaristas. Acolheram-se aí os filhos de família culpados de má conduta – como o cavaleiro Des Grieux, o narrador de *Manon Lescaut*, do Abade Prévost (1731). Ela se tornou uma casa de correção (1779), um calabouço, no terror, depois uma prisão para mulheres (1896), antes de ser demolida em 1935.

A homonímia dos dois personagens sugere que Lázaro tenha podido acumular as virtudes e atrações de cada um: um ilustrando como pobreza e doença podem ser um caminho de santidade, e o outro exprimindo melhor que qualquer discurso a promessa da ressurreição.

François Boespflug

➢ Betânia; Lázaro de Betânia; Marta e Maria; Vicente de Paulo.

LÁZARO DE BETÂNIA (SÃO)

Lázaro ressuscitado aparece desde a aurora do Cristianismo, no século III, em Roma, nas paredes das catacumbas. De volta à vida terrestre, Lázaro tem seu espaço nesses lugares onde os mortos esperam pelo seu nascimento para a vida eterna. Ao morto de pé, aprisionado em suas faixas, como uma múmia ou um recém-nascido, Jesus dá a ordem: "Lázaro, aqui! Para fora!" (Jo 11, 42). A representação de Lázaro arrancado do sepulcro pela voz de Jesus antecipa o despertar de Jesus ao apelo do Espírito do Pai, que é seu próprio Espírito. Ela antecipa também a sequência dos ressuscitados que, ao apelo de Jesus, o alcançarão fora dos túmulos, vivos.

LÁZARO DE BETÂNIA — LEGENDA DOURADA

A iconografia reitera a manifestação desse milagre, no qual se condensa o mistério do duelo entre a vida e a morte. O Cristo retirado da pedra, por sua voz, por seu gesto de injunção e de bênção, o morto de pé, renascendo. Depois, o mistério se desdobra no Ocidente, com Giotto. Os movimentos em torno do Cristo se fazem mais vivos; as duas irmãs se prosternam diante dele.

Rembrandt coloca um Cristo imenso no túmulo, com o braço direito erguido, poderoso e suave, chamando o amigo ainda envolvido em seus véus, que já ergue os olhos para o seu salvador. Caravaggio revela, na imensidão vibrante e sombria do túmulo, a impossível e, no entanto, verdadeira ressurreição de Lázaro à ordem do Cristo, com o corpo nu que é preciso levantar na vertical, que parece recusar seu rosto, incapaz de se reerguer, e que sua irmã Marta, cara a cara, cheira com uma infinita ternura. Um homem vira as costas a esse morto vivo com o corpo já deslumbrante. Seu perfil e suas mãos juntas em oração tomam o pulso do Cristo. Iluminado, ele olha, não o Cristo, mas, atrás dele, a Luz do Pai, que brilhará, eterna, para esse homem que logo vai morrer: o próprio Caravaggio, de quem é o último autorretrato. Van Gogh, enfim, se imagina ele também em pessoa, parecendo-se com o Lázaro de Rembrandt, sob a dramática surpresa de Marta, enquanto o Sol esparrama sua luz nesse despertar, eterno, radiante símbolo do Cristo. Assim, desde o século III e até nossos dias, no mistério do Lázaro ressuscitado, todos podem discernir, na esperança, seu próprio caminho para a eternidade.

Dominique Ponnau

➢ Betânia; Lázaro; Marta e Maria; Ressuscitado.

LEGENDA [LENDA] DOURADA [ÁUREA] (A)

Designa-se sob esse título uma compilação hagiográfica acabada por volta de 1265 pelo dominicano ligúrio Giacomo de Varazze (de Voragine, em latim), uma das obras mais divulgadas e mais lidas sob forma manuscrita nos últimos séculos da Idade Média e, sob uma forma impressa, na época da Renascença. Ela compreende mais de 150 *Vidas de Santos*, dispostas segundo a ordem do calendário litúrgico, assim como uns 30 capítulos consagrados às festas do Cristo e da Virgem e às principais festas do ciclo temporal. Redigida originalmente em latim, *A Legenda Áurea* foi traduzida a partir do século XIV na maioria das línguas vernáculas da época e, frequentemente, ampliada pela adjunção de santos de tal ou tal país ou região, que não eram mencionados no texto original. Graças a suas qualidades narrativas e ao espaço controlado que ela reserva ao maravilhoso, exerceu uma profunda influência sobre a piedade "flamejante". Os pregadores tiraram dela inúmeros exemplares em seus sermões, e os leigos devotos dela fizeram seu livro de cabeceira, chegando através dela a um mundo fascinante, até aí reservado aos clérigos. Enfim, *A Legenda Áurea* foi uma fonte de inspiração para os artistas e seus comanditários, e a maior parte das representações iconográficas e dos ciclos picturais consagrados aos santos e às santas entre os séculos XIV e XVI foram influenciados pelos relatos edificantes e pelos milagres que ela contém, quando eles não os transpõem pura e simplesmente em imagens.

André Vauchez

➢ Calendário litúrgico; Santo.

LEIGOS

O termo grego *laos*, de onde deriva a palavra latina *laicus*, que significa "profano", "não iniciado", não se encontra no Novo Testamento e permaneceu raro até o século IV de nossa era. No Cristianismo primitivo, com efeito, todos os batizados são a Igreja e é o conjunto da comunidade que constitui "um povo de padres, de profetas e de reis" (1 P 2, 9-10). Iniciados nos mistérios da fé no âmbito da celebração litúrgica, os fiéis comungam com o Cristo, sob o impulso do Espírito, na eucaristia, e participam ativamente da vida da Igreja através do ministério dos bispos e dos padres. Mas uma distinção não tardou a estabelecer-se entre os clérigos e os leigos, a ênfase tendo sido colocada por Santo Ambrósio na prática da castidade, que devia distinguir os primeiros dos segundos, aos quais se interdiz desde cedo de pregar senão pelo exemplo. O desabrochar do monasticismo e o prestígio crescente dessa forma de vida cristã centrada na fuga do mundo e a ascese provocaram uma depreciação correlativa das atividades temporais, assim como da vida carnal, e, então, do estado leigo. Além disso, durante a alta Idade Média, após o desaparecimento das escolas públicas e da "barbarização" do Ocidente, o acesso à cultura erudita e à leitura da Sagrada Escritura foi reservado a uma minoria de clérigos instruídos, enquanto, até o século V, contavam-se ainda inúmeros leigos que se nutriam dos textos bíblicos e se interessavam pela Teologia. No século IX, alguns prelados começaram a se preocupar com a formação religiosa dos leigos, em particular dos meios dirigentes da sociedade, e redigiram para eles obras intituladas *Espelho (Speculum)* para ensinar-lhes os rudimentos da fé e os princípios fundamentais da moral cristã. A partir do século IX, a reforma dita "gregoriana", promovida pelo papado, procurou subtrair o controle das igrejas e eleições episcopais do poder dos grandes leigos, enquanto o novo monasticismo valorizava o desprezo do mundo e a vocação contemplativa dos religiosos. Alguns leigos se distanciaram então da Igreja, que eles censuravam por ter traído a mensagem evangélica, e aderem a movimentos contestatórios condenados como heréticos pela hierarquia eclesiástica a partir da segunda metade do século XII. Mas outros souberam encontrar caminhos específicos de santificação através da prática de peregrinações, da participação na cruzada e, principalmente, num engajamento caritativo nas "obras de misericórdia" que se traduziu pela fundação de hospícios e de leprosários onde leigos "convertidos" se colocavam a serviço dos deserdados. O papado ratificou essa evolução espontânea, reconhecendo a santidade de alguns "leigos religiosos", como Santo Homebon de Cremona (†1197), um antigo artesão e comerciante que se tornou penitente, canonizado em 1199, e Santa Isabel de Thuringe-Hungria (†1231), uma princesa que tinha renunciado aos seus bens para fundar um hospital onde ela mesma cuidava dos doentes mais repugnantes. A partir do século XIII, a vida religiosa dos leigos se desenvolveu cada vez mais no âmbito das confrarias, associações piedosas, que assumiram formas muito variadas: penitentes, flageladores, terciários das ordens mendicantes, "caridades" rurais e urbanas reunindo homens e mulheres no âmbito de uma "religião voluntária" que se referia a uma elite de fiéis particularmente motivados. Essas confrarias se administravam por conta própria e não se integraram senão a partir dos séculos XV e XVI no âmbito paroquial. Elas conheceram um novo desenvolvimento no século XVII, sob a forma de associações devotas, como a Sociedade do Santo Sacramento, na França, ou as muito numerosas confrarias marianas que se criaram então nos países mediterrâneos. Depois do século das Luzes e da Revolução Francesa, que provocaram o desaparecimento da maior parte delas, o século XIX e a primeira metade do século XX marcaram o apogeu do clericalismo no seio de uma Igreja Católica onde os leigos se encontraram reduzidos ao papel de simples objetos do ministério pastoral do clero e doadores de dinheiro para as "boas obras", apesar da aparição de algumas grandes figuras de cristãos que se distinguiram na ação social ou política, como Ozanam ou Montalembert. Foi nessa época também que a palavra "leigo" começou a ser usada para designar os partidários da laicidade, que se esforçavam em separar a Igreja do Estado e em desenvolver um ensino público fundado sobre a neutralidade religiosa. De fato, será necessário esperar o nascimento da Ação católica, o desenvolvimento dos movimentos de juventude (ACJF, escotismo, Juventude operária e Juventude agrícola católicas etc.) e o sucesso da democracia cristã, depois de 1945, para que a Igreja incentivasse os fiéis a envolver-se enquanto cristãos nos seus meios de vida. O Concílio Vaticano II (1962-1965) convidou os leigos a tomar consciência do fato de que suas tarefas temporais e sua vida familiar podiam assumir um valor eterno no desígnio de Deus, que deu ao homem o uso da criação e a capacidade de conduzi-la ao seu término. E mesmo se a Igreja Católica ainda não tirou todas as consequências dessa grande virada no plano eclesiológico, é certo que a ênfase está colocada hoje na unidade do povo de Deus e na diversidade das vocações mais do que nas clivagens e nas distinções hierárquicas que existem em seu seio.

André Vauchez

➢ Igreja (edifício); Monge; Padre.

LEVIATÃ

Esse nome designa um animal ávido por devorar e engolir, muitas vezes associado a Behemoth (Jb 40, 15-24), próximo das mitologias fenícia e babilônica (Is 51, 9); um monstro marinho assimilado ora a uma baleia (Sl 104, 26), ora a um crocodilo (Jb), tratado de serpente com sete cabeças (Is 27, 1), em guerra contra o Criador e simbolizando o mal absoluto. O livro de Job contribuiu para "desmitificá-lo" destacando que se trata apenas de uma criatura de Deus (Jb 40, 25-41, 25).

LEVIATÃ — LEVITA

Jonas, regurgitado pela baleia, diz do terror provocado por essa ameaça surgida do fundo do mar – e, correlativamente, o que pode ser a salvação. O próprio Jesus comparou sua estada no reino dos mortos à de Jonas no ventre do monstro (Mt 12, 39-41). O livro do Apocalipse menciona também um Dragão do mar (Ap 12, 3).

O motivo da "goela do inferno" engolindo os condenados aparece na arte desde o século IX. Mas é somente no século XII que o Inferno é assimilado explicitamente, por Honrius Agustodunensis, à goela devoradora de Leviatã. No *Hortus Deliciarum* (fim do século XII), uma miniatura faz da cruz o anzol pelo qual o Cristo captura o monstro. Hobbes faz dele o símbolo do Estado soberano, reinando sobre seus súditos como o Monstro da Bíblia (*The Leviathan*, 1651), Behemoth servindo de nome para representar a força popular. Inversamente, para Hugo (*La Legende des Siècles*, 1859) e Michelet, Leviatã se torna o testa-de-ferro do Contra-estado, do povo, da massa, da Revolução.

François Boespflug

➢ Diabo; Inferno; Jonas; Satã.

LEVITA

Membros, como os padres, da tribo de Levi, terceiro filho de Jacob, encarregados de assistir os sacerdotes (eles mesmos descendentes do grande sacerdote Aarão, irmão de Moisés) no serviço do Templo. Durante a travessia do Deserto, eles eram encarregados do transporte dos objetos do culto. Depois da construção do Templo, eles deviam assistir os sacerdotes, assumindo as funções de chantres e de músicos, mas também de oficiais e servidores do Templo. O conjunto do sacerdócio se dividia em 24 classes que praticavam um rodízio semanal, permitindo a cada um servir na sua vez. A cada grupo de sacerdotes correspondia um grupo de levitas. Durante o sacrifício quotidiano, eles cantavam um salmo diferente para cada dia da semana, tocavam instrumentos de cordas ou faziam ressoar trombetas de prata.

Um dos levitas colocado em cena pelo Evangelho é o da parábola do bom samaritano. Vendo o viajante ferido, ou, talvez, morto, à margem da estrada, ele atravessa e vai embora. Esse gesto pode estar relacionado com os ritos de pureza necessários ao serviço do Templo; o contato com a morte era a impureza ritual mais grave, que necessitava de um tempo de distanciamento de sete dias e dos ritos de purificação com banhos e libações de água lustral. Esses ritos de purificação, muito abrandados no Judaísmo contemporâneo, podem explicar o afastamento do levita diante do homem que ele poderia ou deveria ter socorrido. Mas o ensinamento dado por Jesus é claro (Lc 10, 29-37): o mandamento do amor ao próximo, que a lei pede que ame "como a si mesmo", é, com o amor de Deus, o mais importante e precede todos os outros. Os conflitos sobre pontos dessa ordem serão cada vez mais agudos, e culminarão na condenação à morte de Jesus pelas autoridades judaicas.

Catherine Grémion

➢ Samaritano (bom).

LIMBOS

A criança nasce com o pecado original. Se ela morre antes de ter recebido o batismo, sua alma vai para o Inferno. Não se preocupou muito com o pedobatismo antes da heresia de Pelágio, que negava a existência do pecado original nas crianças (XVI concílio de Cartago, 418). Santo Agostinho, primeiro conciliador, não duvidou mais doravante da "condenação dessas infelizes criaturas". Essa posição não foi questionada. No século XIII, a Igreja introduziu um novo lugar na geografia do além: o limbo das crianças, definido por Tomás de Aquino. Os inocentes eram privados da visão bem-aventurada, é a pena da condenação. A partir do século XV, o recurso ao "santuário de trégua" tornou-se uma maneira de rejeitar o destino trágico da criança natimorta. Em 2005, a Igreja enfatizou que o conceito de limbo jamais tinha constituído um dogma, e em 20 de abril de 2007, Bento XVI consagrou seu desaparecimento teológico.

Jacques Gélis

➢ Agostinho; Inferno; Paraíso; Purgatório.

LOUCO EM CRISTO

Designa-se sob esse nome personagens que conseguiram para si uma reputação de santidade junto ao povo, senão junto ao clero, frequentemente reticente a respeito deles, escolhendo viver para o amor do Cristo. Eles se reduziram por isso a um estado de rebaixamento e de abjeção intermediária entre a insolência e a loucura e se tornaram, por essa razão, capazes de revelar aos homens verdades profundas. Geralmente provocadores em relação aos poderosos e às instituições, os loucos em Cristo viviam na pobreza absoluta e a nudez que convém aos "atletas de Deus", e impressionavam seus contemporâneos com suas mortificações. Encontram-se esses personagens (*salos*, em grego, *starets*, em russo) nas cristandades orientais, onde o controle da santidade pela hierarquia eclesiástica sempre foi menos estrita que no Ocidente. No mundo católico, São Francisco, que se definia como um "novo louco nesse mundo", é um dos raros a ter praticado essa "santa loucura", andando nu, com uma corda no pescoço, nas ruas de Assis, levado por um companheiro, a fim de manifestar o desprezo que ele sentia por ele mesmo e acusando-se publicamente de ter comido muito na Quaresma, para arruinar a reputação de santidade que ele tinha podido conseguir junto aos seus concidadãos. Essa procura do escândalo não era uma provocação gratuita, mas um meio de suscitar entre os espectadores um choque susceptível de levá-los a interrogar-se sobre seu próprio gênero de vida. Consistia também, para ele, em proteger-se contra a satisfação de se ver louvado e aprovado por todos, o que era, aos seus olhos, o maior perigo que ameaçava o pregador. Acompanhando-o, Frei Genièvre (Ginepro) viveu uma espécie de ebriedade espiritual, bem descrita em sua *Vida*, e disseram que as *Fioretti* eram "o Decálogo da santa loucura ocidental".

André Vauchez

➢ Francisco de Assis; Penitente.

LOURDES

No meio do século XIX, uma série de acontecimentos insólitos faz sair da obscuridade essa modesta localidade francesa sem história, garantindo-lhe rapidamente uma reputação nacional, e logo internacional: Bernadette Soubirous, uma adolescente originária do meio sociocultural mais desfavorecido da cidade, toma conhecimento de aparições de "alguma coisa" – *aquero* –, uma pequena jovem de luz na gruta de Massabielle, nas vizinhanças do Gave. Tudo começa numa quinta-feira, 11 de fevereiro de 1858. Enquanto Bernadette se descalça para atravessar a correnteza pouco profunda e alcançar suas companheiras, com quem ela foi apanhar lenha seca, erguendo os olhos, ela vê "uma senhora vestida de branco; ela tinha um vestido branco, um véu branco, um cinto azul e uma rosa amarela em cada pé. Esfreguei-me os olhos, achava que estava enganada. Pus a mão no bolso e encontrei meu terço".

É assim que começa uma série de 18 aparições que, em um ritmo mais ou menos regular, se acabam na discrição em 16 de julho seguinte. Muito depressa, o acontecimento suscita entusiasmo popular, reserva por parte do clero e oposições da autoridade civil. Presa entre essas diversas correntes, Bernadette mantém sua versão dos acontecimentos, sem fraquejar nem variar em suas declarações. Imediatamente, a piedade popular identificou a aparição da Virgem Maria, de que Bernadette receberá confirmação somente em 25 de março: "Eu sou a Imaculada Conceição", diz-lhe *aquero*, referindo-se à recente proclamação do dogma da Imaculada Conceição (1854).

As aparições de Lourdes se destacam por uma notável sobriedade. A mensagem é feita em poucas palavras – apelos à penitência e à oração pelos pecadores, pedido de uma capela. Muito depressa, prodígios de cura são atribuídos às virtudes da água que brota sob os dedos da vidente. A partir de 18 de janeiro de 1862, Monsenhor Laurence, bispo de Tarbes, reconhece o caráter sobrenatural das aparições, ao término de uma rigorosa investigação canônica e médica (para as curas). Em 1866, Bernadette deixa Lourdes para entrar para as Irmãs de Caridade e da Instrução Cristã de Nevers, onde ela vai morrer santamente em 1879. Ela foi canonizada em 1933.

Desde então, Lourdes não parou de projetar-se no mundo inteiro, tornando-se a cidade dos milagres para onde convergem todo ano dezenas de milhares de doentes (contam-se até hoje 67 milagres de curas) e, principalmente, a cidade mariana da oração, que atrai atualmente mais de seis milhões de peregrinos por ano. O sesquicentenário do aniversário das aparições, em 2008, demonstrou – como se fosse preciso – quanto Lourdes continua na Igreja um porto de paz e de graça, de uma fecundidade espiritual pouco comum, onde os papas João Paulo II e Bento XVI fizeram questão de ir em peregrinação.

Joachim Bouflet

➤ Aparições; Imaculada Conceição; Maria; Milagre.

LUCAS (SÃO)

A tradição colocou sob o nome de Lucas o terceiro Evangelho e os Atos dos Apóstolos. Essa atribuição remonta a Ireneu de Lyon que, em seu tratado *Contra as Heresias* (por volta de 180), declara: "E Lucas, o companheiro de Paulo, consignou num livro o Evangelho que Paulo pregava" (III, 1, 1). Por volta de 200, o *Canon de Muratori* precisa que Lucas era médico. Essas duas notas remontam aos dados do Novo Testamento: o nome de Lucas, companheiro de Paulo, aí aparece três vezes (2 Tm 4, 11; Fm 24; Col 4, 14 precisa que ele é médico). Como o livro dos Atos dos Apóstolos, em sua segunda parte (13-28), coloca a obra missionária, depois o martírio do Apóstolo, a tradição designou Lucas como o autor dessa obra e do terceiro Evangelho, pela aproximação de seus dois prólogos que manifestam claramente uma unidade de autor. Entretanto, é difícil ver no autor do Evangelho de Lucas e dos Atos um companheiro histórico de Paulo: primeiro porque a imagem do Cristianismo perceptível em sua obra remete a uma cristandade da terceira geração, em uma época em que a Igreja já está bem organizada, o que não é ainda o caso na época de Paulo; segundo, porque o Evangelho evoca a queda do Templo de Jerusalém em 70 (Lc 13, 35; 21, 20). Ora, nós sabemos que Paulo morreu em 64, portanto, antes da destruição do Templo e da composição da obra de Lucas. Além disso, os Atos insistem na rejeição do Evangelho pelos judeus, atitude que só se concebe quando Igreja e Sinagoga já estão separadas de fato, o que não é ainda o caso no tempo em que Paulo escreve. E mais, o uso do termo "judeus" num sentido depreciativo é o índice de uma cristandade que se distanciou do Judaísmo – situa-se, pois, a redação do Evangelho e dos Atos nos anos 80-90, ou seja, mais de 20 anos depois da morte do Apóstolo. Enfim, a imagem de Paulo tal como a pinta Lucas e a teologia que ele lhe atribui se enquadram mal com a hipótese de um companheiro histórico. Com efeito, surpreendentemente, Lucas se cala sobre a prática epistolar de Paulo, o que um companheiro ou um colaborador do Apóstolo não poderia ter deixado em silêncio.

A obra de Lucas deixa transparecer alguns dados pessoais do autor: homem culto, originário de uma dupla cultura, familiar com a cultura greco-romana e com a Septuaginta (a tradução grega do Antigo Testamento em uso nas sinagogas). É dotado de um grande talento de contista, capaz de adaptar sua linguagem e a de seus personagens em função da situação na qual ele os faz evoluir: assim, o discurso de Pedro, em Pentecostes (Atos 2), diante de um auditório judeu, é recheado de expressões e de fraseados bíblicos; o primeiro discurso que ele atribui a Paulo na sinagoga de Antíoco de Pisídia (Atos 13) empresta as técnicas da homilia sinagogal, enquanto o do Areópago de Atenas (Atos 17) não destoaria na boca de um filósofo grego. Lucas era, então, provavelmente, um grego, que se sentiu muito cedo atraído pelo Judaísmo, sem se converter, no entanto (um judeu, mesmo convertido, não faria propósitos tão duros em relação ao Judaísmo); ele devia, então, fazer parte dos "tementes a Deus", esses não judeus simpatizantes do Judaísmo,

LUCAS — LUGARES SANTOS

que assistiam aos ofícios sinagogais e respeitavam algumas regras do culto judeu. Foi nesse meio dos tementes a Deus que ele deve ter ouvido falar de Jesus e se converteu ao Cristianismo.

Lucas dedicou sua obra a Teófilo (Lc 1, 3; Atos 1, 1), provavelmente um mecenas que se encarregou de financiar a cópia e a divulgação da obra. O objetivo da redação de sua obra transparece em filigrana: Lucas se dirige a Teófilo, um cristão já catequizado, "para que te dês conta da certeza dos ensinamentos que recebeste" (Lc 1, 4). Ao mesmo tempo, ele persegue um objetivo mais "político", mostrar ao Império Romano que a religião nova da qual ele se faz o arauto não é uma superstição perigosa de que as autoridades deveriam desconfiar. Para isso, ele tenta demonstrar que essa religião, embora nova, se enraíza, na realidade, profundamente no Judaísmo, cuja antiguidade forçava a admiração dos romanos que viam com maus olhos qualquer novidade em matéria de religião.

Emmanuelle Steffek

➢ Apóstolos; Cristãos (primeiros); Evangelistas; João; Marcos; Mateus; Paulo.

LUGARES SANTOS

Lugares onde se desencadearam os acontecimentos da história da salvação segundo o Antigo e o Novo Testamento, ligados aos vestígios da passagem do Cristo na Terra e, então, à Palestina. O Evangelho de São Mateus, evocando a fuga da Sagrada Família, ampliado, em seguida, em evangelhos apócrifos, faz também do Egito uma terra santa. O peregrino da Terra Santa encontra em seu itinerário os vestígios de santos do Antigo e do Novo Testamento, Elias no Monte Carmelo, Paulo em Damasco, Jerônimo em Belém, Antônio no deserto do Egito.

Os Evangelhos poderiam ser as primeiras testemunhas de uma comemoração no túmulo do Cristo, mas eles contêm também uma crítica do ritualismo judeu, afirmando que a Nova Jerusalém deve ser celeste. É somente a partir do século IV que a prática de se reunir e rezar no Monte das Oliveiras ou na gruta de Belém é atestada. Os lugares evangélicos foram então identificados a partir de tradições locais, ou "inventados", às vezes por uma inspiração milagrosa. Alguns, como o Monte Sião, concentraram progressivamente vários episódios (última Ceia, aparição do Cristo ressuscitado, Pentecostes, Dormição da Virgem). Os lugares do Antigo Testamento foram também integrados nessa topografia sagrada, com uma vontade de desapossamento das tradições judaica e pagã. Escavações trouxeram à tona o túmulo do Cristo, onde Constantino mandou edificar um complexo (326-335), sobre a localização da atual Basílica do Santo Sepulcro. A Igreja da Natividade, em Belém, erguida na mesma época, restaurada sob Justiniano (527-565), conservou até nossos dias sua forma bizantina original.

A conquista da Palestina pelos árabes não pôs fim à peregrinação, apesar da construção de monumentos islâmicos na esplanada do Templo pelos Omíadas (fim do século VII). A soberania muçulmana, abolindo o exclusivismo bizantino, favoreceu o acesso aos santuários para as outras obediências cristãs orientais. O califa Haroun al-Rachid autorizou Carlos Magno a estabelecer imediatamente hospedarias para os francos. A renovação espiritual do século XI encaminhou crentes que empreendiam sua última viagem, desejando esperar a iminente Parúsia na Jerusalém terrestre. Depois, a devoção à humanidade do Cristo inspirou o desejo de colocar seus passos nos Dele. A conquista de Jerusalém pelos Seljúcidas, em 1071, que teve consequências sobre a segurança do piedoso itinerário, foi, sem dúvida, uma das causas da primeira cruzada. Urbano II militarizou a peregrinação, fazendo do peregrino, doravante armado, um cruzado. Depois da tomada de Jerusalém pelos francos, em 1099, os latinos foram os donos dos lugares santos. Constituiu-se então um ritual bem estabelecido da visita dos santuários. A cidade foi retomada por Saladin em 1187, e os últimos lugares francos foram retirados pelos mamelucos, em 1291.

A partir de 1343, franciscanos se tornaram os guardiões da Terra Santa. Eles recuperaram uma grande parte dos santuários perdidos pelos francos, mas tiveram de dividi-los com os gregos e os armênios, num clima de tensão que não está apaziguado até hoje.

Apesar da concorrência de Roma, nova Jerusalém onde relíquias do Cristo e dos Apóstolos podiam ser veneradas, e de Loreto, onde, segundo uma lenda oficializada no século XV, a casa da Virgem teria sido transportada milagrosamente, a custódia da Terra Santa permaneceu, contudo, uma sólida instituição que fazia convergir para os lugares santos dons de todo o mundo católico.

Foi a Europa industrial do século XIX que sacralizou de novo a Terra Santa. A Inglaterra, incentivada pelos movimentos milenaristas protestantes, apareceu como protetora dos judeus na Palestina. A Rússia apoiou o retorno do patriarca ortodoxo grego em sua cidade de residência em 1845, depois, as consideráveis conquistas fundiárias que aí ele empreendeu. Como reação, a Igreja Católica restabelece o patriarcado latino de Jerusalém, desaparecido depois das cruzadas (1847). O conflito entre a França e a Rússia pela proteção dos lugares santos foi uma das causas da guerra da Crimeia (1854). A viagem à Terra Santa conseguiu um verdadeiro retorno, do lado ortodoxo, depois do lado católico, com a peregrinação anual francesa organizada pelos assuncionistas a partir de 1882. Os estudos bíblicos científicos se desenvolveram (fundação da Escola Bíblica de Jerusalém, 1890) e fizeram emergir um importante patrimônio arqueológico. Os acordos de Mitilene (1901), confirmados pela anuência de Constantinopla (1913), fixaram os direitos dos peregrinos e dos estabelecimentos franceses na Terra Santa. Esses textos, mantidos em vigor no momento da criação de Israel (1948), fundam ainda o estatuto das instituições católicas da Palestina hoje, mas o Vaticano é atualmente favorável a uma internacionalização dos lugares santos.

Bernard Heyberger

➢ Cruzado; Jerusalém; Sepulcro (Santo); Terra Santa.

CRISTIANISMO – DICIONÁRIO DOS TEMPOS, DOS LUGARES E DAS FIGURAS

LUÍS — LUTERO, MARTINHO

LUÍS (SÃO, 1214-1270)

Rei da França canonizado em 1297 por Bonifácio VIII, ele está inscrito no calendário em 25 de agosto. Em seu sermão de canonização, o Papa o apresenta como um mártir da cruzada, morto em Tunis enquanto tentava ir para a Terra Santa. Os hagiógrafos insistiram mais na santidade de sua vida quotidiana, sua humildade, sua castidade, seu serviço em favor dos pobres e dos doentes, em especial os leprosos; eles o apresentaram como um novo São Francisco (no século XVI, ele foi até proclamado o padroeiro da Ordem Terceira franciscana). Na realidade, ele encarnou um modelo de rei cristão intransigente no plano da fé, mais próximo dos soberanos da idade moderna do que da espiritualidade franciscana primitiva. Foi sob seu reino que foi aplicada a recomendação do Concílio de Latrão IV (1215), sugerindo o porte de um disco amarelo nas roupas dos hebreus. Mas as relações com a Igreja não foram tão idílicas quanto se disse, às vezes. Sua partida para a cruzada foi uma iniciativa pessoal, e o rei se recusou a apoiar o Papa no conflito que o opunha a Frederico II ou na conquista do feudo siciliano. São Luís procurou dar à monarquia francesa uma aura de sacralidade e uma legitimidade religiosa permanente, independentemente do reconhecimento de sua função pelo poder eclesiástico.

A historiografia se divide entre a ideia de um rei feudal voltado para o passado e a de um rei moderno em sua concepção do Estado. Seu papel na modernização da justiça é inegável, mas a cruzada entre 1248 e 1270 custou ao seu país, deixado nas mãos de diferentes regentes, enormes sacrifícios.

Chiara Mercuri

➢ Coroa de espinhos; Cruzado.

LUTERO, MARTINHO (1483-1546)

Martinho Lutero encontra-se na origem do Protestantismo. Nasceu em Eisleben, na Turíngia, um dos inúmeros territórios que compunham o Santo Império Romano Germânico, em uma época em que a Igreja é objeto de muitas críticas, que visam, em particular, ao modo de vida dos clérigos. Há décadas exige-se uma reforma da Igreja "em sua cabeça e em seus membros". A teologia do fim da Idade Média, que deixa um espaço bastante amplo ao agir do homem para cooperar com sua salvação, não corresponde de maneira satisfatória com a preocupação religiosa. Mais eficaz, em particular junto às elites, era a mensagem dos humanistas que colocavam em primeiro plano a Bíblia, que se tornou mais acessível pela imprensa. Eles defendiam uma religião simplificada, orientada para o Cristo, que era preciso seguir no caminho da humildade e do amor.

Tendo entrado em 1501 na Universidade de Erfurt, Lutero decidiu ir para o Convento dos Agostinhos de Erfurt em 1505. Cumprindo estritamente seus deveres religiosos, ele não encontra a paz espiritual. A partir de 1507, começa estudos

LUTERO, MARTINHO

de teologia que o conduzirão ao doutorado. Ele se familiariza com os autores da tradição, os da escolástica medieval, mas também Santo Agostinho, e supera sua crise espiritual compreendendo que a justiça de Deus revelada pelo Evangelho não é a do Deus juiz, mas a justificação do homem pela fé em Cristo. Nomeado professor de Escritura Sagrada na Universidade de Wittenberg, opõe-se à teologia escolástica tardia, à qual ele censura o fato de minimizar a importância do pecado e valorizar em excesso o agir humano tendo em vista a salvação. Em 1517, torna-se conhecido do grande público pelas 95 teses dirigidas contra as indulgências, que comercializam a religião e fazem acreditar erroneamente que o papa pode dispor dos méritos do Cristo e dos santos. De 1517 a 1521, ele não se fecha na polêmica e na apologia: expõe em tratados mais populares, amplamente divulgados, suas concepções relativas à vida cristã, à preparação para a morte e para os sacramentos (*Sermão sobre as Boas Obras, Do Papado de Roma, Manifesto à Nobreza Cristã da Nação Alemã, Prelúdio sobre o Cativeiro Babilônico da Igreja, Tratado da Liberdade Cristã*). A visão do Cristianismo exposta nesses tratados coloca adiante a fé que libera o homem do medo de Deus e da Lei, tornando-o disponível para o amor ao próximo. Pelo batismo e pela fé, todos os crentes são padres, sem que sejam, todavia, suprimidas as funções particulares na Igreja de que Cristo é o único chefe. Dos sete sacramentos tradicionais, Lutero só mantém o batismo e a ceia, porque não há sacramento senão no caso de uma instituição pelo Cristo. A missa, de que Lutero conserva, traduzindo-a, o ordinário e as orações, não é um sacrifício oferecido a Deus, mas a expressão de sua graça comunicada pela Palavra e pelos sacramentos.

Ele não acredita estar rompendo com a Igreja tradicional, mas suas posições são condenadas pela bula *Exsurge Domine*, de 1520, e é excomungado em 3 de janeiro de 1521. Convocado diante da Dieta do Império, em Worms, ele recusa-se a se retratar. Banido do Império pelo Imperador Carlos Quinto e pela Dieta, foi abrigado no castelo da Wartburg, onde traduz o Novo Testamento em alemão e publica tratados maiores, em particular um *Comentário do Magníficat* e um escrito *Contra os Votos Monásticos*.

A atitude de Lutero encontra um amplo sucesso junto ao grande público, primeiramente na Alemanha, depois, além das fronteiras alemãs. Mas mal-entendidos surgem, a propósito da palavra "liberdade", por exemplo, que conduzirão aos levantes camponeses. Partidários da primeira hora, dentre os quais alguns humanistas, se desviam de Lutero e, a partir de 1521, ele entra em conflito com alguns adeptos do movimento evangélico mais radicais que ele. Um duro enfrentamento o oporá, assim, a Thomas Müntzer, partidário de uma reforma global da sociedade. Lutero se distanciou desse movimento, estimando que não se podia fazer justiça com as próprias mãos, que a liberdade dada pelo Cristo era interior e que os súditos não deviam revoltar-se contra as autoridades. Em 1525, em seu escrito *Do Servo Árbitro*, ele se opõe ao humanista Erasmo, destacando que a vontade humana não coopera de modo algum com a salvação.

LUTERO, MARTINHO

Rejeitando a transubstanciação, Lutero afirma com segurança, entre 1526 e 1529, que o corpo e o sangue do Cristo estão realmente presentes nas e sob as espécies do pão e do vinho da Ceia, recusando a abordagem puramente simbólica de Zwinglio, reformador de Zurique, e uma atitude simplesmente comemorativa da obra do Cristo.

Excomungado com seus parceiros, Lutero, a contragosto, deve encarar uma Igreja separada de Roma. Os príncipes e os magistrados das cidades tomam as rédeas e canalizam o movimento popular: muitos conventos se esvaziaram, as paróquias são inspecionadas, pastores cassados, decretos eclesiásticos regulam a vida das comunidades, a instrução catequética é valorizada. Lutero marcará a espiritualidade dessas Igrejas por sua tradução da Bíblia, terminada em 1534, e pelos dois *Catecismos*, publicados em 1529. Em 1525, ele se casa com Catherine de Bora, uma antiga monja.

Em inúmeros escritos, ele assume posição sobre problemas de sociedade. Distingue o reino espiritual de Deus, que é exercido pela Palavra pregada e se dirige à fé, e o reino temporal, pelo qual Deus, através da ação das autoridades, preserva a vida social do caos. De encontro aos anabatistas que defendiam a retirada dos cristãos da sociedade, Lutero incita os fiéis a envolver-se na vida social e política, e até a participar, sendo o caso, de uma guerra, que só é justa se for defensiva.

Até sua morte, em 1546, ele é o conselheiro muito solicitado da cristandade protestante, até fora da Alemanha. Ele se investe no ensino da teologia em Wittenberg, o que atestam diversas teses e comentários da Epístola aos Gálatas e da Gênese. Cada vez mais sensível à ação de Satã, convencido da iminência do fim do mundo que ele reclama com seus votos, Lutero racha de alto a baixo, com veemência, o papado, os judeus e outros adversários.

Lutero não falou com frequência de "reformação". Ele se autoproclamou "doutor da Sagrada Escritura", "pregador" ou "eclesiástico", afirmando que ele tinha sido somente o instrumento da palavra de Deus. Foi apoiado em seus combates por amigos fiéis, como Philippe Melanchthon. Seguindo sua ação, uma parte importante da cristandade ocidental se separou de Roma. Outros reformadores, como Calvino, assim como as Igrejas reformadas inspirando-se nele jamais negaram o que deviam a Lutero. A Igreja Católica, durante séculos, reagiu negativamente às suas ideias. Entretanto, pela metade do século XX começou uma revalorização católica de Lutero, entendido então, apesar de seus limites, como uma testemunha autêntica do Evangelho. Ele apôs também sua marca na cultura alemã, em particular no domínio da língua e na evolução social e cultural das sociedades protestantes.

Marc Lienhard

➤ Calvino; Erasmo (Didier); Eucaristia; Pão; Protestantes; Reforma; Roma; Vinho.

MACABEUS

Apelido que significa "manejador de martelo", dado a Judas, filho de Matatias, e estendido a seus seis irmãos, que combateram para defender a religião judaica em Jerusalém e na Judeia, durante a perseguição de Antíoco Epifânio, que queria lhes impor o culto dos deuses gregos, entre 175 e 164 a.C. A "saga" dos Macabeus está na origem de quatro obras, das quais só as duas primeiras foram recebidas no cânon alexandrino.

O segundo Livro dos Macabeus constitui uma releitura hagiográfica da resistência religiosa dos judeus frente à helenização forçada, e relata a título de exemplo a história dos sete irmãos Macabeus que foram executados por se terem recusado a renunciar à fé judaica.

Essa epopeia prefigurava para os primeiros cristãos seu combate pela fé e seu martírio. Assim, seu culto se generalizou no século V e eles são muitas vezes citados em exemplos nas homilias dos padres da Igreja.

Jacques Trublet e André Vauchez

➢ Mártir.

MADALENA

Ver *Maria Madalena*.

MAGOS (REIS)

A palavra grega *magos*, de significação vaga ("padre", "adivinho", "mágico", "astrólogo") só aparece no Antigo Testamento no livro de Daniel (Dn 2, 2.10). No Novo Testamento, o Evangelho segundo São Mateus o retoma para designar misteriosos personagens vindos do Oriente para prestar homenagem ao rei dos judeus, de quem um astro os tinha avisado que ele acabava de nascer (Mt 2, 1-12). O Rei Herodes enviou os magos a Belém, pedindo-lhes que voltassem para informá-lo. O astro os guiou até a manjedoura; mas um sonho os dissuadiu de voltar junto a Herodes, o que levou o rei a ordenar o massacre dos Inocentes.

262 CRISTIANISMO – DICIONÁRIO DOS TEMPOS, DOS LUGARES E DAS FIGURAS

MAGOS — MARCOS

A tradição fez deles três reis ("os reis de Tarsis e das ilhas prestarão homenagem; os reis de Sabá e de Seba farão oferenda", Sl 72, 10). Eles tiveram uma sorte excepcional no Ocidente a partir do período carolíngio. É antes de tudo a adoração que a liturgia celebra, na festa da Epifania; a teologia destacou a manifestação do Cristo às nações e, enfim, a arte se contentou em mostrá-los ajoelhando-se diante da criança, trazendo-lhe ouro, incenso e mirra. Este episódio foi associado a outros do Antigo Testamento, como a oferenda de Abraão a Melquisedeque ou a visita da rainha de Sabá a Salomão. Viu-se também nos três magos representantes das três idades da vida, das três partes do mundo (Europa, Ásia, África) e, mais tarde, das três grandes raças humanas – as primeiras figurações de um rei de raça negra não são anteriores ao século XV. Seu gesto de homenagem foi também o objeto de uma utilização política. Um relicário construído em Colônia, em 1198, abriga suas relíquias. Outros soberanos se fizeram representar como reis no lugar de um mago, como Carlos VII, nas *Horas de Estêvão Cavaleiro*, pintadas por Jean Fouquet, por volta de 1460. A vontade demonstrada pelo Concílio de Trento de limitar os elementos lendários em proveito de uma volta à história bíblica rigorosa não impediu o sucesso duradouro do tema dos Reis Magos. A *"galette des rois"* (biscoito dos reis) extrai sua origem das Saturnais da Roma antiga, porque os romanos utilizavam a fava como cédula de voto para eleger o rei do festim destes dias.

François Boespflug

➤ Apócrifos (evangelhos); Epifânia; Herodes; Inocentes (santos); *Legenda áurea*; Lucas; Sabá (rainha de).

MAMONA

Ver *Dinheiro*.

MARCOS (SÃO)

Assim como os outros Evangelhos, o escrito conhecido sob o título de "Evangelho segundo Marcos" é, na verdade, um escrito anônimo. A atribuição do segundo Evangelho a "Marcos" é atestada desde Ireneu de Lyon (por volta de 180): "Marcos, o discípulo e o intérprete de Pedro, nos transmitiu também ele por escrito o que pregava Pedro" (*Contra as Heresias*, III, 1, 1). No início do século IV, Eusébio de Cesareia relata a respeito de Marcos o testemunho de Papias (por volta de 60-130), bispo de Hierápolis: "Marcos, que era o intérprete de Pedro, escreveu com exatidão, entretanto, sem ordem, tudo aquilo de que se lembrava do que havia sido dito ou feito pelo Senhor. Porque ele não tinha ouvido nem acompanhado o Senhor; mas, mais tarde, como eu disse, ele acompanhou Pedro" (*História Eclesiástica*, III, 39, 15). Este testemunho de Papias alimentou a opinião segundo a qual Marcos escreveu seu Evangelho em Roma, depois da morte de Pedro. A atribuição patrística do segundo Evangelho a Marcos encontra um apoio no Novo Testamento: o autor da Primeira

Carta de Pedro menciona um certo Marcos, que ele apresenta como seu "filho" (1 P 5, 13). Além disso, a tradição identificou este Marcos ao João Marcos citado nos Atos dos Apóstolos (Atos 12, 2), discípulo de Pedro, e que foi durante um tempo um colaborador de Paulo e Barnabé, que Col 4, 10 considera como primo. Marcos é ainda mencionado em 2 Tm 4, 11 e em Fm 24, sócio de Paulo.

O Evangelho segundo Marcos está escrito em um grego impregnado de semitismos, cujo vocabulário é bastante restrito e utiliza com frequência a parataxe. Se não se reconhece ao evangelista o talento literário de Lucas, não se desqualifica mais em nossos dias seus escritos, que se colocam na corrente da literatura popular helenística. Marcos é, pois, provavelmente um judeu-cristão de origem hierosolimita (ele conhece bem a geografia de Jerusalém, muito menos a do resto da Palestina), que emigrou, sem dúvida, para Roma (alguns propõem também situá-lo em Antioquia, na Síria), onde ele redigiu sua obra.

Emmanuelle Steffek

➢ Cristãos (primeiros); Evangelistas; João; Lucas; Mateus.

MARIA

As primeiras fontes históricas a mencionar a Virgem são os Evangelhos, que a apresentam como uma mulher judaica noiva de José, virgem chamada pelo anjo para se tornar a mãe de Jesus, filho do Altíssimo (Lc 1, 26-38). Os episódios bíblicos da Anunciação, da Visitação (Lc 1, 39-56), da Natividade (Lc 2, 1-6) ou da fuga para o Egito (Mt 2, 13) desenham, desde o século II, a trama de sua vida santa. Desde 150, o *Protoevangelho de Tiago* fornece uma primeira releitura do relato bíblico: encontro de Ana e Joaquim na Porta dourada, concepção milagrosa da Virgem... Os padres da Igreja se inspiram nestes evangelhos ditos apócrifos para estabelecer os fundamentos da doutrina e do culto da Virgem. A formulação da maternidade divina de Maria no Concílio de Éfeso (22 de junho de 431) contribui para favorecer seu culto universal. Este se apoia sobre os modos tradicionais de difusão do culto imperial: festas, hinos, epítetos, moedas, imagens, dedicatórias. Vestida como uma imperatriz nos afrescos, a Virgem reina em Bizâncio no início da Idade Média.

Entre 600 e 700, as festas da Virgem ganham o conjunto ainda pouco cristianizado do mundo latino. As imagens marianas são progressivamente colocadas a serviço da ideologia da soberania, definida como uma realeza sagrada. A época carolíngia aprofunda a comparação entre a Virgem e a Igreja: Maria é a mãe do Cristo, a Igreja é a mãe dos cristãos. Definida também como mediadora entre o céu e a terra por volta de 850, a Virgem é invocada como mãe. Depois do ano mil, o Menino Jesus em seu colo, a Virgem em majestade apresenta um Deus encarnado. No século XII, o culto mariano conhece um desenvolvimento sem precedente, ligado à redescoberta teológica do Deus feito homem. As peregrinações e os milagres se multiplicam, assim como em Chartres ou no Puy. A Virgem reina também

MARIA

em majestade nos portais das catedrais, Nossa Senhora invocada e implorada por toda a cristandade. A doutrina mariana conhece um novo aprofundamento: a Assunção é objeto de inúmeros comentários, e sua Imaculada Conceição é debatida pelos teólogos desde o século XII. Maria é também identificada com a Mulher do Apocalipse, vestida de sol e coroada de estrelas, ela que é "cheia de graças", como o diz a oração da *Ave Maria*, catecismo básico do século XII. Eis a razão pela qual ela transborda de amor divino, assim como o mostra São Bernardo (†1153) com a ajuda da imagem do aqueduto. Seu colo de mãe se arredonda ao mesmo tempo com novas maternidades, definidas como espirituais. Por volta de 1200, a ordem cisterciense a proclama fundadora e mãe dos monges. Acompanhando, as novas ordens religiosas de São Francisco e de São Domingos reivindicam sua patronagem.

No dia seguinte do Concílio de Latrão (1215), modelo de obediência ao Pai, a Virgem se vê proposta como modelo de normalização da Igreja. A partir do século XIII, é a figura bíblica da serva que é então exaltada para servir de referência a este dispositivo exemplar. No momento do Grande Cisma (1378), o rosto bíblico de Maria é o da mãe crucificada ao pé da cruz (Jn 19, 26-27). As *pietàs* mostram a Virgem aflita diante das desgraças do tempo.

A Virgem dos Tempos modernos é também a madona do Catolicismo reconquistador. Porque a Reforma suspeita sua devoção como idolatria, ela lhe atribui um lugar estritamente evangélico. A pregação protestante engrandece a figura da serva para fazer dela um modelo de fé e não de recurso. O iconoclasmo que acompanha as guerras de Religião leva com ele as estátuas e os milagres, mas a Contrarreforma torna a dar a Maria as cores da mulher forte do Antigo Testamento. As monarquias católicas do século XVII convocam por sua vez sua figura vitoriosa para construir ou consolidar seu poder. A *Immacolata* legitima as tentativas de restauração monárquica dos Estados ibéricos, e Luís XIII coloca a França sob a proteção mariana. Ela serve também aos desígnios missionários no Novo Mundo. Voto a Maria, imitação de suas virtudes, santa escravidão mariana constituem então as formas de devoção mais difundidas. Sua estátua leva o rosário, prática de devoção nascida no fim da Idade Média.

Depois de seu exílio, na Revolução de 1789, a Virgem refaz sua aparição no século XIX onde triunfa o Catolicismo social. Vestida de branco e azul, Nossa Senhora das Graças, da Caridade, da Piedade ou do Bom Socorro apoia as massas laboriosas como pano de fundo da chegada dos socialismos. Os anos 1830-1840 veem a reanimação das peregrinações marianas, o restabelecimento das festas patronais, a redescoberta e o coroamento de estátuas milagrosas solenemente transportadas para os altares. Em 1858, as aparições de Maria precipitam a Lourdes as multidões que rezam. Quatro anos antes, o Papa Pio IX tinha proclamado a Imaculada Conceição de Maria, concebida sem pecado original que macula toda a humanidade. Depois de 1870, em face das doutrinas liberais e anticlericais, é de novo a Mulher forte, desta vez vestida com a roupa do Apocalipse, que é convocada. No Puy, ela esmaga uma serpente que leva o nome de todos os universalismos leigos e republicanos.

MARIA — MARIA MADALENA

No dia seguinte da Primeira Guerra Mundial, ela entra no discurso de um Catolicismo intransigente onde primam autoridade e antimodernismo. As releituras apocalípticas das aparições de Fátima (1917) alimentam a propaganda anticomunista. É a Virgem deste Catolicismo reacionário que domina toda a primeira metade do século XX. Ela se encerra depois de 1945 para dar lugar a novas tentativas de construção da figura mariana entre tradição e modernidade. A definição dogmática da Assunção (1950) marca um apogeu teológico. O Concílio Vaticano II convida a uma renovação do olhar sobre a Virgem, e a constituição *Lumen Gentium* insiste sobre nova focalização cristológica da devoção. A descristianização do mundo contemporâneo não convida a um reencantamento da figura bíblica à qual seria necessário dar formas novas.

Sylvie Barnay

➤ Ana e Joaquim; Apocalipse; Aparições; Igreja; Família (Sagrada); Fátima; Imaculada Conceição; Jesus; José (esposo de Maria); Lourdes; Visitação.

MARIA MADALENA (SANTA)

O Novo Testamento, no círculo feminino de Jesus, nomeia além de sua mãe, várias Marias, entre as quais Maria de Magdala, liberada por Jesus de sete demônios (Lc 8, 2; Mc 16, 9), e Maria de Betânia, irmã de Lázaro e de Marta (Jo, 11, 1-5), que derrama perfume nos pés de Jesus (unção de Betânia, Jo 12, 1-7). A pecadora anônima do relato de Lucas (Lc 7, 36-50) não se confunde, sem dúvida, com nenhuma dessas duas Marias, mas a tradição cristã ocidental (tanto na liturgia quanto na literatura e na arte) fez dessas três mulheres uma só, diferentemente do Oriente cristão, que se recusou a isso, e de um Lefèvre d'Étaples, o primeiro a contestar essa identidade no início do século XVI.

Maria de Magdala, *alias* Maria Madalena, o que quer que seja, faz parte do pequeno grupo de mulheres que acompanham Jesus desde a Galileia (Lc 8, 2), presente ao pé de sua cruz (Mt 27, 55-56), assiste ao seu enterro (Mt 27, 61), compra aromas para a unção de seu cadáver (Mc 16, 1), vai ao sepulcro e recebe o anúncio do anjo ("ele ressuscitou") (Mt 28, 1 s). Segundo o Evangelho de João, ela foi assim o primeiro mensageiro da ressurreição (Jo 20, 11-18) e foi anunciá-la aos Doze (Lc 24, 9-10): é por isso que ela foi logo honrada com o título de "Apóstolo dos Apóstolos".

A tradição oriental situa seu túmulo em Éfeso, de onde seus restos teriam sido transportados para Constantinopla, sob Leão VI, em 899. Os primeiros testemunhos do culto de Maria Madalena no Ocidente devem ser lidos em Gregório de Tours (por volta de 540-594). O papa Gregório, o Grande (590-604) contribuiu também para a reputação da santa. Mas o impulso decisivo veio mais tarde, por volta de 1030, de Geoffroy de Vézelay, abade da abadia beneditina onde as relíquias da santa tinham chegado desde o século IX (outras relíquias serão descobertas em Saint-Maximin). É nessa ocasião que foi elaborada, para dar conta da cristianização da Provença, a lenda da Madalena, segunda a qual, depois de uma

CRISTIANISMO – DICIONÁRIO DOS TEMPOS, DOS LUGARES E DAS FIGURAS

MARIA MADALENA — MARTA E MARIA

navegação com sua irmã Marta e Lázaro, que a teria feito acostar em Marselha, ela se teria retirado na montanha da Sainte-Baume. Aí, ela teria vivido como eremita penitente, entregando-se a asceses extremas. Anjos lhe teriam trazido quotidianamente seu alimento. Em sua morte, eles a teriam levado para o céu, fazendo com que ela, como o fizeram à Virgem Maria, conhecesse o privilégio de uma Assunção. Sua festa, já inscrita em 22 de julho no martirológio de Beda, o Venerável, é sempre celebrada nessa data, em especial, com pompa, em Saint-Maximin, na basílica que lhe é dedicada.

Ela é o modelo da conversão de todos os que, depois de ter pecado muito, amaram muito. Esse modelo foi popularizado pelos dramas litúrgicos de Páscoa e os mistérios (*Le Mystère de la passion*, Jean Michel, 1486). É uma das figuras de santidade mais frequentes na arte. Nos quadros de tipo narrativo, é vista, por exemplo, nas imagens da crucificação, beijando os pés do Cristo, ou, ainda, nas que contam seu encontro com o Ressuscitado, às vezes vestido como jardineiro com um chapéu, no momento em que o Cristo lhe diz: "Não me toques" (*Noli me tangere*, Jo 20, 17). Existe, também, um grande número de quadros cujo assunto é ela, como *A Madalena arrependida*, onde é vista sentada, pobremente vestida, meditando à noite sobre a vaidade das coisas, no clarão de uma vela, diante de um crânio. Entre seus atributos, além do rosto de morte, a disciplina e o vaso de unguento, o principal é a cabeleira solta, que desce, ás vezes, até seus pés e constitui sua única vestimenta. É o que lhe valeu, paradoxalmente, tornar-se a padroeira dos cabeleireiros.

François Boespflug

➢ Betânia; Convertido; Lázaro; Marta e Maria; Pecador.

MARTA E MARIA

O relato do episódio onde Jesus é recebido na casa de Marta se encontra em Lucas (10, 38-42). Enquanto esta se aplica aos cuidados do serviço, sua irmã Maria fica sentada aos pés do Cristo. A Marta que se queixa de que sua irmã não a ajuda, o Cristo recrimina por agitar-se, enquanto, segundo as variantes do texto, "são necessárias poucas coisas" ou "uma coisa só". Esse único necessário é geralmente interpretado como a vida eterna e a contemplação que a antecipa. A leitura mais difundida dessa passagem reconhece em Maria a vida contemplativa, e em Marta, a vida ativa. As duas irmãs estão igualmente presentes no episódio da ressurreição de seu irmão Lázaro (Jo 11, 17-45). Nessa passagem, é Marta que toma a dianteira e propõe o ato de fé que lhe vale o anúncio: "Eu sou a ressurreição", da parte do Cristo.

A tradição cristã encontra uma reflexão filosófica anterior sobre os gêneros de vida que se pode fazer remontar a Pitágoras. Para ir ao essencial, digamos que os gregos valorizam evidentemente mais que tudo a *theoria*, a contemplação em relação à vida ativa. Aristóteles, que esclarece a diferença entre a vida ativa dos políticos, procurando as honras, e a vida do filósofo, visando à contemplação da verdade, distingue no aquém uma vida de volúpia procurada pela maioria dos ho-

MARTA E MARIA

mens que colocam seu prazer acima de tudo. A reflexão cristã terá tendência a concentrar os gêneros de vida em dois, enquanto a exegese patrística vê no único necessário o mandamento do amor em oposição aos múltiplos preceitos da Lei em que Marta, representando a Sinagoga, dispersaria em vão seu esforço.

A tradição monástica ilustrada por Orígenes e Cassiano vai enfatizar a oposição entre as duas irmãs, valorizando Maria, símbolo dos "perfeitos", enquanto Marta representa os seculares. Ela os aproxima de outras duplas tipológicas, como Raquel e Lia, as duas esposas de Jacob. Prolongando essa tradição no século XII, Richard de Saint-Victor alegoriza virtudes morais e intelectuais a partir dos filhos das duas mulheres e de suas servas. Outros tipos escriturários virão cruzar a temática das duas vidas: Pedro, que se vê confiar a direção da Igreja, e João, chamado a ficar. Sem esquecer a Virgem Maria, que supostamente alia harmoniosamente a plenitude da graça contemplativa e o humilde serviço da humanidade do Cristo.

Sobre essas interpretações vem-se enxertar uma lenda, atestada a partir do século XIII, mas integrando um culto muito antigo na Provença, que pretende que as duas irmãs e Lázaro, de ascendência real, tenham abordado em Camargue (Saintes-Marie-de-la-Mer). Maria, assimilada a Maria Madalena segundo uma interpretação iniciada pelo próprio São João, e institucionalizada na Igreja latina por São Gregório, o Grande, teria acabado seus dias como eremita em Sainte-Baume.

Se o monasticismo exaltou Maria e a vida contemplativa, no século XIII, no centro da querela dos mendicantes e dos seculares, Henri de Gand verá em Marta a santidade superior dos prelados que não se contentam em contemplar, mas se dedicam à salvação das almas. Eckhart e a mística reno-flamenga valorizarão Marta por sua fé e sua capacidade de se santificar nas humildes tarefas da vida comum. Gerson preferirá a João Batista, figura dos contemplativos retirados na infecundidade do deserto, os que, como o Cristo, aceitam ir para o mundo em direção dos pecadores para fazer sua salvação. Na Renascença, o bispo humanista Johann von Eych lamenta que a Igreja perca suas elites, preferindo fechar-se nos mosteiros. Esse tempo exige uma reviravolta dos valores em favor da vida ativa ou está em busca de um equilíbrio entre os gêneros de vida? Para exprimi-lo Marcilio Ficcino, no prefácio de seu *Comentário do Filebo*, deixa as duas irmãs do Evangelho para voltar às três deusas do julgamento de Paris. Contrariamente aos três desgraçados, Paris, Hércules e Sócrates, que fizeram a escolha de uma só deusa, seu dedicatário, Lourenço, o Magnífico, teria sabido aproveitar as três. Entretanto, Marta e Maria inspiram ainda a mística do Grande Speculo de um Benoît de Canfield ou de um Francisco de Sales, e até Thomas Merton, que consagra à irmandade de Betânia um opúsculo espiritual, reunindo uma preocupação pelos gêneros de vida ativa e contemplativa, de que Hannah Arendt pôde mostrar que ela estava no cerne da crise do mundo moderno.

Christian Trottman

➤ Betânia; Lázaro; Maria Madalena; Mendicantes (ordens); Monge; Raquel.

MARTINHO (SÃO, POR VOLTA DE 317-NOVEMBRO DE 397)

Nascido em Sabaria, no território da Hungria atual, Martinho é o filho de um oficial do exército romano, e foi ele mesmo obrigado a servir no exército. De guarda em Amiens, ele encontrou, na porta da cidade, um mendigo nu em pleno inverno e lhe ofereceu a metade de seu casaco. Na noite seguinte, ele viu em sonho o próprio Cristo vestido com essa metade do casaco. Recebe, então, o batismo, depois deixa o exército e segue para junto de Hilário em Poitiers. Volta a Illyricum para converter seus pais e lutar contra o arianismo. Torna-se, em seguida, eremita na ilha de Gallinara na costa ligúria, antes de voltar a Poitiers e fundar um mosteiro em Ligugé, por volta de 360. Sua reputação leva os habitantes de Tours a escolhê--lo como bispo em 371. Em Tours, ele exerce ao mesmo tempo a função episcopal e a vida monástica em sua fundação de Marmoutier, na margem norte do Loire. Viaja muito para evangelizar a Gália. Morre em Tours.

A celebridade de Martinho repousa sobretudo em Sulpice Sévère, autor de uma *Vita*, de cartas e de *Diálogos* consagrados a Martinho. O túmulo em Tours se tornou um ponto famoso de peregrinação a partir do século V. A divulgação da *Vita* por Paulino de Nola fez dele o pioneiro do monasticismo latino e um arauto da luta contra o arianismo na Itália dos séculos V e VI. A partir dos séculos VI e VII, seu culto é associado à monarquia franca com a *capa Martini*, o manto para o qual Carlos Magno ergueu a Capela em Aix. Os lugares martinianos da Touraine, em particular a basílica Saint-Martin de Tours, foram consideravelmente favorecidos pelos reis da França durante toda a Idade média, em particular por São Luís.

Bruno Judic

➢ Herege; Monge; Mosteiro; Santuário.

MÁRTIR

Na origem, a palavra grega *martys* pertence ao vocabulário jurídico dos tribunais e significa "testemunha". Testemunhas da morte e da ressurreição de Jesus, os apóstolos anunciam o Evangelho por seu testemunho. Dando testemunho e aceitando participar de seus sofrimentos durante perseguições, as testemunhas se tornam mártires para sua comunidade. A identificação dos mártires depende, então, da imagem que o grupo se faz da morte dos seus e está na origem de uma forma de santidade particular. Os debates ficam tensos entre os defensores de uma transferência aos cristãos de um modelo judeu do martírio antes do estabelecimento definitivo, e os que destacam, ao contrário, o caráter tardio e novo do modelo cristão. Os livros dos Macabeus oferecem exemplos de resistência heróica à opressão, coletiva (1 M 2, 29-38) ou mais individual (2 M 6, 18-31; 16, 16), até a tortura e a morte. Esses personagens não são apresentados como testemunhas, mas como fiéis, ideia que se reencontra nos escritos apostólicos onde a imitação do Cristo leva à sua plenitude a condição do discípulo (1 P 2, 19-24; 4, 12). No Novo Testamento

MÁRTIR

em grego, a palavra *martys* associa o sentido ordinário de "testemunha" à ideia do sangue derramado, a propósito de Estêvão (Atos 22, 20), ao qual se atribui o título de "primeiro dos mártires" a partir do século IV.

Antes de o Império se tornar cristão, o martírio contribuiu para intermediar os valores evangélicos dando uma visibilidade espetacular à nova religião. Origem de inúmeras conversões, ele teve uma função eclesiológica. Segundo uma fórmula de Tertuliano, retomada incessantemente, "o sangue dos mártires é semente de cristãos" (*Apologética*, 50, 13). Os mártires cristalizaram a memória dos cristãos e contribuíram para apoiar e estruturar as comunidades dos primeiros séculos. Excetuando-se a Virgem, João Batista e os Apóstolos, eles foram os primeiros santos, comemorados no dia do aniversário de sua morte e venerados no lugar de sua execução ou de sua sepultura, os cristãos fazendo-se enterrar, às vezes, junto a seus túmulos e estabelecidos na proximidade das basílicas. Sua lembrança se construiu e se perpetuou através dos relatos específicos logo estereotipados (*Atos, Paixões, Lendas*). O martírio de Policarpo, bispo de Esmirna, é o primeiro testemunho hagiográfico conservado (século II).

A partir do século IV, as Igrejas e os padres tenderam para uma definição restritiva do martírio, visando a excluir dele os comportamentos radicais defendidos por certas seitas julgadas heterodoxas (donatistas da África, por exemplo). Santo Agostinho, em uma fórmula constantemente citada ("não é o castigo que faz os verdadeiros mártires, mas a causa"), destaca que a efusão do sangue não é uma condição necessária nem mesmo suficiente para qualificar o martírio. Nos séculos V e VI, no Ocidente, os monges apareceram como os sucessores dos antigos mártires, dos quais eles interiorizavam os sofrimentos pela escolha da castidade e da ascese.

Na Idade Média, a reflexão sobre o martírio se fundamentou em diversas autoridades (Agostinho, Gregório, o Grande) e na associação entre os mártires e suas prefigurações bíblicas (João, Tiago, Estêvão, os Inocentes, Abel). Os fiéis dos últimos séculos medievais tiveram tendência a considerar como um martírio toda morte injusta e cruel. A instituição e alguns teólogos, como Tomás de Aquino (Suma de Teologia, IIa, IIae, q. 123-140), se mostraram, então, prudentes no reconhecimento dessa forma superior da santidade. Nenhum santo foi reconhecido oficialmente como mártir pela Igreja entre 1253 e 1481. Entretanto, os mártires continuavam os santos por excelência no plano teológico como devocional.

A evangelização do Novo Mundo, a Reforma e a Contrarreforma permitiram uma reatualização do modelo de martírio. Os reformados, reservados sobre o culto dos santos, conservaram um lugar aos antigos mártires e reconheceram entre os seus mártires desprovidos de santidade e de culto, lançando, assim, as bases de uma dessacralização da noção no século XX. Durante esse período, a onipresença da cultura do martírio se acompanhou por uma vontade de definir os critérios que permitiam seu reconhecimento oficial: o sangue derramado (*effusio sanguinis*), livre e conscientemente, num ato supremo de caridade, e o ódio da fé (*odium fidei*) para os perseguidores. A Igreja deve detectar nestes a aversão pela fé atrás de ra-

CRISTIANISMO – DICIONÁRIO DOS TEMPOS, DOS LUGARES E DAS FIGURAS

MÁRTIR — MATEUS

zões políticas ou sociais alegadas para justificar o envio à morte de cristãos. Qualificando a Igreja contemporânea de "Igreja dos mártires" (1994), João Paulo II reafirmou, seguindo Paulo VI (1964), o caráter ecumênico do martírio. A realidade histórica da violência sofrida em nome de ideais religiosos e políticos também contribuiu para transformar o martírio em modelo antropológico universal.

Isabelle Heullant-Donat

➢ Apóstolos; Cristãos (primeiros); Milagre; Monge; Paulo de Tarso; Santo.

MATEUS (SÃO)

A paternidade do primeiro Evangelho é tradicionalmente atribuída ao apóstolo Mateus, o cobrador de impostos de que se faz menção em Mt 10, 3. Eusébio de Cesareia, no início do século IV, relata os propósitos de Papias, bispo de Hierápolis: "Mateus reúne, pois, em língua hebraica as *logia* [isto é, as palavras de Jesus] e cada um os interpretou como era capaz" (*História eclesiástica*, III, 39, 16). Parece, no entanto, pouco provável que o autor do primeiro Evangelho tenha redigido sua obra em "língua hebraica" (isto é, em aramaico), porque não existe nenhum vestígio de uma versão em aramaico do Evangelho; talvez, ele tenha, quando muito, recolhido oralmente algumas palavras de Jesus que, na Palestina, circulavam em aramaico, mas ele as escreveu em grego. Além disso, se o redator tinha sido uma testemunha ocular, membro do círculo dos Doze, não se compreende bem por que ele devesse ter utilizado uma outra fonte, grega ainda por cima (o Evangelho de Marcos, do qual ele empresta quase 80% de seu material). A maior parte dos pesquisadores renunciam, então, à hipótese do apóstolo Mateus como autor do Evangelho. Por outro lado, quase todos concordam em dizer que o autor é um judeu, para quem a Lei mosaica é primordial, que conhece bem o Antigo Testamento e o cita com abundância. Seu Evangelho contém muitos traços teológicos típicos do Antigo Testamento: o relato do nascimento de Jesus, e sua genealogia, o paralelismo que ele estabelece entre Jesus e Moisés e, mais amplamente, a autoridade de que goza Moisés (ver Mt 23, 2-3) são características que aproximam fortemente o autor da tradição judaica do século I. Situa-se, pois, a atividade de Mateus por volta do fim do século I (mais precisamente nos anos 80-90), pelas razões seguintes: ele utilizou o Evangelho de Marcos, que data de em torno de 70; ele faz alusão, por outro lado, à destruição do Templo de Jerusalém em 70 (Mt 22, 7), e não pode, então, ter escrito seu Evangelho antes dessa data; ele veicula a imagem de um judaísmo que se constituiu em torno dos fariseus depois da queda do Templo; utiliza a expressão "suas sinagogas" falando dos judeus, prova de que a ruptura já estava consumada desde algum tempo; enfim, a alusão às perseguições de que são vítimas os cristãos (Mt 10, 16-42) indica uma situação histórica do fim do século I. Se é correto pensar que Mateus era judeu, é necessário, entretanto, precisar que ele foi provavelmente um judeu da Diáspora, dominando bem o grego (ele faz, por exemplo, jogos de palavras em grego, o que sustenta ainda mais a probabilidade de um original grego e não aramaico). Ele não é um ultraliberal, já que, para ele, a Lei de Moisés conserva toda sua validade (ver Mt 5, 17-18: "nem um *i*, nenhum ponto sobre o *i* passará sem a Lei..."), mas também não é um ultraconservador, já que admite no círculo dos cristãos não judeus incircuncisos, mesmo se, para ele, a missão do Jesus terrestre se limita a Israel, o que a leitura de Mt 10, 5-6 bem mostra: "Não tome o caminho dos pagãos e não entre numa cidade de Samaritanos; vá de preferência para as ovelhas perdidas da casa de Israel." Foi somente após a ressurreição que a missão de Mateus se propagará às nações (Mt 28, 19).

Emmanuelle Steffek

➢ Cristãos (primeiros); Evangelistas; João; Lucas; Marcos.

MELQUISEDEQUE

Melquisedeque é um personagem misterioso que só aparece em três lugares na Bíblia (Gn 14, 18-20, Sl 110, 4; He). Sacerdote e rei de Salem (Jerusalém?), ele oferece a Abraão pão e vinho e o abençoa. É logo depois desse encontro que uma aliança sacrificial é concluída entre Deus, manifesto pelo fogo, e Abraão. A escatologia de Qumrân lhe atribui um lugar importante, bastante próximo do arcanjo Miguel. Ben Sira faz dele o perfeito grande sacerdote, cujo nascimento foi maravilhoso. A Epístola aos Hebreus, ao contrário, encontrava aí uma possibilidade de apresentar aos seus destinatários, sacerdotes ou levitas, a obra do Cristo em linguagem sacerdotal; o próprio Jesus, se não pertence à tribo de Levi, é sacerdote (He 5, 6; 6, 20; 7,17), segundo o versículo 4 do Salmo 110: "Tu és sacerdote para sempre, segundo a ordem de Melquisedeque." Os padres e os medievais prolongarão essa exegese. Um dos motivos encontrados nos mosaicos antigos, como na oração eucarística nº 1 (cânon romano), é o paralelismo de três sacrifícios vétero-testamentários: Abel mostrando um carneiro, Melquisedeque oferecendo o pão e o vinho, e Abraão e seu filho Isaac. Os três, símbolos da eucaristia.

Mas esse personagem está na origem de sérias variações. No século II, já, e um pouco mais tarde, a seita dos melquisedequianos o considera como imortal, coeterno com o filho de Deus, então igual ou superior ao Cristo. Essa heresia foi condenada no século V, e Melquisedeque cai no esquecimento, mas ressurgirá mais tarde, alimentando movimentos esotéricos. Na França, uma tripla função se liga a esse personagem: o sacerdócio, a realeza e a primazia. Entre as mais belas representações, destacar-se-ão as esculturas do século XIII, de Chartres (portal norte) e de Reims (portal interior da catedral, com a comunhão do cavaleiro ou Abraão e Melquisedeque), e Peter Paul Rubens, *O Encontro de Abraão e Melquisedeque.*

Jacques Trublet e Catherine Grémion

➢ Abraão; Levita; Sacerdote.

MENDICANTES (ORDENS)

As ordens mendicantes apareceram no início do século XIII. As duas mais antigas são os irmãos Menores, ou Franciscanos, originários de São Francisco de Assis (†1226), e os irmãos Pregadores, ou Dominicanos, fundados por São Domingos (†1221). Não eram monges, mas religiosos de um tipo novo: a prioridade para eles era o apostolado, isto é, o apelo à conversão pela pregação que se dirigia tanto aos cristãos quanto aos pagãos. Assim, Francisco de Assis, depois de ter enviado um irmão ao Marrocos onde eles foram martirizados, e ele próprio se ter dirigido junto ao sultão do Egito, em 1219, tentou – aliás, em vão – levá-lo à fé cristã, enquanto um franciscano que tinha conseguido cair nas boas graças do Grande Khan dos Mongóis, Giovani de Montecorvino, será arcebispo de Pequim em 1310. Os mendicantes foram tão bem acolhidos pela Igreja quanto os sucessos obtidos por alguns movimentos heréticos que tinham mostrado que a cristianização do Ocidente era incompleta e continuava muitas vezes superficial. Assim, outras ordens religiosas que apareceram mais tardiamente receberam regras que faziam deles mendicantes, no decorrer da segunda metade do século XIII, como os Eremitas de Santo Agostinho e os Carmelitas.

Essas novas ordens devem seu nome à opção que fizeram seus fundadores em favor da pobreza e da mendicidade, forma de abandono à providência, mas também meio de estabelecer contatos com a população por ocasião da coleta itinerante. Diferentemente dos outros religiosos, eles não tinham propriedades fundiárias e se situavam fora do âmbito senhorial e feudal. Foi, aliás, uma das razões de seu sucesso porque, diferentemente dos bispos, dos cônegos e dos monges, eles não podia ser suspeitos de querer preservar ou estabelecer posições de poder. Esse apego à pobreza e à recusa de toda propriedade foi, contudo, mais marcado entre os Franciscanos do que entre os Dominicanos, que aceitaram tornar-se proprietários de seus conventos e de suas igrejas, enquanto os primeiros não deviam, em virtude de sua Regra, deter dinheiro e confiavam a gestão dos bens de que faziam uso – mas cuja propriedade pertencia à Santa Sé – a "amigos espirituais", em geral fiéis devotos que gravitavam na órbita de seus conventos. Suas relações com os leigos eram, com efeito, muito estreitas. Recriminar-se-á até neles mostrar-se muito amáveis com as mulheres e muito concordantes em relação aos usurários, de modo a suscitar esmolas e dons testamentários a seu favor...

Entre as inovações introduzidas pelos mendicantes, deve-se destacar também seu modo de vida: geralmente instalados nas cidades onde havia muitas almas a salvar e onde eles encontravam as disponibilidades monetárias indispensáveis à sua sobrevivência, eles residiam em conventos de onde podiam sair livremente, não sendo obrigados à clausura, como os monges. Muito móveis, os irmãos estavam incessantemente nas estradas, dois a dois, para pregar, pedir esmolas, ir às escolas onde alguns deles faziam estudos de teologia e de exegese bíblica, participar dos capítulos [cabidos] (reuniões periódicas) provinciais ou gerais. Sua relação

MENDICANTES — MESSIAS

com a Igreja hierárquica era também original. Mesmo se, na origem, eles tivessem o cuidado de agir em concertamento com os bispos e de ajudar os padres que aceitavam seu auxílio, eles se tinham ligado diretamente à Igreja romana na medida em que sua ação se pretendia universal. Mas essa conivência estreita com o papado, que os utilizou como uma massa de manobra na luta contra a heresia, confiando--lhes a Inquisição, e lhes pediu que pregassem inúmeras cruzadas, os fez considerar com suspeita pelo clero secular, principalmente quando eles obtiveram o direito de pregar e de confessar nas igrejas, assim como de ensinar nas universidades com toda a liberdade. Daí resultou em particular um grande conflito com os mestres seculares da Universidade de Paris que, a partir de 1254, acusaram os mendicantes de sair de suas competências e denunciaram seu gênero de vida como contrário à tradição da Igreja. Um equilíbrio satisfatório entre os dois campos a respeito da repartição das tarefas pastorais e das rendas da *cura animarum* só foi conseguido em 1300, graças à decretal *Super Cathedram* do papa Bonifácio VIII. No século XIV, os irmãos Menores atravessaram graves crises e os Pregadores entraram em decadência, mas durante o século XV, movimentos de reforma designados sob o nome de "Observância" lhes devolveram todo seu prestígio e sua influência, com grandes figuras de pregadores como o franciscano São Bernardino de Siena (†1444) e o dominicano Jerônimo Savonarola (†1497). Na época moderna, seu papel teve concorrência com o aparecimento de novas ordens religiosas, como os Mínimos ou os Jesuítas, mas seu peso no seio da Igreja católica permanece considerável até os dias de hoje.

André Vauchez

➢ Carmelo; Francisco de Assis; Monge; Mosteiro; Papa; Tomás de Aquino.

MERCADORES DO TEMPLO

Ver *Dinheiro*.

MESSIAS

Pelo latim (*messias*) e aramaico (*meschikhâ*), o termo português vem do hebraico *machiah*, significando "ungido", sagrado pelo senhor, e designa o Redentor que virá no fim dos tempos.

O termo, aplicado ao "sacerdote ungido" (Lv 4, 3-5), designava na origem toda pessoa investida de uma missão divina, como a de sacerdote, profeta, rei. Na época do Primeiro Templo, o Judaísmo não era uma religião messiânica, e o termo *machiah* não tinha a conotação que ele receberá em seguida. O conceito se forjou desde que a ideia de Messias foi associada ao "fim dos tempos". Desde então, restauração e utopia fazem parte do conceito: a era messiânica restaurará e restituirá o trono do reino à casa de David, trará de volta os exilados para a terra de Israel, marcará a chegada de uma sociedade ideal pacífica e harmoniosa, tendo somente um Deus.

MESSIAS

Na Bíblia, a palavra "messias" é geralmente acompanhada da palavra "Yahvé", que exprime a divindade: o Messias de Yahvé é o Ungido de Deus, o que é colocado pela unção em uma relação especial com Deus. Assim, os patriarcas, o grande sacerdote, o próprio Ciro serão chamados "ungidos de Deus". Para os profetas, o Ungido de Deus é logo o rei ideal que Israel espera; ele dará não somente a dominação universal ao seu povo, mas também a justiça e a paz ao mundo inteiro.

Segundo Isaías, a concepção do Messias se destaca de tudo o que ela tinha conservado até aí de material. A salvação do mundo se torna o objetivo da história, a eleição de Israel não lhe confere mais a prerrogativa do poder, mas a da dor, ele deve sofrer para regenerar a humanidade e converter todos os homens à fé do Deus único. A ideia do Messias pessoal quase desaparece, assim como em Malaquias e em Joel e nos apócrifos do Antigo Testamento: o Messias dá lugar à era messiânica.

Somente sob o reinado de Herodes e a dominação de Roma a noção de Messias pessoal se desenvolve. Na literatura apocalíptica (*Livro de Enoque, Salmos de Salomão, Oráculos Sibilinos*) se desenvolve o drama escatológico de que ele é o personagem central: as nações, conjuradas contra Israel que voltou a Sião, têm com o povo eleito uma última batalha; o Messias destrói seus inimigos; depois, a paz reina sobre a humanidade convertida. Ao mesmo tempo aparece a ideia de um Messias anterior à Criação, de um Filho do homem ideal, concebido por toda eternidade por Deus, para salvar o mundo.

Essas ideias, associadas à história, à personalidade e às palavras de Jesus, deram origem à teologia cristã: o que separa o Cristianismo do Judaísmo não são as noções judaicas do amor de Deus e do amor do próximo (que se encontram uma e outra no Pentateuco), nem a concepção do Reino dos Céus e da vida futura, há muito tempo tradicionais no Judaísmo da época de Jesus; o cisma veio principalmente do fato de os cristãos terem considerado as promessas messiânicas como realizadas, enquanto os judeus continuaram a esperar e a desejar o Messias prometido.

Depois da destruição do Templo e da ruína definitiva do Estado judeu (70 d.C.), a espera desse Messias pessoal que trará de novo a Sião as tribos dispersas e abrirá a era da paz universal subiste na tradição rabínica e nas crenças populares e encontra sua expressão definitiva na liturgia. O reino messiânico é representado como o objetivo último da evolução moral da humanidade. A chegada do Messias será precedida de um período designado "como as dores do parto do Messias", que acaba por ser identificado com o Exílio da Terra Santa; não é esclarecida, no entanto, a natureza exata das condições necessárias à chegada do Messias davídico.

Considerou-se cada vez mais a vinda do Messias como uma liberação política dos Judeus, e a era messiânica como o termo da sujeição de Israel e a chegada de uma paz universal, não somente com a reunião dos exilados na Terra Prometida, mas também graças à harmonia entre as nações e o reconhecimento universal de Deus como soberano único do Universo.

Na Idade Média, a questão do messianismo de Jesus esteve no centro de célebres discussões judaico-cristãs. A controvérsia pública de Barcelona opôs em

MESSIAS — MIGUEL

uma disputa oratória o convertido Paulus Christiani, originário de Montpellier, e o letrado judeu de Gerona, o erudito Nahmanide. O cerne do debate girou em torno do messianismo de Jesus: por que os judeus teimam em não reconhecê-lo como Messias? Em presença do Rei Jaime de Aragão, Nahmanide teve de defender, em 1263, o Judaísmo talmúdico, esforçando-se em demonstrar que aquele que os judeus esperavam não tinha vindo na pessoa de Jesus, visto que este não tinha trazido a paz. A maior parte das discussões instituídas entre rabinos e representantes do clero ou apóstatas judeus continuaram a girar em torno do Messias, os judeus se recusando a admitir que ele já tivesse chegado, uma vez que a paz universal e o reino de Deus não se realizaram na Terra.

A disputa de Tortosa (07 de fevereiro de 1413-13 de novembro de 1414) voltou sobre a questão: das 69 sessões estendidas durante 20 longos meses, as 62 primeiras, que ocorreram em Tortosa, diziam respeito principalmente ao problema da vinda do Messias. Ela constituiu, no plano dos temas como sobre o do método, uma síntese das duas grandes controvérsias públicas anteriores, a de Paris, em 1240, sobre a literatura rabínica (encerrada com a cremação das obras talmúdicas), e a de Barcelona, em 1263, onde a questão do Messias predominou. O tema da vinda do Messias (datação, questão de seu nascimento virginal) foi, então, central, e o mais antigo assunto de desacordo entre judeus e cristãos. A ortodoxia judaica, estimando que as condições de sua chegada não estão ainda realizadas, opõe-se incessantemente aos falsos messias, que surgem até em pleno século XVII e pregam o cumprimento dos tempos anunciados.

Hoje, muitos judeus veriam uma espécie de alegoria na vinda do Messias, e consideram como messiânico o próprio povo de Israel em seu conjunto ("Eu mudarei o destino de meu povo, [...] eu os fixarei em sua terra", Am 9, 11-15).

Esse messianismo sem Messias se inscreve na tradição judaica como uma filosofia da história que progride para seu termo, o Reino fora do tempo que, para os cristãos, se confunde com a Jerusalém nova, na eternidade bem-aventurada onde "não haverá mais nem morte, nem lágrimas, nem grito, nem sofrimento" (Ap 21, 1-5), e cujas muralhas levam, com o dos Doze Apóstolos, o nome do Messias, o Cordeiro (Ap 21, 14).

Danièle Iancu-Agou

➢ Fim dos tempos; Jesus; Judeus.

MIGUEL (SÃO)

O livro de Daniel, composto no século II antes de nossa era, é o primeiro texto bíblico a mencionar o nome de Miguel, "um dos primeiros príncipes" dos anjos (Dan 12, 12-15). O Livro do Apocalipse (Ap 12, 7-12) o apresenta como o chefe dos anjos que ficaram fiéis a Deus, que expulsou do céu sobre a Terra "o grande Dragão, a serpente dos primeiros dias, a que se chama Demônio e Satã, a que perdia o mundo inteiro". No Cristianismo, o culto dos anjos se desenvolveu primeiro no Oriente e se referiu principalmente a Miguel, ao qual os soberanos bizantinos e os simples fiéis reconheceram bem cedo a função de protetor do Império e das almas. Daí a devoção passou para a Itália do Sul onde, segundo a tradição, São Miguel teria aparecido, em 08 de maio de 492, no Monte Gargano, em Puglia, que se tornou o principal foco de seu culto no Ocidente e atraiu durante séculos inúmeros peregrinos. A festa de São Miguel foi celebrada em Roma, em 29 de setembro, dia do aniversário da dedicação da basílica que lhe era consagrada na via Salaria. Carlos Magno introduziu em todo seu império, na mesma data, a solenidade de São Miguel e de todos os anjos, que conheceu um grande sucesso e permaneceu por muito tempo como uma das principais festas do calendário, em particular nos campos.

No início do século VIII – em 708, segundo a tradição –, o bispo de Avranches, Aubert, consagrou ao arcanjo uma igreja situada na ilhota do Monte Tombe, nos confins da Bretanha e da Normandia. Cônegos, depois monges, se instalaram no Mont-Saint-Michel, que se tornou, por sua vez, um lugar de peregrinação muito frequentado. Miguel foi venerado em todo o mundo cristão como o anjo psicopompo, chamado a exercer um papel decisivo no momento da pesagem das almas e do julgamento, assim como o ilustrou uma iconografia muito abundante na época medieval. Mas ele foi também considerado, a partir do século XV, o protetor particular da França e de seu rei, e Joana d'Arc contava com ele entre os principais conselheiros de quem ela escutava interiormente as vozes antes de tomar uma decisão. Na iconografia das épocas medieval e moderna, ele é geralmente representado como um personagem alado, vestido com um equipamento militar, que caça e dilacera um dragão ou um monstro com sua lança.

André Vauchez

➢ Anjo; Juízo final; Santo; Santuário.

MILAGRE

Emprestado do latim *miraculum* ("prodígio", "maravilha"), que se revestiu em latim eclesiástico de uma significação religiosa, o termo "milagre" aparece na língua portuguesa no século XIII. Ele designa então todas as espécies de manifestações extraordinárias, atribuídas a Deus, aos seus anjos ou aos seus santos, e remete aos milagres de Jesus nos Evangelhos, que são tidos como modelos e referências do maravilhoso cristão. Mas, muito cedo – desde o século XVI –, a palavra perde toda ressonância religiosa e serve hoje para designar tanto uma conquista excepcional (o milagre japonês do pós-guerra) quanto qualquer acontecimento que saia, mesmo que seja um pouco, do ordinário. Na ordem religiosa, os excessos de uma certa apologética que definiu o milagre como uma "exceção às leis da natureza" favoreceu o deslizamento do milagroso para o maravilhoso. Este desvio conduziu, algumas vezes, os fiéis a procurar o sensacional mais do que a viver na fé as exigências do Evangelho e, na hora atual, alguns movimentos carismáticos como alguns meios milagreiros, sensíveis à busca do maravilhoso e do irracional, abusam

MILAGRE — MILENARISMO

do conceito de milagre para qualificar as manifestações sensíveis que se produzem em suas assembleias ou no lugar de pretensas aparições marianas: veem-se por toda parte "milagres" e "sinais", até nas ilusões, até nas fraudes do sobrenatural.

O milagre autêntico para a Igreja é "um prodígio religioso que exprime na ordem cósmica (o homem e seu universo) uma intervenção especial e gratuita de Deus, que dirige aos homens um sinal da presença no mundo de sua palavra de salvação". Com o progressivo estabelecimento dos procedimentos de canonização, que exigem pelo menos um milagre – mais frequentemente uma cura física inexplicável – como sinal da santidade do servo de Deus, a noção de milagre foi esclarecida até responder a critérios rigorosos. Assim, o milagre não consiste somente em um fenômeno inexplicável (uma cura, por exemplo, que os médicos podem constatar), ainda é preciso que ele aconteça num contexto de fé bem preciso, que cabe aos teólogos constatar, depois apreciar: a definição do milagre depende somente da teologia, e sua proclamação, da Congregação das causas dos santos ou, no caso de uma cura consecutiva a uma peregrinação a Lourdes, por exemplo, do bispo ordinário da diocese onde esta aconteceu. Este rigor na definição do milagre evita os desvios para o maravilhoso ou o irracional, não excluindo, contudo, que sinais ou graças sejam concedidos por Deus, que não apresentam um caráter milagroso no sentido estrito do termo. Num mundo espreitado pela secularização e que perdeu algumas de suas referências religiosas, esta severidade no discernimento do milagre permite devolver sentido ao sobrenatural e incentivar os crentes a procurar na verdade o Reino de Deus e a trabalhar para seu estabelecimento pelas virtudes teologais da fé e da esperança, e pela caridade que, segundo a palavra do Apóstolo (1 Co 13, 1-13), supera todo carisma e todo milagre.

Joachim Bouflet

➢ Lourdes; Santo.

MILENARISMO

É inicialmente nos escritos do Antigo Testamento com influências iranianas que surgem motivos milenaristas, ligados a uma visão apocalíptica, especialmente após o período da deportação e do Exílio na Babilônia. Mas o destino do milenarismo se inscreve principalmente na história do Ocidente cristão. Joaquim de Flora, no fim da Idade Média, anuncia o reino sustentável do Espírito na Terra, depois do Pai, depois do Filho.

O milenarismo deve ser compreendido em dois sentidos, revelados pelas divisões e movimentos belicosos que o Ocidente cristão conheceu e pelos misteriosos anúncios incluídos no Livro do Apocalipse. Na primeira vertente, trata-se de grandes temores coletivos concernentes ao fim dos tempos, julgado iminente. No segundo sentido, trata-se, com variantes numerosas, do anúncio profético de uma sequência temporal destinada, desde a morte e ressurreição do Cristo, a inscrever-se na história, após pregações do Apocalipse de João. Depois de um período de

MILENARISMO

agitações e de grandes desgraças, a Besta ou Satã será acorrentada durante mil anos. Então, o Cristo voltará à Terra para reinar aí com os justos ressuscitados. Esta época durará mil anos, donde o nome "milenarismo". Para os comentadores antigos, Deus criou o mundo em seis dias. O sétimo dia é o tempo do sabá, o momento da alegria no repouso. O Senhor conduzirá, então, o universo a seu termo em seis mil anos, e o sétimo dia corresponderá ao milênio, visto que, para o Senhor, "mil anos são como um dia", segundo o cômputo do Salmo 90. No fim deste milênio virão, então, o Julgamento definitivo e o fim de nossa história. Satã será liberado, novos tormentos aparecerão, uma exacerbação da luta implacável entre o bem e o mal, mas por um tempo mais breve. Compreende-se, então, por que o ano mil de nossa era é relido por diversos historiadores como um momento de terrores acumulados, na espera ansiosa deste desequilíbrio dos tempos.

Norman Cohn, historiador do milenarismo, dilatou ao máximo esse conceito para torná-lo igualmente operatório fora do campo judeu e cristão: "A espera de uma idade de ouro futura destinada a realizar-se na terra segundo uma ordem preestabelecida, e a diferir tão completamente de todas as situações conhecidas na história que ela se subtrairá supostamente de todo processo histórico, preocupou muitas vezes os homens, às vezes até a obsessão. Em alguns momentos, estas esperas produziram ideologias a grupos sociais, até a vastos movimentos sociais". Acompanhando isso, convém utilizar o termo para designar ao mesmo tempo estas aspirações e as atividades sociais que elas inspiraram. Estas precisões permitem diferenciar imediatamente o milenarismo do messianismo, ele também à espera da realização de uma idade de ouro, mas concentrada em um personagem, mais raramente em um grupo. Forma de utopia anunciada antecipadamente e destinada a cumprir-se no fim dos tempos, o milenarismo parece mais amplo e mais impessoal que o messianismo, mesmo se um e outro pertencem ao gênero comum do apocalíptico.

Na linha de François Furet, poder-se-á encontrar tons milenaristas na maneira como será pensada a Revolução Francesa, vivida como uma ruptura total com os tempos precedentes e a aparição – duradoura, esperava-se – de uma luz doravante triunfante depois do obscurantismo dos séculos anteriores. Assim, também, na teoria marxista, a sucessão dos tempos é ternária, como para Joaquim de Flora: capitalismo/socialismo/comunismo. No comunismo final reinará a abundância duradoura. Graças à multiplicação de bens ao infinito, não se dirá mais "A cada um conforme seu trabalho", mas "A cada um conforme suas necessidades". Será uma idade de ouro duradoura, sem luta de classes e sem estes antagonismos que eram o apanágio das épocas anteriores. Alguns foram até levados a ver no nacional--socialismo e nas pretensões do regime nazista a revivescência de um milenarismo com base racista apelando para a "Solução final". Donde a expressão de "Terceiro" Reich, criada em 1923 pelo publicista Möller Van Den Bruck. O próprio Hitler não declarou em um discurso oficial que o Império que ele se sentia destinado a criar devia durar mil anos?

MILENARISMO — MISSA

O milenarismo laicizado dos tempos modernos conserva de sua origem religiosa a ambição de realizar, um dia e para sempre, uma totalidade acabada e fechada, de operar um fim da história. Projeto contraditório, já que consiste em querer realizar, um dia futuro, uma utopia despojada de todas as contradições da história, mas de que toda a ambição é, entretanto, de realizar-se na história.

Henri Madelin

➢ Apocalipse; Fim dos tempos; Juízo final; Messias.

MISSA

"Missa" designa o ritual eucarístico em seu todo, mas no sentido estrito, *missa* só deveria aplicar-se à despedida dos catecúmenos, regularmente praticada depois da leitura do evangelho e da recitação do *Credo*, a fim de reservar somente aos iniciados da assembleia, batizados e não excomungados, o privilégio de assistir à eucaristia. Ambrósio (século IV), depois Cesário de Arles (início do século VI), oferece as primeiras atestações de seu uso no sentido geral. As igrejas orientais permaneceram fiéis à fórmula tradicional da "Santa e Divina Liturgia". Mas na Europa ocidental, a palavra "missa" tinha se tornado tão familiar, que a crítica dos defensores da Reforma, partidários de uma volta às palavras da Escritura (no caso, "Ceia"), não chegou a desacreditar seu uso, que perdurou da Idade Média até os tempos presentes.

À celebração inicialmente pública e comunitária acrescentou-se logo uma outra forma ritual, na qual o padre pode celebrar sozinho, ou assistido de um "coroinha". Trata-se, então, de missas particulares, cujo desenvolvimento é atestado a partir dos séculos VII-VIII, em resposta ao pedido dos fiéis, que dão à Igreja, em contrapartida desta oferenda sacrificial, bens materiais, na esperança de obter a salvação para eles próprios e para seus próximos, ainda vivos e principalmente defuntos. Esta noção de sacrifício, acolhida desde o século IV na oração eucarística do cânon romano, empresta do Judaísmo os motivos da expiação, do holocausto e da reconciliação. Ela se distingue dele também radicalmente: o Cristo se oferece a si mesmo ao seu Pai como único sacrifício de louvor. Trabalhada por estes aportes acumulados, a noção de sacrifício da missa, já reconhecida por Gregório I, o Grande, como o mais poderoso dos socorros (ou "sufrágios"), enraizou-se nas consciências e nas práticas de uma maneira espetacular. Isto permite também explicar a ordenação sacerdotal maciça dos monges, a partir do século IX, e a proliferação dos altares no seio dos edifícios do culto. A crença no Purgatório, bem fixada desde o século XIII, provocou uma verdadeira "contabilidade do além", na qual os fiéis constituíam em proveito das almas dos defuntos uma espécie de tesouro de graças, e mandavam dizer milhares de missas logo após a morte para apressar a passagem de suas almas para a felicidade eterna. Este recurso maciço às missas pelas almas do Purgatório deu lugar à construção de uma complexa economia da salvação, ao mesmo tempo material (os honorários de missa), institucional (legados testamen-

MISSA

tários calculados em função do preço das missas, e o enquadramento dos pedidos de missas pelas confrarias) e devocional (a acumulação das indulgências tiradas do tesouro dos méritos dos santos). Lutero denunciou este sistema e atacou a concepção da missa como sacrifício. Contudo, o pedido de missas pelas almas do Purgatório permaneceu uma característica estrutural forte dos tempos modernos, culminando no século XIX na fartura de missas por unidade, tríduos, novenas e trintenas gregorianas.

Da insistência colocada sobre essas missas solitárias, às vezes truncadas da parte essencial da consagração para poderem ser ditas em série (missas secas), resultou, também, na Igreja latina, uma exaltação singular do sacerdócio conferido pela ordenação, contrariamente ao reconhecimento do Cristo como único verdadeiro sacerdote nas Igrejas do Oriente. O poder consagrador de suas mãos foi destacado desde o século X e se tornou o elemento mais importante na definição do sacerdócio a partir do século XI, enquanto as imagens significavam a missa pela oferenda do celebrante no altar. A frequência de celebração, deixada à apreciação do sacerdote durante séculos, tornou-se a medida do grau de sua santidade. Desde o fim da Idade Média, enfim, alguns sacerdotes, ditos "altaristas", tiveram por principal atividade dizer missas pelos defuntos.

A missa associa dois tempos sucessivos, o da Palavra, durante o qual são proclamados textos da Escritura, e o da ação eucarística, que evoca a recitação do cânon e a partilha das espécies consagradas. A oração que precede imediatamente o cânon é o prefácio, de que a Igreja latina costumou fazer variar o conteúdo segundo os períodos do tempo litúrgico. No século XIII, a padronização dos textos se acentuou, sob o impulso das ordens mendicantes em especial, pelo uso novo de reunir em um só livro portátil, o Missal, todos os textos exigidos para a celebração das missas em qualquer momento do calendário litúrgico.

Antes da criação dos seminários, no século XVI, o grau de cultura e do domínio do latim dos padres deixa cético quanto à sua capacidade de compreensão dos textos que eles recitavam durante a missa. A linguagem simbólica dos gestos e das ações litúrgicas foi provavelmente mais bem partilhada. Ela vinha reforçar a representação da missa como um sacrifício e o lugar memorial da Paixão, o altar representando o sepulcro e os braços estendidos do padre reproduzindo o gesto do Cristo na cruz. Ela falava também de maneira imediata à massa dos fiéis, incapazes de seguir as orações em latim, recitadas em voz baixa. Na França, em algumas comunidades religiosas, como as das ordens militares e hospitalares, próximas de um gênero de vida e de uma cultura leigas, convencionou-se também, entre o século XII e o XIII, a promover a recitação das orações da homilia em língua vernácula, que tornava perceptível a ideia da Igreja como corpo místico, profundamente solidária, dos mais altos prelados às pessoas mais humildes, sem esquecer os pobres, os viajantes, os prisioneiros e as almas do Purgatório. A partir do século XVI, impôs-se o costume de utilizar este momento do sermão como o lugar privilegiado de um ensinamento catequético. Antes, só alguns fiéis privilegiados tinham acesso

MISSA — MISSÃO, MISSIONÁRIOS

a livretos de explicação da missa escritos para eles em língua vernácula, e cuja mensagem principal consistia em incentivar a devoção pessoal a Deus presente na eucaristia, mais do que a consciência de cumprir uma ação comunitária de celebração. No fundo, nada pode melhor atestar a sensibilidade aos mistérios celebrados na eucaristia do que a composição de missas polifônicas pelos músicos, do século XIII até nossos dias. Em vista desta herança secular, mede-se melhor a importância das inovações inscritas na nova *Ordo*, publicada em 1969 por Paulo VI na esteira do Vaticano II: concelebração, uso sistemático da língua vernácula para as partes do ordinário e do próprio da missa, abertura ampliada da liturgia da Palavra, atenção nova dada à pregação, diversificação na escolha das orações eucarísticas transformadas em quatro em vez de uma e comunhão sob as duas espécies para os leigos assim como para os padres.

Nicole Bériou

➢ Calendário litúrgico; Ceia; Corpo místico; Eucaristia; Hóstia; Lutero; Sacerdote; Purgatório; Reforma.

MISSÃO, MISSIONÁRIOS

A missão remete etimologicamente ao verbo latino *mitto*, "enviar". No Cristianismo, Deus reconciliou o mundo enviando-lhe a pessoa de seu filho; e, por sua vez, o Cristo envia seus discípulos às extremidades da Terra para dar a conhecer a boa nova da salvação do mundo: "Como meu pai me enviou, eu vos envio" (Jo 20, 21). Na história do desenvolvimento da religião cristã, a palavra "missão" só assumiu progressivamente o sentido que lhe damos hoje de ação de evangelização dos povos externos à cristandade estabelecida. Na Antiguidade e durante a Idade Média, e são os termos de "evangelização", de "conversão" e de "cristianização" que são empregados para designar a difusão da religião cristã. A partir do século XVI, a palavra "missão" se torna muito presente no vocabulário religioso. Ela tem, então, um sentido geral de ação religiosa orientada para o mundo e designa uma certa maneira de viver sua vocação religiosa. O neologismo "missionário" é criado na virada dos séculos XVI e XVII. Progressivamente, as palavras "missões" e "missionários" designam o trabalho de conversão das populações não cristãs ou mal cristianizadas.

Uma das características essenciais da missão é a presença de uma autoridade superior que envia, o Cristo, o papa, um superior. O missionário deve prestar contas à autoridade superior que o enviou. Das Epístolas de São Paulo às cartas dos jesuítas e às crônicas franciscanas, a missão gera todas as espécies de textos. Alguns escritos são destinados às autoridades centrais que procuram controlar o que acontece no lugar, outros têm por objetivo estimular as vocações, justificar algumas escolhas ou satisfazer a curiosidade do público. A missão é movimento, deslocamento, e toda a espiritualidade missionária se constrói sobre os benefícios e os riscos deste deslocamento: desapego, mas também risco de enfraquecimento espiritual. A missão é uma pregação. A palavra é entendida como um instrumento

MISSÃO, MISSIONÁRIOS

essencial: o missionário procura adaptar-se ao seu público, utilizando técnicas retóricas e aprendendo as línguas, porque a Palavra de Deus é passível de ser traduzida em todas as línguas. Para cumprir sua missão e ser móvel, o missionário não deve estar submisso às mesmas regras que os outros eclesiásticos, ele é dotado de poderes especiais, as "faculdades". De maneira geral, ele não depende diretamente da autoridade ordinária, mas de quem o enviou em missão. Isto gerou frequentemente conflitos de autoridade com a Igreja secular e entre ordens religiosas.

É uma lógica religiosa e não geográfica que define os espaços missionários. A missão é dirigida para os lugares onde Deus é ignorado ou pouco conhecido: as terras distantes dos pagãos, mas também as terras, mais próximas, dos hereges e dos cismáticos, e, de maneira geral, as terras da ignorância e da superstição. Encontram-se também missões para as populações dos campos ou os marginais das cidades e, é claro, para as populações pagãs das terras de além-mar.

Pelas bulas da segunda metade do século XV, o papado confia seu dever de evangelização das terras recentemente descobertas aos soberanos ibéricos, é o direito de patronagem. Na primeira metade do século XVI, a ruptura da cristandade na Europa com o nascimento do Protestantismo faz nascer na Igreja Católica a ideia de fortaleza tomada de assalto. A missão se volta, então, para as populações protestantes a reconquistar ou, de maneira geral, para todas as populações consideradas como mal cristianizadas. A partir do fim do século XVI, o papado tenta retomar em mão o esforço missionário, assumido até então pelos Estados ibéricos e pelas ordens religiosas. A Congregação pontifícia da *Propaganda Fide* é criada em 1622. É também no início do século XVII, depois do episódio sangrento das guerras de Religião, que a França se envolve, por sua vez, na tarefa missionária, ao mesmo tempo no interior e no exterior. Se o imperativo apostólico de propagação da fé existiu durante toda a história do Cristianismo, o período de 1550-1700 constitui, todavia, um momento chave do Cristianismo missionário. O esforço missionário desenvolvido então pela Igreja é racionalizado e burocratizado, com a elaboração de estratégias coletivas e a constituição de arquivos e de manuais.

A missão visa a transformar o público ao qual ela é destinada. Na Europa moderna, ela é concebida pelas elites como uma vasta empresa de aculturação das massas populares. No mundo extraeuropeu, ela é, de fato, um movimento de ocidentalização das populações autóctones. O método visado é, em princípio, a persuasão, mesmo se o projeto missionário comporta por natureza formas de violência, com a destruição das antigas crenças ou a interdição de certas práticas sociais.

Conforme as situações políticas, a tarefa de transformação tem uma dimensão coercitiva mais ou menos grande. Nos contextos de dominação colonial, os missionários pregam juntas a fé cristã e a submissão econômica, política e social. Eles são frequentemente apoiados pelo poder militar. Nas zonas de fronteira ou nos países não colonizados, a missão pode ser arriscada, e o missionário pode ser, por sua vez, vítima de violência. Os assassinatos de missionários, às vezes engrandecidos pela Igreja como "mártires pela fé", dão testemunho das dificuldades, até dos impasses da tarefa missionária.

A adaptação a públicos culturalmente diferentes é uma dimensão essencial da tarefa de evangelização. A tradução do catecismo em línguas locais, a mistura de elementos indígenas e de ritual cristão, a flexibilidade das regras na administração dos sacramentos são manifestações das tentativas de adaptação do Cristianismo que se fazem sempre em tensão com a ideia da manutenção da unidade (a ortodoxia).

Os destinatários da missão não são passivos no encontro missionário, e os Cristianismos não europeus de hoje são o fruto destes encontros. É a razão pela qual se fala doravante de interação missionária que deve ser interpretada como um diálogo entre duas partes, feito de mal-entendidos e de compreensão recíproca, de relações de força e de negociação, de ideias preconcebidas e de reajuste.

Charlotte de Castelnau

➢ Inácio de Loyola; Teresa de Lisieux; Vicente de Paulo.

MÍSTICOS

O termo "místico", cuja etimologia se liga aos mistérios divinos, só entra na língua no século XVII, para designar essa via que permite à alma experimentar a presença de Deus e se unir a Ele ao termo de um processo de meditação e de contemplação, o que João Charlier Gerson (†1429) chamou de "conhecimento experimental" de Deus.

No Oriente, a mística encontra suas raízes na tradição dos padres do deserto e nas obras do Pseudo-Dinis, o Areopagita (século V). A busca da união com Deus se faz pela prática da ascese e pela oração do coração, recitação em simbiose com o ritmo respiratório da oração de Jesus: "Senhor Jesus, filho de Deus, tenha piedade de mim". Aos que se dedicam a isso, estas vias oferecem a paz interior (*hesychia*) que deu seu nome a uma corrente mística, o hesicasmo, que apareceu no início do século XIV. Da Igreja bizantina provêm obras que, tal como *A Escada Santa*, de João Clímaco (†por volta de 649), nutriram a espiritualidade cristã. Esta busca de Deus é acessível a todos: sua inserção na vida sacramental da Igreja grega triunfa especialmente no fim da Idade Média, na pessoa de Nicolau Cabasilas (†1371). As correntes místicas conheceram igualmente uma grande vitalidade na Igreja russa e nas Igrejas do Oriente.

No Cristianismo ocidental, a mística só sai da sombra a partir do século XII. Excetuando-se a Abadessa Hildegarde de Bingen (†1179), mais visionária que propriamente mística, é do mundo cisterciense que saíram as obras mais marcantes, as de Aelred de Rievaulx (†1167), Guilherme de Saint-Thierry (†1148) e São Bernardo de Claraval (†1153): os dois últimos deixaram páginas ardentes sobre o Cântico dos Cânticos, na origem da mística nupcial. O movimento se acentua no século XIII e alcança o mundo das mulheres, dentre as quais as beguinas, que se colocam

MÍSTICOS

sob a direção espiritual das ordens mendicantes (Beatriz de Nazaré, Mechtilde de Magdebourg, Angela de Foligno). Esta mística contemplativa conhece uma fase brilhante nos séculos XVI e XVII, em especial nos carmelos, com São João da Cruz (†1591) e Santa Teresa de Ávila (†1582). Ela encontra vitalidade no século XIX com Santa Teresa do Menino Jesus (†1897). Outros espíritos associaram à busca contemplativa de Deus uma dimensão mais especulativa, ilustrada desde o século XI por Santo Anselmo do Bec-Hellouin (†1109), no século XII pela escola parisiense de São Vítor, depois, no século XIII, por São Boaventura (†1274) e, enfim, pela corrente reno-flamenga nos séculos XIV e XV (mística do ser) com os dominicanos Mestre Eckhart (†1327) e Henrique Suso (†1366). Nos séculos XVI e XVII, institutos seculares como o Oratório ou a Companhia de São Sulpício, elaboram uma mística que se poderia qualificar de "apostólica", no sentido em que ela se dirige a pastores dos quais nutre a fé e o zelo.

Por sua vez, o mundo protestante não se mostrou sensível à mística, salvo para ligar a ela as correntes pietistas e os diversos "despertares" animados pelos grupos evangélicos que se apoiam nos carismas. A Igreja Católica contemporânea também viu surgir um fenômeno vizinho na renovação carismática.

A linguagem comum dos místicos é primeiramente uma linguagem do corpo, que entra em jogo através de experiências situadas nos extremos. O poder do amor divino confere àquele que o experimenta passar além das leis comuns da nature-za, através de êxtases ou "arrebatamentos", bilocações ou levitações, sensações de fusão com o ser divino ou de aniquilamento nele. A união com o Cristo pode igualmente manifestar-se pela recepção das feridas da Paixão, dos estigmas, de que São Francisco de Assis teria sido o primeiro portador no Ocidente. Às vezes instaura-se um diálogo, pontuado de visões e revelações (Santa Brigite da Suécia, †1373). Mais modestamente, a intensidade da experiência espiritual faz vir o dom das lágrimas, de que São Luís (†1270) deplorava tanto que ele não lhe tivesse sido dado. Ela pode conduzir à ausência do ato de alimentar-se, fora a eucaristia.

Não será surpresa que floresçam sob a pena dos místicos imagens cujo caráter muito concreto surpreenda, mas que constituam traduções metafóricas do indizí-vel. Buscando no registro da afetividade e da sensibilidade, elas exprimem o casamento místico, a troca de corações, a ascensão ao longo de um caminho onde os autores espirituais veem suceder-se as três vias, purgativa, iluminativa e unitiva.

A comunicação se torna ainda mais difícil quando se exige da mística que ela se pronuncie sobre a imagética de suas visões, como foi, em especial, o caso para as aparições marianas do século XIX.

Nesse desafio, é importante sobretudo que não se tomem os fenômenos des-critos pela própria coisa, sob o risco de não ver aí, na medida do conformismo social, senão um desequilíbrio patológico. Porque se os místicos aprendem a união com o Outro, é para ceder lugar a outros: são seres solidamente enraizados em sua sociedade, como o prova a obra institucional de Santa Teresa de Ávila. O modo de relação muito específico que os místicos instauram com Deus lhes valeu, no Orien-

MÍSTICOS — MOISÉS

te como no Ocidente, as mesmas reticências da parte da instituição eclesiástica que temia a instauração de uma hierarquia paralela e o descrédito lançado sobre a vida litúrgica e sacramental. Por várias vezes, os místicos bizantinos foram objeto de uma recusa pelo poder político e pela Igreja secular, que atingia de fato o conjunto dos meios monásticos de que eles tinham majoritariamente saído.

Alguns místicos foram condenados, dos quais a beguina Marguerite Porète, queimada em Paris, em 1310, por seu livro *O Espelho das Almas Simples e Aniquiladas*, ou a Madame Guyon (†1717), no fim do reino de Luís XIV. Mais do que a condenações, os místicos foram submetidos a um enquadramento rigoroso. Este podia culminar numa inversão da relação, como foi o caso entre Santa Catarina de Siena (†1380) e seu diretor espiritual, o dominicano Raimundo de Cápua. Isto quer dizer que alguns homens da Igreja não esconderam sua admiração diante desta ciência divina, mesmo quando ela é posse de simples mulheres, basta ler os propósitos de Jacques de Vitry (†1240) sobre a beguina Marie d'Oignies (†1213).

A atitude que prevaleceu no Ocidente foi, no entanto, a mais extrema prudência diante dos fenômenos que, se eles não apresentavam nada de condenável do ponto de vista dogmático, apresentavam o risco, se fossem muito amplamente levados ao conhecimento dos fiéis, de confundir seus espíritos e suas consciências.

Catherine Vincent

➢ Cântico dos Cânticos; Mulher; Fogo; Hildegarde de Bingen; João da Cruz; Teresa de Ávila; Teresa de Lisieux.

MOISÉS

Sabemos muito poucas coisas sobre o personagem histórico de Moisés, quase inteiramente eclipsado pela gigantesca figura do personagem bíblico. Alguns raros detalhes fazem, entretanto, pensar que os textos bíblicos conservaram a lembrança de um personagem real. Moisés, com efeito, leva um nome de origem egípcia que significa "filho de...", "gerado por...". Em seguida, ele se casa com uma mulher estrangeira, uma Madianita, segundo Ex 2, 21, ou uma Kouschita (Etíope?), segundo Nm 12, 1, enquanto a Lei – que ele próprio proclama – proíbe os casamentos com estrangeiras (Dt 7, 1-5). Enfim, ele morre no deserto, e isto cria muitos problemas para a tradição subsequente que tenta explicar, sem muito sucesso, por que razão Moisés, o maior dos profetas, não pôde entrar na Terra Prometida. Estes detalhes dificilmente puderam ser inventados completamente.

A figura bíblica de Moisés está muito ligada aos profetas. Ela já está presente num oráculo de Oseias (12, 13-14) que opõe Jacob, o esperto, a Moisés, o profeta que salvou Israel. Em outros termos, a salvação não vem dos ancestrais, mas dos profetas. Poder-se-ia dizer que Oseias opõe uma política centrada nos interesses imediatos dos clãs e das tribos ao projeto de sociedade que representa Moisés. Na sequência, Moisés se torna a figura central do povo de Israel. Esta evolução coincide com o fim do reino do Norte, em 721, depois o do reino da Judeia, em 586

MOISÉS

antes de nossa era, enquanto a monarquia desaparece e Israel tenta reencontrar sua identidade sob uma dominação estrangeira.

Numa cultura onde os códigos de leis da Mesopotâmia tinha desempenhado um papel importante do ponto de vista político como instrumento de propaganda real, Israel afirma possuir uma legislação própria e pretende poder viver segundo esta. Ela é constituída de inúmeras leis de origens diversas que se encontram no Pentateuco, onde são todas atribuídas a Moisés. Estas leis não estão, pois, ligadas nem à posse da terra nem à existência da monarquia, e é por isso que continuam válidas depois do desaparecimento da monarquia e em sua ausência. Por outro lado, este direito é menos territorial – pelo menos em princípio – do que pessoal. Ele é, então, o direito de todos os membros de Israel, onde quer que habitem. É por esta razão que estas leis não estão atreladas a nenhum rei, nem mesmo a David ou Salomão, mas à figura de Moisés, mais antiga, mas com contornos muito imprecisos.

A esse primeiro aspecto muito conhecido de Moisés, deve-se acrescentar um segundo, tão conhecido quanto, o do Êxodo. Oseias 12, já citado, opõe o patriarca Jacob ao "profeta", que liberou Israel do Egito: "Mas por um profeta o Senhor fez sair Israel do Egito, e por um profeta Israel foi conservado" (Os 12, 14). É verdade que nem todos os textos sobre o Êxodo falam necessariamente de Moisés, mas, antes, de Yahvé, o Deus que retirou Israel do Egito. Mas trata-se provavelmente de uma das inúmeras convenções literárias do mundo bíblico que tende a identificar as causas primeiras e as causas segundas, a divindade transcendente e seus instrumentos humanos. É certo que a personalidade de Moisés é cada vez mais ligada ao Êxodo e ao nascimento de Israel como povo de Deus (Is 63, 10-14). Aqui ainda, Moisés tende a ocupar o lugar deixado vazio pela monarquia e a substituí-la por um outro modelo, o do profeta e do legislador.

Israel não nasceu quando foi fundada a primeira grande dinastia ou quando um primeiro grande rei conquistou o território para fazer dele um reino poderoso. Israel nasceu, segundo os relatos bíblicos próximos dos "mitos de fundação", quando Moisés o fez sair da escravidão do Egito. Seu primeiro território foi a liberdade, e seu primeiro soberano, um Deus de nome misterioso, que recusa qualquer representação. Seu primeiro chefe não foi um rei poderoso, mas um homem competente e próximo de Deus.

No Novo Testamento, Moisés é muito frequentemente mencionado. Era absolutamente necessário que Jesus fosse definido em relação com a figura mais importante de toda a tradição de Israel. Às vezes, diz-se que ele se apresenta como um novo Moisés. É, sem dúvida, mais justo dizer que Jesus é o verdadeiro Josué; são duas formas do mesmo nome que significa "o Senhor salva". É por isso que Jesus é batizado no Jordão, porque é ele quem atravessa e faz atravessar o Jordão para entrar na Terra Prometida que se chama, no Novo Testamento, Reino dos Céus ou Reino de Deus. João Batista, que prega no deserto, é o último dos profetas que prepara a vinda do Messias, sendo Moisés o primeiro.

MOISÉS — MONGE

Para a tradição judaica, Moisés é a figura central, o verdadeiro fundador do Judaísmo. Foi a ele que Deus confiou a Lei escrita, mas também a Lei oral. Ele é, portanto, ao mesmo tempo, o pai dos textos legislativos contidos nas Escrituras, de fato na Torá escrita ("instrução", "lei"), e o da longa linhagem de intérpretes da Torá oral no curso das idades. Ele é o primeiro "escriba" e o primeiro dos "doutores da Lei". O primeiro escriba, já que é ele quem coloca por escrito a Lei divina (Êx 24, 4; Dt 31, 9). O primeiro doutor, pois ele comenta e explica a Lei a Israel no livro do Deuteronômio (Dt 1, 1-5) ao longo dos discursos de despedida que pronuncia no último dia de sua existência, logo antes de sua morte.

Jean-Louis Ska

➢ Decálogo; Egito; Êxodo; Glória; Horeb; Jordão; Profeta.

MONGE

O monasticismo não é um fenômeno especificamente cristão: é encontrado há muito tempo no Budismo e no Hinduísmo. No Judaísmo, a vida monástica só apareceu em uma época tardia, mas sabe-se, desde a descoberta dos manuscritos do Mar Morto, que, na época do Cristo, existiam em Israel comunidades como a de Qumrân, que se consagravam à oração, à leitura e ao comentário dos textos sagrados. A palavra grega *monachos* ("monge") aparece, pela primeira vez, para designar o homem que escolheu viver só a fim de se consagrar à busca e ao louvor de Deus. Entre estes cristãos tomados pela perfeição, deve-se dar um lugar particular a Santo Antônio, que, para fugir do mundo, retirou-se no deserto por volta de 285 e aí viveu até sua morte. Mas ele é somente o mais célebre desses "padres do deserto", entre os quais figuram eremitas como Paulo, Hilarião, Macário e penitentes, tais como Marine, Thaís ou Pelágio. Paralelamente, vê-se desenvolverem no Egito experiências de vida monástica comunitária (cenobitismo) como a de São Pacômio (†346), que foi codificada numa regra que São Jerônimo traduziu em latim.

De origem oriental, o monasticismo é atestado no Ocidente desde o século IV. Por volta de 360-370, pequenos grupos de ascetas se criaram em Ligugé, perto de Poitiers, e em Marmoutier, sob a influência de Santo Hilário, bispo de Poitiers. É a esta corrente que está ligado São Martinho, bispo de Tours a partir de 371. Sua contribuição original reside no testemunho de sua vida, que mostrou que a aspiração à perfeição num estilo de vida monástica era compatível com o serviço dos homens na Igreja e no mundo. É nesta linha que se situará, por exemplo, o monasticismo céltico, codificado por volta de 600 na Regra de São Columbano, que enfatiza o rigor ascético e as práticas penitenciais, convidando os monges a se consagrarem a tarefas de evangelização durante suas peregrinações, o que eles fizeram com sucesso tanto na Irlanda e no País de Gales quanto no continente, na época merovíngia.

Mas outros centros de vida monástica não deviam tardar a se desenvolver no Ocidente: primeiro na Provença, em torno de dois polos principais, a Ilha de Lérins, a partir de 410, e Marselha, sob a influência de Jean Cassiano (por volta de

288 CRISTIANISMO – DICIONÁRIO DOS TEMPOS, DOS LUGARES E DAS FIGURAS

MONGE

360-430). É aí, com efeito, que este compôs dois textos que deviam exercer uma influência profunda sobre a espiritualidade ocidental, as *Instituições Cenobíticas* e as *Conferências*. Encontram-se aí temas que constituirão por séculos os arquétipos fundamentais do monasticismo: este é apresentado como a forma perfeita da vida cristã, seguindo Jesus, pelo qual o monge renuncia a tudo. Num mundo onde as perseguições violentas se tinham tornado raras, a vida monástica será o substituto do martírio sangrento dos primeiros séculos, na medida em que ela implicava mortificação do corpo e da consciência, luta contra os demônios e suas tentações e perseverança na vitória final.

A partir dos séculos VIII-IX, a Regra de São Bento se impôs em todo o Ocidente em razão do apoio que ela obteve da parte dos papas e dos soberanos carolíngios, que a fizeram adotar por todos os mosteiros de seu império. Redigida por volta de 530-560, enquanto esmaeciam definitivamente a prosperidade material e a vida intelectual da Itália antiga, ela visava a criar comunidades monásticas autárquicas, com seu moinho, sua forja, mas também com seu *scriptorium* (oficina de cópia dos manuscritos), bem adaptadas a uma época de restrições econômicas e de regressão cultural. Nos mosteiros beneditinos, a ênfase é dada à oração, em particular sob sua forma comunitária e litúrgica: o ofício divino, recitação ou canto em forma fixa – desde as Matinas até as Completas – de uma série de salmos e de leituras tiradas da Sagrada Escritura. Os monges, que são primeiramente penitentes, suplicam a Deus que os livre de seus erros e lhe dão graças por seus benefícios. Mas os tempos previstos para a leitura, que continua durante a refeição tomada em silêncio no refeitório, ilustram bem o primado absoluto reconhecido à Palavra de Deus. Observar-se-á que a Regra Beneditina não previa, salvo exceção, que os monges recebessem o sacerdócio; no decorrer dos séculos, e principalmente depois do ano mil, a importância crescente da celebração de missas pelos defuntos provocou um aumento sensível do número de padres nas comunidades. Os mosteiros eram, então, considerados como cidadelas da oração, e os monges, como combatentes cujas orações defendiam a região circunvizinha contra as agressões das forças do mal e arrancavam as almas dos defuntos da condenação.

O monasticismo feminino se desenvolveu desde a origem, paralelamente ao monasticismo masculino, mas ficou minoritário no plano numérico. Na Idade Média e na época moderna, muitos mosteiros femininos tinham uma finalidade essencialmente social e constituíam instituições de previdência e de asilo para as moças não casadas e as viúvas da nobreza. Alguns deles, entretanto, tiveram uma projeção cultural e espiritual considerável, com figuras marcantes, como Heloísa, abadessa do Paracleto, Santa Hildegarde de Bingen e Santa Gertrudes de Hefta, no Saxe. A partir do século XIII, o papado impôs às monjas uma clausura cada vez mais estrita, em particular com a decretal *Periculosa*, de Bonifácio VIII, em 1298, o que, cortando-as do mundo exterior, contribuiu para fazer de certos mosteiros femininos lares de vida mística, nos séculos XIV e XV. Iniciada desde o século XII, com a criação da ordem de Fontevraud, a criação de ordens monásticas femininas independentes em relação às ordens masculinas se acelerou no fim da Idade Média (Clarissas, em 1253/1263, Brigitinas, em 1370) e na época moderna (Ursulinas, Visitandinas, Carmelitas etc.).

Com o passar dos séculos, o monasticismo ocidental colocou mais ou menos ênfase nos diversos componentes de sua vocação: litúrgica (Cluny), penitencial e ascética (Cîteaux), cultural (com os Mauristas franceses, nos séculos XVII e XVIII) e contemplativa (Carmelo). Abolido depois da Reforma nos países que passaram ao Protestantismo, ele foi reduzido a nada ou quase nada em uma boa parte da Europa católica pela Revolução Francesa e pelas ondas sucessivas de secularização que marcaram o século XIX. Mas desde que as funções sociais de que a sociedade do Antigo Regime o tinha encarregado foram assumidas por outras instituições religiosas ou leigas, ele reencontrou um prestígio espiritual que permanece hoje considerável.

André Vauchez

➤ Antônio, o Egípcio; Bento; Carmelo; Cîteaux; Cluny; Hildegarde de Bingen; Martinho; Mosteiro; Roberto de Arbrissel; Teresa de Ávila.

MONTANHA

Em muitas tradições religiosas e particularmente na tradição judaico-cristã, a montanha é o lugar simbólico da revelação de Deus. No Horeb, na Montanha do Sinai, é selada a primeira Aliança entre Deus e Moisés (Êx 19). No trovão, no fogo e na nuvem, ou ele recebe as "Dez Palavras", gravadas na pedra, fundamento e origem da Lei. No Horeb, de novo, Elias encontra o Deus vivo, em um contexto de solidão e de discrição absolutas, "uma voz de suave silêncio" (1 R 19). Os profetas (Isaías, Joel, Miqueias e Sofonias) falarão da montanha como lugar escatológico da reunião das nações. O Monte Sião, em Jerusalém, é "a montanha da casa do Senhor", montanha de alegria, de justiça e de paz, que não conhece mais a morte (Is 25, 8).

Nos Evangelhos, Jesus proclama as Bem-Aventuranças numa montanha onde a multidão se espreme. Ele é transfigurado numa "alta montanha". É no Monte das Oliveiras (Lc 19, 29) que ele será aclamado rei e é aí também que ele viverá sua agonia e seu último combate (Lc 22, 39). Ele é crucificado no Gólgota, "lugar do crânio", cume por excelência. Em último lugar, é a partir de uma montanha da Galileia que Ele se separa dos discípulos e os envia em missão.

Uma reviravolta se opera: a descida e a humilhação de Jesus na Paixão e na Cruz são o mesmo lugar de sua elevação. Doravante, não é mais primeiramente numa montanha que se deve adorar a Deus, mas em toda a humanidade.

Maya Boespflug

➤ Fim dos tempos; Horeb; Revelação; Tabor.

MORTE

Se, no Antigo Testamento, a morte é primeiramente concebida como a conclusão do fim da vida, compensada por uma numerosa descendência (2 S 14, 7), ela se torna progressivamente um escândalo para a consciência com a morte devida à doença, à miséria, à solidão e ao desespero, como comprovam os Salmos da Bíblia. Além disso, ela atinge tanto o justo como o mau. Segue-se uma meditação no Livro da Gênese sobre esta injustiça do destino. A morte é colocada, então, em relação com uma reflexão sobre o mal e é concebida como o salário do pecado (Gn 2, 17; Sg 2, 24). Com a teologia paulina no Novo Testamento, a morte se torna uma característica distintiva deste mundo oposto à vida que veio trazer Jesus, o Cristo. Assim, o homem é submetido à morte biológica como consequência do pecado, mas para quem "morre com o Cristo" (Rm 6, 3-9; Fil 3, 10-11), a morte é definitivamente vencida em virtude do espírito que comunica o Ressuscitado. O batismo exprime esta teologia para significar que a vida cristã é passagem permanente da morte à vida, a morte biológica sendo a última Páscoa: "Se nós vivemos, vivemos para o Senhor, e se nós morremos, morremos para o Senhor. Então, na vida como na morte, nós pertencemos ao Senhor" (Rm 14, 8).

Com essa base escriturária, a teologia cristã considerou o paradoxo da morte. Ela fala dela de maneira ativa e passiva para não a rebaixar à posição de simples fim biológico (o materialismo). A morte não resulta, segundo a revelação cristã, de uma necessidade "puramente" biológica, mas do caráter pessoal, livre e espiritual do ser humano e de sua relação com Deus. Cada um vive sua morte. A antropologia contemporânea se distanciou da morte entendida como separação da alma e do corpo para evitar o risco de dualismo, e por falta de base escriturária suficiente para apoiá-lo. Esta visão clássica da teologia cristã permitia, entretanto, considerar que, além da forma corporal da existência, não era necessário renunciar a outras maneiras de estar no mundo para o espírito. A alma é, então, entendida como a forma do corpo, isto é, este aspecto do ser que marque sua identidade, garantindo-lhe sua especificidade e sua estabilidade. Mas esta forma é também um espírito individual que conserva as características singulares de um ser.

Essa singularidade de cada ser humano remete à opção que cada um faz durante toda sua existência em relação ao sentido da vida, do mistério que ele encontra nas experiências do conhecimento, do amor, do outro. Esta opção fundamental encontra um caráter definitivo na morte. Na conduta de sua existência, o homem modela sua morte como seu acabamento pleno: "Deveis ser renovados pela transformação espiritual de vossa inteligência e revestir-vos do homem novo, criado segundo Deus, na justiça e na santidade que vêm da verdade" (Ef 4, 22-24). Em cada ato livre, o homem dispõe de sua pessoa e o engaja a favor ou contra Deus. Esta afirmação da teologia contemporânea confere à vida presente toda sua seriedade em cada instante. Irreversível, única para cada um, a vida anda, segundo a fé cristã, para um fim, a partir de um começo concebido como criação. Por esta razão,

MORTE — MOSCOU

não há retorno eterno das coisas, nem migração das almas, nem ciclo incessante da natureza, mas a morte conduz a um término da criatura e da criação. A morte não é, então, a abolição da existência, nem uma simples passagem a uma outra vida, mas o começo da eternidade, se se pode utilizar este oximoro. Ela possui esta dupla característica pela qual o homem termina nela, ratifica toda sua vida e, ao mesmo tempo, se encontra reduzido à impotência radical.

O Cristo morre com a morte comum da humanidade segundo uma significação que vai além de nossa experiência porque, por sua morte, Ele salva a humanidade, enuncia a fé cristã. Jesus, o Messias de Deus, sofreu sua morte como todo homem, com esta diferença, que seu gesto de entregar sua vida foi estabelecido pela graça divina que lhe pertence, visto que, nele, a única pessoa é a do Verbo que se fez carne. A semelhança interna entre sua morte e a dos homens não é, entretanto, em nada suprimida porque foi como verdadeiro homem que ele a viveu. Ele traz, como todo homem ao morrer, uma contribuição a esta abertura radical a todo o real, a todo o cosmos sob esta nova modalidade de ser "adquirida" pela morte. O Cristo, por sua morte entendida como dom de si, se torna uma determinação permanente e definitiva do cosmos até nas profundezas dos Infernos, como o afirma o *Credo* cristão. O coração do mundo, o centro de todo o criado é ocupado pelo Cristo ressuscitado cuja fé anuncia a morte até que ela venha (1 Co 11, 26).

Jean-Louis Souletie

➢ Fim dos tempos; Jesus; Ressuscitado.

MOSCOU

Moscou, sede patriarcal da Igreja ortodoxa russa, é indissociavelmente capital política e religiosa da Rússia. Fundada em 1147, ela se impõe aos outros principados russos depois da tomada de Kiev pelos Mongóis (1240) e se torna, no século XIV, a capital da "Santa Rússia". O metropolita Pedro de Kiev para lá transfere a sede de sua metrópole (1325), enquanto a projeção de santos como o Monge Sérgio de Radonege (1313-1392) ou o iconógrafo André Roublev (1360-1430) confirma seu papel religioso. Autocéfala em 1448, a metrópole de Moscou obtém, em 1589, o *status* de patriarcado, o metropolita Job se tornando o primeiro "patriarca de Moscou e de toda a Rússia". Nesta época, que se segue à queda de Constantinopla (1453), Moscou se considera como o último centro da ortodoxia, a herdeira de Roma e de Bizâncio – a "Terceira Roma", segundo a teoria messiânica do Monge Filoteu de Pskov. Cidade santa da ortodoxia russa, cujas catedrais, como a da Dormição (1479), no Kremlin, ou a de São Basílio, o Bem-Aventurado (1552) na Praça Vermelha, servem de protótipo a todas as do país; Moscou é logo cognominada "cidade das 40 vezes 40 igrejas". Sob Pedro, o Grande (1672-1725), o deslocamento da capital para São Petersburgo (1712) e a supressão do patriarcado (1721) enfraquecem Moscou em seu *status* de capital religiosa, mesmo se prestigiosos metropolitas aí se sucedem no século XIX, como São Filareto (Drozdov) ou Macário (Boulgakov).

292 CRISTIANISMO – DICIONÁRIO DOS TEMPOS, DOS LUGARES E DAS FIGURAS

MOSCOU — MOSTEIRO

É preciso aguardar o concílio de 1917-1918 para que seja restaurado o patriarcado de Moscou, ao mesmo tempo que o papel espiritual da cidade. Mas, sob o regime comunista, Moscou, que voltou também a ser a capital política, sofre uma terrível política de destruição de seus símbolos religiosos, provocando a ruína de mais de 350 edifícios, em especial da Catedral do Cristo Salvador, inaugurada em 1883 e posta abaixo por Stalin, em 1931. Na queda do regime soviético (1991), Moscou se torna o símbolo do renascimento da Igreja ortodoxa russa: enquanto, em 1988, somente umas 40 igrejas aí estavam abertas, 20 anos mais tarde, elas são quase 400. A reconstrução da Catedral do Cristo Salvador, reconstruída em alguns anos e inaugurada em 2000, aparece então como o símbolo desta restauração da Igreja russa e do *status* de Moscou como capital religiosa, não somente da Rússia ortodoxa, mas também, mais amplamente, da ortodoxia mundial contemporânea.

Hyacinthe Destivelle

➢ Ortodoxos; Roma.

MOSTEIRO

Os primeiros mosteiros aparecem no Oriente, no início do século IV. Até então, os cristãos que se sentiam chamados a uma vida espiritual intensa se retiravam sozinhos no deserto (*anachôresis*) para levar aí uma vida de ascese. O modelo de Santo Antônio (250-356) se propagou a tal ponto que o número dos anacoretas se multiplicou no Egito. Um tal impulso tornou necessária uma certa organização destas experiências anacoréticas. Pacômio, discípulo de Antônio, propondo, por volta de 323, a um grupo de eremitas seguir uma vida comum (*koinos bios*) ritmada por orações, trabalhos ou refeições tomadas em conjunto e dirigida por um pai (*abba*), funda em Tabennîse (Tebaida) o primeiro mosteiro conhecido. Esta vida comum estruturada por uma regra dá origem ao monasticismo cenobítico. Ao morrer, ele deixa 11 mosteiros, dos quais dois de mulheres. Estes espaços fechados com muros encerram, num primeiro tempo, celas separadas, depois casas destinadas a um uso específico (cozinha, hotelaria, refeitório, oficinas de artesanato...), uma igreja e terras a cultivar. Este modelo, que se reencontra mais tarde no monasticismo bizantino, é retomado e ampliado por Basílio (por volta de 329-379), que confia, além disso, aos monges o serviço dos pobres.

Essas experiências se difundem no Ocidente e inspiram algumas grandes figuras cristãs (Paulino de Nola, Ambrósio de Milão, Agostinho de Hipona e, na Gália, Martin [Martinho], Honorat, Jean Cassiano), que fundam comunidades semieremíticas ou cenobíticas, dando origem aos primeiros mosteiros da cristandade ocidental: Marmoutier, Lérin, Saint-Victor de Marseille.

Enquanto domina a figura do bispo-monge (séculos V-VII), muitas dessas comunidades regulares, fundadas por antigos monges que se tornaram bispos, ficam sob sua proteção. Estes mosteiros ditos episcopais constituem substitutos da auto-

MOSTEIRO

ridade dos bispos e pontos de ancoragem da cristianização. Desde o século VI, os soberanos veem na fundação de mosteiros chamados reais ou privados, e particularmente, no século VII, de comunidades femininas, um meio de ancorar religiosamente seu poder fundiário e territorial. Eles aparecem como verdadeiros lugares de poder para as aristocracias. Com o impulso da oração pelos vivos e pelos mortos, na época carolíngia, os mosteiros se apresentam como lugares de oração e de intercessão privilegiados entre a sociedade daqui embaixo e o mundo do além.

Na alta Idade Média, a noção de ordem monástica não existe. Os principais elos que unem os estabelecimentos entre eles são, então, elos espirituais (oração, confraternidade). Quando ele é dirigido por um abade, o mosteiro é também uma abadia. Quando ele não possui o título abacial, mas depende de um estabelecimento mais importante, ele é, principalmente a partir do fim do século XII, qualificado de priorado. A estruturação em ordem caracterizada por uma regra e uma observância comum e por uma organização administrativa hierárquica dos estabelecimentos regularmente controlados não aparece antes do século XII (Cistercienses, Cartuxos), até mesmo do século XIII (Clunisianos).

Desde as origens, os mosteiros inspiram seus modos de vida em regras muito diversas (Basílio, Agostinho, Bento, Columbano). Os Carolíngios impõem a seu Império uma certa uniformização em torno da de São Bento. Em seguida, os fundadores de ordens novas redigem frequentemente sua própria regra.

A arquitetura monástica se adapta à regra em vigor na comunidade. Os Cartuxos, semieremíticos, dispõem assim de celas individuais, verdadeiras pequenas ermidas agrupadas em torno de um grande claustro. Em regra geral, entre os Beneditinos ou os Cistercienses, o mosteiro é um espaço fechado, centrado em torno de uma igreja à qual é unido um claustro, lugar de meditação e de passagem em volta do qual são construídos os espaços de vida comum: sala capitular, dormitório, *scriptorium*, refeitório, cozinha, celeiro. Compreende também construções reservadas aos familiares do mosteiro, aos noviços, uma ou várias hospedarias (peregrinos, doentes, pobres) assim como oficinas ligadas às atividades econômicas (forja, estábulo, cavalariça, cervejaria, curtimenta, forno...).

No Oriente, os mosteiros se concentram principalmente nas zonas montanhosas recuadas. Eles têm frequentemente como fundadores homens santos que definem a regra numa carta de fundação, inspirada em especial em Basílio (século IV) ou Teodoro Estudita (século IX). Dirigidos por abades e sob a jurisdição episcopal, os mosteiros passam, a partir do século XI, sob a autoridade do patriarca ou do imperador. Como no monasticismo ocidental no seu início, os mosteiros bizantinos são autônomos e não se estruturam em ordens. Eles se reagrupam, às vezes, em federações, chamadas repúblicas monásticas (Athos, os Meteoros).

A partir do fim do século XVIII, no Ocidente, as ideias revolucionárias e as políticas anticlericais provocam a secularização de inúmeros mosteiros. Nos séculos XIX e XX, se algumas comunidades regulares reintegram antigos mosteiros para fazer reviver aí a vida comum (Lérins), assiste-se também a novas fundações que comprovam a perenidade do mosteiro no Cristianismo.

Noëlle Deflou-Leca

➢ Antônio, o Egípcio; Athos (Monte); Bento; Carmelo; Cassino (Monte); Cartuxo; Cîteaux; Cluny; Monge.

MULHER

Nas grandes religiões monoteístas, o Deus único cria a humanidade em dois sexos, macho e fêmea, com direitos e deveres específicos e não intercambiáveis. O Criador, por sua vez, é descrito como andromorfo ou metassexual, e existe uma incompatibilidade correlativa entre a divindade e a feminilidade. Em virtude desta interação entre teocentrismo e androcentrismo, a humanidade masculina é considerada como exemplar e normativa, enquanto a humanidade feminina é segunda e derivada, criada para a função instrumental da maternidade que garante a propagação da espécie. A antropologia cristã se formou na Antiguidade tardia a partir da exegese do relato da criação na Gênese (Gn 1-3) a doutrina de Agostinho ilustra bem esta sexologia tradicional, ainda amplamente difundida no Catolicismo romano: a primazia de Adão faz dele o responsável pela queda do gênero humano, resgatado pelo Cristo, Novo Adão (Rm 5, 12-14). Tendo servido de instrumento para tentar Adão, Eva verá seu erro reparado por Maria, Nova Eva e figura da Igreja (1 Tm 2, 13-14; 2 Co 11, 2). Entretanto, Agostinho afirma que o estado subordinado das mulheres na ordem da criação, agravado pela sujeição que lhes foi infligida como sanção do pecado (Gn 3, 16), será finalmente ultrapassado pela equivalência dos sexos na ordem da salvação: assim, as mulheres ressuscitarão com seus corpos femininos que não servirão mais para a vida carnal (Cidade de Deus, XXII, 17). Agostinho fica, no entanto, marcado pelo preconceito tradicional do Cristianismo antigo, segundo o qual a atividade sexual e o amor de Deus são antagonistas. Assim, afirma ele que a perfeição celeste pode ser antecipada aqui embaixo pela prática da ascese, realizada, para os homens, na vida monástica, e o celibato sacerdotal, para as mulheres, pela virgindade e pela viuvez. Como mal menor, a Igreja pede aos esposos limitar a atividade sexual à procriação a fim de neutralizar a concupiscência inerente à sexualidade. Paralelamente, as mulheres se veem pouco a pouco reconhecer o privilégio de serem, elas também, criadas à imagem de Deus: conforme os textos bíblicos, a exegese inicial afirmava que as mulheres se tornavam teomorfas graças à sua incorporação ao Cristo ressuscitado (1 Co 11, 7; Ga 3, 28; Ef 4, 13): "tornando-se machos", isto é, filhos de Deus e irmãos do Cristo, elas podiam aceder à plenitude da humanidade exemplar. Mas a adoção pelos padres da definição platônica da alma racional, incorporal e, portanto, assexuada, muda esta perspectiva, apesar da "fraqueza" das mulheres e sua subordinação social, que a Igreja não questiona.

MULHER — MUNDO

A interpretação moderna segundo a qual a imagem de Deus foi atribuída ao ser humano sexuado ("Deus criou o homem à sua imagem; Ele os fez homem e mulher") introduz uma transformação radial na antropologia cristã. Esta definição holística se encontra já em certos autores medievais femininos (Hildegarde de Bingen, Julienne de Norwich), que procuram estabelecer um modelo de feminilidade teomórfica recorrendo a metáforas femininas para descrever Deus. Reinventada pela exegese feminista do século XIX (Aasta Hansteen, 1878), a definição inclusive da imagem de Deus atribuída a seres humanos sexuados influenciou, em seguida, a exegese protestante e se difundiu na Igreja Católica desde o Concílio Vaticano II, enquanto a teologia ortodoxa conservou sua visão tradicional da época patrística.

Confrontado com o feminismo, o Cristianismo reage de maneiras diversas, da aceitação pelo Protestantismo não fundamentalista à recusa obstinada do Catolicismo romano e da ortodoxia. Com efeito, o conceito leigo de direitos do homem universais, definido pela Carta das Nações Unidas em 1948, lhe parece incompatível com a divisão dos papéis masculinos e femininos estabelecida pelo Criador. Recentemente ainda, a Igreja Católica reformulou a hierarquia funcional dos sexos, chamada por eufemismo "complementaridade". Pelo fato da insistência na maternidade como razão de ser da humanidade feminina, a Santa Sé não aceitou ratificar a Convenção sobre a eliminação de todas as formas de discriminação em relação às mulheres (Nações Unidas, 1979), onde a autonomia reprodutiva é pela primeira vez reconhecida como um direito humano. A Igreja continua igualmente a opor-se (*Humanae Vitae*, 1968) à utilização de meios contraceptivos. Em compensação, o novo Código de Direito Canônico de 1983 introduz uma paridade jurídica entre os fiéis leigos dos dois sexos, pondo, assim, fim à dimensão hierárquica do casamento herdada do direito romano. Mas a inaptidão do sexo feminino ao ministério cultual subsiste no Catolicismo, onde, como na ortodoxia, as mulheres continuam a ser excluídas das funções eclesiásticas. Uma nova aculturação doutrinal, fundada na obsolescência da tipologia androcêntrica e na afirmação da equivalência escatológica dos sexos, será necessária em breve, para evitar que o Cristianismo pareça erguer uma barreira entre Deus e as mulheres.

Kari Elisabeth Boerresen

➢ Adão; Eva; Padre; Serpente.

MUNDO

A concepção cristã do mundo é marcada pelas que a precederam e, numa certa medida, moldada. Falar de "mundo" ou de "cosmos" é tomar conhecimento de uma realidade organizada, que sucede a um caos inicial e a ele se opõe. A visão grega repousa sobre a ideia de uma ordem do mundo que se impõe além das desordens aparentes, e que manifesta uma real inteligibilidade no que aparece, no entanto, como o incessante escoamento e o eterno recomeço de todas as coisas. Para Platão, dois mundos coabitam: o mundo sensorial e o das ideias. O primeiro,

MUNDO

que depende, no entanto, da intervenção de um demiurgo, é uma espécie de ilusão, pálida representação de uma realidade maior e mais bela do que o que nos é dado a conhecer. Por sua vez, Aristóteles concebe o mundo como fechado, finito e hierarquizado, e se Deus é seu motor, não é nem como um ser pessoal providente nem como um princípio primeiro que seria seu autor, mas antes como uma força de atração que o atrai mesmo sem que ele saiba. À luz da Revelação bíblica, a filosofia e a teologia cristãs retomarão parcialmente estas concepções herdadas do helenismo para elaborar o conceito de criação do mundo. Isto se tornará possível pela confissão de um Deus pessoal e vivo, transcendente e indulgente.

Pretensamente cristã, uma visão pessimista do mundo se apoia numa leitura redutivista de algumas passagens, em especial do Evangelho de João, onde Jesus chama à atenção seus discípulos: eles não são do mundo (Jo 15, 16). Através dos séculos, um certo número de correntes espirituais, mais ou menos ligadas ao Cristianismo, deduziram daí que a salvação deveria ser compreendida como uma radical denúncia do mundo, de seus atrativos e seduções. Fazendo dele este "vale de lágrimas" do qual conviria se retirar, uma tal concepção oscila entre o simples retiro, a abstenção ascética, o desprezo altivo e a recusa fundamental.

Impõe-se sublinhar que, em seu extremismo, tais correntes esquecem que, se a palavra "mundo", nos textos invocados, designa o que pode encontrar-se de negativo e de mau no seio da realidade que nós experimentamos, nem por isso esta é considerada como radicalmente contaminada nem como totalmente pervertida.

Na Bíblia, o mundo é primeiramente apresentado como uma realidade criada, isto é, querida e fundada por Deus, só e única origem de todas as coisas. Deus é o único a ser criador, o único a ser Deus, e, então, tudo o que existe é radicalmente bom. O cristão é convidado a adotar sobre o mundo um olhar de nenhuma forma sacralizante, mas resolutamente otimista. Deus só cria na perspectiva de fundar uma Aliança. Resulta daí que o mundo só toma sentido em função da humanidade que recebeu expressamente sua gestão: "Enchei a terra e cultivai-a!" (Gn 1). Com Jesus, radicalmente ou em esperança, este mundo está salvo. Com certeza, ele não ficou plenamente conforme ao querer criador de Deus; o pecado dos homens o afetou de maneira notável. Nem por isso Deus renunciou ao projeto de aliança que era o seu. "Ele amou tanto o mundo, diz João, que lhe deu seu Filho único" (Jo 3, 16). O Cristo Filho de Deus "se fez homem por nós, os homens, e por nossa salvação" (*Credo*), abrindo assim ao mundo ferido pela humanidade pecadora as vias da reconciliação com Deus. Ele engaja todos os homens a fazer na face da Terra "todas as coisas novas" (Ap 21, 5).

O mundo novo continua, contudo, sempre por vir. O ator da realização dessa esperança é o Santo Espírito. É ele que, segundo o Salmo 103, 30, vem operar a renovação do mundo. A fé bíblico-cristã anuncia que a história do mundo é desde sempre orientada para um destino final glorioso, o dos "céus novos e [da] terra nova" (Ap 21, 1). Mundo presente e mundo por vir não devem considerar como duas realidades independentes ou sucessivas: o primeiro é o lugar e a expectativa

MUNDO

da segunda. O estabelecimento definitivo do Reino de Deus não provocará uma destruição; ele não se apresentará também como uma simples purificação: ele se realizará como uma transfiguração de nosso mundo.

Desde as origens da Igreja, os discípulos do Cristo se encontram divididos entre duas visões contrastadas: a que vê no mundo o vestígio mantido da vontade de aliança de seu Criador, e a que insiste na separação entre o mundo tal como é e o ideal da fé cristã. Entretanto, como Jesus convida seus discípulos a fazê-lo através de diversas de suas parábolas, e como o Concílio Vaticano II decididamente convoca a isso, é efetivamente possível registrar no mundo deste tempo os sinais que manifestam que o poder transformador do espírito do Cristo está aí operando. Incumbe aos cristãos trazer sua pedra para a construção de seu ambiente e para a transformação de suas sociedades, pela técnica, pela arte, pela economia e pela política.

A fé cristã relativiza o lugar e o papel da humanidade no mundo. Esta última é inicialmente convidada a dar glória a Deus, visto que é Dele que provêm todas as coisas e a Ele que elas retornam. Ela é, em seguida, convocada a lembrar-se de que o universo vai infinitamente além da Terra. Cabe-lhe, enfim, respeitar a própria Terra, já que Ele não recebeu nem sua senhoria nem seu domínio, mas somente a gestão.

A fé e a ação cristãs no mundo se encontram apoiadas pela garantia de uma evolução globalmente favorável do mundo originário das mãos do Deus Pai, porque "o mundo antigo se foi, um mundo novo já nasceu" (2 Co 5, 17), pela certeza de que o mal já foi vencido na Páscoa do Cristo, mesmo se ele ainda apresentou todas as suas batalhas, porque "as portas do Inferno não prevaleceram (...)" (Mt 16, 18), e, enfim, pela convicção da presença indefectível do Espírito do Cristo nos seus durante "todo [seu] caminho na Terra" (Mt 28, 20).

Joseph Doré

➤ Criação; Jesus; Revelação.

N

NATAL

Representar Natal convida ao encantamento. A primeira imagem é musical: o oratório *In Nativitatem Domini*, de Marc-Antoine Charpentier, composto, sem dúvida, por volta de 1690, para a Igreja Saint-Louis-des-Jésuites, em Paris. A música retranscreve tanto o coro dos justos implorando a vinda do Salvador há séculos quanto, na noite de Belém, as 12 badaladas da meia-noite. Então, suavemente, muito suavemente, murmura, como em silêncio, a voz da noite. Os pastores, na montanha da Judeia, acordam. Eles veem os céus se abrirem, brotar dele "uma grande luz, uma luz temível". "Não temam, pastores", canta-lhe um anjo saído da luz: "Hoje, nasceu-lhes um salvador, o Cristo Senhor, na cidade de David..." Resplandecendo de alegria, o coro dos anjos entoa a seguir: "Glória a Deus nas alturas, e na Terra paz aos homens na boa vontade divina". Os pastores, logo, decidem: "Vamos até Belém"... E ei-los que, em cadência, dançando no campo, com um passo firme, vão à manjedoura onde o anjo lhes disse que eles encontrariam a criança. Diante dele, seu enternecimento é indizível, o mais belo silêncio talvez que jamais a música tenha conseguido fazer ouvir: "Oh, pequenino, oh, Deus, oh, nosso Salvador! Como você é pobre! Como você clama! Como você tem frio! Como você ama!" Momento muito curto, momento de eternidade ao qual sucede a alegria, a transbordante alegria dos pastores, das palmeiras, dos cordeiros e ovelhas subindo seus cercados, fontes desposando os campos, pássaros gorjeando, nos vales cantantes, florestas transbordantes de leite e de mel...

Natal é o tempo do encantamento, o tempo onde se unem em núpcias eternas, a Terra e o céu. É o tempo quando, nas catacumbas, em Roma, desde os séculos III e IV, a Virgem Mãe carrega seu bebê que, com um gesto, designa a estrela do mundo todo novo. Aquela que, de longe, os magos viram e que, bem antes, de bem mais longe, tinha entrevisto o vidente Balaão, como um astro originário de Jacob (Nm 24).

Bem mais tarde, no século XIII, em Arezzo, um relevo de mármore com dois andares apresenta no *praesepio*, a "manjedoura", encimada por sua estrela, a Virgem, sua mãe, com olhar calmo dirigido para o infinito, segurando entre seus braços o pequeno menino que dorme, na quente e tranquilizante respiração do boi e do burro. E à direita, de pé, grandioso e terno, tomando toda a altura do rele-

NATAL — NATHAN

vo, segurando na mão seu bastão e olhando, ele também, o infinito, mas no sentido oposto ao olhar de Maria – não é o infinito sem limites? – José. O humilde José, não carrancudo e comovente como nos ícones, nos mosaicos e nas pinturas do Ocidente antigo, perguntando-se ainda o que pode ser essa criança (MT 1, 18-25), mas sereno, sólido e tranquilo: o pai dessa criança, o marido da Virgem sua mãe, dos dois o protetor humilde e, mais do que todo homem, exceto João Batista (Lc 6, 18-28), grande, muito grande. No Natal, a Terra e o céu, os homens e os anjos, o mundo, enfim, estão em paz. Para sempre? Para a eternidade? Sim. E, no entanto, não ainda. O cordeiro que, muitas vezes, os pastores trazem como presente no Natal anuncia o Cordeiro pascal verdadeiro que essa criança é em pessoa. Zurbarán, entre tantos outros pintores, percebe isso maravilhosamente. E José também, em muitas pinturas, constrangem-no. O José do primeiro dia terrestre dessa criança. É que um outro José, o homem de Arimateia, em seu último dia terrestre, enterrará esse jovem numa bela mortalha branca. Resplandecente é a brancura do tecido sobre o qual Maria colocou sua criança, da qual José, com as mãos cruzadas ao peito, adora o mistério. Criança que ele olha ternamente e que, ele, sorri aos anjos, aos anjos dolorosos já, enquanto Maria, entre as faixas da infância, e talvez já do túmulo, virando as costas a essa cena, ora, calmamente e sem medo, ao Senhor de misericórdia, cuja promessa não falha. Assim, entre tantos outros pintores, Tiepolo oferece a meditar o mistério da morte salvadora dessa criança. "Oh, pequeno, Oh, Deus, Oh, nosso Salvador!" A noite feliz de Natal tem como irmãs a noite do Gólgota e a noite do túmulo novo, onde o outro José acolherá essa criança, que deixará sua mortalha na pedra.

Dominique Ponnau

➢ Advento; Gólgota; Jesus; José (esposo de Maria); Magos (Reis); Morte; Paixão.

NATHAN

Na Bíblia, várias pessoas têm esse nome, mas o mais conhecido é um profeta que intervém três vezes na vida de David. Primeiramente para informá-lo que não será ele quem construirá a casa de Deus (o Templo), mas que Deus lhe construirá uma casa (uma dinastia) que não desaparecerá nunca (2 S 7; 1 Cr 17). Em seguida, quando David comete o adultério com Betsabé, mulher de Urias, e encomenda o assassinato deste (2 S 12). Como a jurisdição última pertence ao rei, só o rei pode julgar o rei. Nathan, astuciosamente, lhe conta um caso onde um rico proprietário se apoderou da única ovelha de um camponês e o matou porque ele protestava. Ouvindo esse relato, David entra numa grande cólera e dá uma sentença de morte ao culpado. Nathan só tem de designar o verdadeiro culpado visado em sua anedota. Enfim, Nathan intervém ao lado de Betsabé em favor de Salomão na luta pela sucessão ao trono de David e ajuda na liquidação de Adonias para fazer triunfar Salomão.

Jacques Trublet

➢ David; Profetas; Salomão.

NICODEMOS

Segundo o Evangelho de João (3, 1-21), Nicodemos, um notável juiz, tomado pela dúvida, veio conversar sozinho com Jesus, "à noite". Seu diálogo caminha progressivamente para a descoberta do lugar e do papel do Espírito para gerar uma vida plena e duradoura.

À noite, quando rondam o medo e angústias aumentadas de forma desmesurada pelo silêncio, talvez também um momento privilegiado para ver com clareza e entrar numa nova vigilância: "Tua luz se erguera nas trevas, e a obscuridade será para ti como o meio do dia" (Is 58, 10). Depois da noite obrigatoriamente vem a aurora. Nicodemos, por sua vez, sai de suas dúvidas para reconhecer em Jesus um ser luminoso em sua singularidade, inexplicável totalmente através de sua atitude e de seus gestos. Impossível encerrá-lo numa humanidade como a nossa, tecida de fraqueza. Esse homem só pode vir de um mundo desconhecido, marcado pelo selo divino. Suas maneiras de fazer e suas palavras não podem compreender-se sem referência a um outro que o faz viver assim. "Rabi, sabemos que vens da parte de Deus para nos instruir, ninguém dá sinais parecidos se Deus não estiver com ele."

Durante essa noite, Jesus convida Nicodemos a viver um novo nascimento, como o que se propõe a todo catecúmeno da Igreja nascente. Não basta ter nascido, é preciso nascer "de novo" para viver duradouramente. Mas Nicodemos já está avançado em idade. Ele recebe, então, esse convite como o apelo a uma volta atrás, o anúncio de uma necessária regressão para seu próprio começo. Equação impossível. Voltar à sua origem, observa Jesus, é um caminho sem saída. Toda volta atrás deve ser banida e só poderia ser um impasse. Importa, ao contrário, para cada um que viva no seio de seu tempo e no meio de seus contemporâneos. Mas a salvação não se encontra também numa fuga de seus próprios determinismos biológicos.

Somente o Espírito, acolhido na carne, afirma Jesus, é, no presente que se oferece a cada um, poder transformador e garantia de durabilidade. Ele puxa para a frente. Ele dá um dinamismo interior que se recebe do "alto" e só se compreende situando-se na confiança. São Paulo falará na mesma direção da vitória final do Espírito em toda carne: "Se o Espírito daquele que ressuscitou Jesus dentre os mortos habita em vós, o que ressuscitou o Cristo Jesus dentre os mortos dará também a vida aos vossos corpos mortais por seu Espírito que habita em vós" (Rm 8, 11).

Henri Madelin

➤ Espírito Santo.

NICOLAU (SÃO)

São Nicolau é, ao mesmo tempo, um dos santos mais célebres e um dos menos conhecidos. Segundo uma *Vida* grega do século IX, rapidamente traduzida em latim, depois em todas as línguas vernáculas da Europa durante a Idade Média, seria um bispo de Mira (Dembre, na Turquia) que teria vivido entre 270 e 350 aproximadamente. Atribuem a ele inúmeros milagres. Uma peregrinação parece se ter desenvolvido muito cedo em torno de seu túmulo, de onde escorria um líquido oleoso, um maná, com propriedades taumatúrgicas. No século VI, uma igreja lhe foi dedicada em Constantinopla, de onde seu culto passou para Roma, no século VIII e, daí, para toda a cristandade. Em 1087, marinheiros italianos se apoderaram de suas relíquias e as levaram para Bari, na Púlia, onde uma grande basílica foi construída para abrigá-las. Ela se tornou um centro de peregrinação, ainda muito frequentado atualmente pelos gregos e pelos russos que aí dispõem de uma capela de rito ortodoxo. Um outro foco de peregrinação se situa em Saint-Nicolas-de-Port, em Varangéville, na Lorena. Padroeiro dos marinheiros, dos barqueiros, dos viajantes e comerciantes, sua figura foi objeto de um intenso processo de "folclorização", ao fim do qual sua lenda fez dele o protetor dos inocentes e das crianças. O dia de sua festa, 6 de dezembro, era a ocasião de festividades e de procissões burlescas nas quais as crianças do coro e os alunos exerciam um papel preponderante. Nos Estados Unidos, sob o nome de Santa Claus, ele se tornou o equivalente do Papai Noel, ao término de um processo de secularização que ocultava suas origens orientais.

André Vauchez

➢ Milagre; Relíquias; Santo.

NÍNIVE

Cidade situada às margens do Tigre, cuja fundação remonta ao início do quarto milênio. Ela atinge seu apogeu sob o reinado de Senaquerib (704-681), que fez dela sua capital única e aí foi assassinado por seus filhos (2 R 19, 36; Is 37, 37). Assarhaddon e Assurbanipal, seus sucessores, a dotaram de magníficos palácios. Ela é mencionada em Jonas, Nahum (1, 1; 3, 7) e Sofonias (2, 13-15). Teria caído em 612 sob os ataques dos Medas. O Novo Testamento promete que os ninivitas teriam um destino menos terrível no Julgamento que esta geração porque eles se converteram à palavra de Jonas (Mt 12, 41; Lc 11, 30.32).

Escavações permitiram encontrar os palácios de Senaquerib, de Assurbanipal, de Assarhaddon e o santuário do profeta Jonas (Nebi Yunus). Esses edifícios estavam construídos em terraços sobrelevados de 20 a 25 metros. Leões alados com cara humana – que puderam inspirar as visões de Ezequiel (Ez 1, 4-25) ou do apocalipse (Ap 4) – guardavam suas portas. Os muros revestidos com alabastro eram ornados com motivos que contavam os altos feitos dos imperadores. O palácio de Senaquerib, somente ele, comportava 2.000 relevos, dos quais uma sequência conta o cerco e a tomada de Lakish. Encontrou-se, também, num dos quartos, a biblioteca de Assurbanipal, coleção de algo como 25.000 tabletes de argila com textos de todos os gêneros (literários, históricos ou religiosos), em escrita cuneiforme. O palácio de Assurbanipal era ornado com painéis de alabastro representando as caças reais, hoje no British Museum. O comprimento total das muralhas da cidade ultrapassava cinco quilômetros, e elas abrigavam umas 15 portas.

Jacques Trublet

➢ Babilônia; Jonas; Profetas.

NOÉ

Ver *Arca*.

NOSSA SENHORA

Ver *Maria*; *Catedral*.

NÚPCIAS

O termo é empregado em dois textos decisivos do Novo Testamento: "as núpcias em Caná da Galileia" (Jo 2, 1) e "as núpcias do Cordeiro" (Ap 19, 7). No Apocalipse, ele designa a união do Cristo e da Igreja. A união nupcial do "Cordeiro" com sua "Mulher" dá conta de que une o Cristo crucificado e ressuscitado com a humanidade. A retomada das núpcias e do "Cordeiro" em um regozijo [bem-aventurança] (Ap 19, 9) destaca ainda essa abertura do particular ao universal através do simbólico da refeição: "Felizes os que ao festim das núpcias do Cordeiro foram chamados." O Quarto Evangelho destaca a singularidade de núpcias que colocam em cena Jesus e sua "mãe" (Jo 2, 4). Na história, um filho nasce de sua mãe. No desígnio criador e salvador de Deus, o Filho-Esposo conclui suas núpcias com a Mãe-Esposa, símbolo da Igreja nos tempos escatológicas, mas também de Israel na Aliança, e da Mulher-Eva na origem.

Paulo e a tradição que dele depende evocam a mesma realidade, de maneira mais conceitual e teológica. O Cristo e a Igreja cumprem nos casais crentes o projeto de amor do Pai desde a criação do mundo. A parábola do Reino dos céus, comparado a um festim de núpcias (Mt 22, 1-14; Lc 14, 16-24), insiste no caráter nupcial do fim dos tempos, sua abertura universalista e na "roupagem de núpcias" (Mt 22, 11), ou seja, o consentimento livre para haver correspondência.

Desde o Antigo Testamento, o Cântico dos Cânticos celebra o cumprimento da criação nos termos da união entre a Bem-Amada e seu Bem-Amado, sem que haja pecado, nem casamento, nem fecundidade. As núpcias evocam principalmente o caráter festivo do casamento e colocam em evidência a relação suposta para que o casamento e a festa que o acompanha aconteçam. Uma união se celebra entre a mulher e o homem, segundo o desígnio do Senhor da aliança concluída com Israel. Ela resplandece mais bela ainda que antes da tentação e do pecado da Gênese. No livro de Tobias, Deus envia seu anjo Rafael a conduzir Tobias, o filho de Tobit, à casa de Raguel, para fazê-lo desposar Sara. O amor de Tobias e Sara é celebrado como o símbolo das núpcias do Deus da Aliança com seu povo.

O simbolismo nupcial da aliança se desenvolve também entre os profetas. Oseias, por seu casamento com uma prostituta, simboliza a fidelidade de Deus, o esposo fiel de seu povo infiel. Os esponsais reatados entre Deus e seu povo (Os 2, 21-22) dizem da capacidade de "revirginização" do perdão de Deus, fazendo de sua eleita uma criatura nova: "Teu esposo, teu criador!" (Is 54, 5). Jeremias encontra tons

NÚPCIAS

semelhantes: "Yahvé cria coisa nova na Terra: a mulher procura seu marido" (Jr 31, 22), quando ele associa, da mesma forma, a história e a criação na aliança.

A Sabedoria convida à sua refeição, transcrição sapiencial da aliança (Pr 9, 1- 6; Si 24, 19-22; Ct 4, 16-5, 1). A substituição profética e apocalíptica é o festim messiânico (Is 2, 6-8). Enfim, a refeição da unção nupcial em Betânia prepara e antecipa a refeição eucarística da Ceia em Mateus e Marcos (Mt 26, 1-35; Mc 14, 1-31). Nesse sentido, a unção é eucarística, e a Ceia, nupcial.

Yves Simoens

➢ Cordeiro; Caná; Cântico dos Cânticos; Fim dos tempos.

O

ONAN

O termo "onanismo conjugal" (século XIX) conjuga três fenômenos: uma prática sexual antiga, chamada retirada ou *coitus interruptus*, meio natural de evitar a fecundidade de uma relação sexual; a condenação dessa prática, porque Onan procedeu assim, segundo a Gênese, para evitar dar uma descendência à mulher de seu irmão; o fato de que essa prática se tenha tornado um meio de limitação dos nascimentos. O clero, nos anos 1820, descobrindo essa novidade, se encontra confrontado a um dilema: como questionar a prática restritiva dos casais, quando a família é o único lugar legítimo do exercício da sexualidade?

O Abade Bouvier, teólogo, propõe, desde os anos 1820, afastar a culpabilidade da mulher, que parece sofrer a vontade de seu marido. Essa ficção da esposa inocente tinha a vantagem de preservar o elo frágil que a mulher mantinha entre o Catolicismo e a sociedade originária da Revolução.

Nos anos 1840, Monsenhor Bouvier tem em perspectiva a desculpa do crime de Onan, na medida em que as famílias se comportam, por outro lado, como agentes morais responsáveis, inclusive em sua vontade de limitar o número de seus filhos, e propõe uma abordagem pastoral: levar em conta a boa-fé dos casais, para não ter de interrogá-los em confissão sobre o leito conjugal. Essa atitude é aceita majoritariamente na França.

O início dos anos 1850 é um período de mutação: o Santo Ofício condena o onanismo conjugal, enquanto a Sagrada Penitenciária Apostólica tinha avalizado a boa-fé das famílias "onanistas". Aparecem também três novidades: a borracha, que torna possível a fabricação dos preservativos; o ciclo infecundo das mulheres, que leva os casais a interrogar-se sobre a legitimidade de seu uso; enfim, um melhor conhecimento da Bíblia que permite entrever que a cólera de Yahvé contra Onan não concerne em nada à limitação dos nascimentos. Assim começou a história tumultuada do Catolicismo confrontado com a modernidade demográfica.

Claude Langlois

➤ Pecador.

ORIENTAIS (IGREJAS)

As Igrejas orientais foram as primeiras a se constituir. Jerusalém perdeu sua preponderância em proveito de Antioquia, depois de sua tomada pelos romanos em 70, depois pela expulsão dos judeus da Palestina em 135. Ela só se tornou sede patriarcal no século V. A evangelização do Egito por São Marcos (60-68) é, sem dúvida, lendária, mas Alexandria se tornou efetivamente o segundo grande polo do Cristianismo com Antioquia, desde o século II. As duas cidades foram reconhecidas como sedes patriarcais no Concílio de Nicea (325). Entre a Síria e a Mesopotâmia, Edessa e o reino de Osrhoeno passaram para o Cristianismo no século II, e se tornaram, então, o centro de uma cultura cristã em língua siríaca. O Cristianismo alcançou a Armênia por volta de 300, depois a Pérsia e a Geórgia. Nos séculos V e VI, ele se difundiu numa grande parte da Península Arábica. Particularidades, das quais algumas se mantiveram até nossos dias, já distinguiram, então, essas diferentes comunidades cristãs em matéria de língua, organização, liturgia, até de tradição escriturária e de dogma. As perseguições do século III contribuíram para forjar a identidade cristã. Assim, os coptas fixaram o início de seu calendário na perseguição de Diocleciano, em 303-304 ("era dos mártires"). O impulso do monasticismo a partir dessa época contribuiu para a expansão do Cristianismo no Oriente e lhe deu um caráter original.

A oficialização da religião cristã no Império Romano fez de sua organização e de sua disciplina um assunto político. Os Concílios de Éfeso (431) e da Calcedônia (451), definindo a ortodoxia cristológica, excluíram os partidários de Nestorius, depois de Êutiques. Estes deram origem a dissidências que se difundiram na fronteira oriental do Império. Os "nestorianos" foram os primeiros a constituir uma Igreja autônoma (424), principalmente implantada no Império Persa (sassânida). Os "monofisitas" se organizaram no século VI, graças à atividade de Jacobus Baradaeus (542-578). As Igrejas síria (chamada "jacobita"), armênia, copta e etíope pertencem a essa tradição não calcedoniana. Os calcedonianos bizantinos permaneceram, contudo, presentes no Oriente romano, depois muçulmano, e foram chamados "melquitas" (gente do Reino). Enfim, depois da reconquista da Síria sobre os Persas por Heráclio (628), o imperador tentou uma conciliação teológica entre calcedônios e monofisitas, que deu origem a uma nova dissidência, os monotelitas. A Igreja maronita, de tradição siríaca, constituída em torno de um mosteiro na Síria, aparecida como autônoma no século VIII, é, sem dúvida, originária dessa tentativa.

Essa situação explica que a conquista árabe-muçulmana (630-644) não foi entendida como uma virada grave. Ela punha fim ao regime opressivo dos persas zoroastristas ou dos romanos calcedônios, e era conduzida por adeptos do Deus único, cuja mensagem não era percebida. Foi somente no fim do século VII que a dominação muçulmana gerou reações de tipo escatológico e uma literatura de controvérsia, cujos argumentos ainda são empregados em nossos dias. Foi também o momento em que as primeiras medidas discriminatórias foram introduzidas em relação à "gente do Livro". A evolução da demografia cristã sob o governo do ca-

ORIENTAIS

lifado continua sendo, por falta de dados seguros, um assunto de debate. O recuo drástico do Cristianismo no Egito desde o século VIII é discutido. Na Síria e no Iraque, ele ficou provavelmente majoritário até por volta do século XI. As fontes dão a impressão de uma grande proximidade entre muçulmanos e cristãos, estes estando associados ao poder, em Bagdad ou no Cairo, como médicos ou administradores. O árabe aparece como língua de cultura, e, às vezes, de liturgia, nessas Igrejas a partir do século IX.

O declínio demográfico se acentua nos séculos XIV e XV, para reduzir os cristãos a pequenas minoridades em uma grande parte do Oriente. O *status* da "gente do Livro", beneficiando-se da *dhimma* ou salvaguarda, fixou-se entre os séculos X e XI, quando se desenvolveu o direito muçulmano. Aplicado de maneira muito pragmática, ele teve, no entanto, consequências profundas no funcionamento das comunidades, visto que proibia toda manifestação ostentatória, proibia a construção de novos lugares de culto e restringia a possibilidade de restaurá-los, e proibia a fundação de obras caritativas em benefício das Igrejas. O pagamento da capitação prevista pelo Corão implicava frequentemente uma responsabilidade coletiva repousando sobre o bispo ou sobre o patriarca. O direito muçulmano reconhecia a estes a competência judiciária em matéria de direito pessoal, mas o recurso ao tribunal islâmico era sempre possível e enfraquecia a autoridade eclesiástica em caso de conflito. As autoridades muçulmanas interfeririam, às vezes, na escolha de um bispo ou de um patriarca, respondendo aos pedidos de intervenção nos frequentes casos de disputa.

Enfim, a concorrência entre Igrejas rivais ocupava, sem dúvida, mais os responsáveis cristãos do que a defesa contra o islã. A diminuição demográfica, a imposição de um poder político muçulmano e a competição entre Igrejas formavam obstáculo a toda continuidade territorial em paróquias e em dioceses. O que caracteriza as Igrejas orientais é seu sistema patrimonial de sucessão nos cargos e sua extrema dispersão. A Igreja "nestoriana" tinha se estendido na Índia, no Tibet e na China, até seu desmoronamento depois da invasão de Tamerlão (1400-1405). A elevação de fronteiras políticas provocou a divisão dos membros de uma mesma comunidade entre estados inimigos. Assim, no século XIV, armênios e jacobitas estavam divididos entre patriarcas rivais, sob a proteção dos latinos, dos seljúcidas, dos mongóis e dos mamelucos. Hoje, a divisão do Oriente Próximo em estados nacionais complica ainda a gestão eclesiástica: melquitas (ortodoxos ou católicos) da Síria, do Líbano e da Jordânia se encontram sob regimes políticos e sociais muito diferentes. Os cristãos de nacionalidade israelense são tentados por opções políticas opostas às dos seus correligionários dos territórios palestinos.

Há um acordo doravante para pensar que o Império otomano, unificando sob sua autoridade o Oriente Próximo (1516-1918), tinha favorecido as minorias cristãs. De fato, elas conheceram então uma renovação demográfica, antes de seu declínio (em proporção), no século XX. A proteção das potências europeias, em conjunto com as reformas do Império, que aboliram o *status* de *dhimmî*, favoreceu o impulso e a visibilidade das Igrejas a partir de 1850. Em contrapartida, essa evolução contribuiu

308 CRISTIANISMO – DICIONÁRIO DOS TEMPOS, DOS LUGARES E DAS FIGURAS

ORIENTAIS — ORTODOXOS

para etnicizar as diferenças religiosas e culminou nos massacres interconfessionais, depois no genocídio armênio de 1915, enfim, na guerra do Líbano (1975-1990).

Depois do Concílio de Florença (1438-1441), cuja tentativa de união ficou sem consequência, as Igrejas orientais entraram em contato com o Ocidente no fim do século XVI, o que teve a desastrosa consequência de introduzir uma cisão entre "católicos" e "ortodoxos" em cada uma delas (exceto os maronitas, inteiramente unidos a Roma). Mas ela abriu também os cristãos orientais à cultura europeia e às suas ferramentas (livros impressos, imagens...). Eles foram os primeiros no Oriente a tomar consciência de sua identidade e de sua tradição, apoiando-se nas conquistas da erudição europeia. No momento do Concílio Vaticano II, eles souberam impor a Roma um reconhecimento de suas eclesiologias, liturgias e espiritualidades particulares. Eles deram início, ao mesmo tempo, a uma aproximação, com, por exemplo, a criação do Conselho das Igrejas do Oriente Próximo, em 1988.

Bernard Heyberger

➤ Alexandria; Antioquia; Concílios (sete primeiros); Dualismo; Gnósticos; Jerusalém.

ORTODOXOS

A mais velha segundo a cronologia e a mais nova pelo número das três grandes famílias do Cristianismo, a ortodoxia remete, ao mesmo tempo, a uma Igreja e a um mundo. Depositária do conjunto histórico que cobre o berço da fé (Jerusalém), os primeiros centros apostólicos (Antioquia, Alexandria), o orbe da romanidade imperial (Constantinopla), o espaço eslavo das missões bizantinas (Moscou), ela soube manter a corrente maior das cristandades orientais (grega, árabe, georgiana, búlgara, sérvia, russa, romena) em uma mesma civilização cuja área geográfica (o "Oriente", no sentido antigo) se estende dos Bálcãs ao Cáucaso e do Oceano Índico ao Mar Branco, com o leste mediterrâneo e europeu como centro. Composta por Igrejas autocéfalas (soberanas) que correspondem ao mesmo tanto de "batismos" das culturas locais, nem por isso ela deixa de ser uma única Igreja unida pelo dogma, pela liturgia e pela missão.

Herdeira do helenismo cristianizado originário da Bíblia dos Septuaginta, do Novo Testamento, dos Padres e dos concílios, a ortodoxia se considera como a expressão da "fé certa", não em virtude de uma infalibilidade escriturária ou institucional, mas da plena transmissão da experiência da comunidade primitiva. Ela se concebe como a guardiã da tradição indivisa do primeiro milênio, da doutrina "católica" estabelecida pelos doutores semíticos (Efrém, o Sírio, † 373, Isaac de Nínive, † 700), latinos (Hilário de Poitiers, † 367, Gregório, o Grande, † 609), gregos (Ireneu de Lyon, † 202, Gregório de Nazianzo, † 390, Crisóstomo, † 407, Damasceno, † 749), e confirmada, de Nicea I, em 325 a Nicea II, em 787, passando por Constantinopla I, II e III, Éfeso e Calcedônia, pelos sete primeiros concílios ecumênicos que se mantiveram no Oriente.

ORTODOXOS

A certeza pascal e pentecostal que a ortodoxia reivindica e o magistério que ela atribui à santidade fazem dela uma mística maximalista e escatológica, fundada na divinização do homem desde aqui embaixo. Muralha contra a secularização, o monasticismo, nascido no Egito no século IV, aí perpetua a inspiração profética, defendendo a iminência do Reino, opondo o deserto à cidade, o humilde eremitério de Antonio († 365), louco de Deus, em Santa Sofia, o templo da Sabedoria querido por Justiniano, o imperador teólogo († 565). Do Sinai, quando da paz constantiniana, em Athos e na Meteora no século X, no momento da conversão da Rus' medieval, *via* os louros da Palestina, da Síria, da Capadócia, o ascetismo entusiasta de um Macário ou intelectualista de um Evagro († 399) vem assim substituir a teologia negativa de um Dênis, o Areopagita, o cristocentrismo integral de um Máximo, o Confessor († 662), a defesa do Espírito Santo de um Fótios († 893) ou de um Simeão, o Novo Teólogo († 1024). Um movimento de missão interior se impõe, o hesicasmo (do grego *hesychia*, "silêncio", "oração"), que, por três vezes, do Monte Athos à Rússia, passando por Ohrid e pelo Kosovo, por Tarnovo e pela Moldávia, fortalecerá um mundo ortodoxo ameaçado de deslocamento: no século XIV, às vésperas da queda de Constantinopla, com Gregório Palamas, teórico da graça inata; no século XVIII, pouco antes da era das revoluções, com a *Filocalia*, pensamento como uma "contraenciclopédia das Luzes divinas"; a partir de 1968, com a renovação atonita contemporânea. É desse movimento que decorre a projeção russa, piedoso (Nilo de la Sora, † 1508, Serafim de Sarov, † 1833, os starets Ambrósio de Optino, † 1891), iconográfico (A. Roublev, † 1427), filosófico (I. Kiréievski, † 1865), romanesco (F. Dostoievski, † 1881).

A espiritualidade ortodoxa, com efeito, se revela inicialmente uma estética, chamando a verificação pessoal. A exaltação do invisível volta-se a ela como celebração da Encarnação: enquanto a Igreja, por sua própria estrutura, representa a Criação transfigurada, os ciclos litúrgicos e sacramentais, com poderosos tons angelológicos e cósmicos, o ícone e as artes sacras, com fundamentos dogmáticos, a hinografia se apegam em santificar a totalidade da existência. Aí ainda a insistência é mística: somente o que reza é teólogo.

Ortopraxia, a ortodoxia exige para ela a primazia do martírio, desde as origens até hoje. Do genocídio da Ásia Menor, em 1915, às presentes perseguições no Oriente Próximo, sem esquecer a Rússia, que, de 1917 a 1989, computou mais confessores da fé do que todos os cristianismos em 20 séculos, é uma ortodoxia exangue e dispersa, mas também espiritualmente regenerada que aborda o terceiro milênio. Ligando fisicamente a Europa e a Ásia, politicamente o Ocidente e o Islã, culturalmente as dissidências da antiguidade (assíria, siríaca, copta, armênia, etíope) e a quebra dos tempos modernos entre Roma e a Reforma, cabe-lhe doravante exercer ativamente sua vocação de mediadora.

Jean-François Colosimo

➤ Concílios (sete primeiros); Confessor da fé; Dênis, o Areopagita; Mártir; Moscou; Roublev (André).

OSEIAS

O livro que leva seu nome constitui a principal fonte de informação sobre o profeta Oseias, filho de Beeri. Oseias é, sem dúvida, uma abreviação de Hoshyahu, que significa: "Yahvé salvou", próximo do sentido de Josué, então, de Jesus. A atividade do profeta (750-721) lembra o amor de aliança frente às ameaças da idolatria, o "baalismo", representadas pelos cultos cananeus da fertilidade. Ele foi chamado o profeta do amor. Yahvé lhe pede que tome Gomer, uma prostituta, como esposa (1, 2). Ela lhe dá um filho, Yizreel, "Yahvé semeia", depois uma filha, Lo-Rouhamah, "Não Amada", enfim, um filho, Lo-Ammi, "Não meu povo", nomes simbólicos que deram origem a interpretações alegóricas, na Idade Média, do lado judeu. Nada permite, no entanto, colocar em dúvida uma experiência histórica que apresenta o profeta como um louco ou um inspirado delirante (9, 7). Oseias representa um dos mais belos processos na aliança intentada pelo Senhor com sua esposa infiel prestes ao noivado em uma aliança nova (2, 21-22). O verbo "noivar" [*fiancer*, em francês] sugere um amor misericordioso capaz de revirginizar depois dos piores desvios. "Você conhecerá Yahvé" (2, 22) reflete um eixo complementar dessa missão profética, próximo da teologia do Deuteronômio e de Jeremias.

Yves Simoens

➢ Ídolos; Profetas.

P

PADRE [SACERDOTE]

A palavra não designa uma realidade estável na história do Cristianismo. Sob a denominação de *presbyter*, utilizada desde as origens, os historiadores ocidentais descobrem realidades bem diferentes segundo as idades, e mais ainda se acrescentarmos o Oriente cristão. O corpo sacerdotal atual, originário da Idade Média, é somente, de fato, a testemunha de seu segundo milênio. O sacerdote é, no Ocidente, desde a fixação do direito canônico no século XII, o que recebeu o sacramento da ordem e possui o poder, dado por Deus e pela Igreja, de batizar, abençoar, celebrar e perdoar os pecados. Por muito tempo, seu *status* lhe permitiu dispor de privilégios, em particular o do foro eclesiástico que o protegia das justiças seculares. O padre é, enfim, celibatário e modelo de cristão desde o século XI. Toda uma defesa ideológica de sua perfeição pessoal acompanha periodicamente sua colocação à parte, particularmente nos séculos XVI-XVII, quando a figura do padre é construída em oposição à dos pastores cismáticos, depois, entre 1800 e 1950, na promoção eclesial de uma sociedade perfeita.

Ora, no primeiro milênio, as coisas não eram tão claras. Na origem, o enquadramento das comunidades era garantido por ministros diversos, e o ministro encarregado dos serviços materiais e da assistência (*diakonos*), servidor de todos (Mc 10, 42 segs.), exercia um verdadeiro apostolado: não era, em nenhum caso, um "separado". Mas as primeiras comunidades são também hierárquicas: elas têm anciãos (*presbyteroi*) à sua frente (Atos 14, 23). São eles que supervisionam cada Igreja e têm por missão pastar o rebanho de Deus (Atos 20, 28; 1 P 5, 4). Passadas as primeiras gerações, uma hierarquia com três posições se estabelece: um bispo (*episcopos*), pastor e presidente da comunidade, cercado de presbíteros, os quais assistem os diáconos. Não é necessário transpor todas as etapas – São Cipriano se tornou bispo sem ter sido padre ou diácono; o ministério os coloca, com efeito, a serviço do sacerdócio do Cristo e, como sucessores dos apóstolos, os qualifica para serem os intendentes de Deus. Se eles recebem a imposição das mãos, continuam, no entanto, sua vida ordinária, casam-se e exercem uma profissão.

No Cristianismo pós-constantiniano, o enquadramento dos cristãos pode também contar com os monges, que não são padres, mas se tornam, aqui e acolá, para garantir o serviço das comunidades isoladas em formação. Sob Carlos Magno, um terço ou um quarto somente dos monges são padres; nas dioceses, o *presbyter-rector* governa um território no qual ele exerce, em princípio, a exclusividade da carga pastoral sob a autoridade mais ou menos distante do bispo. Como a hierarquia feudal (de que fazem parte os bispos) domina o estabelecimento da paróquia até o meio do século XI, domínio espiritual e domínio temporal são amplamente misturados. É a razão pela qual o Papa Gregório VII empreende, a partir de 1073, a reforma dita "gregoriana" para recolocar a hierarquia ministerial sob sua autoridade. A reforma é tudo, salvo consensual: em algumas zonas de montanha como o Vale de Aran, será necessário esperar 600 anos para vê-la aplicada.

Depois do Concílio de Trento, que revaloriza a carga pastoral e confirma a identificação do padre com o Bom Pastor, a exigência de santidade sacerdotal que era promovida desde a *Regula Pastoralis* de Gregório, o Grande (590-604), se torna a norma: no século XVII, a escola francesa de espiritualidade privilegia a vocação pessoal sobre o apelo da comunidade no acesso ao sacramento da ordem. Foi então que se desenvolveu a identificação pessoal com o Cristo, até o sacrifício derrisório do *Journal d'un Curé de Campagne* [Diário de um Vigário de Campo], de G. Bernanos (1936), reforçado pelo filme de Bresson (1951). Desde o fim do século XVII, os seminários se tornam o meio de verificá-la e conformar os candidatos a este modelo único, criador de um corpo sacerdotal unificado de que nós vemos, não sem nostalgia, a dissolução atual.

Inventado para servir as comunidades de fiéis, o ministério ordenado deixa atualmente o exclusivismo cultural clerical e se torna de novo muito diverso. Os padres não estão mais a serviço de um só território, mas nas realidades múltiplas de enquadramento dos fiéis; se eles conservam ainda o serviço da liturgia, da pregação, dos sacramentos, da oração, redescobrem também o serviço individual das almas, numa sociedade bem mais heterogênea que outrora, do ponto de vista das crenças. O sentido "místico" do padre nem por isso se tornou obsoleto, porque este é doravante à frente de comunidades voluntárias. Conforme as novas disposições do Concílio Vaticano II, se o pároco preside a comunidade, os padres trabalham com os militantes clérigos e leigos que os cercam para animar os fiéis e conduzi-los, por consenso e não mais por obrigação, para uma prática mais autêntica da mensagem cristã.

Nicole Lemaître

➢ Igreja (edifício); Bispo; Leigo; Melquisedeque; Monge.

PADRES DA IGREJA

A expressão "Padres da Igreja" se difundiu pouco a pouco, a partir do século IV, para designar alguns cristãos que tinham vivido nos tempos passados e a quem se reconhecia uma autoridade particular. Mas sua definição precisa só se elaborou lentamente. A reflexão de Vincent de Lérins, no século V, foi um marco importante: este autor convidava a assumir como certo e verdadeiro o que os padres tinham

PADRES DA IGREJA

ensinado "em unanimidade ou em sua maioria, claramente, de comum acordo, frequentemente, com insistência"; ele explicava também que nem todos os escritores antigos tinham a mesma autoridade, alguns tendo podido enganar-se sobre tal ou tal ponto. Mais tarde, no século VI, o decreto atribuído ao Papa Gelásio distinguiu três tipos de obras: "as obras dos santos padres que são recebidas na Igreja Católica"; as que não têm a mesma autoridade e que, todavia, "não são completamente rejeitadas"; aquelas, enfim, que têm, contudo, direito a um "testemunho de estima". De fato, é o próprio costume de citar os escritos dos padres que exerceu a maior influência: graças a este costume (bem atestado por documentos conciliares, mas principalmente por obras de teólogos medievais, antes de tudo as *Sentenças* de Pedro Lombardo), reconheceram-se mais as características comuns que podiam reunir um certo número de autores antigos sob a categoria de "padres da Igreja". O sentido exato desta expressão só pode ser dado, em todo caso, a partir do momento em que se tomou consciência de não mais pertencer à época dos padres. Foi, finalmente, esclarecido, na época moderna, com a ajuda de quatro elementos: a ortodoxia da doutrina, a santidade da vida, a aprovação da Igreja e a da antiguidade.

Mesmo assim, esses critérios devem ser interpretados com certa flexibilidade. Assim, a ortodoxia da doutrina não significa que um autor reconhecido como "padre" tenha sido ortodoxo em todos os pontos, mas que ele o tenha sido, pelo menos, em pontos essenciais. O critério da santidade não quer dizer que o comportamento de tal padre tenha sempre sido sem censura. O critério da aprovação eclesial não implica que a Igreja tenha formalmente dado uma tal aprovação (temos até, com Orígenes, o caso excepcional de um autor que foi por muito tempo suspeito de heresia, enquanto ele é hoje entendido como um dos maiores entre os padres). Quanto ao critério da antiguidade, ele conduz, com certeza, em princípio, a limitar a época dos padres aos sete ou oito primeiros séculos da história da Igreja: é usual encerrá-la, para o Ocidente, com Isidoro de Sevilha (†636) e, para o Oriente, com João Damasceno (†749). Este próprio critério, no entanto, não impede que se aplique também a expressão a um autor medieval, como São Bernardo, tradicionalmente designado como o "último dos padres". Deve-se acrescentar que a autoridade dos padres é diversamente apreciada conforme as Igrejas e confissões cristãs: se a Igreja Católica romana recolhe ao mesmo tempo o testemunho dos padres gregos e dos padres latinos, a ortodoxia se apega antes de tudo à herança dos padres gregos, e as Igrejas originárias da Reforma insistem mais na radical subordinação dos padres da Igreja à Escritura (colocando na frente, entre eles, a figura de Agostinho como "doutor da graça").

Mas o que quer que seja dessa diversidade, a época moderna e contemporânea pôde isolar um *corpus* de textos para dele fazer o objeto da "patrologia" (que estuda a vida e as obras dos padres) ou da "patrística" (entendida, nas origens, como esta parte do ensinamento teológico que sistematiza o ensinamento dos padres). Os textos dos padres gregos e latinos, reunidos pelo Abade Migne, no século XIX, são desde então o objeto de novas edições científicas no âmbito de coleções

314 CRISTIANISMO – DICIONÁRIO DOS TEMPOS, DOS LUGARES E DAS FIGURAS

PADRES DA IGREJA — PAGÃOS

tais como o *"Corpus Christianorum"*, as "Fontes Cristãs" ou a "Biblioteca Agostiniana"; a estes textos se acrescenta, aliás, toda uma literatura em línguas orientais (siríaca, copta, etíope...), ela também em curso de edição. Fora destes trabalhos, o estudo dos padres da Igreja obteve há algumas décadas evoluções importantes. Por um lado, os escritos dos autores tradicionalmente reconhecidos como "padres" se destacam no fundo de uma literatura muito mais ampla, a dos "autores cristãos da Antiguidade", ou "literatura do Cristianismo antigo". Por outro, eles são mais o objeto de pesquisas pluridisciplinares – tanto literárias, históricas ou sociológicas quanto propriamente teológicas.

Mas seria ilusório pensar que essa última dimensão deva ser desprezada por isso. É significativo que ela tenha mantido um lugar essencial no decurso do século XX: o retorno às fontes patrísticas, ilustrado pela fundação de "Fontes Cristãs" e por obras como as de H. de Lubac, J. Daniélou, Y. Congar, H. U. von Balthasar ou K. Rahner, foi um fermento de inovação teológica e contribuiu, por sua vez, na preparação do Concílio Vaticano II; favoreceu, entre outras coisas, alguns avanços do diálogo ecumênico, os cristãos de diversas Igrejas ou confissões podendo assim redescobrir o testemunho de um Cristianismo anterior às divisões do segundo milênio. O trabalho patrístico deve permanecer o inspirador de uma teologia preocupada em recolher a melhor herança da tradição cristã. Os critérios enunciados antes podem ser reinterpretados nesta perspectiva: a tradição patrística atenta para a exigência de um pensamento justo, verificado ele próprio e confirmado pela autenticidade evangélica da vida; ela lembra a necessidade de buscar, até na situação do pluralismo contemporâneo, os caminhos de um consenso eclesial em matéria de doutrina; chama a atenção sobre o alcance específico de uma literatura que, por sua própria antiguidade, é como uma primeira ligação entre a Escritura Sagrada e a teologia ulterior. Porque os padres são, depois dos autores do Novo Testamento, os primeiros a ter desenvolvido uma inteligência da fé cristã nas diversas situações de seu tempo, sua frequentação favorece diretamente a gênese de teologias susceptíveis de responder, com o mesmo espírito, às questões novas de nosso próprio tempo.

Michel Fédou

➤ Concílios (sete primeiros); Doutores da lei; Orientais (Igrejas); Teólogo.

PAGÃOS

O sentido etimológico do termo "pagãos", estranho ao domínio do religioso, permite compreender a história de uma noção que conheceu, desde a Antiguidade, variações significativas. O adjetivo latino *paganus* deriva da palavra *pagus* (a "aldeia" e, mais amplamente, a "circunscrição rural") e se aplica a tudo o que se refere ao mundo rural (Ovídio, *Fastos*, I, 669-670). Ele se opõe ao mundo da cidade, onde se concentravam as administrações romanas, e designa, no plural (*pagani*), os habitantes do campo, os rurais. Na época imperial apareceu um novo emprego deste termo que designou os civis em oposição aos militares, em especial entre os historia-

PAGÃOS

dores (Tácito. *Histórias*, III, 24): com efeito, nas províncias que não dispunham do direito de cidade, os habitantes do *pagus* não podiam servir nas legiões romanas.

Mas a principal evolução se produziu com a cristianização do Império: os "pagãos" se tornaram os adeptos do politeísmo tradicional, isto é, os idólatras. Este emprego é atestado desde o meio do século IV em vários autores latinos (Marius Victorinus, Optato de Milevo, Paciano de Barcelona...) e, pela primeira ocorrência oficial, numa resposta do Imperador Valentiniano I ao procônsul da África Claudius, datado de 17 de fevereiro de 370. Esta nova acepção se explica pela sociologia do Cristianismo antigo: a nova religião se tinha, com efeito, espalhado nas cidades, enquanto os cultos antigos permaneciam solidamente enraizados nos campos que escapavam ainda ao controle dos bispos e da sociedade cristã em construção. A condenação das antigas superstições, ainda visíveis nos campos da alta Idade Média, permaneceu muito tempo uma prioridade da pastoral episcopal e dos cânones conciliares. O sentido religioso da palavra "pagãos" (os "idólatras") continuava ligado à sua significação primitiva (os "rurais") e à sua primeira extensão (os "civis"): estes camponeses retrógrados que praticavam ainda os cultos antigos se opunham, com efeito, aos "soldados" de Deus, os cristãos.

Durante a Antiguidade tardia, o termo *pagani* substituiu pouco a pouco todas as palavras que exprimiam até então a alteridade religiosa: no Antigo Testamento, o não judeu era chamado *goy* (no plural *goyim*) e, no Novo Testamento, os não cristãos eram essencialmente os povos estrangeiros (*gentes, nationes, ethnici*). Estes povos não eram necessariamente adversários, mas eram ignorantes da Revelação, como o havia mostrado Tertuliano, no fim do século II, em *Ad nationes*, a primeira parte de seu tríptico apologético. Os primeiros apologistas, como Justino, utilizavam também o termo *Graeci* (os "gregos") para diferenciar do pensamento profano, encarnado no mais alto ponto pela filosofia grega: eles exprimiam assim uma divisão tripartite do gênero humano que se repartia entre os gregos, os judeus e os cristãos.

A representação negativa dos pagãos apareceu, então, com a cristianização do Império. Estes *pagani*, que colocavam obstáculo à unidade religiosa nas fronteiras ou no próprio seio do mundo romano, eram, com efeito, apresentados como inimigos do novo universalismo romano (Paulo Oroso, *Histórias contra os Pagãos*). O reconhecimento oficial do Cristianismo como religião oficial se acompanhou assim por medidas coercitivas contra os pagãos, como comprovam o edito de Teodósio I, em 380, e o Código teodosiano, promulgado em 438. Mas Teodósio e seus primeiros sucessores se recusaram a lançar perseguições precisamente porque as perseguições se tinham mostrado ineficazes contra os cristãos. Para melhor fazê-los desaparecer, eles escolheram marginalizá-los, asfixiando progressivamente seu culto e afastando-os progressivamente da comunidade cívica. O poder imperial se entregou, contudo, a verdadeiras perseguições contra os pagãos durante o século V e, depois da queda do Império do Ocidente, Justiniano continuou a uniformidade religiosa por uma repressão brutal dos cultos não cristãos.

CRISTIANISMO – DICIONÁRIO DOS TEMPOS, DOS LUGARES E DAS FIGURAS

PAGÃOS — PAI

Durante a Idade Média, o termo "pagãos" não se limitou mais aos adeptos das religiões antigas, mas acabou por designar todos os que não eram nem judeus nem cristãos, isto é, os politeístas de todo tipo, os adeptos das religiões indo-europeias orientais e, às vezes, os muçulmanos, como o mostra a *Chanson de Roland*. Ele exprimia uma identidade pela falta (o que não se devia ser) e permitia aos cristãos, *a contrario*, definir sua identidade própria. Desde o século XV, esta noção perdeu progressivamente suas conotações negativas, designando mais geralmente as pessoas de uma religião estrangeira, os "gentios", do latim *gentiles* ("que pertencem a um povo estrangeiro"). Mas todos os monoteísmos estabeleceram uma distinção clara, entre os gentios, entre os idólatras e os fiéis das religiões monoteístas que se beneficiaram com uma revelação profética inspirada por Deus. A noção de pagão permitiu, assim, pensar a oposição entre as religiões universais e as práticas étnicas do religioso, tanto as religiões estrangeiras quanto as sobrevivências pagãs no seio das religiões universais. Esta distinção marcou profundamente a história das missões cristãs que justificavam a exclusão dos cultos locais em nome de uma concepção universal da religião.

Stéphane Gioanni

➢ Cristãos (primeiros); Missão.

PAI

Todas as religiões antigas (começando pelo Judaísmo do Antigo Testamento) conheceram um Deus Pai, um grande doador indulgente, ao qual se dirigem em caso de necessidade. Não é aí que reside a originalidade do Cristianismo.

O Cristo falou muito do Pai (que ele chama também "seu" Pai, ou "o Pai dos céus", mais raramente "vosso [nosso] Pai"). É inicialmente para destacar o elo pessoal que Deus, o Pai, tem com cada um de seus filhos: Ele vê em segredo as orações e os gestos de caridade, conhece os pedidos antes que lhe sejam dirigidos, vela sobre cada vida cujas dificuldades mais concretas Ele conhece. Sua providência paterna deixa aparentemente os maus coexistirem com os bons, mas, mesmo atravessada pelo mal, ela acabará por garantir a felicidade dos que Ele ama. A misericórdia do Pai vai até o ato de aparecer na frente de seu filho pródigo, para esperá-lo e recebê-lo como um rei. O Pai é "perfeito", os cristãos devem sê-lo igualmente, para se parecerem com Ele, eles devem ser misericordiosos como Ele, sua vontade é soberanamente boa e amável, eis a razão pela qual é preciso pedir que ela chegue "à Terra como ao céu" (Mt 6, 10).

Mas essas declarações, algumas surpreendentes, se fundam numa proximidade que se revela em cada página dos Evangelhos entre o Cristo e o que Ele chama seu Pai, em um sentido decididamente particular. Não é somente no Evangelho de São João que se vê afirmar este laço privilegiado, os Sinópticos levam o vestígio de uma exclamação de júbilo onde Jesus declara: "Bendigo-te, ó Pai, Senhor do céu e da Terra, porque escondeste essas coisas aos sábios e aos entendidos e as

PAI

revelaste aos pequeninos. Sim, ó Pai, é assim que Tu dispuseste de Tua indulgência. Tudo me foi entregue por meu Pai. Ninguém conhece o Filho senão o Pai, e ninguém conhece o Pai senão o Filho, e aquele a quem o filho o quiser revelar" (Mt 11, 25-27.) Por outro lado, a apelação *Abba*, diminutivo familiar da palavra "pai", deve ter aparecido de tal forma característica da maneira de orar de Jesus que foi conservada na memória da primeira geração cristã (Mc 14, 36; Rm 8, 15).

O Evangelho segundo São João desenvolve a relação filial que une por toda eternidade (portanto, antes da Encarnação) o Filho ao Pai. Trata-se de uma relação que associa paradoxalmente a mais total dependência à mais forte igualdade. O Cristo joânico pode dizer "o Pai é maior do que eu" (14, 28), "eu não faço nada por mim mesmo: eu digo o que o Pai me ensinou" (8, 27) etc. E, ao mesmo tempo: "o Pai e eu somos um" (10, 30), "tudo o que possui meu Pai é meu" (16, 15), "como o Pai possui a vida Nele mesmo, assim foi dado ao Filho possuir a vida nele mesmo" (5, 26). Não se pode exprimir melhor que o Filho reparte totalmente o ser divino, mas enquanto Filho, isto é, recebendo tudo a todo momento do Pai. O esplendor que João tenta repartir é esta descoberta: há em Deus uma relação eterna de amor e de complacência entre Deus e seu Verbo, entre o Pai e seu Filho.

Quanto a Paulo, ele apoia numa convicção análoga sua meditação do desígnio de adoção de Deus. A filiação primeira, que é a do Cristo, se estende aos homens em uma filiação adotiva: "Ele [o Pai] nos predestinou a ser para ele filhos adotivos por Jesus Cristo" (Ef 1, 5). A Epístola aos Hebreus comenta, por sua vez: o Pai formou o projeto de se dar "uma multidão de filhos" que Ele conduziria à glória (2, 10), o que quer dizer que é por amor de seu filho eterno que Ele criou o mundo e lançou a aventura humana. A dignidade do homem consiste para Ele em ser um filho "no Filho". É a razão pela qual só o Filho eterno podia dar ao homem pecador sua semelhança perdida.

O mistério do Pai que é Deus se exprime no primeiro artigo do *Credo*: "Creio em um só Deus, o Pai Todo-Poderoso, criador do céu e da Terra". Mesmo se todas as características do Pai são partilhadas por seu filho e seu Espírito (ser Deus, todo-poderoso, Criador etc.), Ele continua a fonte do ser divino, dele brotam perpetuamente as "procedências" e é Ele que é a origem da economia da salvação, que começa com a criação e continua até o pleno cumprimento de todas as coisas em seu Filho no último dia.

Jesus, em sua humanidade, o revela perfeitamente ("quem me vê vê o Pai", Jo 14, 9), mas Ele continua, para além de toda imagem e de toda representação, o Doador absoluto. É a Ele que se dirige, na quase totalidade dos casos, a oração litúrgica. Ele continua "Deus", não porque o Filho e o Espírito não o seriam pela mesma razão, mas porque Ele é a fonte de sua comum divindade.

Uma justa compreensão do Pai deve, pois, partir desses três pontos: primeiro, o Pai é Deus, Deus no sentido mais original da palavra, Deus simplesmente; é a ele que se dirigem inicialmente e antes de tudo as orações, mas não há jamais Deus sem seu Filho e sem seu Espírito, isto é, sem o dom que ele fez dele mesmo, sem o

CRISTIANISMO – DICIONÁRIO DOS TEMPOS, DOS LUGARES E DAS FIGURAS

PAI — "PAI NOSSO"

êxtase de todo o seu ser para um outro (e com ele para um terceiro). Em seguida, o Pai é a origem do projeto imenso que consiste em associar seres criados à sua felicidade eterna, para se dar filhos em seu Filho. É Ele que, em seu Verbo, concebeu toda a economia da salvação. Neste projeto colaboram, evidentemente, o Filho e o Espírito, cada um conforme seu próprio modo, no elã de uma mesma vontade. Assim o Pai é "aquele que envia", fonte das missões, que não escapam de suas mãos, mas que dão testemunho de seu projeto indulgente através da história.

Michel Gitton

➤ Deus; Filho pródigo; Jesus; Revelação; Trindade; Verbo.

"PAI NOSSO"

Ensinada por Jesus em aramaico e traduzida em grego pelos evangelistas Mateus (6, 9-13) e Lucas (11, 2-4), sob duas formas ligeiramente diferentes que correspondem, sem dúvida, aos usos de sua comunidade respectiva, o "Pai Nosso" é, a uma só vez, a oração de Jesus e a oração do cristão. Curta e muito densa, ela foi traduzida em todas as línguas e alimentou a piedade de gerações de fiéis. Os usos litúrgicos adotaram a forma dada por Mateus; a que transmitiu Lucas, mais sucinta, difere por uma invocação inicial mais breve ("Pai", em vez de "Pai Nosso que estás nos céus"), pela ausência do terceiro dos seis pedidos que a oração comporta, e também pela omissão de um elemento do último pedido.

Enquanto Orígenes questionava já a unicidade dessa oração, a descoberta dos manuscritos do Mar Morto em Qumrân, que deu acesso à grande biblioteca dos essênios, permitiu retomar a custas novas as interpretações que o "Pai Nosso" não cessou de suscitar no decorrer dos séculos. A hipótese fecunda adiantada por Marc Philonenko consiste em reconstituir a história de sua formação a partir de duas orações distintas que a compõem. A primeira, ao mesmo tempo messiânica e escatológica, feita de três pedidos em "tu" ("Que Teu nome seja santificado; que Teu reino chegue; que Tua vontade seja feita"), é a de Jesus, que Ele dizia sozinho, em voz alta e afastado. Ele a dirigia ao seu Pai com confiança, e seus discípulos puderam ouvi-lo sem participar. Depois, vem a oração que Ele ensinou aos seus discípulos. Seus três pedidos em "nós" formam uma prece de provação e de angústia à qual Jesus, colocado numa situação diferente da de seus discípulos, não tinha de associar. Estes dois conjuntos simétricos e distintos, aos quais o evangelista Marcos (14, 35-38) faz alusão em seu relato da Paixão, não teriam sido reunidos senão depois da desaparição de Jesus, e, ao mesmo tempo, enxertados de uma invocação inicial mais explícita ("Pai Nosso"), como eco aos três pedidos em "nós", enquanto os pedidos em "tu" se tornavam doravante coletivos. O acréscimo final da doxologia, respeitando o ritmo ternário dos pedidos, já é atestado na *Didachè* (8, 2) e pode explicar-se por necessidades litúrgicas, ainda que seu uso se difunda nas Igrejas do Oriente bem antes de alcançar a cristandade ocidental. Antes, em suas Epístolas aos Romanos (8, 15) e aos Gálatas (4, 6-7), a referência que faz

"PAI NOSSO" — PAIXÃO

São Paulo à prática dos fiéis que exclamam "*Abba*! Pai" já pode ser compreendida como uma evocação do "Pai Nosso" completo.

A tradição do "Pai Nosso" com os catecúmenos é precocemente atestada na Igreja. Tertuliano lhe consagra um longo comentário em seu tratado *Sobre a Oração*, que lhes é dirigida, e Agostinho diz que eles a recebiam e a recitavam antes de seu batismo. A recitação três vezes por dia pelos fiéis é mencionada na *Didachè* (8), e sua inserção na liturgia da missa – donde sua apelação de oração dominical – é conhecida desde o século IV. Da rica tradição dos comentários, instrumento de educação cristã tornado necessário pela generalização do batismo das criancinhas, privilegiar-se-á a insistência na adoção dos homens por Deus, que faz, então, deles seus filhos; a exigência da santificação, que sozinha permite dar glória; a relação atada entre o quinto pedido, muitas vezes citado também nas catequeses e na pregação ("Perdoa-nos nossas ofensas, como nós perdoamos aos que nos têm ofendido") e a parábola dos devedores (Lc 7, 41-43). O sexto pedido ("Livra-nos do mal") é habitualmente interpretado como uma busca de socorro frente às tentações diabólicas e à prova da fé. O quarto pedido, enfim ("Dá-nos hoje nosso pão de cada dia"), é particularmente rico de sentido, pelo fato da presença de um neologismo em grego para qualificar o pão. O adjetivo *epiousios*, que se deve compreender, seguindo os textos do Qumrân, no sentido de "[pão] do dia seguinte", recebe duas traduções no latim de São Jerônimo: a Vulgata preserva, com efeito, no "Pai Nosso" de Lucas, a escolha anterior das traduções "velhas latinas", ou seja *cotidianum*, enquanto em Mt 6, 11 aparece uma variante calcada no grego, *supersubstantialem*. Uma e outra opção foram aceitas na Idade Média. Os cátaros, que mantêm somente a segunda, compreendem a expressão "pão supersubstancial" no sentido do alimento espiritual feito da lei do Cristo, portanto, dos preceitos do Novo Testamento dados ao conjunto dos crentes, lá onde o "pão quotidiano", segundo a tradição mais comum dos padres, significa para os fiéis católicos o sacramento da eucaristia, que rejeitam os cátaros. A pregação medieval atesta, entretanto, que os dois sentidos de pão eucarístico e de pão da palavra são simultaneamente ensinados aos fiéis, com uma insistência particular na necessidade de se alimentar antes de tudo do segundo para chegar à salvação.

Nicole Bériou

➤ Eucaristia; Jerônimo; Jesus; Pai; Oração; Qumrân.

PAIXÃO

A morte de Jesus na cruz é um dado fundamental de todos os textos do Novo Testamento, da mesma forma que o anúncio da Ressurreição. Sete capítulos de São João (dos 21) relatam as 24 horas que transcorreram entre a quinta-feira 13 de nissan à noite e a sexta-feira 14.

A narrativa da Paixão forma um todo nos Evangelhos. Ela está sempre ligada à unção de Betânia e à entrada triunfal em Jerusalém no domingo (Jo 12, 12). A

PAIXÃO

narração começa nos sinópticos com a indicação do complô e os preparativos da refeição pascal. Em São João, ela se abre com a cena do lava-pés, que é o único a relatar. A prisão em Getsêmani é precedida nos sinópticos pelo relato da agonia no jardim das Oliveiras. Este combate na noite contra o Príncipe deste mundo (que não é nomeado nem representado) é uma primeira realização do que será a essência da Paixão: um ato de obediência ao Pai no seio do mais terrível sofrimento, não somente físico, mas moral e espiritual.

O relato se desloca, em seguida, para o palácio do grande sacerdote Caifás, que se torna o cenário dos primeiros ultrajes e do processo de Jesus diante do Sinédrio, assim como da renegação de Pedro. Os quatro relatos mencionam as duas instâncias do processo de Jesus: o processo judeu diante do Sinédrio sobre motivo religioso (Jesus falou mal da Lei e do Templo? Apresentou-se como Messias?), e o processo civil diante do governador Pôncio Pilatos, sobre motivo político (Jesus se apresentou como rei dos Judeus?). O caminho do condenado, carregando "ele próprio" (Jo 17, 19) sua cruz para o Gólgota é evocado de diferentes maneiras; dá lugar a encontros (Simão de Cirene requisitado para levar Cruz, Lc 23, 26, mulheres que se encontram aí e se lamentam de seu destino, Lc 23, 27-31). Uma vez Jesus despojado de suas roupas, evoca-se rapidamente sua crucifixão entre dois bandidos crucificados dos dois lados dele. O episódio é situado por Marcos na terceira hora (9 horas da manhã), o que deixa seis horas antes de sua morte. É o tempo das zombarias e da provocação dos chefes do povo que exigem que ele mostre o poder divino descendo da cruz, é também o momento das humildes manifestações de apego: o bandido que confessa sua fé, Maria e o discípulo bem-amado que estão lá, com algumas mulheres; a própria natureza parece estar de luto (o céu se escurece). Foram recolhidas sete palavras do Cristo na cruz: três se referem às testemunhas da cena (os carrascos, Maria mãe de Jesus, o "bom ladrão"), duas são citações de salmos (*Eli eli, lamma sabbachtani*, Sl 22, 2; "entre Tuas mãos eu entrego meu espírito", Sl 31, 6), duas ainda indicam o estado físico e moral de Jesus ("estou com sede!", "tudo está consumado!"). A palavra do Salmo 22, onde Jesus exala seu abandono, é mal compreendida pelos assistentes que acreditam que Ele chama Elias e, sentindo o fim bem próximo, lhe apresentam uma esponja com uma bebida envinagrada. A morte está associada nos Sinópticos a um grande grito, cujo eco repercutiu até na Epístola aos Hebreus (5, 7).

O relato da Paixão se prolonga com a ceia do golpe de lança praticado no corpo do crucificado para se certificar de sua morte, de que João é a testemunha e que é encarregado por ele de uma leitura simbólica muito precisa (Jo 19, 31-39). A sepultura é o feito de amigos dedicados que se contam entre os notáveis judeus.

A razão de ser dessa longa relação dos acontecimentos é pintar Jesus em sua última verdade como nenhum outro episódio de sua vida pôde fazê-lo. A compreensão teológica dos acontecimentos está presente no relato. Ela é marcada com referências escriturárias que se ligam a alguns episódios da Paixão e de que algumas são atribuídas ao próprio Jesus: grupo dos discípulos dispersos como as ovelhas depois que

PAIXÃO — PALAVRA DE DEUS

o pastor foi atacado (Mt 26, 31 e par. citando Za 13, 7), vendido exatamente por 30 dinheiros (Mt 27, 9 citando Za 11, 12 segs.), roupas divididas e sorteadas (Jo 19, 24 citando Sl 22, 19), ossos não quebrados e lado transpassado (Jo 19, 36-37, citando Ex 12, 46 e Za 12, 10). Mas, geralmente, é a referência onipresente no quarto poema do Servo (Is 53) que dá o quadro da compreensão da Paixão. Destaca-se destas referências a convicção de que o drama que ocorre é o cumprimento de um desígnio divino que Jesus tem consciência de assumir (Jo 19, 28: "tudo está consumado").

A ausência de qualquer intervenção do Pai durante a Paixão é ressentida pelo próprio Jesus. Em compensação, o Espírito Santo parece brotar no último momento do corpo torturado do Cristo (Jo 19, 30): Jesus, morrendo, "entrega o Espírito", o que não quer dizer simplesmente "dar o último suspiro". Mais adiante (19, 34), a insistência na água e no sangue escorrendo do lado aberto indica, também, a efusão do Espírito. O centurião que, em Mc 15, 39, declara depois da morte de Jesus: "esse homem era realmente Filho de Deus", resume a conclusão da Paixão: no momento em que se abandona ao Pai no total isolamento, Jesus realiza sua missão de Filho, que veio tomar a condição do homem até em sua última pobreza e nele reimplantar o amor do Pai e do próximo. Ele se torna capaz de estender a toda a humanidade, pelo Espírito Santo, a plenitude que é a sua. O espaço de três dias entre a morte e o "despertar" marca a seriedade de sua morte e a nítida distinção entre a obra do Filho (glorificar o Pai) e a obra do Pai (glorificar o Filho), mesmo se a meditação joânica tende a projetar na cruz as luzes da Páscoa.

Michel Gitton

➢ Betânia; Cruz; Ladrões; Morte; Páscoa; Ressuscitado; Semana Santa; Sexta-Feira Santa.

PALAVRA DE DEUS

A noção de "Palavra de Deus" é fundamental no pensamento bíblico: Deus é um Deus que fala, que se dirige aos homens, por oposição aos ídolos pagãos que são mudos. No Antigo Testamento, encontra-se correntemente expressões como "Escutai a palavra de Yahvé", "a palavra de Yahvé foi dirigida ao profeta...". O profeta é o homem da Palavra de Deus, ele transmite a vontade Deus para seu povo. Antes, Deus falou pela boca de Moisés (Nm 12, 6-8) dando-lhe a conhecer sua vontade: os Dez Mandamentos são chamados as "Dez Palavras" (Ex 20, 1-7). A Palavra de Deus é criadora do mundo, é por ela que Yahvé intervém na história dos homens e de seu povo, é ela que faz viver onde a morte domina (Ez 37, 1-15), que sacia (Dt 8, 3) e que cura (Sl 107, 20).

No Novo Testamento, em particular nos Evangelhos, Jesus é portador de uma palavra de autoridade que vem de Deus. Para Paulo, "a palavra do Senhor" (1 Tes 1, 8) possui uma energia própria portadora de salvação e de vida: quando Paulo está na prisão, a "Palavra de Deus" não se manifesta (2 Tes 2, 9). Pouco a pouco, em particular no Evangelho de João, Jesus Cristo será compreendido como a própria Palavra de Deus tornada carne (Jo 1, 14). Na Epístola aos Hebreus, a palavra

PALAVRA DE DEUS

de Jesus e sua vida são Palavra de Deus definitiva (He 1, 1-4), elas cumprem as promessas do Antigo Testamento (2 Co 1, 20; Mt 13, 10-17.34-35).

Nas primeiras comunidades cristãs, as Escrituras são consideradas como inspiradas por Deus e portadoras de sua Palavra. A Bíblia – rapidamente, para os cristãos, constituída do Antigo e do Novo Testamentos – é, então, compreendida como uma espécie de cópia do Cristo: Deus se fez carne em Cristo, e Ele se teria escrito com a Bíblia. Afirma-se, então, que as Escrituras não comportam nenhum erro. Justino Mártir, por exemplo, declara que o Espírito ditou a Bíblia, servindo-se dos autores bíblicos como um tocador de cítara belisca as cordas de seu instrumento de música; Ireneu de Lyon estabelece, por sua vez, a infalibilidade dos textos bíblicos, isto é, o fato de que as Escrituras não contêm nenhum erro no plano da fé, com certeza, mas também num plano histórico, geográfico, político etc. O argumento sendo que Deus, por seu Espírito, soprou diretamente o texto.

No século XVI, Lutero, reconhecendo com o conjunto da cristandade o lugar central da Bíblia como expressão da própria Palavra de Deus, se afasta desta compreensão da autoridade das Escrituras como inspiração verbal. De fato, a Reforma se caracteriza por uma dialética entre *Solo Christo* e *Sola Scriptura*. Lutero, em particular, estabelece que as escrituras só têm autoridade porque dão testemunho do Cristo. Isto tem como efeito uma distinção nítida entre a Palavra de Deus (Cristo) e as Escrituras (o testemunho da Palavra de Deus).

Citemos aqui uma passagem do comentário da Epístola aos Gálatas, de Lutero; para além da carga polêmica ligada ao contexto histórico, é significativo para a compreensão da autoridade das Escrituras na Reforma que surge: "É Cristo que é o Senhor das Escrituras. É a razão pela qual eu não me preocupo em nada com textos das Escrituras, mesmo se você encontrasse 600 a favor da justiça das obras. Porque eu, eu tenho o autor e o Senhor das Escrituras, e você só tem ao servo." Dito de outro modo, a Bíblia não se confunde com o Cristo, uma é serva, o outro é Senhor. O princípio do *Sola Scriptura*, na Reforma iniciante, indica que a autoridade da Bíblia não é a autoridade de uma Escritura, mas a autoridade d'Aquele de quem esta Escritura fala. A fé cristã não é, pois, fé na Bíblia, mas fé em Cristo.

Quando ele é cortado de seu enraizamento cristológico, o *Sola Scriptura* da Reforma deu lugar a formas que se diriam hoje fundamentalistas. Mesmo se elas são contrárias às posições dos reformadores e ao que significava originariamente a insistência na autoridade soberana das Escrituras, estas formas são atestadas na história do Protestantismo e continuam bem presentes hoje. Foi assim que nasceu, no tempo das ortodoxias protestantes dominantes (desde o século XVII no solo luterano também reformado), uma identificação pura e simples do texto bíblico e da palavra de Deus: o texto foi considerado como inspirado de modo direto, até no detalhe de suas formulações. Pode-se resumir esta compreensão da autoridade das Escrituras nesta proposição: "A Bíblia é Palavra de Deus porque ela é divina e literalmente inspirada, sem erro e infalível até em seus menores detalhes."

PALAVRA DE DEUS — PÃO

A posição fundamentalista repousa sobre uma assimilação entre o erro e o pecado, na medida em que afirma que, como a Palavra de Deus encarnada (Cristo) era sem pecado, assim também a Palavra de Deus "inscriturada" é sem erro. Ela não vê que o "pecado" e o "erro" não pertencem ao mesmo campo semântico. O pecado é, teologicamente, um ato de revolta contra Deus; o erro depende simplesmente da finitude humana, isto é, da humanidade simplesmente, fosse ela sem pecado: é possível enganar-se sobre uma data histórica ou sobre uma observação científica sem cair na incredulidade que é própria do pecado. Incredulidade e finitude não são sinônimos. Donde, para as Escrituras, o fato de que os "erros" que ela poderia conter são, ao contrário, a prova de sua humanidade, não de seu "pecado".

Élian Cuvillier

➢ Bíblia; Sagradas Escrituras; Reforma; Revelação; Verbo.

PANTOCRATOR

Essa palavra de origem grega ("mestre soberano, dominando tudo") designou inicialmente Deus, em especial na Septuaginta. Ela remete ao tema da criação pelo Pai Todo-Poderoso, ao de Deus como conservador de todas as coisas e à providência. É neste sentido que aparece do *Credo*. Foi em seguida transferida para o Cristo em alguns textos do Novo Testamento (Ap 1, 8; 4, 8; Col 1, 15-19) e, em geral, entre os padres. Foi uma das palavras-chave da cristologia política da época justiniana, encarregada de insistir sobre a ideia de redenção universal e se distinguindo nisso das noções helenísticas de *cosmocrator* e da titulatura corrente do culto do imperador em Bizâncio.

Pantocrator designa também uma figura maior da arte cristã, onde o Cristo-Deus é representado sentado (num trono, com o globo do mundo ou um arco-íris) de maneira frontal, com os cabelos separados por uma risca central e caindo pelos lados sobre a nuca, segurando na mão esquerda o Evangelho ou a esfera do mundo, e abençoando com a direita. Ela se encontra desde a arte paleocristã, toma seu impulso durante a era pós-constantiniana e se expande, em seguida, na ilustração, depois na arte monumental (mosaicos bizantinos) e nos tímpanos esculpidos (Conques, Moissac, Vézelay).

François Boespflug

➢ Jesus.

PÃO

Alimento do dia a dia, frequentemente essencial, e nutrição da vida eterna dada por Deus, o pão é um objeto cultural polivalente, instrumento culminando no real e simbólico da existência. Dele dependem a vida, a morte e o sonho. O forte simbolismo de que goza este "fruto da terra e do trabalho dos homens no Cristianismo se deve

PÃO

à sua dimensão religiosa. Há mais de 400 referências do pão na Bíblia. Identificando-
-se a ele, o Cristo lhe confere um caráter sagrado que faz brotar seus diferentes usos
profanos, por exemplo a etiqueta das refeições principescas, e que explica um bom
número de crenças e de costumes folclóricos ligados a este alimento.

São João é o único a transmitir, logo após o episódio da multiplicação dos
pães – que narra todos os relatos evangélicos –, o discurso em que Jesus se apresenta como "o pão da vida descido do céu" (Jo 6, 35). Mas os Sinópticos e São
Paulo (1 Co 10, 16) lembram a cada um que o pão partido durante a Ceia é o corpo
do Cristo. A importância atribuída à fração do pão na instituição da eucaristia faz
dele um dos gestos essenciais da celebração do sacramento. Foi precisamente com
este gesto que os discípulos de Emaús reconheceram o Cristo.

A partir do século X se difunde no Ocidente o costume de utilizar a palavra
hóstia ("vítima de oferenda") para designar a espécie do pão consagrado. Na liturgia ortodoxa, chama-se "cordeiro" a parcela de pão antes da consagração, em
referência ao sacrifício do Cristo. A iconografia, em especial da Bíblia moralizada,
e a pregação atestam a frequência da aproximação entre o pão cozido no forno e a
Paixão. Este simbolismo se encontra na decoração das hóstias produzidas com todas as espécies de cruz, como comprovam as formas de fazer hóstia conservadas.

Se a necessidade de só utilizar grão de trigo para preparar o pão destinado à
celebração eucarística aparece como uma exigência formal, a qualidade de trigo que
deve ser escolhida é objeto de muitos debates, assim como o uso ou não do fermento
na massa. No Ocidente, o uso do pão ázimo (não fermentado) na missa se generaliza
a partir do século XI, mas era conhecido bem antes. Ele constitui um dos principais
pomos de discórdia entre latinos e gregos, em especial no Cisma de 1054.

Os fiéis, aos quais o IV Concílio de Latrão (1215) impôs pelo menos uma
comunhão anual, são mais desejosos de ver o corpo do Cristo, elevado sob a espécie do pão consagrado, do que consumi-lo. O maravilhoso eucarístico, nos textos
como nas imagens, coloca de preferência em cena o pão antes do vinho. Inúmeros
milagres se referem ao pedaço de pão consagrado, que se torna ora carne verdadeira (Lanciano, século VII; Trani, 874; Florença, 1230), ora começa a sangrar entre
as mãos do padre incrédulo (Bolsena, 1264) ou sob os golpes do judeu profanador
(Paris, Igreja das Billetes, 1290), ou então plana sobre os descrentes, luminoso,
intocável (Turim, 1453).

Distinto do pão eucarístico, o pão bento, chamado "eulogia", é distribuído
na missa solene do domingo desde o século IX, pelo menos, como o atesta a recomendação do santo Papa Leão IV (847-855). O nome que o designa, assim como a
fórmula da bênção no ritual romano remontam ao Concílio de Nantes (por volta de
897). Sem dúvida, deve-se buscar a origem deste costume no ofertório da missa,
quando os fiéis traziam o pão destinado à consagração. Os diáconos recolhiam o
que era necessário para a celebração da eucaristia, e o pão que sobrava era distribuído ao povo, aos assistentes, algumas vezes aos pobres como esmola. Quando
as oferendas cessaram sob a sua forma primitiva, continuou-se a dar pão, bento ou

PÃO — PAPA

não, aos que não comungavam e para levá-lo aos ausentes. O sucesso destas distribuições de pão bento exigidas pelos fiéis, que viam nele um viático e o revestiam de virtudes profiláticas, está na origem de muitos costumes folclóricos. Chegou a provocar práticas supersticiosas. Assim acontece com o pão de São Valentino, confeccionado em forma de um oito bastante grande para nele enfiar o braço, que tinha reputação de curar os epiléticos e outros doentes. Repartiam-no por ocasião da festa do santo na "sagra de Prachiuso", em Friuli, em 14 de fevereiro.

Dominique Rigaux

➢ Ceia; Corpo místico; Eucaristia; Hóstia; Vinho.

PAPA

Feminino em francês, o termo *"papauté"* é masculino em italiano (*il papato*), neutro em alemão (*das Papsttum*), masculino em português (o papado. O masculino convém melhor a uma instituição cuja história foi construída, desde as origens, pelos sucessores do Apóstolo Pedro, designado por Jesus Cristo como aquele a quem ele dava "as chaves do Reino" (Mt 16, 18-19). O célebre jogo de palavras: "Tu és Pedro e sobre essa pedra edificarei minha Igreja" está inscrito no tambor da Basílica de São Pedro de Roma, manifesto da Contrarreforma logo após o Concílio de Trento (1545-1563).

O estabelecimento de Pedro como príncipe dos apóstolos e primeiro papa se origina da instituição por Jesus Cristo de uma Igreja, isto é, segundo a etimologia grega, de uma assembleia (*ecclesia*) cuja extensão universal (*catholikos*) era, no mesmo momento, confiada ao conjunto dos Doze Apóstolos, colégio que constitui a matriz do corpo episcopal. Os primeiros bispos de Roma, todos originários da Bacia Mediterrânea, não usavam a palavra "papa". Este termo grego, sinal de afetuosa veneração, passou a ser usado no Oriente para honrar os bispos como os padres. Ele aparece no Ocidente no início do século III e foi progressivamente atribuído aos bispos. Um dos *dictatus papae* de Gregório VII (1073-1085) estabelece que a palavra "papa" seria doravante reservada ao sucessor de Pedro.

O termo papado inclui o conjunto dos sucessores de Pedro e a história das instituições que os secundaram em seu cargo como "papa" e "vigário do Cristo", a partir de Inocêncio III (1198-1216). A verticalidade da relação na história da salvação andou desde então lado a lado com uma afirmação territorial, apoiada desde a metade do século VIII na Doação de Constantino, o engano mais célebre da história do papado, em virtude da qual o imperador teria abandonado ao Papa Silvestre I (314-335) a quase totalidade da parte ocidental do Império Romano. Em 25 de dezembro de 800, Leão III coroou Carlos Magno imperador em Roma, e este se ajoelhou num disco de pórfiro escrupulosamente recolocado na entrada da nave da Basílica de São Pedro de Roma. O anuário pontifical estabelece 265 autênticos sucessores de Pedro. As profecias de Malaquias, elaboradas no século XII, dão a escolha onomástica de Pedro – Pedro II – por um eleito do conclave como o sinal do fim do papado.

326 CRISTIANISMO – DICIONÁRIO DOS TEMPOS, DOS LUGARES E DAS FIGURAS

PAPA — PARAÍSO

Não se pode separar a história do papado de sua origem messiânica, de seu território contestado e do mito de Roma. O território do papado constitui a túnica de Nessus da imagem temporal dos sucessores de Pedro. A definição estrita do papado – história de uma instituição com vocação escatológica – foi confundida pelo temporal pontifical. A partir do século XII, o papado se situa numa perspectiva teocrática, o que conduziu à luta do Sacerdócio e do Império (1125-1358). Este enfrentamento colocou os sucessores de Pedro em situação de monarquia vitalícia. O conjunto do governo central da Igreja entrou com o mundo ocidental e o oriental num conflito de tipo dinástico clássico. Foi assim que Clemente V decidiu salvaguardar a vocação da cátedra de São Pedro instalando-a em Avignon, onde o papado teve sede de 1309 a 1417, ano do retorno de Martinho V, em Roma.

O território do papado (os Estados pontificais) foi garantido até 20 de setembro de 1870, dia da tomada de Roma pelas tropas da jovem monarquia saboiana estabelecida em Florença, esperando que Roma fosse restituída à Itália histórica e mítica. Mas esta perda foi compensada pela afirmação da infalibilidade pontifical, votada em 18 de julho de 1870 pelo Concílio Vaticano I, onde a questão da primazia do papa na Igreja Católica, em jogo desde o Concílio de Trento, foi decidida em favor da autoridade romana. O Concílio Vaticano II (1962-1965) recolocou em cena um conciliarismo latente desde o século XV. A noção de colegialidade temperou as tensões entre Roma e as Igrejas particulares no seio da Igreja universal. Mas as escavações, operadas por vontade de Pio XII nos anos 1950, estabelecem com probabilidade que o martírio de Pedro em Roma, cujo túmulo se encontra na linha vertical do altar pontifical, corrobora a primazia reivindicada do bispo da *Urbs* segundo a interpretação ulterior do Evangelho de São Mateus. Pela constituição *Dominici Universi Gregis*, de 22 de fevereiro de 1996, João Paulo II fixava a eleição do papa em Roma, na Capela Cistina, de modo a impedir qualquer nacionalização do papado fora de seu território sagrado.

Philippe Levillain

➢ Imperador; Pedro; Roma.

PARÁCLITO

Ver *Espírito Santo*.

PARAÍSO

Paraíso vem do persa *pardès*, "jardim, parque", palavra que passou sucessivamente ao hebraico, ao grego (*paradeisos*) e ao latim (*paradisum*). O paraíso terrestre designa o jardim onde foi colocado Adão, na Terra, no início da história da criação, dito de outra maneira o Éden, a primeira morada dos humanos (Gn 2, 8-15), enquanto o Paraíso (somente, ou Paraíso do céu), na esteira da palavra de Jesus na cruz ao bom ladrão (Lc 23, 43): "em verdade eu te digo, hoje, estarás comigo no

PARAÍSO — PÁSCOA

Paraíso") e na de Paulo relatando seu êxtase (2 Co 12, 4), designa habitualmente o lugar propriamente celeste onde são acolhidos os eleitos junto a Deus, ou seja, a última morada dos humanos – ou pelo menos dos eleitos (um lugar diversificado onde se encontram, aliás, múltiplas moradas: Jo 14, 2). Mas estas duas moradas, do início e do fim da história, não se opõem em suas concepções respectivas. Os motivos de uma serviram, às vezes, para representar a outra. A Jerusalém celeste tem também sua árvore de vida (Ap 22, 2)...

Os dois Paraísos são, contudo, distintos, no sentido de que, em especial, o segundo, que se imagina como um lugar plano ou superposto, no modelo do jardim florido e fértil, ou da cidade cristalina, é, em todo caso, sinônimo de céu. Os bem-aventurados aí estão reunidos junto a Deus e o contemplam à vontade: é a visão beatificada o reino da "tranquilidade da ordem" (Agostinho, *Cidade de Deus*, XXII). O Paraíso que será exaltado pelos mistérios medievais, a poesia (Dante) e a iconografia, não é mais na Terra como o primeiro. Trata-se do estado bem-aventurado onde os sentidos são satisfeitos, a inquietude, enfim, vai embora, onde "todos os nossos amores perfeitos são reduzidos em um amor, como nos mais belos dias em um belo dia" (Agrippa d'Aubigné, *Os Trágicos*, 1616, VII, v. 1045 e seg.). O tema inspirou muitos grandes pintores, que o ilustraram em geral, representando a visão beatífica de todos os santos no céu, dispostos desordenadamente ou arrumados de forma comportada, hierarquizados e, algumas vezes, isolados uns dos outros em categorias de origem bíblica ou litúrgica (patriarcas, profetas, apóstolos, mártires, virgens, confessores etc.) identificáveis por suas vestimentas e por seus atributos (Fouquet, *Livro de Horas de Estêvão Cavaleiro*, por volta de 1460; Tintoreto, 1588; John Martin, *As Planícies do Paraíso*, 1853; Maurice Denis, *O Paraíso*, 1912). Num painel pintado em 1433, menos convencional, Fra Angelico os mostra puxados pelos anjos fazendo a roda...

François Boespflug

➢ Adão; Éden; Inferno; Eva; Purgatório.

PARÚSIA

Ver *Fim dos tempos*.

PÁSCOA

Em francês, *Pâque* (do hebraico *pessah*, passagem) designa a festa judaica, enquanto *Pâques* (Páscoa, português) designa a festa cristã que a prolonga. Em primeiro lugar, e permanentemente, *Páscoa* é uma festa da primavera e da vida nova, celebrada ao mesmo tempo pelos hebreus nômades, que veem o nascimento de animais recém-nascidos no rebanho, e pelos hebreus sedentários, que fazem a primeira colheita de cevada: duas garantias de sobrevivência. Sobre esta festa primaveril vem-se superpor a festa da liberação do povo hebreu, que escapa à escravidão no Egito

PÁSCOA

e se põe em marcha para a Terra Prometida: é a festa da independência, por causa da intervenção de Deus, que os judeus celebrarão todo ano com uma peregrinação a Jerusalém e uma refeição ritual durante a qual se come o cordeiro pascal.

É no momento da Páscoa judaica que aconteceu a ressurreição do Cristo, que estende a todos os homens a vitória da vida sobre a morte. "O Cristo, nossa Páscoa, foi imolado" (1 Co 5, 7): o verdadeiro Cordeiro pascal livra o homem da escravidão do pecado e da morte, é Nele que o homem passa da morte para a vida, pelo batismo, e é Dele que se nutre na refeição pascal da eucaristia.

Os Evangelhos não pretendem narrar a ressurreição do Cristo; eles relatam suas aparições às mulheres e aos Apóstolos, aparições que começam por uma constatação de ausência e continuam por um reconhecimento progressivo. Maria Madalena o toma por um jardineiro, e os discípulos de Emaús se entretêm longamente com ele antes de reconhecê-lo durante a partilha do pão. No Oriente, inúmeros são os ícones do Cristo ressuscitado, de pé, sobre seu túmulo, enquanto, no Ocidente, os pintores representaram, mais frequentemente, as aparições do Cristo do que sua ressurreição propriamente. É possível surpreender-se pelo fato de que, em quase todas as igrejas, o lugar central seja ocupado pelo Cristo na cruz mais do que pelo Cristo ressuscitado.

Para os cristãos das primeiras gerações, a ressurreição do Cristo é celebrada todo domingo. No início do século II, no Oriente primeiramente, depois no Ocidente, um domingo de primavera é escolhido para celebrar a festa de Páscoa, assim como os judeus comemoram todo ano a Páscoa de sua libertação. Depois de longas discussões, o Concílio de Nicea de 325 decide que a Páscoa será celebrada "no domingo que segue a lua cheia que chega depois do equinócio da primavera", domingo que se situa entre o dia 22 de março e o dia 25 de abril. Assim, a data da Páscoa depende, ao mesmo tempo, do ciclo solar (equinócio) e do ciclo lunar.

Festa da primavera, festa da libertação e da independência, festa da ressurreição do Cristo, a Páscoa se torna nos séculos III-IV a festa do batismo dos cristãos, primavera anual para a Igreja. Por volta de 200, já, o Padre Tertuliano de Cartago assegura que a Páscoa é por excelência o dia do batismo, "enquanto se consumou a Paixão do Senhor na qual nós somos batizados". Depois de 315, a preparação coletiva dos catecúmenos e seu batismo solene durante a Vigília Pascal se tornam a regra em todas as Igrejas. Mas no século VII, não há mais batismos de adultos, e a liturgia é antecipada para a tarde do Sábado Santo. Em 1566, Pio V, tendo proibido de celebrar a eucaristia depois do meio-dia, a liturgia passa para o sábado de manhã, e muito poucos fiéis dela participam. Será preciso esperar 1951 e 1955 para que Pio XII, respondendo ao pedido de toda a corrente litúrgica, autorize, depois imponha a volta à celebração noturna.

Hoje, a liturgia da Vigília Pascal, que começa geralmente por volta das 21 horas, compreende quatro partes: celebração do fogo novo, com a apresentação e procissão do círio pascal, símbolo do Cristo ressuscitado; celebração da Palavra, com pelo menos cinco leituras, das quais a primeira é o relato da criação do mun-

PÁSCOA — PASTOR

do, e a última, o Evangelho da ressurreição segundo São Mateus; celebração batismal, que tem todo seu sentido quando ela comporta alguns batismos de adultos ou de adolescentes, mas que dá, contudo, a todos os fiéis presentes a ocasião de renovar com convicção e todos juntos sua profissão de fé batismal; enfim, celebração eucarística, com um prefácio que formula alegremente o mistério da Páscoa: "Nesta noite, o Cristo, nossa Páscoa, foi imolado. Ele é o Cordeiro verdadeiro que tirou o pecado do mundo; morrendo, destruiu nossa morte; ressuscitando, Ele nos devolveu a vida. Eis a razão pela qual o povo dos batizados, resplandecendo com a alegria pascal, exulta por toda a Terra."

Diversos costumes acompanham a festa da Páscoa. Os sinos, mudos desde a Quinta-Feira Santa, ressoam de novo no *Glória* da Vigília Pascal. Supostamente, eles trazem os ovos que as crianças procuram de manhã no jardim, como Maria Madalena procura o Cristo na manhã de Páscoa no jardim; estes ovos, contendo uma vida oculta prestes a eclodir, simbolizam evidentemente o mistério pascal. É no século XII que se espalha no Ocidente o costume de decorá-los, de oferecê-los ou de escondê-los. No fim do século XIX, o ovo natural começa a sofrer a concorrência do ovo de chocolate, que figura daí por diante nas vitrines dos confeiteiros, com outros símbolos da vida e da fecundidade: galos, pássaros, peixes, coelhos de chocolate. Um outro elemento da liturgia e da gastronomia pascal é o cordeiro, sacrificado igualmente pelos judeus e pelos muçulmanos. Para os cristãos, ele representa o Cordeiro de Deus, que, por seu sacrifício, tira o pecado do mundo e reconcilia o homem com Deus.

Philippe Rouillard

➤ Calendário litúrgico; Maria Madalena; Paixão; Ressuscitado; Semana Santa.

PASTOR (BOM)

O Israel antigo, assim como muitos outros povos do Oriente Próximo, é uma civilização eminentemente pastoral (Gn 2, 4), de maneira que a figura familiar do pastor que conhece suas ovelhas, conduzindo-as e acompanhando-as, capaz de defendê-las contra os animais selvagens (1 S 17, 34-37; Mt 10, 16; Atos 20, 29) e contra os ladrões, foi evocada, ao mesmo tempo, pelos reis assírio-babilônicos, para descrever sua tarefa, e pelos redatores da Bíblia, que dela fizeram uma das metáforas da experiência religiosa do povo com o Deus da Aliança.

No Antigo Testamento, a solicitude de Deus para com seu povo o faz, às vezes, ser chamado de "Pastor" de Israel (Sl 24, 1; 79, 1). Entretanto, é a outros, mais frequentemente (Moisés, os Juízes, David...), que Deus confia o cuidado de seu rebanho. Todavia, como os maus pastores suscitam as críticas dos profetas (Za 11, 4-17), Deus retomou em sua mão seu rebanho (Jr 21, 10) antes de colocá-lo sob o cajado de seu Messias.

Jesus cumpre, então, a promessa da vinda de um pastor segundo o coração de Deus. No Evangelho de João (Jo 10), ele se compara a um bom pastor, preocupado com o rebanho de que tem a guarda, a ponto de deixá-lo para ir procurar uma

CRISTIANISMO – DICIONÁRIO DOS TEMPOS, DOS LUGARES E DAS FIGURAS

PASTOR — PAULO DE TARSO

ovelha perdida e de dar sua vida por seu rebanho. Jesus é também a porta pela qual se chega às ovelhas (Jo 10, 7). Isso conduziu naturalmente os primeiros cristãos a considerar com simpatia a figura do pastor crióforo (que leva uma ovelha nos ombros) da arte helenística e a lhe dar desde cedo, como nas catacumbas, uma interpretação crística. Esta imagem tornou-se um dos símbolos da função do bispo, como comprova a insígnia do báculo pastoral. O título de "pastor" é tradicional nas Igrejas oriundas da Reforma, onde o ministério pastoral é exercido também por mulheres. O de "pastor" está de volta em alguns meios carismáticos para designar o responsável por uma comunidade. Quanto à "pastoral", tornou-se, desde o Vaticano II, uma das palavras-chave da atividade do ensino e de animação na Igreja, seja ela garantida por clérigos ou por leigos.

François Boespflug

➢ Cordeiro; Jesus.

PAULO DE TARSO (SÃO)

Se o Apóstolo Paulo é uma grande figura do Cristianismo, é menos por seus feitos e gestos do que por seus escritos. Sabe-se, com efeito, poucas coisas sobre suas origens, senão que seus pais eram hebreus e que ele foi cidadão romano de nascimento (Atos 22, 28). Segundo uma tradição relatada por São Jerônimo, ele teria nascido em Gischala, na Galileia, enquanto o Livro dos Atos dos Apóstolos dá a entender que foi em Tarso, na Silícia (9, 11; 21, 39). Foi para Jerusalém onde se tornou fariseu e estudou as Escrituras, vivendo com zelo sua fé judaica. Primeiramente oposto à mensagem cristã, segundo a qual Jesus de Nazaré é o Messias e o Filho de Deus, ele se tornou, por sua vez, discípulo, e partiu para anunciar entre os pagãos, na Ásia Menor, na Grécia, e pensou até em ir para a Espanha. De volta a Jerusalém, é encarcerado pelos judeus e julgado como blasfemador. Paulo apelou ao imperador e foi conduzido a Roma para aí ser julgado. Lá, morreu como mártir, sob Nero (em 64-65).

De Paulo só temos cartas. A autenticidade de algumas é unanimemente reconhecida (uma aos cristãos de Tessalônica, duas aos de Corinto, uma aos de Gálata, uma aos de Roma, uma a um certo Filémon), enquanto a de algumas outras permanece discutível (uma segunda carta aos cristãos de Tessalônica, uma aos de Colossos, a segundo carta a Timóteo). As cartas restantes (aos cristãos de Éfeso, a Tito e a primeira a Timóteo) são hoje consideradas como pseudoepígrafes.

A mensagem do Apóstolo ficou conhecida desde o fim do século I pelo conjunto das Igrejas. Seria, no entanto, errôneo concluir que Paulo foi a figura dominante da primeira teologia cristã, seu fundamento geral ou único, como o mostram a utilização reduzida de suas cartas e a emergência muito discreta de sua pessoa nos raros escritos cristãos do século II (a *Didachè*, o *Pastor* de Hermas, Papias etc.).

Filósofos como Celso, Porfírio ou o Imperador Juliano tornaram-no conhecido atacando a nova fé cristã para abalar seus fundamentos, destruir a confiança

PAULO DE TARSO — PECADOR

que ela colocava em seus textos sagrados, e desmistificando personagens-chave como Pedro, Paulo e João, apresentados como pobres homens, sem formação particular, animados por um zelo que é somente exaltação. A crítica pagã consistiu em dizer que Paulo oscilava entre o mundo judeu e o grego, sinal de que ele não tinha realmente pertencido nem a um nem a outro. Este antipaulinismo pagão mostra *a contrario* a importância crescente de Paulo na Igreja dos séculos III-IV.

Foi com Santo Agostinho que a teologia do Apóstolo se tornou preeminente, e não somente por seus enunciados sobre o pecado original (Rm 5, 12-21). A interpretação agostiniana de Paulo teve, em seguida, com Lutero uma influência decisiva. Para o reformador, e para a tradição que se baseia nele até nossos dias, as cartas paulinas são o melhor testemunho dado ao Evangelho, testemunho superior aos de Mateus, Pedro ou Tiago; a doutrina paulina da justificação, por sua parte, não é somente uma parte do ensinamento cristão, ela constitui um critério indispensável remetendo incessantemente ao Cristo o conjunto da doutrina e da prática eclesiais.

Ao mesmo tempo em que reconhece os privilégios históricos de Israel, Paulo tinha destacado que ser judeu ou pagão não importava na perspectiva da salvação (Ga 3, 28). A tradição luterana retomou a ideia, opondo o Judaísmo, religião das obras, e o Evangelho, mensagem da graça e da misericórdia para uma humanidade presa no mal e no pecado.

Há alguns anos, a figura de Paulo é de novo revisitada por não cristãos. Estudando o Judaísmo contemporâneo das origens cristãs, os historiadores judeus redescobrem Paulo e o consideram mais positivamente do que antes. Assim também, um ou outro filósofo contemporâneo (Badiou, Agamben) relê com simpatia as cartas do Apóstolo, em razão de sua contribuição à emergência da ideia de universalidade do gênero humano. Esta retomada de atenção dá a entender que, para além de Paulo e através dele, o Evangelho não é um código cultural ou moral entre outros, mas o que deve convertê-los todos do interior, o único Evangelho podendo ser vivido em todas as culturas.

Jean-Noël Aletti

➢ Apóstolos; Cristãos (primeiros); Damasco (caminho de).

PECADOR

A experiência do mal é comum na humanidade. Reconhecer-se cúmplice desse mal, pelo menos por uma parte, não exige também justificação teórica. O Cristianismo se inscreve nesta herança, mas se apresenta antes de tudo como uma religião da salvação. O cristão não acredita no pecado, mas na "remissão dos pecados" (Símbolo dos apóstolos). Além disso, a salvação não se limita a liberá-la do mal, mas visa a algo mais, a "vida do mundo por vir" (*ibidem*). Não somos somente salvos "de", mas salvos "para". Em uma perspectiva cristã, o pecado é uma noção menos fundamental que a vida.

CRISTIANISMO – DICIONÁRIO DOS TEMPOS, DOS LUGARES E DAS FIGURAS

PECADOR

Desde o começo, a Bíblia mostra que a criação é boa (Gn 1) e que o mal entra no mundo num segundo tempo (Gn 2-3; Rm 5, 12; Sab 2, 24). A criação é confiada à livre responsabilidade do primeiro casal humano. Uma entidade enigmática, uma "serpente" que fala, sugere desviar este dom da vida ao proveito somente do indivíduo humano ("vós sereis como deuses", Gn 3, 5). Dar ouvidos a esta voz provoca o sofrimento, a violência e a morte. Numa perspectiva de salvação, a preocupação bíblica é mostrar que este mal não tem sua origem no homem, mas numa instância externa a ele, da qual ele é, no entanto, livremente cúmplice (poderia não tê-la escutado). Assim, não há nenhuma fatalidade do mal. Nada é irremediável para sempre.

O vocabulário bíblico, que é plural, utiliza principalmente a raiz *hattah*, que significa "errar o alvo". Isto mostra bem que a referência principal não é a transgressão de uma lei (isto permanece seu sinal), mas um "erro de orientação" (Adolphe Gesché).

Entretanto, existe uma certa solidariedade no seio da espécie humana que faz com que ninguém se possa dizer indene de uma "tendência" inata a fazer o mal. Viemos ao mundo numa humanidade já marcada pela mentira e pela violência. Queiramos ou não, somos os herdeiros das gerações que nos precederam. Seria uma ilusão querer recomeçar a história do zero (o erro do monge Pelágio, que Santo Agostinho combate, no início do século V). É esta "tendência", anterior a todo ato livre, que a tradição teológica chama de "pecado original". A apelação é duplamente problemática, visto que, segundo o relato bíblico, o primeiro pecado é precedido por uma criação boa. Mas, por um lado, ele arrasta ao pecado e, por outro, está tão perto da origem que a afeta: nossa liberdade é de imediato "ferida".

Meditando sobre a "boa nova" trazida por Jesus Cristo, São Paulo estabelece um paralelo com Adão, o pai da humanidade (1 Co 15, 22). Mas este paralelo visa a mostrar que a novidade da "graça" excede amplamente as sequelas do primeiro pecado. Ele convida, então, a desviar o olhar do passado, marcado pela morte, para o futuro, de onde vem a verdadeira vida, a vida "eterna". Contrariamente à condição pecadora que é marcada pela divisão, a vida autêntica é comunhão com Deus e com as outras criaturas.

Lutero (1483-1546) é muito sensível à presença do pecado na raiz do ser humano. Haveria neste uma orientação fundamental, chamada "concupiscência", que leva o homem à afirmação de si sem Deus. Mas Deus pode justificá-lo inteira e gratuitamente. É a razão pela qual o homem é "ao mesmo tempo pecador e justo" (*simul peccator et justus*). A posição católica, esclarecida no Concílio de Trento (*Decreto sobre a Justificação*, 1547), é menos radical, insistindo sobre a cooperação entre Deus e o homem: "O homem não fica totalmente sem fazer nada" (cap. 5).

Para as primeiras comunidades cristãs, o batismo, que marca a entrada na Igreja, é o sinal eficaz da "conversão": o novo batizado conhece um novo nascimento na morte e ressurreição do Cristo. Ele é uma criatura nova, liberta do pecado

PECADOR

e da morte. Acontece, entretanto, que batizados rompem a comunhão: apostasia, erro grave, como o assassínio ou o adultério. Para isto, instaura-se uma "penitência", uma espécie de "segundo batismo". Quando a Igreja se identificar ao conjunto da sociedade, esta penitência mudará de expressão. Ela se tornará uma prática privada de reconciliação individual com Deus.

A sensibilidade contemporânea redescobre a dimensão coletiva da vida cristã. É por isso que o novo ritual católico da penitência (1973) incentiva a realização de celebrações comunitárias que exprimem que a ruptura da comunhão que é o pecado não prejudica somente a pessoa, mas o conjunto da comunidade e, para além da humanidade, até de toda a criação. No mesmo tempo, a psicologia mostra que a parte de responsabilidade do indivíduo no mal cometido é difícil de avaliar. No limite, alguns geneticistas gostariam de encontrar um mecanismo oculto nos genes que determinariam alguns comportamentos. Isto incentiva a recusar toda assunção de culpabilidade excessiva, como a que Jean Delumeau viu acontecer na penitência na idade clássica, mas também toda tentativa inversa de retirar da pessoa humana sua responsabilidade. É preciso reconhecer que ter liberado a pessoa dos determinismos cósmicos para torná-la responsável por seu agir diante de uma outra pessoa deve ser creditado ao Cristianismo, que instaura um "elo indefectível entre liberdade e responsabilidade" (A. Gesché).

Uma outra evolução recente é a noção de "estruturas de pecado" colocada à frente pelo Papa João Paulo II. Ela insiste na interdependência das ações humanas. Não somente todo pecado individual tem repercussões sociais, mas o indivíduo está inserido numa rede de relações recíprocas de que se percebe sempre mais a amplitude mundial. Todo ato está inscrito num conjunto de outros atos com o qual ele é solidário. Esta solidariedade pode ser para o bem, porque toda pessoa humana é um ser de relação. Mas ela tem também efeitos perversos. Segundo o exemplo dado pelo teólogo Karl Rahner, quando compramos uma banana, nós nos ligamos a uma rede de produção e de comércio da qual não conhecemos todos os componentes, onde podem intervir desejo egoísta de lucro ou sede exclusiva de poder. A complexidade do funcionamento destas redes, sociais, econômicas, financeiras poderia fazer crer que estamos presos num mecanismo fatal. Que domínio podemos ter sobre o grande mercado mundial, regulado em aparência por uma "mão invisível"? Frente a isso, o discurso cristão mantém a responsabilidade de toda pessoa, por mais limitada que ela seja. Apesar da grande complexidade do sistema socioeconômico, é possível crer e esperar que nada é inelutavelmente determinado. O reconhecimento das "estruturas" que sustentam o egoísmo e a cupidez não pode isentar de agir contra elas.

François Euvé

➢ Agostinho; Queda; Confissão; Convertido; Criação; Diabo; Limbos; Lutero; Penitente; Salvação.

PEDRO (SÃO)

Pedro (*Petros*, tradução do aramaico *Kepha*, o "Rochedo") é o nome dado pelo próprio Jesus ao seu discípulo Simon bar Iona, "Simão, filho de Jonas". Casado, ele vive em Cafarnaum, onde exerce a profissão de pescador, como seu irmão André, um discípulo de João, o Batista. É um dos primeiros a ser chamado por Jesus, e sua figura assume um relevo particular no seio do grupo dos Doze. Seu ardor eclode quando da "pesca milagrosa" (Lc 5, 8), quando Jesus anda sobre as águas (Mt 14, 29) ou em sua audácia em questionar o Mestre quando os Apóstolos se interrogam sobre seu ensinamento (Mt 15, 15). É o primeiro a reconhecê-lo como Messias (Mt 16, 16). Com Tiago e João, é a testemunha privilegiada da ressurreição da filha de Jairo (Mc 5, 37), da Transfiguração de Jesus (Mt 17, 1) ou de sua vigília em Getsêmani (Mt 26, 37). Ele desempenha, enfim, um papel cardeal nos relatos da Paixão: encarregado com João de preparar a ceia pascal (Lc 22, 8), ele se opõe ao Senhor quando este lava os pés de seus discípulos (Jo 13, 6-9), desembainha a espada para defendê-lo diante do grande sacerdote antes de renegá-lo (Mt 26, 69-75). Ele é um dos que correm ao túmulo depois que as mulheres o descobriram vazio na manhã de Páscoa (Lc 24, 1), e o primeiro apóstolo ao qual aparece Jesus ressuscitado (Lc 24, 34).

Assim, ele ocupa um lugar de primeiro plano na Igreja principiante. Segundo os Atos dos Apóstolos, é ele quem toma a iniciativa de garantir a substituição de Judas, quem proclama Jesus ressuscitado no dia de Pentecostes, quem defende com João a comunidade dos fiéis do Cristo diante dos Anciãos, dos sacerdotes e dos escribas, quem certifica com João os sucessos da pregação da fé cristã na Samaria, ele, enfim que, primeiro, batiza um pagão não circunciso, o centurião Cornélio. Daí resultou um forte debate na Igreja, decidido pelo pretenso "Concílio de Jerusalém", onde a intervenção de Pedro e dos testemunhos de Paulo e Barnabé levarou à decisão de renunciar às regras da *kachrout* para os fiéis não judeus.

Identifica-se ou suspeita-se, em seguida, de sua presença em diversos lugares, atestados pela *História eclesiástica* de Eusébio de Cesareia: na Igreja de Corinto, de que ele teria sido o fundador com Paulo (II, 25, 8); na de Antioquia, que o considerava também como seu fundador (III, 36, 2) e, mais geralmente, na Ásia Menor (III, 1, 2); na Igreja de Roma, enfim, onde ele chegou depois de 57-58. É de Roma (identificada com a Babilônia; 1 P 5, 13) que é dirigida sua primeira Epístola, cuja autenticidade é hoje contestada, pela mesma razão que a da segunda, que tinha inúmeros detratores desde a Antiguidade. E é em Roma que ele morre mártir, crucificado como seu Mestre, mas com a cabeça para baixo por humildade (*História Eclesiástica*, III, 1, 3), sob Nero (II, 2, 25), em uma data imprecisa – depois do incêndio da Cidade, em 64, e da perseguição de que ele foi o pretexto, talvez em 67?

Desde a passagem dos séculos II-III, a devoção dos romanos para com Pedro é manifesta pela colocação em circulação dos *Atos de Pedro*, onde aparece o episódio célebre do *Quo vadis?*, mas também pela arqueologia. O Vaticano conserva como "troféu" do apóstolo (II, 25, 7) uma pequena edícula identificada pelas escavações sob o altar pontifical da Basílica de São Pedro. Mas Pedro é também homenageado com Paulo na Via Appia em 29 de junho, a partir de 258; grafites de peregrinos dão testemunho disto. No século IV, basílicas imponentes foram erguidas nestes dois lugares em cima dos modestos dispositivos originais, enquanto as celebrações litúrgicas se enriquecem com uma nova festa, a "cátedra de Pedro", em 22 de fevereiro. As imagens de Pedro são abundantes, então, nas pinturas das catacumbas, nos sarcófagos, nos vidros com fundo de ouro.

A reflexão sobre o ministério de Pedro começou a elaborar-se em Roma desde antes do início do século IV, apoiando-se sobre a exegese de Mt 16, 16-19 (a profissão de fé do apóstolo à qual Jesus responde: "Tu és Pedro e sobre essa pedra edificarei minha Igreja"). Roma e as Igrejas em comunhão com ela veem nesta frase a afirmação de uma primazia atribuída a Pedro e aos seus sucessores na sede romana. Sem negar à Igreja de Roma uma primazia de honra, a tradição ortodoxa sustenta que a sucessão de Pedro e dos outros apóstolos é o fato do conjunto dos bispos que confessam a verdadeira fé. As Igrejas originárias da Reforma veem em Pedro o protótipo do crente e estimam que as palavras que Mateus atribui a Jesus visam somente à sua pessoa. Uma das tarefas maiores do ecumenismo consiste certamente para as Igrejas cristãs em concordar com a figura e o ministério de Pedro.

Jean Guyon

➢ Apóstolos; Cristãos (primeiros); Papa; Roma.

PÉGUY, CHARLES (1873-1914)

Ao contrário de outras grandes figuras de convertidos do início do século XX (Paul Claudel, Léon Bloy), Charles Péguy se destaca por sua fé, lentamente amadurecida, sem revelação espetacular.

Nascido em Orléans, Péguy entra na Escola Normal Superior em 1894, onde sofre a influência de Jaurès e abraça, em consequência, o socialismo, depois o combate em favor de Dreyfus. Mas o reformismo de Jaurès, ao qual ele censura seus compromissos políticos, o distancia do movimento. Ele encontra, todavia, um exutório da decepção socialista num novo combate: em 1905, uma primeira crise no Marrocos opõe a Alemanha à França, e suscita em Péguy um elã patriótico que não o deixará mais.

Em 1900, ele funda os *Cadernos da Quinzena*, revista que animará até sua morte e que publica, além de seus próprios textos engajados, os de inúmeros autores, tais como Suarès ou Romain Rolland, dividindo suas convicções patrióticas e republicanas, fortemente marcadas pelo ensino de Bergson.

Mas o combate antirracional de Péguy toma um outro caminho: por volta de 1907-1908, ele se converte secretamente ao Catolicismo, o que só confessará publicamente em 1910, com *O Mistério da Caridade de Joana d'Arc*. Esta obra, que lhe vale um grande sucesso crítico, é acolhida de maneira mitigada por seus leitores, perturbados com sua nova orientação. Sua obra literária alterna entre poesia e dramas místicos (*O Pórtico do Mistério da Segunda Virtude*, 1912), e escritos polêmicos de uma extrema virulência (*O Dinheiro*, 1913): ele estigmatiza o materialismo dos socialistas, o "partido intelectual", o progresso... – tantos males de que ele imputa a responsabilidade à modernidade, à vaidade de uma humanidade que tenta não precisar de Deus. Exaltando um passado nacional grandioso e heroico, é muito naturalmente que o patriotismo de Péguy se transforma em nacionalismo. Mas ele morre nos primeiros dias da guerra de 1914-1918, que tanto desejou.

Camille Wolff

➢ Convertido; Joana d'Arc.

PENITENTE

No sentido amplo, essa noção designa, no Antigo como no Novo Testamento, todo ser humano que se reconhece pecador diante de Deus e se arrepende de suas faltas. Na pregação de João Batista, e principalmente de Jesus, esta noção conseguiu uma importância fundamental em ligação com a afirmação da vinda próxima do Reino: "Fazei penitência, o Reino de Deus está próximo" (Mt 5, 17). No Cristianismo primitivo, considerou-se que os pecados só podiam ser remidos pela Igreja e através do batismo, instrumento da graça divina e do perdão. A partir do século V, admitiu-se que todos os que tinham cometido faltas graves depois do seu batismo podiam ser absolvidos por ocasião de uma penitência pública, ao término do qual os pecadores eram reintegrados na Igreja durante a noite pascal. Como este sacramento de penitência não podia ser conferido senão uma única vez, os fiéis tiveram tendência a só recorrer a ele quando a morte se aproximava. Os que o haviam recebido deviam, com efeito, levar uma vida ascética extremamente rigorosa e renunciar a todo encargo público ou sacerdotal. No decorrer dos séculos VII e VIII, os monges irlandeses difundiram no Ocidente uma outra forma de penitência, a penitência privada que, diferentemente da precedente, era reiterável e dizia respeito, em primeiro lugar, às faltas que não tinham dado lugar a um escândalo público: os penitentes faziam a confissão de suas faltas em segredo a um padre, que lhes infligia penas definidas em livretos chamados "penitenciais", prevendo uma sanção muito pesada à guisa de expiação. Apesar das resistências do episcopado carolíngio e italiano, este uso se impôs progressivamente no Ocidente, nos séculos IX e X. As penas infligidas para os pecados – frequentemente anos de jejum e de interdição de relações sexuais – puderam ser comutadas e substituídas por peregrinações penitenciais junto a um certo número de grandes santuários ou por uma contribuição financeira para a construção de um edifício sagrado, igreja ou abadia. A partir do século XII, com a renovação da reflexão teológica e moral inaugurada por Santo Anselmo e Abelardo, a ênfase foi colocada no arrependimento do pecador, ao qual o perdão divino era concedido desde que ele confessasse suas faltas

PENITENTE

e se arrependesse sinceramente delas. A partir do século XIII, a confissão dos pecados aos padres ganhou uma importância fundamental no processo penitencial, e o Concílio de Latrão IV, em 1215, instituiu a obrigação para todos os fiéis de se confessar ao seu pároco e de comungar pelo menos uma vez por ano. Mas o confessionário só fez sua aparição no século XVI, depois do Concílio de Trento.

Na mesma época apareceu, na Itália primeiramente, depois nas regiões urbanizadas dos Países Baixos no sentido geográfico do termo, penitentes voluntários, que renunciavam a viver de maneira mundana, embora estando no mundo; muitas mulheres, virgens ou viúvas, escolhiam levar uma vida virtuosa e devota, mas ficando em suas casas. Estes penitentes observavam práticas ascéticas e litúrgicas particulares; mas, diferentemente dos irmãos conversos ou das irmãs conversas, elas não viviam em um mosteiro e só dependiam do bispo de sua diocese. O movimento penitencial obteve um grande sucesso no decorrer do século XIII, em particular sob a influência dos Irmãos Menores e Pregadores, cuja pregação levou inúmeros fiéis a se converterem e a adotarem este tipo de vida. Na França do Norte, a atual Bélgica e a Renânia, assistiu-se, então, ao impulso das beguinarias, que reuniam mulheres leigas penitentes, repartindo sua vida entre o trabalho manual e a oração no âmbito de um domínio onde cada uma delas tinha sua pequena casa. Na Itália, viu-se multiplicarem, a partir de 1220, as confrarias de penitentes reunindo leigos dos dois sexos, inclusive casais, que tinham feito esta escolha de vida: vestidos de um hábito de tecido cinza ou bege, eles se distinguiam dos outros leigos por seu estilo de vida austera e devota, definido por um regulamento (*propositum*) que foi aprovado pelo papado, em 1221. Rejeitando todo mundanismo e luxo, eles se proibiam participar de banquetes e de espetáculos e deviam recitar cada dia 100 *Pater Noster*, o que era considerado como o equivalente da recitação do saltério para os iletrados. Para permanecer fiéis aos mandamentos evangélicos, os penitentes se recusavam a portar armas, prestar juramento e exercer funções públicas, o que foi ocasião de inúmeros conflitos com os poderes comunais. A partir dos anos 1260, o movimento dos flagelantes deu origem a novas confrarias, onde os penitentes expiavam seus pecados aplicando a disciplina e cantando "laudes" em língua vulgar em honra do Cristo Salvador e da Virgem Maria. A partir da peste negra, e na época moderna, estas confrarias de penitentes (brancos, negros ou outros, segundo os casos) tomaram uma orientação funerária e consagraram uma boa parte de suas atividades na oração pelos defuntos. Elas eram ainda muito presentes e ativas, principalmente nos países mediterrâneos, no século XVIII, mas, na Provença e no Languedoc, a Revolução Francesa provocou seu desaparecimento ou sua transformação em sociedades de socorro mútuo, durante o século XIX. Elas permaneceram, contudo, bem vivas hoje no sul da Itália e na Espanha, onde desempenham um grande papel nas procissões solenes da Semana Santa.

André Vauchez

➢ Beguina; Confissão; Pecador; Peregrino.

CRISTIANISMO – DICIONÁRIO DOS TEMPOS, DOS LUGARES E DAS FIGURAS

PENTECOSTES — PEREGRINO

PENTECOSTES

No dia de Pentecostes, a Igreja celebra a vinda do Espírito Santo entre os homens. Como o fogo, o Espírito inflama os corações. Como o vento invisível, ele surge quando não se espera e leva para caminhos desconhecidos. Mas, passada a festa de Pentecostes, o Espírito parece desaparecer. A liturgia católica convida a entrar num tempo "ordinário", que é também um tempo onde se manifesta a multidão de rostos do Espírito no quotidiano.

O Livro da Sabedoria diz que o Espírito é um "amigo dos homens", um "amigo da vida", capaz de penetrar nos rins e nos corações de cada ser terrestre, ocupando todo o espaço habitado: "Ele, que mantém unidas todas as coisas, tem conhecimento de cada palavra." Por sua presença, o Espírito dá coerência à criação e torna presente a memória do Cristo.

Alguns crentes dizem, às vezes, ter "perdido" o Espírito quando sobrevêm essas horas dolorosas e monótonas de que falam os profetas e os sábios de Israel: "Vigilante, o que é feito da noite? A manhã chega, depois, outra vez, a noite" (Is 21, 11-12). Como ecoando, ouve-se a constatação desabusada de Quohelet quando ele evoca os momentos difíceis que cada um pode experimentar em sua vida. Onde se encontra então o Espírito? Ele permanece como a lâmpada interior que mantém a chama da esperança através da sucessão dos dias e das noites: "A minha alma espera no Senhor, mais do que a sentinela na aurora" (Sl 129). Ele é um mestre interior na vida espiritual de cada um.

Ele é invisível aos olhos da carne, mas sua presença se percebe pelos efeitos que ele produz no interior, tal como a "força de Deus" que propicia alegria, paciência, coragem, paz para combater a tristeza, a excitação, a covardia, a inquietude...

O Espírito é sopro que abre os caminhos de uma ressurreição no Espírito como a do Cristo. Este pedagogo, encarregado de conduzir ao Pai, leva a rever incessantemente as percepções muito estreitas ou muito interessadas. Tendo recebido a missão de conduzir "para a verdade completa", o Espírito abre ao conhecimento realidades interiores, que superam todos os outros saberes.

Henri Madelin

➢ Calendário litúrgico; Cristãos (primeiros); Espírito Santo.

PEREGRINO

A história comparada das religiões mostra que a peregrinação é uma atitude tão antiga quanto a humanidade, na medida em que responde ao desejo de alcançar um espaço sagrado onde o divino se revelou, lugar santo ou santuário. O Cristianismo não o adotou sem reticências, porque a mensagem evangélica, marcada pelo universalismo e pela rejeição do Templo, não era favorável à ideia de uma sacralidade dos lugares e enfatizava mais a santidade dos "verdadeiros adoradores que adorarão o Pai em espírito e em verdade" em seu coração (Jo 4, 23). Entre-

PEREGRINO

tanto, desde o século IV, cristãos começaram a ir à Terra Santa para aí visitar os lugares de que fala a Bíblia, assim como os lugares onde santos eremitas, tal como Antônio no deserto do Egito, tinham vivido e resistido às tentações do demônio. No Ocidente, os primeiros lugares de peregrinações foram, a partir do século V, Roma, onde se veneravam as relíquias dos Apóstolos Pedro e Paulo, o túmulo de São Martinho em Tours e o Monte Gargano, na Itália do Sul, depois da aparição do arcanjo São Miguel. Mas tratava-se ainda de uma prática marginal que só se referia a uma minoria de clérigos, de monges e de grandes deste mundo. De fato, o número de peregrinos não cresceu sensivelmente entre os leigos senão a partir dos séculos IX-X, quando, sob a influência do monasticismo irlandês, a errância por Deus (*peregrinatio religiosa*) foi considerada como uma prática penitencial graças à qual o pecador podia expiar suas faltas; desde então, peregrinos dos dois sexos e de todas as condições sociais se dirigiram inicialmente para Jerusalém – porque o Santo Sepulcro permaneceu muito tempo o objetivo primordial para os cristãos –, de maneira pacífica num primeiro tempo, depois no âmbito das cruzadas, que eram uma forma de peregrinação armada. Mas o aumento de poder do papado favoreceu também o impulso da peregrinação a Roma, que devia revestir-se de uma importância particular a partir de 1300, no âmbito do jubileu, enquanto o sucesso da *Reconquista* da Espanha pelos cristãos, em detrimento do Islã, e a lembrança de Carlos Magno drenavam para Santiago de Compostela um número crescente de peregrinos vindos de toda a cristandade para venerar o túmulo do apóstolo. Ao lado destes grandes santuários, os peregrinos iam também a muitos outros lugares menos célebres para lá reencontrar a saúde ou pagar uma promessa. Até o século XIX, estas peregrinações locais ou regionais, de que algumas tinham especializações curativas bem precisas, conservaram uma clientela importante que vinha aí para buscar um remédio para seus problemas quotidianos e para suas angústias.

O peregrino, que mandava abençoar seu bastão (o bordão) por um padre no momento da partida e levava frequentemente uma insígnia característica do santuário que visitava, era um personagem religioso, digno de respeito, senão sagrado. Diversos pregadores, no século XIII, destacaram em seus sermões que o Cristo e os apóstolos tinham sido peregrinos, tema que obteve algum sucesso na escultura romana (Cristo peregrino de silos, na Espanha) e na iconografia, na época da Renascença. Conceder hospitalidade a peregrinos era uma das obras de misericórdia, e conhecem-se inúmeros santos peregrinos, como Santa Bona (†1207), que foi nove vezes de Pisa a Santiago de Compostela, assim como a Roma e a Gargano, e principalmente São Roque, cujo culto se estendeu a toda a Europa a partir da Itália do Norte, entre o fim do século XV e o meio do século XVII, que praticou por muito tempo uma errância sem objetivo antes de ser lançado numa prisão, onde ele morreu. Entretanto, algumas críticas da peregrinação começaram a se fazer ouvir a partir do século XIV, em razão dos riscos de desvio supersticioso e do perigo que corria em sua moralidade o fato de lançar nas estradas mulheres e jovens frequentemente não enquadradas. Suspeitava-se também que alguns peregrinos fossem de fato vagabundos e se deslocavam incessantemente para não ter

340 CRISTIANISMO – DICIONÁRIO DOS TEMPOS, DOS LUGARES E DAS FIGURAS

PEREGRINO — PESSOA HUMANA

de trabalhar. No meio do século XV, o autor da *Imitação de Jesus Cristo* não hesita em escrever que "os que vão em peregrinação se santificam raramente" e, no século XVI, os reformadores protestantes declararão esta prática inútil e até nefasta para o cristão. O Concílio de Trento e a Igreja da Contrarreforma a reabilitaram, mas procurando melhor enquadrá-la e orientar os fiéis para santuários marianos ou eucarísticos (Nossa Senhora de Loreto, na Itália, Nossa Senhora de Auray, na Bretanha, Nossa Senhora de Liesse, na Champagne etc.), mais do que para lugares onde se veneravam há séculos santos desconhecidos ou relíquias cuja autenticidade era pouco segura. Depois de uma crise profunda no século XVIII e na primeira metade do século XIX, a peregrinação conheceu um retorno fortalecido a partir de 1860, depois das aparições marianas de Lourdes, La Salette, Pontmain e Fátima, e do desenvolvimento dos meios de comunicação, que permitiu levar multidões de peregrinos e de doentes aos lugares de difícil acesso. E se, no século XX, as duas guerras mundiais diminuíram o movimento, este recomeçou com mais força ainda a partir de 1950, com a retomada da peregrinação de Santiago de Compostela e a voga dos "caminhos de Santiago" em toda a Europa ocidental, no âmbito de uma nova religiosidade menos centrada na prática regular do que na busca de alguns momentos plenos de solidão e de experiências espirituais marcantes, por parte de um público que hoje ultrapassa amplamente o mundo católico.

André Vauchez

➢ Cruzado; Fátima; Jerusalém; Lugares santos; Lourdes; Roma; Santiago de Compostela; Sepulcro (Santo); Terra Santa.

PESSOA HUMANA

Não foi na Europa que nasceu a religião cristã, ela veio do Oriente. Em suas bagagens, o Cristianismo inicial trazia para a Europa dos Césares duas mensagens explosivas: Jesus tornado homem é o filho de Deus. Desde então, cada homem, revestido com uma dignidade nova, pode existir "em pessoa". A nova religião proclamava que o Deus dos judeus se tinha tornado visível em seu Filho, nascido, morto e ressuscitado nesta Palestina de que Pôncio Pilatos era o governador. Tornando-se homem, no Cristo, Deus tinha transposto o intransponível. Mestre do impossível, o que é "mais íntimo a mim que eu mesmo" é, no mesmo movimento, transcendência inatacável. Porque o sinal perturbador da transcendência divina é precisamente a capacidade de apagar a distância sem destruir o que ela faz existir.

Em suas origens, o Cristianismo era desprovido de ferramentas intelectuais para fazer ouvir sua mensagem. Ele se oferecia, pois, à incompreensão dos judeus e às zombarias dos pagãos. Os primeiros liam nesta doutrina nova a rejeição do Deus único do Sinai. Por sua vez, os pagãos zombavam destes estranhos crentes que queriam destruir os ídolos e substituí-los por três deuses: o Pai, o Filho e o Espírito. Usando da filosofia grega, casando os aportes da razão e da fé, a religião nascente se vê obrigada a responder a esta dupla crítica, recorrendo à linguagem conceitual dos filósofos gregos. É o que acontece quando a Igreja introduz nos debates a noção de pessoa. A palavra não está nos Evangelhos transmitidos, mesmo se os comportamentos que eles descrevem dependem desta percepção nova. A pessoa era, à época, a máscara no teatro antigo; ela permitia levar aos ouvintes a voz de um outro, invisível. Na relação com seu Pai, o Cristo vai ser chamado de uma pessoa, capaz de unir o divino e o humano em um só. Ele é homem e Deus "em pessoa", e a Trindade revela a união de três pessoas distintas numa única natureza.

Em regime cristão, a pessoa aparece como a capacidade de se compreender a si mesma, de se reconhecer construindo-se na relação com outrem. Por este duplo reconhecimento, a sociedade dos homens se torna um jogo de relações entre pessoas. Assim, a valorização da pessoa por uma reflexão onde se misturam trabalho da razão e revelação da fé permite fazer vir ao mundo uma lei espiritual paradoxal que associa a afirmação de si e a abertura radical a um outro. A pessoa se torna, então, o cruzamento da emergência de si e do acolhimento da diferença do outro. "Que o Outro seja e que ele seja outro", segundo uma bela afirmação de François Varillon. Ao inverso, o vazio reside na negação da pessoa quando mais ninguém responde "como pessoa". A pessoa remete então à noção de responsabilidade. Um Eu pode adiantar-se, romper o curso do determinismo suposto e dizer: "Sou eu." Então, abre-se o espaço onde cada um pode encontrar o outro face a face e "à altura de homem", como diria Lévinas.

A aventura personalista não enfraqueceu em nossos dias. Aceitando referir-se à noção de pessoa, os portadores de visões do mundo diferentes procuram concordar a respeito do conceito de dignidade da pessoa humana, que quer reunir numa mesma visão indivíduos e grupos. Apesar dos desmentidos do passado e dos deslizes do presente, o respeito que se deve a toda pessoa humana permanece a pedra angular em ética para a edificação das sociedades.

Henri Madelin

➤ Próximo; Trindade.

PIETÀ

A virgem de piedade, *Vesperbild* ou *Pietà*, aflita ou melancólica, inverte o tema da Virgem com o Menino, sorridente e graciosa. Fala-se, também, de Virgem de dor, Nossa Senhora das Sete Dores, *Mater Dolorosa* etc.

A *Pietà* representa uma mãe recebendo o corpo de seu filho em seu colo e abraçando-o contra seu peito num último gesto de amor, depois que ele foi retirado da cruz. A Virgem exprime sua dor, sozinha ou acompanhada de João e Madalena, ou, ainda, de vários outros personagens (Lamentação ou Deploração). Ela é a mãe que se mantinha ao pé da cruz (*Stabat Mater*, escrito por Jacopone da Todi, colocado em música por 216 compositores), aquela cujo sofrimento é indizível. Nenhum Evangelho, nem canônico nem apócrifo, descreve tal cena.

A tradição iconográfica encontra sua origem no *threnos* bizantino, canto da dor da Virgem, e se desenvolve a partir do século IX. Na representação do enterro

342 CRISTIANISMO – DICIONÁRIO DOS TEMPOS, DOS LUGARES E DAS FIGURAS

PIETÀ — PILATOS, PÔNCIO

do Cristo, nos séculos IX e X, a Virgem Maria passa de uma relativa impassibilidade à expressão cada vez mais eloquente da mãe sofredora.

Os ateliês carolíngios forneceram modelos com cenário romano. O tema é retomado por Cimabue, Duccio e Giotto, no século XIII, pintores de inspiração franciscana, e por seus sucessores, em Assis. A partir do século XIV, estas representações estimularam a produção de retábulos e inspiraram meditações místicas e Livros de Horas. A escultura se apossou disto no início do século XV, e a escultura de Miguel Ângelo (São Pedro de Roma) é considerada uma obra-prima absoluta.

A expansão da *Pietà* acompanha a devoção dolorosa na Paixão. Figura da intercessão, ela se alia à Virgem com o grande manto, à Virgem negra ou à Virgem com o Menino, como advogada da humanidade junto ao seu Filho.

Jean-Pierre Nicol

➢ Cruz; Francisco de Assis; Ícone; Maria; Morte; Sepulcro (Santo).

PILATOS, PÔNCIO

Pontiius Pilatus, nascido por volta de 10 a.C., foi governador da província romana da Judeia, de 26 a 36 d.C., isto é, segundo o Novo Testamento, no momento da crucificação de Jesus. Uma inscrição encontrada em Cesareia, em 1961, assim como uma nota de Flávio Josefo atestam sua existência histórica. O historiador judeu faz, com efeito, o retrato de um homem brutal, estranho aos costumes judeus: ele tentou em vão obrigar os judeus a adorar as insígnias (das efígies do imperador) que ele tinha introduzido, de noite, em Jerusalém, e conseguiu, à custa de um massacre, tomar o tesouro do Templo para a construção de um aqueduto. Finalmente revogado por brutalidade, retornou a Roma e morreu no exílio, talvez em Vienne (Isére), por volta de 39 d.C.

O Novo Testamento faz o retrato de um homem assustado com os acontecimentos, manipulado pelas autoridades judaicas, que entrega, finalmente, o Cristo ao suplício por medo de uma revolta da multidão. Pelo gesto relatado por Mateus (27, 34) de lavar-se as mãos, ele se declara inocente deste assassínio. A tradição não construiu nenhum retrato sobre a condição de Pilatos: a lavagem das mãos foi interpretada, no melhor dos casos, como um gesto de piedade, no pior dos casos, como um gesto de indiferença, mas, com certeza, não como uma prova da culpabilidade de Pilatos. Esta relativa indulgência se explica, certamente, como um meio de aliviar o povo romano da responsabilidade pela morte de Jesus: a Igreja não procurava conciliar-se com as boas graças do Poder? Os *Atos de Pilatos* narram, assim, que ele se teria convertido e teria sido morto como mártir, punido por Tibério. A Igreja copta e a Igreja ortodoxa estimam que ele e sua mulher Cláudia se converteram em segredo ao Cristianismo: a Igreja copta faz deles dois santos, enquanto a Igreja ortodoxa só canonizou Cláudia.

Régis Burnet

➢ Jesus; Judas; Paixão; Semana Santa; Sexta-Feira Santa.

POBRE

A temática da pobreza não ocupa espaço no *corpus* bíblico, enquanto o personagem do pobre é muito presente. Mais que um indigente, trata-se de um inferior, de um oprimido. O profeta Isaías denuncia os que são esquecidos de seus deveres para com os pobres (Is 58, 6.7.10). O livro dos Juízes estende a pobreza ao conjunto do povo que Deus castiga por meio de vizinhos que pilham. Jamais a luta profética contra a pobreza, encarnada pelo profeta Amós, é concebida como uma luta do pobre contra o rico. As Bem-Aventuranças reiteram as certezas do Deus do Antigo Testamento protetor dos deserdados. Mas o lugar eminente garantido aos pobres não será senão no além. Em nenhuma parte o Novo Testamento prega em favor da pobreza material.

A mensagem da Igreja oscila entre reprovação e compaixão. O pobre suscitou atitudes misericordiosas quando a Igreja o assimilou ao Cristo em fidelidade ao texto evangélico – "o que fizestes ao menor dentre eles, é a mim que fizestes" (é o exemplo de São Martinho em Amiens). A consciência de pertencer à mesma humanidade e à mesma filiação espiritual incita a Igreja a pregar pela caridade nos domínios econômico e social. A Regra beneditina insiste sobre a importância da acolhida do pobre, considerado como um beneficiário privilegiado, ele que se parece com o Cristo. As capelanias, as mesas dos pobres vêm ao auxílio dos infelizes, e a atividade caritativa se multiplica a partir do século XII, essencialmente na cidade. As práticas caridosas se desenvolvem também para o pobre no momento da morte, garantindo-lhe uma sepultura e orações para sua salvação; esta sétima obra de misericórdia é essencial numa sociedade onde a salvação eterna é o motor de toda a vida. O pobre é então mostrado como modelo do cristão (ver Lc 6, 20); ele existe para a salvação do rico que o mantém através da esmola. Mas o pobre é perigoso, porque ele pode colocar em perigo a ordem social. As ordens mendicantes, no século XIII, escolhem dividir os sofrimentos dos pobres e contribuem para mudar as mentalidades. Seu sucesso estrondoso suscita também reservas diante de sua prática da mendicidade e da errância. Instalando-se na cidade, os mendigos permitiram à burguesia em pleno desenvolvimento garantir sua salvação, santificando o dinheiro da caridade. A partir do século XIII, o pobre que não trabalha é, antes de tudo, um pecador. O temor social que os pobres inspiram é dividido entre todas as camadas da sociedade, e a Igreja não escapa a ele: a política de internamento atinge os pobres e todo personagem ressentido como perigoso. Os humanistas do século XV reabilitam a concepção crística do pobre. O valor meritório das obras de misericórdia e o sofrimento corredentor do pobre, que eram fortes na tradição católica, desapareceram mais ou menos do seio das Igrejas protestantes, o que não os impede de manter uma política de atenção ao mais fraco. Esta política é perene até o período mais contemporâneo: São Vicente de Paulo (1581-1660), a quem está ligada a criação das filhas da caridade dedicadas ao serviço dos doentes e dos pobres, Frederico Ozanam (1813-1853), que funda a Sociedade São Vicente de Paulo a serviço dos mais pobres, Madre Teresa (1910-1997), em Calcutá, cuja

POBRE — POVO DE DEUS

escolha de partilhar da vida do pobre reabilita-o no seio da sociedade, oferecem manifestações desta atenção aos pobres.

A esperança de um mundo novo, o universal que se encarna em cada homem são os motores do discurso das Igrejas sobre o pobre. Elas desenvolveram redes de ajuda, tais como o Socorro católico ou a CEVAA (Comunidade de Igrejas em Missão, fundada em 1971 por 36 Igrejas protestantes). Atitudes de luta contra a pobreza fizeram nascer debates importantes: a teologia da libertação considera o engajamento político como o único susceptível de lutar contra a pobreza, às vezes apoiada em teses marxistas. Esta "opção preferencial pelos pobres" foi definida claramente no Concílio de Puebla, em 1979. A solidariedade para com os pobres foi reconhecida como "boa, útil e até necessária" pelo Papa João Paulo II, que condenou, ao mesmo tempo, a teologia da libertação, de que ele não aceitava a recuperação revolucionária da figura do Cristo. A emergência, no século XX, da figura do pobre como lugar de escolha teológica, é importante.

As cenas mais representadas são as da caridade de São Martinho e as do pobre Lázaro, de quem os cães lambem as feridas enquanto o mau rico acumula suas riquezas. O terceiro personagem emblemático é Job, cuja pobreza material e espiritual permite testar a fé em Deus. Superando a tentação do desespero, ele é a figura do cristão por excelência.

Christine Bousquet-Labouérie

➤ Esmola; Francisco de Assis; Job; Lázaro; Martinho; Rico; Vicente de Paulo.

POVO DE DEUS

Na Bíblia hebraica, *'am* designa o povo de Deus, em um sentido menos nacional (expresso por *goy*) que religioso, o de uma pertença a Deus. O termo está ausente dos Evangelhos, mas não sua realidade, em especial quando Jesus escolhe os Doze, tanto quanto tribos, para significar que todo o povo está abrangido por sua mensagem e sua pessoa (Mt 10, 2-7; 19, 28). O povo de Deus da Nova Aliança será doravante composto de homens "de todas as tribos, povos, nações e línguas" (Ap 7, 9). É o que significa o dom do Espírito em Pentecostes. Paulo foi o artesão da adjunção dos cristãos de origem pagã ao povo de Deus, não sem tensões, conservando este título a Israel (Rm 9-11; Ga 3, 16).

Durante os primeiros séculos, os cristãos têm a forte consciência de constituir um "terceiro povo", entre os judeus e os pagãos, tensão que desaparecerá quando sua religião se tornar oficial. No Oriente, os imperadores cristãos se pretendem os sucessores de Melquisedeque, David e Salomão, à frente do povo eleito, mas também "bispos de fora" (Constantino). O elo direto entre o imperador e Deus induz uma concepção unitária, política e religiosa, do povo de Deus, que marcará a concepção do povo de Deus na Rússia ortodoxa e tsarista. No Ocidente, Carlos Magno "rei e sacerdote", segundo o sínodo de Francoforte (794), se concebe encarregado da expansão do Cristianismo e da salvaguarda da unidade da fé, princípio de uni-

ANDRÉ VAUCHEZ

POVO DE DEUS — PRECE

dade do povo de Deus. Será o mesmo para os imperadores do Santo Império romano germânico e dos reis: o termo "povo de Deus" designará assim a sociedade cristã de todos os batizados submetidos à sua autoridade e à do papa. Pelo fato da vitória do papa sobre o imperador na querela das Investiduras, a Igreja do Ocidente será mais universalista e clerical. Com a queda do Antigo Regime, no século XIX, uma eclesiologia ultramontana se elabora, muito redutora para a realidade do povo de Deus; ela persistirá até o Vaticano II.

Com a *Lumen Gentium*, o Vaticano II rejeita o conceito de "sociedade hierárquica e desigual" e reconhece a todos os batizados "uma igual dignidade" e o apelo à mesma santidade (§ 32), assim como a participação na tripla função do Cristo rei, sacerdote e profeta (§§ 10-12, 34-36). Uma garantia é assumida também contra a clericalização do povo de Deus, visto como "povo messiânico" neste mundo (§ 9). Depois da Shoah, a retomada desta categoria revela uma base comum com o povo judeu (§ 9; e principalmente *Nostra Aetate*, § 4).

Essa categoria de povo implica, enfim, a plena historicidade da Igreja, e, então, sua necessidade de uma reforma permanente (Lumen Gentium, § 8, 48), como sua tensão para um futuro escatológico. Ela permite valorizar a diversidade das culturas na Igreja una, antídoto do nacionalismo religioso, e afirmar a igualdade de todos os ritos em seu seio (*Decreto sobre a Liturgia*, § 4, corrigindo Pio IX, para quem o rito latino era superior a todos os outros). Esta categoria tem, assim, valor ecumênico.

Redescobrindo o povo de Deus, o Vaticano II favorece a inter-relação entre pastores e fiéis e promove a instauração de sínodos diocesanos, de conselhos pastorais e de conselhos de leigos nas paróquias e dioceses. O povo de Deus é também o corpo do Cristo e o templo do Espírito Santo. Estas redescobertas, sem fazer da Igreja uma democracia, exigem a colaboração do maior número, porque nem um só nem alguns podem monopolizar os dons do Espírito difusos em todos.

O Código de Direito Canônico de 1983 preferiu, no entanto, reconduzir a figura clássica do poder absoluto da hierarquia: o vigário só presta contas ao bispo, o bispo, ao papa, e o papa somente a Deus. Desvantagem pastoral provável nas sociedades democráticas do Ocidente, este tipo de autoridade é também uma desvantagem ecumênica. Embora tímida, a aprendizagem das instituições conciliares encontra resistências: em 40 anos, uma diocese em duas jamais realizou sínodo na França. Notemos um outro limite da recepção: em razão da penúria de clero no Ocidente, a proporção de leigos investindo-se das tarefas outrora consideradas como clericais ultrapassa a dos cristãos investidos na sociedade profana.

Hervé Legrand

➢ Cristãos (primeiros); Igreja (povo); Imperador; Bispo; Juízes; Leigo; Vaticano I e II.

PRECE [ORAÇÃO]

Ato atestado em todas as religiões, pelo qual um indivíduo estreita uma relação com Deus ou com os deuses, para solicitar seus favores ou para lhes exprimir senti-

346 CRISTIANISMO – DICIONÁRIO DOS TEMPOS, DOS LUGARES E DAS FIGURAS

PRECE

mentos de veneração, piedade, temor e amor, a oração recebeu na religião cristã um lugar imediatamente eminente, visto que o próprio Jesus ensinou os seus discípulos a rezar, e que eles se reuniam em oração no momento em que Ele se revelou a eles ressuscitado, como no momento da descida sobre eles do Espírito. A devoção com a qual se recolheram, em seguida, as orações dos santos é o índice do elo íntimo entre perfeição e oração. A exemplaridade reconhecida dos padres na fé explica também o lugar que cabe, na oração cristã, aos salmos retirados do Antigo Testamento, e rapidamente integrados à oração dos monges, enquanto os leigos se familiarizaram com ela pela aprendizagem da leitura dos saltérios e com a frequentação dos ofícios.

Elevação do espírito a Deus, diálogo interior com ele, a oração introduz à experiência da insondável distância entre a infinidade de Deus e a pequenez do homem e exige uma transformação ou *metanoia* que está no cerne da mensagem evangélica. Ela é também consentimento ao que Deus quer e busca do repouso em Deus na fusão dos espíritos e das vontades, que os místicos representaram em termos nupciais. A oração responde também à necessidade de socorro ou "sufrágios" e de intercessão. As orações aos santos nela encontram sua razão de ser, que elas sejam feitas nos santuários, junto às suas relíquias, num oratório, diante de uma imagem, ou, a partir do fim da Idade Média, com a ajuda dos sufrágios contidos nos livros de Horas. A figura da Virgem Maria se destaca a partir do século XII no Ocidente, sob a influência dos Cistercienses (*Ave Maria*, enriquecida da saudação de Isabel à sua prima, e, no fim da Idade Média, com adições deprecativas). Os pedidos de intercessão traduzem a inquietude da salvação na qual se enraízam práticas da Igreja latina. A consciência viva de uma solidariedade entre os vivos e os mortos induziu a promoção das orações para obter a salvação dos defuntos e das encomendas de orações aos monges, depois aos padres, somente autorizados a celebrar a missa, muito cedo considerado como o mais eficaz dos sufrágios.

O repertório das orações cristãs compreende as orações da missa, as orações pessoais, as repetições incessantes do nome de Jesus e as breves orações jaculatórias, os hinos litúrgicos ou as formas de expressão mais populares como os *Laudi*, ou os Gospels, passando pelas orações silenciosas ou pelo rosário, nascido no século XV. Esta prática, inspirada da recitação dos 150 salmos do Saltério, faz desenvolver os principais mistérios da salvação, gozoso, doloroso e glorioso. Os gestos da oração cristã são menos variados que as palavras. O mais antigo é o da elevação dos braços para o céu; a genuflexão, também atestada nos usos da religião romana antiga, foi consagrada na Idade Média como a postura por excelência do cristão em oração, com as mãos juntas, à maneira dos vassalos atando com seu senhor um elo de aliança e de apoio mútuo.

A prece cristã inclui celebrações rituais, que acompanham o calendário litúrgico. As orações ditas ou cantadas nele dependem sobretudo de uma cultura de clérigos mas a elas se juntam as súplicas em ladainhas, as procissões, e inúmeros sinais. O sucesso das peregrinações cede também todo seu espaço ao corpo como lugar de expressão da oração.

PRECE — PRESÉPIO

No século XIII, Robert de Sorbon declarava que a oração é a "profissão do cristão". O exame das práticas revela o cuidado, até a obsessão, do poder performativo atribuído a certas fórmulas "que fazem o que elas dizem", e a convicção de que a oração dos santos é a melhor de todas. Por esta razão, é normal confiar seu exercício regular neste mundo a uma parte escolhida dos membros da sociedade, os monges. Entre os cristãos do Oriente, durante a celebração da liturgia, os habitantes da Terra e do céu comungam numa única e mesma oração, o que lembra discretamente a iconóstase colocada diante do altar. É tentador fazer da corte do Paraíso um lugar povoado de intercessores cujo poder de alcançar a Deus culmina, para a Igreja latina, com o dia de Todos os Santos, que coloca em uníssono orações dos homens e orações dos santos.

Nicole Bériou

➢ Calendário litúrgico; Monge; "Pai Nosso"; Padre; Salmos.

PRESÉPIO

Conforme seu primeiro biógrafo, Thomas de Celano, São Francisco de Assis teria organizado em 1223, em Greccio (Umbria), por ocasião da festa de Natal, uma representação cenográfica do presépio de Belém, onde teria nascido Jesus, segundo o relato evangélico (Lc 2, 7). Naquela noite, diante de todos os habitantes da aldeia, a missa foi celebrada sobre uma manjedoura cheia de feno, de um lado ao outro da qual se encontravam um burro e um boi, conforme a iconografia corrente da Natividade que se inspirava em uma passagem do profeta Isaías (Is 1, 3), interpretado neste sentido por Santo Ambrósio. Francisco pregou aí em termos comoventes sobre o tema da Criança de Belém, denominação nova para a época, que enfatizava a humanidade e a humildade do Cristo. Talvez esta iniciativa lhe tivesse sido inspirada pela lembrança da Basílica de Santa Maria Maior, em Roma, onde existia desde a metade do século V um oratório dedicado à Santa Maria *in praesepe* (no presépio), oferecendo à veneração alguns fragmentos de madeira da manjedoura de Belém. Esta prática foi em todo caso retomada e difundida na Itália pelos Franciscanos e conheceu um sucesso particular em Nápoles, a partir do século XV. Os jesuítas a introduziram em Munique, em 1607, fazendo figurar aí personagens vestidas com hábitos, uso que conheceu um grande sucesso na Alemanha, na Europa central (Praga) e em toda a Itália do Sul, onde ele produziu obras-primas artísticas. No decorrer dos séculos XVII e XVIII, os presépios se generalizaram no conjunto do mundo católico, em ligação com o desenvolvimento da devoção ao Menino Jesus, e é encontrado hoje em todas as igrejas, no momento das festas de Natal e da Epifania, onde os Reis magos, com seus suntuosos presentes, se juntam à Santa Família.

André Vauchez

➢ Família (Santa); Jesus; Magos (Reis); Natal.

PROFETAS

Na Bíblia hebraica e cristã, alguns livros são qualificados como proféticos. Na Vulgata, eles são em número de 16. Distinguem-se os quatro grandes "profetas escritores", Isaías, Jeremias, Ezequiel e Daniel, aos quais se atribui a redação de seu livro, e os 12 "pequenos profetas", Amós, Oseias, Miqueias, Sofonias, Naum, Habacuq, Ageum, Zacarias, Malaquias, Abdias, Joel e Jonas. Estes textos foram redigidos entre o século VIII e o século II a.C, e a exegese contemporânea questionou a unidade de algumas obras, como as profecias de Isaías, que são hoje atribuídas a três autores diferentes. Mas a Bíblia menciona também muitos personagens proféticos que não deixaram obra escrita: Moisés, Samuel, Natan, Elias e Eliseu, mulheres como Débora e Hulda e, para terminar, João Batista, de quem Jesus dirá que ele é "um profeta e mais do que um profeta" (Mt 11, 9). No Antigo Testamento, o profeta (*nâbî*) é um mensageiro chamado por Deus para anunciar e interpretar sua palavra, e a história de Jonas, engolido por um monstro marinho, mostra o que custa furtar-se a este apelo. A mensagem divina lhes é transmitida durante uma visão, pela audição, ou, mais frequentemente, por uma inspiração interior. Ela pode dizer respeito tanto ao presente quanto ao futuro e fica, às vezes, cercada de mistério até que os acontecimentos explicitem seu sentido, atualizando-o. No Judaísmo antigo, o profetismo era uma instituição reconhecida pela religião oficial, mesmo se as relações entre os profetas, os sacerdotes e os soberanos eram frequentemente conflituosas.

Jesus de Nazaré foi, primeiramente, considerado um profeta, e retomou este termo por sua conta, dizendo que "Ninguém é profeta em sua terra" (Mt 13, 57). Em Jerusalém, alguns verão nele o "grande profeta", de quem Moisés tinha anunciado a vinda, e os evangelistas repetem que, por sua morte e sua ressurreição, este Messias sofredor cumpriu as profecias. Desde então, pode-se considerar que o tempo dos profetas acabou (He 1, 1-2). Contudo, nos primeiros tempos do Cristianismo, constata-se a presença de profetas inspirados pelo Espírito Santo (Atos 11, 27), e São Paulo considera o dom de profecia como um dos principais carismas (1 Co 12, 3-11). Mas, a partir do século III, o profetismo foi desacreditado aos olhos da Igreja pelos montanistas, uma seita logo considerada como herética, cujos membros se julgavam os únicos depositários das profecias. Ireneu de Lyon sustentou contra eles (*Contra as Heresias*, I, 13, 4 e II, 31, 2) que só os sucessores dos Apóstolos estavam habilitados a indicar aos fiéis o "caminho da vida".

A partir de então, o profetismo teve tendência a identificar-se com o dom de clarividência que possuíam muito particularmente os bispos e os doutores. Agostinho afirma que o profeta é aquele que vê mais longe que os outros e que é capaz de interpretar suas próprias visões e as do outro (*De Genesi ad Litteram*, 12): os bons intérpretes das Escrituras devem ser considerados como profetas, e Gregório, o Grande, no início do século VII, definiu o profeta como aquele que revela o sentido das passagens obscuras da Bíblia. A figura do profeta por excelência é São João, o evangelista, considerado o autor do Apocalipse. No século XII, a

PROFETAS

Abadessa Hildegarde de Bingen (†1179) afirmou ter recebido de Deus o dom de revelar seu julgamento durante a história. Em um tempo onde a instituição eclesiástica e o poder imperial não eram mais capazes de guiar o povo de Deus, este a havia escolhido para lembrar as exigências de sua fé aos cristãos e, principalmente, aos detentores do poder. Alguns anos mais tarde, o Monge Joaquim de Flora (†1202) reivindicou o dom de interpretar as Escrituras para nelas discernir os "sinais dos tempos". Ele destacou a necessidade de uma leitura histórica do Apocalipse e anunciou a chegada próxima do Anticristo, que devia preceder a entrada da Igreja na idade do Espírito.

Paralelamente, desenvolveu-se uma nova problemática do profetismo, depois do encontro da tradição cristã com a interpretação intelectual inspirada por Aristóteles. É o exemplo que disto dão o filósofo judeu Maimonides e Tomás de Aquino, que define a profecia como uma forma de conhecimento sobrenatural, de origem divina. Ele considera a profecia como um simples meio de edificação, cujo critério de autenticidade é a utilidade para a salvação do povo cristão. Os verdadeiros profetas eram os "doutores", os teólogos e os pregadores que tinham a missão e a capacidade de explicar a Palavra de Deus aos fiéis.

Os últimos séculos da Idade Média foram marcados por uma multiplicação de profetas de todo tipo, entre os quais se encontra um certo número de leigos, dentre os quais mulheres, atentos aos acontecimentos políticos e aos problemas da Igreja, como Santa Brigite da Suécia (†1373) e Santa Catarina de Sena (†1379). Em compensação, os teólogos, com Pedro de Ailly e Gerson, enfatizaram a necessidade de um discernimento dos espíritos, de que eles tentaram, sem grande sucesso, definir as regras. Com a aspiração à reforma da Igreja, tendo sido decepcionada durante todo o século XV, o pregador dominicano Savonarola se sentiu investido por Deus na missão profética de fazer de Florença uma cidade santa. Excomungado pelo papa, depois preso e condenado pelas autoridades civis e religiosas, o "profeta desarmado" morreu na fogueira em 1498.

Na Reforma protestante, Lutero e Calvino não tardaram a se distanciar dos anabatistas e das correntes apocalípticas que se tinham desenvolvido em seu seio. Mas, entre os protestantes, a centralidade do texto bíblico dá uma atenção grande ao profetismo, o que permitiu a algumas personalidades, como Wesley, fundador do Metodismo, tomar a frente de movimentos de "despertar" espiritual. Na Igreja Católica, a corrente profética, intimidada pela Inquisição e pelo Santo Ofício, só sobreviveu no seio de algumas ordens religiosas (jesuítas da América Latina, por exemplo) ou em movimentos religiosos populares, como os "convulsionários" de Saint-Médard, no século XVIII. O mesmo aconteceu nos séculos XIX e XX, quando visionários como Lamennais, Rosmini e Luigi Sturzo se esforçaram para reconciliar a Igreja e a democracia. Foi preciso esperar o Concílio Vaticano II para que fosse reconhecido o caráter profético de personalidades, como Y. Congar e P. Teilhard de Chardin, ou dos pastores evangélicos que foram Oscar Romero e dom

PROFETAS — PROTESTANTES

Hélder Câmara, e para que fossem estabelecidos, pelos papas Paulo VI e João Paulo II, gestos proféticos, como o encontro do primeiro com o patriarca Atenágoras ou a visita do segundo a Jerusalém.

André Vauchez

➢ Anticristo; Carisma; Daniel; Fim dos tempos; Hildegarde de Bingen; Isaías; João Batista; Jonas; Milenarismo; Natan; Oseias; Reforma; Revelações.

PROTESTANTES

Entre os dois bilhões de cristãos com que conta hoje o planeta, os protestantes representam mais de um quarto. Neste início do século XXI, o Protestantismo é um fenômeno mundial que se encontra não somente na América do Norte, na Europa, mas também na Ásia, na América Latina, na África e na Oceania.

O Protestantismo se desenvolveu no século XVI no Cristianismo europeu, com a reforma luterana nos mundos germânico e escandinavo, as reformas calvinistas na França, na Suíça, na Escócia e nos Países Baixos, a reforma anglicana na Inglaterra e a reforma radical dos anabatistas e espiritualistas. Mesmo se o mundo protestante inclui ramos que apareceram ulteriormente (o batistismo, o metodismo e o pentecostismo), são estas reformas do século XVI que lançaram suas bases doutrinais. Policêntrico e pluriconfessional, o mundo protestante se caracteriza pela pluralidade teológica e eclesiástica.

Martinho Lutero, monge agostiniano, não desejava provocar cisão no seio da Igreja Católica de seu tempo e apelou primeiro ao papa rara reformar a Igreja. Convocado por Carlos Quinto na dieta de Worms, em abril de 1521, ele recusou-se a se retratar. Beneficiando-se do apoio das autoridades políticas, esta aspiração a um Cristianismo mais autêntico se tornará uma reforma religiosa que transformou toda a Europa. O termo "protestantes" vem do fato de que Carlos Quinto quis questionar a liberdade de escolha confessional reconhecida aos príncipes e às cidades livres em 1526. Estes emitiram, em 1529, uma vigorosa protestação contra o que lhes aparecia como uma violação de sua liberdade. As reformas luterana, calvinista e anglicana fazem parte do que se chama "Reforma magisterial", isto é, uma reforma introduzida e estabelecida com o apoio dos magistrados (conselheiros municipais). Mas o século XVI vê também a reforma radical dos anabatistas, espiritualistas e evangélicos. Esta sensibilidade protestante liga o batismo a uma atitude consciente e explícita de conversão, o que lhe custa, em seguida, ser qualificada como "batista". No século XXI, o batistismo é a principal denominação protestante nos Estados Unidos.

Três grandes marcas caracterizam o universo diversificado do Protestantismo. Qualquer que seja a confissão protestante considerada, um lugar importante é atribuído à Bíblia, a referência às Escrituras sendo considerada como fonte fundamental da verdade religiosa e do comportamento cristão. A instituição eclesiástica

ANDRÉ VAUCHEZ 351

PROTESTANTES — PRÓXIMO

e suas autoridades são relativizadas. Elas podem falhar, e sua fidelidade é avaliada segundo os dados escriturários (*Sola Scriptura*). Os herdeiros de Lutero se sentirão livres para fundar outras organizações eclesiásticas quando estimarem que sua Igreja se tornou infiel. Isto questiona também o forte corte entre padres e leigos e contribuiu para valorizar "o sacerdócio universal dos crentes".

O segundo ponto é o individualismo religioso. É sempre a apropriação pessoal do Cristianismo que é colocada adiante, seja ela intelectual ou emocional, inscreva-se ela em Igrejas "liberais" (pluralistas e pouco preocupadas em controlar as crenças e as práticas de seus fiéis) ou "ortodoxas" (visando a uma sociedade de crentes conformes a um certo modelo e se dando os meios de controle necessários).

Criticando o monasticismo, os reformadores valorizaram a santidade no mundo mais do que a santidade fora do mundo, um monasticismo interior mais do que um monasticismo exterior, o que foi a origem de um certo ascetismo intramundano particularmente na posteridade puritana.

O fim do século XX e o início do século XXI são marcados pelo desenvolvimento da corrente evangélica, uma forma prosélita de Protestantismo defendendo a conversão dos indivíduos. Ao lado de uma orientação pietista preocupada com a ortodoxia doutrinal e muito pouco voltada para as manifestações emocionais, ela compreende o componente pentecostista, que evoca muito particularmente a figura de um Jesus que salva, que cura e que retorna. O pentecostismo se difundiu rapidamente na América Latina e na África. O protestantismo evangélico é rico de filiações históricas diversas, das quais algumas remontam ao século XVI: anabatistismo, batistismo, metodismo, movimentos de santificação e de "despertares". Esta forma militante de Cristianismo de inspiração protestante se desenvolveu particularmente nestas últimas décadas: ela representa mais de um quarto da população americana global e mais da metade dos protestantes americanos. Se o desenvolvimento é menos espetacular na França, contudo, vai no mesmo sentido e culmina num reequilíbrio entre Protestantismo luterano-reformado e Protestantismo evangélico.

Jean-Paul Willaime

➢ Calvino; Genebra; Lutero; Reforma.

PRÓXIMO

"Amar ao seu próximo" é um dos florões do Cristianismo. Entretanto, amar seu próximo não é óbvio, nem do ponto de vista do amor nem do ponto de vista do próximo. De que espécie de amor se trata? De que próximo, em nome do quê?

A questão pode surpreender. O amor do próximo parece poder não ter uma origem, tanto que encontrou seu lugar no labirinto dos valores humanistas, mesmo sendo num nível conduzido a solidariedades humanitárias. Ora, não há amor fraterno senão à proporção de um amor paterno primeiramente recebido. É a re-

PRÓXIMO

velação da paternidade de Deus que fundamenta o amor do próximo: "Amarás o Senhor teu Deus com toda tua alma, com toda tua força e com todo teu espírito, e teu próximo como a ti mesmo." A ideia do próximo postula, pois, vários elementos: a origem divina do amor, o amor de si mesmo, o *status* do próximo, uma certa ordem na caridade.

Quando Jesus conta a parábola do bom samaritano (Lc 10, 29-37), Ele pergunta: "Qual se mostrou o próximo do homem caído nas mãos dos bandidos?" O próximo é "aquele que exerceu a misericórdia com ele". O próximo da parábola não é, pois, o homem ferido, como muitas leituras moralizadoras o propõem, mas aquele que cuida dele. Ora, aquele que cuida dele, os padres da Igreja assim quiseram, é o Cristo. Ele para, enquanto os representantes da Lei e dos profetas não pararam. Ele cuida do homem deixado semimorto, aquele que descia de Jerusalém (o Paraíso), em Jericó (o lugar da ausência de Deus). Ele derrama o vinho da eucaristia e o confia aos cuidados da Igreja. Nosso próximo é o Cristo. É o Cristo que cuida do homem ferido pelo pecado original, é Ele que instaura a Lei nova, a única capaz de salvar, Ele que faz misericórdia, encarrega-se de sua cruz em seu lugar, confia à Igreja e aos sacramentos até sua volta. A ordem é assim estabelecida de um próximo que é primeiramente recebido de Deus por nós. É nosso próximo aquele que se faz nosso Salvador, o Cristo.

Sob tal luz, o tema do próximo não é mais somente de uma solidariedade horizontal um pouco compassada. Ele é aquele da recepção da salvação e de sua transmissão. Salvo pelo Cristo, o cristão se faz, por sua vez, o próximo de seu irmão e vê em seu irmão um próximo, um homem como ele, chamado a ser salvo. Amar ao seu próximo é querer para ele o Cristo e a salvação que Este traz.

Não se poderia amar ao seu próximo sem amar-se a si mesmo, isto é, sem se reconhecer ao mesmo tempo pecador e agraciado, amado e amável. Só se é capaz de amar ao outro se se aprende a amar-se a si mesmo, porque se é, depois, capaz de ver no outro um outro si mesmo. O que vale no plano psicológico vale também no plano teológico.

Há, pois, uma ordem na caridade. É a da primazia de Deus que ama, faz-se nosso próximo e nos convida a se tornar o próximo daquele que já é nosso próximo. Esta ordem é também a de nosso outro mais próximo. A paternidade de Deus fundamenta a fraternidade humana, e uma fraternidade de amor. O Antigo Testamento já era marcado com este amor. Não se deve reduzi-lo à lei do Talião (olho por olho, dente por dente). Entretanto, esta proposta de justiça era ela própria um progresso considerável em relação à retribuição desproporcional e bárbara das penas. Desde a primeira Aliança, a justiça está incluída no amor, sem ser suprimida por ele.

A ordem da caridade é a da proximidade: esposos, filhos, círculos familiar, de amigos, depois social etc. Esta ordem vale nos dois sentidos: é inútil sonhar com a outra metade do globo se não se ama nem a Deus nem aos seus próximos. Reciprocamente, o amor dos mais próximos não dispensa o dos mais distantes, desde que o distanciamento inclui uma relação possível e um investimento efetivo. O amor do próximo repousa sobre o realismo das pessoas amadas, o cuidado apostólico das almas e a comunhão eclesial. Não há próximo entendido como tal senão ao ver da virtude teologal da caridade, fundamentada na fé viva.

Thierry-Dominique Humbrecht

➤ Amor; Pai; Samaritano (bom).

PSEUDO-DÊNIS

Ver *Dênis, o Areopagita*.

PURGATÓRIO

O Purgatório é um lugar onde, como seu nome o indica, os que aí se encontram provisoriamente (mas o provisório pode durar) são purgados pelo fogo dos erros perdoáveis que eles cometeram na Terra, antes de poder chegar ao céu, depois de purificados. Seu tempo de provação neste lugar intermediário, reservado àqueles que não estão nem condenados nem bem-aventurados, pode ser encurtado graças à oração dos vivos.

O Purgatório é uma noção teológica especificamente ocidental. Ela não foi aceita nas Igrejas do Oriente. Mesmo no Ocidente, ela não fez unanimidade. Lutero a rejeitou como não bíblica, inútil, e suspeita de servir unicamente para "garantir a subsistência do papa", por intermédio das indulgências. Quanto a Calvino, ele julgava que era uma "ficção perniciosa de Satã". O Purgatório, com efeito, não é mencionado na Bíblia, mas nela se encontra a ideia de uma estada de espera (Le Schéol, Jb 30, 23; o "seio de Abraão", Lc 16, 22) e a de uma oração pelos defuntos: "É coisa santa rezar pelos mortos, a fim de que sejam liberados dos seus pecados" (2 M 12, 43.) A ideia precisa de uma purgação pelo fogo se encontra no Antigo Testamento: "Passamos pelo fogo e pela água" (Sl 66, 12), depois, na pregação de João Batista (Mt 3, 11) e nas Epístolas de Paulo: "o fogo experimentará o que é a obra de cada um" (1 Co 3, 13). Os padres da Igreja não parecem ter recorrido a uma noção de lugar intermediário já elaborada. Mas eles foram muitos a pensar que os pecados pós-batismais deviam ser expiados (Tertuliano, Cipriano, Ambrósio, Orígenes, Clemente de Alexandria, Gregório de Nissa), e Santo Agostinho se interrogou longamente sobre a sanção dos pecados leves, o tempo que separa a morte e o Juízo final e sobre a solidariedade entre os vivos e os mortos. A epigrafia e os sacramentários latinos comprovam a antiguidade da oração pelos mortos.

O termo "purgatório", como adjetivo que qualifica as penas sofridas, já tinha sido utilizado antes. Mas o emprego do substantivo, no sentido de lugar especial, não é anterior ao século XI. Assim, em Hildebert, onde ele designa a vida de além-túmulo, anterior ao julgamento geral. A crença no Purgatório toma seu impulso por volta de 1150. Os Concílios de Lyon (1245 e 1274) o ensinam de maneira discreta,

PURGATÓRIO

contentando-se em usar o adjetivo. Foi assim também no Concílio de União de Florença (1439): "Os que morreram na amizade de Deus antes de ter feito dignos frutos de penitência são purificados depois de sua morte por penas purgatórias e se beneficiam dos sufrágios dos vivos." Foi somente durante a última sessão do Concílio de Trento (1563) que a doutrina do Purgatório como lugar especial foi afirmada, e defendida a eficacidade da oração dos vivos, contra os reformadores: "A Igreja Católica (...) ensinou (...) que há um Purgatório e que as almas que aí são presas são ajudadas pelas intercessões dos fiéis e principalmente pelo sacrifício propiciatório do altar." Foi então que este lugar tomou na representação cristã dos "fins últimos" bastante consistência para formar com Inferno e Céu uma tópica do além, que não será mais questionada antes da segunda metade do século XX.

A aceitação dessa doutrina foi preparada de longa data por toda uma literatura mística. Já no século VIII (visão de Drycthelm, em Beda, o Venerável), visionários tinham contado a "viagem" que tiveram a oportunidade de fazer sob a condução de um anjo. Os visionários e os místicos ulteriores falam de um lugar intermediário entre o Inferno e o Céu e descrevem as penas do Purgatório, tal como Hildegarde de Bingen em seu *Scivias*. O Purgatório é cuidadosamente descrito em *A Divina Comédia*, de Dante. Em seu *Tratado do Purgatório*, Catarina de Gênova (1447-1510) apresenta o Purgatório em relação com alguns estados da vida presente, o que anuncia a orientação que, mais tarde, preferiu ver no Purgatório um estado mais do que um lugar (*Catecismo da Igreja Católica*, 1992, nº 1.472).

Suas primeiras representações nas belas artes, frequentemente ligadas a um outro assunto, tal como a *Missa de São Gregório*, não são anteriores ao fim do século XIV e permanecem raras até o fim do século seguinte. Mas a polêmica pictural antiprotestante lhe deu asas. O título "Almas do Purgatório" serviu, em seguida, para designar uma família de quadros cada vez mais numerosos, como as confrarias do mesmo nome. O assunto conheceu seu apogeu no século das Luzes. Particularmente apreciadas na Provença, as pinturas assim chamadas mostram em geral, na parte baixa da composição, sob um padre celebrando no altar, siluetas humanas nuas, ajoelhadas, com as mãos postas, à espera nas chamas, voltadas para o Céu e, chegada sua vez, erguidas uma a uma por anjos, em razão da oração do padre e também dos fiéis que lhe encomendaram dizer a missa e o pagaram por isso. Quando a conta das indulgências acumuladas acaba, elas voam enfim... Este tipo de "roteiro" está em via de extinção em nossos dias, como a própria crença no Purgatório.

François Boespflug

➤ Dante; Inferno; Fim dos tempos; Juízo final; Limbos; Paraíso.

QUARESMA

A Quaresma (do latim *quadragesima*) é o período de 40 dias que prepara para a festa de Páscoa. Nos séculos II e III, os cristãos se preparam para a festa por um jejum limitado a um ou dois dias, pelo qual eles se associam à morte do Cristo. No século IV, no Oriente e no Ocidente, quer-se imitar o jejum de 40 dias que, segundo os Evangelhos (Mt 4, 1-11), o Cristo observou. Esse período é marcado pela preparação e instrução dos catecúmenos que serão batizados no decorrer da noite pascal. É, também, um tempo de penitência para os pecadores, que serão reconciliados pelo bispo, na Quinta-Feira Santa. Quando, no século V, se rarefazem os batismos de adultos e as práticas penitenciais coletivas, a Quaresma se torna para o conjunto dos cristãos um tempo rigoroso de jejum e de abstinência, que vai da Quarta-Feira de Cinzas ao Sábado Santo. Desde 1969, o jejum e a abstinência de carne são limitados para os católicos na Quarta-Feira de Cinzas e na Sexta-Feira Santa. A Quaresma redescobriu em parte sua orientação batismal, por causa dos batismos de adultos celebrados na vigília pascal. Para os ortodoxos, a Grande Quaresma cobre as sete semanas que precedem a Páscoa.

Antes de entrar nesse período austero, era normal que se quisesse fazer festança na "Terça-Feira gorda", véspera da Quarta-Feira de Cinzas, ou, ainda, que se celebrasse o carnaval (do latim *carne vale*, "adeus à carne"), que pode durar de três dias a três semanas.

Philippe Rouillard

➢ Calendário litúrgico; Jejum; Páscoa; Sexta-Feira Santa.

QUEDA

O relato da queda do homem (Gn 3, 1-24) prolonga o segundo relato da Criação. No estilo figurado característico da tradição yahvista, ele conta como Adão e Eva, tentados pela serpente, transgrediram a proibição divina de comer do fruto da "árvore do conhecimento do bem e do mal" (Gn 2, 17). Yahvé os pune, submetendo-os à dor e à morte, e os expulsa do Paraíso terrestre. Ele promete, no entanto, a vitória final da "linhagem da mulher" sobre a da serpente (Gn 3, 15). A sequência

QUEDA

do relato mostra a proliferação do mal sobre a Terra, que culmina na decisão divina de provocar o Dilúvio.

Sua situação no início da Bíblia faz desse relato uma chave fundamental da história santa. É, no entanto, somente nos escritos mais tardios do Antigo Testamento que ele é objeto de alusões explícitas. Em Sab 2, 23-24, seu valor de explicação da origem do mal é claramente levantado, e o tentador é identificado com o diabo, por quem "a morte entrou no mundo". Escritos judeus apócrifos (séculos II-I a.C.) colocam antes da queda do primeiro casal a dos anjos levados por Satã na rebelião contra Deus (Livro de Enoque; ver 2 P 2, 4).

Prolongando essas preocupações, e à luz da encarnação, os escritos de São Paulo propiciam uma exemplar leitura tipológica da queda original (Rm 5, 12-21). Adão é um "tipo" do Cristo, ao mesmo tempo, anúncio e esboço imperfeito do Filho de Deus. A Paixão redentora inverte e repara a desobediência de Adão, fazendo apreender o alcance universal: "Como pela desobediência de um só homem a multidão foi constituída pecadora, assim pela obediência de um único, a multidão será constituída justa" (Rm 5, 19). Essa solidariedade de todos na culpa do primeiro homem tomará, seguindo Santo Agostinho, o nome de "pecado original". No Cristianismo nascente, essa ideia, ainda não analisada, dá lugar à prática do batismo das criancinhas, atestada desde o século II.

É no Ocidente que o tema da culpa de Adão e de sua transmissão a toda a humanidade conhece um desenvolvimento considerável. Alguns escritores isolados veem na queda uma culpa de natureza sexual; outros associam o trabalho humano a um castigo do pecado; sem fundamento na Escritura, essas interpretações não têm consequência. É diferente com a doutrina de Santo Agostinho (fim do século IV), que deu ao dogma do pecado original seus contornos definitivos, ratificados quando dos concílios antipelagianos dos séculos V e VI. Agostinho analisa a culpa de Adão como consistindo principalmente num pecado de orgulho, cuja culpabilidade se transmite por geração a toda a humanidade. Em Adão, é, pois, toda a humanidade que "caiu": ela constitui a partir de uma *massa damnata*, uma "massa de pecado" que Deus pode, sem injustiça, abandonar à morte eterna. A graça da salvação trazida pelo Cristo é, no entanto, oferecida a alguns, por pura bondade de Deus, e somente os que a acolhem livremente são salvos.

A Idade Média latina faz sua a visão agostiniana, sem, geralmente, reter sua tonalidade pessimista. A liturgia canta, assim, durante a noite pascal, a "feliz culpa" (*felix culpa*) de Adão, que mereceu à humanidade ser resgatada pelo Cristo (*Sacramentaire Gélasien*, século VII). Frequentemente representada na arte sacra enquanto etapa da história da salvação, a cena da queda fornece também a matéria do primeiro drama litúrgico em língua vulgar, o *Jeu d'Adam* (fim do século XII), que revela sua surpreendente profundidade psicológica.

O agostinismo renasce em sua forma mais severa com a Reforma Protestante. Lutero vê, com efeito, no pecado original não uma simples inclinação ao mal herdado da culpa de Adão, mas um verdadeiro pecado que implica uma corrupção total da natureza humana. O concílio de Trento (1546), do lado católico, responde esclarecendo a extensão da perda ocasionada pela queda de Adão: a "santidade e a justiça" originais é que foram perdidas, mas a natureza humana só foi ferida, e não inteiramente corrompida.

Ainda sob a dependência de Agostinho, o pecado original está no centro de ardorosas controvérsias na idade clássica, implicando tanto teólogos profissionais quanto o público erudito. Testemunha do espírito desse tempo, Pascal vê no pecado original uma chave de compreensão da condição humana: "Sem esse mistério, o mais incompreensível de todos, nós somos incompreensíveis a nós mesmos." É a mesma preocupação com o destino humano que anima o *Paraíso Perdido*, de John Milton (1667), genial epopeia cristã que mistura estreitamente a queda dos anjos e a do homem e acaba com a exclusão do Paraíso.

A época das Luzes tenta, ao contrário, compreender a condição humana, excluindo a ideia de uma culpabilidade coletiva. A culpa de Adão, relida a partir de uma filosofia evolucionista, aparece, então, como uma recusa positiva da submissão, e a primeira etapa dos progressos do espírito humano: de tentação diabólica, o desejo de se tornar "como deuses" se transforma em conquista da autonomia (ver Kant, *Conjecturas sobre o Começo da História Humana*, 1786).

Um certo paradoxo caracteriza a recepção contemporânea do pecado original. Frequentemente relegado ao segundo plano na prática pastoral e na consciência cristã, em nome de um "otimismo" hostil à ideia de culpabilidade, ele foi objeto, durante todo o século XX, de aprofundamentos importantes, em especial graças aos progressos da exegese bíblica. Teólogos como D. Bonhöffer tirarão de sua confrontação com o nazismo uma consciência renovada da centralidade do pecado original na dogmática e na antropologia cristãs.

Vincent Aubin

➤ Adão; Agostinho; Agostinismo; Bonhöffer; Diabo; Éden; Eva; Paraíso; Paulo; Pecador; Serpente.

QUMRÂN

Khirbet Qumrân ou simplesmente Qumrân designa um sítio arqueológico situado a um quilômetro mais ou menos das margens ocidentais do Mar Morto, em direção do norte. Em busca dos restos de Sodoma e de Gomorra, exploradores e viajantes visitavam regularmente essas ruínas há dois séculos. Estas ganharam uma importância ao mesmo tempo científica e mediática com as descobertas ditas "do Mar Morto", de 1947 a 1956. Onze grutas mais ou menos próximas do lugar revelaram os restos de cerca de 900 rolos antigos, todos de origem judaica, datados do século II ou III a.C. ao século I da nossa era. Foi a maior descoberta arqueológica do século XX, em via de revolucionar o conhecimento e a compreensão da sociedade judaica na véspera de suas irreversíveis rupturas (o fim do exercício do Templo e o nascimento do Cristianismo) e de suas grandes mutações (a recomposição do Judaísmo, doravante rabínico, somente na base da Torá).

QUMRÂN

Fala-se correntemente das "grutas de Qumrân" e dos "escritos, textos, rolos ou manuscritos de Qumrân", estabelecendo um elo entre os rolos descobertos, as grutas e o sítio, e os residentes deste. Desde 1948, um erudito judeu da Universidade Hebraica de Jerusalém (E. Sukenik) atribuiu os sete rolos então conhecidos à "comunidade" essênia. Na virada da era, os essênios constituíam um movimento, uma rede de fraternidades de ascetas, conhecidos pelas anotações de dois autores judeus do século I, Fílon de Alexandria e Flávio Josefo, e pelo escritor romano contemporâneo Plínio, o Antigo. Dois anos mais tarde, um erudito francês, R. de Vaux, acrescentava ao dossiê as ruínas de Qumrân: ele viu aí um mosteiro para estudos que os essênios teriam ocupado, autores presumidos dos textos exumados. Com ou sem nuances, a tese essênia da origem dos manuscritos impôs-se quase até nossos dias para a maioria dos pesquisadores. Hoje, o estudo global e transversal dos textos exige que se considerem as coisas diferentemente.

Uma maioria dos pergaminhos constitui o lote dos manuscritos; uma centena são de papiro e um só em cobre. Com exceção de umas 20 peças conservadas em Amã, a quase totalidade dos documentos é posse israelense. Os rolos propriamente ditos são apenas uma pequena dezena, alguns bem conservados. O resto consiste de milhares de fragmentos: 13% a 15% dos textos são em aramaico, a língua corrente do país desde a conquista persa, no fim do século VI a.C. O restante é em hebraico, a língua literária e cultual, declarada "santa" desde o século II antes de nossa era (segundo o *Livro dos Jubileus* e um fragmento encontrado em uma das grutas). Algumas passagens ou trechos são em grego. Considera-se o conjunto como muito amplamente "literário", e não "documental". Não se encontram aí, com efeito, nem cartas, nem faturas, nem contratos. Trata-se, então, de uma biblioteca, da qual não se saberá talvez jamais a origem.

Os primeiros rolos foram descobertos fortuitamente por beduínos do Deserto de Judá e apareceram em Belém durante o inverno de 1947. Desde 1948, foram identificados como autênticos manuscritos hebraicos do século I a.C. Depois do armistício de 1949, sob a égide dos jordanianos, várias campanhas de explorações e de escavações foram conduzidas, até 1956, e terminaram pela descoberta da última gruta dita "de manuscritos". Foi a corrida e a concorrência entre eruditos e beduínos. A recuperação dos fragmentos não foi fácil. À medida que foram adquiridos, foram depositados numa sala reservada chamada *scrollery* (do inglês *scroll*, "rolo"), no Museu Arqueológico da Palestina, em Jerusalém Leste (hoje Museu Rockfeller). Iniciada em 1952, a publicação dos rolos e dos fragmentos só foi acabada em 2002.

A classificação dos rolos e dos fragmentos não é óbvia. Num primeiro tempo, pode-se colocar à parte os que se consideram como "bíblicos", ou seja, presentes em nossas Bíblias: 23% a 25%, o que corresponde a algo como 200 rolos diferentes. Com exceção de Ester, e, ainda, todos os livros do *corpus* judaico dos livros santos se encontram atestados. Muitos são representados por diversos, e até inúmeros exemplares – 20 da Gênese, 17 do Êxodo, 14 do Levítico, uns 30 do Deuteronômio e dos Salmos. A mais antiga dessas testemunhas, um fragmento de Samuel, é datada do

QUMRÂN

meio do século III a.C. Mas a maior parte é um pouco mais recente, sem ultrapassar, todavia, a metade do século I de nossa era. É sabido hoje que não figura aí nenhum texto cristão. Até essas descobertas, os mais antigos manuscritos das Escrituras hebraicas que se possuíam datavam do século X, em plena Idade Média.

Uma ampla parte do resto dos rolos, "não bíblicos", como se diz, cerca de dois terços do conjunto, se apresenta mais ou menos como releituras ou reescrituras, prolongamentos ou comentários, reproduções ou sistematizações de tradições e de formas realmente "bíblicas". Está-se na presença de um amplo conservatório literário, e ainda por cima um rico laboratório onde se cruzam diferentes correntes de pensamento e de ideais da sociedade judaica pré-cristã. O Cristianismo de Jesus Cristo e o de Paulo de Tarso aí se percebem em gestação, e até o Judaísmo rabínico. A corrente mística conduzindo à Cabala aí se manifesta nitidamente. Uma gnose verdadeira, judaica, aí evolui entre outras coisas, sob as vestes de um dualismo cósmico e de uma sabedoria elitista. A parte dos essênios parece aí perder suas marcas. Além disso, desde o meio dos anos 1990, alguns arqueólogos, fazendo reviver a economia dos espaços ocidentais próximos do Mar Morto, contribuem para abrir e dessacralizar o sítio de Qumrân, e o retiram, então, da implantação exclusiva dos essênios ou de qualquer outra "comunidade" de ascetas. Até hoje, nada está ainda decidido, nem num sentido nem em outro. Mas a evolução ou a transformação da tese essênia parece irreversível.

André Paulo

➢ Bíblia; Sagradas Escrituras; Gnósticos; Intertestamentários (escritos); Judeus; Palestina; Testamentos (Antigo e Novo).

R

RABINO

A palavra rabino é a transliteração de *rabbi*, "mestre". Chamavam-se assim os profissionais da Torá que se afirmaram no fim do século I ou no início do século II, enquanto a comunidade judaica, privada do Templo, estava recompondo-se. Durante séculos, até a publicação do Talmude da Babilônia, no fim do século VI, a responsabilidade religiosa, o esclarecimento ético e o exercício jurídico dos judeus repousavam no conjunto dos *rabbim*, elite erudita e piedosa. Chama-se "época rabínica" esse período longo que viu realizar-se a formação do Judaísmo clássico, qualificada como "rabínica". As personalidades às quais se atribuía o título de *rabbi* eram ditas igualmente *hakamîm*, "sábios". Tratava-se de uma instituição verdadeira: ela substituía o sacerdócio ligado ao Templo por uma função nova e leiga: o ministro da Torá, encarregado de estudá-la e ensiná-la tendo em vista sua aplicação. Cercado de discípulos, o *rabbi* era uma espécie de pai que devia introduzir um filho, não "neste" mundo, mas no mundo "por vir".

A cada *rabbi* é devida a mesma honra que à Torá, com a qual ele se identifica quase corporalmente. Uma cadeia ininterrupta de mestres e de discípulos garante na história o serviço e o culto desta. Cada santo ou herói de Israel se encontra transformado em *rabbi*. Moisés é o primeiro deles, "nosso *rabbi*, dizem, o *rabbi* ideal. Mais ainda, nos céus, sede da Academia (*yeshivah*) celeste, Deus e seus anjos estudam a Torá e vivem por ela como os *rabbim* na Terra. Deus é o *rabbi* supremo, que consulta a Tora antes de criar o mundo.

Essa concepção carismática, senão mística, do *rabbi* corresponde exclusivamente à fase de formação do Judaísmo rabínico. Constata-se alguma analogia com a fase profética do Cristianismo, ela própria de formação, que é a "idade apostólica". Virá, em seguida, o rabino no sentido moderno do termo, o responsável por uma comunidade judaica, encarregado de ensinar a Torá, de presidir e de pregar na sinagoga, de oferecer assistência espiritual e às vezes material. Esta função e o próprio título variarão segundo os lugares e as épocas, levando em conta a organização local ou nacional das comunidades judaicas.

André Paul

➤ Judeus; Sinagoga.

RAFAEL (SÃO)

Ver *Anjo*.

RAMOS

Os quatro Evangelhos relatam a entrada de Jesus em Jerusalém, alguns dias antes da festa da Páscoa. A multidão agita palmas ou ramos de oliveira gritando: "Hosanna! Bendito seja o que vem em nome do Senhor" (Jo 12, 13). É em Jerusalém, no século IV, que aparece uma procissão que, na noite do domingo que precede a Páscoa, vai do Monte das Oliveiras ao Santo Sepulcro agitando ramos. Esta procissão se espalha em muitas Igrejas do Oriente, mas só lentamente chega ao Ocidente. Em Roma, no século VII, esse domingo é chamado de "domingo das Palmas e de Paixão do Senhor", mas a liturgia não comporta procissão. É na Gália, no século IX, que esta é atestada pela primeira vez. Na Idade Média, ela acontece frequentemente no cemitério que cerca a igreja, e os fiéis plantam ramos de buxo no túmulo familiar. Mais do que a entrada do Cristo em Jerusalém, celebra-se a confiança de que os defuntos chegarão à Jerusalém celeste.

Hoje, a liturgia do domingo de Ramos compreende duas partes. No exterior ou na entrada da igreja, o padre benze os ramos, lê-se um dos Evangelhos da entrada em Jerusalém, e entra-se em procissão na igreja. Em seguida, celebra-se a missa, que só menciona os ramos na antífona de abertura; proclama-se o relato da Paixão segundo um dos três Evangelhos sinópticos, e todas as orações desenvolvem o tema da salvação obtida pela Paixão e pela Ressurreição do Cristo. Esta liturgia, que associa o triunfo e o sofrimento, abre a semana santa.

Em muitas igrejas, propõe-se nesse dia aos fiéis palmas, símbolos da vitória, ramos de oliveira, símbolos de paz e ramos de buxo, símbolos da imortalidade. Até por volta de 1960, os ramos atraíam inúmeros cristãos pouco praticantes, desejosos de levar o buxo benzido que eles prendiam em sua casa e plantavam à margem de seu campo e no túmulo familiar, em sinal de proteção.

Philippe Rouillard

➤ Jerusalém; Paixão; Semana Santa.

RAQUEL

A filha de Labão aparece no livro da Gênese (29-35) como amada do seu primo Jacob. Seu nome significa "ovelha" – ela pastoreava as de seu pai, quando encontra Jacob junto a um poço. Ela lhe foi prometida em casamento, mas substituída por sua irmã mais velha, Lia, na noite do casamento. Jacob teve de trabalhar sete anos para conseguir casar-se com ela, finalmente. Ela continuou a amada, enquanto a esterilidade a perseguia, enquanto sua irmã e duas concubinas deram à luz os 10 primeiros filhos epônimos das tribos de Israel. Enfim, Raquel deu à luz

RAQUEL — REFORMA

José e morreu quando nasceu Benjamim, o último, que formou a décima segunda tribo. Seu túmulo solitário foi erguido em Rama, no caminho de Efrata.

Como todas as "matriarcas" bíblicas, sua vocação foi a de dar início ao povo de Israel. Por esta razão ela foi considerada como precursora da Virgem, que dará início não mais ao povo, mas ao seu salvador. O profeta Jeremias lembrou as lágrimas incessantes de Raquel enquanto seus filhos sofrem, e a Igreja fez dela uma prefiguração messiânica. No mundo cristão, ela foi muitas vezes assimilada à vida contemplativa, enquanto Lia era a figura da vida ativa, tanto que uma comparação com Marta e Maria foi feita com frequência (Agostinho, Gregório, o Grande).

Ela combateu o politeísmo dos seus ancestrais, roubando os deuses lares de seu pai, pela causa do monoteísmo, o que lhe foi perdoado sem dificuldade pelo mundo judeu. Ela obteve um lugar importante no seio de Israel, onde seu túmulo é um lugar honrado.

A importância iconográfica de Raquel é bastante limitada, mas ela aparece, contudo, no mosaico de Santa Maria Maior, em Roma (século V), onde anuncia a seu pai a chegada de Jacob, na família de Labão. O mundo medieval lhe consagrou algumas miniaturas. Rafael a colocou em cena durante a fuga de Jacob, de suas mulheres e de seus filhos, mas sem distingui-la particularmente. Foi no século XVII que ela foi mais representada (Castiglione, Tiepolo).

Dante canta seu gosto pela contemplação no *Purgatório*, ideia que se redescobrirá em Goethe.

Christine Bousquet-Labouérie

➢ Israel; Jacob.

REDENTOR

Ver *Jesus*.

REFEIÇÃO

Ver *Ceia*.

REFORMA (REFORMAÇÃO)

"A Igreja deve ser sempre reformada" (*Ecclesia semper reformanda*): durante os últimos séculos da Idade Média, as exigências de reforma da Igreja se multiplicaram. Alguns destes movimentos reformadores foram reabsorvidos, outros excluídos – os franciscanos espirituais, por exemplo, que não suportavam a acumulação de riquezas na Igreja de Roma, os Valdenses do Piemonte, Wyclif, João Hus. Estes últimos movimentos se caracterizam pela insistência na autoridade da Bíblia, colocada acima da Igreja. Donde o esforço destas correntes reformadoras para criar traduções da Bíblia em língua vernácula.

REFORMA

No século XV, dois desenvolvimentos mudam a tendência. Por um lado, a renovação do estudo das línguas na Antiguidade, em especial do grego e do hebraico, o que permite aos eruditos remontar, para além do latim da Vulgata, às línguas de origem dos textos bíblicos e de propor novas leituras do texto sagrado. Por outro, a invenção da imprensa (por volta de 1450) facilita a difusão destas ideias novas numa escala jamais imaginada antes.

O grande humanista Erasmo, editor do Novo Testamento grego, como o erudito Jacques Lefèvre d'Étaples, tradutor da Bíblia em francês, que tentavam, então, incentivar uma renovação espiritual da cristandade, esperavam realizar sua reforma no interior da Igreja estabelecida.

Martinho Lutero (1483-1546) reúne todas essas aspirações a uma reforma do Cristianismo, e as leva mais longe: é a Reformação. Ele traduz a Bíblia em alemão e fornece comentários dos livros bíblicos. Sua leitura renovada do texto, principalmente de São Paulo, o leva a uma melhor percepção teológica: segundo o Apóstolo, o homem não é aceitável diante de Deus por causa de suas obras, mas pela fé, dom gratuito de Deus (a Graça). Em 1517, Lutero tenta abrir o debate atacando a noção não bíblica do Purgatório e o culto das relíquias. Ele desenvolve o ensino dos "simples" propondo explicações dos textos de base da fé – *Pater Noster*, *Credo*, Decálogo – e publicando dois catecismos, em 1529. Mas estas ideias foram rejeitadas pela Igreja oficial, e Lutero foi excomungado desde 1520. Ele se engajou, então, numa imensa atividade de ensino através do impresso, primeira campanha maciça na história de chamada à opinião pública.

Huldrich Zwinglio (1484-1531), vigário, depois reformador, de Zurique, foi fortemente influenciado por Erasmo e Lutero. Segundo ele, as palavras da instituição da eucaristia, "Isto é meu corpo", não podem compreender-se no sentido literal dado pela Igreja Católica (parcialmente seguida nisso por Lutero); é preciso compreender "Isto *significa* meu corpo". Ele estabelece assim a base da ruptura radical entre os protestantes: para Zwinglio, Lutero continua mergulhado na superstição da Igreja tradicional cuja Reforma quer liberar o povo de Deus. Para Lutero, Zwinglio fecha a porta para um dos principais meios pelos quais Deus comunica sua graça aos fiéis. Cada um considera que o outro bloqueia o acesso dos fiéis à salvação e fica restrito em sua posição.

Se os fiéis são libertados do magistério da Igreja, e a Bíblia colocada à disposição de todos, uma multiplicidade de interpretações da Bíblia se torna possível. Ao lado da reforma magisterial desenvolve-se muito cedo uma reforma radical, conduzida pelos anabatistas, os libertinos espirituais e outros. Os primeiros defendem uma fidelidade mais literal à Bíblia (o batismo das criancinhas ou a doutrina da Trindade, não podendo justificar-se por um recurso direto à Escritura, devem, pois, ser excluídos dos ensinamentos cristãos). Os libertinos espirituais, quanto a eles, reivindicam a iluminação direta dos verdadeiros fiéis pelo Espírito Santo, então eles podem liberar-se das Escrituras. Para os reformadores magisteriais, isto são graves heresias que devem ser abatidas.

REFORMA — REI

João Calvino (1509-1564) tenta colocar ordem nessa abundância de ideias novas. Em sua *Institutio Religionis Christianae* (1536), ele fornece à Reforma uma sólida estrutura teológica. Ele cria em Genebra uma organização eclesial para substituir as estruturas da Igreja tradicional, integrando, em especial, os leigos no ministério da Igreja; esta organização constitui a base de todas as Igrejas ditas "reformadas". Ele tenta, sem sucesso, conciliar as posições de Lutero e de Zwinglio sobre a Ceia, ataca violentamente os reformados radicais, os católicos e todos os que procuram um meio termo entre Catolicismo e Protestantismo. Suas doutrinas se difundem em escala internacional.

No mundo anglo-saxão, duas tendências se opõem. Na Inglaterra, a reforma política mais do que religiosa dirigida por Henrique VIII dá lugar a uma reforma mais "calvinista" sob Eduardo VI, depois Elizabete I, que se mostra preocupada em conciliar as convicções divergentes de seus súditos para garantir a unidade do reino. Do outro lado, dissidentes "calvinistas" partiram em 1620 no *Mayflower* para criar uma colônia no Novo Mundo e fundar o que devia tornar-se os Estados Unidos da América.

Na origem, a Reforma era um elã espiritual, um grande movimento de libertação e de valorização do indivíduo. Mas, na segunda metade do século XVI, uma certa rigidez se instala: é a hora das definições doutrinais, confissões de fé (inclusive no Catolicismo). É chamada de confessionalização. Para os luteranos, a "fórmula de Concórdia" (1577) define a ortodoxia luterana; para os sucessores de Calvino, o sínodo de Dordrecht (1618-1619) determina os princípios rígidos da ortodoxia calvinista. Será necessário esperar novos movimentos de espiritualidade, o pietismo, o Despertar, para redescobrir o fervor e a vida espiritual das origens.

Francis Higman

➤ Bíblia; Calvino; Lutero; Protestantes.

REI

O Antigo Testamento fala regularmente dos reis que conduziram a história do povo de Israel desde o fim do período dos Juízes até o Exílio na Babilônia (587 antes de nossa era). Os textos não têm, no entanto, um discurso unívoco, tanto é verdade que algumas tradições são favoráveis e outras mais críticas em relação à realeza. A realeza é, de fato, uma instituição estrangeira, tardiamente adotada em Israel, com o mesmo modelo que os reinos estrangeiros (em particular monarquia hereditária). Para os povos do Oriente, o rei recebeu seu poder de Deus. Para os profetas de Israel, a realeza pertence a Deus. Os reis da terra são apenas seus representantes. A questão de fundo que se estabelece é a maneira como se situa o rei quanto à relação entre Yahvé e seu povo. Em Israel, o rei é escolhido por Yahvé (Dt 17, 15), ungido por Yahvé (1 S 16, 13), filho de Yahvé (Sl 2, 7), sacerdote segundo a ordem de Melquisedeque (Sl 110, 4), salvador de seu povo (1 S 8, 20).

REI — REINO DOS CÉUS

Às decepções geradas pela realeza sobreviverão as esperas messiânicas expressas em termos reais, tal como a profecia do Emmanuel que anuncia o nascimento de filho de um Achaz (Is 7, 16). No Pentateuco, encontra-se ainda vestígio de uma teologia positiva em relação à monarquia: Moisés é apresentado como rei (Êx 34, 10). Os desvios da monarquia conduzirão, no entanto, a um olhar mais crítico. Ao lado de relatos favoráveis à realeza, encontram-se mais frequentemente tradições em que o profeta se mostra crítico em relação aos reis (Os 8, 4). O relato da instauração da monarquia (1 S 8) compreende um capítulo antimonárquico: querer um rei em Israel é recusar que Deus seja o rei! O messianismo davídico – a espera de um messias rei da linhagem real de David – é, pois, apenas uma forma da espera judaica. Para os judeus, o objetivo da história é que o povo viva em paz na Terra prometida sob a realeza de Yahvé. Em uma das tradições, o messias é o lugar-tenente de Deus para realizar esse objetivo. Uma outra tradição espera um profeta semelhante a Moisés (Dt 18, 15.18; Lv 23, 29; Atos 3, 22).

Na época de Jesus, Israel não tem mais verdadeiro rei nem reinado independente. O reino definitivo de Deus sobre Israel, as nações e o universo inteiro, fica à espera do ponto de vista tanto político como espiritual. Jesus, que proclama a proximidade do Reino de Deus, é, perto do fim de sua vida, aclamado rei (Mt 21, 5; Lc 19, 38; Jo 12, 13.15), mas os Evangelhos o apresentam como um rei pacífico cujo reino não é deste mundo (Jo 18, 36). Jesus será declarado "Rei dos judeus" pelas autoridades romanas durante a crucificação (Mc 15, 26). Para os primeiros cristãos, é por sua ressurreição que Cristo é entronizado por Deus como rei: ele reina sobre todos os homens até que ele devolva seu reino ao seu Pai (1 Co 15, 24). No Novo Testamento, as titulaturas reais para designar Jesus não são, no entanto, as mais privilegiadas, mas a noção de Reinado/Reino dos céus (ou de Deus) é, por outro lado, muito importante. O Apocalipse de João coloca no mesmo plano Reino de Deus e Reino do Cristo.

Na história da Igreja, a representação do Cristo Rei ocupa um lugar importante. Na Igreja Católica, a festa do Cristo Rei, instituída por Pio XI, em 1925, é celebrada no último domingo do ano litúrgico.

Élian Cuvillier

➢ David; Herodes; Messias; Profetas; Reino dos céus.

REINO DOS CÉUS

A expressão, própria a Mateus e à linguagem rabínica, equivalente a "reino de Deus", em Lucas, só aparece uma vez no Antigo Testamento (Sab 10, 10), durante uma releitura de Jacob fugindo à cólera de seu irmão Esaú. A segunda parte do versículo interpreta com um resumo sugestivo o sonho de Jacob (Gn 28, 10-22): "[A Sabedoria] lhe mostrou o reino de Deus e lhe deu o conhecimento das coisas santas." A releitura sapiencial identifica o reino de Deus e a revelação do nome de Yahvé, Deus de Abraão e de Isaac, pai de Jacob, associada à promessa de uma descendência

REINO DOS CÉUS

e de uma terra, junto com a garantia da assistência divina. Este processo de espiritualização não neutraliza o caráter concreto deste reino de Deus. Se a expressão representa *hapax* veterotestamentário, a realidade que ela recobre está presente na Torá e nos livros históricos. Só Deus reina nos reinos do norte, Israel, e do sul, Judá. Uma corrente antimonarquista, representada por Samuel (1 S 8, 6-9), se manifesta no momento em que Deus consente, apesar dele, em que o homem reine sobre seu povo, frente à ameaça dos Filisteus. No norte como no sul, a voz dos profetas lembrará este papel limitado de intendência dos reis, submetidos ao único Rei do seu povo. Os abusos do poder real nos dois reinos conduzem ao exílio e à extinção da monarquia. A substituição sapiencial da única realeza de Deus sobre seu povo atravessa a corrente da Sabedoria, principalmente os salmos, que misturam orações pelo rei, ação de graças, orações do rei, hino real, e exprimem que o rei é apenas o vassalo de Yahvé e seu lugar-tenente na Terra. O rei é o Ungido de Yahvé, em hebraico, o "Messias". Esta concepção israelita do rei, diferente das do Egito e da Mesopotâmia, prepara a interpretação messiânica de alguns salmos (Sl 110). O canto nupcial do Salmo 45 chega a exprimir a união do Messias com o Israel escatológico, na linha da simbólica matrimonial dos profetas, e é aplicado ao Cristo (He 1, 8).

Nesse plano profundo, Jesus anuncia uma realeza futura e já presente de Deus. A expressão "Reino dos céus" é uma maneira semítica de dizer esta realeza, evitando a menção do nome divino em respeito à sua transcendência. O segundo pedido do "Pai Nosso" atesta esta espera por Jesus de um reino de Deus por vir, como seu afloramento na prática cristã. Exprime-se aí a esperança escatológica de que Deus virá salvar e restaurar seu povo Israel e não a de uma eventual substituição de Israel pela Igreja. A outra tradição, a mais consequente, sobre o reino futuro de Deus, é atestada pela instituição da eucaristia (Mc 14, 25). "Beber o vinho no reino de Deus", para Jesus, inclui uma referência velada à sua morte. Sua causa é a de Deus que lhe fará justiça, fazendo-o sentar-se no banquete final para beber o vinho novo da festa. A primeira bem-aventurança promete também, para o presente, o Reino dos céus ou de Deus aos pobres de espírito. A mesma promessa vale para a oitava bem-aventurança, aplicada aos perseguidos pela justiça. A imagem subjacente de Deus é a de um rei justo, favorável a Israel. Jesus não se apresenta como um reformador social.

Ele antecipa o fim dos tempos em conformidade com o que Ele é e o que dá a viver. A conclusão do Apocalipse: "Sim, eu venho depressa!" (Ap 22, 20), penetra em propósitos do tipo: "Em verdade eu vos digo, alguns dos que estão aqui presentes não experimentarão a morte sem ter visto chegar o reino de Deus com todo o Seu poder" (Mc 9, 1). Ênfases do discurso apostólico vão no mesmo sentido: "Não acabareis de percorrer as cidades de Israel antes de vir o Filho do Homem" (Mt 10, 23). Jesus encarna sua mensagem sobre a iminência do reino de Deus em sua pessoa, seus atos e suas palavras. Os que testemunham isso já vivem isso: ele transformou sua existência. Propósito sobre o reino de Deus por vir e já presente se mantém. A escatologia futura não é exclusiva de uma escatologia em via de realização. O princípio se aplica à vida eterna no Quarto Evangelho. O reino anunciado

REINO DOS CÉUS — RELÍQUIAS

como futuro já está operando. O testemunho dado ao Batista (Mt 11, 2-19) ilustra a que ponto Jesus instaura desde o presente o reino de Deus: ele é o reino em ato e é Jesus e o reino que sofrem violência (Mt 11, 12-13). Os exorcismos, essas curas mais bem atestadas nos Evangelhos sinópticos, manifestam a eficacidade do reino de Deus nele. A bem-aventurança das testemunhas oculares e a relativização do jejum militam também em favor dessa atualidade do reino de Deus em Jesus.

As parábolas do reino em Mateus ilustram a novidade da Encarnação. O crescimento da semente, o joio misturado com o bom grão, o grão de mostarda, o fermento, o tesouro e a pérola, a rede lançada ao mar (Mt 13) dizem bem sobre o espaço entre a inauguração do reino e sua realização. Os operários contratados para a vinha ilustram uma lógica de gratuidade e de não reciprocidade no reino, que apela para a vigilância para responder com justeza. Pode ser surpreendente que, depois da ressurreição de Jesus, os Apóstolos esperem ainda um restabelecimento da realeza em Israel (Atos 1, 6). Dissociar sua entrada na glória e sua volta (Atos 1, 7-11) especifica o tempo da Igreja para Lucas e o tempo do testemunho sob a conduta do Espírito para João. O reino chegará em plenitude ao fim deste tempo. A Páscoa aí se consumará em contexto eucarístico, enquanto os crentes herdarão pela ressurreição e pela transformação de seu corpo (1 Co 15, 50). Esta realidade se viu, no entanto, desde o presente. O reino de Deus coincide com as núpcias do Cordeiro e com a justificação dos santos (Ap 19, 6-8). Os servos do trono de Deus e do Cordeiro partilharão dele. Esse futuro está em contato com o presente (Ap 22, 3-5) pela assunção do desígnio divino de criação e de salvação em Israel e no mundo.

Yves Simoens

➤ Bem-aventuranças; Fim dos tempos; Rei; Virgens prudentes e virgens loucas.

RELÍQUIAS

Designam-se sob esse nome no Cristianismo os restos corporais dos santos ou objetos que estiveram em contato com eles, conservados em geral num edifício religioso onde eles são objeto de uma veneração. A crença na "virtude" (*virtus*) das relíquias remonta aos primeiros séculos da Igreja. Aos olhos dos primeiros cristãos, com efeito, o exemplo dado pelos mártires que tinham perseverado na fé em Cristo até o fim, apesar dos suplícios que lhes eram infligidos, atestava a presença neles de um elemento divino. Seus corpos, tornados templos do Espírito Santo, conservavam depois de sua morte o vestígio do poder sobrenatural que lhes tinha animado. A partir do século II e principalmente no século III, tomou-se o hábito de prestar-se honras particulares aos restos dos mártires, seja do corpo inteiro, da cabeça ou de simples lençóis manchados com seu sangue. Quando o Império Romano parou de perseguir os cristãos, viu-se afirmar outros tipos de santos, como os confessores que, ainda que não tendo sofrido de martírio sangrento, se tinham oferecido com coragem pela defesa da fé cristã, ou os ascetas que se tinham destacado pela intensidade de suas mortificações. Desde o século IV, um verdadeiro culto se

RELÍQUIAS

desenvolveu em torno de seus túmulos e edifícios comemorativos, os *martyria*, depois em grandes basílicas construídas em sua honra, no lugar de seu martírio ou de sua sepultura, por iniciativa de alguns bispos como Ambrósio de Milão ou Paulino de Nola, na Itália. Estas partículas de eternidade oferecidas à veneração dos fiéis constituíam, aos olhos destes, pontos de contato privilegiados entre o céu e a Terra, e as cidades que tinham a vantagem de possuir tais relíquias retiravam delas um grande prestígio. Assim, os papas fundamentaram sua reivindicação da primazia de Roma em relação a Constantinopla no fato de que a Igreja Romana possuía as dos apóstolos Pedro e Paulo, os dois martirizados na Cidade eterna. Ao que o clero de Constantinopla e o poder imperial bizantino replicaram, concentrando na capital as relíquias dos santos André, Lucas, Timóteo, Focas e até do profeta Samuel, que eles tinham mandado vir de Jerusalém. Um outro fenômeno se conjugou ao precedente para dar ao culto das relíquias um lugar central – que ele não tinha no começo – no Cristianismo: a partir do momento em que a religião alcançou os campos e foi adotada por populações "bárbaras", incapazes de chegar à compreensão dos dogmas e dos discursos teológicos, os bispos e os monges que os evangelizaram enfatizaram o poder dos santos e de suas relíquias que os pagãos e os novos convertidos podiam experimentar através das vitórias militares e dos milagres que se atribuíam à sua intercessão. Resultou daí uma busca desenfreada de novas relíquias, principalmente nas regiões ocidentais e setentrionais da Europa, que eram desprovidas das mesmas. Foi assim que se assistiu, durante a alta Idade Média, à multiplicação das "invenções" (descoberta consecutiva a uma pesquisa) e translações (transferência pública dos restos de um servo de Deus de uma simples sepultura para um túmulo solene ou sob um altar, no âmbito de uma cerimônia litúrgica) de corpos santos e a uma fragmentação crescente destes últimos, reduzidos ao estado de simples partículas encaixadas em relicários que constituem frequentemente preciosas obras de arte. A circulação das relíquias se intensificou ainda quando se generalizou o uso de inserir alguns de seus fragmentos nos altares, durante a consagração das igrejas. Os peregrinos e os clérigos vinham buscar em particular em Roma, nas catacumbas que serão, até o século XIX, a origem de inúmeras relíquias de uma autenticidade duvidosa, tais como as de Santa Filomena, de quem o cura de Ars, no século XIX, era muito devoto.

A necessidade de um controle da Igreja acaba por impor-se e diversos concílios, a partir da época carolíngia, proibiram venerar relíquias que não tinham sido aprovadas pela hierarquia. Mas os abusos continuaram, principalmente depois do afluxo no Ocidente de novas relíquias de origem oriental, após as cruzadas e, em particular, do saque de Constantinopla pelos Venezianos e pelos cavaleiros "francos", em 1204. Assim, os reformadores protestantes decidiram abolir o culto dos santos e, durante as guerras de religião do século XVI, inúmeras relíquias foram queimadas ou destruídas pelos huguenotes que só viam uma superstição idólatra na devoção que as envolvia. O Concílio de Trento reafirmou a validade do culto prestado às relíquias, mas esforçou-se em canalizá-lo, estabelecendo, pela primei-

CRISTIANISMO – DICIONÁRIO DOS TEMPOS, DOS LUGARES E DAS FIGURAS

RELÍQUIAS — RESSUSCITADO

ra vez, normas precisas a seu respeito, de modo a pôr fim ao culto daquelas cuja autenticidade não pudesse ser garantida. Ainda que esteja hoje reservado numa certa marginalidade, o culto das relíquias conserva ainda uma grande importância no nível da religião popular, como comprova o sucesso encontrado na França, nos anos 1990, pela translação das relíquias de Santa Teresa de Lisieux.

André Vauchez

➢ Catacumbas; Mártir; Milagre; Santo.

RESSUSCITADO

Como a morte salvífica do Cristo, o anúncio de sua Ressurreição faz parte do núcleo primitivo da pregação cristã (Atos 2, 24; 3, 15; 10, 40). O verbo mais correntemente empregado, *anistenai*, "se reerguer" (da morte), tem um sentido eminentemente concreto que não faz referência a uma vida no além, e é esclarecido por um outro verbo, *egeirein*, "despertar" (Mt 28, 6.7 etc.).

Nos Evangelhos, a Ressurreição é apresentada através de dois tipos de relatos: os anúncios do túmulo vazio e as descrições de aparição. Muito se discutiu sobre a anterioridade relativa desses dois elementos, sem poder claramente definir. A primeira série não decorre de uma intenção apologética, que desejaria destacar *post factum* o caráter realista da Ressurreição; relatos como o de Marcos (16, 1-8) levam, ao contrário, o vestígio de uma apresentação dos fatos prévia a qualquer aparição, visto que a cena termina com o espanto das mulheres que não encontraram o corpo e que vão embora tremendo. O próprio momento da Ressurreição não é nunca descrito, senão através de seus efeitos exteriores (Mt 28, 2: um grande tremor de terra e o anjo que vem rolar a pedra que fecha a entrada do túmulo). A vacuidade do túmulo parece ter sido bastante patente para produzir a necessidade da explicação, imaginando um rapto do corpo pelos Apóstolos (Mt 28, 13).

Os relatos de aparição são muito diversos segundo os quatro Evangelhos, e parece difícil estabelecer uma cronologia e uma geografia das aparições. Lucas reagrupa os fatos (aparição às mulheres santas, aos peregrinos de Emaús, aos Onze no Cenáculo) em um só dia, no Evangelho, enquanto, nos Atos, ele fala de 40 dias pontuados por manifestações e ensinamentos do Ressuscitado. A maior parte das aparições parece acontecer em Jerusalém, mas a primeira mensagem dada é de que Jesus "precede" (*proagein*, "fazer acompanhar") seus discípulos na Galileia (Mc 14, 28). De fato, dois evangelistas falam de aparições na Galileia (Mt 28, 16; Jo 21). O encerramento do tempo das aparições parece coincidir com um encontro final em Jerusalém, no Monte das Oliveiras (Atos 1, 12), a Ascensão. Paulo é testemunha de uma tradição que enumerava já as aparições numa certa ordem, e fazia dessa lista de manifestações do Ressuscitado um artigo de fé da mesma forma que a afirmação da própria Ressurreição (1 Co 15, 4-8).

A Ressurreição é um acontecimento misterioso que interessa à história. Acontecimento público pela metade, que diz respeito inicialmente a testemunhas pri-

RESSUSCITADO

vilegiadas, ele se apresenta como um fato tão real quanto a crucificação, capaz de inverter na sentença de morte aí efetuada. O Cristo ressuscitado não se destaca por nenhum prodígio particular, salvo a pesca milagrosa (Jo 21), nenhum brilho especial, mas uma presença familiar, marcada por gestos de atenção e palavras de afeição. Com certeza, acontece que ele não seja imediatamente reconhecido, o que parece indicar uma nova aparência (Mc 16, 12), mas esta é também explicada como uma cegueira temporária destinada a fazer caminhar na fé os que não estão ainda prontos para acolhê-lo (Lc 24, 31). O Cristo ressuscitado não é mais realmente submetido aos limites espaciais, Ele entra com todas as portas fechadas, mas é capaz de absorver alimento e se deixa tocar em alguns casos (Mt 28, 9; Lc 24, 38-43; Jo 20, 27). Principalmente, Ele "não morre mais" (Rm 6, 9), o que distingue a Ressurreição de Jesus daquela operada em Lázaro, por exemplo, mesmo se, no nível do "despertar" da morte, o paralelo existe.

O anúncio da Ressurreição só pode ser compreendido e aceito numa perspectiva mais vasta onde a memória exerce um papel decisivo. Ele ecoa, para os amigos de Jesus, nas palavras ouvidas dele durante sua vida pública e que já ligavam juntas morte e ressurreição: os três anúncios da Paixão (Mt 16, 21; 17, 23; 20, 18-19), a interpretação do *logion* sobre o "sinal de Jonas" (Mt 12, 40), a palavra sobre o Templo que Jesus "reerguerá" três dias depois de sua destruição, a promessa de rever seus discípulos depois de lhes ter sido retirado etc. Mesmo sem compreender do que se tratava, eles só puderam ser marcados pela garantia de Jesus de ir para um futuro imprevisível além da morte e lembrar-se dela em seguida, uma vez confrontados com os primeiros rumores relativos ao túmulo vazio.

Mas, sobretudo, a Ressurreição de Jesus é o fim da espera que leva todo o Antigo Testamento, espera de uma intervenção decisiva de Deus na história, em proveito daquele que resumira nele toda a fidelidade de Israel e o destino da humanidade. Donde a afirmação constante de que a Ressurreição, como a Paixão, aconteceu, "em conformidade com as Escrituras" (1 Co 15, 3-4). O acontecimento ultrapassou a espera, mas não é compreensível sem ela. Para Paulo, a fé especificamente cristã não está em reconhecer que Deus tudo possa fazer, mas em crer precisamente que Ele fez isso, que o revela de verdade, a Ressurreição de Jesus (Rm 10, 9).

O primeiro sentido do acontecimento que se impôs é a reabilitação por Deus daquele que tinha sido condenado por blasfêmia: a Ressurreição anula a sentença dos homens e mostra o bem-fundado do papel que Jesus tinha reivindicado a serviço de seu Pai. Ele é mesmo o Filho único, o Senhor e o Cristo. Ela tem também o sentido de uma vitória sobre a morte e sobre o Demônio, ela abre a possibilidade do perdão dos pecados e se atualiza pelo batismo. Enfim, se a Paixão foi um ato de obediência do Filho, entregando-se totalmente ao seu Pai, a Ressurreição exprime a resposta do Pai que glorifica, em retorno, seu Filho. A humanidade glorificada do Cristo se torna assim o protótipo da realização última: Ele é o "primeiro-nascido dentre os mortos" (Col 1, 18; Ap 1, 5).

RESSUSCITADO — REVELAÇÃO

Peça essencial da história de Deus e dos homens, a Ressurreição esclarece o futuro. Ela mostra que os últimos tempos são inaugurados, que o Espírito pode começar a se espalhar abundantemente (Atos 2, 33) e a missão universal se abrir em proveito das nações. Ela anuncia a possibilidade de nossa própria ressurreição (1 Co 15), na base de uma primeira chegada do Espírito Santo que já trabalha os corações, antes de renovar os corpos (Rm 8, 11).

Michel Gitton

➤ Batismo; Jesus; Jonas; Morte.

RETRIBUIÇÃO

Ver *Undécima hora*.

REVELAÇÃO

O tema da Revelação cruza o da palavra de Deus, porque, na Bíblia, tudo parte da convicção de que Deus falou (a Abraão, a Moisés, aos Profetas etc.). A Revelação divina não se confunde com uma palavra de tipo "oracular", onde a divindade responde por sim ou por não, ou ainda por fórmulas cifradas inspiradas em adivinhos ou videntes (este mecanismo existiu antigamente em Israel, como o atestam vários episódios do primeiro livro de Samuel). A Revelação bíblica é dirigida a indivíduos ou grupos para lhes manifestar o projeto de Deus, projeto coerente que se desdobra pouco a pouco e constrói uma história orientada para um fim, projeto onde Deus manifesta suas exigências, que não são somente de ordem ritual, mas concernem à vida pessoal e comunitária de seus fiéis.

As modalidades da Revelação são variáveis no Antigo Testamento. Em nenhum caso, não se trata de um livro inspirado, caído do céu já escrito, como pode ser o Corão para os muçulmanos. O estabelecimento por escrito das tradições de Israel começou, sem dúvida, muito cedo, mas a definição de um cânon das Escrituras inspiradas é praticamente desconhecida antes da era cristã. Deus comunica com seu povo pelos Profetas que são, antes de tudo, enviados de Deus, que revelam suas intenções e dão o sentido sobrenatural dos acontecimentos vividos por seus contemporâneos. A revelação brota do encontro da história vivida, que manifesta as intenções de Deus para seu povo, e da palavra autorizada que as comenta e as coloca na perspectiva com o que precedeu. A Revelação é, pois, uma perpétua releitura do que já foi recebido e compreendido, mas num novo contexto. Esta releitura se estende não somente à memória do passado (do povo, da humanidade), mas também aos dados da sabedoria das nações que o povo de Israel acolhe com a cultura ambiente para dela fazer seu bem próprio: é a fonte dos livros "de sabedoria". Ela veicula também leis de todas as partes, pouco a pouco reassumidas na perspectiva da Aliança e manifestando a partir de então as exigências do Deus santo de Israel: é a origem da Torá.

REVELAÇÃO

Com o Cristo, o modelo da revelação se modifica radicalmente. Passa-se de uma preparação a um cumprimento: tudo o que tinha acontecido antes é relido como anúncio, preparação, "sombra" de um único acontecimento com múltiplas facetas que é sua verdade. O próprio Cristo nada escreveu, e sua palavra não está ligada a nenhum texto, mas ele é a Palavra de Deus, seu Verbo. Sua vinda à Terra, seus milagres, seus ensinamentos, sua Paixão e sua Ressurreição, sua reposição dele próprio na eucaristia são a única palavra definitiva que Deus dirige à humanidade. "Se a Lei foi dada por Moisés, a Graça e a Verdade são vindas através de Jesus Cristo" (Jo 1, 17). Os escritos reagrupados mais tarde no Novo Testamento são apenas a atestação dessa novidade, eles fixam as grandes linhas do ensinamento apostólico sobre Jesus e descrevem seu impacto na vida das primeiras comunidades cristãs.

Em consequência, a Revelação não continua para além do Cristo. Em um certo sentido, ela é encerrada: nenhum ensinamento, nenhuma palavra inspirada deve ser susceptível de acrescentar o que quer que seja ao acontecimento de Jesus Cristo. Mas, na medida em que a Igreja faz parte deste acontecimento, sua própria existência e suas testemunhas são algo desta revelação. Assim, a tradição da Igreja não é uma outra fonte, complementar das Escrituras, mas a própria maneira como a herança nos atinge: em vez de ser um enunciado datado, confinado num passado distante, ela atravessa as culturas com a mesma força subversiva que na origem e instiga a um mesmo ato de fé hoje e agora.

O magistério da Igreja é guardião da herança e agente de sua atualização perpétua. Ele torna possível a inteligência do que era dado "desde o começo" (1 Jo 2, 24), mas que corria o risco de se confundir, pelo fato do distanciamento temporal e da tendência humana a reduzir tudo em uma lei geral. O dogma mantém o caráter único da manifestação do Cristo, barrando as falsas pistas, as verdades unilaterais, as edulcorações. Foi assim que a teologia trinitária permitiu forjar uma noção da "pessoa" desconhecida até aí, ou que a doutrina eucarística transformou nossa maneira de ver a substância das coisas etc.

Para assim fazer, foi necessário buscar nos pensamentos, filosóficos ou outros. Tudo o que concorria para a explicitação da fé era para os padres da Igreja susceptível de ser reutilizado sem escrúpulo, enquanto o pensamento cristão colocava à parte o que era incompatível com sua própria lógica. Este trabalho de retomada crítica supunha alguma parte que toda reflexão justa sobre Deus e sobre o homem já vinha do Cristo Verbo de Deus; inspirando-se nos filósofos e em "teólogos" pagãos, a doutrina da Igreja se reapropriava, então, do seu bem. Para os cristãos do primeiro milênio, a Revelação mosaica e crística era aí como a regra (o "cânon") que permitia separar a parte verdadeira de todo pensamento humano.

Uma tal concepção da Revelação, vivida no otimismo no período patrístico, conheceu, em seguida, dois períodos de debates e de reformulações. Foi primeiramente a grande crise do século XIII, ocasionada pela redescoberta das obras maiores de Aristóteles. Frente a uma verdade exterior que se apresentava como um sistema completo e constituído, muitos foram tentados por uma recusa *a priori*

374 CRISTIANISMO – DICIONÁRIO DOS TEMPOS, DOS LUGARES E DAS FIGURAS

REVELAÇÃO — REVELAÇÕES

desse corpo de pensamento que ameaçava a fé em muitos pontos; outros (Alberto, o Grande, Tomás de Aquino) tentaram separar o que era verdade simplesmente natural, acessível à razão sem intervenção da fé, do conhecimento das verdades sobrenaturais que não podem ser acreditadas senão com a autoridade da Revelação divina. Esta distinção preservava a transcendência dos enunciados da fé contra toda tentação racionalista, e, ao mesmo tempo, deixava espaço, às conquistas do pensamento humano. Longe de mergulhar a fé na irracionalidade, ela separava melhor a natureza própria da Revelação cristã, diante da qual a inteligência se faz acolhimento respeitoso e busca intrépida do sentido.

Entretanto, essa solução equilibrada só podia manter-se em ligação com uma visão unificada e profundamente religiosa do homem. Com a emancipação do pensamento filosófico em relação à fé e à Igreja durante o século XVIII, o Cristianismo apareceu cada vez mais como uma adesão a um conjunto de crenças escolhidas mais por razões sentimentais do que por amor da verdade. A referência à Revelação permitia fundamentar essas crenças em uma autoridade exterior da qual se queria provar as intervenções na história. Toda uma "apologética" católica se entregou então a demonstrações tão inúteis quanto redutoras do poder divino. O Concílio Vaticano I (em 1870), sem definir todas as questões, quis reequilibrar a doutrina. Contra o racionalismo, ele mantém que o acesso às verdades da fé supõe uma atitude de adesão confiante e respeitosa a Deus que fala, que a fé não é irracional, mas repousa em índices seguros, que a existência de Deus pode ser demonstrada, que a verdade da religião católica, fundada na continuidade e na coerência de sua mensagem, pode atingir o descrente de boa-fé.

O esforço realizado nos últimos anos do século XIX e no início do século XX por toda uma plêiade de pensadores cristãos permitiu retirar a Igreja de uma posição simplesmente defensiva. O pensamento filosófico foi obrigado a reconhecer que a história só é constituída de fatos únicos pouco a pouco coordenados aos quais a aproximação dá sentido. O materialismo teve de ceder a uma visão do ser mais profunda e mais rica. O conhecimento da Revelação cristã soube, também ela, sair dos simplismos, inscrever-se na história, sem perder consciência da intervenção de Deus na trama dos acontecimentos humanos. Todo esse trabalho culmina com a eflorescência intelectual que preparou o Concílio Vaticano II e principalmente a constituição *Dei Verbum* (1965) sobre a Revelação divina, sem dúvida uma de suas expressões mais acabadas.

Michel Gitton

➢ Jesus; Palavra de Deus; Verbo.

REVELAÇÕES

Os relatos da Revelação constituem as matrizes narrativas que inspiram em seguida uma grande parte das revelações. Assim, as teofanias – manifestações de Deus sob uma forma sensível ou às vezes simbólica (chama, nuvem, sopro) –,

REVELAÇÕES

como as angelofanias (hospitalidade de Abraão, Gn 18, 1-15; escada de Jacob, Gn 28, 10-12; anunciações aos profetas, 1 R 19, 5-7) são frequentes no Antigo Testamento. As visões e os sonhos aparecem como as formas privilegiadas de contato entre o mundo divino e o mundo humano. O Novo Testamento concede um lugar particular às angelofanias e às cristofanias, as aparições do Cristo ressuscitado, como as manifestações às santas mulheres (Mt 28, 9-10) ou a Maria de Magdala (Mc 16, 9). Durante o período pós-apostólico, uma literatura visionária de inspiração apocalíptica utiliza uma linguagem codificada de visões e de revelações conforme a linguagem simbólica e visionária do Apocalipse de São João. Os Atos dos mártires ou as Paixões contam as visões dos primeiros santos. A visão ou o sonho garante uma comunicação divina, não sem cristianizar as práticas pagãs do "sonho solicitado" introduzidas nos meios neoplatônicos pela renovação filosófica do século III. A hagiografia monástica dos séculos IV-V retoma, por sua vez, este tipo de visões. Ela é abundante também em relatos de visões diabólicas, tal como o episódio da tentação de Santo Antônio em sua *Vida*. O vocabulário utiliza de maneira equivalente os termos "visão", "aparição", "sonho" ou "revelação".

Em compensação, a importância crescente dada a essas revelações não deixa também de contribuir para a diabolização da visão. Esta se desenvolve ao mesmo tempo que a atitude fundamental da desconfiança do Cristianismo em relação aos sonhos. Paralelamente à gênese de uma onirologia cristã elaborada entre o século IV e o VII, uma primeira teoria cristã das visões é efetuada por Santo Agostinho em seu comentário sobre o livro da Gênese. Próxima das teorias neoplatônicas do conhecimento para as quais todo conhecimento é uma visão, esta tipologia agostiniana conhece uma imensa posteridade até a aurora da época moderna. As *Etymologiae* de Isidoro de Sevilha (por volta de 560-636) estão na origem de sua transmissão, depois de sua difusão, que foi considerável. Os autores carolíngios, a teologia do fim do século XI, os teólogos cistercienses do século XII e os vitorinos retomam os princípios agostinianos que alimentam também as especulações escolásticas sobre as teorias da visão. Tomás de Aquino, por exemplo, estabelece um elo entre os três tipos de visão definidos por Agostinho e os poderes cognitivos do homem (sentido, imaginação, intelecto). Ele aproxima também a visão intelectual da contemplação da verdade na essência de Deus. No fim da Idade Média, a palavra visionária chega a uma forma de hermenêutica dos processos históricos em curso. Assim, no momento do Grande Cisma (1378), as coletâneas de revelações das mulheres visionárias de Deus dos séculos XIV e XV convocam a uma refundação espiritual da Igreja (Brigitte da Suécia). O contexto de divisão da cristandade introduz uma relação nova com o apoio esperado da Igreja Romana em relação a visões e aparições. Na continuidade das primeiras formulações destacada por seus predecessores, João Gerson (1363-1429) formaliza as regras do discernimento dos espíritos em seu *De Distinctione Verarum Revelationum a Falsis* acabado em 1401. As *revelationes* produzem um discurso ao mesmo tempo teofânico e teológico, que testemunha instrumentações da Palavra de Deus.

CRISTIANISMO – DICIONÁRIO DOS TEMPOS, DOS LUGARES E DAS FIGURAS

REVELAÇÕES — RICO

Na época moderna, o Concílio de Trento precisa que toda revelação ou visão deve ser submetida à aprovação das autoridades religiosas. A prudência é própria em matéria pastoral. A evolução das mentalidades conduz os teólogos a melhor definir a posição da Igreja em relação às revelações. Retomando as conclusões da tradição teológica do século XVII, alimentada pelos aportes da mística que descreve com precisão a união da alma com Deus, o Cardeal Prospero Lambertini, futuro Papa Bento XIV (†1758), estipula que as revelações são dons do Espírito Santo, implicando um discernimento necessário. Introduzindo uma oposição radical entre fé e ciência, o positivismo do século das Luzes opõe também milagre e realidade. Visões, aparições e revelações são pouco a pouco colocadas do lado das ficções. Na Europa, a descristianização do mundo contemporâneo suscita a emergência de uma literatura "maravilhosa" que faz mais amplamente apelo ao mundo das fadas, dos elfos e da magia. Seus seres de luz e seus monstros barulhentos, figuras mais amplamente emprestadas da tradição mitológica do que da tradição cristã, substituem em uma grande parte os santos, os anjos e os demônios.

Sylvie Barnay

➢ Apocalipse; Aparições; Hildegarde de Bingen; Profetas; Revelação.

RICO

Correlato e antônimo essencial do pobre, o rico é uma figura importante no *corpus* bíblico. O Antigo Testamento apresenta homens ricos insistindo sobre a qualidade de sua fortuna, Abraão, Job são proprietários importantes, protegidos contra a necessidade, o que não os impede de ser íntegros e corretos, tementes a Deus. A existência ou a coexistência de ricos e de pobres é perfeitamente percebida na Bíblia que parece adaptar-se a ela sem problema; o salmista invoca todo o povo a orar e a escutar "ricos e pobres todos juntos" (Sl 49, 3).

Os ricos, aliás, não são ameaçados de represálias no tempo do Juízo visto que, "para pagar a contribuição do Senhor, como resgate de vossas vidas, os ricos não pagarão mais" (Ex 30, 15). A riqueza e seu detentor não são, pois, especialmente o objeto de castigo ou de julgamento negativo: a condenação eventual só atinge o comportamento que se vangloria, mesmo se, um pouco mais tarde, o profeta parece associar rico e malfeitor, e a violência da posse.

O Novo Testamento também não condena o rico; ele se contenta em lembrar a necessidade de se desviar da dominação da riqueza. Esta, contrariamente à pobreza, não é um mal. Entretanto, os textos evangélicos comprovam também uma outra visão do rico, frequentemente apresentado como um aproveitador das riquezas mal conquistadas, com práticas duvidosas e com a obsessão de tê-la oposto ao dever do serviço devido a Deus (Lc 16, 10-13; Mt 6, 24). "Será mais fácil um camelo passar no fundo de uma agulha do que um rico entrar no Reino dos céus." A riqueza do homem não é condenada, é seu apego a ela que impede o objetivo ao qual ele pre-

RICO

tende (Mc 10, 17-31; Mt 19, 16-30; Lc 18, 18-30). O rico Abraão, aceitando tudo abandonar para cumprir o desígnio divino, é evidentemente o exemplo da relação com a riqueza tal como os evangelistas o desenvolvem e que as Igrejas cristãs invocarão em toda sua história. De maneira ainda mais marcada, o *Magníficat* faz do pobre um ser rico espiritualmente, e do rico um ser pobre no mesmo domínio. O Evangelho vai mais adiante no valor atribuído ao rico, ou pelo menos ao que aumenta sua riqueza: a parábola dos talentos valoriza o modelo do homem que assumiu riscos e aumentou sua fortuna (Mt 25, 14-30; Lc 19, 12-27). É claro, o sentido real do texto visa antes ao comportamento dos homens durante a espera da Parúsia para levá-los à diligência, mas a escolha do tema da riqueza é revelador.

Os padres da Igreja, por sua vez, desenvolveram particularmente a temática da riqueza e de seus corolários, a vida em comum e a caridade. A primeira caracteriza os tempos apostólicos e constitui o próprio ideal da cristandade a construir. A caridade, por outro lado, repousa sobre um axioma simples enunciado por Clemente de Alexandria: "Os ricos não devem ter em excesso." O despojamento do rico para se conformar à mensagem crística é o da alma; as paixões devem ser relegadas para longe, e os costumes, saneados. Para tanto, não se trata, com certeza, de desprezar os bens "porque eles são propostos por Deus para o serviço dos homens" (Clemente de Alexandria).

Durante o período medieval, os clérigos não condenam o rico desde que ele não procure nem despojar seu próximo nem as igrejas. O bispo carolíngio Hincmar lembra o valor redentor da esmola: como todo pecador, o rico preciso se resgatar, mas mais do que outros, dado o uso possível da riqueza possuída. Esse valor atribuído ao resgate dos pecados justifica e encerra a existência do pobre como simples auxiliar do resgate do rico. Mas a esmola visa essencialmente a garantir a estabilidade, a ordem social que não se trata de denunciar.

A posição da Igreja frente ao rico é ambígua; ela se apoia fortemente na riqueza que lhe permite viver e desenvolver-se, suscitando, aliás, as críticas de Lutero, no século XVI, e, ao mesmo tempo, ela coloca sempre o pobre em situação central em seu discurso. Lutero lembra o elo causal entre riqueza e pecado. Entretanto, como a Igreja Católica, Lutero justifica o rico se ele dá aos pobres.

O rico, por mais suspeito que possa parecer, não é, pois, jamais, o objeto de uma condenação, mas antes de uma valorização, com a condição de que o uso de sua fortuna não contradiga as exigências aumentadas da caridade e do dom. Esta exigência não concerne somente ao indivíduo: Paulo VI, na encíclica *Populorum Progressio* (1967), tinha admoestado as nações ricas, envolvendo-as na divisão de suas riquezas, para não correr o risco "do julgamento de Deus e da cólera dos pobres". O entrave à solidariedade que pode simbolizar a riqueza extrema e o risco de encerrar os pobres numa maior pobreza são apresentados como pecados modernos pelo Vaticano, em 2008.

RICO — ROBERTO DE ARBRISSEL

A iconografia do rico valoriza o lado negativo que a ele está ligado; as riquezas de Abraão ou de Job deixam o espaço ao mau rico recusando sua esmola ao pobre Lázaro; gordura, tesouros acumulados, mesa ricamente guarnecida, servos zelosos formam o quadro que se opõe ao pobre sozinho, desnudado, exposto ao relento, doente e suplicante. Este mau rico é também representado na hora de sua morte: diabos se apoderam de sua alma para arrastá-la para os infernos, enquanto seus tesouros fechados não lhe servem para nada. A complexidade da relação do cristão com a riqueza se afirma na escolha dessa cena emblemática que esmaga todas as outras representações.

Christine Bousquet-Labouérie

➤ Dinheiro; Esmola; Lázaro; Vicente de Paulo.

ROBERTO DE ARBRISSEL (SÃO, MEIO DO SÉCULO XI – 1115)

Por volta da metade do século XI, Roberto nasce em Arbrissel, na Bretanha, de onde ele se torna o vigário. Em 1076, ele apoia a eleição do bispo de Rennes, Sylvestre de La Guerche. Quando este é deposto em 1078, Roberto parte para Paris para retomar seus estudos. Em 1089, Sylvestre de La Guerche, alcançado pela reforma gregoriana e restabelecido em seu posto, chama Roberto para reformar o clero. Ele combate, então, a simonia e o nicolaísmo. Com a morte do bispo, em 1093, Roberto, que atraiu para ele o ódio dos clérigos da diocese, se refugia em Angers, depois vai embora viver como eremita. Um grupo de homens se forma em torno dele, com os quais ele funda em La Roë uma comunidade eremítica, que se torna uma abadia de cônegos regulares. Em suas pregações itinerantes, ele apela à conversão e atrai um grupo de penitentes dos dois sexos, cujas desordens expõem Roberto às críticas dos bispos de Angers e de Rennes. No início do século XII, Roberto estrutura mais estritamente sua fundação, a partir de então estabelecida em Fontevraud, que ele divide entre homens e mulheres, virgens e castas, e cuja administração ele confia a dois priores. Roberto atrai para Fontevraud leprosos e pobres, mulheres nobres ou prostitutas. Ele recebe dons em abundância e conquista a proteção do bispo de Poitiers, do papa e do conde de Anjou. Em 1115, ele confia seu mosteiro duplo a uma abadessa e morre em 25 de fevereiro de 1116, no priorado fontevrista de Orsan, no Berry. Ao termo de um rude conflito, seu corpo volta para Fontevraud, em 7 de março de 1116.

Reformado nos séculos XV-XVI, Fontevraud continua sacudido até a Revolução pelos conflitos entre irmãos e monjas. Roberto de Arbrissel não obteve jamais culto manifesto, apesar de duas tentativas de beatificação. Escolhendo submeter seus irmãos às monjas por penitência, ele abriu vias novas para as mulheres: graças a Roberto de Arbrissel, elas dirigiram material e espiritualmente uma ordem dupla durante sete séculos.

Jacques Dalarun

➤ Eremita; Monge.

ROGER DE TAIZÉ (IRMÃO, 1915-2005)

Nascido na Suíça e educado na Igreja reformada, Roger Schutz funda a comunidade de Taizé, na Borgonha, para aí viver o sinal de uma comunhão possível na Igreja. Morre aos 90 anos, assassinado por uma mulher desequilibrada durante a oração da noite.

Desde a infância, ele aprende que a caridade não conhece clivagens confessionais. Com a experiência da tuberculose e a prova de uma adolescência dolorosa, o apelo de Deus se faz progressivamente reconhecer-se nele.

Em 1940, ainda sozinho, ele escolheu o lugar de Taizé. Próximo da linha de demarcação, ele ajuda um bom número de pessoas, se inquieta pelos prisioneiros alemães dos campos próximos de Taizé, ou pelos jovens órfãos, depois acolherá viúvas do Vietnã, jovens de Kosovo, de Ruanda etc.

Poeta, místico, homem de ação, ele suscita companheiros prontos a engajar-se com ele. Em uma época em que a vida comunitária vai de vento em popa entre os intelectuais cristãos, mas em que a fidelidade no engajamento ministerial começa a ser questionada, ele supera a reticência herdada da Reforma em relação a votos monásticos: na Páscoa de 1949, os primeiros irmãos se engajam na vida celibatária, na comunidade dos bens e no reconhecimento de um prior. A comunidade de Taizé está fundada. Ela se projeta para além das fronteiras e organiza visitas atrás da cortina de ferro.

Portador de um grande desejo de reconciliação na Igreja e no mundo, ele manterá ligações com os papas sucessivos; é observador no Concílio Vaticano II, visita o patriarca de Constantinopla. Mas a "onda ecumênica" recai com a crise das instituições eclesiais aberta pelos acontecimentos de 1968.

Em 1970, irmão Roger lança um concílio dos jovens que deve preparar uma "primavera da Igreja". Ele simplifica a liturgia, incita as trocas entre comunidades em todos os continentes, incentiva os grupos de oração. Em 1980, em Roma, ele diz ter reconciliado nele mesmo suas "origens evangélicas e a fé da Igreja Católica".

Por ocasião de inúmeros encontros internacionais, ele continua uma "peregrinação de confiança na Terra", onde tudo é fundamentado na oração comum, na troca dos dons e na hospitalidade. João Paulo II nele se inspira para as Jornadas Mundiais da Juventude.

Ele publica muito, primeiro para dar a conhecer a vocação de Taizé, depois, a cada ano, redige uma mensagem aos jovens, onde dá a ver o cerne de sua experiência espiritual.

Sabine Laplane

➢ Taizé; Vaticano I e II.

ROMA

Roma está estreitamente ligada às origens do Cristianismo: Pedro e Paulo aí morreram mártires, um em 64, o outro em 67 ou 68, e aí foram objeto de um culto

ROMA

clandestino até na época de Constantino, quando foram construídas em sua honra as grandes basílicas do Vaticano para o primeiro e da via Ostiense, para o segundo. Durante os séculos IV e V, a Roma cristã das igrejas e das basílicas dos mártires suplanta o cenário monumental da Roma pagã. Desde esta época, a Igreja Romana gozava de uma situação privilegiada na medida em que detinha o "assento de Pedro" (*cathedra Petri*), materializado, a partir de 875 mais ou menos, por uma cadeira de madeira preciosa coberta de incrustações de marfim. Segundo Santo Agostinho, o Cristo tendo feito de Pedro o primeiro entre os apóstolos, a Igreja de Roma tem vocação para representar todas as Igrejas que devem ficar em comunhão com ela. Aos seus olhos, no entanto, seu papel era de confirmar a fé das outras comunidades cristãs, sem atingir sua autonomia disciplinar e canônica nem o papel dos concílios. No século V, com o declínio do poder imperial no Ocidente e o papel crescente de Constantinopla, os papas desenvolveram uma eclesiologia muito mais ambiciosa: a Igreja universal é um corpo de que Roma seria a cabeça, e seu bispo, o chefe. Capital do Império e até do mundo, Roma tem uma responsabilidade universal; o bispo de Roma tem, pois, o direito de exercer sobre as outras Igrejas um poder de jurisdição. Estas reivindicações foram aceitas mais ou menos facilmente no Ocidente, mas foram firmemente rejeitadas pelas Igrejas orientais, muito apegadas à sua autonomia. O declínio rápido de Roma fez esta ideologia perder toda atualidade durante os séculos VI e VII; a Cidade se voltou para ela mesma e mostrou a tendência de se tornar um centro puramente eclesiástico, em torno do patriarcado do Latrão e das grandes basílicas às quais Santa Maria Maior tinha vindo juntar-se no século V. O contraste entre a mediocridade da cidade, cuja população passou de 500 mil habitantes no século IV para 20 mil ou 30 mil na época de Carlos Magno, e os vestígios de seu passado grandioso surpreendeu muito seus visitantes, em particular os peregrinos vindos da Inglaterra, da França e dos países germânicos para aí venerar as relíquias dos mártires e levá-las para seus países, que estavam desprovidos. Carlos Magno veio coroar-se imperador pelo Papa Leão II, em 800; ele difundiu em toda a cristandade os usos litúrgicos romanos e a Regra Beneditina, mas colocou o assento de Pedro e seu Patrimônio sob seu controle. A favor da crise do Império carolíngio, Roma reencontrou uma certa autonomia na segunda metade do século IX, mas a Igreja Romana não tardou a cair entre as mãos das grandes famílias da aristocracia e atravessou, no século X, um período de crise moral profunda da qual só saiu graças à intervenção dos imperadores germânicos que a colocaram sob sua tutela e fizeram eleger para o assento de Pedro prelados de grande valor, como Leão IX, que restaurou o prestígio do papado, e surpreendeu, em 1054, o patriarca de Constantinopla com uma excomunhão, retirada somente no fim do Concílio Vaticano II. A partir do pontificado de Gregório VII (1074-1085), a reforma dita "gregoriana" reivindicou para o bispo de Roma a direção efetiva da Igreja do Ocidente, resultado que foi atingido durante dois séculos seguintes, à custa de duros conflitos que opuseram o papado ao Santo Império romano germânico e a alguns soberanos. No século XIII, a cidade tornou-se um foco artístico de primeiro plano, e sua notoriedade atingiu seu apogeu em 1300, com a instituição do Jubileu, por Bonifácio VIII, preocupado em restabelecer em proveito da Igreja Romana o prestígio e a autoridade dos imperadores da Antiguidade. Na mesma época, Dante não hesita em descrever o Paraíso como uma Roma celeste cujo primeiro cidadão é o Cristo. Mas a instalação do papado em Avignon, a partir de 1305, abriu uma crise grave que só terminou com a volta da cúria para as margens do Tibre, por volta de 1420. Depois do fim do Grande Cisma e da crise conciliar, Roma reencontrou um grande dinamismo graças à presença em seu seio de inúmeras colônias italianas e estrangeiras, reunidas em torno de suas Igrejas "nacionais", onde se estreitavam clérigos da cúria residentes em Roma e peregrinos de passagem. A partir do fim do século XV, e principalmente no século XVI, os papas se lançaram numa grande política de urbanismo monumental que culminou com a reconstrução total da Basílica de São Pedro, acabada somente por volta de 1660. Um momento interrompido pelos contragolpes da Reforma protestante, que identificava Roma à "Grande Prostituta de Babilônia", de que fala o Apocalipse, esse esforço de embelezamento se prolongou até a metade do século XVII e atraiu a Roma os melhores arquitetos, pintores e escultores do tempo e, sob o efeito da Contrarreforma, assistiu-se ao relançamento do Jubileu romano, que, a cada 25 anos, trazia inúmeros peregrinos que vinham buscar aí a indulgência plenária. No século XVIII, Roma perdeu sua importância e mostrou a tendência de se tornar antes de tudo a capital dos Estados pontificais. Cada vez mais contestado, o poder temporal da Igreja desmoronou em 1870, quando as tropas piemontesas penetraram na Cidade eterna, que se tornou a capital do novo reino da Itália. Recusando-se a homologar esta espoliação, os papas não deviam mais sair dos palácios do Vaticano até a conclusão, em 1929, por Mussolini e Pio XI, dos acordos de Latrão, que puseram fim à "questão romana". Em virtude deste tratado, a Itália reconhecia a existência de um Estado da Cidade do Vaticano, exercendo sua soberania sobre um conjunto de basílicas e de palácios dispersos na cidade. Mas a questão da primazia da Igreja Romana permanece, da qual João Paulo II reconheceu que ela constituía um dos principais obstáculos ao ecumenismo. Se a maior parte das grandes Igrejas cristãs estão prontas, com efeito, a reconhecer no papa uma primazia de honra e um papel preponderante como garantia da fé, elas recusam a primazia de jurisdição que a Igreja Romana reclama para ela, em virtude do "poder das chaves" confiado pelo Cristo a São Pedro.

André Vauchez

➢ Constantinopla; Imperador; Jubileu; Papa; Pedro.

ROUBLEV, ANDRÉ (POR VOLTA DE 1370-POR VOLTA DE 1430)

No século XIV, na Rússia escravizada pelos Mongóis, São Sérgio de Radonege desencadeia um imenso movimento monástico que acabará por garantir o renascimento moral, cultural e político do país, e começa em torno de um pequeno mosteiro consagrado à Trindade. Um pouco mais tarde, um monge pintor de

ROUBLEV, ANDRÉ

ícones, André Roublev, que se situava no caminho de Sérgio (é possível que ele o tenha conhecido), ia pintar obras "cheias de alegria e de clareza".

Por volta de 1400, Roublev pinta numa iconóstase, em Zvenigorod, um rosto do Cristo bem diferente do sombrio e duro autocrator bizantino: a suavidade e a força nele se juntam. Em 1405, ele participa, no Kremlin de Moscou, da decoração da Catedral da Anunciação. Ele faz parte de uma equipe dirigida por Teófano, o Grego. Entretanto, ele não segue a via de Teófano, violenta, dramática, mas a de Sérgio: enfatiza a leveza da graça e da alegria. Estudando antigos ícones, soube redescobrir os próprios fundamentos da arte antiga: uma "eurritmia", uma "fluidez" que lembram as concepções estéticas de Platão, mas iluminadas pelo Evangelho.

A obra-prima de Roublev é o ícone da Trindade, pintado no início do século XV para decorar a nova igreja com esse nome, em Serguei Possad, o mosteiro fundado por São Sérgio. O ícone é simbólico ou, mais precisamente, "figurativo". Trata-se de três homens, ou anjos, acolhidos por Abraão sob o carvalho de Mambré. A Gênese diz ora que eles eram três, ora um, e que era o Senhor, donde o simbolismo trinitário. Roublev fez desaparecer os personagens anedóticos (Abraão, Sara, os servos) para conservar apenas os três anjos. No segundo plano aparecem uma casa, uma árvore, um rochedo – a Igreja casa do Pai, a árvore da vida reencontrada na Cruz, o rochedo de onde brota a água viva, a graça do Espírito Santo. Estes três símbolos permitem unir cada um dos anjos a uma das Pessoas divinas: à esquerda, o anjo-Pai, cujo manto diáfano sugere a fonte irreconhecível da divindade – irreconhecível senão pelo Filho encarnado, sugerido pelo anjo do meio, cujas roupas, marrom terrestre e azul celeste, são a imagem da união em Cristo do divino e do humano. O anjo-Pai e o anjo-Filho benzem a taça do sacrifício que está no centro da composição, e na qual o alimento oferecido por Abraão se torna o símbolo da eucaristia. Os rostos desses dois anjos têm uma gravidade quase dolorosa, mas o anjo-Pai olha, à direita, o anjo-Espírito, cujo manto verde, cor de vida renascente, significa a Ressurreição. Na mesa, verdadeiro altar, uma espécie de bloco retangular e discretamente inserido, exatamente sob a taça do sacrifício: ele designaria o mundo, que só pode existir à sombra do Cordeiro imolado desde o começo...

O essencial está no próprio ritmo do ícone: o esquema circular, a música das curvas que se dobram paralelamente ou em oposição, as cores como nacaradas, transparentes, sem sombra, tudo exprime o "imóvel movimento de amor" da Trindade.

André Roublev foi canonizado em junho de 1988, pelo concílio que se reuniu em Moscou, por ocasião do milênio da cristianização da Rússia.

Olivier Clément

➢ Ícone; Moscou; Ortodoxos.

S

SABÁ

O sabá (o sábado de nossa semana) é essencial na vida judaica. A etimologia da palavra permanece incerta, mas poderia significar "cessar". A ideia de repouso é, com efeito, primeira. Parece, entretanto, que, na origem, na Mesopotâmia e na Fenícia, tenha havido a festa mensal da lua nova. Os Levantinos que prestavam um culto a Yahvé a fizeram sua, mas a deixaram evoluir para um ritmo semanal e se fixar no sétimo dia, sempre vivido como santo entre os judeus. A instituição do sabá atesta que Deus é o criador do universo e do homem, que ele libera e para o qual ele dá uma Lei. Ela prefigura o mundo futuro, o da restauração total. Uma dimensão messiânica mais ou menos latente habita o sabá.

Na virada da era, a legislação judaica sobre o sabá se encontrava formulada em inúmeros textos que precisavam as prescrições bíblicas, as do Decálogo em prioridade. A paralisação de toda atividade era primordial. Os teóricos rigoristas não cessavam de decuplicar e reforçar os interditos (assim, no século II a.C., o *Livro dos Jubileus*, 50, 12-13). O que podia ir até a prescrever o abandono de uma pessoa em perigo. Outros textos contemporâneos (1 M e 2 M), até posteriores (o Talmude) defendiam, em compensação, o primado da sobrevivência humana. Lendo os Evangelhos, parece bastante que Jesus partilhou este ponto de vista, mas a frase "o Filho do homem é mestre do sabá" (Mt 12, 8) não implica, no entanto, ruptura com a observância sabática. Na continuidade, não sem excesso polêmico, a Igreja terá tendência a proclamar a substituição pelo oitavo dia (o domingo) do sétimo, como simbolizando a do Cristianismo ao Judaísmo.

Em certos meios ditos judaico-cristãos, celebrava-se também o sabá, e, ainda hoje, os "Judeus cristãos", "Hebreus católicos" ou "Judeus messiânicos", ligados à Torá, à circuncisão e às festas judias, se opõem ao *dies solis* ("dia do sol") romano, que é o domingo, e preferem o sabá.

André Paul

➤ Calendário litúrgico; Jesus.

SABÁ (RAINHA DE)

Soberana da Arábia (situa-se seu reino hoje no Iêmen), cuja lenda conta que, atraída pela reputação de sabedoria de Salomão, o rei de Israel (1 R 10, 1-13; 2 Cr 9, 1-12), ela fez a viagem até Jerusalém para vir visitá-lo e trazer-lhe riquezas (incenso e aromas) em homenagem. Ela lhe propôs alguns enigmas para resolver, e Salomão conseguiu facilmente. Estes relatos constituem um dos muito raros episódios que comprovam um intercâmbio pacífico entre Israel e as civilizações vizinhas. Alguns padres da Igreja viram em sua atitude uma prefiguração da adoração dos magos vindos do Oriente a Belém. Outros prolongaram o encontro como casamento entre Salomão e a rainha de Sabá, e viram nela uma figura da Esposa do Cântico e/ou da Igreja. Outros, ainda, a identificaram com uma profetisa anunciando a conversão dos pagãos. Em todos os casos, Jesus representa o novo Salomão. Ele se inspirou, aliás, ele próprio neste episódio para reivindicar uma posição e uma sabedoria superiores às de Salomão (Mt 12, 42).

O eco desse encontro foi considerável, até nossos dias, nas três religiões abraâmicas e nos três continentes. O Corão lhe reserva um lugar importante (Surata 27, 20-44: a soberana, chamada Bilqîs na tradição muçulmana, se teria convertido ao Deus único) e a ilustração persa fez disso frequentemente o frontispício de coletâneas de poesia. A dinastia dos reis da Etiópia reivindica ter origem na união de Salomão e Bilqîs. A rainha de Sabá aparece na escultura das catedrais e nas Bíblias ilustradas. O *Speculum Humanae Salvationis* lhe reserva um lugar de testemunha no Juízo final. Em suas pinturas murais de San Francesco d'Arezzo (por volta de 1460), Piero della Francesca a associou à descoberta da Verdadeira Cruz por Santa Helena.

François Boespflug

➤ Constantino; Salomão.

SABEDORIA

A palavra "sábio" vem do latim popular *sapius/sabius*, esta, por sua vez, originada do latim clássico *sapidus*, "que tem gosto". A família do verbo *sapere* denota ao mesmo tempo o sabor, a inteligência e o saber. O substantivo *sapientia* significa a inteligência, a sabedoria, a ciência, o saber. Ele é traduzido do grego *sophia*, que designa o saber-fazer do artesão antes de tomar o sentido de "ciência" e de "sabedoria". Na Septuaginta, *sophia* é a tradução do hebraico *ḥokmâh*.

No Antigo Testamento, a sabedoria é uma qualidade do homem e um atributo de Deus. A sabedoria que o homem adquire pela educação e pela experiência é inicialmente da ordem da habilidade, do saber-fazer ou do saber, que se liga a transmitir. Esta sabedoria é, antes de tudo, uma arte de viver e de ser feliz. Mas ela pode ser da ordem da moral e da religião: a sabedoria, a virtude e a piedade são, então, sinônimos. O fundamento da sabedoria é o temor de Deus (Pr 1, 7); o

SABEDORIA

sábio faz o que agrada a Deus (Pr 11, 20). Em alguns textos, esta sabedoria, que se desenvolve pela experiência, pela moral e pela piedade, é também um dom de Deus (Pr 2, 6; Jb 11, 6).

A sabedoria divina consiste no conhecimento do bem e do mal, da qual o relato do Paraíso conta que ela foi recusada aos homens, porque ela os teria tornado semelhantes a Deus (Gn 3, 5). Querer este conhecimento é atacar Deus (Ez 28, 1-8), porque só Deus conhece e contempla esta sabedoria oculta nos homens (Jb 28, 12-27). Ele a concede a quem ele quiser: os artesãos que fabricam os objetos de culto (Êx 28, 3), José (Gn 41, 38-39), Moisés (Nm 11, 17), David (2 S 14, 17), Salomão (1 R 3, 11-13), Esdras (Esd 7, 25), Daniel (Dn 1, 17), o Messias por vir (Is 11, 2-5). Esta sabedoria que vem de Deus é colocada em relação com o espírito de Deus (Gn 41, 38): foi ela que criou o mundo e que o governa (pr 3, 19; Jb 28, 12-27), que inspira os reis e os juízes, que instrui os homens, que garante a prosperidade (Pr 8). Não é surpreendente, nestas condições, que a Sabedoria seja personificada: nos Provérbios, ela discorre e censura e é até distinta de Deus (Pr 8, 1-9.2). Criada antes de todos os seres, ela se coloca ao lado de Deus, como um artesão ou arquiteto, quando ele cria o mundo. Constituiria ela uma hipóstase, ou mesmo uma pessoa divina? Provavelmente não.

Diversos livros da Bíblia pertencem à literatura da sabedoria, atestada no Oriente Próximo antigo desde o fim do segundo milênio (*Sabedoria de Amenemopeu, Sabedoria de Ahikar*): os provérbios, Job, o Eclesiastes. O Salmo 1 coloca a coletânea dos Salmos sob o signo da sabedoria: a felicidade consiste em observar e em meditar a Lei de Deus. O Salmo 119, que identifica felicidade do homem e Lei divina, pertence também ele à literatura de sabedoria.

A Septuaginta contém dois livros ausentes da Bíblia hebraica que dependem da literatura de sabedoria: a Sabedoria de Jesus filho de Sirach (Eclesiástico ou Sirácido) e a Sabedoria de Salomão. Composto em hebraico no início do século II antes de nossa era, o Sirácido fez, talvez, parte do cânon pré-rabínico da Bíblia: ele é citado como Escritura nos Talmudes. Uma boa parte do texto hebraico foi reencontrada na *geniza* do Cairo e no deserto de Judá. Os 51 capítulos abordam assuntos diversos, relativos à vida de todos os dias e às relações com o outro. Eles contêm provérbios, mas também orações e hinos: hino à glória de Deus, que se manifesta na natureza (42, 15-43, 33), um "elogio dos pais", desde Enoque até o grande sacerdote Simão (44, 1-50, 24), uma ação de graças (51, 1-12), um poema sobre a sabedoria (51, 13-30)...

O Livro da Sabedoria foi composto no momento da mudança da era. Os capítulos 1-5 são dirigidos "aos que julgam a terra", que devem amar a justiça, e opõem o justo ao ímpio. Os capítulos 6-19 são uma mensagem do Rei Salomão aos reis, que são levados a julgar. O rei sensato se deixa ensinar pela sabedoria. Os capítulos fazem o elogio da sabedoria e descreve o que ela fez pelos patriarcas e pelo povo de Israel. Este elogio é interrompido por uma mensagem a Deus (9) e uma denúncia da idolatria (13-15). A Sabedoria judaíza ideias gregas, a começar

386 CRISTIANISMO – DICIONÁRIO DOS TEMPOS, DOS LUGARES E DAS FIGURAS

SABEDORIA — SADUCEUS

pela de Sabedoria, que é articulada com a própria história judaica, vista como o desdobramento de tal sabedoria; assim, também, a imortalidade grega da alma é, às vezes, descrita em termos de incorruptibilidade do homem.

No Novo Testamento, a sabedoria humana só tem valor se ele se refere a Deus (Lc 2, 40). Paulo opõe a sabedoria do mundo e a sabedoria de Deus, que passa pela loucura da cruz (1 Co 1, 17-31). O Cristo é a verdadeira sabedoria (1 Co 1, 30), que torna o homem capaz de compreender o plano divino da salvação (1 Co 2, 6-9). Jesus se qualificou a ele próprio como "sabedoria de Deus" (Lc 11, 49)? A questão é discutida; em todo caso, para Orígenes (*Tratado dos Princípios*, I, 2), o *Logos* é identificado à Sabedoria.

Gilles Dorival

➢ Deus; Glória; Salomão; Verbo.

SADUCEUS

A história dos saduceus permanece vaga. Consideram-nos como os membros de um partido aristocrático de Jerusalém ligados às grandes famílias sacerdotais durante dois séculos que precedem a ruína do Templo, em 70, e seu desaparecimento parece consecutivo a esta catástrofe nacional. Nós os conhecemos por testemunhas distantes e frequentemente hostis: os Evangelhos e os Atos dos Apóstolos no Novo Testamento, a *Guerra dos Judeus* e as *Antiguidades Judaicas*, de Flávio Josefo; mais tarde, os ecos tendenciosos dos padres da Igreja e, paralelamente, as exposições negativas da Mishnah e do Talmude.

A origem do nome hebraico remete a Sadoc (*Tsadoq*), alta personalidade encarregada do culto em Jerusalém, no tempo de Salomão. Segundo Josefo, os saduceus teriam rejeitado a tradição oral cara aos fariseus, só aceitando os livros da Lei. Eles afirmavam a primazia do livre arbítrio no sucesso do homem, negando, assim, a providência, como o faziam os epicuristas (*Antiguidades Judaicas*, X, 278 e XIII, 173), e recusavam toda vida depois da morte.

Como grupo, os saduceus não desempenharam nenhum papel na recomposição do Judaísmo depois de 70, e ficarão nas memórias com traços caricaturados. Alguns tentaram, no entanto, fazê-los renascer; uma longa tradição remontando ao século IX os relaciona aos karaítas, estes judeus dissidentes que recusaram a autoridade da Mishnah e do Talmude (Lei oral) em benefício exclusivo somente da Escritura (Lei escrita). Ela se transmitirá até o século XX pelo viés de grandes escritores judeus da Idade Média, Yahûdâh Halévi e Maimônides. Alguns eruditos, minoritários, viram nos "filhos de Sadoc", que alguns textos do Qumrân engrandecem, um grupo de saduceus piedosos que deixaram o Templo para viver nas margens do Mar Morto.

André Paul

➢ Judeus; Fariseus; Qumrân.

SAGRADO CORAÇÃO

A devoção ao Sagrado Coração de Jesus afirmou-se na França, no século XVII, a partir de duas tradições espirituais, a escola francesa de espiritualidade, marcada pela personalidade do cardeal de Bérulle (1575-1620), e a dos jesuítas, representada por Claude La Colombière (1641-1682), que foi conselheiro em Paray-le-Monial de Santa Margarida Maria Alacoque (1647-1690), uma religiosa da Visitação. As aparições de Jesus a Margarida Maria constituíram pouco a pouco a referência maior para um culto reconhecido, com a introdução de uma festa do Sagrado Coração na liturgia romana.

Essa devoção, que conheceu a oposição dos jansenistas e a de partidários de uma espiritualidade mais sóbria, vê no coração do Senhor um centro de impulso vital para o mundo. Seu sucesso correspondeu com os progressos no conhecimento do papel do órgão na circulação do sangue, mas não há contatos certos. Na França, a partir das guerras de Vendeia, esta forma de devoção militante favoreceu um apego à monarquia. Mais recentemente, ela esteve relacionada com a formação do catolicismo social. Para Charles de Foucauld e os seus discípulos, o culto do Coração de Jesus estabelece um elo entre a aspiração missionária ou caritativa e a orientação sacrificial.

Uma segunda forma da devoção vê no coração o centro da afetividade e dos sofrimentos íntimos, místicos. Como o amor de Jesus Cristo pelos pecadores foi desconhecido, uma prática mortificada e de oração dos fiéis contribuirá para apagar esta ingratidão. A devoção adota uma tonalidade sacrificial e entra em ressonância com a oferta de reparação que motiva, desde a Revolução Francesa, a memória da morte de Luís XVI e das outras vítimas da violência revolucionária. Orientações comparáveis se manifestaram, desde o século XIX, na Itália, na Espanha, em Portugal e em diversos países da América Latina. Na Alemanha, a componente mística do culto foi mantida. Assim, o teólogo Karl Rahner era muito apegado a esta tradição.

Muitas congregações religiosas e múltiplas associações de fiéis se colocaram sob o signo da devoção ao Sagrado Coração. As proposições de reforma do Concílio Vaticano II os levaram a releituras de suas tradições, e as evoluções marginalizaram os grupos de extrema direita que reivindicam para si a imagem do Sagrado Coração. Estes movimentos, ao mesmo tempo em que pretendem ser fiéis às tradições clássicas da devoção, desenvolvem formas de oração mais diretamente inspiradas na leitura da Bíblia. Eles privilegiam as formas litúrgicas e estéticas que fazem esquecer as práticas de estilo "sulpiciano".

Pierre Vallin

➤ Coração; Doutrina social da Igreja; Místicos.

SALMOS

O Saltério é uma coletânea de 150 orações escritas em hebraico. Traduzido em grego, ele constitui um dos tesouros mais preciosos do Antigo Testamento. No cerne da oração monástica, ele permaneceu até hoje o livro de oração por excelên-

CRISTIANISMO – DICIONÁRIO DOS TEMPOS, DOS LUGARES E DAS FIGURAS

SALMOS — SALOMÃO

cia dos crentes. O tom destes cantos evoca com sinceridade a gama de sentimentos que vão da revolta à alegria e que habitam o homem frente a ele mesmo, aos outros e em face do Outro por excelência, que é Deus.

Os salmos são a testemunha incontestável da oração do povo judeu, escolhido de Deus, eleito para dar graças às maravilhas realizadas pelo Único e submetido a provas mortais ao longo de sua movimentada história. Uma tradição venerável coloca sob o patrônimo de David o conjunto do Saltério. O Cristo de Deus não é "originário da linhagem de David segundo a carne", comenta São Paulo, em sua Epístola aos romanos (Rm 1, 3)? Parece que o livro dos Salmos tenha sido construído pouco a pouco em torno da figura misteriosa de David desde o tempo deste rei libertador até o século II antes de nossa era.

Os salmos escandem também as Horas litúrgicas (Matinas, Laudes, Meio do dia, Vésperas, Completas...) da jornada cristã. Os intercessores que são os monges e as monjas se reúnem para fazer vigília com as palavras desta coletânea. No tempo de sua vida mortal, Jesus rezou com as palavras dos salmos recebidos dos seus. Quando Ele é pregado na cruz, seu louvor e sua súplica mergulham na obscuridade da prova que abre o Salmo 22: "Meu Deus, meu Deus, por que me abandonaste?" É nesse mesmo salmo que a humilhação do inocente supliciado é anunciada por Lucas, quando ele relata a aparição de Jesus no caminho de Emaús, que apresenta o Cristo ressuscitado como cumprindo todas as Escrituras, e, em especial, o que anunciaram os salmos.

A coletânea dos 150 salmos é o livro do louvor dos homens a Deus. Mas os salmos falam também das arestas que aparecem inopinadamente: doenças, insultos, propósitos mortíferos, guerras, traições, sombras da morte, mentiras, violências das línguas e das armas, rapinas e mortandade sem fim... É o "agora" da prova que desaba sobre o crente. A oração se torna grito de revolta na noite. Ser salvo da maldição e da morte ameaçadora permite ao salmista exultar de novo no "sempre" de Deus. O canto dos salmos mistura, assim, estreitamente, louvor e súplica; ele desposa a verdade das situações humanas e revela as que se tenta dissimular a si mesmo. Os salmos colocam a nu as forças escondidas do coração humano até em suas violências, suas cóleras e suas recusas, frente a Deus e na confrontação com seus semelhantes. É a razão pela qual estes cantos de súplica e de louvor são o contrário de um pieguismo desencarnado. Atravessando os séculos, eles se tornam a voz de todos os que esperam, na paciência, a segunda vinda do Cristo salvador.

Henri Madelin

➢ David; Emaús; Justo; Monge; Paixão; Oração.

SALOMÃO

De seu nome hebraico Shelomoh, que se pode aproximar de *shalom*, a "paz", a "prosperidade", Salomão viveu de 970 a 930 a.C. mais ou menos. Filho de David,

SALOMÃO — SALVAÇÃO

rei de Judá e de Israel, e de Betsabé, ele chega ao poder graças ao profeta Nathan, ao sacerdote Sadoc e à sua mãe, que convencem David de preferi-lo a Adonias. Ele se casa com a filha do faraó. Num sonho, ele pede a Deus um coração capaz de julgar, que lhe concede. Salomão mostra suas capacidades quando duas prostitutas, que reivindicam o mesmo filho, lhe pedem para arbitrar entre elas. Ele propõe cortar a criança em duas. A verdadeira mãe renuncia à criança, para não vê-la morrer, e o rei a dá a ela. É o célebre julgamento de Salomão. Ele construiu o Templo em sete anos. Por causa de seu amor pelas mulheres, o coração do velho Salomão é arrastado para outros deuses. Deus decide puni-lo, reduzindo o reino ao território de Judá.

Acreditando na própria Bíblia, Salomão é o autor dos Provérbios, do Cântico dos Cânticos e do Eclesiastes. Alguns padres da Igreja veem nestes três livros as três partes da filosofia: os Provérbios representam a ética; o Eclesiastes, a física; o Cântico, a mística. Outras obras lhe são atribuídas: a Sabedoria, que pertence à Septuaginta, e os Salmos de Salomão, que são de origem judaica; as Odes e o Testamento de Salomão, que são cristãos.

A figura de Salomão exerce um papel central no Cristianismo etíope em razão de seus amores com a rainha de Sabá, donde se teria originado Menelique, o ancestral dos soberanos da Abissínia. No Ocidente, o companheirismo se refere aos artesãos do primeiro Templo, cujo ouro deu lugar à lenda das minas do Rei Salomão, mas a arqueologia contemporânea questiona a importância do reino de Salomão.

Gilles Dorival e Laurence Devillairs

➢ Cântico dos Cânticos; David; Sabá (rainha de); Sabedoria; Templo.

SALVAÇÃO

A palavra "salvação" é imediatamente aproximada da crença cristã em um julgamento individual que deve exercer-se em nossas vidas após a morte e da qual se trata de sair indene ("fazer sua salvação"). Mas, na Bíblia, a salvação é mais imediata: salvar sua vida é salvar sua pele: "tu salvas, Senhor, o homem e os animais" (Sl 36, 7); "o que quer salvar sua vida a perderá" (Mt 10, 39). A reflexão sobre a salvação deve também levar em conta outros temas presentes na Bíblia: liberação, cura, justiça (no sentido dos "juízes", que são libertadores) etc.

No Antigo Testamento, a salvação não é inicialmente individual, é a salvação de um povo; ela não é somente moral, trata-se de escapar de seus inimigos, da morte, da fome. A salvaão é um ato divino que se manifesta particularmente no fato de libertar Israel de seus inimigos: na saída do Egito, durante o período dos juízes, e de uma maneira geral ao longo de toda a história movimentada que une Deus ao seu povo. Esta fé em Deus salvador é confrontada com os reveses de uma história em que o povo de Israel é cada vez mais despossuído de sua existência nacional. Duas correntes mantêm viva a esperança de uma "salvação" definitiva: o messianismo (de Messias, *messiah*, em hebraico) e o apocalíptico que traduz em termos

SALVAÇÃO

figurados a exasperação da espera de Israel frente aos desmentidos sucessivos que a história parece trazer às promessas de Deus transmitidas pelos profetas.

Ao lado dessa espera de uma liberação do povo todo, a esperança assume, às vezes, no Antigo Testamento, um sentido mais pessoal. O salmista, que faz a experiência de uma relação amante e confiante em seu Deus, tem a certeza de que este o defenderá contra seus inimigos e até o "tomará" para colocá-lo ao abrigo da desgraça. Nem mesmo a morte parece parar esta confiança na salvação que Deus promete ao seu fiel: "Deus resgatará minha alma das garras do Schéol, e ele me tomará" (Sl 48, 16); "não podes abandonar minha alma ao Schéol, nem deixar teu amigo ver o fosso" (Sl 15, 10).

O livro de Job é, sem dúvida, o testemunho mais impressionante sobre essa confiança que não impede de medir a profundeza do mal: "Eu sei, eu, que meu defensor [go'el] está vivo, que ele, o último, se levantará na terra" (19, 25).

A esperança de uma sobrevida *post mortem* que se afirma nos últimos livros do Antigo Testamento não é jamais separável da espera de uma libertação total que é a de Israel e de toda a humanidade. A retribuição definitiva se fará no Juízo final, onde cada um (mesmo os maus) comparecerá e receberá seu *status* definitivo (Dn 12, 1-4 – pela primeira vez os maus não serão pura e simplesmente eliminados).

A esperança de uma salvação próxima e definitiva é o segundo plano da missão de Jesus. Seu próprio nome significa "Deus salva", porque – como o comenta o anjo que anuncia seu nascimento – "é Ele [Jesus] que salvará seu povo de seus pecados" (Mt 1, 21). Lucas, também, a propósito do nascimento em Belém, fala de um "Salvador que [nos] nasceu" (2, 11). O próprio Jesus pode então ser chamado "salvador", título eminentemente divino que ele divide com o Pai (Tt 1, 3-4). Durante todo o ministério de Jesus, a salvação está operando, em especial no momento das curas: "se eu conseguir tocar sua roupa, serei salva [curada]"; "tua fé te salvou" (Mt 9, 21-22). Mas ela é também um horizonte mais vasto: Jesus vem "salvar o mundo" (Jo 3, 17; 12, 47), e esta salvação se revelará no último momento para os que tiverem perseverado até o fim na fé (Mt 10, 22), ela será o salário dos fiéis do Cristo (Jo 10, 9), a consequência do batismo (Mc 16, 16).

Incontestavelmente, essa salvação tem duas dimensões: uma dimensão espiritual e interior (a libertação do pecado), conseguida desde agora para os que seguem o Cristo, e uma dimensão carnal e social (até cósmica, Rm 8, 19), antecipada pelos milagres de Jesus, mas que só se cumprirá no momento do Juízo e da restauração definitiva. Para São Paulo, a primeira dimensão recebe mais o nome de justiça (ou de justificação), enquanto a palavra "salvação" é reservada à segunda (donde "fomos salvos, mas é na esperança", Rm 8, 24). A tradição cristã terá diferentes termos para exprimir esta salvação à qual o homem está prometido: glorificação, divinização, vida eterna etc.

A chegada da salvação está ligada à cruz e à ressurreição do Cristo. É aí que se opera a liberação das forças do mal que retinham o homem cativo. As Escrituras

SALVAÇÃO — SAMARITANA

e a tradição da Igreja desenvolveram diversos esquemas para dar conta desse elo, cada um deles comportando uma parte de verdade e não sendo exclusivo dos outros. Do ponto de vista do *sacrifício*, o Cristo, oferecendo ao seu Pai uma vítima que não é externa, mas que é ele próprio, presta a Deus toda honra e toda glória, quando o homem, por seu pecado, se tinha separado dele; esta vítima sem mancha é aceita e acolhida pelo Pai na Ressurreição e, por ela, ele nos dá a vida. Do ponto de vista da *reparação*, o Cristo apresentando a Deus o que faltava do lado do homem e essa resposta que ultrapassa infinitamente o que é devido pela criatura ao Criador, ela restabelece a relação justa entre Deus e o Homem, e o Pai pode dar-nos a vida prometida. Do ponto de vista do *combate*, o Cristo, enfrentando Satã em seu próprio terreno, o reduz à impotência no momento em que este se acreditava vencedor e o obriga a cuspir sua presa, a humanidade. Enfim, do ponto de vista da *substituição*, o Cristo, aceitando ser carregado dos pecados dos homens, se torna a vítima oferecida à cólera de Deus que se ergue contra o pecado, e, nele, este pecado é aniquilado.

A salvação está no cerne da fé cristã, porque esta não é inicialmente uma filosofia de vida, uma moral ou doutrina sobre Deus, é uma "boa nova", anunciando um futuro ao mesmo tempo pessoal e coletivo para o homem, que começou a existir em Jesus de Nazaré, ele que Deus "livrou das dores da morte" (Atos 2, 24).

Michel Gitton

➢ Fim dos tempos; Jesus; Morte; Pecador; Revelação.

SALVADOR

Ver *Jesus*.

SAMARITANA

Nos relatos evangélicos, a Samaria é apresentada como hostil aos judeus de Jerusalém. A fé ancestral dos Samaritanos tinha sido contaminada por crenças pagãs. Por essa razão, os judeus do reino de Judá viam neles hereges. Mas uma profecia de Isaías (Is 11, 12) anunciava que os dois reinos seriam um dia reconciliados. Jesus, por sua vez, recomenda aos discípulos não ir à Samaria (Mt 10, 5), mas Ele elogiou um Samaritano, porque ele é o único, entre 10 leprosos que Ele curou, a voltar para dizer seu obrigado (Lc 17, 11-19). Na parábola do bom Samaritano, Jesus opõe a atitude misericordiosa deste à indiferença de um sacerdote e de um levita do Templo de Jerusalém (Lc 10, 10-37). Ele destrói, então, as fronteiras culturais e religiosas que separam os homens e os povos, como acontecia entre judeus e samaritanos.

Essa subversão atinge seu ápice no Evangelho de João (4, 5-42) onde uma Samaritana com vida desregrada é a representante apaixonada por uma abertura à novidade do Cristo e de uma reconciliação a caminho. Jesus, homem entre os homens, está cansado e sedento. A Samaritana vê primeiro nele um judeu como os

SAMARITANA — SAMARITANO

outros, uma lembrança do patriarca Jacob, um profeta, uma figura do Messias. É finalmente como Cristo que ela o reconhece. Com um pano de fundo das figuras do passado, a Samaritana se torna assim uma figura privilegiada da passagem entre o Primeiro Testamento e o Novo.

Os padres da Igreja, e em especial Santo Agostinho, meditaram longamente sobre a palavra do Cristo, que abre nesse relato um horizonte infinito: "Se conhecesses o dom de Deus". Eles viram na água prometida "o Amor de Deus espalhado em nossos corações pelo Espírito Santo que nos foi dado" (Rm 5, 5). Teresa de Ávila observa em sua autobiografia (30, 19): "Quantas vezes eu me lembro da água viva que o Senhor dá à Samaritana... Já quando eu era criança, gostava [desse Evangelho] sem compreender o valor deste bem, e eu suplicava muitas vezes ao Senhor que me desse dessa água." O relato evangélico confirma a vinda da "salvação pelos judeus" em Jesus e anuncia uma universalidade nova. A partir de então, os verdadeiros adoradores de Deus o adorarão "em espírito e em verdade" (4, 24), para além de todas as localizações geográficas e culturais. Tal é o dom de Deus aos homens que culminará com o "estou com sede" de Jesus na madeira da cruz.

Os poetas e os místicos antigos e modernos tomam muitas vezes a imagem do "poço profundo" (4, 11) de cada ser, no qual se esconde uma intensa vida pessoal. Etty Hillesum, por exemplo, jovem judia de Amsterdã desaparecida nos campos de extermínio nazista, fala em seus escritos de um poço profundo e misterioso, ao fundo do qual ela se compraz em encontrar Deus.

Henri Madelin

➤ Levita; Palavra de Deus; Samaritano (bom).

SAMARITANO (BOM)

O relato do bom Samaritano parte de uma questão maliciosa que um legista propõe a Jesus: "A Lei manda amar seu próximo como a si mesmo", mas "quem é o próximo?" (Lc 10, 29-37). Jesus responde por uma parábola, história breve que ele improvisa: na estrada entre Jerusalém e Jericó, um viajante é atacado por bandidos, depois roubado e deixado como morto. Passa um sacerdote, que se afasta e continua seu caminho, depois um levita que se desvia do ferido e se distancia. Um Samaritano aparece: ele cuida, ele próprio, das feridas do homem, derrama nele óleo e vinho, transporta-o ao hotel e paga para que cuidem dele. Ele se compromete até a pagar o suplemento para sua volta. Jesus pergunta, então, qual desses homens se comportou como o próximo. O legista deve admitir que se trata daquele que manifestou a compaixão.

Ora, os samaritanos eram desprezados pelos judeus porque eram estrangeiros e infiéis. A Samaria, tendo sido separada do reino de Judá, tinha edificado no Monte Garizim um templo rival do de Jerusalém e adorado ídolos. O relato insiste sobre a distância entre a letra da Lei e seu espírito: o padre e o levita se afastam, ainda que próximos de ferido – sem dúvida, por medo da impureza que pode resultar do contato com um homem ferido, ou até morto. O relato não se estende, mas manifesta a oposição entre a aplicação das regras formais pelos religiosos e o estrangeiro que está na verdade humana e divina da Lei. O bom samaritano se tornou o símbolo do serviço dos outros. Um albergue leva seu nome na estrada entre Jerusalém e Jericó, parada já famosa, talvez, na época do Cristo. Esta parábola que aponta as contradições da observância da Lei pelos sábios está no centro da oposição crescente entre Jesus e os notáveis judeus. Ela terminará com sua morte.

Catherine Grémion

➤ Amor; Levita; Próximo.

SANGUE

A significação bíblica do sangue é fornecida pela Palavra de Deus a Noé (Gn 9, 4), a partir do relato dos começos, depois pela palavra de Yahvé a Moisés no código de santidade: "A vida da carne está no sangue" (Lv 17, 11ª). Ora, a vida vem de Deus. É o que explica a interdição do assassinato no Decálogo (Êx 20, 13), do qual decorre o uso do sangue nos ritos litúrgicos. Na Aliança, os contratantes passam entre as carnes sangrentas dos animais imolados invocando sobre eles a sorte das vítimas se eles transgridem seus compromissos. O sangue, símbolo da vida, exprime a comunhão dos contratantes, humanos e divino. Se esta comunhão for rompida, será preciso tentar restabelecê-la. O sangue serve, então, para santificar o que pôde ser atingido pelo pecado: "Esse sangue, eu o dei a vós, eu, para fazer o rito de expiação para vossas vidas, porque é o sangue que expia por uma vida" (Lv 17, 11b). Donde a prática do bode expiatório no âmbito do dia das Expiações, *Kippour*, como substituto da expiação pessoal (Lv 16, 17-28). A proibição alimentar de comer a carne com o sangue (Lv 17, 12) deriva daí ainda em nossos dias na cozinha judaica *kasher*, "apta, conveniente".

O sangue se encontra assim em todo ponto estratégico da Criação e da Aliança. Por ocasião do primeiro fratricídio, na história primordial, Deus diz a Caim: "O que fizeste? [A] voz dos sangues de teu irmão me clama, da terra. E agora maldito [és tu], tu, pela terra que abriu sua boca para pegar os sangues de teu irmão, de tua mão" (Gn 4, 10-11). O sinal de Deus sobre Caim (Gn 4, 15) é destinado a preservá--lo da vingança porque o homem foi criado à imagem de Deus do qual somente depende a vida. O que derrama o sangue de seu irmão na humanidade deve responder por isso diante de Deus (G 9, 5). O sangue do cordeiro imolado pela Páscoa é, por sua vez, destinado a poupar as tendas e as casas do povo eleito no momento da passagem do Exterminador (Êx 12, 21-28). A aliança do Sinai é também selada por um rito de sangue do qual Moisés explicita assim o sentido: "Isto é o sangue da aliança que Yahvé concluiu convosco, mediante todas essas cláusulas" (Êx 24, 8).

Jesus retoma essa fórmula sobre o vinho na Ceia com modificações significativas: "Isto é meu sangue, o sangue da Aliança, derramado em prol de muitos para o perdão dos pecados." A Epístola aos Hebreus desdobra as implicações deste ato do

394 CRISTIANISMO – DICIONÁRIO DOS TEMPOS, DOS LUGARES E DAS FIGURAS

SANGUE — SANSÃO

Cristo que antecipa sua Páscoa, operando um duplo elo. O Cristo é definido como o "mediador de uma Aliança melhor" (He 8, 6), com a ajuda da citação da Septuaginta onde intervém, por sua vez, a expressão, única no Antigo Testamento, de "aliança nova" (Jr 31, 31). Apoiado pela destruição do Templo em 70, o Cristianismo defende a supressão dos sacrifícios sangrentos por vítimas animais interpostas.

Esses eixos de um e outro Testamento encontram ramificações múltiplas. No Deuteronômio, também, "o sangue é a vida". O elo entre "vida" e "coração" se aprofunda em benefício de uma interiorização da Palavra que relativiza as práticas sacrificiais, expostas a uma objetivação excessiva da aliança. A vocação de Isaías envia tons análogos, mas contrastados, que exprimem o endurecimento sempre possível do coração. Ezequiel, sacerdote e fundador de uma escola de inspiração sacerdotal, se mostra o mais sensível à questão do sangue: ele indica que o santuário se tornou impuro porque Jerusalém, como Samaria, tem sangue nas mãos – teologia que inspira os textos sacerdotais segundo o Exílio, principalmente o Levítico.

No centro do Prólogo joânico, o plural "sangues" (Jo 1, 13) funda um engendramento dos sangues maternos relativizando-o em proveito de um engendramento do crente por Deus. Duas outras passagens dizem respeito à eucaristia: a carne de Jesus se faz alimento, seu sangue, bebida verdadeira, para que carne e sangue do crente se transformem, por sua vez. Na cruz, ao golpe da lança, Jesus deixa sair de seu flanco perfurado "sangue e água" em sinal de misericórdia. Assim se cumprem a Aliança e a Escritura. O mesmo ensinamento volta na primeira Epístola de João e no Apocalipse. A água e o sangue dão testemunho de Jesus Cristo em sua humanidade concreta (1 Jo 5, 6-8). Só o sangue da cruz, que é o da eucaristia, permite interpretar algumas visões surpreendentes: "Ela foi pisada, a cuba, fora da cidade, e saiu sangue, da cuba, até o freio dos cavalos, numa extensão de 1.600 estádios" (Ap 14, 20). O sangue do Cordeiro se torna o dos santos e dos mártires e significa a esperança máxima aberta a todos.

Yves Simoens

➢ Bode expiatório; Caim; Carne; Cruz; Eucaristia; Pão; Vinho.

SANSÃO

No livro dos Juízes (13-16), Sansão é apresentado como um personagem pitoresco. Depois do anúncio de um nascimento maravilhoso, ele é "homem consagrado a Deus" (*nazir*). Herói batalhador e violento que goza de uma força prodigiosa, arrebatado por sua paixão pelas mulheres, ele é, no entanto, conduzido pelo Espírito do Senhor. Diversas lendas míticas são próximas desse relato (Gilgamesh, Hércules).

Toda a história de Sansão se situa na oposição entre doçura e violência: Sansão procura estabelecer um elo de amor com uma mulher, mas, não tendo conseguido, entrega-se à violência e à guerra. Várias vezes, ele rompe o contrato de sua consagração [nazireado]: ele se embebeda, toca em cadáveres, mas Deus não parece ser rigoroso com ele e continua a apoiar suas ações, por mais duvidosas que sejam. Ora, um dia, os Filisteus inimigos o capturam com a cumplicidade de uma mulher, Dalila. Esta corta os longos cabelos de Sansão, nos quais reside o segredo de sua força: os Filisteus podem, então, furar-lhe os olhos e zombar dele como de um boneco. A história poderia terminar aí, mas a surpresa permanece toda até o fim. Porque os cabelos de Sansão tornam a crescer e, numa última cena e numa última oração, Sansão reencontra sua força e reduz os Filisteus a nada, mas ele também morre.

Por seu nascimento, que servirá de modelo a outros nascimentos proféticos na Bíblia (Samuel, João Batista e Jesus), e por sua morte, Sansão, herói frágil e despojado de tudo, acaba por salvar seu povo. Das catacumbas até os pintores da Renascença, inúmeras são as representações da vida de Sansão. Uma leitura tipológica aproxima sua morte da de Jesus.

Maya Boespflug

➢ Juízes.

SANTIAGO DE COMPOSTELA

Filho de Zebedeu e irmão de João, o Evangelista, Tiago, o Maior, um dos apóstolos preferidos de Cristo, martirizado em Jerusalém em 44, foi considerado como o evangelizador da Espanha. Por volta de 820-830, seu corpo foi descoberto na Galícia. O Rei Afonso II, o Casto, declarou o apóstolo patrono das Espanhas e da monarquia, e mandou imediatamente construir um santuário que ele confiou a uma comunidade beneditina. Uma epístola, atribuída a um Papa Leão, explicou a presença das relíquias de São Tiago no *finis terrae* do Ocidente. Desde a segunda metade do século IX, autores como Adon de Vienne, Usuard de Saint-Germain des Prés ou Notker de Saint-Gall continuaram a informação, e os peregrinos se dirigiram para Compostela, onde uma nova igreja foi consagrada em 899. Apesar das ameaças normandas e muçulmanas, os peregrinos estrangeiros se dirigiram à Galícia durante todo o século X, como o Bispo Godescalc du Puy, em 950-951, ou o Armênio Simeão, em 983. Chegando frequentemente pelo mar, eles passavam primeiro por Oviedo, depois tomavam a antiga via romana a partir de Astorga. Os bispos de Iria transferiram, então, sua sede para Compostela.

No século XI, apesar dos esforços do papado para negar a pregação de Tiago e a presença de seu corpo na Espanha, esforços que incluíram a excomunhão do bispo de Compostela, em 1049, e a lembrança por Gregório VII do papel de Pedro e de Paulo na evangelização da península, o sucesso da peregrinação não cessou. Entre o fim do século XI e o início do século XII, em especial, sob o episcopado de Diego Gelmírez (1100-1140), uma série de textos foi produzida em Compostela que ligavam a descoberta das relíquias à história de Carlos Magno, autentificando, assim, as primeiras e contribuindo para a canonização do segundo, em 1164. O *Codex Calixtinus* ou *Liber Sancti Iacobi*, que reuniu estes textos entre 1140 e 1160, cuidou de inscrever no espaço o caminho seguido por Carlos Magno, unindo assim a Compostela os quatro caminhos que vinham de outros grandes santuários: Saint-

SANTIAGO DE COMPOSTELA

-Martin-de-Tours, La Madeleine de Vezelay, Notre-Dame-du-Puy e Saint-Gilles-
-du-Gard. Uma grande basílica de estilo romano foi erguida entre 1075 e 1211,
enquanto um outro texto, os *Votos de São Tiago*, evocando uma batalha que teria
sido ganha em 844 graças ao apóstolo, legitimou o pagamento de um censo anual
na basílica pelo conjunto do reino.

No século XIII, os peregrinos que iam a Compostela para rezar a São Tiago
e lhe fazer uma oferenda ganhavam indulgências. Manifestação da devoção leiga
por excelência, a peregrinação tinha atingido uma tal amplitude que os pregadores
tentavam desviar daí seus auditores. Mas, no conjunto da cristandade ocidental, a
"visita a Monsenhor São Tiago" se fazia de pai a filho, e diversas vezes numa vida,
caso se fosse humilde ou poderoso. Os que não tinham podido cumpri-la podiam
pagar um "vigário" para realizá-lo em seu lugar. A partir do século XIV, a peregrinação foi também, para a justiça civil, em especial em Liège, no Brabante ou em
Flandres, uma das penas impostas aos condenados. As representações do apóstolo
vestido de peregrino e as de sua translação e de seus milagres floresceram por toda
parte na Europa, enquanto confrarias de São Tiago reuniam os antigos peregrinos
e geravam hospitais. Em 1372, os reis da França se tornaram oficialmente os padroeiros da Capela de São Salvador, na Basílica de Compostela.

Na segunda metade do século XIV, o anúncio de indulgências plenárias
nos anos em que o dia 25 de julho caía num domingo – a cada seis, cinco, seis e
onze anos – atraiu novas multidões de peregrinos à Galícia. O anúncio era feito
pelos reis, que se preocupavam com a segurança dos caminhos e mandaram edificar, em 1500, um grande hospital para os peregrinos em Compostela. Os primeiros
"guias" se difundiram graças à imprensa, e uma bula, atribuída ao Papa Alexandre
III, e datada de 1179, *Regis aeterni*, autentificou as indulgências plenárias dos anos
jubilares; a Santa Sé o ratificou em 1557.

No século XVI, sob a influência da *Devotio Moderna* e as críticas dos humanistas e dos reformadores, a peregrinação, tornada, além do mais, difícil pelas guerras entre a França e a Espanha, perdeu um pouco sua importância. Mas
difundiu-se, então, uma nova representação do apóstolo, a espada erguida, caval-
gando um cavalo branco e pisando cabeças cortadas: o "mata-mouros" se tornou o
símbolo de uma cristandade militante, em luta contra todos os inimigos da fé, em
particular os turcos e os pagãos. No dia seguinte do Concílio de Trento, São Tiago
foi consagrado padroeiro de uma Espanha que se fazia a campeã da Contrarreforma católica. Nos séculos XVII e XVIII, o santuário de Compostela se beneficiou
da "oferenda" real, entregue anualmente em 25 de julho, e se dotou de inúmeros
elementos barrocos, tanto nos edifícios quanto na decoração. Virgens "peregrinas"
e representações do Menino Jesus vestido de peregrino floresceram no mundo hispânico, do sul da Itália à América e nas Filipinas.

A primeira metade do século XIX foi para o santuário um período de letargia,
que reduziu seu papel a uma peregrinação local. Mas após escavações realizadas

na basílica sob o episcopado do Cardeal Miguel Payá y Rico, Leão XIII, pela bula *Deus Omnipotens* (1º de novembro de 1884), confirmou a autenticidade das relíquias e convidou os católicos a retornar a Compostela. Foi necessário, no entanto, esperar o meio do século XX para que a peregrinação retomasse, retomada que coroou a presença do Papa João Paulo II em Compostela, em 1982, e que vê chegar aí, nos anos jubilares, 200 mil a 300 mil peregrinos a pé e milhões de visitantes.

Adeline Ruquoi

➢ Apóstolos; Jubileu; Maria; Peregrinação; Relíquias; Santo.

SANTO

A santidade é um tema maior na Bíblia, cujo conteúdo não parou de evoluir. No Levítico (17-23) encontra-se definida a "lei de santidade", conjunto de prescrições morais e cultuais visando a evitar a impureza e a obter efeitos benéficos. Na época dos profetas, a ideia de santidade tomou um sentido moral e espiritual: Isaías, em particular, destaca que é menos a impureza que a falta que rompe a comunicação entre Deus e o homem. Mas, no Antigo Testamento, o termo "santo" é reservado a Deus e a um pequeno número de homens (Moisés, Samuel, David, Elias e Eliseu), que a Ele obedeceram. No Novo Testamento, encontra-se uma chamada universal à santidade, dirigida por Deus pelo intermédio de seu Filho, que não é somente um profeta, mas a via que é preciso seguir para chegar à verdade e à verdadeira vida. Os que aderem à sua mensagem pela fé são, segundo São Paulo, "santificados no Cristo e chamados a ser santos" (1 Co, 1, 2) .

A ideia de que homens e mulheres podem participar da própria santidade de Deus devia conhecer um sucesso extraordinário entre os primeiros cristãos. Imediatamente esta qualidade foi reconhecida a Maria, a João Batista, aos Apóstolos, aos evangelistas e, no Oriente, às grandes figuras do Antigo Testamento, ao Imperador Constantino e à sua mãe, Helena. Mas o modelo de santidade que prevalece durante os primeiros séculos foi o do mártir tendo imitado o Cristo até em sua morte. Depois do fim das perseguições, um novo tipo de santidade apareceu com os confessores, bispos ou ascetas que não tinham sofrido o martírio sangrento, mas tinham propagado a fé entre os pagãos e a tinham defendido contra os hereges. A figura do monge como ideal da santidade não parou de afirmar-se, e as virtudes monásticas foram exigidas também para os bispos e os leigos. O culto dos santos conheceu um impulso considerável a partir da Antiguidade tardia. Atribuía-se às suas relíquias um poder sobrenatural (*virtus*), em particular taumatúrgica, que atraía sobre seus túmulos inúmeros doentes e estropiados em busca de cura. Os santos da alta Idade Média se recrutaram majoritariamente no seio das classes dirigentes, às quais pertenciam os bispos, os abades e os fundadores de mosteiros e de igrejas. Assim, um amálgama se produziu, então, entre santidade, origem aristocrática e exercício do poder. Mas, a partir do século XII, a reforma da Igreja e o impulso do monasticismo cluniziano e cisterciense fizeram evoluir as concepções da santidade num sentido mais espiri-

SANTO

tual. Com Francisco de Assis (†1226), a perfeição cristã tendeu progressivamente a identificar-se com a imitação do Cristo e com uma busca da identificação com Deus no amor. Doravante, todos os cristãos foram chamados a viver na pobreza colocando-se a serviço dos deserdados. Resultou daí um impulso da santidade entre os leigos dos dois sexos e de toda condição social.

Paralelamente, o papado instituiu o procedimento de canonização que enfatizava as virtudes dos servos de Deus, e que submetia seus milagres a um exame crítico. Resultou daí um processo de clericalização e de espiritualização da santidade, como comprovam as canonizações de teólogos como Tomás de Aquino (1323), pregadores como Bernardino de Sena (1450) e místicos, assim como Brigitte da Suécia (1390) e Catarina de Sena (1461). Mas os fiéis permaneceram ligados a modelos mais tradicionais: o do santo eremita ou do santo peregrino e curador, assim como o mostra o enorme sucesso que encontrou o culto de São Roque em toda a Europa, a partir do fim do século XV. Os reformadores protestantes se opuseram a esta devoção, insistindo sobre o fato de que só Deus é santo, e Jesus, o único intercessor. A Contrarreforma católica reafirmou a liceidade da devoção aos santos, esforçando-se para eliminar seus abusos. No meio do século XVII, jesuítas eruditos, bolandistas, foram encarregados de examinar os cultos prestados aos santos e de autentificá-los em seus *Acta Sanctorum*. A partir dos decretos de Urbano VIII, em 1625 e 1634, a santidade não foi mais reconhecida pela Igreja senão com a condição de que eles jamais suscitaram antes culto público e que tenham praticado no mais alto nível virtudes heroicas. A Congregação dos ritos foi encarregada de controlar o culto dos santos e os processos de canonização. Assim, o povo cristão parava de ser criador de santos. No século XIX, a devoção aos santos perdeu muito terreno, o mestre de escola, o médico e o perito agrícola tendo-os progressivamente privado do papel de recurso que eles assumiam há séculos. A própria Igreja Católica contribuiu para esta evolução, colocando vigorosamente ênfase no culto da Virgem Maria, que acabou por atrair as funções de intercessão e de proteção outrora exercidas pelos santos. Entretanto, durante as últimas décadas do século XX, em particular sob o pontificado de João Paulo II (1978-2005), a "fábrica de santos" recomeçou a funcionar em pleno regime, levando em conta mais do que no passado pedidos das Igrejas do terceiro mundo, dos movimentos leigos e da piedade popular (canonização do Padre Pio, em 2002). Porque nossas sociedades modernas, muito complexas e frequentemente esmagadoras, sentem pelo menos tanto quanto as que as precederam a necessidade de mediadores, ao mesmo tempo, presentes no mundo e enraizados no espiritual, que não hesitaram, durante sua vida, a ir na contracorrente da desordem estabelecida e a testemunhar sua esperança em Deus e no homem.

André Vauchez

➤ Antônio de Pádua; Antônio, o Egípcio; Bento; Confessor da fé; Francisco de Assis; Martinho; Mártir; Milagre; Relíquias; Teresa de Lisieux; Tomás de Aquino.

SANTUÁRIO

Nas civilizações ditas tradicionais, o santuário se define como a parte do território consagrado aos espíritos e aos deuses onde se efetuam os sacrifícios oferecidos a estes. Na Antiguidade greco-romana, os templos dos deuses constituíam os espaços sagrados por excelência. No Judaísmo antigo, existia apenas um único santuário de Yahvé: o templo de Jerusalém, dito de Salomão, o que explica o desprezo dos judeus pelos samaritanos que tinham edificado um outro no Monte Garizim. Em seu diálogo com a samaritana (Jo 4, 21), Jesus refaz a ideia de que possa haver lugares privilegiados para rezar a Deus "em espírito e em verdade", mas santuários cristãos apareceram desde o século IV em alguns lugares ligados a episódios marcantes da vida do Cristo (Santo Sepulcro e *Anastasis*, em Jerusalém) ou que tinham sido sacralizados por ascetas (Santa Catarina do Sinai, São Simão Estilita na Síria) ou pelos túmulos de mártires ilustres (São Pedro, São Lourenço e São Paulo fora dos muros em Roma). Em regime de cristandade, o santuário se distingue do lugar de culto ordinário pelo fato de ser situado em um lugar tornado sagrado após uma aparição (por exemplo, a gruta de São Miguel no Monte Sant'Angelo, no Gargano) ou porque ele detém relíquias particularmente prestigiosas (São Martinho de Tours), ou ainda porque foi o lugar de vida de um eremita ou de um religioso muito venerado (*Sacro Speco* de São Bento em Subiaco, a Porciúncula, perto de Assis, que foi o berço da ordem franciscana). A partir do século XII, em ligação com uma circulação intensa de relíquias vindas frequentemente do Oriente (fragmentos da Verdadeira Cruz, ícones da Virgem Maria às vezes atribuídos a São Lucas, corpos santos roubados por ocasião das cruzadas), os santuários se multiplicaram no Ocidente, e muitos deles se tornaram lugares de peregrinação muito frequentados, como Santiago de Compostela, Vézelay ou Rocamadour. Para lá afluíam os devotos em busca de milagre, penitentes voluntários ou os que eram enviados pelos tribunais leigos e eclesiásticos para expiar suas faltas ou seus crimes. Paralelamente puseram-se em lugar, no nível da religião popular, redes de santuários terapêuticos locais, frequentemente situados nos confins dos territórios, aonde populações vizinhas iam uma ou duas vezes por ano para acertar seus diferendos e renovar sua aliança em torno de uma capela e de uma fonte com fama de santa. No século XV apareceram os santuários "de trégua", onde os pais levavam os recém-nascidos mortos sem que eles tivessem tido o tempo de batizá-los, a fim de que eles encontrassem o sopro de vida necessário para que se pudesse administrar-lhes este sacramento. Na época moderna, a noção de santuário se modificou sob o efeito das reformas: os protestantes os condenaram enquanto focos de idolatria nas regiões onde eles predominavam; a Igreja Católica procurou purificar as manifestações de devoção que aconteciam neste ambiente, colocando sistematicamente os que se desenvolveram sob a proteção de Maria (Nossa Senhora de Loreto) e confiando a gestão a congregações religiosas. Depois de uma pausa no século XVIII e no início do século XIX, inúmeros santuários se criaram

CRISTIANISMO – DICIONÁRIO DOS TEMPOS, DOS LUGARES E DAS FIGURAS

SANTUÁRIO — SATÃ

em relação com as novas aparições marianas (Lourdes, La Salette, Fátima etc.) e atraíram multidões do mundo inteiro graças aos meios modernos de comunicação. Mas foi preciso esperar o fim do século XX para que o direito canônico levasse em conta a noção de santuário, definida como "uma igreja ou outro lugar sagrado aonde os fiéis vão em peregrinação em grande número por um motivo de piedade, com a autorização do bispo do lugar" (Código de Direito Canônico, Roma, 1983, §1230), enquanto Alphonse Dupront preferia ver aí "lugares extraordinários onde o homem pode recarregar-se, como um outro Anteu, da comunhão pânica com energias primitivas e impregnar-se sensualmente de eterno".

André Vauchez

➤ Lugares santos; Peregrino; Relíquias; Santo; Terra Santa.

SATÃ

Satã, nome comum no início (em hebraico, *sâtân*, o "acusador", o "adversário", de uma raiz que significa "opor-se", helenizado em *satanas*), tornou-se um nome próprio (1 Cr 21, 1). É um dos inúmeros nomes do Mal personificado (o Diabo, o Mentiroso, o Adversário, o Mau, o Sedutor, o Demônio e o Príncipe dos demônios, o Príncipe deste mundo, o Anticristo, Belzebu, Belial, Leviatã, Behemoth). Não é um príncipe incriado do mal, mas um ser sobrenatural e uma criatura de Deus, excelente no início, tornada malfeitora por orgulho e procurando ocasião de prejudicar nos limites que Deus lhe fixa. No livro de Job (Jb 1, 6-12; 2, 1-7), o Satã é um membro da corte divina que circula livremente no mundo e que acusa Job de só amar a Deus porque ele é feliz na vida. A Septuaginta traduz sempre o Satã por *ho diabolos*, "o diabo". O Novo Testamento emprega indiferentemente um e outro termo (Ap 12, 9). O Apocalipse o identifica à antiga serpente do Livro da Gênese (Ap 12, 9; 20, 2), por quem o pecado entrou no mundo.

Jesus foi tentado por Satã durante os 40 dias que passou no deserto. Diversas palavras do Cristo comprovam a crença na atividade de Satã, que age através de anjos, opõe-se a ele, manipula Judas ou Pedro (Mt 16, 23; Lc 22, 3) e detêm um poder sobre os homens. Embora se disfarce algumas vezes em "anjo de luz" (2 Co 11, 14), Satã foi finalmente vencido pelo Cristo (Lc 10, 18; Jo 12, 31).

Para prolongar a vitória do Cristo sobre Satã e os demônios, a Igreja praticou, desde a origem, o exorcismo quando do batismo ou em certos casos de possessão. Os cristãos não se atêm a acreditar em Satã, mas é difícil imaginar a história da salvação sem dar seu lugar àquele que, desde a origem, terá feito de tudo para contrariar a providência divina.

Durante toda a Idade Média, são principalmente os santos e as santas que comprovam a ação obstinada de Satã. Os místicos são incessantemente expostos aos seus estratagemas, suas ilusões e maus tratos. Inúmeros relatos hagiográficos contam aqueles que ele inflige aos candidatos à santidade. A Inquisição fará fre-

SATÃ — SEMANA SANTA

quentemente uso do agravo de possessão demoníaca para condenar à fogueira. Mas, a partir da Renascença, os teólogos ficam atentos; alertados pelos riscos de superstição, simulação ou autossugestão, eles permanecem discretos, e, desde o século XVII, são os poetas e homens de letras (Milton, Dostoievski, Thomas Mann) que evocam tais fenômenos. Mais ou menos assim, assiste-se há algumas décadas a uma recrudescência de interesse pelo diabo e pelas práticas do satanismo.

François Boespflug

➢ Anjo; Diabo; Inferno; Leviatã; Místicos; Serpente.

SEMANA SANTA

Semana que vai do Domingo de Ramos ao Domingo de Páscoa, também chamada de Semana da Paixão. É em Jerusalém que se começa a comemorar e a celebrar, dia por dia e quase hora por hora, os acontecimentos vividos pelo Cristo durante esta semana. Uma liturgia dos dias santos é elaborada no Oriente e no Ocidente do século IV ao VII. Na Idade Média, ela dá origem a inúmeras manifestações populares; ela se torna, em seguida, inacessível aos fiéis, mas foi restaurada de 1955 a 1970.

Em Roma, do século IV ao V, a Quinta-Feira Santa é o dia da reconciliação dos penitentes, que jejuaram durante a Quaresma e que, sob a presidência do bispo, entram em procissão na igreja antes de comungar na Vigília Pascal. No século VII, o papa celebra por volta do meio-dia, em sua Catedral do Latrão, uma missa em que ele consagra os óleos que servirão ao batismo e à unção dos doentes. À noite acontece uma missa em lembrança da Última Ceia. Depois da reforma ocorrida de 1955 a 1970, a Quinta-Feira Santa compreende duas celebrações, a missa do crisma, durante a qual os padres renovam os compromissos assumidos durante sua ordenação, e a missa que comemora a instituição da eucaristia. Durante esta missa, pode ocorrer o lava-pés (Jo 13, 1-15). Os fiéis são convidados a rezar na noite diante do Santo Sacramento. É notável que a liturgia romana jamais tenha proposto uma celebração evocando a agonia do Cristo no Jardim das Oliveiras.

A Sexta-Feira Santa conheceu também diversas formas de celebrações. Em Jerusalém, no fim do século IV, vai-se em procissão do Cenáculo, onde se venera a coluna da flagelação, ao Calvário, onde os fiéis adoram a cruz (no sentido primeiro do termo, eles a beijam). Em Roma, no século VII, existe uma liturgia papal, celebrada à tarde, na Basílica Santa Cruz de Jerusalém, que comporta somente a leitura da Paixão segundo São João e uma ampla oração universal, e, por outro lado, uma liturgia paroquial mais popular, que começa pela exposição da cruz, e continua por leituras, dentre as quais a Paixão segundo São João.

A liturgia da Sexta-Feira Santa, como a da Quinta-Feira e a do Sábado, compreende a celebração do ofício das Trevas, que começa nas últimas horas da noite e termina com o nascer do sol. No século XIII, o ofício é antecipado, e celebrado na

CRISTIANISMO – DICIONÁRIO DOS TEMPOS, DOS LUGARES E DAS FIGURAS

SEMANA SANTA — SENHOR

véspera, no fim da tarde. Muitos compositores dos séculos XVI e XVII, tais como Charpentier e Couperin, criaram *Trevas* que continuam célebres.

A Reforma elaborada de 1955 a 1970 renovou a liturgia da Sexta-Feira Santa conforme quatro etapas: escuta do relato joânico da Paixão, oração por todos os sofrimentos do mundo e da Igreja, gesto de adoração da cruz, enfim, comunhão com o corpo do Cristo.

Propagada pelos Franciscanos a partir do século XIV, a via-sacra, que se faz dentro ou fora da igreja, segue o itinerário em 14 estações, que vai do palácio de Pilatos ao lugar da crucificação. Atualmente, o papa preside no Coliseu, na noite da Sexta-Feira Santa, uma via-sacra que atrai uma grande multidão. Em muitas cidades, em especial em Sevilha, procissões são organizadas por confrarias.

O Sábado Santo é um dia de silêncio e de espera, sem celebração litúrgica. A Vigília Pascal reencontrou seu lugar na noite do sábado para o domingo, e pertence à Festa de Páscoa.

Philippe Rouillard

➢ Calendário litúrgico; Eucaristia; Missa; Páscoa, Paixão; Ressuscitado; Sexta-Feira Santa; Via-sacra.

SENHOR

Parece que foi a partir do século IV antes de nossa era que os judeus deixaram de pronunciar correntemente o nome divino de Yahvé, revelado por Deus a Moisés no Monte Sinai (Êx 3, 14) e começaram a empregar no lugar a palavra Senhor (*Adonai*), em especial na recitação oral dos textos bíblicos. Para prevenir qualquer erro e colocar ao abrigo o tetragrama sagrado, recorreu-se a diversos procedimentos; o que prevaleceu no texto hebraico corrente consiste em juntar as vogais da palavra Adonai às consoantes do nome Yahvé.

A tradução grega da Septuaginta utilizou a palavra *Kyrios* (geralmente sem artigo), que tinha um passado na literatura religiosa e designava um poder de ordem divina. O Novo Testamento recebeu este uso que ele repercute nos empréstimos feitos da Lei e dos Profetas (1 Co 3, 20). Ele conhece também um uso popular da palavra no vocativo (*kyrie*), para dirigir-se respeitosamente a alguém, equivalente a "Senhor", em português (Jo 12, 21).

A particularidade dos textos cristãos é de reservar a expressão "o Senhor" (*Kyrios* com um artigo) para designar Jesus. Este uso (que aparece no texto de Lucas em 7, 13) parece ter sido o costume dos primeiros companheiros para designar correntemente seu Mestre: "Vós respondereis: 'porque o Senhor precisa disso'", é dito a propósito do burro dos Ramos (Lc 19, 31).

O título ganha valor de proclamação de fé: "meu Senhor e meu Deus", diz Tomé depois de seu encontro com o Cristo ressuscitado (Jo 20, 28); "ninguém pode dizer 'Jesus Cristo é Senhor' senão sob a ação do Espírito Santo" (1 Co 12, 3).

SENHOR — SEPTUAGINTA

A senhoria do Cristo parece decorrer de sua ressurreição conforme Atos 2, 36: "Deus o fez Senhor e Cristo, este Jesus que vós, vós crucificaste", sem que se possa precisar se é uma promoção ou o reconhecimento de uma dignidade anterior (o que parece antes o caso em Fil 2, 11).

São Paulo pode falar simultaneamente de um único Senhor que é Jesus e de um único Deus, que designa aí o Pai: "Um só Senhor, uma só fé, um só batismo; um só Deus e Pai de todos, que reina sobre todos, age por todos, e permanece em todos" (Ef 4, 5-6). Por mais próximas que sejam as duas noções, elas conservam, pois, uma certa distinção, como em outras passagens (1 Co 8, 5-6). Já a interpretação feita pelo próprio Jesus (Mt 22, 41-46) do Salmo 110, 1: "O Senhor disse ao meu Senhor: senta-te à minha direita", tendia a ver no primeiro "Senhor" Deus, e no segundo, o Messias.

Sem colocar a equação em termos estritos "Jesus é Senhor = Jesus é Deus", o emprego cada vez mais amplo do termo "Senhor" manifesta que Jesus pertence à esfera divina.

Michel Gitton

➢ Deus; Jesus.

SEPTUAGINTA (LXX)

Segundo Aristeu (Carta a Filócrates), os cinco livros da lei hebraica (a Torá), mais tarde chamados em grego de Pentateuco, foram traduzidos por 72 letrados judeus, vindos de Jerusalém à Alexandria, a pedido do Rei Ptolemeu II Filadelfo (285-246) e de seu bibliotecário, Demetrios de Falero (†280).

Em outras fontes, os 72 se tornam 70, donde o nome da Bíblia grega dos Setenta, ou Septuaginta (em algarismos romanos, LXX), dado à tradução.

As informações dadas por Aristeu foram questionadas. A datação da Septuaginta é contestada: uma data mais tardia que 285-280 é, às vezes, conservada, mas sem ir além dos anos 210. O número de tradutores é mais simbólico que real: 72 remetem às 12 tribos de Israel, 70 aos 70 Anciãos (Nm 11). A Septuaginta seria, na realidade, a obra de letrados judeus de Alexandria, que teriam querido responder às necessidades linguísticas, religiosas e culturais da comunidade judaica de Alexandria; mas, desde uns 20 anos, coloca-se a tradução em relação com a reforma judiciária de Ptolemeu II, por volta de 275: uma vez traduzida em grego, a Lei da etnia judaica de Alexandria se torna uma lei grega para os judeus, garantida pela autoridade real.

A Septuaginta não se limita aos livros do cânon hebraico. Ela contém complementos aos livros hebreus, traduzidos do hebraico ou do aramaico ou compostos diretamente em grego: o salmo "fora da numeração", qualificado impropriamente de Salmo 151; as adições a Jeremias – Baruch e Carta de Jeremias; as adições que figuram no interior de Daniel (a oração de Azarias e a história dos três jovens), assim como as que precedem e o seguem (Suzana, Bel e o dragão); as adições a

404 CRISTIANISMO – DICIONÁRIO DOS TEMPOS, DOS LUGARES E DAS FIGURAS

SEPTUAGINTA — SEPULCRO

Esther. Em seguida, a Septuaginta oferece livros ausentes da Bíblia hebraica, que se chamam "deuterocanônicos" desde o Concílio de Trento. Eles foram, às vezes, traduzidos diretamente do hebraico ou do aramaico: primeiro livro de Esdras, primeiro livro dos Macabeus, o Sirácida, Judith, Tobias. Os outros foram escritos diretamente em grego (do segundo ao quarto livro dos Macabeus, livro da Sabedoria).

A Septuaginta foi traduzida em latim, talvez por judeus: é a *Vetus Latina*, ou "Velha Latina", que é a Bíblia de Tertuliano, de Ambrósio e de Agostinho. A Vulgata de Jerônimo, traduzida da Bíblia hebraica, levará vários séculos para se impor. No Ocidente, a Septuaginta é traduzida em gótico por Ulfila, por volta de 350, depois, no século IX, em antigo eslavo por Cirilo e Método. No Oriente, ela foi traduzida nos diversos dialetos coptas. Depois da Idade Média, a "verdade hebraica" cara a Jerônimo se impõe no Ocidente: as traduções da Bíblia nas línguas modernas são quase sempre feitas a partir do hebraico. Contudo, a Septuaginta continua a Bíblia das Igrejas coptas do Egito, etíope e ortodoxas. Ela é até a Bíblia dos judeus falashas vindos recentemente da Etiópia para Israel.

A época contemporânea é marcada pela redescoberta da Septuaginta, na qual a França desempenhou um papel pioneiro, com a publicação da "Bíblia de Alexandria". Traduções em alemão, inglês, espanhol, grego moderno e italiano estão em curso.

Gilles Dorival e Laurence Devillairs

➢ Bíblia; Sagradas Escrituras; Jerônimo; Testamentos (Antigo e Novo).

SEPULCRO (SANTO)

Segundo uma tradição fundada com Eusébio de Cesareia, o sepulcro no qual o Cristo foi enterrado e de onde ele ressuscitou era um túmulo talhado na rocha, próximo ao Gólgota, lugar da crucificação. Eusébio o descreveu pouco depois de sua descoberta, em 325-326, durante trabalhos ordenados pelo Imperador Constantino para organizar os sítios da Paixão. O rochedo que comporta o túmulo foi recortado para formar um monólito, que foi sobreposto com uma construção de mármore de forma poligonal, a edícula (*aedicula*), e, para abrigar o conjunto e permitir aos peregrinos "peregrinar" em torno, Constantino mandou edificar uma rotunda na parte inscrita no rochedo, a *Anastasis* ("Ressurreição"). A este edifício foram acrescidos uma grande basílica, chamada *Martyrion* ("Testemunho"), que foi consagrada, em 335, e diferentes átrios e capelas. Este conjunto forma, pois, o Santo Sepulcro, objetivo de uma peregrinação que se desenvolveu a partir daquele momento e que a conquista de Jerusalém pelos árabes, em 638, em nada perturbou. Se os cristãos ocidentais conservaram a referência à morte de Jesus e ao seu sepulcro, para designar este conjunto, o Santo Sepulcro, os cristãos do Oriente, de qualquer rito que fosse, e os muçulmanos sempre o chamaram de Igreja da Ressurreição.

Pouco antes da conquista árabe, em 614, o Santo Sepulcro tinha sido danificado pelos persas. Em compensação, quando, em 1009, o califa fatímida Al-Hakim

SEPULCRO

desencadeou uma breve, mas violenta, perseguição contra os cristãos e os judeus de seu Império, ele mandou abater quase inteiramente o edifício e destruir o túmulo. Se a basílica do *Martyrion* jamais foi reconstruída, a edícula e a *Anastasis*, em compensação, foram restauradas desde 1014, e, em seguida, completadas, mais provavelmente pelo Imperador bizantino Miguel IV, o Paflagoniano (1039-1041), do que por Constantino IX Monômaco (1042-1055), a quem se atribui geralmente esta obra. Foi, pois, um sítio, em parte, em ruína, que os peregrinos visitaram durante o século XI. Eles trouxeram sua lembrança para o Ocidente: a edícula é representada em capitéis, enquanto a *Anastasis* foi o modelo de igrejas dedicadas ao Santo Sepulcro, como a de Neuvy-Saint-Sépulcre ou, mais tarde, capelas de algumas casas das ordens religiosas-militares: a capela de Temple Church em Londres é a única ainda de pé. A estrutura complexa da Igreja de Tomar, casa da ordem do Templo, depois da ordem do Cristo, evoca, sem dúvida, a dupla estrutura encaixada da edícula e da *Anastasis*.

Mestres de Jerusalém desde o sucesso da primeira cruzada, os latinos empreenderam trabalhos de ampliação da igreja e reuniram sob um mesmo teto o conjunto dos lugares sagrados consagrados ao Cristo; a consagração interveio em 1149, pelo cinquentenário da tomada de Jerusalém. A igreja do Santo Sepulcro que se conhece hoje, apesar das restaurações frequentemente desajeitadas consecutivas ao incêndio de 1808 e ao tremor de terra de 1927, é um conjunto pouco diferente do que era no meio do século XII.

O Santo Sepulcro era a sede o patriarca de Jerusalém que, até 1099, pertencia à Igreja grega; nesta data, ele foi substituído por um patriarca latino eleito pelo colégio dos cônegos do Santo Sepulcro, que tinha à sua frente um prior, ou decano. Quando Jerusalém voltou ao Islã, o patriarca latino se retirou em Acra, e os muçulmanos favoreceram a reinstalação de um patriarca grego. No século XIV, os acordos realizados por Jaime II de Aragão (1327), depois pelo rei de Nápoles, Roberto de Anjou (1343), com o sultanato mameluco acabaram por confiar a guarda do Santo Sepulcro a franciscanos que estabeleceram uma custódia da Terra Santa, equivalente a uma de suas províncias. Eles tiveram de aceitam ceder um lugar às outras igrejas cristãs do Oriente que dividiram o espaço sagrado e sua utilização segundo os momentos do dia e as festas do ano litúrgico. A cerimônia do Fogo sagrado, celebrada em Pentecostes, o principal momento do ano litúrgico, ficou praticamente sem mudar desde o século IX. Um *modus vivendi* se estabeleceu assim, pouco a pouco. Ele foi codificado em 1852 pelo *Statu quo*, respeitado (e garantido) desde então pelas autoridades políticas que se sucederam desde esta data em Jerusalém: Turquia, Grã-Bretanha, Jordânia e Israel. Isto diz respeito às comunidades cristãs latina, grega, armênia, copta, síria (ou jacobita) e etíope.

Alain Demurger

➢ Cruzado; Gólgota; Jerusalém; Lugares santos; Páscoa; Peregrino; Santuário; Terra Santa; Sexta--Feira Santa.

SERPENTE

A serpente tem na Bíblia uma má reputação que não tem obrigatoriamente em outras tradições, como nas mitologias nórdicas ou egípcias e nos relatos budistas. É representante do mal.

Na Gênese, onde ela se faz a má conselheira de Eva e lhe inspira a dúvida sobre o mandamento de Deus, ela é a porta-voz do Adversário de Deus, que o texto se escusa de identificar, porque precisaria explicar sua presença no Éden (Gn 3, 1). Antigo e Novo Testamentos a identificam com as figuras do mal: o diabo (Sab 2, 24), Satã (Jo 8, 44), a "Antiga Serpente" chamada diabo e Satã (Ap 12, 9). A partir do Apocalipse, a serpente se torna o outro nome do mal.

Durante o Êxodo, ela é o agente da punição de Deus contra os hebreus: serpentes de fogo são enviadas em grande número, que mordem e matam os infortunados ambulantes (Nm 21, 6; Dt 8, 15). Para debelar o flagelo, Moisés ergue uma serpente de bronze semelhante às culpadas, e aqueles que a contemplam conservam a vida salva (Nm 21, 7-9). O Evangelho de João vê aí uma prefiguração do Cristo, elevado na cruz como a serpente de bronze num mastro (Jo 3, 14).

Durante toda a Bíblia, a serpente manifesta três vícios: a perfídia da linguagem – os maus exercem sua língua como a serpente (Sl 140, 4); a periculosidade – é preciso afugentar o pecado assim como a serpente (Si 21, 2); a astúcia – a serpente é hipócrita porque morde quando menos se espera. O Novo Testamento retoma estas características: Jesus ensina os seus discípulos a serem prudentes como a serpente (Mt 10, 16), trata os escribas e os fariseus de "raça de víboras" (Mt 23, 33) e dá aos seus discípulos o poder de não temer as serpentes (Mc 21, 18), isto é, a maldade de seus adversários.

Régis Burnet

➢ Queda; Diabo; Eva; Satã.

SERVO

O termo bíblico "servo" recobre uma vasta gama de significações. Servo pode, com efeito, significar tanto "escravo", quanto "plenipotenciário". É, então, difícil dar dele uma definição exata. Na sociedade antiga, onde as hierarquias sociais eram muito rígidas, o servo é antes de tudo um subordinado, que seu superior seja um chefe de família, um grande proprietário, um soberano ou mesmo Deus. Outro ponto comum à condição dos servos: ela depende inteiramente do mestre, trate-se de um escravo ou de um ministro plenipotenciário, e ele trabalha – em princípio – para a única vantagem de seu mestre, que o podia encarregar de tarefas importantes.

Até o rei pode considerar-se como o "servo de Deus". É assim que Salomão fala de David seu pai e dele mesmo em sua oração em Gibeão (1 R 3, 6-9). Assim, também, Deus falará de Nabucodonosor, rei da Babilônia, como de seu "servo" visto que se serviu dele para o castigo de seu povo (Jr 27, 6; 43, 10). O termo "servo" se

SERVO

aplica também aos grandes dignitários da corte, em particular aos conselheiros e ministros (palavra francesa que significa, aliás, também "servo" [*idem* para o português]). É assim que os profetas são frequentemente chamados, "servos de Deus". É o caso, em primeiríssimo lugar, de Moisés (Êx 14, 31; Dt 34, 5; Jos 1, 1.2.7.13.15). Segundo Nm 12, 7, Moisés pode ser considerado como o plenipotenciário de Deus, o servo mais confiável a quem ele confia a direção de sua casa, assim como Putifar tinha confiado a direção de todos os seus negócios a José (Gn 39, 2-6), e como, mais tarde, o Faraó lhe confiará a direção de seu reino (Gn 41, 40-43). Elias é também chamado "servo de Yahvé" (1 R 18, 36), assim como Isaías (Is 20, 3).

As visões e os relatos de vocação dos profetas têm por primeiro objetivo mostrar que o profeta foi introduzido no conselho divino e que ele foi aí assistente. Ele pode, pois, falar com conhecimento de causa. Isto aparece claramente na visão de Isaías (6, 1-11), onde o profeta, depois de ter "contemplado o Rei, Yahvé dos exércitos" (6, 5), recebe a investidura do mensageiro (6, 8-10). Um oráculo de Jeremias contra os falsos profetas insiste na necessidade de assistir ao conselho divino para poder falar em seguida em nome de Yahvé (Jr 23, 18.21-22).

O mais célebre dos "servos" é certamente o que é descrito em diversos textos de Isaías (40-55), em particular nos quatro cantos isolados pela crítica literária (Is 42, 1-4.[5-9]; 49, 1-6; 50, 4-9.[10-11]; 52, 13-53, 12). Pode-se ordenar as interpretações desta figura misteriosa em duas grandes categorias: a interpretação coletiva e a interpretação individual (a noção de "personalidade coletiva" é uma variante). Segundo a interpretação coletiva, o servo seria Israel ou a comunidade do Israel pós-exílico. Mas o texto de Is 49, 5-6 supõe que o servo tenha uma missão para todo Israel, e até para todas as nações. É, portanto, difícil identificar inteiramente com Israel em sua totalidade, a menos que não se trate da comunidade formada pelos exilados de volta ao país. Jr 24 vai neste sentido, visto que este texto considera o povo deportado na Babilônia como o único verdadeiro povo de Deus: "Eles serão meu povo e eu serei seu Deus" (Jr 24, 7).

O servo que sofre, de Is 52, 13-53, 12, coloca ainda mais problemas. Alguns pensaram em Moisés, em Jeremias, em Zorobabel ou no profeta que se esconde atrás do poema. Outros pensaram em Israel, ou na parte da população deportada. Mais importante, sem dúvida, é o valor positivo que adquire o sofrimento neste texto. É graças ao sofrimento do servo, qualquer que seja ele, que a multidão pode ser perdoada, resgatada e salva. A experiência do exílio e das dificuldades da volta não é, com certeza, estranha a esta ideia de um sofrimento frutífero. O Novo Testamento retomará esta ideia para interpretar a paixão e a morte de Jesus Cristo. Atos 8, 32-33 é o texto mais claro a este respeito. É a partir do texto de Is 53, 7-8 que Filipe explica ao oficial etíope o sentido da vida de Jesus Cristo.

A tradição judaica identifica mais geralmente o servo com o povo de Israel, em particular ao Israel dos justos, salvo no que concerne ao quarto poema (Is 52, 13-53,

SERVO — SEXTA-FEIRA SANTA

12), muito pessoal para ser interpretado desta maneira. É, portanto, frequentemente lido como uma descrição do destino do profeta Isaías e de seus sofrimentos, profeta que, segundo as lendas judaicas, teria sido martirizado sob o Rei Manassé.

Jean-Louis Ska

➤ Isaías; Moisés; Profetas.

SEXTA-FEIRA SANTA

Os quatro Evangelhos concordam em situar a crucificação, a morte e a colocação no túmulo de Jesus, numa sexta-feira (Mt 27, 52; Mc 15, 42; Lc 23, 54; Jo 19, 31), ou seja, uma véspera de sabá; por outro lado, o dia do mês é menos certo. Entretanto, a pesquisa exegética tem boas razões em confiar-se nas anotações cronológicas do Evangelho segundo João, que precisa que os judeus recusaram entrar no pretório onde devia desenrolar-se o processo de Jesus "para não se contaminar, mas para poder comer a Páscoa" (Jo 18, 28). Jesus morreu, então, no dia em que se devia comer a Páscoa, isto é, em 14 de nissan. Esta data é corroborada pelo testemunho de Paulo, que também afirma que Jesus morreu no dia da Páscoa (1 Co 5, 7). Para determinar o ano de sua morte, é preciso combinar os dois dados precedentes (uma sexta-feira e um 14 de nissan). Esta dupla condição se realizou em 11 de abril de 27, em 07 de abril de 30 e em 03 de abril de 33. A primeira data não pode ser guardada, pois ela é muito prematura em relação aos dados dos Evangelhos sobre o nascimento de Jesus e a duração de seu ministério; assim, também, não se guardará a terceira data, que implicaria um Jesus muito velho (segundo Lc 3, 23, Jesus tinha cerca de 30 anos no início de sua atividade) e um ministério muito longo. Se retivermos a data de 07 de abril de 30 como data de sua morte, então Jesus teria feito 36 anos, e seu ministério teria durado cerca de dois anos. Em nossos dias, a data de 07 de abril de 30 é muito amplamente privilegiada como a mais plausível.

Por volta do meio do século II, duas tradições emergiram sobre a data: por um lado, alguns judaico-cristãos, essencialmente na Ásia Menor, continuaram a celebrar a morte de Jesus em 14 de nissan, qualquer que seja o dia da semana em que incidisse; os pagano-cristãos enfatizaram mais o dia da Ressurreição de Jesus e fixaram a festa de Páscoa no primeiro domingo seguinte ao 14 de nissan. Como as comunidades judaico-cristãs se tornaram, com o passar do tempo, amplamente minoritárias no Cristianismo, a prática pagano-cristã acabou por vencer. O Concílio de Nicea (325) instaurou definitivamente a celebração da festa pascal no domingo, dia da Ressurreição, a observância do 14 de nissan sendo somente a prática de uma seita marginal.

No século III, os três dias de Páscoa adquiriram cada um sua significação própria. Assim, segundo Orígenes (por volta de 250), a Sexta-Feira Santa é o dia da Paixão do Salvador, o Sábado Santo, o de sua descida aos Infernos, e o terceiro dia, o Domingo de Páscoa, é o da sua Ressurreição. Entretanto, durante os primeiros séculos, os cristãos não tinham liturgia particular para a Sexta-Feira e o Sábado

ANDRÉ VAUCHEZ

SEXTA-FEIRA SANTA — SIBILA

santos, contentando-se em observar um jejum estrito. No fim do século IV, em Jerusalém vê-se aparecer, na Sexta-Feira Santa, pela manhã, a veneração da cruz, e, à tarde, uma liturgia com o relato da Paixão. No século X, desenvolveu-se uma missa dos pré-santificados, sem oração eucarística, que consistia em uma simples liturgia de comunhão. Pouco a pouco, só o padre comungava nesta missa dos pré--santificados. Na tradição católica, é este tipo de celebração que passou para o Missal de Trento, em 1570, e cuja prática se perpetuou até 1955, data na qual o Papa Pio XII propôs uma reforma, estabelecendo uma estrutura tripartite: a liturgia da Palavra, a veneração da cruz e a comunhão dos fiéis.

Emmanuelle Steffek

➢ Calendário litúrgico; Páscoa; Paixão; Ressuscitado; Semana Santa.

SIÃO

Nome de uma colina e de uma fortaleza de Jerusalém tomada pelo Rei David (2 S 5, 7; 1 R 8, 1) e incluída na "cidade de David". Em vários profetas, o nome de Sião é utilizado como metonímia para designar o conjunto de Jerusalém, ou mesmo toda a Judeia. Na época dos Macabeus, é o monte do Templo que é chamado "montanha de Sião". Depois, no século I, o nome de Sião é ligado à cidade alta; tal é a localização que é atribuída até hoje ao Monte Sião.

É na base da apelação poética dos Salmos e dos textos medievais que mencionam o "retorno a Sião" que foi formado em 1890 o termo "sionismo".

Mireille Hadas-Lebel

➢ Jerusalém; Lugares santos.

SIBILA

A sibila é uma profetisa de Apolo celebrada na Grécia, na Ásia Menor e em Roma. Ela se reduz a 10 sibilas cujas profecias são reagrupadas no seio dos *Livros Sibilinos*. Os mundos judeu e cristão fazem destas mulheres anunciadoras do Monoteísmo, depois do Cristianismo. Os oráculos sibilinos, escritos em meio judeu na maioria, são incorporados ao *corpus* bíblico. Os padres da Igreja, em especial Lactâncio, Agostinho, depois Raban Maur e Tomás de Aquino, lhes atribuem um papel comparável ao dos profetas judeus: elas teriam sido as profetisas do Cristianismo junto a populações pagãs, como os profetas o foram junto ao meio judeu. A cena da *Ara Coeli* conta que o Imperador Augusto, preocupado em saber se ele era o maior dos reis, convocou a sibila que lhe revelou a visão da Virgem ao Menino e proclamou: "Essa criança é maior que você." Em honra da sibila foi composto, no século XIII, o canto do *Dies Irae*, que a coloca no mesmo plano que o Rei David: "O dia da cólera, esse dia/Reduzirá o mundo em cinzas/David e a sibila serão suas testemunhas."

410 CRISTIANISMO – DICIONÁRIO DOS TEMPOS, DOS LUGARES E DAS FIGURAS

SIBILA — SINAGOGA

O *corpus* sibilino se enriquece no século XV com duas novas mulheres, o que permite seu alinhamento com os 12 profetas e os 12 Apóstolos. Suas profecias anunciam as principais etapas da vida do Cristo. A sibila Pérsica segura uma lâmpada velada, a Líbica, a vela da luz revelada, a de Eritreia, a flor da Anunciação, a de Samos, o berço da criança, a Cimeriana, a mamadeira de chifre, a de Cumas, o livro ou uma bola de pão, a Europa, a espada do massacre dos Inocentes, a Délfica, a coroa de espinhos, a Agripa, o açoite da flagelação, a Tiburtina (a da *Ara Coeli*) a luva do carrasco, a Frígica, a cruz da crucificação, a Helespôntica, a cruz da ressurreição.

Seu destino iconográfico foi muito grande no mundo ocidental, tanto na abóbada da Capela Cistina, sob o pincel de Miguel Ângelo, quanto em catedrais (Beauvais, Aix-en-Provence, Auch) e pequenas igrejas de campo (Tauriac, Sentein, Plonevez du Faou). Fora a Virgem, nenhuma outra mulher teve o benefício de tal presença física no seio dos lugares de culto.

Christine Bousquet-Labouérie

➢ David; *Dies irae*; Mulher; Profetas.

SIMÃO, O MAGO

Ver *Dinheiro*.

SINAGOGA

O grego *synagogé* ("assembleia") designa a comunidade dos filhos de Israel, depois as primeiras comunidades cristãs e, em seguida, os judeus da dispersão.

O espaço sinagogal é, ao mesmo tempo, espiritual, religioso, didático, administrativo e social, o que faz dele o centro de gravidade da vida judaica. A aparição das sinagogas está provavelmente ligada ao Exílio da Babilônia (587). As escavações arqueológicas autorizaram uma tipologia, revelando quatro grupos principais: o grupo mais antigo (primeira metade do século I, Massada) possui uma sala relativamente pequena, quase quadrada, colunas e fileiras de bancos ao longo das quatro paredes; o segundo grupo (fim do século II ao século IV), atestado na Galileia e no Golã, ilustra-se por um edifício em comprimento, e três entradas pela parede voltada para Jerusalém; as três outras paredes são preenchidas com uma fileira de colunas e de bancos alinhados; sem nicho, e muito menos abside, para o armário da lei instalado em uma peça vizinha e levada à sinagoga para a oração. O terceiro grupo (séculos III e IV) segue o modelo do Templo, orientado de leste a oeste. Na parede orientada para Jerusalém se encontra um nicho para o armário da lei. Os pisos com mosaicos começam a aparecer. O quarto grupo (até o século VII) tem um plano idêntico à basílica cristã da época, uma nave central separada por colunas, naves laterais. A parede voltada para Jerusalém comporta uma abside; diante dela são colocados o armário da lei e o estrado. A entrada principal se encontra na parede oposta. No exterior, o prédio não tem decorações, enquanto no interior é rico em mosaicos. Encontram-se, também, um nártex e um pátio com fonte destinada ao banho ritual (*Beth Alfa*).

Presentes na Gália, as sinagogas só aparecem nos documentos durante seu desaparecimento, tal como a de Clermont (576) ou as que foram vendidas depois da expulsão de 1306, como em Rouen. O termo *synagoga* evoca também, desde o fim do século V, um personagem alegórico que engloba a doutrina do Judaísmo e a própria comunidade judaica. Representada sob forma de um personagem feminino, primeiramente orgulhoso e combativo, esta *synagoga* alegórica será provida, a partir do século XII, dos atributos da degradação: coroa e Tábuas da Lei espalhadas pelo chão, lança quebrada, olhos vendados. O tema iconográfico de uma *synagoga* decadente em face de uma *Ecclesia* triunfante é recorrente na França (Béziers, Strasbourg) e foi difundido através de toda a cristandade (Lucques, Trèves).

As prescrições maiores na edificação permanecem a orientação para Jerusalém (Dn 6, 11), a situação sobre uma eminência ou perto de águas correntes (Josefo, *Antiguidades Judaicas*, XIV, 258), um espaço reservado às mulheres. A reunião das duas funções, oração e estudo, é bem atestada (Lc 4, 1). Construída no centro do bairro judeu para facilitar os deslocamentos sabáticos, a sinagoga não devia rivalizar com o edifício eclesial; toda sala orientada para Jerusalém podia fazer as vezes de lugar de culto, com um *quorum* exigido de 10 homens (*mynian*), a criança maior de 13 anos contando na assembleia (Sl 82, 1). A atividade sinagogal compreendia o tribunal rabínico e salas de aula. *Mikvé* (banho ritual), biblioteca, forno para pão ázimo, instalação caritativa podiam situar-se em construções adjacentes, como em Montpellier. Durante a Idade Média, as representações figuradas diminuíram na arquitetura da sinagoga. O púlpito do leitor e a arca se tornaram centrais.

Na aurora dos tempos modernos, as sinagogas foram confiscadas e muitas delas transformadas em igrejas. Mais tarde, influenciadas em parte pelas igrejas contemporâneas, as sinagogas se tornaram edifícios imponentes, equipados e mobiliados, órgãos aí foram colocados; decoro e valores estéticos prevaleceram. Na maior parte dos países ocidentais, elas retomaram seu papel de espaço comunitário, com uma sala de festas e escolas religiosas, incentivando uma vasta gama de atividades educativas, sociais e lúdicas.

Danièle Iancu-Agou

➢ Sagradas Escrituras; Igreja (povo); Igreja (edifício); Testamentos (Antigo e Novo).

SINAI

Ver *Horeb (Monte)*; *Montanha*.

SINÓPTICOS

Ver *Evangelista*.

SODOMA E GOMORRA

Duas das cinco cidades ao sudeste do Mar Morto cujos reis tinham enfrentado soberanos comuns, reis do Oriente. Uma expedição punitiva castigou os revoltados, culminando no saque de Sodoma e de Gomorra. Desastre sem comum medida como foi que os destruiria logo pelo "fogo do céu", em razão da perversidade e da impiedade de seus habitantes. Apesar da intercessão de Abraão, dois anjos vão a Sodoma para destruí-la. Recebidos por Loth, sobrinho de Abraão, eles escapam por pouco à agressão dos Sodomitas. Somente Loth foi poupado, sua mulher sendo transformada em estátua de sal por ter olhado para trás (Gn 19, 24-25).

O sítio de Gomorra permanece discutível, como aliás o das outras cidades assim desaparecidas ao mesmo tempo que ela. Geólogos e arqueólogos comentaram este dilúvio de "enxofre e de fogo". Parece que uma nuvem ardente ou um fenômeno vulcânico análogo a este que aniquilou Pompeia tenha possivelmente acontecido por volta do ano 2000 a.C., ao norte do Mar Morto, onde uma exploração foi conduzida em 1930 pelo Instituto Bíblico Pontifical. Nas cidades que recusam a mensagem evangélica, Jesus anuncia que elas serão, no dia do Juízo, mais duramente tratadas que Sodoma e Gomorra, porque as cidades da Galileia conheceram milagres tais que, se ela tivesse testemunhado isso, Sodoma teria sido convertida (Mt 10,15).

Danièle Iancu-Agou

➢ Abraão.

T

TABOR (MONTE)

O Monte Tabor (ou Thabor) é uma montanha da Galileia, próxima de Nazaré, ao norte do Estado de Israel. Seu cume perfeitamente arredondado (588m) domina a planície de Yzreel; ele é visível de muito longe, tanto que essa montanha modesta serviu de referência durante séculos. Lugar importante cananeu (Os 5, 1), ela marca a fronteira entre as três tribos do norte, Zabulon, Nephtali e Issachar, e serve de ponto de reunião no tempo dos Juízes (Jz 4, 6-14; 8, 18). Baraq tem aí uma batalha com os filisteus. Durante o período grego, uma cidade fortificada foi edificada, da qual Flávio Josefo mandou retirar as muralhas no início da guerra judaica. Os cruzados construíram aí um mosteiro, e, atualmente, uma grande basílica latina de rito sírio (construída em 1920-1924) ocupa o alto do monte.

Seu nome não aparece no Novo Testamento, mas os cristãos situaram aí o episódio da Transfiguração do Senhor. Esta tradição foi atestada desde o século IV pelos padres gregos, Eusébio de Cesareia e Cirilo de Jerusalém. São Jerônimo fala de sua "maravilhosa redondeza", e o Salmo 89, 13 canta a beleza desse lugar: "O Tabor e o Hermon, ao teu nome gritam de alegria."

Esse *mons excelsus* reveste-se de muitos caracteres dependentes do simbolismo da montanha: lugar privilegiado do encontro com Deus, cujo arquétipo é o encontro de Moisés no Sinai (Êx 14), lugar de reunião das nações anunciando a reunião escatológica (Is 2, 2-3).

Maya Boespflug

➤ Glória; Montanha.

TAIZÉ

Taizé é uma aldeia da Borgonha, não distante de Cluny, onde se instala Roger Schutz, em 1940. Taizé se torna, então, o lugar de nascimento e logo o nome próprio de uma comunidade monástica de um gênero novo, reunindo irmãos de diversas confissões – luteranos, calvinistas, anglicanos, católicos – pelo desejo de viver "uma palavra de comunhão" entre cristãos divididos e de povos separados. Ela comporta agora mais de 100 membros vindos de 25 nações.

414 CRISTIANISMO – DICIONÁRIO DOS TEMPOS, DOS LUGARES E DAS FIGURAS

TAIZÉ — TARTUFO

Nascida no meio da guerra – Taizé se situava perto da linha de demarcação –, a comunidade conserva a preocupação de partilhar as feridas do mundo contemporâneo. A partir dos anos 1950, alguns irmãos vão viver em pequenas fraternidades nas capitais da miséria, de Bangladesh ao Brasil. De 1962 a 1989, Taizé se faz ator e profeta de reconciliação entre as duas partes separadas da Europa, por inúmeros contatos e viagens para os países do Leste. Ao mesmo tempo, os jovens começam a afluir a Taizé, em especial dos continentes do Sul.

Milhares de jovens se sucederam na colina de Taizé para uma semana de oração e de trocas, preparando-os em suas responsabilidades de homens e de cristãos. Taizé se tornou, assim, o nome de encontros que, no lugar ou nas grandes metrópoles, guiam os passos de uma "peregrinação de confiança na Terra", para ajudar cada um a fazer-se semente de paz e para apoiar a vida das Igrejas locais.

Taizé é, enfim, um estilo de vida e de oração, simples e sóbrio; cantos, uma *Carta de Taizé* anual. Por toda parte onde se desenham, movediças ou duramente cristalizadas pela história, linhas de fratura, o instinto de Taizé é o do "passador". Estes tipos de passagem levam neles, de maneira sem dúvida ainda mais visível desde a morte violenta do irmão Roger, hoje substituído como prior pelo irmão Aloïs, a promessa e já a efetividade de uma Páscoa.

Marguerite Léna

➤ Roger de Taizé.

TALMUDE

Ver *Judeus*.

TARTUFO

O personagem de tartufo aparece na peça epônima de Molière cujo título completo é *Le Tartuffe ou l'Imposteur* [O Tartufo ou o Impostor]. Como quer que seja, o termo deriva provavelmente da palavra "*truffe*", ou "*truffle*" que, no francês antigo, significava "engano" (assim como no italiano, *tartuffo*).

Definido a partir da lista dos atores como um "falso devoto", o personagem chega a ganhar a confiança do rico burguês Orgon e não hesita, não somente em lhe subtrair seus bens, mas a tentar seduzir sua própria mulher, antes de ser, finalmente, desmascarado. As intenções de Molière foram muitas vezes debatidas: tratava-se, através do personagem de Tartufo, de atacar os jesuítas? Os jansenistas? A Companhia do Santo Sacramento? E, mais radicalmente, tratava-se de só atacar os falsos devotos ou a própria devoção? De fato, as interpretações às quais deu lugar o personagem são notavelmente divergentes: ora assustador, ora ridículo, ora macilento, ora bochechudo, Tartufo, diferentemente de Dom Juan, poderia bem ser muito ambivalente para dar realmente origem a um verdadeiro mito.

TARTUFO — TEILHARD DE CHARDIN, PIERRE

Como Dom Juan, em compensação, o personagem remete a um tipo geral. A ambiguidade gramatical que se liga ao termo é significativa: enquanto o nome próprio é na realidade derivado do nome comum, considera-se, geralmente, que o nome comum deriva do nome próprio, e falar-se-á de um "tartufo", para designar um hipócrita, inclusive fora do domínio religioso. Em Molière, já, a palavra oscilava entre nome próprio (designando um personagem singular) e nome comum (remetendo ao tipo que ilustra por excelência este personagem): como testemunho o título da peça, assim como a maneira como a palavra dá aí origem a um verbo: a serviçal Dorine declara, com efeito, a Mariane, a filha de Orgon: "A senhora será, acredite-me!, tartuficada [casada com Tarfufo]". Os termos "tartuficar" (no sentido de "enganar") e "tartufaria" conhecerão, aliás, uma sorte quase equivalente à de "tartufo".

Anne Régent-Susini

➤ Jansenistas; Jesuítas.

TAU

A última letra do alfabeto hebraico, em forma de X ou de T, foi assimilada pela tradição cristã à letra tau (t), do alfabeto grego. Sua dimensão simbólica aparece no profeta Ezequiel (Ez 9, 4), quando Deus ordena a um escriba marcar com uma cruz na testa os homens de Jerusalém "que gemem e choram sobre as práticas abomináveis que se cometem no meio dela", a fim de que eles sejam poupados pelos anjos, enquanto os outros serão exterminados. Encontra-se este signo no Apocalipse: o anjo que sobe do Oriente carregando o selo do Deus vivo clama aos quatro anjos encarregados de fazer chover catástrofes sobre o universo que marque primeiro na testa os servos de Deus, isto é, os eleitos que serão salvos no Juízo final (AP 3, 12; 7, 2). A exegese cristã viu no signo do Tau um símbolo do poder redentor da cruz do Cristo. Ele representa na iconografia de Santo Antônio, pai dos monges do deserto, que carrega um bastão com o signo de tau, e São Pedro Damião, no século XI, destacou seu poder de exorcismo, visto que era capaz de proteger o crente da morte temporal e espiritual. Francisco de Assis, que utilizou esse caractere ao mesmo tempo penitencial e escatológico para assinar suas cartas, o traçava sobre sua pessoa antes de empreender uma ação e o mandou pintar nas paredes das celas onde ele morava com seus irmãos, o que permitiu aos seus biógrafos, após sua morte, afirmar que o Pobre de Assis, marcado pelo selo dos estigmas, era mesmo o anjo do sexto selo que ia inaugurar uma era nova na história da salvação.

André Vauchez

➤ Crisma; Cruz; Francisco de Assis; Penitente.

TEILHARD DE CHARDIN, PIERRE (1881-1955)

Ver *Evolução*.

416 CRISTIANISMO – DICIONÁRIO DOS TEMPOS, DOS LUGARES E DAS FIGURAS

TEMPLO

TEMPLO

O Templo era com a Torá um dos pilares maiores do Judaísmo, e permaneceu assim mesmo depois do seu desaparecimento, em 70. Por sua vez, o Cristianismo construía sua doutrina e seus ritos sobre uma noção metafórica do santuário centralizado do qual se encontram os protótipos na literatura judaica pré-cristã.

O Templo que frequentou Jesus de Nazaré era um vasto e suntuoso complexo que Herodes, o Grande (37-4/5 a.C.), no auge de sua glória, tinha mandado construir sobre o modesto edifício arranjado cinco séculos antes. Foi somente sob Agrippa II, em 64, seis anos apenas antes de sua destruição, que lhe foi dado o último retoque. Hoje sobra apenas uma parte de seu muro ocidental, dito das Lamentações. Este monumento era a realização mais grandiosa do célebre rei construtor. Flávio Josefo relata sua construção (*Antiguidades Judaicas*, XV, 380-402, 421-425) e Lucas evoca seu esplendor (Lc 21, 5). À sua função cultual, sacrificial e de oração, acrescentavam-se outras, que incitaram Jesus a verdadeiros atos de exorcismo. Mesmo depois da morte de Herodes, o Templo servia como santuário real, à maneira helenística, e servia de Tesouro público. Sua destruição pelas tropas romanas marcou para sempre o pensamento e a prática religiosas dos judeus. As cerimônias de luto em seu local permaneceram diversas e a espera de sua reconstrução é um tema recorrente no culto sinagogal. Deve-se dizer que um caráter mítico se encontra ligado ao edifício e seu território. Foi aí que Abraão levou seu filho Isaac para sacrificá-lo, é da poeira retirada na montanha do Templo, o "umbigo" da Terra, que Deus cria o primeiro homem, é aí que se situa o túmulo de Adão. Estas tradições se enraízam na sociedade judaica de antes da nossa era, como comprova o *Livro dos Jubileus*, desde o século II a.C. e a literatura rabínica.

Desde os tempos antigos, visões e metáforas foram ligadas ao Templo de Jerusalém. Elas contribuíram para a expressão figurada do monoteísmo ético próprio à religião de Israel. Muitos escritos intertestamentários, apocalipses conhecidos mas também outros textos vindos das grutas de Qumrân, o atestam. Uma série de representações mostra Deus cercado por uma corte composta de seres angélicos; a partir do século II ou III a.C. a ideia de que o Templo verdadeiro, não feito pela mão humana, era, na verdade, celeste e destinado a ser "revelado" como tal, tomou forma muito cedo, em especial em autores de escritos apocalípticos. Estes se acompanham por descrições sutilmente detalhadas do Templo ideal que acolheria na Terra, nos momentos derradeiros, a chegada cósmica da Divindade suprema (Ez 1, 40-48). Obras descobertas perto do Mar Morto, o *Rolo do Templo*, a *Nova Jerusalém* ou os *Cantos para o Sacrifício do Sabá*, são marcas no caminho que conduz ao Apocalipse de João. Em sua visão da Cidade santa "descida do céu, de junto de Deus", o Templo desapareceu: "Eu [João] não vi aí nenhum templo, pela razão que o Senhor, Deus onipotente, aí é o Templo, com o Cordeiro" (Ap 21, 22). Não sobra mais do que o trono, ele próprio "descido do céu" com a Cidade santa transfigurada.

TEMPLO — TEÓLOGO

A descentralização do Templo era uma preocupação antiga da sociedade judaica que preparava os tempos em que se viveria sem santuário nem sacrifícios. Assim, a tendência farisaica enfatizava o papel da Torá, da qual se preparava tacitamente o culto exclusivo. Aparecida, por volta do ano 200, a Mishnah, elemento fundador da Lei oral, significava sua conclusão. Por outro lado, alguns teóricos promoveram a ideia de que uma comunidade autêntica de "santos" podia constituir um "templo de homens". A identificação mística de uma comunidade santificada ao grupo angélico da liturgia celeste representava com perfeição o supletivo sublimado do Templo de Pedras (*Regra da Comunidade*).

Desde a primeira hora, o Cristianismo tomou, de alguma maneira, a vez. Para o evangelista João, o verdadeiro Templo reconstruído é o próprio "corpo" de Jesus (Jo 2, 21), professado como Cristo e filho de Deus. Para Paulo de Tarso, os fiéis do Cristo são o "Templo do Deus vivo" (2 Co 14). A comunidade dos santos que forma o corpo dos cristãos não se identifica mais com seres da liturgia dos céus, os anjos, mas com o próprio corpo do Cristo, ressuscitado na glória divina. A partir de então, o Templo verdadeiro é a Igreja (1 Co 3, 9; 17). Tal é um dos fundamentos essenciais da doutrina cristã da Igreja onde a implantação judaica é manifesta.

André Paulo

➤ Apocalipse; Igreja (povo); Jerusalém; Judeus; Qumrân; Sinagoga.

TEOFANIA

Ver *Aparições*.

TEÓLOGO

O teólogo como perito de um discurso sobre Deus aparece desde os inícios do Cristianismo. Com efeito, se a palavra "teologia" não pertence à linguagem do Novo Testamento, a teologia como inteligência da fé (*intellectus fidei*) está em potencial na própria Revelação e na fé que a acolhe. A linguagem da Revelação já é uma linguagem interpretativa, e a fé não é pura obediência à palavra de Deus, ela é também conhecimento segundo o regime próprio do espírito humano. Assim, o Quarto Evangelho é a obra de João, "o teólogo". E entre os dons do Espírito, São Paulo distingue o de interpretar: "o espírito dá uma mensagem de sabedoria a um e de ciência a outro..." (1 Co 12, 8).

De fato, todos os crentes são teólogos em potencial, e o Concílio Vaticano II nos garante que "o conjunto dos fiéis que receberam a unção do Espírito Santo não pode enganar-se na fé" (*Lumen Gentium*, II, 21). Mas, com a extensão do Cristianismo, além do testemunho espontâneo dos simples crentes, precisou-se recorrer a um corpo de peritos que refletissem sobre o conteúdo da fé cristã frente às exigências da razão humana. Durante os primeiros séculos da Igreja, os maiores teólogos, desde Ireneu de Lyon, foram frequentemente os próprios bispos que o uso designou também como os "padres da igreja". O último na Igreja latina foi Isi-

418 CRISTIANISMO – DICIONÁRIO DOS TEMPOS, DOS LUGARES E DAS FIGURAS

TEÓLOGO

doro de Sevilha (636) e, no Oriente, João Damasceno (749). A partir do século V, o testemunho dos padres é regularmente invocado nas controvérsias teológicas.

Mas, na Idade Média, enquanto se espalham pela Europa as escolas e as faculdades de teologia, distingue-se, no interior do povo de Deus, o ministério pastoral dos bispos e o serviço científico dos teólogos. Isto coincide com uma distinção mais nítida entre a exegese como comentário da Sagrada Escritura e a teologia (ou *Sacra Doctrina*) como saber orgânico das verdades da fé. No interior da Igreja Católica, será difícil evitar uma tensão e, às vezes, um conflito entre o magistério do papa e dos bispos e o dos teólogos, que não deve tornar-se um magistério paralelo.

Na Igreja, o teólogo exerce uma função de mediação entre o magistério e os fiéis. Por um, ele dá uma expressão refletida ao vivido da comunidade cristã como eco com a vida e as questões de todos os homens. Assim, ele pode ajudar o magistério sensibilizando-o aos estados de consciência de cada um e às evoluções sociais e culturais. Por outro lado, ele se esforça em explicar e interpretar o ensinamento oficial da Igreja a fim de que ele seja realmente recebido por cada crente.

Mas o teólogo tem direito a um espaço de liberdade para entregar-se a uma pesquisa exigente, sabendo que os mistérios de Deus e do Cristo ultrapassam todos os enunciados que a Igreja pode dar deles. Ele se sente particularmente responsável pela fé cristã diante da instância crítica da razão humana. Isso quer dizer que ele não tem de somente dar conta do escândalo dos fracos, mas, também, do dos fortes. Durante esta pesquisa sobre os enunciados tradicionais da fé, ele deve praticar um discernimento entre a verdade de uma formulação dogmática em função do contexto histórico que lhe deu origem (a autoridade eclesial em dado momento) e depois a verdade da afirmação de fé que é enunciada na e por essa formulação (a própria autoridade da Palavra de Deus). Neste trabalho arriscado, o teólogo está exposto ao erro. Mas ele deve poder beneficiar-se da crítica construtiva da comunidade dos teólogos antes de ser sancionada pelas medidas disciplinares do magistério romano.

Existem dois tipos de teólogos. Uns são teólogos da base: eles favorecem uma teologia da experiência, segundo o vivido de tal comunidade ou Igreja local. Os outros são teólogos profissionais que ensinam uma teologia universitária em faculdades de teologia. Para ensinar nas faculdades canônicas da Igreja Católica, eles devem ter recebido uma missão ou um mandato da Santa Sé.

Durante séculos, os teólogos foram clérigos. Hoje, um número crescente de leigos ensina nas faculdades e até nos seminários. Duas mulheres foram até nomeadas membros da Comissão teológica internacional.

O campo do saber teológico tornou-se imenso. É a razão pela qual se encontra cada vez mais teólogos especializados – para além das grandes distinções entre dogmática, moral e história – em teologia fundamental (a antiga apologética), em eclesiologia, em cristologia e em sacramentologia.

Por muito tempo, a teologia dogmática andou junto com a filosofia (desde o Concílio de Trento, fazia-se, com efeito, apelo a um argumento racional). A teologia

TEÓLOGO — TERESA

moderna tende a ultrapassar a distinção entre teologia positiva e teologia especulativa e, em sua busca da inteligência da fé, o teólogo deve levar em conta novas ciências humanas (ciências da religião, sociologia, psicanálise, história, linguística...).

Desde o Vaticano II, a teologia comporta, enfim, uma dimensão ecumênica. É a razão pela qual, na idade do pluralismo teológico, é frequentemente difícil distinguir as correntes maiores da teologia em função da pertença confessional, e outros critérios, de ordem epistemológica ou espiritual, são necessários.

O território tradicional da teologia é cada vez mais o objeto das ciências religiosas. É a razão pela qual o teólogo contemporâneo não deve jamais dissociar a dimensão crítica e a dimensão confessante. Ele é responsável pelo futuro da fé diante da instância da razão humana. E seu discurso sobre Deus é também resposta a Deus.

Claude Geffré

➢ Doutores da lei; Tomás de Aquino.

TERESA (MADRE, 1910-1997)

Nascida em 1910 em Skopje, na Macedônia, numa família de tradição católica, Gonxha Agnes Bojaxhiu, desde a idade de 12 anos, se sente chamada por Deus para ser missionária a serviço dos pobres. Assim, ela se expatria, seis anos mais tarde, na Irlanda, para entrar para as irmãs de Nossa Senhora de Loreto. Ela recebe o nome de Teresa, sob a patronagem de Santa Teresa do Menino Jesus. Depois de seu postulado, ela parte para a Índia para efetuar seu noviciado, em janeiro de 1929, e, depois dos seus primeiros votos, é enviada como professora a Calcutá. Ela pronuncia seus votos solenes em 1937.

Religiosa exemplar, sempre alegre, educadora prudente, Madre Teresa conhece uma alternância de graças de união e de secas interiores purificadoras que a levam, em 1942, a pronunciar o voto de nada recusar a Deus. Abarcada por responsabilidades crescentes, ela passa seus domingos junto a pobres das favelas, simplesmente "para lhes dar alegria". Terça-feira, 10 de setembro de 1946, ela vive um encontro místico com o Cristo, que a convida a servir os mais desprovidos.

Depois de dois anos de colocação em provas por seus superiores eclesiásticos, Madre Teresa funda, em 1948, as Missionárias da Caridade, a serviço dos mais pobres entre os pobres, congregação ativa enraizada na contemplação, socorrendo os párias, os doentes e os moribundos, que será reconhecida por direito pontifical em 1965. O ramo masculino será fundado em 1984. Desde então, a vida de Madre Teresa se confunde com a história de sua família religiosa, dando o testemunho de uma caridade e de uma humildade brilhantes – sem nada deixar entrever da terrível prova da noite da fé que, durante 50 anos, a acompanhará até sua morte, em 5 de setembro de 1997. Madre Teresa foi beatificada em 2003.

Joachim Bouflet

➢ Missão; Teresa de Lisieux.

CRISTIANISMO – DICIONÁRIO DOS TEMPOS, DOS LUGARES E DAS FIGURAS

TERESA DE ÁVILA — TERESA DE LISIEUX

TERESA DE ÁVILA (SANTA, 1515-1582)

Teresa de Cepeda y Ahumada nasceu em Ávila em 28 de março de 1515, numa família de 12 filhos. Confiada primeiramente às agostinhas de Ávila, ela descobre, em 1533, textos espirituais cuja influência a leva a entrar no Carmelo em 02 de novembro de 1535. Em 1538, uma misteriosa doença a obriga ao repouso fora do mosteiro. Ela começa a praticar a oração mental. No verão de 1539, a doença se agrava. Ainda paralisada, ela retorna ao convento. Em 1542, ela se cura por intercessão de São José.

Em 1560, ao termo de uma intensa evolução espiritual, Teresa decide abraçar uma vida carmelita mais perfeita graças a uma volta à Regra primitiva da Ordem, à solidão, à mortificação, à oração com um grupo restrito e escolhido. Em 24 de agosto de 1562, o Mosteiro São José é fundado; no mesmo dia, as quatro primeiras carmelitas descalças recebem o hábito. Em 1566-1567, ela percorre os caminhos da Espanha para aí semear seus 17 conventos.

Seu desejo da salvação das almas amadurece no projeto de um convento para os irmãos. Ela encontra no mosteiro de Medina del Campo um jovem carmelita, João de São Matias, que começa a vida de oração e de apostolado em Duruelo, em 1568, sob o nome de João da Cruz.

Durante todo esse período, Teresa desenvolve uma atividade epistolar impressionante. Sua vida espiritual e seu magistério atingem um auge com o *Castelo Interior* (1577). Nos diferentes pontos de seu ensinamento, ela se apega, em especial, a uma síntese da vida espiritual, às últimas etapas da vida mística, à passagem da vida ascética à vida mística e a certos temas da vida fraterna.

Em 20 de setembro de 1582, ela chega doente em Alba de Tormes, onde morre em 04 de outubro. Ela é beatificada em 1614, canonizada em 1622 e declarada doutor da Igreja em 1970.

Stéphane-Marie Morgain

➤ Carmelo; João da Cruz; Místicos.

TERESA DE LISIEUX (SANTA, 1873-1897)

Teresa Martim é a última filha de uma família devota da burguesia industrial de Alençon. Com quatro anos, sua mãe morre de um câncer. A família se muda para Lisieux. Sua irmã mais velha, Pauline, entra, com 21 anos, para o Carmelo de Lisieux. Maria, a mais velha, a segue; Teresa, a caçula, fará o mesmo, aos 15 anos.

Teresa é uma criança mimada e frágil. Quando sua mãe de substituição, Pauline, entra para o Carmelo, Teresa, com 10 anos, reage com uma grave doença psicossomática e julga dever sua cura à Virgem. Sua vida balança aos 14 anos, quando ela viveu o que chama de sua conversão de Natal, ao mesmo tempo ruptura psicológica (saída tardia da infância) e forte experiência espiritual que a leva a procurar a conversão dos grandes pecadores. Sua escolha de entrar para o Carmelo se inscreve na linha reta desta conversão. Para conseguir isso, apesar de sua idade jovem, ela apela ao papa, durante uma peregrinação diocesana em Roma.

No Carmelo desde abril de 1888, sob o nome de Teresa do Menino Jesus e da Santa Face, ela se choca com a rudeza da vida conventual. Uma primeira evolução espiritual se opera com a descoberta de João da Cruz, e um contato mais íntimo com os Evangelhos. A aridez espiritual que conhece não impede a eclosão de uma real ligação amorosa com Jesus, seu Amado. Em 1893, Pauline (Madre Agnès) se torna prioresa e, sob sua influência, Teresa se torna uma verdadeira escritora espiritual. Em 1895, ela redige sua autobiografia e relê sua vida à luz da revelação da Misericórdia. Na primavera de 1896, descobrem a tuberculose que a mina, e ela entra na noite da fé. Começa uma troca epistolar com um irmão missionário que parte para a China e toma a direção de fato dos noviços. Seu horizonte se amplia, ela se coloca na busca de uma via bem direta para o Céu junto a um Deus materno. Antes de morrer, ela deixa seu testamento espiritual. No ano seguinte, sua *História de uma Alma* a revela, e os milagres de Teresa se estendem, como sua mensagem, à catolicidade. Em 1925, ela é declarada santa e proclamada padroeira das missões em 1927. Em 1997, ela se torna doutor da Igreja.

Claude Langlois

➢ Carmelo; Doutor da Igreja; Face (Santa); João da Cruz; Missão; Místicos.

TERRA PROMETIDA

Ver *Israel*.

TERRA SANTA

No Primeiro Testamento, é frequentemente o caso da Terra prometida, o país de Canaã "que deixa escorrer leite e mel" (Nm 13, 27; Gn 12, 7; Ex 20, 28), objeto da promessa feita por Deus a Abraão e que o povo eleito teve, em seguida, de conquistar pelas armas (Dt 9, 1-6). Com Jesus, essa noção parece perder todo sentido, visto que, no discurso à Samaritana, este afirma que o culto prestado a Deus não está ligado a um lugar – que se trate do Monte Garizim ou de Jerusalém – e que "os verdadeiros adoradores adorarão o Pai em espírito e em verdade" por toda parte onde estiverem (Jo 4, 20-24). Desde os primeiros séculos do Cristianismo, entretanto, os cristãos consideraram como particularmente santos os lugares onde se tinham desenrolado os principais episódios da Bíblia e da vida do Salvador, tanto na Judeia quanto na Samaria ou na Galileia. Muitas dessas localizações, estabelecidas para uso dos peregrinos durante a alta Idade Média, são lendárias, e algumas foram, desde essa época, controvertidas, como Emaús e Caná. A partir do século V, a peregrinação cristã em Jerusalém se orienta particularmente para os lugares santos ligados à Paixão e à Ressurreição do Cristo, e uma nova topografia sagrada se su-

422 CRISTIANISMO – DICIONÁRIO DOS TEMPOS, DOS LUGARES E DAS FIGURAS

TERRA SANTA — TESTAMENTOS

perpõe à antiga, que não fica, no entanto, abolida ou esquecida. Assim a rotunda da Anastasis, lugar presumido do enterro do Cristo e de sua Ressurreição, corresponde ao Santo dos Santos do Templo de Salomão. Os pontos fortes dessa topografia cristã coincidem em parte com igrejas, em particular as basílicas construídas a partir de Constantino nos lugares ligados à lembrança de Jesus, como a Basílica da Natividade, em Belém, e o Santo Sepulcro, em Jerusalém. Mas os cristãos veneravam também os lugares importantes do Antigo Testamento, como a sarça ardente e a "santa montanha" do Sinai. Durante toda a Idade Média, redige-se para os peregrinos livrinhos que definem novos itinerários sagrados, como a *via crucis* em Jerusalém, mencionada a partir do século XIII, que vai de Getsêmani ao Gólgota. Na época das cruzadas e dos Estados latinos da Terra Santa, houve uma tendência em se multiplicar os lugares santos cristãos e incluir aí todos os lugares frequentados pelo Cristo, pela Virgem e pelos Apóstolos, na Palestina e até além: o Monte Tabor e as margens do Lago de Tiberíades, Sichem e o poço do Samaritano, Hebron, cidade dos patriarcas, Damasco, que abriga o túmulo de São João Batista, na grande mesquita, e na qual a lembrança de São Paulo é associada, e até Edessa, onde se venerava o *Mandylion*, imagem milagrosa que reproduz o rosto do Cristo. Depois da queda de Jerusalém, em 1244, e de São João de Acre, em 1291, a Terra Santa passou inteiramente sob o controle dos muçulmanos e a tendência foi de se tornar uma noção puramente jurídica. O papado, com efeito, considerando que a cristandade era a herdeira de Roma e que ela garantia sua direção, apoiou que ela tivesse de ser recolocada em posse das províncias que lhe tinham sido submetidas na Antiguidade. Mas, por sua vez, os imperadores bizantinos reclamavam sua restituição, na medida em que eles se consideravam – não sem razão – como os autênticos continuadores do Império Romano e apoiavam as reivindicações do clero ortodoxo contra as pretensões dos latinos. A partir de 1333, chegou-se a uma série de compromissos sobre a gestão dos lugares santos cristãos da Palestina: o sultão mameluco do Egito, a pedido do Rei Roberto de Nápoles, herdeiro do título de rei de Jerusalém, aceitou que franciscanos estabelecessem um convento no Monte Sião e tomassem posse do Cenáculo, dividindo com os ortodoxos e com os cristãos do Oriente a gestão do Santo Sepulcro, do túmulo da Virgem e da Basílica da Natividade em Belém. Assim nasceu a custódia franciscana da Terra Santa, que zela ainda hoje por esses lugares santos por conta da Igreja Católica. Esses acordos, confirmados pelos turcos a partir de 1516, depois por todas as potências que tiveram o controle de Jerusalém e da Palestina a partir de 1919, regem ainda hoje para o essencial, a despeito de inúmeros conflitos, a questão dos lugares santos cristãos da Terra Santa.

André Vauchez

➤ Israel; Lugares santos; Sepulcro (Santo).

TESTAMENTOS (ANTIGO E NOVO)

Essas duas fórmulas foram impostas como título na segunda metade do século II cristão para designar as duas unidades literárias que compõem de maneira defini-

ANDRÉ VAUCHEZ

TESTAMENTOS

tiva o corpo de escritos que se diz "bíblico": "Antigo Testamento" (em grego *Palaia Diatheke*) e "Novo Testamento" (*Kaine Diatheke*). Seu uso é exclusivamente cristão. As Igrejas qualificam de "novas" as Escrituras nascidas de suas práticas próprias e, em consequência, de "antigas" aquelas de que elas eram herdeiras. "Antigo" é nobre: evoca uma história e uma fonte, um ascendente e uma matriz, um potencial e um apelo. As duas expressões se inscrevem na lógica de uma doutrina essencial: o cumprimento de uma Aliança dita "antiga" numa outra dita "nova".

Diatheke, no sentido de "testamento", termo ao mesmo tempo jurídico e literário, vem da Grécia antiga – os "testamentos filosóficos" de Platão, de Aristóteles, de Teofrasto, de Epicuro e de alguns outros, representam um gênero particular. A mutação da *diatheke* jurídica em *diatheke* literária intervém desde os *Testamentos* do filósofo cínico Menipo de Gadara (fim do século IV ou início do século III a.C.).

Curiosamente, a versão grega das Escrituras, a Septuaginta, recorre majoritariamente à *diatheke* para traduzir o hebraico *berith*, "Aliança". Era esperado *syntheke*, cujo sentido é "aliança" ou "tratado", como nas *Antiguidades Judaicas*, de Flávio Josefo. Todos os livros do Novo Testamento omitem este termo e optam sistematicamente pela escolha da Septuaginta, com uma posição bem pronunciada a favor da *Kaine Diatheke*, "Aliança nova", anunciada pelo profeta Jeremias (31, 31). A aceitação religiosa ou sagrada do termo afastava o sentido técnico ou literário que ele tinha para os gregos. Tanto assim que o Antigo Testamento mostra um deslize de *diatheke* para uma significação literária. No livro do Êxodo, a Lei de Moisés é apresentada como o "livro da Aliança" (*diatheke*), fórmula que designa, em outra parte, o Deuteronômio (2 R 23, 2).

A tradição bíblica cultivou por muito tempo a ambiguidade de *diatheke*, do sentido religioso de "aliança" com a significação literária de "testamento", a qual se encontra entre os intelectuais ou teóricos cristãos da primeira hora, como Paulo de Tarso: "Foi Deus que nos tornou capazes de ser ministros de uma *diatheke* nova, constituída não de letra, mas de espírito (...). Mas seus [os defensores da antiga *diatheke*] espíritos se obscureceram. Até esse dia, com efeito, quando eles leem a antiga *diatheke*, esse véu persiste: ele não é retirado porque é o Cristo que o faz desaparecer" (2 Co 3, 6-17). Pode-se compreender aqui *diatheke* como "testamento". Paulo opõe, com certeza, o regime da Lei e o do Evangelho, mas na *diatheke*, ele vê um bem destinado à leitura, um texto. As noções cristãs de Novo e de Antigo Testamento já se desenham.

Desde o fim do século II ou início do século III, grandes personalidades eclesiásticas atestam o fim do deslize semântico. Ireneu de Lyon desenvolve uma doutrina magistral sobre as duas alianças, o que não impede a irresistível evolução da palavra para o registro literário. No mesmo tempo se constitui e se afirma um corpo de escritos de origem exclusivamente cristã, que se homologava como livros da "Nova Aliança". Clemente de Alexandria emprega esta palavra várias vezes no sentido de "testamento", antigo ou novo. É em Méliton, o bispo de Sardes (161-180), que se localiza pela primeira vez *diatheke* aplicado aos livros bíblicos. A

424 CRISTIANISMO – DICIONÁRIO DOS TEMPOS, DOS LUGARES E DAS FIGURAS

TESTAMENTOS — TIAGO

passagem do grego para o latim é determinante na fixação da tradução de *diatheke* por "testamento". A escolha do vocábulo jurídico *testamentum*, vindo do direito romano, sem dúvida pelo viés de Tertuliano, será decisiva. A palavra será retomada em todas as línguas europeias. Na esteira da doutrina das duas alianças cumprida uma na outra, a Igreja ensinará que o Testamento dito Antigo só tem verdadeiro estatuto *in Novo Receptum*, "recebido no Novo".

O Antigo Testamento constitui a primeira parte da coletânea canônica das Escrituras cristãs, a Bíblica. Mais ou menos com algumas exceções (a ausência dos terceiro e quarto livros dos Macabeus e dos Salmos de Salomão), e com algumas variantes às vezes substanciais, sua composição não difere da Bíblia dos Septuaginta. Ele compreende muito mais livros ou textos que o *corpus* hebraico dos judeus, a *Biblia Hebraica*. Fora a Lei de Moisés ou Pentateuco, a organização e a ordem dos livros diferem de uma coletânea a outra. O Antigo Testamento compreende quatro partes: os cinco livros do Pentateuco, os 17 livros históricos, de Josué ao segundo livro dos Macabeus, os sete livros sapienciais, de Job ao Eclesiástico, e os 18 livros proféticos, de Isaías a Malaquias. Alguns estão ausentes da coletânea hebraica, e as Bíblias protestantes os reagrupam sob o nome de "apócrifos". Desde o século XVI, os católicos os chamam "livros deuterocanônicos" ou "do segundo cânon". Eles foram escritos em grego (a Sabedoria entre outros) ou só foram recebidos numa versão grega (o Eclesiástico e Tobias, por exemplo, encontrados nas grutas de Qumrân em seu original semítico). O total conta com 46 livros.

Os livros do Novo Testamento são em número de 27: os quatro Evangelhos, os Atos dos Apóstolos, as 13 Cartas de Paulo ou atribuídas a Paulo, a Epístola aos Hebreus, as sete Epístolas católicas (Tiago, Pedro I, Pedro II, João I, João II, João III, Judas) e o Apocalipse de João.

André Paul

➤ Bíblia; Sagradas Escrituras; Intertestamentários (escritos); Qumrân; Septuaginta.

TIAGO (SÃO, FILHO DE ZEBEDEU)

Ver *João*.

TIAGO (SÃO, IRMÃO DO SENHOR)

Conhecem-se vários Tiagos nos Evangelhos: Tiago, o filho de Alfeu, Tiago, o Maior, filho de Zebedeu e irmão de João, assim como Tiago de Jerusalém, que chamam também de "irmão do Senhor". Este último Tiago desempenha um papel preponderante na história da primitiva Igreja de Jerusalém e coloca também uma questão exegética sobre seu parentesco.

Os textos do Novo Testamento são unânimes em chamar Tiago de "irmão do Senhor". Paulo o chama assim (Ga 1, 19), enquanto Mateus e Marcos explicam que os irmãos de Jesus se chamam Tiago, José, Simão e Judas (Mt 13, 55; Mc 6, 3), o que

TIAGO — TIBERÍADES

confirma a Epístola de Judas, escrita por um Judas que se apresenta como o irmão de Tiago. Se essa designação não parece ter criado problema nos primeiros séculos, não aconteceu o mesmo depois da elaboração da teoria da virgindade perpétua de Maria. Jerônimo, em seu *Contra Helvidium*, propõe, então, uma solução engenhosa: recusando a opção proposta pelo *Protoevangelho de Tiago* (segundo a qual esses "irmãos" são os filhos do primeiro casamento de José), ele afirma que se trata de seus primos. Observando, com efeito, que os filhos de Alfeu poderiam ter sido os primos de Jesus, ele identifica Tiago, filho de Alfeu, com Tiago de Jerusalém (Tiago, o Menor). Os exegetas estão hoje divididos neste ponto: se os protestantes renunciaram há muito tempo à solução hieronimita, os católicos tendem a mantê-la.

Como o deixam supor de maneira direta as Epístolas de Paulo (em particular a Epístola aos Gálatas) e, indiretamente, os Atos dos Apóstolos (Tiago preside a reunião de Jerusalém para saber que lugar dar aos não judeus), Tiago parece ter dirigido a Igreja de Jerusalém a partir de um modelo dinástico (um parente próximo do fundador assume sua sucessão). O historiador Eusébio de Cesareia, aliás, o confirma (*História Eclesiástica*, II 1, 2; IV, 5, 3), afirmando que todos os "bispos" (termo um pouco anacrônico no que concerne a Tiago) de Jerusalém foram escolhidos na família de Jesus. A particularidade da comunidade de Jerusalém é ficar ancorado num respeito estrito das prescrições da Lei. Os relatos de Paulo e os Atos dos Apóstolos sobre o incidente de Antíoco (Ga 2, 11-14) e sobre a Assembleia de Jerusalém (Atos 15) fazem supor que Tiago pretendia aplicar essas prescrições aos não judeus. O historiador judeu Flávio Josefo conserva igualmente a lembrança da extrema piedade de Tiago, que ele chama de "Tiago, o Justo" e de quem ele diz que a morte, em 62, conduziu à revogação do grande sacerdote. Tiago permaneceu uma referência nas comunidades cristãs de origem judaica.

Régis Burnet

➤ Apóstolos; Cristãos (primeiros); Jerusalém.

TIBERÍADES

Tiberíades é a mais importante das fundações de Herodes Antipas, tetrarca da Galileia de 4/5 a.C. a 39: ele lhe deu esse nome para homenagear o Imperador Tibério (14-37). Situada na margem ocidental do Lago de Genesaré (ou Mar da Galileia, depois de Tiberíades), a cidade se tornou a nova capital galileana em 18 ou 19. O sítio era um antigo cemitério, o que dissuadiu os judeus de aí se instalarem. Uma população misturada, composta de colonos forçados, constituiu seu primeiro povoamento. Seu modelo era helenístico, entre outras coisas, com uma *boulê*, "assembleia", e o *archon*, seu "presidente". No século I aí se erguia uma enorme sinagoga (*proseuchê*). No momento da guerra contra Roma, em 66, a população judaica era dominante, composta principalmente de pescadores. A cidade fazia, então, parte do território controlado por Agrippa II. Vespasiano tomou a cidade, mas a poupou com seus habitantes.

TIBERÍADES — TOMÁS DE AQUINO

Nenhum Evangelho diz que Jesus frequentou Tiberíades, mencionada uma única vez por João (Jo 6, 23). Durante séculos, o destino da cidade será principalmente judeu. Com certeza, um templo aí será construído em homenagem a Adriano (117-138). Mas depois da derrota da revolta de Bar Kokébâ, em 135, os mestres ou *rabbim* aí se estabeleceram. No fim do século II ou logo no início do século III, Rabbi Yehûdâh ha-Nassi ou Juda, o Príncipe, o primeiro "etnarca" ou "patriarca" dos judeus que as origens conhecem, e editor da Mishnah, aí instalou sua sede com o Sinédrio. Uma academia ou *Beit Midrash* ("casa de estudo") aí foi criada. Uma grande parte do Talmude de Jerusalém aí teria sido compilado. Foi em Tiberíades, do século VII ao século X, que trabalharam os gramáticos eruditos chamados "massoretas". Duas famílias são conhecidas: os ben Nephtali e mais ainda os ben Asher, aos quais se deve o texto vocalizado e trabalhado da *Bíblia Hebraica*.

André Paul

➢ Galileia; Rabino.

TOMÁS DE AQUINO (SANTO, 1225-1274)

Tomás de Aquino tornou-se a tal ponto uma figura que se esquecem dele primeiramente como um autor. Figura, ele o é de diversos pontos de vista: teólogo oficial da Igreja Católica, representante da teologia medieval, modelo com personalidade esmagadora da escrita teológica mais impessoal. Ele serve de símbolo não somente como chefe de escola, mas de tudo aquilo de que se gosta ou que se detesta em teologia. É importante, pois, voltar ao seu pensamento tal como aparece em seus textos.

Em primeiro lugar, ele se ilustra por sua preocupação em meditar e analisar a Escritura, às vezes comentada linha por linha em alguns de seus livros (*Comentários de São Paulo*; *Evangelho de São João*). Com efeito, é inicialmente a Bíblia que um teólogo do século XIII devia ensinar.

Em segundo, ele alimenta o projeto de uma síntese da cultura cristã, apressadamente chamada por nós, hoje, "teologia", mas que não é, para Tomás, a única exposição racional do dado revelado. A "Doutrina sagrada" (*Doctrina sacra*) associa o próprio dado de fé, o ensinamento da Igreja, o dos padres do Oriente e do Ocidente, um conjunto que ele quer orgânico antes de ser organizado. É, pois, erroneamente que se pôde, nos anos 1950, opor-lhe os padres da Igreja.

Com certeza, a organicidade da religião cristã se desdobra em Tomás seguindo as intuições e as divisões intelectuais que se impõem. Mas Tomás não é um compilador, mesmo que fosse com a habilidade do ordenamento. Ele é um pensador, do qual não se deixou de inventariar as descobertas. A teologia se caracteriza nele por levar em consideração todas as coisas sob a luz de Deus. É Deus que é a chave da síntese teológica, Deus que cria, governa e salva pelo Cristo, e no Espírito que fecunda a Igreja. Se é Deus, não é o homem. Este é iluminado por Deus, e não o inverso. É

TOMÁS DE AQUINO — TOMÉ

a razão pela qual o plano da *Suma de Teologia* empresta do neoplatonismo, mas primeiramente do Cristianismo, a curva descendente, depois ascendente, da saída (de Deus) e da volta (a Deus). Assim, ele manifesta o olhar contemplativo do teólogo: a teologia é prática, mas ela é primeiramente contemplativa e até mística.

Enfim, o uso da filosofia para Tomás é pretendido por ele, enquanto com finalidade teológica. A teologia acha útil recapitular, sob a luz da graça, as capacidades da natureza. Ora, a filosofia usa conceitos que só entram na teologia através de adaptações: a Trindade é uma substância em três pessoas, o Redentor é uma pessoa em duas naturezas, a felicidade nos é prometida do Céu, em face de Deus, segundo uma amizade vinda de Aristóteles, mas só é devida à graça. O uso da filosofia oferece uma plataforma de diálogos com os descrentes na base da razão, comum a todos, como o lembra a *Suma contra os Gentios*. A busca da verdade, obra do filósofo, deve ser perseguida a propósito da natureza, da alma, da ética ou da política, tanto esses domínios são humanos antes de serem cristãos.

Tomás de Aquino, dominicano italiano, professor em Paris e em Roma, teólogo, filósofo, é antes de tudo um espiritual, que entende a primazia da união com Deus sobre qualquer outra atividade. O estilo de sua obra ensina a interessar-se mais por Deus do que por si próprio enquanto se ocupa dele, escola de objetividade, de distinção e de precisão. Ele ensina também a elegância da explicação, o respeito dos grandes autores, o desejo de disputar e de objetar antes de afirmar. O pensador medieval, diferentemente do pensador moderno, não é um solitário. Suas janelas são abertas sobre a comunidade dos pensadores, das autoridades ou de toda a Igreja.

Tomás de Aquino não deixa de despertar discípulos, que tentam reproduzir seu gesto e de se inspirar em seu pensamento, o de um filósofo de primeira posição e do "Doutor comum" da Igreja.

Thierry-Dominique Humbrecht

➤ Teólogo.

TOMÉ (DÍDIMO, SÃO)

Tomé intervém principalmente no Evangelho de João. Ele representa um tipo particular de cristãos, que, para crer, privilegiam a visão direta. Depois da morte de Lázaro, enquanto Jesus anuncia que vai realizar um gesto para que seus discípulos tenham fé, Tomé incentiva fortemente seus companheiros a seguir seu mestre (Jo 11). Depois da ressurreição de Jesus, ausente durante uma primeira aparição, ele exige tocar nas feridas do Ressuscitado para ter a fé. Este último episódio pretende manifestamente combater tendências docetas da comunidade, insistindo sobre a realidade do corpo de Jesus. João é também o único evangelista a chamar Tomé de Dídimo, palavra grega que significa "gêmeo", sem dizer de quem Tomé era o gêmeo.

As comunidades com tendência gnóstica se apoderam da figura do apóstolo. Um evangelho apócrifo foi colocado sob seu nome, mesmo se Tomé aí interviesse

CRISTIANISMO – DICIONÁRIO DOS TEMPOS, DOS LUGARES E DAS FIGURAS

TOMÉ — TRINDADE

muito pouco. *Atos de Tomé*, que remontam ao século III, insistem sobre seu ascetismo e tratam da sua gemelidade com o Cristo, que um escrito de Nag hammadi, o *Livro de Tomé, o Atleta*, amplia para uma absoluta semelhança. Tomé é a cópia terrestre do Cristo, ele é a imagem do crente gnóstico que possui um gêmeo nos céus com o qual ele conserva o contato por uma busca pessoal.

Tomé era o padroeiro do Cristianismo siríaco, seu túmulo é venerado em Edessa. A tradição pretende que ele tenha evangelizado as Índias, e o Cristianismo siro-malabar o reconhece ainda como seu apóstolo. No Ocidente, é apresentado frequentemente como aquele que duvida e que precisa de elementos concretos para crer.

Régis Burnet

➤ Dualismo; Gnósticos; Ressuscitado.

TRANSFIGURAÇÃO

Ver *Glória*.

TRINDADE

A palavra "Trindade" não aparece evidentemente na Escritura. Sua primeira menção nos textos da tradição cristã se encontra em Teófilo de Antioquia, bispo, apologista da religião cristã no século II. Mas o que ele trata assim é um dado constitutivo da fé cristã, a descoberta, no seio do deus único da tradição de Israel, de uma dupla relação do Deus Pai com seu filho e seu Espírito.

O dogma da Trindade não deve nada às tríades divinas presentes nas mitologias do mundo oriental, o Antigo Testamento já tinha suficientemente desmitologizado a crença em Deus para decantá-la de toda imagem sexual ou familiar. O Cristianismo não volta atrás, mas deve anotar o lugar assumido por Jesus na relação entre Deus e os homens: sem jamais usurpar o lugar do Pai, ele se situa sempre em relação a ele no papel do Filho bem amado, testemunha de seu mistério mais íntimo e capaz, graças a isso, de introduzir aí os homens. Mediador, ele não está entre os dois, mas autenticamente dos dois lados, inteiramente com os homens e inteiramente do lado de Deus. Para pensar esse elo inédito entre Deus e um filho "primogênito" (Col 1, 15), ou ainda "único" (Jo 1, 14.18; 3, 16.18), o Novo Testamento tenta diversos caminhos: o locutor e seu Verbo (Jo 1, 1), a fonte de luz e sua projeção (He 1, 3) etc.

A essa primeira relação junta-se a que une o pai (e o Filho) ao Espírito Santo. Este não é mais uma força divina indeterminada, como nos textos do Antigo Testamento, mas uma pessoa misteriosa que ensina, intervém como defensor, ressuscita os mortos etc. Ela é enviada, pode-se contristá-la ou até blasfemá-la. Apesar de seu nome muito pouco pessoal, o Espírito é citado em igualdade com as duas outras pessoas na fórmula batismal: "Em nome do Pai e do Filho e do Espírito Santo" (Mt 28, 19).

TRINDADE

As primeiras gerações cristãs, herdando a convicção da salvação operada por Jesus Cristo, são obrigadas a esclarecer a natureza das relações entre o Cristo e seu Pai, assim como com o Espírito Santo. Elas o fazem aprofundando os dados da Escritura e, em especial, os títulos dados a Jesus e ao Espírito Santo, tentando comparações e especulações desigualmente felizes (São Justino fala de um "segundo Deus" a propósito do Filho, alguns exploram a pista dos anjos para dizer a proximidade do Filho e do Espírito ao lado do Pai...). As três pessoas são invocadas conjuntamente em muitos casos, afirma-se sua intervenção em pé de igualdade na Criação, na Revelação, na Salvação.

No fim do século II e durante todo o século III, vê-se levantarem duas tentações maiores que ameaçam a reflexão trinitária, o adocionismo e o modalismo. Para os primeiros, Jesus não é verdadeiramente Deus por natureza, ele o é por adoção. Assim pensam todos aqueles que querem marcar uma desigualdade fundamental entre o Pai (único Deus verdadeiro) e os dois outros que só o são por participação, sejam eles forças superiores, mas não verdadeiramente divinas (é o que pensarão mais tarde os arianos) ou simples criaturas. Para os segundos (chamados também "sabelianos", "monarquianistas" etc.), a distinção das pessoas do Pai, do Filho e do Espírito só vale no domínio da história da salvação, Deus eterno é único, mas, para as necessidades de sua ação entre os homens, ele assume vários papéis: é, então, ele que morre na Cruz (donde o nome que lhes é também dado de "patripassianos", "os que fazem sofrer o Pai"), que inspira nossos corações etc. Onde o Ocidente cristão, preocupado com a unidade, é mais sensível à segunda corrente, a primeira, que afirma mais a distinção real das pessoas, se espalha principalmente no Oriente.

Para superar esses dois entraves, serão necessários dois concílios ecumênicos (Nicea, 325, Constantinopla, 381) e a reflexão dos maiores entre os padres da Igreja (Atanásio, Hilário, Ambrósio, Basílio, Gregório de Nazianzo, Gregório de Nissa). Depois deles, a questão é resolvida em princípio: o Pai, o Filho e o Espírito Santo são um só Deus, eles têm tudo em comum, eles são coeternos, mas cada um ocupa um lugar particular no jogo das relações: um só é a fonte absoluta (o Pai), o Filho é gerado, o Espírito Santo "procede". Nem a geração do Filho nem a procedência do Espírito Santo (chamada também "espiração") devem ser pensadas segundo o modelo da criação, trata-se de uma origem eterna em Deus. Aprende-se a distinguir cuidadosamente as "missões" (ações na história da salvação, atribuídas à pessoa do Filho – a Encarnação – ou do Espírito – a Inspiração) e as "procedências" (origem eterna das pessoas do Filho e do Espírito a partir do Pai), mesmo se as primeiras deixam adivinhar algo das segundas.

Outras questões se levantaram em seguida, tal como a do modo de procedência do Espírito e sua distinção com a geração, mas isso não recoloca em causa a fé comum na santa e indivisível Trindade.

A Igreja, uma vez em posse da fé trinitária, se esforça para extrair daí todas as consequências. Primeiro, no conhecimento de Deus: o Deus tripessoal se destaca da representação idolátrica à qual o próprio monoteísmo não escapa – ídolo da

CRISTIANISMO – DICIONÁRIO DOS TEMPOS, DOS LUGARES E DAS FIGURAS

TRINDADE — TÚMULO

onipotência solitária, do arbitrário divino. Deus é amor porque Ele é eternamente relação de dom e de fecundidade, Ele não cria nem por necessidade, nem por ociosidade, Ele é soberana gratuidade, generosidade sem tamanho. É a obra de Santo Agostinho, em seu tratado sobre a Trindade, procurar compreender como Deus é Deus conhecendo-se a si mesmo e amando. Muito mais tarde, Ricardo de São Vítor (século XII) abre uma reflexão significativa sobre o amor que está em Deus: amor do Pai acolhendo em seu seio o Filho eterno, amor do Pai e do Filho se realizando na comum espiração do Espírito, seu "elo de amor".

A reflexão trinitária trouxe pela primeira vez um pensamento da pessoa. O próprio nome era desconhecido da filosofia antiga. Por mais distantes que estejam as "pessoas" divinas das realidades humanas, são elas que revelam o homem a ele mesmo, visto que ele é feito à imagem de Deus e aspira à sua semelhança. Não somos tanto indivíduos da espécie "homem" quanto pessoas únicas e prometidas a relações com Deus e com nosso próximo. Toda a noção de dignidade da pessoa humana vem daí.

Michel Gitton

➢ Concílios (sete primeiros); Deus; Dualismo; Espírito Santo; Herege; Jesus; Pai; Pessoa humana.

TÚMULO

Ver *Catacumbas*; *Morte*; *Paixão*; *Sepulcro*.

UNDÉCIMA HORA (OPERÁRIOS DA)

A décima primeira hora fala dos que recolhem os frutos de predecessores envolvidos muito antes deles na tarefa e mais merecedores. A matriz dessa visão se encontra no Evangelho de São Mateus (20, 1-16), sob a forma de uma parábola intitulada geralmente "Os operários da undécima hora".

A parábola coloca em cena um mestre que emprega, da manhã à tarde, ao preço de um dinheiro cada um. Os que foram empregados em primeiro lugar se põem a "murmurar" contra o proprietário. Mas este responde que ele dispõe de seus bens como quiser. O proprietário da vinha se transforma em pai atento, acolhendo todos os homens em seu reino. Ele cumpre a justiça, visto que não emprega sem remunerar. Mas a justiça é, na realidade, submersa pela caridade e pela misericórdia: os que chegaram por último são tão bem tratados quanto os que chegaram primeiro. A preferência pelos mais desprovidos pode parecer desigual aos olhos humanos. Tal ensinamento remete à situação feita aos dois filhos na parábola do filho pródigo, a da ovelha perdida. No concerto das nações, não é preocupação da Igreja atual praticar uma "opção preferencial pelos pobres"?

Henri Madelin

➢ Filho pródigo; Reino dos céus.

UNGIDO DO SENHOR

Ver *Jesus o Cristo*; *Messias*.

V

VALE DAS LÁGRIMAS

Ver *Mundo*.

VATICANO I E VATICANO II

Os dois convocados em Roma pelo papa reinante, os últimos concílios gerais da Igreja católica, que ela chama de "ecumênicos", não têm senão isso como ponto comum. O primeiro Concílio do Vaticano, cuja preparação começa no dia seguinte da publicação por Pio IX do *Syllabus* dos erros conjunturais em 1864, vem coroar a onda de exaltação do poder espiritual do papado destinado a compensar a perda de seu poder temporal frente ao reino da Itália. Trata-se de um concílio católico, ao qual os ortodoxos e os protestantes foram convidados em termos que eles só podiam recusar, e inteiramente preparado sob o olhar de Pio IX, no seio da cúria romana. Ele se abre na Basílica de São Pedro, em 08 de dezembro de 1869, dia do décimo quinto aniversário da definição do dogma da Imaculada Conceição de Maria, diante de 800 prelados, europeus na maioria e italianos, em 35% deles. Enquanto a bula de indicação desenvolvia um vasto programa de trabalho, os debates se concentravam rapidamente em torno da questão da infalibilidade pontifical que não figurava na agenda inicial. Nitidamente majoritários, os infalibilistas se chocam com uma oposição resoluta, menos no conteúdo que por razões de ocasião. Ainda que tendo obtido arranjos do texto, esta não pode impedir sua adoção por 533 votos contra dois: a constituição *Pastor Aeternus*, de 18 de julho de 1870, define não somente a primazia do papa, mas sua infalibilidade: quando ele fala "*ex cathedra*, isto é, quando preenchendo seu cargo de pastor e de doutor de todos os cristãos, ele define, em virtude de sua suprema autoridade apostólica, que uma doutrina em matéria de fé ou de moral deve ser seguida por toda a Igreja e ele goza, em virtude da assistência divina que lhe foi prometida [...], dessa infalibilidade de que o divino Redentor quis que fosse provida sua Igreja quando ela define a doutrina sobre a fé ou a moral". Uma decisão assim, que suscita um protesto fora do Catolicismo, não convence os 114 oponentes, franceses em especial, que preferiram retirar-se a votar contra o novo dogma. Todos acabaram por se submeter, diferentemente de intelectuais, padres e leigos alemães ou suíços, que nutriram o cisma dos velhos

434 CRISTIANISMO – DICIONÁRIO DOS TEMPOS, DOS LUGARES E DAS FIGURAS

VATICANO I E VATICANO II

católicos. A eclosão da guerra franco-prussiana, em 19 de julho de 1870, provoca a suspensão do concílio e a dispersão de seus membros antes que pudessem ser discutidos os outros esquemas, em especial o do papel dos bispos. Assim, a onda infalibilista e as circunstâncias exteriores desequilibraram sensivelmente o edifício eclesial a favor do Vaticano, onde Pio IX se dizia prisioneiro desde a tomada de Roma pelas tropas italianas, em 20 de setembro de 1870.

A suspensão se torna definitiva, apesar das tentativas de retomada sob Pio XI, nos anos 1920, e sob Pio XII, na virada dos anos 1950. Quando João XXIII, recentemente eleito, anuncia, em 25 de janeiro de 1959, para a surpresa geral, a convocação em Roma de um concílio, compreende-se logo que ele não será a retomada do que foi interrompido em 1870. Ele tem, com efeito, como objeto, pela própria confissão de seu iniciador, não a condenação de novos erros nem a definição de novos dogmas, mas o *aggiornamento* do Catolicismo intransigente que encontrou seu ponto culminante no fim do reinado de Pio XII, para facilitar, entre outros, a união dos cristãos separados. Deve tratar-se de um concílio pastoral mais do que doutrinal. Sua preparação dura perto de quatro anos, ou seja, mais tempo que o próprio concílio: após uma ampla consulta dos bispos sobre seus *desiderata*, suficientemente conformistas salvo no domínio litúrgico e no das responsabilidades episcopais, 10 comissões calcadas nas estruturas da cúria romana se colocam no trabalho, em 1960. Elas produzem em 1962, sem que João XXIII tenha podido ou querido a isso se opor, uma massa de esquemas eclodida e conservadora, em especial os da Comissão Teológica, clone da congregação do Santo Ofício, que pretende aproveitar a ocasião para condenar os erros, ou supostos como tal, que apareceram desde a proscrição do modernismo, em 1907. Muitos bispos e cardeais, francófonos ou germanófonos se preocupam na véspera da reunião da assembleia. Eles são ouvidos pelo papa que, em seu discurso de abertura, em 11 de outubro de 1962, estigmatiza os "profetas da desgraça", que sonham com novas sanções e novos dogmas. Diante dos observadores representando as principais comunidades não católicas, 2.500 bispos dos cinco continentes não demoram em destacar uma ampla maioria moderadamente reformista sobre o esquema litúrgico (utilização da língua vernácula e concelebração em especial). Essa maioria, conduzida por teólogos alemães, belgas e franceses, suspeitos sob Pio XII, rejeita, em compensação, diversos esquemas doutrinais julgados inadaptados porque muito rígidos. Em dezembro de 1962, no encerramento da primeira sessão, nenhum documento foi adotado, e o Concílio parece enterrado. Seu promotor é, além disso, atingido por um câncer que se revela fatal: João XXIII morre para aflição geral em 03 de junho de 1963. Um dos primeiros atos do Cardeal Montini, que o substitui sob o nome de Paulo VI, é anunciar a continuação do Concílio, antes de lhe dar uma direção mais firme. Serão necessárias, entretanto, três outras sessões de outono, em 1963, 1964 e 1965, para que a maioria que apareceu em 1962 produza, não sem delicados debates com a minoria intransigente e com um papa preocupado com suas prerrogativas, os 16 documentos que compõem o *corpus* do Vaticano II. A maior parte se contenta em aproveitar *ad intra* o aporte das correntes reformistas anteriores:

restauração da Bíblia no seio da vida cristã, Igreja povo de Deus enquanto estrutura hierárquica, colegialidade episcopal que completa a primazia pontifical sem minorá--la, valorização do apostolado dos leigos... A novidade vem antes dos textos *ad extra* que rompem com séculos de enfrentamentos e de polêmicas: integração do Catolicismo no movimento ecumênico, reprovação do antissemitismo e reconhecimento do enraizamento judeu do Cristianismo, sem esquecer as outras religiões não cristãs, afirmação da liberdade religiosa como direito imprescritível de todo crente. Diversos desses temas não figuravam no programa da assembleia de 1962: sua necessidade apareceu no decorrer dos debates, assim como a de se dirigir aos homens da segunda metade do século XX: donde a constituição sobre "A Igreja no mundo deste tempo", que se esforça em levar em conta suas tendências maiores, propondo uma antropologia cristã. Embora esse *corpus* se tenha com frequência originado de compromissos para reagrupar os oponentes, a obra é considerável. Ela marca uma inflexão notória na história recente do Catolicismo: uma tentativa sem precedente para sair da lógica intransigente que domina desde a luta contra a reforma no século XVI e contra a revolução no século XIX; lógica intransigente cujo dogma da infalibilidade pessoal do papa, definido no Vaticano I, constitui uma das melhores ilustrações.

Étienne Fouilloux

➢ Imaculada Conceição; Papa; Roma.

VERBO

Apesar de sua raridade no Novo Testamento, a palavra "Verbo", *Logos*, devia ter uma posteridade muito grande na teologia cristã. É verdade que o tema da palavra tinha já uma importância maior no Antigo Testamento: Deus aí se revela desde a origem como um Deus que "fala", assim como o mostra o primeiro relato da Criação através da repetição da fórmula "Deus diz...". Os livros proféticos fazem muito frequentemente referência à "Palavra de Deus"; diversas traduções ou comentários judeus da Bíblia chegam mesmo a personificar essa "Palavra de Deus", que deve presidir ao cumprimento da história. É, em todo caso, o termo *Logos* que o Evangelho de João retoma em seu prólogo, onde ele designa doravante o próprio Filho de Deus, inicialmente considerado em sua presença junto a Deus e em sua ação criadora (com alusão ao início da Gênese, mas também à Sabedoria "preexistente" segundo Pr 8), depois em sua vinda entre os homens ("o Verbo se fez carne").

Com esse fundamento, várias razões conduzem os padres da Igreja a desenvolver a teologia do *Logos*. Eles são primeiramente confrontados com correntes gnósticas que, em nome da transcendência divina, ou por desprezo da matéria e da corporeidade, atenuam ou rejeitam a revelação evangélica do "Verbo feito carne"; eles lhes opõem, então, com Ireneu, que existe um só e mesmo Verbo, o que estava junto a Deus e que veio partilhar a condição humana. Por outro lado, os apologistas cristãos encontram com *Logos* um termo que, presente ao mesmo tempo na tradição bíblica e na filosofia grega, pode ajudar a acreditar na mensagem evangélica

436 CRISTIANISMO – DICIONÁRIO DOS TEMPOS, DOS LUGARES E DAS FIGURAS

VERBO

entre as nações. Com certeza, o uso bíblico da palavra remete inicialmente à palavra, enquanto os filósofos a utilizam mais no sentido de "razão". Mas os padres da Igreja tiram proveito dessa ambivalência: o Cristo é ao mesmo tempo "Palavra de Deus" e "Razão do mundo". A ideia estoica do princípio difundido no universo (*logos spermatikos*) é até retomada para exprimir a presença do Verbo "disseminado" no universo, o que permite pensar uma Revelação de Deus aos homens fora até de Israel e nos séculos anteriores à vinda do Cristo. Os autores cristãos são em todo caso conduzidos, de diversas maneiras, a aprofundar o sentido teológico da palavra *Logos* (ou de sua tradução latina *Verbum*). Assim, os apologistas distinguem o "Verbo interior" e o "Verbo proferido"; essa distinção devia permitir pensar a relação do Verbo com Deus e sua relação com o mundo, mesmo se ela corria o risco de induzir uma subordinação excessiva do *Logos* em relação ao pai. Mas são principalmente as controvérsias dos séculos seguintes que provocam uma intensa reflexão sobre o *Logos*. No século IV, enquanto Arius defende a inferioridade do *Logos* em relação ao Pai, Atanásio e os padres capadócios estabelecem sua plena comunhão com a natureza divina. No século V, Cirilo de Alexandria afirma contra Nestorius que o *Logos* assumiu ele próprio uma natureza humana ("união hipostática"). Os autores latinos, por sua vez, trazem um certo número de complementos e de precisões. Assim, Agostinho encontra na experiência do "verbo interior" uma analogia para pensar a geração eterna do Verbo de Deus; ele destaca também que o Verbo é "conhecimento com amor" (e não somente "inteligência"), e que esse nome "Verbo" é um nome pessoal do Filho (em vez de designar uma propriedade da essência divina). Os teólogos das épocas medieval e moderna no Ocidente latino não cessam de retomar e de desenvolver a herança dessa tradição patrística sobre o Verbo. O Oriente grego, em compensação, se interessa mais pela teologia do Espírito. Ainda não se deve esquecer que, no próprio mundo ocidental, a referência ao Verbo tem também um lugar importante na teologia mística (São Bernardo, Mestre Eckhart).

No início da época contemporânea, a teologia do *Logos* foi, às vezes, denunciada como uma concessão excessiva à filosofia grega em detrimento de uma verdadeira fidelidade à mensagem evangélica. Mas também fez-se valer a partir de então que, se o Cristianismo antigo acolheu formas de pensamento marcadas pela cultura greco-latina, ele soube preservar, nesse próprio terreno, o conteúdo paradoxal da fé cristã (como o mostra antes de tudo a afirmação do "*Logos* feito carne"). De resto, a teologia do Verbo deu ainda lugar a notáveis desenvolvimentos na corrente do século XX: H. U. von Balthasar, grande conhecedor da cristologia patrística, Karls Rahner, do qual um livro se intitula em francês "*À l'écoute du Verbe*" [À escuta do Verbo]. A retomada contemporânea dessa palavra "Verbo" se caracteriza em especial por uma atenção maior no sentido bíblico de *Logos* como "Palavra", e de "Palavra" compreendida como "acontecimento". Volta-se também a ser sensível ao interesse de um termo que pode ser, segundo os casos, aplicado a Deus ou ao homem: uma teologia do Verbo divino chama uma teologia do verbo humano, este podendo ser, como é o caso na Sagrada Escritura, expressão do Verbo divino. A outra conotação tradicional da palavra *Logos*, o Verbo como razão, deve ter direito ao primado bíblico da Palavra assim como à exigência evangélica da caridade – o Verbo não sendo qualquer conhecimento, mas, como o dizia Agostinho, um conhecimento acompanhado de amor.

Michel Fédou

➢ Agostinho; Criação; Espírito Santo; Gnósticos; Palavra; Teólogo.

VERÔNICA (SANTA)

Ver *Face (santa)*.

VICENTE DE PAULO (SÃO, 1581-1660)

Vicente de Paulo (Vincent de Paul ou Depaul) nasceu em Pouy (atualmente Saint-Vincent-de-Paul) numa família do pequeno campesinato landês. Para os menos afortunados, dotados como ele de sólidas capacidades intelectuais, o clericato era um bom meio de melhorar sua condição social. Ordenado padre em 1600, levou durante perto de uma década uma vida precária. De volta a Paris, no fim dos anos de 1610, consolidou suas relações nos meios devotos e tornou-se capelão de Marguerite de Valois. O homem desenvolveu, então, uma intensa atividade apostólica e caritativa. Preceptor da influente família dos Gondi, desde 1613, fundou as primeiras "Companhias das Damas da Caridade", que tinham por objetivo assistir os doentes. O sucesso foi tal que, na morte do fundador, a maior parte das paróquias francesas eram providas de uma companhia. Capelão geral das galeras, em 1619, cinco anos mais tarde, Vicente instalou em Paris os padres da Missão ou Lazaristas, especializados na evangelização dos campos e na formação do clero. Em 1633, para educar as jovens pobres, ele organizou as Filhas da Caridade como congregação secular com Louise de Marillac. Preocupado em ajudar a todos os que se tinham afundado na miséria material ou espiritual, ele tomou parte decisiva na pastoral de seu tempo, apoiou e empreendeu ele próprio inúmeras ações caritativas e missionárias na França e no estrangeiro. Sob a regência de Ana da Áustria, seu ascendente se estendeu às mais altas esferas do Estado. Membro da companhia do Santo Sacramento e confessor da rainha, ele entrou no Conselho de consciência para participar dos negócios eclesiásticos. Mazarino, que via nele um concorrente, conseguiu reduzir sua influência política depois da Fronda. O Senhor Vicente faleceu em 27 de setembro de 1660, em Paris. Ele foi canonizado em 1737.

Em 1833, Frédéric Ozanam fundou a Sociedade São Vicente de Paulo, organizada em conferências, para visitar e socorrer os pobres a domicílio.

Benoist Pierre

➢ Amor; Apostólica (vida).

VINHO

Bebida familiar desde a Antiguidade para acompanhar as refeições, em particular de festa, o vinho é evocado na Bíblia de maneira tão concreta quanto metafórica. Ele é mencionado várias vezes como fonte de vida, de abundância, de bênção divina e de alegria (Sl 104, 15; Qo 10, 19) contanto que seu consumo não conduza à embriaguez (Si 21, 27-30). Os profetas veem no vinho novo "que escorre das montanhas" (Jl 4, 18; Am 9, 13) o sinal da fecundidade paradisíaca e a bebida do banquete escatológico. A importância atribuída a essa bebida, que nutre e alegra o coração do homem, toma sua plena medida nas núpcias de Caná, quando Jesus realiza seu primeiro milagre, mudando a água em vinho (Jo 2, 1-11). Esse vinho, recebido no louvor e na ação de graça, prefigura a instituição da eucaristia.

Na tradição cristã, o vinho e o pão constituem as espécies eucarísticas por excelência que, para os católicos romanos, armênios e maronitas, são "realmente" transformadas em corpo e sangue do Cristo, conservando suas características físicas durante a consagração. Sem falar da transubstanciação, as Igrejas ortodoxas e orientais reconhecem também o sangue do Cristo no vinho consagrado na missa.

A natureza do vinho utilizado para a celebração eucarística foi objeto de inúmeros debates, a começar pelas discussões sobre sua cor – tinto ou branco –, sobre o uso bizantino atestado desde o fim do século VI, de incorporar ao vinho consagrado o "zeon", água quente que representa o fervor do Espírito vivificante e o caráter vivo do sangue do Cristo. O uso do vinho puro na Igreja da Armênia chocava os latinos como os gregos, habituados a ver na imisção de água no vinho do cálice o sinal da união do Cristo e da Igreja.

A importância dessas controvérsias está na medida das intenções simbólicas que se atribuem ao vinho. Holt vê na viva e unânime resistência ao Protestantismo que opuseram na Borgonha, no século XVI, as populações em seu conjunto, a defesa de uma identidade sociocultural. Os produtores de vinho da região que ofereciam uma parte de sua colheita para a celebração do sacramento do altar contribuíam, com efeito, em reforçar o elo social e espiritual da comunidade com a pessoa do Cristo presente na eucaristia.

Dominique Rigaux

➢ Ceia; Eucaristia; Pão.

VIRGEM

Ver *Maria*.

VIRGENS PRUDENTES E VIRGENS LOUCAS

Imagens dos eleitos e dos reprovados no Juízo final, as virgens prudentes e as virgens loucas constituíram um tema amplamente difundido na Idade Média. Uma parábola do Evangelho de Mateus (25, 1-13) conta que 10 virgens, munidas com suas lâmpadas, saíram para esperar o esposo. Quando ele chegou, durante a noite, cinco das virgens, prudentes, tinham tomado cuidado de levar uma reserva de óleo e puderam acender suas lâmpadas e entrar na sala das núpcias. As outras cinco, loucas imprevidentes, não puderam se iluminar por falta de óleo e tiveram de correr para comprar. Quando voltaram, a porta estava fechada. A glosa dessa parábola nupcial, emprestada de Santo Agostinho (*Sermão*, 93, *Carta*, 140), foi retomada por todos os comentaristas medievais para ensinar a necessária vigilância dos que não querem se deixar surpreender pelo fim do mundo. O número de cinco virgens loucas foi justificado pelos cinco sentidos corporais que abrem a porta aos pecados. Para explicar que as virgens loucas, ainda que tendo guardado a continência carnal, fossem reprovadas, os homens da escolástica mostraram que elas não eram alimentadas interiormente pelo óleo da fé, como as virgens prudentes.

O tema das 10 virgens, presente na iconografia romana das igrejas de Poitou-Saintonge, foi popularizado pelo teatro religioso em Saint-Martial de Limoges desde o século XII. Associado à iconografia do Juízo final em Saint-Denis (1140), encontra-se esculpido nos portais de todas as catedrais góticas. O modelo perdura até o fim da Idade Média: as virgens prudentes seguram reta sua lâmpada aberta para o alto como um cálice, enquanto as virgens loucas derrubam a delas para baixo (ideia ausente do Evangelho de Mateus).

Mireille Vincent-Cassy

➢ Fim dos tempos; Juízo final; Reino dos céus.

VIRGÍLIO (70-19 a.C.)

Considerado como o maior dos poetas latinos, autor da epopeia nacional romana, a *Eneida*, Virgílio é por essas razões colocado desde o início de nossa era no centro do cânon escolar. Assim, o Cristianismo, quando decide fazer da língua latina o vetor de seu ritual e de seu pensamento, não pode deixar de tomar posição em relação à obra daquele que encarna a quintessência da beleza literária de inspiração pagã. Se alguns ascetas rigorosos proíbem com constância sua leitura, a maior parte dos escritores cristãos, sensíveis ao seu encanto, mas também à sua mensagem política e espiritual, esforçar-se-ão em batizar Virgílio. Mal a paz da Igreja foi proclamada por Constantino, o padre espanhol Juvencus, em sua *Historia Evangelica*, reescreve a vida do Cristo em versos heroicos, o metro da *Eneida*. Na mesma época, o filósofo Lactâncio interpreta a quarta *Bucólica*, que faz do nascimento de uma criança milagrosa o sinal do retorno da idade de ouro, como um anúncio da Encarnação. Pensadores de inspiração neoplatônica, Fulgêncio, no século V, Bernard Silvestre, no século XII, chegam a fazer uma leitura alegórica da *Eneida*, segundo a qual as aventuras de Eneias representam a peregrinação da alma lançada na matéria e aspirando a reconquistar sua verdadeira pátria. Não é, portanto, em vão que Dante fará do poeta romano seu primeiro guia nos lugares do além-mundo.

440 CRISTIANISMO – DICIONÁRIO DOS TEMPOS, DOS LUGARES E DAS FIGURAS

VIRGÍLIO — VISITAÇÃO

A influência literária de Virgílio é imensa e durável: a poesia da época carolíngia, frequentemente qualificada de *aetas virgiliana* ("idade de Virgílio"), assimila geralmente Carlos Magno ao piedoso Eneias, fundador de um novo reino. Um dos primeiros "romances" de língua *"d'oïl"* é o *Eneias* (por volta de 1160), livre adaptação da epopeia virgiliana. Na época da Renascença, o humanista napolitano Sannazar (1456-1530) dá com seu *De Partu Virginis (O Parto da Virgem)* uma pura obra-prima, arrematando a conversão cristã do gênero pastoral. Mais recentemente, poetas cristãos, como o romântico Maurice de Guérin (1810-1839) e o simbolista Francis Jammes (1868-1938), são inspirados por sua leitura de Virgílio. Se hoje sua influência tende a atenuar-se, o teólogo H. U. von Balthasar considera ainda as *Bucólicas* como o "horizonte extremo da visão poética do mundo".

Jean-Yves Tilliette

➢ Dante Alighieri.

VISIONÁRIOS

Ver *Hildegarde de Bingen*.

VISITAÇÃO

A Visitação é uma das cenas evangélicas mais populares. No momento da Anunciação, o anjo revela a Maria que sua prima Isabel, ainda que muito idosa, espera também um filho "porque nada é impossível a Deus" (Lc 1, 36-38). Maria vai o mais breve para a Judeia para ver sua prima e ajudá-la. Isabel era estéril, e a vinda de um filho, João Batista, foi anunciada por um anjo ao seu pai, Zacarias. Com a chegada de Maria, o relato conta a surpresa de Isabel: sua criança "estremeceu de alegria" em seu útero, João Batista saudando assim o Messias. Isabel acolhe Maria como a que é "bendita entre todas as mulheres", a mãe de seu Senhor, "Bem-aventurada, aquela que acreditou" (Lc 1, 39-56). Maria lhe responde então: "Minha alma exalta o Senhor, e meu espírito estremece de alegria em Deus, meu Salvador". Seu canto, o *Magnificat*, exalta os pobres, anuncia que o Todo-Poderoso "derruba os potentados de seu trono, sacia os famintos, despede os ricos com as mãos vazias", e lembra a promessa de um Messias, "prometido aos nossos pais, em favor de Abraão e de sua descendência para sempre". Esse hino, inspirado do canto de uma mulher idosa e estéril, a mãe do profeta Samuel (1 S 2, 1-10), tornou-se uma das orações dos cristãos cuja força de subversão permanece através dos séculos e dos continentes. A saudação de Isabel é retomada na *Ave Maria*.

O encontro aconteceu, segundo a tradição, em Ein Karem, a seis quilômetros de Jerusalém. Ele ensejou múltiplas representações medievais que celebram o papel dessas duas mulheres na economia da salvação: a Visitação encerra todo debate suposto sobre a alma das mulheres, manifestando que elas são as primeiras a acreditar, e que sua fé permite a chegada do Salvador.

Catherine Grémion

➢ Anunciação; Mulher; Maria; João Batista.

VULGATA

Ver *Jerônimo*.

Y

YAHVÉ (OU YHWH)

Ver *Deus*.

LISTA DOS VERBETES

A

Aarão – 1
Abel – 1
Abelardo, Pedro – 2
Abraão – 3
Adão – 5
Advento – 6
Agostinho (Santo) – 6
Agostinismo – 8
Alexandria – 10
Alfa e Ômega – 12
Altar – 12
Altíssimo – 13
Amor – 13
Ana e Joaquim (Santos) – 15
André (Santo) – 16
Anjo – 17
Ano santo – 19
Anselmo de Cantuária (Santo) – 20
Anticristo – 21
Antioquia – 21
Antonio de Pádua (Santo) – 23
Antonio, o Egípcio (Santo) – 24
Anunciação – 25
Aparições da Virgem – 25
Apocalipse – 26
Apócrifos (evangelhos) – 28
Apostólica (vida) – 30
Apóstolos – 31
Arca – 33
Arcanjo – 34
Ascensão – 34
Asceta – 35
Assis – 37
Assunção – 38
Athos (Monte) – 39

B

Baal – 41
Babel – 41
Babilônia – 42
Bach, João Sebastião – 43
Balaão – 44
Basílio de Cesareia (São) – 44
Batismo – 45
Beguinas – 47
Belém – 47
Belzebu – 48
Bem-aventuranças – 48
Bento (São) – 50
Bernanos, Georges – 51
Bernardo de Claraval (São) – 52
Betânia – 52
Bíblia – 53
Bispo – 55
Bode expiatório – 57
Bonhöffer, Dietrich – 58

C

Cafarnaum – 59
Caim – 59
Calendário – 60
Calendário litúrgico – 61
Calvário – 63
Calvino, João – 63
Caná – 64
Canaã – 65
Cântico dos cânticos – 66
Caos – 67
Caridade – 67
Carisma – 67
Carismáticos – 68
Carmelo – 69

446 CRISTIANISMO – DICIONÁRIO DOS TEMPOS, DOS LUGARES E DAS FIGURAS

Carne – 70
Cartuxo – 72
Cassino (Monte) – 72
Catacumbas – 73
Catedral – 74
Católicos – 76
Ceia – 77
Cenáculo – 79
César – 79
Céu – 81
Chaves – 82
Cîteaux – 82
Claudel, Paul – 83
Cluny – 84
Colosso com pés de argila – 85
Comunhão dos Santos – 86
Concílios (sete primeiros) – 87
Confessor da fé – 90
Confissão – 91
Constantino (São) – 92
Constantinopla – 93
Convertido – 94
Coração – 96
Cordeiro – 97
Coroa de espinhos – 98
Corpo místico – 99
Credo – 101
Criação – 102
Criança – 104
Crisma – 104
Cristãos (primeiros) – 105
Cristo – 106
Cruz – 106
Cruz (Caminho da) – 108
Cruzados – 109

D

Damasco (caminho de) – 113
Daniel – 114
Dante Alighieri – 114
David – 115
Decálogo – 116
Dênis, o Areopagita (Pseudo) – 117
Deserto – 118
Deus – 119

Diabo – 121
Dies irae – 122
Dilúvio – 123
Dinheiro – 124
Discípulo – 125
Domingos (São) – 125
Doutores da Igreja – 126
Doutrina social da Igreja – 128
Doze – 129
Dualismo – 129

E

Ecce homo – 131
Éden – 131
Egito – 132
Elias – 133
Emanuel – 133
Emaús – 134
Encarnação – 134
Epifania – 136
Erasmo, Didier – 137
Eremita – 137
Escatologia – 139
Escrituras Sagradas – 139
Esmola – 141
Espírito Santo – 142
Esposo, Esposa – 145
Ester – 145
Eucaristia – 146
Eva – 148
Evangelista – 149
Evolução – 150
Êxodo – 151

F

Face (Santa) – 153
Família (Sagrada) – 153
Fariseus – 154
Fátima – 155
Festa de Deus [Corpus Christi] – 156
Figura – 156
Filho de Deus – 158
Filho do homem – 160
Filho pródigo – 161
Fim dos tempos – 162

Fogo – 164
Foucauld, Charles de – 165
Francisco de Assis (São) – 166

G

Gabriel (São) – 169
Galileia – 169
Geena – 170
Genebra – 171
Getsêmani – 174
Glória – 174
Gnósticos – 175
Gólgota – 178
Gomorra – 178
Gregório, o Grande (São) – 178
Gregório VII (São) – 179

H

Helena (Santa) – 181
Herege – 181
Herodes – 183
Hildegarde de Bingen (Santa) – 184
História sagrada – 185
Horeb (Monte) – 186
Hóstia – 187
Hus, João – 188

I

Ícone – 191
Ídolos – 193
Igreja (edifício) – 194
Igreja (povo) – 196
Imaculada Conceição – 197
Imagem – 199
Imperador – 200
Inácio de Loyola (Santo) – 202
Inferno – 203
Inocentes (santos) – 204
Inquisidor (Grande) – 204
Integristas – 205
Intertestamentários – 206
Isaac – 208
Isabel (Santa) – 208
Isaías – 208
Ismael – 210
Israel – 211

J

Jacob – 213
Jansenistas – 214
Jejum – 215
Jeremias – 216
Jericó – 217
Jerônimo (São) – 218
Jerusalém – 219
Jessé – 220
Jesuítas – 221
Jesus, o Cristo – 222
Joana (Papisa) – 225
Joana d'Arc (Santa) – 225
João (São) – 227
João Batista (São) – 229
João da Cruz (São) – 231
Joaquim – 232
Joaquim de Flora – 232
Job – 232
Jonas – 233
Jordão – 234
José (o patriarca) – 235
José (São, esposo de Maria) – 235
José de Arimateia (São) – 237
Jubileu – 238
Judas – 238
Judeus – 240
Judite – 242
Juízes – 242
Juízo final – 243
Justo – 244

L

Ladrões – 247
Lázaro – 247
Lázaro de Betânia (São) – 248
Legenda Áurea (A) – 249
Leigos – 250
Leviatã – 251
Levita – 252
Limbos – 253
Louco em Cristo – 253
Lourdes – 254
Lucas (São) – 255

Lugares santos – 256
Luís (São) – 258
Lutero, Martinho – 258

M

Macabeus – 261
Madalena – 261
Magos (Reis) – 261
Mamona – 262
Marcos (São) – 262
Maria – 263
Maria Madalena (Santa) – 265
Marta e Maria – 266
Martinho (São) – 268
Mártir – 268
Mateus (São) – 270
Melquisedeque – 271
Mendicantes (ordens) – 272
Mercadores do Templo – 273
Messias – 273
Miguel (São) – 275
Milagre – 276
Milenarismo – 277
Missa – 279
Missão, Missionários – 281
Místicos – 283
Moisés – 285
Monge – 287
Montanha – 289
Morte – 290
Moscou – 291
Mosteiro – 292
Mulher – 294
Mundo – 295

N

Natal – 299
Nathan – 300
Nicodemos – 301
Nicolau (São) – 301
Nínive – 302
Noé – 303
Nossa Senhora – 303
Núpcias – 303

O

Onan – 305
Orientais (Igrejas) – 306
Ortodoxos – 308
Oseias – 310

P

Padres (Sacerdotes) – 311
Padres da Igreja – 312
Pagãos – 314
Pai – 316
Pai Nosso – 318
Paixão – 319
Palavra de Deus – 321
Pantocrator – 323
Pão – 323
Papa – 325
Paráclito – 326
Paraíso – 326
Parúsia – 327
Páscoa – 327
Pastor (bom) – 329
Paulo de Tarso (São) – 330
Pecador – 331
Pedro (São) – 334
Péguy, Charles – 335
Penitente – 336
Pentecostes – 338
Peregrino – 338
Pessoa humana – 340
Pietà – 341
Pilatos, Pôncio – 342
Pobre – 343
Povo de Deus – 344
Prece – 345
Presépio – 347
Profetas – 348
Protestantes – 350
Próximo – 351
Pseudo-Dênis – 353
Purgatório – 353

Q

Quaresma – 355

Queda – 355
Qumrân – 357

R

Rabino – 361
Rafael (São) – 362
Ramos – 362
Raquel – 362
Redentor – 363
Refeição – 363
Reforma (Reformação) – 363
Rei – 365
Reino dos céus – 366
Relíquias – 368
Ressuscitado – 370
Retribuição – 372
Revelação – 372
Revelações – 374
Rico – 376
Roberto de Arbrissel (São) – 378
Roger de Taizé (irmão) – 379
Roma – 379
Roublev, André – 381

S

Sabá – 383
Sabá (rainha de) – 384
Sabedoria – 384
Saduceus – 386
Sagrado Coração – 387
Salmos – 387
Salomão – 388
Salvação – 389
Salvador – 391
Samaritana – 391
Samaritano (bom) – 392
Sangue – 393
Sansão – 394
Santiago de Compostela – 395
Santo – 397
Santuário – 399
Satã – 400
Semana Santa – 401
Senhor – 402
Septuaginta (LXX) – 403

Sepulcro (Santo) – 404
Serpente – 406
Servo – 406
Sexta-Feira Santa – 408
Sião – 409
Sibila – 409
Simão, o Mágico – 410
Sinagoga – 410
Sinai – 411
Sinópticos – 411
Sodoma e Gomorra – 412

T

Tabor – 413
Taizé – 413
Talmude – 414
Tartufo – 414
Tau – 415
Teilhard de Chardin, Pierre – 415
Templo – 416
Teofania – 417
Teólogo – 417
Teresa (Madre) – 419
Teresa de Ávila (Santa) – 420
Teresa de Lisieux (Santa) – 420
Terra prometida – 421
Terra Santa – 421
Testamentos (Antigo e Novo) – 422
Tiago (São, filho de Zebedeu) – 424
Tiago (São, irmão do Senhor) – 424
Tiberíades – 425
Tomás de Aquino (Santo) – 426
Tomé (Dídimo, São) – 427
Transfiguração – 428
Trindade – 428
Túmulo – 430

U

Undécima Hora (operários da) – 431
Ungido do Senhor – 431

V

Vale das Lágrinas – 433
Vaticano I e II – 433
Verbo – 435

Verônica (Santa) – 437
Vicente de Paulo (São) – 437
Vinho – 438
Virgem – 438
Virgens prudentes e loucas – 438
Virgílio – 439

Visionários – 440
Visitação – 440
Vulgata – 441

Y

Yahvé (ou YHWH) – 443

FORENSE UNIVERSITÁRIA

www.forenseuniversitaria.com.br
bilacpinto@grupogen.com.br

ROTAPLAN
GRÁFICA E EDITORA LTDA

Rua Álvaro Seixas 165 parte
Engenho Novo - Rio de Janeiro - RJ
Tel/Fax: 21-2201-1444
E-mail: rotaplanrio@gmail.com